Die

Deutſche Nationalreligion.

Die

Religion der alten Deutschen

und

ihr Fortbestand in Volkssagen, Aufzügen und Festbräuchen
bis zur Gegenwart.

Introite, nam et hic sunt Dii.

Mit durchgreifender Religions-Vergleichung

von

Johann Nepomuk

Professor Dr. Sepp.

München, 1890.
Verlag der J. Lindauerschen Buchhandlung.
(Schöpping.)

Vorwort.

Paulus vergleicht das Heidenthum mit dem wilden Oleaster, dessen Reis, in den edlen Oelbaum des Christenthums gepflanzt, selber veredelt werde. (Röm. XI, 17. 24.) Wir treten dieser bildlichen Auffassung näher, und sehen vielmehr dem naturwüchsigen Stamme den edlen Zweig eingeimpft, so daß dieser, der frischen Wurzel und des Saftes theilhaftig, den ganzen Baum umwandelte und fruchtbringend machte. So verfuhren als Baumgärtner die ersten Glaubensboten, und damit ist Altes und Neues in einander verwachsen. Wir folgten dem Naturdienste im Jahreslaufe und lernten die Grundzüge der einheimischen Religion aus den KalenderLegenden kennen. Diese sind darum noch keineswegs Lügenden, wie der Reformator von Wittenberg sie nannte, sondern sie schließen die Gedanken der Vorwelt und künftigen Bestimmung der Sterblichen ein. Sagen sind die Poesie und das Herzensevangelium der Völker, dabei der reichste Stoff für Künstler; unsere alten Meister sind vorwiegend Legendenmaler, darin spricht sich das Seelenleben des Menschen aus. Die Volksphantasie ist unerschöpflich, insoferne lebt das Heidenthum ganz natürlich immer neu auf.

Augustinus erklärt tiefsinnig: „Was wir christliche Religion nennen, hat von Anfang der Zeiten bestanden." Es ist die Aufgabe der ersten Philosophen und Gottesgelehrten, diese Natur und Weltreligion und die Stufenfolge der Entwicklung kennen zu lernen. Nie und nimmer werden wir mit dem Kirchenvater von Hippo „die Tugenden der Heiden für glänzende Laster" ansehen, niemals auf ein Credo, quia absurdum uns einlassen. Creuzer, Mone, Görres, Windischmann und Wolfgang Menzel haben sich unserem Studium hingegeben, ja Schelling, der starke Geist, erhob sich zuerst zu einer Philosophie der Mythologie und Offenbarung. In diesem Sinne ist

mein „Heidenthum und seine Bedeutung für das Christen=
thum" (Regensburg. Manz 1853. 3 Bde.) geschrieben. Daran schließt
sich die „Entwicklung des Heidenthums bis Christus in meinem
Buche: „Thaten und Lehren Jesu in ihrer weltgeschichtlichen Beziehung."
Endlich mein „Altbayerischer Sagenschatz" (München. Stahl 1876).
Hunderte von Sagenbüchern erscheinen ohne Zusammenfassung der
Weltgedanken, ohne durchgreifende Idee: sie lieferten willkommenes
Material für meine Bauconstruktion. Nicht was der Einsicht eines
rationalistischen Jahrhunderts entspricht, ist allein giltig, sondern die
Uebereinstimmung der menschlichen Begriffe, und überraschende Iden=
tität der Gedanken führt zur Weltvernunft. Lehrte nicht schon
Sokrates, der Sohn der Hebamme, den Menschengeist der höheren
Gedanken allmählig zu entbinden, um die Wahrheit zu Bewußtsein zu
bringen.

Wir leben halb im Zeitalter der christlichen Mythologie.
Dieß hat vor tausend Jahren wenigstens Erzbischof Agobard von
Lyon ausstudiert, und Nikolaus von Cusa trug auf dem Concil zu
Basel kein Hehl, daß die Heiligen als Helfer in allen Nöthen eigentlich
die Rolle der alten Götter übernommen haben. Sie drückten das
unbefangen aus, was heute nachzusagen vielen gewagt scheint. Wehe
dem, der auf diesem Gebiete ein Fremdling ist und doch mitreden
will, zumal Gottesmänner, welche, in altestamentlichen Anschauungen
verloren, die Götter der Arier oder Goim eigentlich als Teufel
anschwärzen! Uns sind sie moralische Mächte, die sich offenbaren
zur Erziehung der Nationen, bis zur Erreichung eines letzten Zieles.
Religionsvergleichung ist darum die Aufgabe der nächsten Zu=
kunft: sie dient zur Erprobung wirklicher Theologen.

Unser berühmter Landsmann Max Müller in Oxford hat in
seinen Essays damit den Anfang gemacht. Was Cuvier in der
Paläontologie, O. Schrader in der Sprachvergleichung geleistet,
muß im Gebiete des Völkerglaubens durchgesetzt werden. Die Noth=
wendigkeit leuchtet so sehr ein, daß zu unserem Erstaunen selbst in
der Jahresversammlung der Görresgesellschaft zu Mainz 1887 ein
entschiedener Katholik, Domdekan Dr. Heinrich, dieser neuen emi=
nenten Wissenschaft das Wort redete. Wir liefern erst Vorarbeiten
dazu, aber das Endergebniß läßt sich jetzt schon voraussehen: es

VII

besteht in mehr Emancipation vom Judenthum! Der Stifter des
neuen Bundes hat uns vom Mosaismus erlöst, und immer mehr
wird uns klar, daß die Offenbarungen und heiligen Feste im Jehova-
kult wesentlich auf dem Naturdienste beruhen, daher die Heiden
mit dem auserwählten Volke sie von vorneherein gemeinsam hatten.

Die Israeliten sind eine der jüngsten Nationen und
haben aus dem Borne älterer Weisheit geschöpft. Seit der Entzif-
ferung der babylonisch-assyrischen Keilinschriften auf den Thoncylindern
der Bibliothek des Kaisers Assurbanipal ist die theologische
Forschung entschieden in ein neues Stadium getreten. Sind dieses
die den Büchern Mosis vorangehenden Urkunden vom Engelsturz,
der Weltschöpfung, dem Sündenfall, Thurmbau und der Sinfluth?
Engelbert Fischer (Heidenth. u. Offb.) behält bei vielen Recht in der
Annahme: Abraham habe dieselben Legenden aus Chaldäa mitgebracht und wortgetreu auf Moses vererbt. Andere urtheilen, daß
die Israeliten näher in der babylonischen Gefangenschaft damit bekannt
geworden, und die biblische Genesis nicht Gottes Offenbarung sei.
Zandik hießen in Judäa noch lange die Zendgläubigen, welche eine
doppelte Schöpfung, durch den guten und bösen Geist, annahmen.
Dagegen protestirt der Herr bei Isaias XLV, 7. „Ich schuf das
Licht und die Finsterniß, gebe Friede und verursache das Böse."
Wir schwören auf den Bibeltext, aber wie ereifert sich Jeremias
VIII, 8. „Was saget ihr, das Gesetz Jehovas haben wir für uns?
Seht doch, der trügerische Stift der Schriftgelehrten hat es gefälscht."

Das Christenthum verliert dabei nichts, sondern wird dadurch
von der einseitigen Auffassung frei, auf daß die Völkerreligionen mehr
zu Ehren kommen. Der Heiland billigt die Zoroastrische Lehre von
der Auferstehung am dritten Tage, und die Urstände im Fleische,
welche selbst in's Credo überging, entspricht germanischem Nationalglauben. Ebenso die Belohnung der Guten und Bestrafung der
Bösen. Das klassische Heidenthum sowohl, wie das Judenthum, hat
keine milderen Gestalten aufzuweisen, wie die gute Bertha, Hilde
und Odilie, die Schule weiß nur von Rachel und Ruth!

Weil im Psalm XCVI, 5 steht: „Die Götter der Heiden sind Dämonen!" mußten wir nicht bloß Götzenanbeter, nein! Satansdiener sein.
Wulfram erklärte dem Friesenfürsten Rapoto auf dessen Befragen:

seine Vorfahren seien ohne weiters in der Hölle — worauf dieser den Fuß aus dem Taufbecken zurückzog, um lieber bei seinen Vorältern zu bleiben. Selbst Bonifaz verachtete die Deutschen als Teufels= anbeter, und der Lebensbeschreiber Corbinians, Arbeo, nennt den Minnebecher mit dem Segenstrunke sofort Teufelskelch!

Auch das Judenthum fußt auf der Naturreligion, namentlich in Ansehung der Feste, nur verstanden sie denselben eine nationalgeschichtliche Unterlage zu geben. Dieß gilt vor allem vom Pascha oder weltgiltigen Frühlingsfeste, von Pfingsten der Aernte= feier, von den Laubhütten oder der Weinlese, wie auch von der Tempelweihe oder dem Feste der Lichter um Mittewinter. Purim gleicht unserer Fastnacht, und hängt ursprünglich mit dem Spiel der Entthronung und Hinrichtung des tyrannischen Winters zusammen. Die Juden lernten den Babyloniern ihr Sesakfest ab, welches, in Hochasien auf die Befreiung von der Skythenherrschaft gedeutet, das Buch Esther auf die angebliche Niederlage ihrer Feinde in Persien bezog.

Noch vollzieht der siebente Theil der Menschheit die Beschneidung, ohne dabei an Sündenfluch und Sühne zu denken. Sie übten und üben auch die Kaffern, und wilden Indigner, und die Mexikaner schnitten ein Stück von der Vorhaut zum Opfer an die Gottheit ab mit der Bitte um Nachkommen. (Bastian, Altamerik. 704. 749.) Die Deutschen kannten diese Unsitte nicht, während die Hebräer sie für eine besondere Offenbarung Jehovas ausgaben. Und wie viel höher stellen wir uns in Ansehung der Ehe, so daß Tacitus G. 17 die Anerkennung zollt: „Die Germanen sind fast die einzigen unter den Barbaren, welche sich mit Einer Frau begnügen." Bei den Deutschen standen die Frauen von jeher in höchsten Ehren, dagegen betet der Jude jeden Morgen: „Herr der Welt, ich danke dir, daß du mich zu keinem Weibe gemacht hast," die Frau dagegen: „Herr habe Dank, wie du mich geschaffen hast." (Menacoth f. 43, 2.) Ferner lautet ein Gebet: „Gebenedeit seist du, Gott unser Herr, Weltregent, daß du mich keinen Goi werden ließest." Ebenso spricht im Geiste der Semiten Muhammed vorwurfsweise: (Sure XVI.) „Wird einem von ihnen die Geburt einer Tochter verkündet, dann färbt sich aus Kummer sein Angesicht schwarz und er ist tief betrübt. Ja ob der üblen Kunde, die ihm geworden, verbirgt er sich vor den Menschen und ist in Zweifel, ob er sie zu seiner Schande behalten, oder in die Erde vergraben solle."

Welche Beschämung hat der Glaube an das himmelstürmende Wunder Josua's, wie er zur Vernichtung seiner Feinde der Sonne selber Stillstand gebietet, im Proceß mit Galilei oder dem Copernikanischen System jenen eingetragen, welche diesen Bericht buchstäblich verstanden wissen wollten! Und doch nehmen heute noch engherzige Bibelfreunde, wie Liévin, der Palästinaführer, die schon einem Homer geläufige poetische Hyperbel für Thatsache. Spalatin berief sich im „Bauernkrieg" auf das Beispiel des ägyptischen Joseph, der, um das Volk im Zaume zu halten (?), sogar ein Fünftel als Frohne einforderte. (Zimmermann II, 5.) Kann es aber eine ärgere Tyrannei geben, als die vom Sohne Jakobs geübte, welcher die Hungersnoth des Volkes benützte, um ihm mit aller Vollmacht, wie Genes. XLI, 44. XLVII, 14 f. wohlgefällig ausführt, erst alles Geld abzunehmen, sodann das Vieh und Grund und Boden sich anzueignen, endlich die armen Unterthanen vollends zu Leibeigenen zu machen! Noch heute fluchen die dortigen Fellahin diesem ihrem Unterdrücker, dem Urheber der mehrtausendjährigen Sklaverei, welche erst in unseren Tagen durch die anglogermanische Rasse Schritt für Schritt aufgehoben wird!

Ahuramazda, wie Brahma und Tien stehen über Jehova, soferne sie nicht zum Kampf und Blutvergießen auffordern. Die Juden selbst gingen zum „Herrn der Welten" über. Ach, daß wir über die Eroberung des gelobten Landes durch die Kinder Israel keine Berichte der Einheimischen haben! freilich ist sie in der Bibel genug geschildert und ein Pizarro mit Josua zu vergleichen. Noch in der Königszeit unter David werden II Sam. VIII, 2 zwei Drittel der Moabiter ausgerottet, und die Ammoniter I Chron. XXI, 3 mit Sägen, eisernen Hacken und Keulen zum Tode gebracht, noch mehr mit Streitwagen und Dreschschlitten zerquetscht oder in Ziegelöfen geworfen und verbrannt. Eheu! Und welch eine Abkunft von der Blutschande Lot's ist den beiden Stämmen Moab und Ammon angedichtet! Schädelpyramiden errichtet der fromme König Jehu vor den Thoren Jezreels II Kön. X, angeblich im Auftrage Gottes, wie eines Bizlipuzli. Mit Zustimmung der Anhänger der Propheten läßt dieſer Ausrotter des Baalkultes die ſiebzig Söhne König Achabs ſchlachten, und ſie legten die Köpfe in Körbe und ſandten ſie nach Jezreel, wo man ſie in zwei Haufen zu Seiten des Thores aufſchichtete! — Die altbibliſche Moral iſt weder chriſtlich noch — germaniſch! Jahve erfreut ſich Genes. VIII, 21 am Opfergeruch, wie Zeus.

Iſt es keine Erniederung, wenn, während ich dieſes ſchrieb, nach Berichten aus London (Jewiſch Chronicle 7. April 1890) im k. Schloſſe Osborne lebende Bilder aus dem Buche Eſther aufgeführt wurden, ja eine Prinzeſſin ſelber in der Rolle der iraniſchen Lola Montez auftrat! Es fehlt nur noch, Chriſtus als Haman darzuſtellen. So verkehrt iſt unſere Erziehung und die Weltanſchauung ſelbſt unter Gebildeten! Das muß ſich ändern, oder ſollen wir uns daran ſpiegeln? Luther hätte das Buch gar zu gerne aus dem Kanon entfernt, und ſchreibt ehrlich: „Von den Juden und ihren Lügen.“ „O wie lieb haben ſie das Buch Eſther, daß ſo fein ſtimmet auf ihre blut= dürſtige, rachgierige, mörderiſche Begier und Hoffnung! Kein blut= dürſtigeres und rachgierigeres Volk hat die Sonne je beſchienen, als die ſich dünken, ſie ſeien darumb Gottes Volk, daß ſie müſſen die Heiden morden und würgen. Und iſt auch das vornehmſte Stück, daß ſie von ihrem Meſſia gewarten, er ſolle die ganze Welt durch ihr Schwert ermorden und umbringen, wie ſie denn an uns Chriſten noch gerne thäten, wo ſie könnten.“ Wohl geſprochen!

Wenn Paulus I Kor. I, 22 ſchreibt: „Die Juden begehren Wunder, die Griechen verlangen nach Weisheit,“ ſo gibt er offenbar den letzteren den Vorzug. Die pauliniſche Glaubensbotſchaft oder der Hellenismus kam der Welt zu gute; mit dem judaiſtiſchen Chriſten= thum, ſage: mit dem Eifer Moſis und dem Geifer der Propheten wäre eine neue Barbarei hereingebrochen, wie ſolche in den erſten Jahrhunderten auch drohte. Das zweite Gebot Exod. 20, 4 mußte ſchon den greulichen byzantiniſchen Bilderſturm rechtfertigen, und die Wiedertäufer und Calviner wütheten ſo greulich wie die Sansculoten, daß die herrlichſten Kunſtwerke zu Grunde gerichtet wurden, und es in ihren Gotteshäuſern ſo ſchaal und kahl ausſieht, wie in einer Judenſchule -- Alles im Namen des göttlichen Geſetzes.

Zeus als Allvater iſt der Träger der ſittlichen Weltordnung,

Athene steht als die ewige Weisheit und Vorsehung ihm zur Seite. Der apollinische Kult zu Delphi und die eleusinischen Mysterien haben die religiösen Ideen von Schuld und Sühne, Ueberwindung des Leides und Todes ausgeprägt, daß Pindar und Aeschylos, noch vor Sokrates und Platon, wie Propheten das Wort für tiefes Schuld=bewußtsein nehmen konnten. Insbesondere Pindar, der Thebaner, ist ein so religiöser Dichter des Alterthums, daß sein sittliches Gemüth und der höchste Aufschwung der Phantasie ihn dem besten hebrä=ischen Seher an die Seite stellt.

Der Jude sucht seinen Kapporo, oder, entsprechend der Ueber=tragung der Schuld auf den Sündenbock, einen Stellvertreter. Dagegen nähert sich die heidnische Bußdisciplin ganz der christlichen, wenn wir hören: Herakles hat den Iphitos im Anfall von Raserei über die Mauern von Tirynth todt gestürzt, und will darauf durch Neleus in Pylos sich von der Blutschuld reinigen lassen. Dieser stößt ihn mit Abscheu zurück, auch zu Sparta wird ihm die Lossprechung vorent=halten; endlich absolvirt ihn Deiphobos von Amyklä. Doch wird er zur Sündenstrafe von einer schweren Krankheit befallen, und wendet sich nach Delphi, um auf den Rath der Pythia Genesung zu er= . langen. Diese verweigert ihm den Spruch; da nimmt er den Drei=fuß hinweg, errichtet ein eigenes Orakel, und läßt sich in Kampf mit Apollo ein, bis Zeus mit dem Donnerkeil zwischen die Streitenden fährt. Aber das Urtheil lautet, daß er zu dreijähriger Dienstbarkeit sich verkaufen lasse und das Handgeld zur Sühne an Eurytos, dem Vater des Iphytos, gebe. Görres ließ die Strafwunder Mosis ohne apokalyptische Erklärung nicht gelten.

Mein „Heidenthum in seiner Bedeutung für das Christenthum" verlockte keinen Geringeren als Döllinger, vier Jahre später sein sogenanntes „Heidenthum und Judenthum als Vorhalle zur Geschichte des Christenthums" dagegen herauszugeben. (Manz 1857.) Im richtigen Gefühle, daß die Nebeneinanderstellung ihm nur schaden könne, hat er mich todtgeschwiegen. Ich kannte zu gut die Grenzen seines Wissens. Als sein Elaborat erschien, erklärte v. Lassaulx: Das Juden=thum mag richtig dargestellt sein, aber vom Hellenismus versteht er nichts. Haneberg dagegen äußerte bei all seiner angebornen Milde: Vom Heidenthum will ich nicht sprechen, aber der Mosaismus ist

ganz und gar mißverstanden. Ich sagte: „Ihr habt beide Recht!"
Die widerwärtig rationalistischen und negativen Grundsätze Döllingers
von „Priesterlug und Orakeltrug" müßten, in's Christenthum
übertragen, uns um allen Glauben bringen. Dazu gehört mehr
Studium, aber alle schwarzen Farben der Palette hat der famose
Gelehrte den Völkerreligionen angestrichen; es fehlte kaum, daß er
ihnen Teufelskult zuschrieb.

Das Opus des mir zeitlebens feindseligen Lehrers ist das Non
plus ultra von judaistischer Befangenheit. Derselbe hatte nicht eine
leise Ahnung, daß ein Esra, der eigentliche Redakteur der alttestament=
lichen Bibelgeschichte, die Mythen von Jonas, dem lydischen Herakles
Simson, von Henoch und Elias ebenso historisirt haben, wie Saxo
Grammatikus einen Balderus, Hotterus, Ollerus, ja in seinen
Vorträgen räumte er den beiden letzten, zum Himmel gefahrenen Pro=
pheten ein eigenes Cubiculum ein, um darin den jüngsten Tag abzu=
warten. Daß Elias der kananäische Donnergott sei, und der Prophet
nur auf diesem Hintergrunde im feurigen Wagen gemalt ist, durfte
man ihm ebenfalls nicht klar stellen. Gegen so wegwerfliche Auf=
fassung des Hellenismus auf Kosten des Judenthums habe ich in
der Vorrede zum II. Theil meines Lebens Christi 2. Auflage ernstlich
Verwahrung eingelegt. Ich kämpfe allzeit mit offenem Visir.

Die deutsche Religion hat vor allen den Vorzug, das Volk sitten=
rein erhalten zu haben, so daß Tacitus die Germanen den Römern
als Muster vorstellen konnte; welch ein Zeugniß stellt er dagegen den
Juden aus! An seine gerechte Anerkennung reiht sich der Lobpreis,
welchen Augustinus bei der Einnahme Roms durch Alarich den
gutmüthigen Gothen ertheilt, eine Scene, die Lindenschmit in seinem
großen Gemälde verewigte. Dazu kommt das Zeugniß Arbeo's im
Leben Corbinians: die Bajuvaren waren viri proceres, in caritate
et humanitate fundati — „wahre Recken, aber voll Güte und Mensch=
lichkeit." Der Spruch in der Wessobrunner Handschrift: Tôle sint
Uualha, spache sint Peigirâ — Stulti sunt Romani, sapienti sunt
Bajoarii! zeigt, daß diese sich auch für gescheiter als jene Latinuli
hielten. Latinl dient uns noch heute als Spottname für Römlinge.
Es gibt nur zu wenige, die ein Urtheil haben. Ich bin kein Heide,
gleichwohl fürchte ich mit dem Heidenpropheten Bileam das Schicksal

XIII

theilen zu müssen, daß mancher Esel mich eines Besseren wird be-
lehren wollen.

Wir haben allen Grund, unseren deutschen Nationalglauben
hoch zu halten und zur näheren Kenntniß und Würdigung zu bringen.
Er theilt das Schicksal aller Hauptreligionen, aus der Heimath
verdrängt worden zu sein. Wir sehen den Buddhismus aus
Indien gewichen. Die Lehre Zoroasters mit der Forderung von
Reinheit in Gedanken, Worten und Werken unterlag dem Islam,
und ihre Priester flüchten mit den heiligen Büchern nach Gudscherat
in Hindostan, von wo erst Anquetil Duperron den Zendavesta zurückbrachte. Die Juden wurden durch die Römer, die Christen durch
die Araber aus ihrer Wiege Palästina hinausgeworfen. Die Edda
oder nordgermanische Asenlehre ward nach Island gerettet; ein
Bruchstück der einheimischen Genesis blieb noch im Sachsenlande
zurück, und gelangte als Wessobrunner Gebet auf uns. Aber selbst
ohne Priester und geschriebene Urkunden hat die Nation die Götter-
und Heldensagen stückweise bewahrt, das Volksgedächtniß überliefert
noch die Elemente der Urtradition, welche, wie die Sprache, bis
vor die Völkerzerstreuung zurückgeht.

„Sammelt die Ueberbleibsel, damit sie nicht verloren
gehen," spricht der Herr im Evangelium (Joh. VI, 12), und wiederholen wir mit Cäsarius von Heisterbach, der seine Sammlung
von Wunder- und Zaubergeschichten damit einleitet. Ich biete Anderes.
Man werfe mir nicht vor, es sei Unbedeutendes mit in die Sammlung zur Religionsvergleichung aufgenommen. Laistner weist in
seiner „Sphinx" handgreifliche Anklänge an die bei Hesiod und
Homer, oder wie immer erhaltenen griechischen Mythen nach. Von
Thales bis auf Hegel besteht ein ununterbrochener Ankampf der
Philosophie gegen die fortdauernde Mythologie — umsonst!
Die religiösen Sagen bilden eine unveräußerliche Mitgabe, als ob sie
ihren Trägern im Gehirne oder im Blute steckten. Gemüth und
Phantasie nehmen von Anfang daran Theil. Wer glaubt mit Bugge,
daß die christliche Legende die deutsche Mythologie geschaffen? Umge-
kehrt! Beispielsweise hörte ich vom Schmied von Völunders- oder
Plundersweil, von Kindesbeinen an erzählen. Der Vater hatte das nicht
aus der Schule, die es früher nicht gab, sondern vom Ahnherrn, und

so geht die Stufenleiter allenthalben bis in's höchste Alter des deutschen Volkes zurück. Anderwärts ist es der Schmied von Jüterbock, welcher den Tod am Stühlchen gefangen hielt. Ich bestehe darauf, was immer zur Weltsage gehört, sei auch im entferntesten Winkel des Landes von Belang. (Vgl. meine Denkwürdigkeiten aus dem Isarwinkel.) Volkshelden thun die Wunder der alten Götter! Hephästos schickt der Göttin Here aus seinem Verstecke im Meere einen goldenen Thron mit unsichtbaren Fesseln. Als sie sich aber daraufsetzt, kömmt sie nicht mehr los, bis der durch Hera's Zorn vom Olymp gestürzte Meister wieder zurückgeführt ist und die Mutter erlöst. (Preller 143.) Dasselbe vermag unser Schmied, und nicht allein Herakles kämpft bei seinem Hinabsteigen in die Unterwelt nach Euripides (Alcestis 24, 846) mit dem Thanatos selber, und bezwingt nach Aristarch in Il. V, 367 bei Pylos, d. h. unten an den Pforten der Schattenwelt den Tod in der Person des Hades. —

Wie hat doch Esra, der zweite Moses, die Juden, und als deren Nachtreter und Nachbeter uns für Herakles Simson und ähnlichen Bibelgeschichten zu Gläubigen gemacht! Die noch immer darnach geschulte Jugend muß uns erbarmen. Christus beseitigte das aus=erwählte Volk Israel, und pflog nach Josephus Ant. XVIII, 33 charakteristisch Umgang mit Hellenen. Schade, daß wir diese griechischen Freunde aus der Dekapolis, die gleichzeitigen Philosophen aus Gadara, Gerasa und Philadelphia im Evangelium nicht genannt finden! Genoß doch auch Paulus solchen Umgang. Der Stoiker Athenodorus von Tarsus war der Lehrer des Kaisers Augustus, und der Rhetor Theodorus aus Gadara ertheilte dem Tiberius Unter=richt in der Beredsamkeit. Genug! der Urheber des Christenthums gab selber den Heiden den Vorzug. Darunter konnte das Christenthum auf keinen gesünderen Stamm gepflanzt werden, als den der Ger=manen. Sie haben die unter der Römerherrschaft abgelebten Völker des Abendlandes mit frischem Blute regenerirt. Sie sind die eigent=lichen Vorkämpfer der Kirche geworden; ob nun von den Angeln England, von den Franken Frankreich, von den Vandalen Andalusien, von den Longobarden die Lombardei den Namen führt: es ist überall kerndeutsches Volk, und wo wäre die Religion Jesu mit der Heils=lehre geblieben, hätte sie nicht in den germanischen Landen fest gewurzelt? Wahre Katholicität nimmt die Heidenwelt mit in Anspruch, nicht allein jüdische Offenbarungen!

Was wir kirchlich den Juden entnommen, sind nur zu oft Apokryphen. Einer der größten theologischen Gelehrten und edelsten Männer unserer Zeit, Prof. Dr. Haneberg, mein Freund und mitunter Rathgeber, sträubte sich wider den durchgängig historischen Charakter der Bücher der Makkabäer. Auf Erfindung beruht die Martyrgeschichte von den sieben Makkabäischen Brüdern; und nach diesem Muster sind als Opfer der Christenverfolgung der hl. Felicitas sieben Söhne angedichtet. Unwahr ist die Geschichte der Susanna und das ganze Legendengewebe, welches um Daniel sich schlingt. Wir lernen von den Deutschen, daß es für Ehren= pflicht galt, wenn Krieger ihre Heldenthaten ihren Herzogen zuschrieben: und dieß gilt auch vom Kampfe Davids mit Goliath, wie II Samuel XXI, 19 nicht verhehlt. Wie anschaulich hat der jüdische Geschichtschreiber die Begegnung Alexanders des Großen mit dem Hohenpriester vor den Thoren der hl. Stadt, und dessen Adoration Jehovas geschildert, und doch kam der Macedonier nie nach Jerusalem. Mit welcher Vorsicht sind darum ganze Partien ihrer hl. Bücher aufzunehmen und ist die Religionsgeschichte darnach zu berichtigen.

Auch die Deutschen haben ein Patriarchenalter, und darauf kommen wir zurück, wie der Herr im Evangelium wiederholt von Moses oder den Hebräern absieht, und dafür auf die einfache Lehre und Moral der Vorwelt hinweist mit den Worten: „Von den Vätern ist es." Dieser Anweisung folgend wollen wir mit mehr Ehrfurcht dem religiösen Erbe von unseren Altvätern den Blick zu= wenden.

Wir halten grundsätzlich fest und legen dieses Buch mit so vielen universellen Nachweisen zum Belege der weltgiltigen Thatsache vor: „Was im Glauben der Völker wurzelt, geht nicht mehr unter! Jede jüngere Religion übernimmt das Inventar der älteren. So haben wir von den Indern die Cumari oder kim= merische Mutter, unsere mann=weibliche Kümmerniß, eine kos= mogonische Gestalt. Conrady weist „die ägyptische Götter= sage in der christlichen Legende" nach, und wie Osiris Onuphre in den hl. Onuphrius übergegangen. Tacitus beglaubigt die schwäbische Isis und damit Nehalennia, die weibliche Form des Nilgottes Nichol oder Nikolaus mit dem Papierschifflein. Den semitischen Namen des Logos der Offenbarung, Memra, haben die Phöniker dem Nordlande mitgetheilt, wo er als Mimir in der Edda Orakel ertheilt und Weisheit spendet, u. s. w.

Die Kirche hat dieses Erbe großentheils eingethan, und kalendarisch verwerthet. Rom, die alte Heidin, schöpft ihre neuen Dogmen einfach aus der Mythologie. Die persische Anâhita heißt nach Friedrich Windischmann buchstäblich Immaculata, und ihr Ebenbild Reith-Athene heißt nicht bloß vor allen Pallas, die Jungfrau, und ihr Heiligthum auf der Akropolis Parthenon, sondern sie ist unbefleckt in der Empfängniß und makellos in der Geburt dem Haupte des Vaters im Himmel, Zeus, als göttliche Minerva dem Jupiter entsprungen. Die Conceptio per aurem ist von Maja, der Mutter Buddhas, auf Maria übertragen. Das 1870 beantragte Dogma von Mariä Himmelfahrt erledigt sich einfach durch den Hinweis auf Aſträa oder die Schechina. Sie heißt Himmelskönigin nach ihrem Vorbilde Melechet Haschamaim, Jerem. VII, 18, der karthagischen Virgo coelestis. Der noch in der Luft schwebende Glaubenssatz von der Uebertragung des hl. Hauses nach Loretto reflektirt nur die rabinische Legende, der Jehovatempel sei in Wahrheit nicht zerstört, sondern bis auf weiteres in den Himmel versetzt. Einst steigt aber nach Johannes Offenbarung XXI, 10 das himmlische Jerusalem wieder auf die Erde herab, wie die Kaaba zu Mekka von oben stammt. Das Heiligthum Apollo's, von den Bienen aus Wachs erbaut, wandert von Delphi zu den Hyperboräern, wie der Tempel des hl. Graal einst von Montsalvatsch nach dem Orient versetzt wird.

Damit ist nicht gesagt, daß aller Weltglaube Mythologie sei. Ich bin ein Deutscher, und will nur gegen die bisherige Unkunde und daraus erwachsene Unterschätzung allzeit zur Ehre unserer Nation die altväterliche Religion erheben und verkündigen.

Inhalt.

1. Der Gottesfriede in der vorbildlichen Weihnacht.

Wie die Engel im Evangelium bei der Geburt des Weihnacht=
kindes Friede den Menschen verkünden, welche guten Willens sind,
herrschte die treuga Dei schon bei den alten Deutschen. In der
Wintersonnenwende, wenn das leuchtende Tagesgestirn wieder am
Himmel emporsteigt, erschienen die Götter unter den Menschen, vor
allen Frô, der Gott des Friedens und Frohsinns, Spender der
Fruchtbarkeit und aller guten Gaben, dazu Bertha, die Seelenmutter.
Dann hörte aller Krieg und Hader auf, man gab sich den Friedens=
kuß und zündete Lichter und Freudenfeuer an. Noch bieten in Eng=
land beide Geschlechter nach Druidenbrauch unter der Mistel, wozu
der Saame vom Himmel fällt, sich den Kuß der Liebe und Versöhnung.
Die Skandinavier begingen die zwölf Jultage mit lautem Jubel;
man trank Gottes Minne, beschenkte sich mit Julbroden und schlachtete
den Juleber. Die Nordvölker hatten jährlich eine viermalige Friedens=
zeit, welche den vier Opferfesten in den Hauptjahrzeiten entsprachen.
Einmal den Jolfridr, welchen Herolde eigens verkündeten; dann
den Vorfridr um Ostern, den ebenso gesetzlichen Mitsummars=
fridr, auch Mitsummars helgi oder heilige Zeit genannt, im
Sommersolstiz, endlich Arnfridr oder die Aernteruhe. Es war
Gottesfriede, bei den Angeln Eardefread, wenn Hertha ihren Umzug
im ganzen Lande hielt. Freyr oder Frô ist der Gott des gol=
denen Zeitalters, wo Freude und Freiheit unter den Menschen
herrschen soll. Der Frohdi's Friede ist im ganzen Alterthum berühmt;
dieser Gott fördert Glück und Weisheit, Sicherheit und Gerechtigkeit.
Eine heilige Feier und Sabbathstille geht durch die ganze Natur.

Ungeſäet trugen in Frohdi's Tagen die Aecker von ſelber und die Bäume beluden ſich zweimal mit Früchten. Adler ſchrieen auf und heilige Waſſer goſſen von den Himmelsbergen. Die zwölf Götter zogen zu Roß und Wagen um, ſtraften aber gleichwohl den Vorwitzigen, der ſie ſchauen wollte: „Deine Augen ſind mein,“ mit Blindheit. Alsdann läuten die Glocken in der Seetiefe und können erlöſt werden, wie zu Johanni um Mitteſommer, wo früher auch drei Meſſen um Mitternacht geleſen wurden (Mabillon liturg. 158). Die Kirche nahm nämlich die Naturreligion zur Unter= lage ihrer Jahresfeſte; liegt doch in der Natur nothwendig die innerſte Beziehung zu ihrem Schöpfer.

In der Chriſtnacht hält eine Geiſterſchaar Umzug, man vernimmt Geſänge aus der Burgkapelle und erblickt einen Todtentanz (Schöppner Nr. 1017). Die Erde öffnet ihren Schooß und gibt ihre Schätze heraus, es ſchlägt die Stunde der Erlöſung. Wer in der Weihnacht ins Mauerloch, eine Felſenhöhle zu Mauern bei Neuburg, hinein= kommt, ſieht überirdiſche Pracht und kann von den aufgehäuften Schätzen nehmen, ſo viel er will. Aber es muß während des Evan= geliums geſchehen, darnach ſchließt ſich der Gang; ein Hirtenbub von Ellenbrunn mußte das ganze Jahr darin bleiben (Böhaimb).

In der Chriſtnacht thut ſich zu Oſtriz im Augenblick der Wand= lung der Feensmännelberg auf, und man ſieht Männlein bei Gold= haufen ſitzen, die rufen: „Greif ein Griff und ſtreich ein Strich und packe dich“. (Preuſker I, 42). Freilich! es folgt ja der goldene Tag im Jahre, und dieſes Naturfeſt beg ing alle Welt. Die winter= liche Sonnennacht heißt bei Plutarch (Is. 35) die Vollnacht, weil in ihr das alte Jahr ſich vollendet, das neue anbricht. Modranecht, Mutternacht nannten ſie die Angelſachſen, weil in ihr der junge Zeitgott zur Welt kommt.

Alles Leben in der Natur ſteht auf einer höheren Stufe. Im Weinberg zu Engaddi blühen die Trauben. Die Apfelbäume ſchlagen aus, ja zu Lohr hat man die Dräutleinsäpferl im Schnee liegend gefunden, genannt zu Ehren der hl. Gertrud (Schöppner Nr. 969). In der Geburtsſtunde des Jahres ſetzt man die Roſe von Jericho ins Waſſer und ſie öffnet ihren Schooß wie zur neuen Blüthe. Weihnachtroſe heißt ſie in Graubündten (Herzog I, 111). Auch da

scheint ein deutscher Brauch vorauszugehen. Auf Barbaratag
schneidet der Hausvater von jedem Obstbaum im Garten Reiser mit
Tragknospen ab und stellt sie in ein Glas am Ofen, das täglich
frisches Wasser erhält. Besonders gern wird alsdann der Kirschzweig
abgeschnitten. Die Knospen schwellen und treiben, und durchschnittlich
bricht am Weihnachtstag daraus die liebliche weiße Blüthe, um an die
Rosen zu erinnern, die an diesem Tage aus der Wurzel Jesse entsprungen. (Fr. W. Grimm, das Sauerland.) In der Jahresnacht
wird die Natur unter dem Schnee grün, von da an bekommen
die Rosse und alle Thiere frische Kraft. Nach bucharischer Sage
(Haxthausen, Rußl. II, 258) gebar Maria unter einem Baume, tief
im Winter: Da schlug der ganze Wald aus, die Rosen trieben
Knospen, alle Vögel erwachten aus dem Winterschlaf und zwitscherten
ein Loblied zum Himmel, daneben entsprang eine Quelle. — Hier
ist die wundervolle Naturmythe christlich verklärt. In der Christnacht
werden alle Wasser Wein, alle Bäume Rosmarein. Darum ist
kirchlich auch die Hochzeit von Kana auf diese Kalenderzeit verlegt.
Zu Acla bei Truns in Wallis ist eine solche zeitweise Weinquelle.

Zu Weinheim läuft in der Christnacht um zwölf Uhr Wein
aus dem Brunnen. Dieser Glaube herrscht an der Mosel, namentlich erfolgt das Wunder am Florinsborn zu Remüs, ebenso beim
Weinbrunnen in Schwalbach[1]). Die Natur sammelt neue Kräfte. Der
Tyroler glaubt an das Mirakel vom Wunderwein wenigstens während
der hl. Wandlung beim mitternächtlichen Gottesdienste. Das Baden
zu Weihnachten wider Zahnweh und Fieber wird als Aberglaube in
Bayern 1611 verboten (Panzer II, 283); Wasser, am Vorabend von
Dreikönig geweiht, hält sich das ganze Jahr. Der Edelbach bei Eichstätt
fließt nur um Weihnachten. Die Heuchstätter in Würtemberg theilen
auf Weihnacht bei Wassermangel ihren Nachbarn und Verwandten
in kleinen Fässern mit.

Alsdann schweigt die ganze Natur, alle Arbeit ruht, kein
Spinnrad dreht sich in den Zwölften, kein Flachs ist am Rocken,
kein Jäger besucht die Wildbahn, der Hirt treibt nicht zur Tränke,
der Viehstall bleibt in der ganzen Zeit unausgeräumt. In den

---

[1] Wolf Z. I, 238. 243. B. Baader Volksf. aus Baden 309.

Weihnächten spinnt, wäscht und hackt man nicht. In Tyrol zeigt
man den Kindern den Mond, wo ein Mann in einem fort Taxen
haut zur Strafe dafür, daß er am Vorabend des heiligen Tags
zu Weihnachten Tannenäste für Viehstreu klein hackte. Ebenso hat
der Mann im Mond, der Holz auf dem Rücken trägt, den Sabbath
geschändet. Auch die Südslaven kennen die Sage vom Holzhauer
oder der Spinnerin im Monde wegen Sabbathschändung (Krauß II,
Nr. 44. 48). Hackelberg oder der Juljäger ist verdammt, weil er
in der Julzeit einen Hirsch geschossen, auf dessen Geweih ein Krucifix
sich zeigte (Kuhn M. S. Nr. 17). Der Tollensee friert zu Weih=
nachten nicht, weil einmal Fischer am Eis in der hl. Zeit einen Fang
machen wollten. Ein Wassermann schalt wegen Entweihung und seit=
dem besteht das Wahrzeichen (Bartsch 401).

Auf Weihnacht stellt man dem Vieh Futter vor die Thüre, ja
füttert zu Alpach am Christabend selbst die Elemente und streut
Mehl in den Wind, ins Wasser, Feuer und die Erde (Zingerle
S. u. B. 868).

Gervasius I, 12 weiß, daß man den Vögeln in Britannien in der
Weihnacht Gefäße voll Haber und Gerste aufstellte. In Skandinavien
setzte man in der Julnacht den Sperlingen Kornbüschel ins Freie.
Doch was sagen wir: auch am persischen Neuruzfeste, ihrem Neu=
jahr, wurde den Vögeln Speise ausgesetzt (Prichardt Aegypt. Myth.
83). Der Oberpfälzer nagelt drei Aehren über die Hausthüre. Der
Bauer im Jsarwinkel setzt einen Fichtenkoppen auf die Gattersäule
und streut Grünfutter ins Freie (Höfler 83). Ungedroschene Aehren
von verschiedenem Getreide steckt man zur Weihnacht bei uns, wie in
Norwegen am Julabend, auf den Gartenzaun, und bis auf den
heutigen Tag ergeht die Mahnung: vergeßt die Vögel nicht!

Mißt man in der Christnacht das Getreide, so sieht man aus der
Zu= oder Abnahme, ob die Frucht im kommenden Jahre steigen oder
fallen wird. Selbst die Thiere reden Wahrsagungen und bekommen in
der Weihnacht Verstand und Sprache. Das Wild von Feld und Wald
kommt zum zahmen Vieh im Stall herbei und hält vertraulich Zwie=
sprache, und die Vögel offenbaren ihr Seelenleben. Darüber weiß ich
eine rührende Geschichte vom Finkenbauern=Töchterlein am kleinen
Aurdorfer Berg am Inn. In der Weihnacht um zwölf Uhr

liegt alles Vieh in den Ställen auf den Knieen, ist Frie=
binger Sage (Meier 462); ja in Bichel, ich verrathe nicht, in welchem
Dorfe dieses Namens, wagt sich noch keine Dirne in den Stall, weil
das Vieh Gesichte und Sprache hat.

Am hl. Abend vor Weihnachten, Ostern und Pfingsten pflegte
man das Feuer mit dem Feuerbrode zu füttern. Der Steyrer füttert
die Winde mit Mehl und Früchten, dieser Brauch ist also ächt
bajuvarisch, aber gleichwohl uralt. Die Hellenen errichteten besondere
Heiligthümer der Winde, so zu Titane bei Sikyon und zu Mega=
lopolis; man besänftigte sie in der bestimmten Jahresnacht durch
das Opfer von Kuchen. Xenophon Anab. IV, 5, 4 opfert dem Bo=
reas auf persischem Boden, Virgil Aen. II, 116, III, 103 läßt
günstigen Zephyren ein weißes Lamm darbringen. Bezieht sich das
deutsche Windopfer auf die mittewinterliche Ruhezeit? Bläst der
Wind in der Weihnacht, so geräth das Obst gut, und derselbe Wind
hat das Jahr über das Vorrecht.

Aber das Christenthum nimmt noch mehr Weissagung vom
deutschen Heidenalter in Anspruch. Bei Eröffnung des neuen Jahres
erwacht die Natur aus ihrem Schlummer und lebt neu auf. Die
Entscheidung der Zukunft fällt. Der Weltfriede ist eingetreten unter
Kaiser Augustus, aber Saxo Grammaticus meldet des weitern: In
König Fruotos Tagen ist Christus geboren. Das ist der
Frohdi's Friede! Montanus meldet (Deutsche Volksfeste S. 17)
den Brauch, die Sylvesternacht mit Erzählen von Sagen und
Mährchen hinzubringen, und man bestellte kundige Leute für die
Erzählungsnächte.

2. Die zwölf Weihnächte und das Nachtmahl.

Tacitus S. 11 schreibt: „Ihre Versammlungen halten die
Germanen bei Neulicht oder Vollmond, rechnen aber nicht nach Tagen,
wie wir, sondern nach Nächten." Dieß folgte aus dem Mondjahre,
dabei zählten sie zwölf Weihnächte. Acht Tage vor und nach
Mittewintertag haben die alchonischen Eisvögel ihre Brütezeit
im Meere, ein schon von den Alten gebrauchtes Bild des so be=
grenzten Naturfriedens, wo alle Stürme schweigen. In der winter=
lichen Wendezeit wandert der Himmelskönig mit den zwölf Göttern

südwärts zum immergedeckten Sonnentisch der glückseligen Aethi=
open, und Homer singt Od. I, 423:

> Hin zum Okeanos ging, zu den löblichen Aethiopäern
> Gestern Zeus zu dem Mahl, und es folgten die sämmtlichen Götter.
> Nach zwölf Tagen zurück erst lenkt er zum hohen Olympos.

Als Wölfin kreist Latona in den zwölf Nächten (Arist. h. a. V.) und
bringt dann Apollo und Diana, die Lichtgottheiten des neuen Jahres,
zur Welt. Die Ueberirdischen wandeln in der Fülle der Zeit auf Erden
und werden von den Menschen zu Gaste geladen; die Mahlzeit ist ihnen
geweiht, damit sie den Jahressegen zurücklassen. Die zwölf Tage bilden
das kleine Jahr, in welchem sich die Monate spiegeln. Dodekahemeron
heißen sie noch bei den Griechen; an ihnen soll nicht gefastet werden,
damit man im kommenden Jahre voll und genug hat. Sie laufen
von Weihnacht bis Großneujahr, in Bayern vom Thomastag bis
Neujahr, in Mecklenburg vom zweiten bis dreizehnten Januar. Hier
tauft man in den Zwölften die Thiere im Stalle um, als gelte
es dem Umstehen oder vorbestimmten Viehfall für's kommende Jahr
zu wehren. Suätki heißen russisch die zwölf Nächte, wo Mädchen
die Zukunft erforschen, denn in ihnen concentrirt sich das Zeitleben.
Inzwischen lenkt die Sonne vom tiefsten Süden wieder zurück.

Das Sonnenjahr hieß ὁ ϑεοῦ ἐνιαντός, magnus annus;
diesem Gottesjahr ging das Mondjahr voran, welches, um zwölf Tage
kürzer, den heiligen Zeitraum einschließt. Nott, die Nacht war den
Germanen Mutter des Tages (Cäsar b. G. VI. 18), wie auch des
Jahres; der Hirt und Jäger nimmt die Nacht, der Ackerbauer den Tag
zum Anfang. Die Deutschen allein ließen sich die Benennungen
ihrer alten Festzeiten, Weihnachten, Ostern, Antlaß nicht nehmen.
Die Weihnacht wurde schon in der Heidenzeit gefeiert und von den
alten Deutschen rührt der Ausdruck her. Withid heißt ags. diese
Weihzeit. Ze Winnachten, wihen nahten, wihen nehten ist ein
Plural; „der heilige Tag zu Weihnachten" sagt soviel als in
den zwölf Nächten. In Berlin halten die Kinder noch auf die
zwölftägige Dauer der Weihnachten, der Haupttag heißt im Volks=
mund das Fest mit Vorzug. Auf den Tannenbäumen flammen
die Wachslichter, aber darunter vollführen die Kleinen mit Trommeln
und Trompeten, Knarren und Waldteufeln einen heidnischen Lärm.

Wer die Feier der hl. Zeit in den Zwölften übertritt, zieht Kröten und Frösche in's Haus, die als arme Seelen im Gefolge der Bertha und Holda gehen.

Das Mahl um Mitternacht oder nach der Weihnachtsmette ist nicht christliche Neuerung, sondern altdeutscher Brauch. Die Weihnachtskuchen wurden unter freiem Himmel gebacken. In der Berchtennacht deckte man in ganz Deutschland der Mutter Berchta und den Schrätlein den Tisch, und setzte zugleich den Bergmänn= lein Speise vor, nämlich Milch und Honig, nachdem man am hl. Abend die Brosamen aus allen Winkeln gekehrt hatte — wie die Juden am Rüsttag vor Ostern thaten, damit der alte Sauer= teig ausgefegt ward. Fra Holdentheil kennt man sogar noch in den ungarischen Bergstädten, wohin Quitzmann die Ursitze der Baj= varen verlegt; da ist die Mohnspeise in der Schüssel, die man in den Rauhnächten vor der Mette nach heidnischer Ueberlieferung für die umziehende Seelenmutter als Speiseopfer stehen läßt. Am Drei= königstag, der auch Hollenabend, gleich Berchtentag heißt, bildet nach dem Lauterbacher Weisthum der Goldferch das (Opfer=)Gericht, wie man am Christabend das goldene Ferkel, ein Abbild des Ebers, Gullinbursti darbrachte. Geht doch auch Derk mit dem Beer in der Christnacht um: es ist der Juleber.

In der Julnacht mußten die Hausmütter auf Island alle Winkel bei brennendem Licht ausfegen und rein kehren, auch die Thüren öffnen, damit die Elfen am heiligen Abend ihren Einzug hielten: man lud sie zu Tische und speiste sie aus wie die armen Seelen. Die Lappen opfern dem Julfolk oder wildem Heere, indem sie von allen Speisen etwas in ein kleines Schiff aus Birken= rinde legen und dieses vor ihrem Zelte aufhängen. (Mannh. G. M. 96). Ove Tomson schreibt, daß der nordische Bauer in den zwölf Nächten, wo die Himmlischen ihren Umgang halten, die Speisen am Tische stehen läßt und eine Oese Bier dazu setzt für die Einkehr nehmenden Asen, den Schöpfbrunnen aber zudeckt, damit keiner hinein= falle. Schweinefleisch nimmt keine Weihe an. Vom Juleber zum Opfermahl heißt in Niedersachsen Mett (engl. mead, Fleisch) noch das mitternächtliche Festessen mit der Metzelsuppe, unserer Mettenwurst, womit man das neue Jahr eröffnet. Im Hannoverschen ißt man beim scheidenden Jahre die Stuttensuppe aus Weißbrodwürfeln und Schweinsrippe mit Brühe vom Schweinskopf übergossen. Dieß Originalessen wiederholt sich in der Familie ohne Unterschied der Konfession auf Dreikönig mit dem Biertrunk. Die Magd soll dem Nix am Julabend Rahmkrütze vorsetzen, damit er dafür die Pferde strigelt. Das Schwein ist ein altes Opfer für Frohdi, der auf dem Eber mit goldenen Borsten einherfährt. Wie man in der Uckermark auf Christmeß Schweinskopf mit grünem Kohl ißt, so kömmt die wohlgemästete Mettensau in Niederbayern in der Christwoche unter das Messer, das Kalenderbild zeigt dieß; von Dorf zu Dorf läßt sie ihren Schwanengesang vernehmen. Sie frischweg zu entführen gilt für ein erlaubtes Meisterstück. Dietmar von Merseburg meldet, daß die dortigen Heiden am Jahresfeste zusammenkämen und zur Zeit der Theophanie das Medwintreblot, mediae brumae sacrificium barbrächten. Wie läßt sich dieses Metten mit der Pumpermette in der Karwoche aus der liturgischen Matutin erklären? Was Tacitus von Broden in Eberform schreibt, gilt vom Julfest.

Jul, das Rad, gibt dem Julfest auf Weihnacht den Namen; in den zwölf Nächten bis Berchtentag dreht sich der Sonnenwagen. Die Irländer theilten das Jahr in vier Rathas und aus der Natur= religion erhielten sich die Weihnachts=, Oster=, Mittesommer= und Herbstfeuer, wie wir im „Heidenthum und dessen Bedeutung für das Christenthum" I, § 46—52 II, 92 darthun. Der Zeitabschnitt der Sol= stitien und Aequinoktien sollte auf diese Weise einleuchtend verherrlichet werden. Die Weihnachtsfeuer wurden· erst 1806 abgestellt. Die Klosterhirten von Plankstetten wählten dazu den Kalvariberg und die Feuer brannten in der Geburtsstunde des Herrn.

Die Armenier begehen die Weihnacht noch in aller Form eines Mithrasopfers; sie führen Stiere und Kälber in die Kirche, deren Hörner sie bekränzen und mit· Lichtern bestecken und schlachten sie. Beging die ganze Römerwelt den vorjulianischen Solstiztag, den 25. Dezember als das Fest der Geburt des Sonnenkindes, Sol novus, 'Ηλιος ἀνίκητος oder Deus Mithras invictus, so waren die Natales, ins geistige Gebiet übertragen, für die Bestimmung des Geburtstages Christi mit entscheidend, der bei Johannes VIII, 12 von sich selber sprach: Ich bin das Licht der Welt. Der Unterschied war nur, daß die orientalische Kirche in den ersten vier Jahrhunderten die Epiphania oder Erscheinung des neuen Himmelslichtes kalendarisch φωτισμός, illuminatio, dies luminarium, am Schlusse der Feiertage oder am 6. Januar beging.

3. Der Weihnachtstisch an der Kette.

Die Alten pflegten in öffentlichen Nöthen ihre Götterbilder zu fesseln, auch gebührte nach Cicero nat. d. III, 34 ihnen in allen Tempeln ein goldener Tisch, worauf geschrieben stand: „Der guten Götter Eigenthum". Wie man die Gottesstadt mit einer Kette um=geben dachte und das Heiligthum auf dieselbe Weise in die Hand des Patrons gab (Sagensch. Nr. 26), wurde auch der Weihnachtstisch den Himmlischen zugeeignet. Wie verstehen wir die Psalmstelle LXIX, 23 „Ihr Tisch möge ihnen zur Fessel werden, zum Lohn und zum Falle?" Was sagen wir noch mehr von der Gemeinsamkeit der Religionsgebräuche seit dem höchsten Alterthum, da selbst Augu=stinus, der Bischof im afrikanischen Hippo, die Nachricht bietet: die Landleute stellen in der Nacht des ersten Januar Tischchen mit allerlei Eßwaaren auf in dem Glauben: wie an diesem Tage möge das Haus das ganze Jahr hindurch sich befinden. — Das Brod mehrt sich durch den Mitgenuß der Unterirdischen, wie das Bier, von dem die Unholden getrunken; nur darf man davon nicht sprechen. (Simrock 423. 595.) Brodteig am Abend vor Epiphanie bereitet kömmt ohne Sauerteig in Gährung.

In der Jachenau stellte die Bäuerin in den drei Rauchnächten (vor Weihnacht, Neujahr und Dreikönig) Aepfel= und Birnschnitze, Zwetschgen und Kraut, insbesondere aber „Rauchwaizen" in der Milch gekocht auf den Tisch, nahm von allem etwas in die Weihrauch=pfanne, ging damit dreimal um's Haus, und jedermann aß zuletzt von allem; beileibe aber kam nicht Fleisch noch Nudel auf den Tisch. Es schmeckte nicht gut, aber man sah ungerne, daß einer nicht mit=gegessen hätte. Allmälig ist auch dieser nicht mehr verstandene Brauch in Abgang gekommen, obwohl er verdiente fortzuleben, denn er er=innert den Anthropologen an die Urzeit, wo der Mensch einfach von Dem lebte, was die Natur von selber bot. Srzeniawa Zmigrodzki erzählt „über Sitten und Gebräuche der polnischen Landbevölkerung

in der Ukraine": Auf Weihnacht decke man den Tisch mit Heu und
stelle ein Büschel Getreide in den Winkel. Es ist Fasttag bei leerer
Suppe bis Abends 6 Uhr, dann wird eine Oblate unter allen Ver=
wandten vertheilt, Brod und Salz stiften Gastfreundschaft, man reicht
sich die Hände und der Versöhnungskuß wird selbst dem Feinde
geboten. Jeder genießt dann Reissuppe in Mandelmilch (den süßen
Brei der Bertha), Waizengrütze mit Honig. Die Oblaten schickt man
sogar in weite Entfernung, es ist eine heidnische Agape. Das ge=
weihte Brod stiftet Versöhnung und wird auch bei Hochzeiten ver=
theilt, keiner ohne Kränkung übergangen.

Am Buchberg bei Tölz legte der Bauer in der hl. Nacht
den Eßtisch an eine Holzkette vom Wagen, womit man ins Holz
fährt, schob den Mettenblock (nordisch Julkloß) in den Ofen und
stellte Scheiter wie Runenstäbe nach der Zahl der Hausbewohner auf.
Wessen Holz bis zur Heimkehr vom nächtlichen Gottesdienst umfiel,
der mußte im kommenden Jahre sterben; ja als ein Knecht aus Muth=
willen das Scheit der Bäuerin umlegte, härmte diese sich wirklich zu
todt. Die alte Rieschenbäuerin gestand den früheren Brauch noch zu,
als ob sie sich zu schämen habe; aber wegen nachbarlicher Neckereien
gaben die treuherzigen, erzbraven Buchberger ihn gar auf.

Die Weihnachtspeise in Kärnthen bildet Kletzenbrod. Am
Weihnachtabend und Thomastag folgen die Räucherungen in Haus
und Stallung, dies sind die Rauchnächte, Speck und Weihrauch liegen
in der Gluthpfanne. Das Haus wird rein gescheuert. Bei den
Berglern im Lavantthale wird das Hausgeräthe: Geschirr und Pfannen,
Rührkübel und Häfen, unter den Mahlzeittisch gestellt, mit einer
Kette umzogen, damit die Aernte im kommenden Jahre gut aus=
falle und die Bäuerin Glück in der Wirthschaft habe (Waizer, Kultur-
bilder aus Kärnthen 71. 73). In Steyermark setzt man nach
Muchar am Feste der altdeutschen Weihnachtsgöttin Bertha
den Knechten bei geschlossenen Thüren die sog. Bechtelmilch
vor. Am Weihnachtsfest um Mitternacht deckt man den Tisch für
die Vorfahren; am Perchtentag setzt man der Ahnmutter Bertha Essen
und Trinken vor. Um Mühldorf stellt man auf Dreikönig für Frau
Bertha Küchel auf den Tisch (Panzer Nr. 278) — es ist in der
heiligen Zeit. In Böhmen genießt man am Vorabend von Perchten-

tag zu Dreikönig Klöße oder süßen Brei, wobei die dreizehn Kessel sich auf die Jahresmonate beziehen. Im Spital zu Zug kochte man ihn am Vorabende der vier Hauptfeste; in Cham hörte die Sitte 1798 auf. An Petri Kettenfeier legt man das Hühner= futter an die Kette und läßt die Heunen so fressen, dann ver= lieren sie sich nicht aus dem Hause. Im Odenwald kocht man auf Faftnacht für die lieben Engelein das Beste, setzt es auf den Tisch und öffnet ihnen die Fenster; alsdann geht man schlafen (Mannh. 9. M. 96. 226. 720. 724).

Im Samland legt man während der Zwölften die Zäume der Pferde unter den Tisch, dann halten sie sich im Frühjahr während des Weideganges zusammen — so lautet die Erklärung (Jähn I, 296). Der Zaum ging wohl für die Holzkette hin, wie der Tisch für den Altar, und einen angeketteten Opferstein nebst dem Schlosse haben wir in Hugelfing gefunden (Sagensch. 98). Schade, daß diese einheimischen Lektifternien abgekommen, wo der Mensch die unsichtbar wandelnden Götter bewirthen wollte. Diese unvordenk= lichen Gebräuche zeugen von der Religiösität unserer Altvordern schon in der asiatischen Urheimath.

4. Die Gönnacht und das Weihnachtkind.

Die Nacht galt den Nordvölkern für die Mutter des Tages, die längste oder Jahresnacht hatte das neue Jahr zum Sohne. Es gibt im Grunde zwölf Gönnächte von Weihnachtabend bis Groß= neujahr, aber die letzte ist die eigentliche. Die Deutung ist unsicher; Studach räth auf Gin, einen Beinamen der Freya Niorn. Gin Regin heißen die unteren Götter, Upregin die oberen. Gennacht wäre die Nacht der Wiedergeburt, Ginfahrt heißt Geisterfahrt, dem= nach hieße so die Geisternacht.[1]) Gännacht setzt eine Mutter Ganna voraus, die wir nur im Namen der Priesterin kennen. (Dio LXXVII. 10); sie käme mit Frû Gaue, der Erdmutter überein, und gleicht der milden freundlichen Bertha. Die Kinder halten ihren Umgang von Haus zu Haus und singen:

---

1) Geniennacht erklärt sie Studach Urrel. 118. 121. 123. 125. 132. 144. 154. f. 162. f. 167.

Gönnacht und 's Neujahr, Christkind im g'strausten Haar;
Gesundheit und ein langes Leben Soll unser Herr vom Himmel geben,
Und was sich Herr und Frau selber wünschen mögen.

In Mittenwald lautet der Spruch:

Gönnacht ist a heilige Nacht, Ist unsres Herrn Tischlenacht,
Da richt't man den Tisch, da backt man den Fisch,
Da schenkt man den Wein In uns'res Herrn Becherlein.
Baasel, a bisle Zelten, Mög' enk's Gott vergelten.

Zu München und Tölz u. s. w. gehen die Lehrburschen in der
Kröpfelsnacht am letzten Donnerstag vor Weihnacht, die Kinder auf
Gönnacht um.   Der Tyroler läßt die Gömnachtprechtel umziehen.
(Alpenburg S. 63 f.).

Auch in der Schöpfung spricht sich Gottes Offenbarung aus,
der Cult der Naturreligion erhielt sich im Anschluß an die Jahres=
zeiten fort, nur wurden die Symbole allmälig Träger der höchsten
Ideen.   Makrobius[1]) macht uns die merkwürdige Mittheilung:
„Der Inbegriff der Zeiten spricht sich im Sonnenleben aus, so zwar,
daß sie im Wintersolstiz als Knäblein erscheint, wie denn die ägyp=
tischen Priester am bestimmten Tage solch eine Figur aus dem Heilig=
thum hervortragen; der kürzeste Tag ist gleichsam als Kind und
Knabe angesehen."   Der alexandrinische Kanon setzt den kürzesten
Tag auf 25. Dezember an, und der gelehrte Philologe bestätigt nur
als Laie, was die Osterchronik[2]) meldet.   „Bis zur Stunde ver=
göttlichen die Aegyptier die Niederkunft einer Jungfrau
und stellen ihren Sohn in der Krippe den Andächtigen zur
Schau aus."   Als König Ptolemäus um die Ursache fragte,
empfing er die Antwort: Das sei ein Mysterium, welches ein
heiliger Prophet ihren Vätern anvertraute, und welches sie
so weiter überlieferten.

---

1) Saturnal. I, 18: Hae autem aetatum universitates ad Solem
referuntur, ut parvulus videatur hiemali solstitio, qualem Aegyptii pro-
ferunt ex adyto die certo, quod tunc brevissimus dies veluti parvus et
infans videatur.

2) Chron. Paschale. Ἕως νῦν Αἰγύπτιοι θεοποιοῦσιν Παρθένου λόχον,
καὶ βρέφος ἐν φάτνῃ τιθέντες προσκυνοῦσιν. Καὶ Πτολεμαίῳ τῷ βασιλεῖ τὴν
αἰτίαν πυνθανομένῳ ἔλεγον, ὅτι παράδοτόν ἐστι μυστήριον ὑπὸ ὁσίου προφήτου
τοῖς πατράσιν ὑμῶν παραδοθέν.

Horus auf den Armen der Gottesgebärerin Isis, wie er im Bildwerk so häufig erscheint, stellt scheinbar das hochheilige Weihnachtslied des Nillandes vor. Hier aber kann nur die jungfräuliche Göttin Neith=Athene gemeint sein, die unbefleckt selbst in ihrer Geburt aus dem Haupte des göttlichen Vaters entsprungen, und deren Tempelinschrift zu Sais, der Stätte des ältesten Madonnenkultus, lautete: „Meinen Schleier hat niemand gelüftet, und die Frucht, die ich geboren, ist Sonne geheißen." Das Kind in der Krippe, das die altägyptischen Priester hinter dem Altare hervortrugen, ist eben der neugeborne Jahrgott, Sohn der Sonne. Kein Wunder, wenn der dreimal abgesetzte und vertriebene Erzbischof Athanasius von Alexandria den Sohn Gottes, wie die Juden den Messias benannten, 325 zu Nicäa, und sein Nachfolger Cyrillus die Gottesgebärerin in Dogma und Kult zur Wahrheit machten. Es ist der orphische Gott Liknites, Dionysos als Wiegenkind, den am eleusinischen Fest eine Priesterin als Neugebornen in der mystischen Wanne zeigte (Proklus in Tim. II Virgil Georg. I, 166). In der Zeit der Wintersonnenwende zogen die ehrbaren attischen Frauen in Wallfahrt nach Delphi und auf den Parnaß, daß die Gewänder im Schneesturm bretsteif froren, es war die Geburtszeit des allersüßesten Götterkindes — Dionysos.

Daß unser deutsches Volk einer ähnlichen Vorstellung huldigte, steht kaum in Frage. In Schlesien zieht das Christkindlein um und singt[1]) oder spricht in den Häusern bei der Bescheerung:

„Geh hinaus zu meinem Roß und Wagen,
Und hol herein die Gottesgaben,
Wir haben draußen stehn ein schönen Wagen,
Der ist mit Gold und Silber b'schlagen."

Es ist der Himmelswagen der alten Gottheit, die den Kindern alle guten Gaben mitbringt.

Im Osnabrückischen, im Kreise Bersenbrück, reitet das Christkindchen auf dem Schimmel von Haus zu Haus und bringt den Kleinen die Weihnachtsgaben. In der Lausitz wandelt eine als Mutter Gottes gekleidete Frau mit den Christ=

[1) Weinhold Weihnachtssprüche 36. 38. 40. Roch h. a. O. 215. Panzer II, 381.

kindeln oder Gotteskindern in der heiligen Nacht umher
(Lauf. Magaz. XLI, 87). Hier ist deutlich Bertha, die Jahrmutter
mit den noch ungeborenen Kleinen, ins Christliche übersetzt.

In Kärnthen, welches vor mehr als tausend Jahren von
Bayern aus kolonisirt wurde und seine Kultur empfing, singt das
Volk: Glückseligs neues Jahr, Christkindl mit krausten Haar
(Waizer 77 f.). Altbayerisch heißt es „im gestraußten," oberpfälzisch
„im kraußelten," d. i. strahlenden Haar. Der Altbayer feiert
die Weihnachtskrippe, als wäre das Christkind inmitte des Volkes zur
Welt gekommen. Am Weihnachtabend schaukelten Mädchen in Kirchen
Schwabens eine goldene oder silberne Wiege der Nornen mit dem
-- Christkind, das an die Stelle eines erwarteten Familiensprößlings
getreten.

Maria führt die unschuldigen Kinder ins Paradies ein und bei
himmlischen Prozessionen an, wie Freia an der Spitze der Kleinen
um dieselbe Zeit umzieht, die ungetauften beherrschend. Noch sehen
wir die Gottesmutter in Kirchenbildern die lieben Kleinen, wie auch
Leute aus allen Ständen, wie sie Kinder unter ihren Mantel hält und
in ihren Schutz nimmt. Manche Kathedrale und altdeutsche Gallerie
hat solch ein Bildniß aufzuweisen. Auch als Berggöttin wurde die
Weihnachtsmutter verehrt, daher das Kinderlied:

> Da droben am Berge, da wehet der Wind,
> Da sitzet Frü Holde und wieget ihr Kind.

Hier bewährt sich so recht der tiefsinnige Ausspruch eines
Augustinus: „Was wir christliche Religion nennen, hat von An=
fang der Zeiten bestanden."

5. Die Weihnachtsmesse der Unterirdischen.

Eine verwunschene Prinzessin fährt in der Christnacht in einer
gläsernen Kutsche mit sechs kopflosen Rappen um, ihr Anblick ist todt=
bringend. Es ist Hel oder die Göttin der wilden Jagd, welche in
der Weihnachtzeit mit den Todten des absterbenden Jahres ihren
Umzug hält. So lauten „Sagen von der mittleren Werra" (Wucke I,
75. II 76). In der heiligen Nacht ziehen die Untersberger zur gottes=
dienstlichen Feier nach den zwölf Heiligthümern, welche bei der Ein=
wanderung der Altbayern den himmlischen Asen zugetheilt wurden.

Die ursprüngliche Schaltperiode, welche das Monden=
jahr von 354ˢ Tagen mit dem Sonnenjahr von 365 ausgleicht, bildet
die Fülle des Jahres, πλήρωμα τοῦ χρόνου. Hier begegnen sich
Vergangenheit und Zukunft, die alten Götter stehen wieder auf und
kommen zur Feier, die Wodanskapellen, häufig auf den Namen Bar=
tolomä (Barthold) oder Salvator (wie die Kümerniß) getauft, erhellen
sich nächtlich. Zur Zeit der längsten Nacht scheint das Schattenreich
den Sieg davon getragen zu haben, das Unterste kommt zu oberst
und die Geister regieren. Zeit und Ort wechseln, Vergangenheit und
Zukunft begegnen sich. Die Glocken läuten aus der Tiefe und auf
Kreuzwegen mag man Wahrsagung holen, das Regiment ist bei den
Todten. Dieß ist, mit christlichen Bräuchen verquickt, der Inhalt
immer gleicher Sagen.

Die Unterirdischen wandern aus Dobbin bei Krakow aus vor
dem Evangelium (Bartsch Nr. 89). Das Volksgemüth läßt aber
auch ihre Bekehrung zu. Am Mauerner Berg, einer Jurahöhe, sind
abenteuerliche Felsgebilde, auch zwei Höhlen; die eine verengt sich
zu einem Gang, in welchen einst Hirten eine Gans laufen ließen,
worauf sie durch das Loch am Burgfelsen zu Hütting herauskam.
In der heiligen Nacht öffnet sich jährlich eine Felsthüre, so lang
das Evangelium gesungen wird; man erblickt dann die kostbarsten
Schätze von Gold, Silber und Edelstein, daß der Hirt von Rohr=
bach verlegen war, wo er zugreifen solle — da hatte er kaum noch
Zeit herauszukommen — mit leeren Händen. In den dunklen
Gewölben der dortigen Veste hütete einst ein feuerspeiender Hund
mit glühenden Augen unermeßliche Schätze. Endlich stieg ein ver=
wegener Hirtenbub hinein, kam aber nach drei Stunden durch die
Oeffnung zurück, stürzte zusammen, deutete nur noch durch Geberden
die gehabten Erscheinungen an und starb am dritten Tage.

In der Kirche St. Salvator bei Prien sieht selbst der Un=
gläubigste nächtliche Beleuchtung und hört Gebetmurmeln vom Gottes=
dienste der Untersberger — von Greinharting her zieht durch die
Helschlucht die wilde Jagd. Einmal wollte eine Näherin in die
Weihnachtmesse gehen; als sie an St. Salvator vorüberkömmt,
sieht sie die ganze Kirche beleuchtet. In der Meinung, daß hier
ebenfalls die Mette abgehalten werde, geht sie hinein, gewahrt aber

zu ihrer Verwunderung lauter unbekannte Leute, welchen kleine Kreuze
über dem Kopfe schwebten. Endlich tritt einer der fremden Beter
auf sie zu, winkt die Kirche zu verlassen und schließt die Thüre
hinter ihr ab. Nun erst merkt sie mit Schrecken, daß dieß die
Untersberger gewesen, und lauft voll Angst, was sie laufen kann,
nach Prien.

Der mitternächtige Gottesdienst geht in der Salvatorkirche
zu Hall in Tyrol mit Musik und Gesang vor sich; so heißen aber
mehrfach die Kirchen der Untersberger. Schlag zwölf Uhr ver=
stummt Gesang und Orgel und erlöschen die Lichter wie vom Windstoß.
Eine Frau zu Heidelberg wollte in die Christmette, kam aber schon
um elf Uhr in die Jesuitenkirche, sah zwölf Geistliche im Chor,
aber sonst niemand. Da ward ihr unheimlich, sie eilt hinaus; beim
Weihwasserkessel spricht Einer: „Das war dein Glück, daß du noch
einmal Weihwasser genommen hast." Vor der Kirchthür fällt sie in
Ohnmacht. — Hier stoßen uns die zwölf Asen auf. Zu Wildernau
im Harz ging eine Frau zur Christmette, es war noch nicht Mitter=
nacht. Sie traf am Freithof die Kirche erleuchtet, noch niemand
unterwegs. Schlag elf Uhr füllen sich die Bänke, aber mit Leuten
aus den Gräbern, Verwandten u. A. Die hoben den Todtengesang an.
Der seit ein paar Jahren todte Prediger geht auf die Kanzel, Schlag
12 Uhr beim Amen verschwindet Alles. Die Frau erzählt daheim
alles und stirbt sofort. (Ey 208). Die Magd des Stadtkirchners
zu Weimar will in der Christnacht in die erleuchtete Kirche, sieht
aber lauter ellenhohe Mönche. Sie werfen ihr eine goldene Kugel
nach und am neunten Tage stirbt sie. Nach ihrer Austreibung in
der Reformationszeit sollen sie durch einen unterirdischen Gang
ihre Schätze abgeholt haben, und dafür jährlich eine Stunde vor
der Christmette unter Gepränge umgehen müssen (Witzschel 288).

Grimm (D. S. 221) erzählt nach Dobeneck II, 99 den Vorfall
vom Jahre 1516, wo eine andächtige Frau in's Engelamt gehen wollte:
sie sieht einen unbekannten Pfaffen die Messe lesen, in den Stühlen
sitzen Verstorbene, einige ohne Kopf, daß ihr die Haar zu Berge
stehen. Da tritt ihre vor drei Wochen verstorbene Gevatterin hervor,
zupft sie am Mantel und spricht: „Behüt Gott, wie kommt Ihr hieher?
Wenn der Priester wandelt, lauft schnell, ohne ümzusehen, sonst kostet

es Euch das Leben." Sie folgt, hört aber hinter sich ein gewaltiges Prasseln, als ob die Kirche einfiele, ein Gespenst eilt ihr über den Kirchhof nach und reißt ihr die „Kursen" von der Schulter. Sie findet das Stadtthor verschlossen und Schweine, wie zum Austrieb, davor; es sind leidige Teufel, die bei Tagesgrauen verschwinden. Zwei Tage liegt sie vor Schrecken krank; als sie zum Friedhof schickt, liegen die Fetzen ihres Regenmantels auf die Gräber vertheilt, daß alle Leute sich verwundern. Die Sache ist allbekannt, nur heißt es, am Allerseelentag habe sich das begeben.

Zu Hagenow in Mecklenburg halten in der Weihnacht Geister ihren Gottesdienst. Eine Frau hörte den Gesang und ging hinüber, ward aber von der verstorbenen Nachbarin gemahnt, die Kirche zu verlassen und sah lauter Todtengesichter. So ging zu Karlstadt in Unterfranken eine Magd in die Kapuzinerkirche zum Rorate und hatte dieselbe Begegnung, wie die Geistersüchtigen an unserer Isar. „Thauet Himmel den Gerechten, Erde sproße ihn hervor" lautet das Rorategebet, dem Psalm entnommen in den Engelämtern vor Weihnacht.

Am Hauptplatze zu Salzburg erblickte die Schildwache in der Mitternachtstunde einen Zug schwarzer Mönche, die nach dem Dom zogen. Mit einmal war dieser erleuchtet, Orgelklang und Chorgesang ertönte; nach einer Stunde ward Alles finster und sie zogen ohne alles Geräusch wieder ab. Wie seltsam, daß gerade im Bereiche der untergegangenen Römerstadt sich dieselben Gesichte wiederholen! Es ist, als ob die Vögel es von den Dächern zwitscherten, und doch stehen so viele Augenzeugen auf. Leben die Todten unter uns fort? Freisauff 63 f. erzählt weiter: Ein Fräulein will früh in die Rorate-Messe in der Adventzeit. Es ist mondhelle Nacht; noch findet sie Niemand auf der Straße, hört aber von weitem die Töne der Riesenorgel, und sieht am Domplatze angekommen die Fenster erleuchtet. Die Thüre ist zu, eben vernimmt sie den Schlußgesang des Hochamtes, da schlägt es Ein Uhr: die Bergmännlein gingen ab, das Gitter schloß sich, Alles verschwand im Dunkel, — das waren die Untersberger, die durch einen unterirdischen Gang, wie in Seekirchen, zum Gottesdienste kommen, ja sie wandern unter dem Königssee durch nach St. Bartelmä, anderseits nach Reichenhall, Feldkirch und Traunstein. In Bartelmä hört man

Nachts oft Gesang mit Orgelspiel. Der alte Lehrer Göttfried ließ
es sich nicht nehmen, daß er Nachts öfters Trommelschlag vernommen
vom Auszug der Gnomen.

Ein Salzburger Zimmermann ging von einer Hochzeit in Hallein
heim; in Niederalm hört er Orgelspiel und sieht die helle Kirche
voll Männlein. Er stellt sich neben einen kleinen Zimmermann und
wird nach der Messe beim Rückmarsch der kleinen Armee nach dem
Untersberge mitgenommen. Dort weist man ihm ein tausendjähriges
Buch mit Prophezeiungen, die theilweise schon in Erfüllung ge=
gangen; er liest: „Darauf wird ein schrecklicher Krieg ausbrechen,
daß ein Bauer vom Acker mit der Pflugscharr, die Bäuerin mit
der Küchelspitz in's Gefecht rennen. Wer flieht, wird einen einzigen
Broblaib mitnehmen." Plötzlich tönt Trompetenstoß, er steckt das
Buch ein, hat aber daheim Spinnweben in der Tasche (Freisauff 65).
Die Untersberger ziehen Mitternachts durch das Kutscherzimmer zum
Fenster hinaus in die Zenokirche bei Reichenhall S. 67. Der
Landarzt von Anger fuhr bei sternheller Nacht von einem Kranken=
besuch in Großgmain vorüber, da stand das Pferd, er bindet es an
einen Baum und nähert sich unerschrocken über Orgelton und Glocken=
klang der Kirchenpforte. Sie war verschlossen, er klettert zum Fenster
empor und sieht im Innern Hunderte von Lichtern und am Hochaltar
voll Blumen drei Geistliche, die Betstühle aber von Männern und
Weibern in wunderlichen Gewändern besetzt. In Frauenchiemsee
ist oft zum nächtlichen Gottesdienst die ganze Kirche beleuchtet, und
man hört die Messe. Ein Neugieriger stieg einst die Leiter hinau
und sah durch's Fenster die Gestalten zur heiligen Feier auf und
ab wandeln. Die Bötin von Perkam ging 1815 vor Weih=
nacht nach Straubing in der Meinung, es gehe schon gegen
Tag. Als sie an der Freithofkirche ist, sieht sie die Fenster hell be=
leuchtet und hört die Orgel. Sie tritt ein, um beim Engelamt ein
Vaterunser zu beten, und kniet im letzten Stuhl. Als der Herr
sich zum Ite missa est umwendet, erkennt sie im jähen Schreck
den verstorbenen Pfarrer, zugleich klopft ihre Nachbarin, die vor
40 Jahren verstorbene Godel, sie auf die Achsel und flüstert: Geh
gleich fort, wenn dir dein Leben lieb ist! und alle Bekannten, die
da und dort ihr winken, sind längst Todte. Als sie außen ist, schlägt

die Thüre krachend ins Schloß. Die Orgel ist verstummt und Alles
stockfinster. Um 3 Uhr früh kommt sie nach Straubing, um 8 Uhr
geht sie zum Landgericht und gibt ihr Erlebniß zu Protokoll; der
Akt muß sich noch in der Registratur finden, wo ihn mein Vater
oft gesehen, schreibt Polizeirath Regnier. Die Perkamer trauen sich
vor Gebetläuten in der Früh nicht an der Kirche vorüber und die
Roße sollen scheuen.

Ein Bürger von Elsterberg im Voigtland ging vor 200 Jahren
in der Christnacht an der Todtenkirche vorüber und fand sie schon
um 10 Uhr erleuchtet. Als er eintrat, sah er eine Menge Verstorbener, die eben das Lied sangen: Herr Jesu Christ wahrer Mensch
und Gott. Unter den hohläugigen bleichen Gestalten bemerkte er
auch seinen Gevatter, setzte sich zu ihm und sang mit. Nach einer
Weile winkte ihm dieser, sich zu entfernen; aber wie sich die Thüre
hinter ihm schloß, erfolgte ein gewaltiger Knall und alles war verschwunden und stockfinster. (Köhler 530.) Ebenso ist eine Geisterkirche St. Lorenz am Todtenacker zu Hof. Eine alte Frau wollte
um 1516 in die Engelmesse gehen und kommt nach ihrer Meinung
um Mitternacht vor das obere Thor, das auch offen steht; Schweine
standen davor. Sie gelangt in die Kirche, ein unbekannter Pfarrer
singt Messe, viele Leute sitzen zu beiden Seiten in den Stühlen, einige
ohne Köpfe. Die Haare stehen ihr zu Berge, da tritt ihre vor drei
Wochen verstorbene Gevatterin auf sie zu, zupft sie beim Rock und
heißt sie rechtzeitig gehen. Eine Alte zu Stolberg will in die
Christmette und glaubt verschlafen zu haben, plötzlich sieht sie, daß
sie unter lauter Geistern sitzt. Die Thüre faßt ein Stück von ihrem
Mantel, das abgerißen wird; andern Morgens liegt es am Altare.
(Pröhle 42. 70. 96. 363.)

Noch im Kriegsjahr 1815 sieht eine Frau zu Kroßen in der
Niederlausitz (laut Mitth. für Anthrop. 1888 S. 259) am Weihnachts-
feste die Kirche erleuchtet, eilt Mitternachts dahin, die Orgel spielt,
alle Stühle sind besetzt, das Buch zeigt eine andere Schrift, Niemand
gibt ihr Antwort: sie erkennt nur Verstorbene und bald folgt ein
großes Sterben im Orte. So wirkt der Glaube aus der altkirch-
lichen wie vorchristlichen Zeit nach.

Schon Gregor von Tours de gloria confessorum meldet

2*

von der Stephanskirche am Friedhof zu Autun: zwei Bürger
beschlossen, Nachts die hl. Stätte zu besuchen, woher oft Psalmgesang
drang, trafen die Kirche voll unbekannter Leute, hell und doch durch
keine Kerze erleuchtet, als einer aus der Versammlung ihnen die
Ruhestörung verwies. Der eine lief davon, der andere blieb, starb
aber bald.

6. Der Weihnachtsbaum.

Vom höchsten Norden bis zum fernen Süden hat das Abbild
der Esche Yggdrasil mit allem, was daran lebt, der Weihnachsbaum
die Welt erobert. Der Baum mit goldenen Aepfeln prangt schon
in Avallon, dem seligen Eiland der Druiden, wie Iduna sie aus
Eden bringt. So öffnet sich mit dem neuen Jahre der Himmels-
garten vor den Augen der kleinen und großen Kinder. Der Weihnachtsbaum mit seinen Früchten veranschaulicht die Befriedigung aller
Wünsche und ist für die alten Deutschen, besonders die Nordländer
als Waldbewohner charakteristisch. Als Christbaum kam er erst unter
der Königin Karoline zu Anfang des Jahrhunderts nach Bayern, ist
in der neueren Zeit auch in Frankreich und Nordamerika, insbesondere
an allen Höfen eingeführt, und wird vom Nord- bis Südpol selbst
auf den Schiffen in allen Meeren angezündet.

Auf Island heißt der Vogelbeerstamm der heilige Baum
und trägt die Sage, er sei aus dem Blute zweier Geschwister, eines
Jünglings und einer Jungfrau, erwachsen. Man besteckt in der
Weihnacht ihn mit brennenden Lichtern (Maurer J. V. 177); hiezu
kömmt ein Hirsch (Zwölfender) als Sinnbild des Jahrlaufes. In
der Nacht vom 23. auf 24. Dezember, am 1. und 6. Januar
pflegen die Albanesen Kirschbaumzweige anzubrennen und mit der
Asche in die Weinberge zu werfen; nach dem dritten Brande halten
die Knaben Umzüge. Sie beginnen ihr Jahr gleichwohl mit 1. März
und der 12. heißt Neurus, wie bei den Persern „das neue Licht".
In der Eifel streut man während der Zwölften die Asche vom
Weihnachtsklotz auf die Felder (Mannh. B. 224 f.); das alte Jahr
wird so gleichsam verbrannt. In Lothringen schneidet jeder ein
Stück vom verkohlten Jul-Block und hängt es über sein Bett, damit
der Blitz im nächsten Jahr nicht einschlägt. An die Julfeuer

erinnert noch der Brauch am Weihnachtsabend am Niederrhein, sowie zu Schweina in Thüringen, daß die Jugend mit Fackeln zu einer am Döngelsberg aus Feldsteinen errichteten Pyramide auszieht und unter Weihnachtsliedern alle zu einem Scheiterhaufen wirft (Busch, D. B. II. Aufl. 29).

Es deutet auf den erhofften Segen im Neujahr, wenn alle erdenklichen Gaben und Süßigkeiten dem Bäumchen angehängt sind, womit Jung und Alt sich beschenkt. Der Apfelbaum blüht in der Christnacht, so heißt es um Gera; zu Tribur trägt er sogar Früchte. (Bechstein, D. S. 483, Rochh. A. S. 82.) Die Aeltern wissen dieß den Kindern schon durch wirkliche Gaben glaubhaft zu machen. In Hildesheim setzte man zu Jahresanfang einen reichverzierten, mit Schellen und Glöcklein versehenen Tannenbaum mit dem Bilde der in die Stadtfarben, roth und gelb, gekleideten Jungfer Phain, und befestigte ihn mitten auf dem Markte an einem Stein mit einem eisernen Ring, der noch im XVII. Jahrhundert zu sehen war. Diese Bäume wurden im weiten Umkreis mit der Tafelrunde um= stellt, und in Gemälden und Versen die Mißbräuche der Stadt geschildert (Müller J. Zeitsch. I, 54).

Der sog. Adamsbaum in Saulgau ist mit Aepfeln und Eßwaaren gespickt und wird durch die Stadt getragen, dreimal um jeden Brunnen, dann unter die Jugend geworfen. Dabei singt man: Adam hatte sieben Söhne (Birlinger B. II, 50). So tief= religiös war der Naturmensch. Um Fürstenfeldbruck gehen zu Weih= nacht zwei Knaben mit einem Tannenbäumchen voll Aepfel und Nüsse und Bänderzier von Haus zu Haus und singen:

„Albe, Albe, Alberi mein,
Der Sommer der is fein.“

Der den Winter vorstellt, hat eine Drischl und spricht:

„Schüttelst Du munter, so klaub ich auf,
Mach meiner Gretl gut Kletzen b'raus.
O Sommer sei nit gar so stolz,
Ich bau a Brucken und brauch kein Holz.“

Darauf balgt der Sommer den Winter zur Thür hinaus. Sie be= kommen Brod und Mehl geschenkt.

Der Weihnachtsbaum, mit allerlei Früchten oder reichlich mit Backwerk behangen, ist keine christliche Einführung. Noch herrscht in der Schweiz der Brauch, all' die Gaben, welche Saniklaus als vermummte Person bringt, an ein mit Flittergold geziertes, mit Wachslichterchen bestecktes Bäumchen zu hängen. (Stalder II, 299.) Hier steht der hl. Baum unmittelbar mit dem Auftreten der alt= deutschen Gottheit in Zusammhang.

7. Weihnachtsbescheerung in Lebkuchen und Birnbrod.

Nach Theodoret wurden die Opferkuchen der Himmels= königin bei Jeremias VII, 18 mit Rosinen und Piniennüssen ge= würzt. Sie heißt If. LXV, 11 auch Mondherrin, Meni. Der „Schicksalsgöttin“ zu Ehren sind dieß die ersterwähnten süßen Brode, und damit vergleichbar die der Cybele, später der Maria geweihten kleinen Kuchen (κολλυρίδες), welche den Verehrern den Namen Kolly= ridianern eintrugen. In der römischen Welt beschenkte man sich auf Neujahr mit Feigen, Rosinen, Datteln und Mandeln und buck sie in den Janual oder Neujahrskuchen. Der Italiener bereitet das Weihnachtsbrod von Cybeben und obenauf Mandeln, daß es schwärz= lich aussieht, unter dem Namen pane forte; auf Korfu heißt es χριστόψωμα, pane di Christo.

Was Kern hat, deutet auf Segen und Gedeihen, Wachsthum und Fruchtbarkeit; das Essen vom Fruchtbrode in den Loostagen gibt Aussicht auf den nachfolgenden Vollgenuß. Der Zuwachs des Tages von Weihnacht bis Neujahr heißt in Alt= bahern wie auch in Mähren Hahnschrat: sliepice krok. Von Weihnacht bis Dreikönig ist nach deutschem Sprichwort ein Hirschen= sprung, und der Hirsch bildet in Lebkuchenform mit Mandelkernen zugleich eine Weihnachtsspende. In Steyermark bäckt man Hirschlein, sowie die schwäbischen Springerlen. Auch Rößel stellen die zeitgemäßen Lebzelten vor. In Benediktbeuern heißen sie Göntaten, ein Wort, das mir Schmeller nicht zu deuten wußte; vielleicht hängt es mit Gönnacht zusammen.

In den drei Hauptrauchnächten zu Weihnacht, Neujahr und Dreikönig wird vornehmlich Birnbrod oder Brodzelten gebacken. Dieses mit dürren Birnen, Feigen, Mandeln und Cybeben ausge= stopfte Brod schließt gleichsam die Fülle des Jahressegens ein, dem man entgegensieht. Dasselbe besitzt zugleich die Eigenschaft, daß es im harten Winter nicht gefriert, daher es die Holzarbeiter in die Berge mitnehmen. Im Algäu gibt der Einödbauer es den Kindern in die Schule mit. Der Birnlaib auf Weihnachten wird in der Umgegend von Benediktbeuern und Audorf von der Liebsten dem Liebsten zum günstigen Anzeichen gegeben. Im Werden= felserland hat jedes Erwachsene auf Weihnacht einen Birnlaib, und welchen Burschen das Mädel einladet, das Kletzenbrod anzu= schneiden, dem gibt sie den Vorzug, wenn nicht, so sagt sie ihm das nächste Jahr ab; darüber gibt es oft Raufhändel und Feindschaft. Auch in Pongau schenkt die Dirne ihrem Auserwählten den Kletzenscherz.

In London folgt auf Christmas der Boxing Day oder Geschenk= tag, in Mecklenburg der Julklappstag, wo Gesinde und Werkleute die Hand nach Gaben ausstrecken. Am Rhein und in Schlesien kommt der Bohnenkuchen auf den Tisch, ein Gebäck, worin eine Bohne gebacken ist; wer sie bei der Vertheilung in seinem Stücke erhält, heißt der Bohnenkönig. In Franken wird derselbe von Mehl und Honig bereitet und Geld darein gelegt; wer das Glück hat, führt die Braut heim. An Rhein und Mosel theilen die jungen Leute Vielliebchen, wo zwei Mandelkerne in einer Schaale stecken, und wer das dabei gegebene Erkennungswort vergißt, muß ein Geschenk bieten. So gewann mein Schwager seine Frau. Dagegen wirft man im Traunsteinischen sich Kirschkerne oder Erbsen zu und spricht:

Spitzkern, Spatzkern,
Wenn ich dich triff, mußt mein Schatz wern.

Die Tegerfelder backen auf Berchtentag zu Ehren der Jahresmutter, welche in den Zwölften umgeht, ein großes Eierringbrod, ein Bild des Jahrzeitringes, wie St. Nikolaus im Gefolge der drei Jungfrauen drei Brode in der Hand hält, wohl auf die drei Jahres= zeiten bezüglich, weil die Deutschen ein Frühjahr nicht kannten. In der Klöpfelsnacht, der letzten von den zwölf Weihnächten, empfingen noch Anfangs des XIX. Jahrhunderts die Mägde, welche die Einkäufe zur Haushaltung besorgten, bei Metzgern, Bäckern und Bräuern ein Birnbrod oder Geldgeschenk.

8. Der Stephansumritt.

Im Norden an den Grenzen der Natur, so ging der Volks=
glaube bei den Suionen oder deutschen Seeanwohnern, sehe man die
Rosse und das Strahlenhaupt der Sonne. (Tacit. G. 45.) Ganz
derselben Anschauung ist die Jugend in den Alpen und erhebt sich
bei einer Bergfahrt früher von der Streu, wie ich aus Erfahrung
weiß, um diesen Anblick zu gewärtigen. Nach altschwedischem Volks=
glauben spannt die Sonne in den zwölf Nächten ihre Pferde aus,
läßt sie auf der Weide und ruht selbst von ihrem Jahreslauf in
einer Höhle aus. (W. Menzel Vorchristl. Unsterbl. 28.) In Deutsch=
land hieß der 26. Dezember der große Pferdetag oder die Haferweihe
(Wolf Beitr. 120. 125), zumal in Schwaben geht das Ausreiten und
die amtliche Musterung der Rosse vor sich, auch stellt man da und
am Niederrhein eine Art Wettrennen an und nagelt Roßeisen gegen
Verzauberung an die Stallthüren (Busch Volksgl. 32). St. Stephan
kommt zum Roß und Umritt, nur weil er Balders Stelle vertritt.
Den Riesenschimmel zu Lauingen soll ein (am Fuße?) verkrüp=
pelter Knecht Stephan geritten haben. Man fabelt von einem
deutschen Stuffo, denn was hat der biblische Heilige mit Pferden
zu thun? Wenigstens Winfried bannt den Trinkgott Stuffo am
Stuffenberg zwischen Heiligenstadt und Eschwege in's Stauffenloch.
Seltsam herrscht an einigen Orten der Brauch, am Stephanstag sich
zu betrinken, damit die Kühe rindern und glücklich kalben. Am
Heuberg kommen die Manns= und Weibspersonen zusammen, die
von der Hochstuben oder Kunkel sich kennen und trinken die Letzt,
d. h. Jahresabschied. Den Pferden läßt man zur Ader. Aus dem
Rotthal erhob sich 1883 die Klage über das Steffeln, daß
am Tag nach Weihnacht die Ortsbewohner durch den Lärm der
Burschen aus dem Schlafe geweckt würden und was nicht niet= und
nagelfest sei, verfahren oder versteckt, sei es nach langem Suchen im
Kothe fänden.

In den Weihnächten fällt wohlthätiger Thau vom Himmel und
macht fruchtbar, ebenso zu Pfingsten (Gervasius I, 12). Die Rosse
der Walkyren schütteln ihn von ihren Mähnen (Grimm M. 393).
Auf Stephani reicht man das am Feste geweihte Heu den Rossen

zum Futter. Odins Sleipnir geht in den zwölf Nächten um, wo
die wilde Jagd los ist, ihm bleibt ja auch die Habergarbe am Acker
stehen. Zu Labuhn in Hinterpommern war es Sitte, daß in der
Christnacht ein Mann auf dem Schimmel den Umzug durchs
Dorf hielt. Weil es aber dabei spukte und der Reiter am dritten
Tage wegen der Begegnung mit einem andern starb, kam das ab; in
andern Orten besteht der Brauch noch. In Bebel und sonstigen
Dörfern wurde früher statt des Schimmels ein Storch aufgeputzt
und am hl. Abend umgeführt: jetzt ist beides außer Uebung. (Knoop
52. 177.) Hufeisen kranker Roße nagelte man an die Kirchenpforte,
wenn sie geheilt waren, oder ließ ganz kleine machen und heftete sie
an die Stallthüre. So zu St. Stephan in Riedesheim bei
Neuburg, wo früher am Stephanstag Heu geopfert und nach
dem Gottesdienst verkauft wurde; der Erlös fiel der Kirche und dem
Meßner zu. Zum Pferderennen sammelten sich die Bursche nach
der Kirche auf freiem Platz, alle Rösser waren am Kopf und Schweif
mit Bändern und Blumen geziert und der Reihe nach aufgestellt.
Auf ein gegebenes Zeichen begann das Rennen, der erste ward
mit Jubel begrüßt, der letzte tüchtig ausgelacht. (Böhaimb.) Zu
St. Stephan im Krapffeld in Kärnthen halten die Bursche am
Tage einen Rundritt um die Kirche, geben den Pferden geweihtes
Salz und Brod, und trinken St. Johanns Segen, um durchs
ganze Jahr gesund zu bleiben. Jeder Bauer stellt seinem Gesinde
eine Flasche Wein auf den Tisch mit dem Spruche:

"G'seg'n Gott den Johannssegen."

Nicht nur liegen Weihmichel und Weihenstephan zwischen Landshut und Rothenburg, sondern schon von der Stephans- zur Michaelskirche galt in Antiochia, der syrischen Metropole unsichtbar eine
eiserne Kette gezogen, auf der sich die Heiligen besuchten. Am
Stephanstag ritten zu München früher bei 200 behäbige Reiter,
Bäcker und Fiaker auf stattlichen Roßen während des Gottesdienstes
bei beleuchteten Fenstern um die Kirche, dreimal mit abgezogenem
Hute, und zwar bei dem Eingang am Chor hinein, beim andern
hinaus. Die Pferde trugen schöne Schabraken und waren mit
färbigen Bändern aufgeputzt. Erst seit 1876 hat der hochweise
Magistrat ein Verbot eingelegt mit der Erklärung, man ehre zwar

alte Bräuche, deren Andenken geschichtlich sei, stimme aber gegen den Fortbestand, wenn sie den Aberglauben fördern (!?!) — Dieß ist ein Widerspruch in sich, denn all' unsere Volksbräuche beruhen auf Aberglauben, d. h. sie erhielten sich regelmäßig aus der deutschen Vorzeit. Es frägt sich, ob Volksbräuche nicht höhere Berechtigung haben, als Polizeiverordnungen. Am Stephanstag opfert man in der Filiale Amper bei Moosburg neben den gewöhnlichen Pfennigen neun Aepfel, die mit verschiedenen Pfennigstücken (5 bis 10 und 20 Pfennig) bestedt sind. Stephansgroschen gab es schon im VI. Jahrhundert, und Stephansgulden waren im XVI. in Bayern in Umlauf. (Prechtl, Inkofen S. 90.)

Alle Weihenstephan bei Freising und Landsberg wie an der Laber, der alte Dom, nun die Stephanskapelle zu Regensburg, der Stephansmünster zu Passau und in Wien, wie die berühmte Kathedrale zu Norwich, St. Etienne und Beauvais, dazu unsere zahlreichen dörflichen Stephanskirchen und Berge verrathen altdeutsche Cultusstätten. Auch das Chorherrnstift Diessen steht an einem St. Stephan geweihten Platze, wo die alte Klosterkirche mit diesem Patron 1317 abgebrannt ist, die durch Gräfin Kunigunde zu Anfang des XII. Jahrhunderts gestiftet war. Es trifft sich, daß Stephanskirchen mit zwei anderen verbunden ein Kirchspiel bilden. Stephansbergham ist ein Kirchlein nächst Geisenhausen an der Landstraße nach Vilsbiburg, allwo die Weiber am Stephanstage in einer großmächtigen Hühnersteige ihre schönsten Hühner vor dem Gottesdienste von Alters her zum Opfer bringen. Nach demselben versteigert selbe der Kirchpropst zum Vortheil des Kirchleins, und die Darbringerinnen erwerben sie in der Regel wieder zurück. Stephan ist Pferdepatron, ja Herzog Maximilian I. verpönte 1611 den Aberglauben am selben Tage ihnen zur Ader zu lassen, während man in Tyrol alsdann Haber und Gerste, das edle Pferdefutter weiht. Der Oberpfälzer pflegt am Christabend dem Vieh nach der Abfütterung den Christkindelhaber zu geben, um damit Glück zu haben, während in Oesterreich das Mettenheu üblich ist. (Quitzmann 92.) Hier kommen wir aus dem Wodansdienste nicht hinaus.

9. St. Johanns Segen, der altdeutsche Minnetrank.

In Arbeo's Lebensbeschreibung des hl. Emeram lesen wir von Bajuarien: „Das Land war reich und anmuthig, und zog selbst Wein; das Volk war schlanken und kräftigen Wuchses, sehr wohl= wollend und menschlich, aber noch der Abgötterei ergeben, indem man mehrentheils aus Einem Kelche das Blut Christi und den heidnischen Opfertrank genoß."

Schon Paulus schreibt I Kor. X 20 f.: „Die Heiden opfern dem Teufel, haltet nicht Gemeinschaft mit ihnen, ihr könnt nicht zugleich den Kelch des Herrn und den des Teufels trinken, nicht am Tische des Herrn und des Teufels theilnehmen." Obige Scheltworte sind von da entnommen. Als Franzose von Geburt und Sitten, der wegen seiner Unkunde der Landessprache sich eines Dolmetschers bedienen mußte, verstand sich Emeram auf den fromm religiösen Gebrauch des deutschen Minnetrankes so wenig, wie Mabillon bei seinem Besuche der Schweiz 1683, der sein Erstaunen äußert, daß man beim Aufbruch aus jedem Wirthshause des Morgens ihm St. Johanns Segen zur glücklichen Weiterreise aufnöthigte. Im Augenblick der Abreise trinkt man noch die Gesundheit zu, von St. Johannis wegen, heißt es. (Iter German. 12—41.) Von dieser Gottes Minne ist gleichwohl schon im Leben Severin's c. 22. 23 zu lesen, und die fromme Sitte besteht nicht bloß auf Johannistag in Mitte Winters zum glücklichen Jahresangang.

Umsonst verbot Karl der Große den Sachsen das Minne= trinken. Hatte er vielleicht auch die Bibel vor sich, wo der Psalmist die Götter der Heiden Dämonen schmäht und ihren Dienst für teuflisch erklärt, um zu so grausamen Mißverständniß der väterlichen Religion zu gelangen? Als in der Folge König Otto I. sich zu St. Emeram in Regensburg selber zu Gaste geladen, schloß er das Mahl mit dem sächsischen Spruch: „Wessen Brod ich eß, dessen Lied ich sing. Der Heilige hat uns anheut wohl gespeist und getränkt, so gedunkt mich billig, daß wir diese Mahlzeit in der Liebe St. Emeran vollenden." Befahl darauf einander den Friedenskuß zu geben und aus dem verordneten Gesundheitsbecher die Liebe des Martyrers zu trinken. (Schöppner Nr. 1287.) In Würzburg hieß es „zu Ehren Kilians trinken", dazu genossen die Domherrn St. Martins=

wein. In den Urkantonen wurde St. Stephans Minne getrunken:
in Luzern galt dafür der Ausdruck: „St. Steffes Menteli hole"
(Lütolf 105) — man empfahl sich hiemit nämlich seinem Schutze.
C. Geßner schreibt in seinem Thierbuche: „Herkulis Trunk, d. i.
wie sie sagen, St. Johannismantel." Im XIII. Jahrhundert gab
man den Reisenden auch den Tobiassegen auf die Reise mit
(Steynitzsch 238), und der Spruch dabei lautete:

> St. Oswald deiner Reis pfleg,
> St. Gertrud dir gut Herberg geb,
> Nun g'segen dich Gott hüt
> Mit Abels Segen Gottes trüt,
> Für St. Urbans Plag (dem Zipperlein) dich Gott behüt.

Im Dom zu Freising liest man auf einer Tafel im oberen
Gang neben einem Hufeisen:

> „Hättst du Johannis Segen nit veracht,
> Hätt dir der Gaul den Garaus nicht gemacht."

Ein Reiter (denn früher gab es keine Straßen für Fuhrwerke) hatte
beim Aufleger eingekehrt und wollte eben zu Roß steigen, als der
Wirth ihn an St. Johanns Segen mahnte. Dieser spottete darüber,
man solle ihn seinem Roß geben. Als er gen Moosburg an den
Berg kam, stürzte das Thier hinab und er zerschmetterte sich die
Hirnschaale. An St. Johanns Segen ist Alles gelegen, heißt
es in Oberschwaben. Im Regensburgischen ist üblich, daß ihn
sogar das Kind in der Wiege bekömmt, desgleichen Knechte und
Mägde bis zum Hüterbuben. (Birl. B. II, 110 f.) Er wird
allenthalben in der Kirche geweiht — so wenig ist mehr von Teufels=
trank die Rede. Vielmehr ward zur Pilgerfahrt nach dem ge=
lobten Lande St. Johanns Segen getrunken. Um Eßlingen
bringt am 27. Dezember jedes Gemeindeglied eine Maß Wein zur
Weihe in die Kirche, und trinkt ihn dann zu Hause gegen jeden
Schaden. Lezzetrunk heißt in Spaichingen der Segenswein auf
Neujahr. Eduard Duller singt im „Freund Hein":

> Und es füllt der Wirth die Kannen,
> Werther Gast, ihr zieht von bannen,
> Einen wüsten Weg hinaus,
> Drum Johannissegen
> Wahr' euch allerwegen
> Vor der Wanderung Sturm und Graus!

Im skandinavischen Norden trank man die Gottesminne in der Julnacht, wo auch Wasser in Wein sich wandelt. Man kostete den gesegneten Wein beim Jahresangang wie beim Antritt einer Reise, ja beim Auszug in Krieg und Schlacht, und nicht minder beim Ausgang aus dem Leben. Die Helgoländer gehen paarweise zur Kirche und trinken aus einer Glocke einander zu auf glückliche Zeit: spätestens am dritten Tage stellt sich dann Ostwind ein. (Müllenh. 125. 596.) Das ist der Wunschwind zur fröhlichen Ausfahrt. Wenn die Hohenauer mit dem Salzzug auf der Donau von Passau die Fahrt nach Regensburg antraten, brachte der Seilträger jedem der Roßleute aus einem Henkelkruge zu trinken den St. Johanns Segen. (Panzer II, 231.)

Bei Landhochzeiten, zumal im bayerischen Gebirge, wird das Brautpaar zum Antritt einer glücklichen Ehe in der Kirche mit St. Johanns Segen geehrt, aber auch die Gäste nehmen daran Theil. Bei der Hochzeit meines Verwalters Dornach in Weßobrunn am 1. Februar 1875 bin ich voran um den Altar zum Minnetrank gegangen, und feierlicher Hörnerklang erhöhte den Ernst der Handlung. Vordem bot der Klosterpater ihn aus St. Waldo's Wunderglas, worin der hl. Abt laut der Legende Wasser in Wein verwandelte. Der Segenswein wurde gereicht zu Füßen der gekreuzigten Kümmer= niß oder mannweiblichen Weltmutter, welche selber mit dem Kelch am Altar abgebildet ist. Dieß führt uns in unvordenkliches Alter zurück: sie ist ja zugleich Ehegöttin. In Bernau am Chiemsee wird die Braut vom Brautführer beim Hochzeitamt dreimal um den Altar geleitet und trinkt jedesmal St. Johanniswein. Anderwärts, wie in Prutting, Weßobrunn, Fürstenfeldbruck, bleibt die Braut stehen und trinkt dreimal abwechselnd mit dem Bräutigam, die andern Hochzeitsgäste nur einmal.

Auch um Aalen in Würtemberg ist üblich, daß während auf der Vorbühne die Musikanten einen Tanz aufspielen, die Hochzeit= leute zum Altar gehen und vom Priester geweihten Wein bekommen. Eben das geschieht in Franken zu Oedheim, Offenau u. s. w. Die Cultusübung aus der deutschen Nationalreligion hat die Refor= mation überdauert. Selbst Weintrinken bei Licht am Hochzeit= morgen kömmt vor. (Birl. B. II, 387. 437.) Während des Hoch=

zeitmahles gab und gibt es noch hie und da bei Deutschen und
Wenden für jeden Gast ein Löffelchen voll Honigmuß, oft auch Roth=
wein aus einem Krügel: das heißt man „die Braut vertrinken".
(Rochh. A. S. II, LI.) Die Hochzeit eröffnet eine neue Lebens=
reise, daher ist der Liebestrank vorzüglich am Platze.

Auch die Zeit der sommerlichen Sonnenwende, wo der Jahres=
lauf abwärts geht, bringt den Heilsbecher ausnahmsweise mit
sich. In Rothenburg a/N. trank man am Abend des 24. Juni
Johannissegen, Johannistrunk, ebenso in Heilbronn. Nach=
barn, die das ganze Jahr sich angefeindet, mußten mittrinken. In
Ueberlingen war dazu gemeinsames Zunftessen. (Meier 427 f.)
Wenigstens einmal im Jahre oder bei festlicher Gelegenheit sollte
man die Freundschaft oder Versöhnung sich zutrinken und den Will=
komm einander reichen. In München bewahrten die Schuhmacher
den Innungstrank noch am jährlichen Zunftfest, indem sie eine
zehnmäßige Kanne in's Presbyterium gaben, und nach dem Hochamt
und der priesterlichen Weihe der Becher unter den Zunftmeistern her=
umging. (Quitzm. 251.)

Beim Auszug in den Krieg und beim Abschied vom
Leben durfte der Minnebecher nicht fehlen. Die Regensburger zogen
am 13. Juli 1431 gegen die Hussiten, nachdem sie erst St. Johannes
Wein getrunken. Bei den bis in's XV. Jahrhundert in Bayern fort=
dauernden Ordalien und Turnierkämpfen erhielt jeder der Streitenden
zuvor den Minnetrank. Im letzten Augenblick vor der Enthauptung
reichte man dem ritterlichen Pienzenauer zu Kopfstein noch St Johannis=
wein. Und wie sollen wir es anders fassen, daß man im Alterthum
den Hinzurichtenden Wein anbot! Gewürzten oder Myrrhenwein nahm
selbst der Heiland unter dem Kreuze. Mark XV, 23. Der Kelch,
den St. Oswald auf Bilderwerken in der Hand führt, ist eben
Odins Minnebecher, selbst sein sprachkundiger Rabe kostet Johannes=
lieb oder St. Johanns Segen. (Zingerle 73.) Es ist die Com=
munion der alten Deutschen, welche lange genug sogar aus
Todtenschädeln gereicht wurde. Althergebracht wird in ganz Franken,
zumal in Würzburg, Bamberg und Nürnberg den Katholiken bei
der Communion noch geweihter Wein ausgetheilt, wie die Griechen
nach der Sonntagsmesse ohne Consekration geweihte Brode ohne

Unterschied der Person empfangen.   Die Religion der alten Deutschen
hatte mehr sittlichen Werth, als die Wälschen sich träumen ließen.
Der Kelch Christi ist von Rom den Laien vorenthalten,
den alten Heidenkelch hat sich aber das Volk nicht
nehmen lassen.

Trank das Volk ursprünglich das Gedächtniß des Thor und
Wodan, der Freya und Gerdr, so verstand man in der christlichen
Zeit Michels und Martins, Maria's und Gertrudens Minne
(von welcher noch der Tegernseer Mönch Froumund im Ruodlieb singt).
ja unterstellte St. Stephan, Emeram, Kilian, und brachte die Libation
dem Gedächtnisse der Blutzeugen. Gertrudens Minne ward aus gläsernen
Schifschen gekostet, in Erinnerung an das Schiff der Nehalennia,
so zu Nivelles, zu Bonn; sie ist Patronin der Schiffer, überhaupt der Reisenden. (Wolf B. I. 151.) Selbst solche, die sonst
das ganze Jahr nur, so zu sagen, unter der Kirchthür dem Gottesdienste beiwohnen, gehen zum Johanniswein an's Speisegitter vor,
und die mit den Roßdieben am letzten Sonntage beichten, bleiben
nicht zurück.   In der Familie läßt man eigens einen Hauswein
weihen.   Man trinkt dem Range nach bis zum Kind in der Wiege.

Wir dürfen diesen ererbten Cultus tiefer fassen. Beim Pascha-
mahle tranken die Hebräer den Kelch des Heiles viermal zum
Andenken an die vier Weltalter und den künftigen Messias. Deßhalb
trägt Christus bei der Einsetzung des neuen Bundeskelches den
Seinen auf: Dieß thut zu meinem Gedächtniß! Unser deutscher Minnebecher ist nur die Fortsetzung des Mysterienbrauches; denn nach
Dionysischer Lehre hat die Menschheit zwei Kelche zu trinken: den
Sündenbecher oder Taumelkelch des irdischen Lebens,
welcher vorbildlich zwischen dem Sternbild des Krebses und Löwen
am Firmamente steht.   Trinkend von diesem Kelche sinkt die Seele
von ihrer himmlischen Höhe in die Welt der Feuchte herab und
nimmt die sinnliche Natur an; bis nach all' den Schicksalsprüfungen,
sei es nach tausendjähriger Wanderung, sie den Kelch des Heiles
in den Mysterien erfaßt, den der Kelch des Abendmahles vertritt,
um nach der Erlösung von dieser Zeitwelt zur Herrlichkeit des Himmels
heimzukehren.

Die zwei Becher vertheilen sich auf beide Solstitien, wo das

Jahr zu- oder abnimmt. Die Kirche knüpft die religiöse Begehung an die beiden Johannes, wovon der Evangelist das Kreuz über den Kelch macht, daß die Giftschlange ausfährt; der Täufer aber, in der Hochzeit des Jahres oder um Mittesommer enthauptet, seine Hirnschaale an mehrfachen Wallfahrtsorten selber zur Spende der Gottesminne darreicht.

10. Unschuldig Kindertag. Germanische Seelenlehre.

Wodans und Berchtas Herrschaft in den Weihnächten war ge-fürchtet, und wie wurden sie zum Kinderschrecken herabgewürdigt! Noch heißt es im Augsb. Kalender 1764: Es ist doch ein schändlich spotten, daß des Christkindleins Vorboten Bercht und Ruprecht müssen seyn." Bertha, die deutsche Seelenmutter, hält um die Kalenderzeit mit den Heimchen oder Kinderseelen ihren Umzug, die voll Sehnsucht nach dem Leben im neuen Jahre zur Welt kommen sollen. Frau Perchta kömmt um Wintersmitte an der Spitze der Ungeborenen des neuen Jahres, während das wilde Heer die Todten des ver-gangenen dahinführt. Im Orlagau in Sachsen nimmt aber die gütige Mutter mit den Erdmännlein den Abzug über die Saale, als ein Fremder kam und sie kränkte. (Preusker I, 58.) Der Schiffer wird bei der Ueberfuhr mit Spänen belohnt, die sich in Gold ver-wandeln. (Richter IV, 42.) In der Nordschweiz geht der Glaube: Sieht man am 28. Dezember viele Wolken am Himmel, dann stehen im kommenden Jahre viel schwere Geburten bevor. (Busch Volksgl. 34.) Im bayerischen Wald (Schlicht 36) lautet der Neujahrs-wunsch der Kinder für Bauernfamilien:

> Wir wünschen der Frau ein Wiegerl vors Bett,
> Damit sie da gleich ihr Kinderl neinlegt.
> Was wünscht man dem Kinderl? ein goldenen Wagen,
> Damit daß es kann ins Himmelreich fahren.

Die lieben Kleinen melden sich in der Klöpfelsnacht an, und der Glückwunsch bezieht sich offenbar auf Familiensegen. Auf das An-klopfen soll von Innen heraus eine Antwort und Gaben von Back-werk folgen. So singt man in Oberschwaben:

> Die Rosen wachsen am Stengel,
> Der Herr ist lieb, die Frau ist schön,
> Das Kind ist wie ein Engel.

In Ostpreußen erscheint schon auf Weihnachtabend der Schimmel, ein ausgestopfter Popanz mit Wergkopf und Flachsschweif, tücher-behangen, der in einem fort aufspringt und ausschlägt, mit einer Klingel. (Lemke 29 f.) An die Bedeutung der Klöpfelsnacht erinnert dabei der Gesang:

> Wir wünschen der Frau einen goldenen Ring
> Und übers Jahr ein kleines Ding.
> Wir wünschen dem Herrn einen goldenen Tisch,
> An allen vier Ecken ein' bratenen Fisch.
> Und in der Mitt' eine Kanne voll Wein,
> Daß Herr und Frau können lustig sein.
> Wir wünschen dem jungen Herrn ein Pferd,
> Und an der Seite ein scharfes Schwert.

Am Unschuldigkindertag gehen die Kinder im Lieserthal in Kärnthen mit Tannenästchen, Plißen, so nennt man die Föhrnnadeln. Der Glückwunsch endet: „Lang leben, gesund bleiben, (einander) gern haben." Frau Percht zieht in Tyrol mit den ungetauften Kindern über Berg und Thal, und kostet von den Speisen, die ihr zu lieb am Tische stehen bleiben. Als Jahresmutter hält sie im Tyroler Märchen mit der Schaar der Ungeborenen, alle Kindlein in weißen Hemden, über Feld und Hügel hinschwebend ihren Umzug. (Alpbg. 65.) Die Seelen kommen (auf der Milchstraße) vom Himmel, und kehren aus dem Verbannungszustand von der Erde wieder dahin zurück. Dagegen führt das wilde Heer die Todten des verwichenen Jahres dahin. Die ungetauft verstorbenen Kleinen kommen in den Unschuldigkinder-Freithof. Die Lichtelfen sitzen mit Unser Lieben Frau auf der Engeltreppe. Vor allem tritt der Grundgedanke her-vor, welchen auch der Buddhismus (Köppen 299) festhält: die mensch-lichen Seelen existiren von jeher.

In der Jahresnacht stieg nach altrömischem Glauben Acca Larentia, die Larenmutter, mit den Geistern der Abgeschiedenen aus der Schattenwelt herauf und machte ihre Runde, damit sie neuerdings Körper annähmen. So aber schreibt der Talmud Chagiga f. 5,1: „Es ist eine Schatzkammer unter dem Throne Gottes, welche Guv heißt; darin sind alle Seelen, welche im Anfang geschaffen wurden und inskünftige geboren werden, versetzt." Avoda sara f. 5,1: „Der Sohn Davids wird nicht kommen, bis alle Seelen im Guv erschöpft sind." Diesen Glauben an die vorgeschaffenen Seelen bestätigt Philo de gigant. näher: „Die Wesen, welche bei den Philo=sophen Dämonen heißen, nennt Moses Gen. VI Söhne der Elohim. Es sind die Seelen, welche in der Luft schweben. Davon steigen die Einen in Leiber herab, während die Andern mit der Erde nicht verkehren, sondern heilig und rein bleiben." Plato erkennt die gottgeschaffene Seele neben der sterblichen. Dem hochreligiösen Glauben, daß unser geistiges Wesen vom Himmel entstamme und dem Körper erst einverleibt werde, huldigten auch die alten Deutschen. Holda—Berchta ist die Seelenfrau, die heidnische Gottesmutter, welche erst die christliche Zeit für eine Unholde erklärte. Sie zieht mit den Kinderseelchen um zur Anfrage bei dem Herrn, dem feinen, und der Frau, die nur zu gern thut greinen, ob sie für das kommende Jahr keinem von ihnen Unterkunft gewähren wollen. Es ist nicht möglich, noch naiver und zarter den Glückwunsch auszu=drücken.

Das Fest der unschuldigen Kinder schreibt sich somit schon aus dem altdeutschen Kalender her und galt den noch ungeborenen Kleinen, welche zur Welt kommen sollten. Kein Wunder übrigens, wenn die Kirche es auf die bethlehemitischen Kinder bezog. Wenn damals Augustus spottend sagte: es wäre leichter Herodes Schwein, als Herodes Sohn zu sein, nämlich weil die Juden kein Schwein schlachteten — so ist beim deutschen Festzug an Mordopfer gar nicht zu denken.

Sollte das Wesen, welches ewig fortzuleben bestimmt ist, nicht auch präexistirt haben? Schon der Ausdruck „zur Welt kommen" schließt den Glauben an die Herabkunft aus höheren Sphären ein. Merkwürdig verschließt die deutsche Nationalreligion sich gegen die orientalische Lehre von der Wiedergeburt. (Voluspa 20.) So schreibt der Sammler der Edda zum zweiten Liede von Helgi: „Das war Glaube im Alterthum, daß Menschen wiedergeboren wurden, aber das heißt nun alter Weiber Wahn. Von Helgi Hundingstöter und Sigrun wird gesagt, daß sie wiedergeboren wären; er hieß da Helgi Hadingtaskadi, sie aber Kara, Halfdans Tochter, wie im Karalied erzählt wird." — Die Cavinna im Süden von Cuzko entstanden aus einem Sumpf, wohin die Seelen zurückkehrten, um die Körper Neu=

geborner zu beleben. Der Glaube an die Herkunft aus heiligen Seen
war in Südamerika weitverbreitet. (Bastian, Altam. Culturl. I. 493.)

Die Israeliten, welchen die Heiden nicht für ebenbürtige
Menschen galten, versetzten nur ihre auserwählten Seelen als vor=
geschaffen in den Seelenbecher Guv unter den Thron Gottes, und
gaben die Zahl derselben so groß an, wie die Kinder Israels durch
das rothe Meer gezogen, und nach Paulus Wort I. Kor. 10 im
Wasser und der Wolke getauft wurden. (Vgl. mein Heidenth. II,
460 f.) Paulus spricht von Geistern in der Luft, und Philo nimmt
mit Plato an, daß die zarten Kinderseelchen in den reinen Lüften
wohnten; erst wenn die Glut und Sehnsucht der Eltern sie anziehe,
trage ein günstiger Wind sie daher, bis im rechten Augenblick die
Mutter das Geistchen einathme. Samothrake war eine dem allbe=
fruchtenden Boreas ausgesetzte Insel; dahin pilgerten die Frauen, um
Ehesegen zu erflehen, und zogen vom geheimnißvollen Heiligthum der
Kabiren nicht ohne Hoffnung fort. Auf Kirchenbildern schauen wir
häufig die Madonna mit Kindern unter ihrem Mantel als deutsche
Bertha aufgefaßt.

11. Die Klöpfelsnächte.

Unsere Nationalreligion hat an humanen Zügen so viel vor
anderen voraus, z. B. die Klöpfelsnächte, und frägt man Deutsch=
land auf und ab, so weiß Niemand mehr, was sie bedeuten. In
Sigmaringen herrscht am Vorabend von Andrä die ganzen acht
Tage bis Nikolaus das „Nibeln". Die Kinder werfen nach Bet=
läuten Erbsen an die Fenster, manchmal auch Steinchen, um an die
nahe Erscheinung des hl. Nikolaus zu erinnern. Die Bäcker ver=
kaufen das Klausenmännle, ein Brod in Form eines tanzenden
Mannes; der Brauch ist fast abgekommen. (Schnell, St. Nikolaus
16 f.) In den hl. Klöpfelsnächten wirft man in Oberschwaben
mit Erbsen, Linsen und Gerste in die Fenster, was auf Donnersteine
zielt. Auch die zahlreichen kirchlichen Donnerstagfeste im Jahre er=
innern noch an die Wochenfeier des altdeutschen Donar. Knöpflen
heißt man in Wurmlingen und Rottenburg dieses Werfen mit
Erbsen an den drei Donnerstagen vor Weihnacht. Es soll
von der Pestzeit herkommen, wo man an die Fenster warf, ob

3*

noch Jemand lebe, und dann rief: Vergelts Gott! Die erste Klöpfels=
nacht ist die Andreasnacht, wo die Altväter klopfen und zu Gaben
mahnen. Von diesem Umgang heißt es: Laufst wie ein Klopfer.

Erbsen sind Donars hl. Speise, man kocht sie im Hochsommer
am Johannisfeuer. (Mannh. Zeitschr. 104 f.) Wer aber in den zwölf
Nächten Erbsen kocht, bekommt Ungeziefer oder Aussatz. Letzteres ist
wohl nur aufgebracht zur Verdächtigung des vorchristlichen Brauches.
In vielen Gegenden bilden Erbsen noch die Donnerstagspeise. Donar
ist der Ehegott und die Hülsenfrucht Sinnbild des materiellen Leibes,
daher Pythagoras, welcher zuerst aus dem Orient das Mönchthum
im Abendland einführte, den Genuß von Hülsenfrüchten seinen Jüngern
versagte. Beim Erscheinen eines neuen Weltbürgers streut man in
Aegypten geröstete Erbsen unter die Kinder auf die Straße. Dasselbe
thut die Hebamme bei den griechisch=albanesischen Insassen in Unter=
italien vor der Thüre und man frägt bildlich: wann gibt es Erbsen,
d. h. kommt die Frau bald zur Entbindung?' (Ploß, Das Kind 75 f.)
Auf Schloß Landsberg unterhalb Meiningen, wo ein umgestürzter
Thurm am Boden liegt, geht die Sage von der Haßfurter Jungfrau,
welche alle 50 oder 100 Jahre durch Erbsenwerfen sich ankündet.
Diese werden zu lauter Gold, aber man muß die Schlüsselblume
haben, um selbe zu sehen.

In der Sylvester= und Dreikönigsnacht bringt man im Han=
nover'schen mit Knüttelschlägen an die Thüren den Neujahrswunsch.
In Thüringen nennt man den vierten Weihnachtstag (Unschuldige
Kinder) den Klingeltag vom Klopfen und Glöckeln, zu Weiden im
Weimar'schen gehen die Kinder dann mit Tannzweigen herum. Die
Glöcklerbuben ziehen schon an den drei Donnerstagen aus und
heißen auch Töllgersinger. Nach Mone (Anz. 1835 S. 310) heißen
in Württemberg Knöpflentage die drei Feiertage vor Weihnacht, weil
man an ihnen Knöpflein kocht, wie in Böhmen am Perchtentag
Klöse. Wir lassen den Schwaben ihre Knöpfle und fassen den Brauch
des Anklopfens in's Auge, weßhalb Thomas, Neujahr und Dreikönig
auch Rumpelnächte heißen. Klöpfelsnacht ist keine vor Andrä,
keine nach Domine. Neujahr wurde im XV. Jahrhundert und noch
später häufig um Weihnacht begangen. Der „Klopfan" (Schade 19.
51. 63) blieb zu Weihnacht wie auf Großneujahr vor den Thüren mit

Glückwünschen stehende Figur. Das „in den Klöpfle's Nächtenlaufen“,
um einzusingen und Lebzelten einzustreichen“, bringt ein Augsburger
Aufruf von 1538 zum Verbote. Eigenthümlich erinnert an die
schon uns Kindern bekannte Mythe von Gyges der Zug, der Glöckler
sei aus einem todten Roß geschloffen. Roß wie Hirsch sinn=
bilden den Jahrlauf. In Westphalen klopfen Schaaren von Buben
auf Petri Stuhlfeier (22. Februar) mit Hämmern an der Hausthüre;
St. Peter trat aber an Donars Stelle. In Schleswig ziehen die
Knaben auf Weihnacht mit dem Rummelpott umher.

In der Oberstnacht (6. Januar) klopften zu Nürnberg junge
Leute mit Hämmern, Schlegeln und Prügeln an Hausthüren und
Läden und liefen dann davon. Klopfen heißt bei Hans Folz und
Rosenplüet das neue Jahr anwünschen; es ist eine Weihe der
Hausthüre mit Thors Hammer. In Usedom auf der Insel gleichen
Namens zog in der Weihnachtzeit der Schimmelreiter, dazu ein
in Erbsenstroh gehüllter Mann (der Pelzmarte) und der Träger eines
Klapperbockes in den Dörfern umher, der mit einer Schnur die
Kinnladen zusammenschlagen ließ. (Manh. G. M. 237.) Es ist
der Julbock, und wie Indra goldene Kinnbacken hat, die den
Donner verursachen, so bedeutet auch dieß Klappern das die Erde
aufweckende Donnergepolter. Glöckler=Abend sagen die Kärnthner
statt Klöpfelsnacht, und die Singer und Pocher an Fensterscheiben
und Hausthüren beglückwünschen Aeltern, Kinder und Ehehalten.

Auffallend haben dieselben Bräuche bei den Spreewenden
sich erhalten. Zwischen Weihnacht und Dreikönig rührte man früher
kein Spinnrad an. Darnach kamen junge Bursche aus Cottbus u. a.
nach dem Spreewald und sangen:

> Wir wünschen dem Wirth einen goldenen Tisch,
> An allen vier Ecken einen bratenen Fisch
> Wir wünschen der Wirthin einen jungen Sohn...

Unverkennbar lautet so der Glückwunsch auf Ehesegen im neuen Jahr
in den Worten ausgedrückt, man ruft überlaut: Fromm ist der
Bräutigam, schön ist die Braut, nun laßt uns froh und fröhlich sein;
wo bleibt der Meth, wo bleibt der Wein? Zu Tölz im Bayer=
oberlande streiten sich die Mädel um das Recht des Umganges und
lautet der Spruch:

11. Die Klöpfelsnächte.

Ich klopf an, ich klopf an,
Die Frau hat ein' schön' Mann,
Ein' lieben und ein' fein,
Nur thut er allweil grein.

In Eschenloh pflegte man von Alters her auf Drei Königs=
abend zu berchten, d. h. um Geschenke anzuklopfen. Denselben
Brauch heißt man in Elsaß bechten, und da man in den zwölf
Nächten Gaben bekömmt, leitet daher das Fechten der Handwerks=
burschen sich ab. Um Tittmoning gingen die Bauernknechte noch
bis zur Mitte unsers Jahrhunderts an den drei Pfinstagen vor Weih=
nacht mit halbrunden Rollen, d. h. Schellen mit einer Kugel von
Haus zu Haus, gaben Räthsel auf und nahmen dafür einen Birn=
laib oder Kletzen. Die Hausleute gaben andere Räthsel heraus, und
man suchte sie gegenseitig zu lösen.

In der Lausitz heißt der Begleiter der Christkindel oder Gottes=
kinder, die in der Weihnacht umziehen (Haupt XLI, 87), Ruprecht,
der Ruhmglänzende, nach dem Beinamen Wodans; der Rüpel zeigt
den erniedrigten Heidengott.[1] Als Knecht oder wilder Mann
ging er örtlich auch mit einer als Mutter Gottes gekleideten
Frau in den Häusern umher und schreckte die bösen Kinder, wogegen
sie die braven belohnte. (Schmeller I, 195.) Alsdann geht der Gesang
von Haus zu Haus:

Ich klopf an, ich klopf an,
D'Frau hat an schön Mann,
Gib mir d'Frau ein Küchel zum Lohn,
Weil ichs Herrle g'lobt han.
Will mir d'Frau kein Küchel geben,
Will ichs Haus auf d'Seiten legen,
D'Henna will ich all' derschlag'n —
Und an Gockel zum Hof nausjagen.

Eigentlich dürfen nur umziehende Mägdlein die Klöpfelsnacht begehen.
Die Küchel sind wohl Opferkuchen. In Hirtelbach bei Alt=
münster rufen die Kinder, die sich das ganze Jahr darauf freuen:

J klopf an, gebts Kletzen raus,
Glück und Segen in das Haus.

---

1) W. Menzel Literaturbl. 1857 Nr. 93. Sepp Sagenschatz S. 646.
Freisauff 491. 497. Mannhardt G. M. 292. 587. Zeitsch. f. d. M. III, 123.

Dieses eigentliche Kinderfest ist so zart und läßt sich so wenig in Zusammenhang mit fremden Religionsgebräuchen bringen, daß die Erklärung aus christlichem Ursprung geradezu mißlingen mußte. Man höre den Versuch:

St. Gundhild verordnete im Sterben, man solle ihren Leichnam auf einen Wagen legen und zwei Rinder vorspannen, diese am ersten und zweiten Ort, wo sie hielten, forttreiben, am dritten aber sie begraben und einen Tempel darüber bauen. Von ihr rührt der Gebrauch, daß die Leute auf Adventszeit herumlaufen, mit Hämmern an Thür und Fenster klopfen und rufen: Gut Heil! besonders an den letzten drei Donnerstagen und zwar in den Vormittagstunden. Zum Schluß gingen auch angesehene Leute mit hölzernen Hämmern mit (in Langenaltheim) und sangen:

"Gut Heil!
Gebt mir ein Theil,
Glück in's Haus,
Schertling (?) raus!"

Dafür reichte man Eßwaaren heraus. Die Druiden hießen die Eichenmistel Gut Heil. (Keyßler.)

12. Das Auffindeln oder Fitzeln am Pfeffertag.

Am Unschuldig Kindertag werden in Bayern und Oesterreich die Mädchen von den Burschen gefitzt oder gepfeffert, d. h. mit Wachholderruthen geschlagen, wofür sie mit Pfefferkuchen sich lösen. (Simrock D. M. 1869 S. 526.) In Wessobrunn vor andern schlagen die Buben ihre Mädel mit Gerten oder Besenreisern um die Füße, und diese dulden es wie eine Ehre und zahlen gern mit Branntwein oder Aepfeln und Nüssen. Sonst müssen die Weibsleute an den Markttagen und Holzeiten (hl. Zeiten) den Mannsbildern und Tänzern beim Krämer etwas kaufen. Der Haselnußzweig gilt als Wünschelruthe, damit schlagen, heißt nussen, die Nuß aber bezeichnet die weibliche Scham. Hie und da bringt ein Verbot den Brauch in Abgang. Auffindeln nennt man in Mainburg am Unschuldig Kindertag die Leute mit dem Stock aus den Betten treiben; wer zuerst aufweckt, dem müssen die Andern Bier zahlen. Hier ist der Brauch schon nicht mehr verständlich.

In der ganzen Oberpfalz geht das Auskindeln oder Pfeffern Hand in Hand mit der Sitte, die Schöne und Stärke zu trinken, indem die Bursche die Mädel, und umgekehrt, mit Ruthen aus dem Bette wecken, Füße und Hände pritschen und rufen: Wie schmeckt der Pfeffer? Dafür geht es zum Meth auf Johanni, Stephani oder Neujahr Abend, zu Weiden auf Dreikönig, zwei Tage nach einander oder Morgens und Abends, wo die Geschlechter abwechselnd zahlen, wer eben aufgeklopft hat, auch kommen Pfeffernüsse als Reizmittel dazu. Hier fällt das Herkommen mit dem Minnetrank in den Zwölften zusammen. Am Pfeffertag schlagen selbst Kinder die Erwachsenen mit Ruthen. (W. Menzel Symb. II, 538.) Bei Lichtenfels pflegt man auf Unschuldig Kindertag die Mädchen mit Rosmarinstengeln zu pfeffern, d. h. an die Waden zu schlagen, auf Neujahr thun die Mädchen dasselbe den Knaben mit den Worten: Schmeckt's Neujahr gut! Buchsbaum, Lorbeer und andere Rüthchen dienen dazu. Dieß heißt man fitzeln, aber auch auffindeln.

In der Grafschaft Mark und bei Werl in Westphalen beißen am Fastnachtmontag Knechte und Mägde sich gegenseitig in die Zehen, und beschenken sich dann mit Weißbrod und geistigem Getränk. In Leipzig werden noch am Aschermittwoch die Langschläfer mit Ruthen abgekehrt. Anderwärts stiepen die Mägde einander mit Birkenruthen und beschenken sich dann mit Eiern. (Busch 42. 49.) Dasselbe thun noch die Kinder im Gubener Kreise und laufen in die Häuser, das gegen jeden zu wiederholen, selbst den Aeltern legte man eine Birkenruthe mit rothem Bande auf's Bett. (Mitth. d. Niederlauf. 1888 S. 276.) Am Ostermontag schlagen Kinder und Knechte die Langschläfer mit neunfach geflochtenen Weiden aus dem Bette. Dieses Schmeckostern läßt sich bis Mähren, Böhmen, Lausitz, Voigtland bis Oberhessen verfolgen, im Glauben Gesundheit und Lebenskraft zu wecken. Den Weihnachtsbaum kennt das Landvolk in Kärnthen nicht. Am Unschuldig Kindertag gehen die Kleinen dort mit Ruthen- oder Fichtenzweigen im Dorfe umher und schappen (schlagen) damit die Erwachsenen, sprechend: Frisch und gesund, freudenreich, lang leben, gern geben. In Oberungarn werden die Mädchen am Ostermontag von den Burschen mit Wasser übergossen, am Dienstag aber fitzeln die so Getauften ihre Aufwecker mit Ruthen.

Im Schaumburgischen gehört das Fuen ober Futeln zum
Fastnachtsbrauch und mag wohl „ut ben olen Heibentinen ab=
stammen". Die immergrüne Stecheiche ober Wachslauber liefert die
Stachelblätter zu Fuesträuchen gebunben, und die Bursche schlagen
die Weibsleute damit bis auf's Blut. Dafür müssen diese noch Brannt=
wein geben, haben aber am zweiten Fastnachttage das Recht, den
Männern es heimzugeben. In alle Häuser, selbst die Pfarrhöfe, ist
die Sitte oder Unsitte eingedrungen. In Lüneburgischen, um Fallers=
leben u. s. w. fuen maskirte Bursche und schlagen (futuo) wo möglich
die Fut oder Futz (vulva).[1] Das Fützeln oder Fötzeln ist eine
abgeschwächte erotische Heidensitte und von derselben Bedeutung,
wie wenn faunartige Jünglinge die ihnen in den Weg kommenden
Matronen mit Ziegenfellriemen schlugen, was diese nicht ungern
hatten.

Faunus erglühte für seine eigene Tochter Fauna, die bona Dea,
in Liebe und züchtigte sie mit dem Myrthenzweige, da sie seinem
Anliegen widerstand. Endlich berauschte er sie und nahte ihr als
Schlange. Makrob. I, 12. 24. Am Feste der Februa wurde das
Bild der Göttin mit Myrthenruthen geschlagen, sie war wesentlich
nur Göttin der Frauen. Zwei Tage nach dem Hirtenfeste der Fau=
nalien, jährlich am 15. Februar, begingen die aus Arkadien stam=
menden Panspriester am Palatin die Luperkalien, mit dem Opfer
von Ziegen und jungen Hunden, worauf deren Felle in Nestel oder
Riemen geschnitten wurden und das Rennen begann. Nackt bis auf
die Schamverhüllung mit zottigen Lappen liefen die Luperci zur Höhle
der Wolfsbrüder Romulus und Remus am Palatin, wo neben dem
hl. Feigenbaum (caprificus) im geweihten Haine Faunus Luperkus
in Gaisfelle verkleidet stand. Auch Creppi, Böcke, hießen diese Springer
in ihrem Aufzug und Lauf durch Roms Gassen, wobei sie die
Frauen mit Riemen schlugen, welche dazu willig die Hand boten.
Man nannte das hircus init, und die so am dies februatus von
den in's Fell (februum) eingekleideten Böcken Getroffenen hofften

---

1) Lynker 236. Manhardt B. 251 f. 256. 265. 268. 281. 291. Juden,
söben heißt muliebri a virga contingere, fusel ist rheinisch, fasel niederb.
penis.

seiner Zeit leicht zu entbinden. (Ovid Fasti II, 441.) Die Fetial=
priester trugen nach Festus ihren Namen a feriendo, vom Schlagen,
ohne daß die Beziehung klar wird.

Was Herodot II, 46 vom bestialischen Incest und von Prügel=
scenen bei ägyptischen Festen schreibt, beruht auf Mißverständniß und
bösen Nachreden, vielmehr scheint unser Auffindeln zu passen. Bei den
Kaffern setzen Mädchen im Alter von 14 Jahren bandenweise mit
Geißeln aus Dornzweigen gleichalten Jünglingen nach und schlagen sie
bis auf's Blut; gleiche Mißhandlung erfahren dieselben in Senegambien
beim Processionsfeste der mannbaren Töchter. (Ploß, D. K. 309.)
Nicht weniger werden beim Erwachen der Mannbarkeit die Süd=
amerikanerinnen gepeinigt. Am Feste der Göttin des Greisenalters
liefen die mexikanischen Priester durch die Straßen und schlugen die ihnen
Begegnenden weiblichen Geschlechts mit Heubündeln. (Bastian A. C. II,
661. 749.)

13. Heiligung der Thüre mit drei Runen auf Großneujahr.

Sinnvoll nannte der Römer die Thüre janua, nach dem Jahr=
gott Janus, welcher die Beinamen Patulcius und Clusius, Oeffner
und Schließer, trug und am ersten Tage das januale, bestehend in
Kuchen, Salzmehl, Weihrauch und Wein geopfert erhielt. Dem
Vater der Zeit mit dem Doppelgesicht waren zwölf Altäre geweiht,
nach Maßgabe der Monate, wie Varro meint, vielleicht auch bezüglich
der Zwölften. Bei uns werden zur Haus= und Stallräucherung
auf Dreikönig, ob Priester oder Laie sie vornimmt, an jede Thüre
die drei Runen C. M. B. zwischen Kreuzen angeschrieben nebst der
Jahrzahl. Man deutet sie als Initialen der Namen der drei Könige,
wovon das Evangelium nichts weiß, ja dieß ist aus mehrfachen
Gründen nicht richtig. Die kirchliche Ueberlieferung bei Augustinus
und Chrysostomus, Jakob von Edessa u. A. nimmt zwölf Magier
an, deren seltsame Namen Barbahlul der Syrer aufführt; erst Papst
Leo der Große und Beda der Ehrwürdige beginnen im Anschluß an
die drei Weihegaben deren drei festzustellen.[1]

1) Vgl. das Dutzend künstlicher Namen aus Hyde hist. relig. vet. Pers.
c. XXXI p. 877 f. in meinem Leben Christi   I. Aufl. 1 S. 44.

Die Thüre war im alten Reiche gefriedet und trug heilige
Zeichen, zur Abhaltung des Zaubers, alte Runen, an deren Stelle
im Christenthum keine anderen traten. Am Vorabende des großen
Neujahrs, am 5. Jäner, schreibt der Bauer mit geweihter Kreide an
sämmtliche Eingänge des Hauses die drei Buchstaben durch Kreuze
verbunden. „Gleiches geschieht dem Stubenbalken, hier aber in Verbindung mit einer Rune, dem mit Röthel gezeichneten Drudenfuß."
(Schönwerth, Sprichw. XXXIX.) Grub man doch auch Opfer und
die gegen Hexen und Truden erdenklich heiligen Sachen unter die
Schwelle. Trudenkreuze zeichnet man über die Kammerthüre, an die
Bettlade oder Wiege: es sind fünf oder sechs gespitzte Sterne. (Alpbg.)
Zu St. Veit im Rotthale wird vor allen die Kirchthüre mit
den drei hergebrachten Noten bezeichnet und geweiht. Daß der Brauch
ein urdeutscher ist, ergiebt sich daraus, weil man anderwärts am
Niklastag den Namen des Heiligen, der den alten Gott vertritt,
an die Hausthüre schreibt. (Rheinsberg, Festkal. 540.) Hie und da
werden am Karfreitag drei Nägel in die Stallthüre geschlagen, um
das Vieh vor Seuche zu behüten. „Behüte Gott!" zum Abschiede
ist ein ächt altdeutscher Spruch. Talismane brachte man ferner
an Stadtthoren, namentlich in der Schweiz, dazu an Schloßpforten
an. (Oberb. Arch. XII, 228.) Auf Walpurgis schreibt man in der
Niederlausitz mit der Kreide drei Kreuze an Stall- und Hausthüren,
umzieht auch wohl jedes Kreuz mit einem Kreise. Das Kreuz gilt
für Donars Hammer. (Niederl. Mitth. 1888 S. 282.) Zu Rottenburg a/T. macht der Brautführer mit gezogenem Schwerte drei
Kreuze auf die Thürschwelle an der Mannsseite. Am Staffelsee
haut man sie in's Holz, daß keine Hexe sich auf den Baumstumpf
setze. Noch trifft man hin und wieder in den Bergwäldern die drei
Kreuze in den Stock eines umgeschlagenen Baumes gehauen,
doch wissen die Leute nicht mehr die Bedeutung, daß nämlich an
einem solchen Ort die Baumseele, die Dryade, deren Blut zuweilen
beim ersten Axthiebe fließt, oder das Holzweiblein vor der Verfolgung
des wilden Jägers Ruhe finde. Im Salzburgischen steckt man auf
Walpurgis zwei Hölzer in die Stallthüre übers Kreuz, dann kommt
weder die Perth herein noch tritt der Viehschelm auf. (Freisauff.) Das
Kreuz auf dem Brodlaib ist gleichfalls eine Rune.

14. Die Raun= oder Loosnächte.

Es sind die verhängnißvollen zwölf Lößelnächte, an welchen das Loos für die zwölf Monate des folgenden Jahres fällt, von Klein= bis Groß=Neujahr oder von Jul= bis Oberttag, d. i. Drei= könig — eine fortlaufende Festzeit. Rune heißt Geheimniß; es gab Runen mit der Kraft zu binden, andere zu lösen, man segnete damit die Waffen. „Speer zermalme!" steht auf einem Lanzeneisen, „Mit gutem Geschick sei deine Fahrt erfüllt," auf einer Fibula. „Schlafe" stand auf dem Becher, den Chriemhilde von ihrer Mutter erhielt. (Baer, B. M. 412.) Schönwerth II, 259 frägt darum, ob nicht ebenso gut Raunnächte zu verstehen seien, von raunen, runen, weil man Weiffagung in dieser heiligen Zeit nahm, und durch allerlei Zeichen sich gegen üble Begegnung im kommenden Jahre zu schützen suchte.

Roffe und Kühe bekommen in der heiligen Nacht die Sprache. (Wolf, Beitr. 126.) Die Ochsen weiffagen, und der Wirth oder Bauer, der sie belauscht, hört leicht, daß sie im kommenden Jahre ihren Herrn zu Grabe fahren werden. Dieß gilt für so gewiß, daß die Dirnen in Bichl bei Benediktbeuern in der Weihnacht und den drei folgenden Nächten sogar in der Stube Nachtlager nehmen. Die nahe Todtenfuhre nach altdeutscher Weise raunen die Ochsen auch in Böhmen (Grohmann 309); in der Schweiz gilt dieß von der Neu= jahrsnacht. (Jahn 455.) Zu Merching bei Augsburg horchte ein Bauer in der heiligen Nacht unter dem Barren, da redeten die Ochsen: Morgen müffen wir unseren Herrn in die Kirche ziehen, heute Nacht stirbt er. In Norwegen (zu Balders) muß das Vieh am Weih= nachtsabend die Halsklammer anbehalten und aus einem Gefäß trinken, an deffen Boden ein Silberring an einer Scheere befestigt lag. (Liebrecht, B. 312. 320. 321.) Eisen hält feindliche Macht ab. An den meisten Gehöften hängt man am hl. Abend eine Art über die Thüre oder befestigt ein Meffer innerhalb der Vieh= und Pferdestallung.

Zu Mödlingen in Niederösterreich stellte man am Christabend zwölf Zwiebelschaalen auf den Tisch, füllte sie mit Salz und legte die Monatsnamen auf Papierstreifen bei. An der größeren Feuchtigkeit des Salzes in der einen oder anderen Schaale erkannte man, ob ein Monat naß oder trocken ausfallen werde. Macht man in der Neujahrsnacht im Ofen Feuer von neunerlei Holz, und schaut zwischen den Beinen in die Glut, so sieht man die Person, die man heiraten wird. (Jahn 354.) Am Christabend soll man die 24 Buch= staben unter das Hauptkissen legen und um Mitternacht ziehen. Dieß ist offenbar ein Ueberbleibsel vom ehemaligen Runenwerfen um dieselbe Zeit.

Burchard von Worms X, 16 f. widersagt dem Heidenbrauch in den Kalenden des Januar und frägt im Beichtspiegel: „Hast du den Neujahrstag mehr als einen anderen gefeiert, indem du den Tisch mit Lichtern und Speisen bestelltest, auf Gassen und Plätzen gesungen und getanzt, mit dem Säbel umgürtet dich auf's Dach oder auf eine Ochsenhaut an den Scheideweg gesetzt, auch wohl Brod in der Nacht gebacken, um beim Aufgehen desselben dein Glück für's kommende Jahr zu erforschen? Die Ungläubigen, welche Fackeln an= zünden, Bäume, Quellen oder Steine verehren und zu diesen wie zu Altären wallfahrten, sollen von der Gemeinschaft ausgeschlossen werden. Bist du des Glaubens, daß die dem Pöbel bekannten Parzen wirklich bestehen und das Schicksal des Neugebornen bestimmen? Hast du, wie mehrfach Weiber thun, zu gewissen Zeiten den Tisch mit Speis und Trank nebst drei Messern zubereitet, damit, wenn jene drei Schwestern, die Parzen, kommen, sie sich daran laben?" — Borbetomagus war eben die Hauptcultusstätte der Nornen.

Drei Kreuze zwischen den drei Runen sind als Schutzmittel gegen böse Geister bestimmt, damit sie nicht in's Haus dringen. Seitdem der Mensch mittels gekreuzter, übereinandergeriebener Hölzer das wohlthätige Feuer erzeugte, galt das Kreuz als Symbol der Kraft und Weihe, als Talisman auch im Orna= mente. Die zwischengestellten Kreuze sind nichts anders als Thors Hammerzeichen, womit die altdeutschen Priester (wie die ägyptischen mit dem Nilschlüßel) die Weihe vornahmen, und nicht blos den Segen der Hausthüre, sondern auch der Hausfrau, den Brautsegen spendeten. Solche Kreuze sind auch bei den Marksäulen hergebracht und finden sich auf Steinfelsen, sowie an Hämmern und Kugeln der Vorzeit.[1]

---

[1] Preußter Taf. I Nr. 35. Kugler, Deutsch. Alterth. VI, 107.

Die Hebräer im Nillande zeichneten wohl dieſelbe Figur an ihre Zelt= und Thürpfoſten mit dem Blut des Oſterlammes, auf daß der Würgengel die Schwelle nicht überſchreite.

15. Die magiſchen Namen Kaſpar, Melchior, Balthaſar.

Die Römer ſchrieben an den Eingang der Tempel die Weihe= formel D. O. M., „Gott dem Beſten und Größten" die Ehre gebend.

Der deutſche Dreikönigsbrauch erinnert an die jüdiſchen Meſ= ſuſſen, jene Blechkapſeln an den Thürpfoſten, welche das israelitiſche Glaubensbekenntniß enthalten: „Höre Iſrael, dein Gott iſt ein einiger Gott" — während auf der Rückſeite die Worte Cuso, Bemuchsas, Cuso ſtehen, ὀνόματα βάρβαρα, die bei der Nation, welche nicht einmal Jehova auszuſprechen wagte, dadurch gebildet ſind, daß in der Schreibung des heiligen Namens Jehova, Elohenu, Jehova, vermöge Temura oder Permutation immer der nächſtfolgende Buchſtabe im hebräiſchen Alphabet gewählt iſt.

Der Inder ſetzt als Complement aller Segnungen oder Alpha und Omega ſein myſtiſches A U M oder OM, woraus Amen entſtanden. Das unverſtändliche Κόγξ ὄμπαξ, geſprochen bei Entlaſſung der Eingeweihten am Schlußfeſt der Eleuſinien, erklärt ſich aus dem indiſchen Gebetſpruche Cancscha Om Pacscha. Cancscha heißt Wunſch oder Erfüllung. Om bildet die feierliche Bejahung der Brahmanen (andere Menſchen ſagen tata), und ſteht in den Opfern und gottes= dienſtlichen Ceremonien gewöhnlich voraus. Pacscha bezeichnet in den Vedas die weiße und ſchwarze Mondhälfte, überhaupt die Seite, den Flügel, z. B. eines Vogels.

Bereits in allen Religionen dienen drei magiſche Worte zum Amulet. Man ſchnitt die zur Wünſchelruthe auserwählte Haſel auf Dreikönig und taufte ſie Kaſpar, wenn ſie auf Gold, Melchior, wenn ſie auf eine Waſſerquelle, und Balthaſar wenn ſie auf Silber an= ſchlagen ſollte.[1]) Die drei Namen kommen im jüdiſchen Talisman gegen das Fieber vor, angebracht an der Stelle der Tephillim oder

---

1) Kobell, Pflanzenſagen 14. Melchior iſt hebräiſch für Licht= oder Goldkönig, Balthaſar als Schatzherr gedeutet, und Kaſperl bezeichnete bis jüngſt eine Viertelkrone

Gebetsriemen, tauchen aber ebenso in Wochenstuben auf.[1]) Jaspar, Melchior, Balthasar, sind zauberkräftige Namen der Wetterherrn und darum auch an Glocken angebracht,[2]) z. B. in Oberkleen 1150. Wider die hinfallende Krankheit dienen geschrieben und gesprochen die drei Namen:

> Melchior, Balthasar portans haec nomina, Caspar,
> Solvitur a morbo Domini pietate caduco,
> Perpetret et ternas defunctis psallere missas,
> Barachum, Barachagim, destrue, Subalgat.

(Bastian, Der Mensch II, 286.)

Der französische Aberglaube verlangt in der Dreikönigsnacht die drei magischen Namen mit Blut auf die Stirne zu schreiben. (Stubach, Urrel. 162.)

Kaspar ist in keiner Sprache ein verständliches Wort und vielmehr eine Hokuspokusbenennung für den bösen Feind. Der Teufel heißt schwarzer Kaspar. (Birlinger, Alem. IX, 88.) Alle drei Namen sind aus einer chaldäischen Zauberformel oder aus den Amuleten wandernder Beschwörer in den christlichen Kalender gekommen. Weil die Weisen aus dem Morgenlande mit ihren drei Gaben Magier heißen, hat man die Dreikönige den magischen Zeichen der drei alten deutschen Götter unterstellt.

16. Die Rauchnächte mit der Salzweihe.

Die Rauchnächte haben vermeintlich ihren Namen von der Ausräucherung der Häuser und Ställe zu Beginn des Neujahrs, nach Christenbrauch mit dem Weihrauch, der in der Vigilie der hl. Dreikönige geweiht und wozu noch Weihwasser gesprengt wird, die bösen Geister zu vertreiben. Anders verhält es sich mit den altjüdischen Rauchnächten, vielmehr der Tempelbeleuchtung und den Fackelaufzügen am Laubhüttenfest in ihrem Neujahrsmonate Thisri, wobei aus dem aufsteigenden Rauche ergiebige Regen für das kommende Jahr prophezeit wurden. Rauchnächte nennen die Ehehalten im Unterlande die sechs Hauptmahlzeiten im Jahre, wo der

---

1) Grätz, Gesch. und Wissensch. d. Judenth. Leipzig Mai 1876. Steinschneider, Zur pseudobiograph. Literat. S. 13.

2) Quast u. Ott, Christl. Archäol. 1858. II, 134.

Hofbauer voll und genug auftafeln muß, auf Sonnenwende zu Johanni gleich neunerlei Speisen. Je goldener das Meßgewand am Altare, desto größer auch das Hoffest. Zuletzt kommt die verdeckte Schüssel, die der Oberknecht zu öffnen hat, der Inhalt soll über= raschen.

Man wirft in den Rauchnächten das geweihte Maria Himmelfahrtskraut in den Gluthafen und räuchert mit dem segenkräftigen Duft Haus und Stall. Dieser Rauch ist dem Höllen= fürsten zuwider. Die Königskerze mit ihren narkotischen Wollblümlein am gelben Kolben jagt Mäuse und Ratten aus Keller und Speicher in die Flucht, heißt auch Muttergotteskerze und war sicher der deutschen Weihnachtsgöttin Bertha heilig. Der Baldrian trägt von Gott Balder den Namen, ihn näht die Hausfrau in den Gürtel. Diese Heilpflanzen hängt man in Ringlein über Thür und Thorweg und ans Fenster. Hauswurz ist vor allem heilsam und heißt auch Donnerwehr, denn sie schützt das Haus vor dem Blitz.

Der Hammerstreich bei der Grundsteinlegung bezeichnet Donars Segen und Bekräftigung. So heiligte der Blitz des Jupiter den Ort des Bidental. Mit Donner wird aber auch geflucht. Die Erbse gleicht dem Hagelkorn und ist darum dem Donnergott heilig. Sie bildet das Donnerstag=Essen in der Mark und die Speise des Zwergvolks, der Dienerschaft des Gottes. Laub von der Linde der hl. Edigna, welcher Wunderbaum einst von Oel floß, stecken die Wallfahrer auf den Hut und räuchern damit an drei Donners= tagen Haus und Stall aus. Es sind die Festtage des alten Thor, worauf auch die Klöpfelsnächte fallen, wie nicht minder kirchliche Hauptfeste, so Christi Himmelfahrt und Frohnleichnam. Die Kirmeß beginnt ortsweise in Norddeutschland am Donnerstag und endet am Montag. (Colshorn, Gesch. Bibl. I, 176.) In Schweden tauft, begräbt und kopulirt man am Jultage. Am Vorabend von Dreikönig läßt der Jäger das Pulver weihen, dann geht kein Schuß fehl.

Schon die göttlichen Benennungen geweihter Blumen und Kräuter beweisen, daß ihre Weihe der heidnischen Himmelsmutter galt. Soll es nicht eine Erinnerung an den ersten Gebrauch des Salzes sein, daß man auf Dreikönig solches geweiht und in einer Schüssel mit Chrysamwasser aufgelöst zu Salzstein verkrusten ließ, um von Zeit zu Zeit von der Salzscheibe abzubrechen. Die Mutter hatte immer eine daheim und warf davon bei Gewitter nebst Palmkätzchen in's Feuer, man gibt es aber auch bei Viehkrankheiten ein.

17. Die Sternsinger auf Dreikönig. Ahnenkult.

Von Weihnacht bis Perchtanacht oder Dreikönig gehen noch in Steiermark die Bauern von einzelnen Orten zum Neujahr= ansingen um. (Krainz 313.) Am letzten Abend tobt das wilde Gejaid durch die Wälder, die Perchta Baba visitirt den Spinnrocken und die Sternsinger ziehen in Lodenmänteln, Hirten und Dreikönig= lieder singend, von Thüre zu Thüre — der Jahreswechsel bringt beides mit sich.

In der letzten Nacht des alten Jahres wurde in Oberammergau ein Stern herumgetragen. (Oberb. Arch. XX, 195.) In Bayerisch Zell wird das Christkind angesagt und in einer Lade von Haus zu Haus getragen, auch ein Vortrag gehalten; später kommen die Hirten= sänger: man hält sie mit Schnaps und Nudeln frei.

In Otterfing gingen zwölf verheirathete Männer in Mänteln die ganze Nacht durch, den hl. Dreikönigsgesang vor den Häusern anzustimmen; die mitgetragenen Sterne wurden in der Kirche aufgestellt. In der Neujahrsnacht singen die Partenkirchener Burschen nach Schlag 12 Uhr das Neujahr vor den Häusern an und empfangen eine kleine Gabe; am Morgen kommen die Kinder. In Mittenwald gingen die Sternsinger am Tage der Unschuldigen Kinder aus. (Baader, M. 66.) Ebenso wanderten drei zu Hildes= heim in den Dörfern umher. Am Rheine, besonders in der Rhein= pfalz ziehen drei Bursche mit ihren Hemden über dem Wams und einem Stern als die drei Weisen auf Dreikönig um, oder als Vertreter der drei alten Jahreszeiten: der wilde darunter ist der Winter, während obige zwölf die Monate vertreten. Drei Männer im alten Ge= wand gingen bis zuletzt in der Schweiz auf Nikla, Sylvester und Dreikönigsvorabend bechten, d. h. mit Kette, Schürhaken und Besen von Haus zu Haus, was für Sanaklas und die Klöpfelsnacht hinging.

Unsere Neujahrsboten erinnern an die zwölf Arvalbrüder, die Söhne der Acca Larentia, welchen Romulus als Milchbruder

sich beigesellte: es ist das Colleg der Ackerpriester, die das Fest der
Parentalien ohne Priesterin begingen. Remus zählt nicht, da er bei
der Gründung Roms umkömmt. Auch Wolf Dietrich hat zwölf
Adoptivbrüder, wie Acca dem Herakles beigesellt wird. Vom De=
zember war ihr Fest auch auf den April verlegt, je nach dem ver=
schiedenen Jahrbeginn. — Zwölf Männer sitzen an der Tafel im
Felsenschlosse Hochberg in Würtemberg. Die zwölf Apostel, welche
am Karfreitag und Samstag in Städten und Märkten umziehen
und am Ostersonntag ausgespeist werden, haben ebenso ihr alter=
thümliches Vorbild, wie die drei Könige aus Morgenland. Dürfen
wir an den Ahnenkult der drei Urväter denken?

Im Bayerischen Wald ziehen die drei Könige als Knaben mit
Stab und sich drehendem Sterne, auf den Köpfen rothe Papierkronen
mit Halbmond, Kreuz und lichten Jacken um, und singen im An=
schluß an ältere Lieder:

> Wir ziehen herein, gar schnell herein,
> Voll Perlen, Gold und Edelstein.
> Wir ziehen hinaus zum obersten Thor,
> Der helllichte Stern steht auch davor.
> Der helllichte Stern gibt klaren Schein,
> Der leuchtet uns bis nach Köln am Rhein.
> Die heil'gen Dreikönig mit ihrem Stern
> Die essen und trinken und zahlen nicht gern.

Nachdem sie gehörig beschenkt oder bewirthet sind, gilt es dem Herrn
und der Frau des Hauses:

> Was wünschen wir dem Herrn zum neuen Jahr?
> Und was wir ihm wünschen das wird sein wahr.
> Wir wünschen ihm gleich einen goldenen Tisch,
> Und an jedem Eck einen bratenen Fisch,
> Und drin in der Mitte ein Kandel voll Wein,
> Die heiligen Dreikönig schenken wohl ein.
>
> Was wünschen wir der Frau zum neuen Jahr?
> Was wir ihr wünschen das wird sein wahr.
> Wir wollen ihr wünschen ein Wiegerl vor's Bett,
> Damit da die Frau gleich ihr Kinderl nein legt.
>
> Was wünschen wir dem Kinderl zum neuen Jahr?
> Und was wir ihm wünschen das wird sein wahr.
> Wir wollen ihm wünschen einen goldenen Wagen,
> Womit das Kinderl in Himmel kann fahren.

Der innere Zusammenhang dieser Lieder mit den zwölf Boten des neuen Jahres offenbart den weltgiltigen Hintergrund. Der Wunsch eines Wiegenkindes gibt dem Aufzug der Sternsinger eine Bedeutung, die nicht aus der biblischen Geschichte geholt ist.

In Kärnthen treten die Sternsinger mit ihrem Stern auf langer Stange in Lodenmänteln, selbst auf riesigen Bergsteigen, in jedes Haus und sind willkommen. Beim Fortgehen zeichnet Einer C. M. B. an die Stubenthüre. In Pommern gehen die Heilchristen am Weihnachtsabend von Haus zu Haus und bitten mit ihren Sprüchen um Einlaß. Ihrer sind fünf oder sieben, voran der Bauer in Erbsenstroh mit Aschensack, dann Gabriel oder Michael, Lucifer, Belzebub, der Schimmel und Schnapperbock: ersterer theilt Aepfel und Nüsse aus. Auch holt der Heilchrist böse Kinder. (Jahn 297.)

Χελιδονισματα, Nachtigallenlieder nennt man in hellenischen Orten die Neujahrsgesänge, welche griechische Knaben auf Neujahr vor und in den Häusern anstimmen.

18. Lichtmeß.

Versetzen wir uns im Geiste in den hohen Norden, an den äußersten bewohnten Punkt Europas, wo die Sonne vom 24. November bis 21. Jäner nicht sichtbar ist — welche Sehnsucht erwacht in der langen Winternacht nach dem neuen Himmelslicht! Am 35. Tage wird ein Bote nach dem höchsten Berggipfel abgesandt, ob die Sonne nicht bald wiederkehre, und schon Prokopius erzählt von dem unermeßlichen Jubel der Skandinavier, womit sie das Fest der frohen Botschaft begingen.

In den Volksbräuchen, die mit dem Feuer und Wasserdienst zusammenhängen, dauert noch der Druidische Festkalender mit seinen Jahresvierteln fort. Das Fastnachtfeuer, Brandon, zündet im Kanton Freiburg der jüngst Vermählte vor dem Dorfe an. Die Aegypter begingen im Februar das Lampenfest der Neith zu Sais (Herodot II, 62), und die Römerinen die Lustration zu Ehren der Juno Februa (Juno Lucina), in deren Tempel am Palatin man Amulete wider allerlei Uebel weihte. Die Quinquennalien brachten am 1. Februar das Fackelfest in Erinnerung, wie Ceres die Proserpina suchte. Am 1. Februar feierten die Hyperboräer das Fest der Bright, der

4*

Leuchtenden (Bercht=Lucia). Die irisch schottische Brigitta hat eine
Flamme über dem Haupte. Brigitte stiftet „die Zelle zur Eiche" in
Kildarn als ältestes Frauenkloster in Irland; über ihrem Grabe
brennt das ewige Licht.

Am Abende des ersten Fastensonntags sieht man von Peissen=
berg aus am Lech hin und in's Schwäbische hinaus südwärts von
Mindelheim und Memmingen bis Lindau, wie nicht minder in Tyrol,
auf allen Höhen Feuer auflodern, wozu die Jungen in der Woche
Holz und Reisig von den Häusern sammeln. Es ist ein Jubel und
Seelenvergnügen; dafür kennt man in der Gegend keine Johannis=
feuer. Auf Lichtmeß trägt die Hausfrau oder größere Tochter die
Hauskerzen zur Weihe, jede Weibsperson bekommt ihr buntgefärbtes
Wachsstöckel, die im Kasten prangen, keine Dirne geht leer aus; die
Buben nehmen mit dem Pfenniglicht vorlieb. Mitunter bringt es
die Bauerntochter bis zu ihrer Hochzeit auf 25 Pfund Lichtmeßwachs.
In Weßobrunn brennt in der Kirche jede Person ihr Licht. Der
Wachsstock an neun Lichtmeßsonntagen geweiht hat so viel auf sich,
daß man mit dessen Licht den bösen Feind vom Sterbebett vertreiben
kann. Am Lichtmeßabend steckte man in meiner Jugend auf einen
runden Holzteller Wachslichter im Kreise und betete dabei den Psalter,
nach jedem Gesätzel wurde ein Licht gelöscht. Papst Sergius bestätigt
den Brauch zu Ehren des Opferganges der Mutter des Herrn, Beda
deutet ihn auf die klugen Jungfrauen, Jakob de Voragine auf das
Licht des Glaubens, Rupert von Deutz auf die Prophezie Simeons,
d. h. auf Jesus „Das Licht zur Erleuchtung der Heiden." Luk. II, 32.

19. Der Wagen der Frühlingsgöttin.

Das Frühlingsfest der Cybele ist im altrömischen Festkalender
am 22. März mit Arbor intrat bezeichnet. Im Pinienhain der
Göttin wurde ein schöner Baum auserwählt, mit wollenen Binden
umwickelt, die Aeste mit Cultussymbolen geschmückt und die Figur
eines Jünglings, des entmannten und in eine Fichte verwandelten
Attys daran gebunden. Nach der Fällung wurde der Stamm feierlich
in's Allerheiligste (Adyton, sacrarium) der Mutter Gottes gebracht.
Drei Tage dauerte Fasten und Trauer unter dem Namen κατά-
βασις; am 25. März folgte das Freudenfest (hilaria), Attys lebte

wieder auf; der 26. war Tag der Ruhe (quietis), der 27. der
Waschung (dies lavationis) ward mit feierlicher Procession begangen
und das Bild der Göttermutter auf einem von Rindern
gezogenen Wagen durch die Stadt nach der Mündung des Flußes
Almo dicht vor der porta Capena, nun San Sebastiano, in die
Tiber gefahren und hier gebadet. Das Haupt bestand aus einem
schwarzen eckigen Stein. Massen Volks umdrängten den Wagen zum
Theil maskirt unter Gesängen bezüglich auf Generation. Wagen
und Zugthiere wurden mit Blumen bestreut, Priester und Priesterin
phrygischer Abkunft hielten unter Flötenspiel und Paukenschlag und dem
Absingen heiliger Lieder zu Ehren der Göttin von einem Stadtviertel
zum andern einen Umgang und durften von Haus zu Haus Gaben
einsammeln: es war die einzige in Rom erlaubte religiöse Collecte
(stips). Augustin spottet über das Waschen der Himmelsgöttin zu
Karthago, was auch der Karthagischen Göttermutter geschah.

Gregor von Tours (de gloria confessor c. 55) schildert einen
Zug von der Umgegend von Autun. „In dieser Stadt soll ein
Heiligthum der Berecynthia gewesen sein, die nach traurigem Heiden=
brauch im Wagen zum Gedeihen der Felder und Weinberge mit
Rindern herumzog." Dieß erinnert an Tacitus Germ. 40 vom
Wagen der Nerthus, die aus dem castum nemus auszog, einem
Eiland nahe dem Lande der sieben Stämme. Der nächst dem
heiligen Hain seßhafte Stamm hieß Reudigner, gothisch riud iggai,
(Rüdiger!) die Ehrwürdigen, σεμνοί. Wie bei der von Kühen ge=
zogenen Bundeslade durfte nur ein Priester den hl. Wagen oder
das simulacrum der Erdmutter berühren. Die Knechte wurden
in's Wasser geworfen. (Vgl. Sagensch. 375.) Wer ein göttliches
oder geisterhaftes Wesen anschaut, stirbt nach Ansicht des Alterthums.
Die Gottheit ward als lieber Gast empfangen, die Orte schmückten
sich zum Feste, das mehrere Tage dauerte. Was wir hier vom ver=
hüllten Fahrzeug der Nährmutter Erde (vehiculum veste contectum)
lesen, findet noch Anwendung bei den Elbewenden, indem man einen
mit Ochsen bespannten Wagen mit den Röcken der Hauswirthe be=
deckt, so daß er nicht zu sehen war, und als Maibaum aufrichtete.

20. Der Carneval mit dem Schiffwagen, carrus navalis.

Im Walde von Inda am Niederrhein wurde von alter Zeit her jährlich ein Schiff gezimmert; so eines erschien plötzlich 1133, von einem Bäuerlein in Cornelimünster gebaut, ward auf Räder gesetzt und unter Vorspann von Menschen nach Aachen, Mastricht und bis gen Löwen gezogen, überall mit Freuden aufgenommen und bis in die tiefe Nacht umtanzt. (Grimm, M. 236 f. 242. 1144.) Die Weber mußten das Seil liefern und mitziehen. Bürger holten es unter Gejauchze ein und führten es in die Stadt, wie die Trojaner das hölzerne Pferd.

Brauch und Benennung stammen aus der Römerzeit, denn von carrus navalis, „Schiffswagen", rührt der beseligende Name Carneval, was ganz vergessen ist. Tacitus Germ. 9 urtheilt mit Recht vom Schiffe der Isis bei den Sueven, „dieß deute auf eine aus der Fremde eingeführte Religion." Im römischen Bauernkalender hieß der 5. März Isidis navigium wegen Eröffnung der Schiffahrt. Die Friesen kannten dafür Nehalennia mit der terrea navis, die eben vom semitischen nachal, nichol den Namen führt, wie der Schiffpatron Nicolaus. — Im Luxemburgerlande gibt es eine Menge Nehalennia. Sie hat Figuren von Thon noch aus später Zeit (Gläser), auch als andere Isis den Hund neben sich.

In Leipzig zogen 1499 nach alter Gewohnheit vermummte Bursche mit einem Pflug durch Stadt und Dorf, und zwangen die ledigen Töchter oder Mägde mitzuziehen zur Strafe, daß sie nicht in's Ehejoch sich spannen ließen. Aehnlich in Schlesien. Wegen Eifersüchteleien verbot der Rath von Ulm 1530 das Herumfahren des Pfluges und der Schiffe. — Seb. Brant nahm davon Anlaß zu seiner Schilderung des Narrenschiffs und schreibt S. 51, a seines Weltbuches: „An dem Rhein, Frankenland und etlichen andern Orten sammlen die jungen Gesellen all Danzjuncffrauen und setzen sy in ain Pflug, und ziehen yhren Spilman, der auff dem Pflug sitzt und pfeifft, in das Wasser. An andern Orten ziehen sy ein feurinen Pflug mit einem meisterlichen darauff gemachten Feur angezündet, biß er zu Trümern felt." (Enoch Widemanns Chronik meldet von Hof: „Fastnacht führten böse Buben einen Pflug herum und spannten

Mägdlein ein, welche sich nicht mit Geld löſten; andere folgten nach, ſäeten Häckerling und Sägeſpäne."

Im Kalſerthal bei Defereggen zog das Volk noch um die Mitte unſeres XIX. Jahrhunderts mit dem Pfluge um, voran ein Ritter, hintennach ein Bär — da nahm ſich der Pfarrer heraus, es als abergläubiſchen Unfug zu verbieten! Das Pflugfeſt zu Hallſtadt wurde alle ſieben Jahre begangen. und am anhäng=lichſten bei den Schwaben der altdeutſche Brauch beibehalten.

Es war ein Faſtnachtaufzug, auch Bacchusfeſt geſcholten, und wurde im Nothfall das Schiff auf Schlitten geſetzt. (Meier 374.) Daß man ſilberne Schiffe als Weihgeſchenke oder ex voto aufhing, ja ſilberne Pflüge im Mittelalter ſogar an Kirchen abliefern mußte, betrachtet Grimm mit Recht als Reſt uralten Culte's.

Das Feſt hing mit der erſten Offenbarung des friſchen Lebens in der Natur zuſammen, wenn der hl. Baum ergrünte, gewiſſe Blumen Knoſpen trieben, z. B. Zeidelbaſt, auch hl. Käfer zuerſt ſchwirrten und ſchwärmten. Der Kuhwagen der Nerthus glich dem Erntewagen, das Taufen der Erdmutter nach dem friedlichen, fröh-lichen Umzug hat Beziehung auf den Jahresregen.

Der urſprüngliche Wagen beſtand in einem auf den Räderkarren geſetzten Schiff, wie der Irländer ihn noch heute handhabt. Das mit fröhlichem Umzug begangene Feſt galt der Wieder-eröffnung der Schiffahrt und des Ackerbaues nach Verfluß des Winters. Auch Fro's Schiff ſegelt zu Waſſer und zu Land; wenn man es aus der Taſche nimmt und ſich hineinſetzt, kann man ſich allerwärts damit hinwünſchen. Daſſelbe Wort πλοῖον, welches der Grieche für Schiff gebraucht, bezeichnet in deutſcher Sprache den Pflug.[1] Freyr und Freyja ſind agrariſche Gottheiten, Kinder Niödr's, der fruchtbaren Erde. Die Skythen verehrten einen vom Himmel gefallenen goldenen Pflug (Herod. IV, 5.) — Auch liegt ein goldener Pflug und Frauenwagen mit verſunkenem Schloß zu Sandau bei Landsberg im See. (Panzer 52.) In Wiſchelburg bei Straubing waren die Bewohner ſo reich, daß ſie mit einem goldenen Pflug die Erde umbrachen.

---

1) Pflug heißt ſogar der Sonnenwagen. Schmeller B. W. III, 258. IV, 41. Mannhardt B. 174. 182. 559. 584.

Am fünfjährigen Feste der Panathenäen wurde der mit Stickereien aus dem Götter= und Heldenkreise geschmückte Peplos der göttlichen Pallas von vornehmen Jungfrauen, (ἐργαστιναί, textrices Minervae) also Weberinen genannt, auf einem im Kerameikos erbauten Rollschiffe mit Segeln fortgezogen, dann von Schiffleuten zur neuen Bekleidung des aus Oelbaumholz geschnitzten uralten Athene= bildes nach der Akropolis getragen.

21. Fasching, Charivari und Larifari.

Der Fasching ist ein hergebrachtes Fest der Freiheit und Gleich= heit, wobei Hoch und Nieder sich dutzen darf. Der Name ist nicht deutsch und man muß die Ausgelassenheit mit dem bildlichen fascinum im Morgenlande gesehen haben, um eine Vorstellung vom altrömischen Muthwillen zu bekommen. Es darf an den Deus fascinus oder die am Beiramfeste nach dem Fastenmonat Ramadan üblichen Aufzug des Kara Gös erinnern. Die Spottverse und Rügen der im verwichenen Jahre in der Gemeinde vorgekommenen Schwächen stimmen zu den fescennini versus; nach Catull fand fescennina locutio nebst Nüsse= streuen auch beim römischen Hochzeitszuge statt. Ebenso ziehen zur Fastnacht auf den griechischen Inseln die Kinder umher und singen Scherzlieder auf die lächerlichen Vorgänge seit Jahr und Tag.

Fastnacht hat nicht mit Faste ex post das Wort gemein. Der Luxemburger spricht Foisend, und Foisensbock heißt der Maskirte, Bockemaul die Maske, was an den Bachusbock erinnert. Satyre hängt mit Satyren und den Saturnalien zusammen, und Spiel und Scherz scheinen um so mehr am Platze, da nach dem traurigen Winter neues Leben in die Natur und Menschheit kömmt. Die satyrischen Versus Fescennini hatten nach der Faliscerstadt Fescen= nium den Namen, und bestanden im Wechselgesang zum Wettstreit, wie unsere Schnaderhüpfel. Kaiser Augustus schrieb solche an den bekannten Piso; dieser antwortete, er werde sich hüten Jemand zu er= widern, der nicht bloß scribere, sondern auch proscribere könne.

Die Maskenaufzüge bedeuten, wer möchte es glauben? ursprünglich Gespenster oder die Metamorphose der Seelen in der Körper= welt. Neben dem Todesgenius der Alten sieht man oft eine Maske, anzudeuten, daß das Leben eine Komödie und die Rolle wechsle oder zu Ende ſei; denn ſolcher Larven bedienten ſich die Hiſtrionen. Larifari oder die Larvarien geben den Todtenaufzug kund, weßhalb der Tanz und Mummenſchanz auch auf Kirchhöfen vor ſich ging.

Uebereinſtimmend bezeichnet Charivari von. cara variare, eine Kopf= oder Geſichtsmaske vornehmen. Die Mummerei geſchah, um unerkannt gerade im Carneval in Scherz und Spott die Schwächen einzelner öffentlich durchzuhecheln, ſei es eine neuvermählte Wittwe, oder falls ein Mann ſich Hörner aufſetzen ließ, wenn nicht ſonſt einen ſittlichen Verſtoß zu rügen war. Dabei wurde häufig mit Schüſſeln und Pfannen, Keſſeln und Glocken, Schüreiſen und Feuerzangen Lärm geſchlagen oder Cravall gemacht — ſelbſt Geiſtliche betheiligten ſich an dem Aufzug, und kommen noch mit in die Hechel. — Im Lungau nennt man dergleichen „Kuhtreiben“, von den gebrauchten Kuhſchellen, anderſeits „Leutausſpielen.“ In Andaluſien ſind dieſe Charivari am Weihnachtsabend ſogar in Kirchen üblich, indem eine Menge Männer und Frauen mit Waldteufeln, Schnarren, Pfeifen, Schellenklappern, alten Keſſeln und Kaſſerolen vor den Thüren, während der mitternächtliche Gottesdienſt vor ſich geht, zu einem in= fernalen Orcheſter ſich verſammelt, um nach dem Eindringen ſelbſt die Orgel zu übertönen.

Man verkleidete ſich in den Calenden des Januar in Hirſch=, Kuh= oder Kalbsfelle, was in Synodalakten cervulum, vitulum facere heißt.[1]) Sollen wir hier nicht das Wildmännliſpiel zu Oberſtorf im Algäu anführen, wobei man an tanzende Faunen, Salvantſch (sylvani) und Dialen erinnert wird? In Schweden vermummte unter Olav Magnus jeder ſich nach ſeinem Stande. Die Metzger aber ſetzten Ochſenhäupter und Ziegenköpfe auf und machten das Gebrüll und Gemecker dieſer Thiere nach. Die Trinkgefäße beſtanden in Hirſchhörnern, und die Aufwärter rückten im wunderlichen Feſtzug damit zur Tafel. Bull, Hirſch und Bock figuriren ebenſo als

_____

1) Phillips, Urſprung der Katzenmuſiken. Fälſchlich, wie Carneval von Carne vale, erklärt Schmeller Charivari von Χαῖρε-vale, d. h. Grüß Gott, B'hüt Gott! Die Form Charivalli führte zur Deutung caprivellus, Bocks= vließ, Haberfell, caprimaritus aber gilt dem gehörnten Gemahl. Calvaricum facere heißt in den Synodalakten von Avignon 1337 nicht bloß tumultuiren, ſondern Kalfakterei treiben.

Masken in England, und zwar in den niedlichſten Abbildungen aus
der Zeit Eduards III., 1344.   Noch 1856 und 1857 liefen die
Burſchen zu Fürſtenfeldbruck in Hirſchhäuten mit Geweih herum.

Wir ſagen nicht zu viel, wenn wir in dieſem Umzug der Laren
in allen möglichen Thierformen die letzte Spur vom indo=
germaniſchen Glauben an die Seelenwanderung erblicken.

22. Der unſinnige Pfinſtag. Narrengericht.

Die drei letzten Tage vor Faſtnacht heißen der unſinnige
Pfinſtag;[1] an ihm ſind die Engel vom Himmel geſtürzt, — der
rußige Freitag, an dem man jählings einen Strich mit Pfannenruß
in's Geſicht bekömmt, und der geſchmalzene Samſtag, wo die
Nudel auf beiden Seiten in Schmalz brobeln muß.   In Württemberg
nennt man, wie mardi gras, feiſten Montag, den vor Aſchermittwoch.

Im Saulgau heißt der unſinnige Pfinſtag der gumpige, auch
lumpige Donnerſtag; ihm folgt der brummige Freitag und ſchmalzige
Samſtag, vor der Faſtnacht. (Birl. B. II, 21 f. 30.) Ebenſo zu
Altdorf bei Weingarten, von gumpen = ſpringen, in Friedingen heißt
der ſchmotzige Samſtag davon, weil man gewöhnlich Schweine ſchlachtete
(Schmotz = Schmeer). Gailer von Kaiſersberg kennt den rußigen
Freitag von anruſſen, wo die Leute in Thiergeſtalt ſich zu Dämonen
verkleideten, von Haus zu Haus und ſelbſt in Kirchen einbrängen,
um Frauen anzuſchwärzen.

In Kochel dagegen ziehen zur Faſtnacht die Kinder maskirt
als Biſchof oder Herzog, als Salzgraf von Sindelsdorf u. ſ. w.
umher und laſſen ſich von den alten Jungfern traktiren. Wahr=
ſcheinlich rühren die Zunamen Graf, Herzog, König, Kaiſer, Biſchof,
Papſt von ſolchen Aufzügen her. Durch päpſtliches Reſcript ſollte
im XIII. Jahrhundert das Biſchofsſpiel aufgehoben werden, bei
dem die jungen Kleriker verlarvt und bewaffnet in Regensburg und
der Umgegend umherzogen und in den Klöſtern, beſonders zu Prüfening
die tollſten Streiche begingen. (Mon. Boica XIII, 214.) Die
„Trommelgeſellen" zu Munderkingen, Faſtnachtburſche, ziehen mit

1) Slaviſch der fünfte Tag, für Donnerſtag, da es galt, den deutſchen
Gott Donar in Vergeſſenheit zu bringen.

Trommel und Pfeifen und Säbelgerassel Nachts an den Häusern vorüber, wovor eine Laterne hängen muß. Jeder hat sein Trommenmädle. Die Costüme stellen alle Stände und Nationen dar. Auf Aschermittwoch wird mit Kochlöffeln auf Becken getrommelt und zwei Gesellen zum Brunnensprung erwählt, die sich in weiße Hosen und Spenser kleiden, rothe Kappen aufsetzen und eine Schärpe tragen. Von Bräuknechten wird Wasser in den Marktbrunnen geschüttet, der erste Springer tanzt und hopft zu Trommel und Pfeife dreimal am Brunnenrand herum, hält eine Rede, bringt Hoch dem Könige u. s. w. aus, wirft sein Weinglas in die Höhe und springt hinein. Zwei Bursche ziehen ihn heraus, pudelnaß läuft er unter das Volk und küßt die Mädchen. Dann kömmt der zweite zum Tanz und Wassersprung.

In Tyrol ziehen die jungen Bursche einige Tage vor dem unsinnigen Pfinstag in die Gemeindewaldung, hauen den schönsten Baum um, ästen ihn ab und ziehen ihn auf den Kirchplatz oder doch in die Nähe des Dorfes. Am unsinnigen Donnerstag wird der mit Blumen, Kränzen und Bändern geschmückte Stamm auf einen Schlitten gelegt, und von Burschen, paarweise in schwarzledernen kurzen Hosen mit grünen Hosenträgern und weißen Strümpfen ohne Joppe, durchs Dorf gezogen. Der älteste Junggeselle geht an der Spitze; der Herold, ein Schalksnarr läuft auf dem Stocke auf und ab, ruft jedem Begegnenden einen Spitzreim zu, und hechelt in Knittelversen alle lächerlichen Vorkommnisse der letzten Zeit durch, besonders bleiben Mädchen nicht leicht ungeneckt. Türke und Türkin, Sterngucker und Zigeuner treiben den Mummenschanz mit, Hexen und Huttler reiten auf Besen, so in Hall. Vollends kommen des Abends die Neugierigen, das Faßerrößel zu sehen; es ist von Holz, darauf schwingt sich ein Bindergesell, rings umtobt von peitschenknallendem Gefolge.

Wenn in Oberösterreich die Störe oder Faschingskrapfen gebacken werden, wirft man Brosamen zur Erlösung der armen Seelen in die Glut (so noch 1862). Am auseligen (b. i. unselige oder unsinnige) Donnerstag vor Fastnacht ist zu Ertingen üblich der Schürwecken. Er wird aus erbettelten und gestohlenen Eiern und Schmalz zu einem Pfannkuchen gebacken. Die Fastnachtsnarren ziehen in Weiberkleidern auf, voran der Bockreiter in Grenabiertracht. Die

Hexen tragen eine Pompadourhaube, reiten auf der Kuxengabel
(Schürofengabel) oder einem Besen, und haben Pfannen, die Zuschauer
anzurufen, andere mit Peitschen zu knallen. Zu Mels in Elsaß
veranstaltet man nach der Weinlese eine Erntefest, den Herbstsonntag,
bei welchem ein Mann sich als Weibsbild, ein Weib sich als Mann
verkleidet. Dem Mundertingerbrauche hat schon in; den dreißiger
Jahren der Pfarrer ein Ende gemacht.

In der Gegend von Reisensburg nächst Günzburg (beim Geo=
graphen von Ravenna IV. 24 Rizinis) bringt der Faftnachtsbrauch
von Zeit zu Zeit mit sich, daß die jungen Leute in schwarzem Bein=
kleid mit weißen Strümpfen, Frauenschurz und Kappen am Ascher=
mittwoch einen Umritt halten, das ganze Jahr darauf sparen und sich
freuen, zu den bekränzten Wagen, Bierfäffern und Musikanten,
auch die Mädel herbeiholen, welche Küchel austheilen, endlich unter
der Dorflinde Platz nehmen, um die Faftnacht zu begraben. Hier
wurde einst Gericht gehalten, daher noch der Block. Die Geige
zur Strafe der Weiber ist in's Schloß gebracht; auch die Gemeinden
fanden da statt. Auf diese Linde nun stellt sich ein Laienprediger
und hechelt alle Schwächen der Nachbarschaft durch, worauf ein Bursche
in den Schweinstrog gelegt, einer für alle, von dem Straf=
prediger mit Waffer übergoffen oder unter allgemeinem Gelächter
getauft wird. Nornheim mit einem Weiher liegt ¼ Stunde ab,
auch führt vom Schloß ein unterirdischer Gang nach Landtroft.
Riesenstämme von Eichen füllten bis jüngst noch den Grund.

Pröhle's Kinder= und Volksmärchen (Nr. 76) vom „Schiff, das
auf trocknem Lande geht" und zwar über Berg und Thal, enthält
den Zug, daß von zwei Königssöhnen der eine einen Backtrog, der
andere den Schweintrog statt eines Schiffes bekömmt, — beide
sind Beigaben der Erdgöttin. Der Heidenlärm von den lärmenden
Festlichkeiten der Heiden ist ebenso sprichwörtlich geworden wie die
Judenschule.

Zu Rottweil herrscht zu Faftnacht das Narrengericht, wo
der Narr die Wahrheit sagen darf, und wer sich im Jahr etwas zu
Schulden kommen ließ, durchgehechelt wird, daher mancher gerne
weg bleibt. In Wurmlingen geschieht's in Form einer Predigt.
(Birl. B. II, 35. 40.) Berühmt ist das Stockacher Narren=

geriǎt, zu dem Alles ſtrömte, — die Regierung ſchaffte es ab. Das
Narrengericht zu Großelfingen in Hohenzollern ging bis vor 30 Jahren
am Donnerſtag vor Faſtnacht vor ſich; es rührt aus der Peſtzeit,
wo die Herrn von Bubenhofen nach Venedig geflüchtet, und bei der
Heimkehr, um das Volk geſund zu erheitern, das Venetianiſche oder
Narrengericht ſtifteten mit 54 fl. für Seel= und Lobamt. 1858 ward
es unter großen Zulauf erneuert, dem Zug voran geht der Narrenvogt.
Der Vorgeladene wird mit Mannſchaft begleitet, die Verurtheilung ſteigt
nominell von 1 bis 1000 Thaler. Der Sommervogel bildet den
Schluß des Feſtes. An der Brücke iſt eine Taube auf der Stange,
ſie wird von Räubern geraubt, die Butzen und Hanswurſte rufen:
„Der Sommervogel iſt geſtohlen — jetzt wird's nimmer Sommer."
Die Räuber ſind verfolgt, werden eingebracht und ſollen den Waſſertod
ſterben, das Todesurtheil wird verkündet und der Stab gebrochen. Das
Waſſer iſt mit brennenden Strohwiſch gewärmt; gewöhnlich wirft
man zwei hinein, dieſe gießen dann Waſſer auf das Volk. Endlich
wird der Sommervogel fliegen gelaſſen.

23. Der Faſtnachtſchimmel.

Einen Faſtnachtſchimmel machen oder abgeben iſt im Bayer=
oberlande ſo viel, als recht verkehrt aufgeſtutzt und aufgeputzt ſein.
So heißt ein Aufzug, der früher durch ganz Deutſchland ging, und
der Vergleich zeigt, daß es ſich um ein heiteres Wodansfeſt handelt,
wobei der achtbeinige Schimmel Sleipnir mit einem Kopfe vorne und
einem rückwärts die Hauptrolle ſpielte. Ueber den Brauch und die
Sprüche im Iſarwinkel handeln meine Denkwürdigkeiten. Zwei ſtarke
Burſche lehnten ſich unter einer Decke rücklings an einander, gnappten
vorne und hinten mit einem ausgeſtopften Kopfe, wieherten allenfalls
und ſchlugen zur allgemeinen Beluſtigung allſeitig mit den Füßen
aus. Ein Reiter ſchwang ſich oben auf, deklamirte oder las ſeine
Sprüche ab, warf dann dürre Birnen oder auch Schneeballen unter
die Zuſchauer, und rief ſein „Hi Schimmel, Hotti füri wiſtaha!" darnach
ging es nach dem Wirthshauſe, wo getanzt, auch wohl eine Bauern=
hochzeit aufgeführt wurde. Es geſchieht, damit es in dem Jahre
gut wächſt.

Ueber die Maiſach hinaus und um Seefeld lautet der Spruch:

Ich reit daher so fest,
Grüß den Bauern und seine Gäst.
Grüß i den ein, den andern nit,
Wär's der recht Abenteurer (?) nit.
Abenteurer ist hochgeborn,
In unserm Land wächst Wein und Korn,
Wein und Korn und rothes Gold,
Weißt wo der Bartel den Most sich holt?
Wein und Korn ist noch nit g'nua,
Schöne Mädel gehören dazua.
Jetzt Bäurin muß ich dir was sagen,
Ich und mein Schimmel haben leere Magen:
Waizenmehl ist noch nicht genua,
Ein Knollen Schmalz g'hört auch dazua.
Ein Knollen Schmalz ist noch nicht genua,
Hundert Eier gehören dazua.
Gib mir ein Stück Fleisch von der Kua,
Da krieg ich und mein Schimmel g'nua.
Gib mir ein Stück Fleisch vom Schwein,
Das pack ich für mich und mein Schimmel ein.
Gib mir ein Stück von einem Hasen,
Das steht mir und dem Schimmel für b' Nasen
Das steck ich in mein Ranzen
Und laß mein Schimmel sogleich tanzen.

Es kam den alten Deutschen bei Festzügen darauf an, das Leben der Götter und Menschen ineinandergreifend zur Vorstellung zu bringen. In Oesterreich reitet der Strohbartl. Zum Dank wird der Fastnachtreiter mit Mehl, Butter, Brod, Schmalz, Eiern, Obst u. dgl. beschenkt. Es ist Wodan Bartold, der auch im Tölzischen Bartl-Doll wiederklingt. Mein Nachbar, Th. Sonderer, hatte wenigstens noch ein Echo des Namens im Ohr behalten.

Zu Büchl bei Tübingen füllt man einen Sack mit Heu und Häcksel, breitet darüber ein weißes Lacken und formt einen aufge= zäumten Pferdekopf mit langen Ohren. Zwei Bursche nehmen ihn auf die Schulter und marschiren voran, ein dritter setzt sich auf den Schimmel und so geht es durch's Dorf herum. Hier sucht er seinen Schimmel zu verhandeln und lobt seine Tugenden; dabei schlägt dieser vorn und rückwärts zum allgemeinen Gelächter aus. (Meier 372.)

Beim Pfingstlrennen im Böhmerwald, hat der Gespaßmacher seinen Hengst umgekehrt aufgezäumt und einen Strohkopf am Schweif angebracht. (Rank 82.) In Mähren wird der Fastnachtschimmel mit Bettdecken ausgestaltet. (Jähn I, 298 f.) Beim Schimmel= ritt zum Brechelfest in Kärnthen wird ein Pferdekopf mit Lein= tüchern zu einem Roß zusammengestopelt, worauf der Ritter mit Stentorstimme ruft:

> Machts auf Thür und Thor,
> Der Brechelbraut Ritter ist davor.
> Thuts weg enkere Stühl und Bänk,
> Der Brechelschimmel kommt zu enk.
> Ich reit herein durch stau und lau,
> Grüß zuerst den Hausherrn und seine Frau.
> Ich reit herein zum Brechelfest,
> Grüß die Brechelbrautmutter und ihre Gäst.
> Ueber neun Alm reit ich herein.
> Ueber tiefe Gräben und hohe Zäun.

Der Schmied will den Schimmel beschlagen, dieser schlägt aber aus. Zum Schluß tanzt der Ritter nach vielen Stichelreden mit der Braut und den Spinnerinen. (Francisci 51. 74.)

Der Schimmelreiter spielt in Norddeutschland und Schlesien bei Kirmessen einen Bauernspaß. In Schlesien stellen den Schimmel mehrere Bursche dar, deren jeder die Arme auf die Schulter des Vordermanns legt. Man hängt über sie ein weißes Tuch, der Kopf ist nach vorne, aus Mund und Augenlöchern leuchten glühende Kohlen. Aehnlich in Lüneburg, und nun geht es unter Peitschenknall vor die Häuser um Würste, Speck und Obst. In der Spinnstube er= theilt der Schimmel Orakel. (Rochh. A. S. 201.) Früher war das Fastnachtspferd auch in Hinterpommern üblich; zwei Bursche stellten es vor, der dritte machte den Führer. So ging es von Kleschinz zum Nachbardorfe. Als aber einmal ein schwarzer Hund mit Glühaugen sich aufsetzte, und auf dem Rückweg der Schwarze selbst die Last verstärkte, daß die Roßdarsteller vor ausgestandener Angst 14 Tage zu Bett lagen, gab man es auf. (Knoop 61.)

Den Fastnachtschimmel kennt auch die Niederlausitz. Den Schimmel= reiter veranschaulicht ein Bursche, der vor und hinter sich Siebränder befestigt, die mit Bettlinnen bedeckt werden; als Kopf und Hals dient ein ausgestopfter Strumpf, der Schweif ist aus Werg oder Stroh. So läuft er durch's Dorf den Kindern nach. Dazu gesellt sich als

Bär ein Mann in Erbſenſtroh, der an der Kette geführt tanzt und brummt. (Niederl. Mit. 1888 S. 272 f.) Die Kinder gehen dabei von Haus zu Haus zempern, d. h. Gaben einſammeln. Am Mummen=ſchanz betheiligen ſich verkleidete Soldaten, Polizeidiener, Rattenfallen=händler, alle in Phantaſieuniform. In Thüringen wurde früher noch ein Wagenrad auf der Holzſchleife umgezogen, worauf zwei Faſt=nachtsnarren im Kreiſe ſich drehten.

24. Der Faſtnachtkönig und der Pfingſtbuz.

Thronſturz und Enthauptung des Wintertyrannen. Die Volksſage erweitert ſich, je mehr man ſie kennt und vergleicht, zur Weltſage, und die Sitte zum allgemeinen Brauche der Vorzeit. Muſelmann und Moſel hängen nicht zuſammen, aber die Mythe iſt dem Blüthenſamen gleich, den ein Vogel über die Länder hinträgt, und manche Kerne aus orientaliſcher Ferne ſind in unſern Vorbergen aufgegangen. — Die Babylonier begingen jährlich ihr Saa= oder Seſakfeſt, eine Art Faſtnacht und verbanden damit noch das Ge=dächtniß an den Sturz der kuſchitiſchen Knechtſchaft Zohak's oder Tyrannei des Nimrod, ſo daß ein Sklave als König unter dem Namen Zagan, Schahin oder Saygun, d. i. Stellvertreter gekrönt, dann aber des Purpurs entkleidet, gegeißelt und verbrannt wurde. Die Perſer ſetzten in Erinnerung an das Ende der Saken= oder Skythenherrſchaft am Sakäenfeſt einen todeswürdigen Verbrecher auf den Thron, um daraufhin ihm den königlichen Schmuck herabzureißen und ihn zum Tode zu führen. Urſprünglich ſtellte er wohl den entthronten Winter vor, ſpäter unterſtellte man das hiſtoriſche Ereigniß der Vertreibung des Skythenkönigs.

Die Hebräer verſtanden es vor Allen, ihren mit den andern Nationen gemeinſamen, ja von dieſen herübergenommenen Naturfeſten geſchichtliche Bedeutung unterzulegen. Sie begingen an ihrer Faſt=nacht, dem Purimfeſt, die Hinrichtung ihres Feindes Haman, indem ſie ihn als Stellvertreter der Naturfeier beigeſellten und unter Verfluchung deſſelben darauf loshämmerten; ja wir können die Vor=ſtellung des großen Racheaktes ſogar nur als frommen Wunſch gelten laſſen: die Geſchichte iſt vielmehr aus dem Polterabend abgeleitet.

In London wird nach alter Gewohnheit immer am Karfreitag
die Figur eines Mannes in Lebensgröße und Matroſentracht herum=
getragen, die um allen Verwechslungen vorzubeugen, die Inſchrift auf
der Bruſt trägt: „Dieſes iſt Judas Iſchariot“. Derſelbe wird wie
Haman bei Tagesanbruch am Maſte aufgehängt, nach einiger Zeit herab=
gelaſſen, unter dem Geläute der Schiffsglocke dreimal auf dem Verdeck
herumgetragen, endlich unter allgemeinem Jubel ſolange mit Tau=
enden u. ſ. w. bearbeitet, bis die Kleider in Fetzen von dem hölzernen
Leibe fliegen. Nachdem dieſer noch gehörig mit Fußtritten bedacht
iſt, wird er in Stücke zerſchnitten und dem Schiffskoch zum Ver=
brennen übergeben, da die Hafenordnung das öffentliche Verbrennen
verbietet.

Denſelben Feſtakt knüpfte man in Mähren an die Vertreibung
der Mongolen, in Naumburg an die Huſſiten an, die nie
die Stadt belagerten. Auf ſie bezog man das Hußaus= und Ein=
läuten am Feſttermin. Die Mordnacht von Zofingen, 16. No=
vember und der vermeintliche Ueberfall der Oeſterreicher, wobei man
mit Fackeln die Stadt durchzog, ſind ebenſo ungeſchichtlich.

In der Faſtnacht wählten die von Bühl bei Tübingen 1846
den König von Grönland, einen Strohmann oder Faſt=
nachtsbären, der des Todtſchlags angeklagt, verurtheilt und ge=
köpft ward, wobei zwei mit Blut gefüllte Blaſen ſich entleerten, als=
dann fand das Begräbniß ſtatt. — In Wurmlingen wird der
Pfingſtbuz geköpft. (Meier 372.) Die Köpfung des Pfingſt=
limmels oder Pfingſtkönigs wird in Zimmern als Kampf
zwiſchen David und Goliath ausgelegt, in Nuſplingen auf den
Franzoſenkönig oder Sultan bezogen. In Rottweil wird der
Mohrenfürſt abgethan und macht einer beſſeren Herrſchaft Platz.
In Rockingen bei Zurzach wird am Aſchermittwoch unter Anſagen
des Leichenbegängniſſes der Bantli (ein Strohmann) begraben, zwei
Roſſe ziehen den Wagen; ſeine Frau folgt untröſtlich über den Ver=
luſt, das Ganze ſchließt mit einer komiſchen Leichenrede. (Herzog 219.)
In Zürich wird der Winter dem Feuer überliefert und mit dem
Sechſeläuten von den Zünften beim Becher Einzug des holden
Frühlings bejubelt.

Von Renartshofen oder Rogling (bei Monheim) kommen

um Faſtnacht jährlich zwei Buben vor die Hausthüre, der eine mit
Pelzhaube und Handſchuhen, der andere mit Blumen auf dem Stroh=
hut und einem Heurechen in der Hand, und fangen mit heller Stimme
einen Wettſtreit an. Jeder preiſt im Wechſelgeſang ſeine guten Eigen=
ſchaften, bis die Balgerei beginnt und der Winter prahlt:

> „O Sommer ſei nicht gar ſo ſtolz,
> Ich bau ein Brucken und brauch kein Holz" --

bis er ſchließlich dem Sommer unterliegt und ſingt:

> „O mein lieber Summa, jetzt gib ich dir Recht,
> Daß du mein Herr biſt und ich bin dein Knecht."

Gehts 'rein, der Sommer und der Winter iſt da — ſo ruft man
die Leute in die Stube, und gibt ihnen dann Brod, einen Apfel
oder Kreuzer.

In M ü n ch e n und vielen Orten war noch vor drei, vier Jahr=
zehnten ein S o m m e r = u n d W i n t e r ſ p i e l üblich, wobei der Eine
im Schafpelz mit der Driſchl, der andere ein Apfelbäumchen in der
Hand im Wechſelgeſpräch ihre Vorzüge rühmten, bis der Winter vor
die Thüre geſetzt war.

Zu K o b e r n an der Moſel hält man auf Faſtnachtsdienſtag
öffentliches Gericht; Richter und Schöffen ſitzen auf Stühlen am
Markte und ein als Spitzbube ausgeſtopfter Strohmann wird vorge=
führt, dem ein Staatsprokurator alle, ſeit einem Jahre vorgekommenen
Diebereien und Schelmereien mit verſtändlichen Seitenhieben vorhält.
Ein Anwalt führt die Vertheidigung, dann wird das Urtheil ge=
ſprochen, das jedesmal auf Tod lautet. Henkersknechte ſchleppen den
Verbrecher vor's Dorf hinaus, wo er unbarmherzig erſchoſſen wird.
Darauf legt man die Strohfigur auf den Scheiterhaufen zum Ver=
brennen, tanzt um das Feuer und die Jüngſtvermählte muß noch
dazu darüber ſpringen: es iſt ein Hauptgregori. (Schnitz 20 f.)
Wieder am Faſtnachtsdienſtag fand eine Art Haberfeldtreiben in
H e r r e t s h o f e n bei Babenhauſen ſtatt; ein Mann als Weib verkleidet
wurde als Hexe herumgeführt, als ob ſie die von den Leuten ringsum
ausgeübten Streiche ihnen angethan habe. Es hieß in die Putten
kommen (puttana), zur Strafe wurde ſie hingerichtet und dieß mittelſt
einer Blutwurſt veranſchaulicht. (Sulzb. Kal. 1855.) Auch beim Faſt=
nachtſpiel zu G r o ß e l f i n g e n in Sigmaringen findet ein Ruggericht ſtatt.

25. Todtensonntag. Todaustragen und Frühlingseinzug.

Das Todaustragen ist slavische Sitte, dagegen Weihnachts-, Oster- und Johannesfeuer, Osterwasser und -Eier, Pfingstumritt gut deutsch. Wo Slaven in Bayern wohnen, wurde am Samstag vor Judica, dem zweiten Sonntag vor Ostern eine Puppe aus Kleider-fetzen, welche den Tod vorstellte, vor's Dorf geschafft und im Wald unter Moos oder an einem verborgenen Platze begraben, auch in's Wasser geworfen, und zwar in aller Stille, damit Niemand den Tod wieder hole. Knaben oder Mädchen thaten das je nach dem Geschlechte des Letztverstorbenen. Sonntag früh zogen dann die Kinder von Haus zu Haus mit der Botschaft, der Tod sei fort. Das Lied lautet:

> Der Todtensunntag ist kumma,
> Die Veigeln han mir g'funna,
> Drei Veigeln, sin drei Rösla dran
> B'hüt euch Gott vor gähem Tod!
> :: Der Tod is naus, der Tod is naus! ::
> Hätt mer den Tod nit naustrag'n,
> Hätt man uns schon lang begraben.
> Hammer'n getragen bis über Geländner,
> :: B'hüt euch Gott ihr Görauer Männer. ::
> Hammer'n getragen bis übern Weiher,
> :: B'hüt euch Gott ihr Görauer Weiber. ::
> Hammer'n getragen bis über's Gmanla,
> :: B'hüt euch Gott ihr Görauer Madla. ::
> Hammer'n getragen bis über die Stuben,
> :: B'hüt euch Gott ihr Görauer Buben. ::
> Hammer'n getragen bis über's Recht,
> :: B'hüt euch Gott ihr Görauer Knecht. ::
> Hammer'n getragen bis über die Had,
> :: B'hüt euch Gott ihrer Görauer Mad. ::

Ebenso lautet es drei Stunden von Görau (sl. gora, Berg) Land-gerichts Lichtenfels, in Zeublitz: man datirt den Brauch aus dem 30jährigen Krieg, wo 1634 die Umgegend Weißmains fürchterlich an der Pest litt und Wonses (Wonsig, Wuotanssitz) ganz ausstarb. Beim Todtenmahl spricht der Hausvater: Bleibt gesund mit Gott ihr Seelen, erhaltet uns Lebenden den Segen und gebt Ruh diesem Haus. Die singenden Kinder werden nach der Kopfzahl im Haus mit Eiern beschenkt.

5 *

Das Todaustragen stimmt zu den straminei quirites, die man in Rom jährlich im Frühling von der hölzernen sublitischen Brücke in die Tiber warf. Es ist zugleich ein Opfer — daher in Kronach die Pest ausbricht, wie die Sitte abkömmt und mit deren Wieder-einführung erlischt. (Panzer II, 73. 79.) In der Umgegend von Erding, Freising und Abensberg verbrennt man nach der Auf-erstehung den strohernen Ostermann mit der geweihten Kerze, und streut am Ostermontag die Asche auf die Felder, um diese gegen Schauer zu schützen. Auch am Todtensonntag ist die Puppe aus Stroh und Lumpen.

Die nach dem Winter zum Tod bestimmte Strohpuppe heißt in Oberbayern Hansl und Gredl. Noch poetischer gestaltete sich das Frühlingsfestspiel in den Abendländern bis Schottland. Man holte frisch grüne Zweige aus dem Walde, bestimmte die Winterburg auf chateau d'amour, wo Damen mit Rosen warfen, sich vertheidigten, und endlich den Versöhnungskuß gaben. Das „Gib dich gefangen, der grüne Wald kömmt gegangen!" im Makbet hängt damit zu-sammen. Ganze Gemeinden führten gegen einander einen Scheinkrieg, der überwundene Theil zog sich zurück, aber in's Wirthshaus. Daraus schuf man historische Ereignisse. (Rochholz, Tell und Geßler § 1. 18.) In Winterthur ging es unter Trommeln und Pfeifen nach der alten Opferstätte am Limberg und mit Wachholder-sträuchen zurück, die man das Jahr hindurch zum Räuchern brauchte. In Evreux holten Kapläne und Chorknaben schon im XII. Jahr-hundert am 1. Mai die Zweige im Wald. Mit dem Todaustreiben hängt die Zurückbringung eines buntgeschmückten kleinen Baumes als Frühlingszeichen zusammen, wie Hilscher noch 1690 schreibt.

Der Kampf des Thraker-Königs Lykurgos mit dem Weingott Dionysos stellt den Streit zwischen Winter und Sommer, auch wenn man will zwischen Bier und Wein, dar, wie im Volks-spiele. Die Grundlage der Dichtung bildet der Lichtgott, der im Segen der Wärme die Natur durchwaltet, im Streit mit der finsteren Winternacht sich zurückzieht, aber im Frühling wiederkehrt, um von seiner Herrschaft Besitz zu ergreifen. Wie bezeichnend war die Be-nennung des böhmischen Winterkönigs, eine Anspielung auf die jährliche Thronentsetzung des Winters!

26. Aschermittwoch.

Der Aschermittwoch geht auf ein altes, im Frühjahr ge=
feiertes Sühnfest zurück. Man streute die Asche vom Altar, um
an dem Opfer Antheil zu haben, sich auf's Haupt, aber auch auf
die Felder, damit es ihnen zur größeren Fruchtbarkeit gedeihe. Man
erwäge wohl, daß die Jahresbräuche sich verschieben, je nachdem das
Mond= oder Sonnenjahr einem Volke im Alterthum zu Grunde lag.
Nach dem Glauben der Vorzeit soll die Welt durch eine all=
gemeine Fluth oder durch Feuer zu Grunde gehen.
Von beiden Strafgerichten kaufte man sich los oder nahm sie sym=
bolisch auf sich und beugte ihrem Hereinbruche vor, indem man die
Taufe (altdeutsch vatni auga) und die Asche auf sich nahm. Letzteres
that der Inder im Monat März, um zugleich dem alten Wesen ab=
zusterben. Schöpfungs=, Erlösungs=, Todes= und Weltuntergangs=
gedanken liegen ursprünglich jeder Religion, auch der mythologischen,
zu Grunde. Gott Bischnu heißt Kalki, der Verbrenner, weil er die
Erde einst in Asche auflöst. Die Brahmanen erhielten von jeher
die Konfirmation, indem ihnen nach vorhergängiger Taufe im Ganges
mit der heiligen Asche der Kuh ein Zeichen auf die Stirne
gemacht wird. Täglich nehmen diese Verrichtung ihre Büßer und
Heiligen, die Yogi's und Sanyasi's auf sich.

Die Perser bedienen sich der Asche vom Behramsfeuer.
Bei den Juden heißt der vormärzliche Monat Adar, wörtlich der
Verbrenner. Am Versöhnungsfeste oder in der Herbstnachtgleiche
schreibt das Gesetz Mosis (Num. 19) die Verbrennung der rothen
Kuh vor zum Zwecke, daß die Asche von den Uebelthätern zur Ver=
söhnung mit Gott und dem Volke getrunken werde. Zum Zeichen
des Schmerzes und der Trauer streut der Aegypter noch heute
Staub und Asche auf sein Haupt. Im Mittelalter kömmt derlei
Vornahme mit der Asche großer Verbrecher vor, zur Lustration oder
gleichsam zum Bekenntnisse, daß Mancher dasselbe Strafurtheil ver=
dient hätte.

Die Asche von verbrannten Opferthieren galt für ein beson=
deres Reinigungsmittel. In Rom war der Februar der eigentliche
Sühn= und Reinigungsmonat, und führt von februo sogar den

Namen, weil das Volk im letzten alten Jahresmonde von Sünde und Schuld gereinigt wurde. Zugleich fand die Todtenfeier statt und der unterweltliche Gott hieß Deus Februus. Von Juno, der Dea Februalis erbte das Fest sich auf Mariä Reinigung fort, welches zum Dogma der Immaculata nicht mehr paßt, daher schon früher im Text Luk. II, 22 αὐτῆς in αὐτῶν verbessert wurde. An den Fordicidien sodann, den 15. April, wurde zum Feste der Tellus oder der Erdmutter eine trächtige Kuh, das Symbol der Fruchtbarkeit vom Pontifex für die Curien geopfert und das Kalb von der ältesten Vestalin verbrannt. An den darauffolgenden Palilien, den 21. April, als dem Gründungstage Roms, wurde die Asche von den Fordicidien aus dem Heiligthum der Vesta, der Gottheit des Erdfeuers, geholt und das Volk rieb sich damit zum Zeichen der Feuerläuter= ung und Wiedergeburt die Stirne ein. Asche und Kohlen vom Palilienfeuer trug man zudem auf die Felder, damit sie auch den Fluren und Heerden zum Segen gereichten. Die deutsche Haus= frau in katholischen Gegenden bewahrt Asche mit Salz zusammen= gebacken zur Abwehr von Uebeln aller Art daheim und wirft davon bei Gewittern in's Feuer. — Kein Wort wird heutzutage mehr miß= braucht, als der Ausdruck katholisch, d. h. allgemein. Aber darin besteht eben das Wesen des Katholicismus, daß die Kirche das Re= ligionsleben aller Völker und Zeiten, was immer, überall und von allen geglaubt wurde, wenigstens mit dem Begriffe einer höheren Idee festhielt und das Bedeutsame als bleibend sich aneignete. So ist denn der Aschermittwoch eingesetzt, um dem Erdensohne einzuprägen: Staub und Asche sind und werden wir, oder wie es bei der Ein= äscherung heißt: Memento homo, quia pulvis es et in pulverem reverteris.

27. In den April schicken.

Jemand zum Aprilnarren machen, beruht auf einer Täuschung, die sich von Indien bis in's Abendland verfolgen läßt, und vielleicht das trügerische, wetterwendische Wesen dieses Monats zum Ausdruck bringt. Der Name hängt mit aperio, eröffnen, zusammen, weil mit ihm das altrömische Jahr begann. Der Italiener spricht von April= fisch, pesce d'aprile, ebenso der Franzose, poisson d'Avril, was an

Aphrodite sub pisce latens erinnert, welcher bei Beginn des Lenz die Apaturien, das Täuschefest zu Ehren galt. Der Britte hat nur making him an April fool, „den Aprilnarren machen" im Munde. Am Hulfeste gibt der Hindu Aufträge auszurichten, die nur scherzhaft gemeint sind und mit Gelächter enden. Nork erinnert zugleich an das Ostergelächter.

Das Curiosum bilden wieder die Auslegungen, welche der wunderliche Brauch gefunden hat. Allenthalben wird ein geschicht= licher Anlaß gesucht, so ein gelegentlich des Reichstages zu Augsburg ausgeschriebener Münztag zur Reform der Geldwährung, wobei die Leichtgläubigen am 1. April ihre Täuschung erfuhren. Dieß setzt aber den närrischen Brauch schon voraus. Die Holländer setzen den Ursprung auf den 1. April 1572, wo die Wassergeusen die Seeveste Briel wegnahmen und dem Herzog Alba zum spöttischen Ersatz eine Brille schickten.

In Rußland ist der Aprilspott wegen der rohen Späße des Czar Peter, jenes großartigen Barbaren, bekannt. Wir aber beklagen, daß vor lauter Strafgesetzen und Ehrenprocessen man keinen Scherz mehr versteht, und manches Volksthümliche aus früherer unbefangener Zeit in Abgang kommen muß.

28. Die urweltliche Drachenlegende.

Die Mythe vom Drachenkampf ging in alle Religionen ohne Unterschied über, und das Drachenbild am Firmamente ist die wohl verständliche Hieroglyphe vom Streit der Elemente in der Schöpfung, der sich in der Natur fort und fort erneuert, wie von den ethischen Gegensätzen zwischen gut und bös. Indra erlegt mit dem Blitze die „Schlange" Ahi oder Rahu, welche den Mond zu verschlingen droht; ihr Gebrüll ist der Donner. Durga (Margareta) stößt dem Drachen Mahasasur den Spieß in's Herz. Osiris bekämpft die Schlange Apepi, sein Sohn Horus, die Urgestalt des Herakles, den krokodil= artigen Typhon, und zerhaut zudem das Ungethüm, welches die Thuëris verfolgt, nachdem diese von Typhons Partei zu ihm über= gegangen. Die Phönizier stellen Kadmus, den erstgeschaffenen Adam Kadmon als Drachenkämpfer auf, und der Streit setzt sich in und um Europa fort; ja die Saat der Drachenzähne bezeichnet den fort=

gesetzten Krieg. Die Kananäer wiesen auf Elias, el Chadr, den Allmächtigen, der noch dazu in der Schlacht am Weltende fallen soll. Ihn kennt der Kaukasus, wie die Griechen den Donnerer Zeus Elieus.

Wenn der hl. Ilias die Drachen nicht erschlüge, hätten wir kein Getreide, sagen die Bulgaren. Er ist der Donnergott und fährt im gespenstischen Wagen. In Horazdiowitz fliegt St. Thomas im feurigen Wagen dahin und erweckt die Todten, welche seinen Namen tragen. (Grohmann 97 f.)

Der assyrisch chaldäische Gott Izdhubar, welchen wir erst aus den sumerischen Keilinschriften kennen lernen, heißt der „Bändiger der Ungeheuer". In Firdusi's Königsbuch von Iran besteht Is= fendiar den Kampf mit dem Drachen und andern Ungeheuern. Feridun endlich hat den Zohack (Azdehak) erschlagen, welchem zwei Schlangen aus der Schulter gewachsen. Er ist der iranische Per= seus, welcher hinwieder in die Rolle des Mithras eingetreten. So wird die Mythe allenthalben in die Geschichte herabgezogen. Vor allen kannten die Babylonier den Schlangentreter (Genes. III, 15), sonst wäre die Sage nicht auf Daniel XIV, 22 f. übergegangen. Noch mehr! Der Psalmist LXXIII, 13 ruft nicht umsonst: „Zerschmettert hast du, Elohim, die Drachenhäupter in den Wassern." Nach muslimischer Legende soll Jesus, der Sohn Mariä, zu Lydda am Quecksilber= brunnen vor dem Thore den Dagal mit drei Steinwürfen nieder= strecken. Die Perseusmythe ist so auf den Messias selbst über= tragen. Dieser löst in derselben Gegend den Zeus Georgios ab, der Meerdrache aber wird zum Leviathan am Weltende.

Der hellenische Herakles bekämpft zur Erlösung der Hesione das Seeungeheuer am Trojanischen Ufer, wird aber von ihm ver= schlungen, wie Jonas und Jason, und erst nach drei Tagen wieder ans Land geworfen. Wie Indra den drachengestalteten Britra, be= siegt der griechische Halbgott den gleichnamigen Höllenhund Orthros. Wieder erlegt er die Hydra, aber sie tödtet ihn mit ihrem Gift im Nessushemd. Es ist iran. udra, altn. otr, mundartlich Otr für Natter. Selbst Götter büßen die Tödtung. Die Andromeda=Mythe kehrt im neugriechischen Märchen wieder, welche mit einer goldenen Fessel dem Drachen an der Quelle ausgesetzt war. (Hahn 170.) Georgios ist der Ackergott, der die Unkultur überwindet, anderseits

ift es der Sonnenherr Apollo, welcher mit dem Glutpfeile den
Peftdrachen niederftreckt. Wieder ift es Phorkas, der Sohn des
Theffaliers Lapithes, welchem in der Urzeit derfelbe Sieg zugeschrieben
wird. Auf Rhodus ift an die Stelle des früheren Schlangenüber=
winders der Großmeifter Dieu Donné getreten, zu deffen Zeit die
Drachenfage auf der Infel Kos fpielte. San Giurgiu kämpft bei
den Rumänen mit den Strige oder böfen Geiftern.

Die deutsche Nationalmythe ift nicht minder reich an Vor= und
Nachbildern. Thor oder Donar kämpft bei der Götterdämmerung,
d. h. dem Weltuntergang mit der erdumgürtenden Meerschlange Jör=
mungandr, wird aber davon verschlungen. Gott Baldr erlegt mit
goldener Lanze den Winterdrachen und befreit die schmachtende Nanna
aus ihren Banden.

Der Gottesheld Irmin kehrt als altbayerischer Hirmon wieder,
der zugleich im Sturme durch die Lüfte raft. Auf der Hirmons=
wiese nächst der Hirmonsburg hat der Drachenkampf ftattgefunden und
Murnau davon das Wappenbild. Schließlich aber hat St. Magnus
zu Ramsach wie an der Lechschlucht den Streit beftanden.

Bei Erbach im Odenwald fließt unferne dem Lindenplatze, wo
jährlich auf Jakobi unter Baumschatten ein dreitägiges Volksfeft mit
Jahrmarkt ftatthat, der Drachenbrunnen. Fafnir, der Hüter
des Nibelungenhorts, hauste in Höhlenrain im benachbarten Hügel
und ließ sich das Waffer von den Umwohnern ablaufen, bis Sieg=
fried ihn mit einem Felsen erschlug. Dieser heißt noch die Platte,
doch sind Steine davon abgetrümmert. Eine Strecke vom Drachen=
brunnen fließt der Erbach, auch Erdbach genannt, weil er, wie ich
am 5. Auguft 1883 mit ansah, nachdem oberhalb sein Waffer ge=
ftaut ift, in Erdlöcher sich ergießt. Weiter unten kömmt er als
ftarker Mühlbach wieder zum Vorschein und mündet in den Mümling=
fluß. Die Häuser des Städtchens sind mehrfach mit Holzschindeln
verkleidet, die in Hufeisenform enden, gleich als follte an Baldrs
Roß erinnert und der Wohnsitz einem Gotte geweiht sein. Das nahe
Michelstadt gemahnt noch an den alten Thor mit dem Beinamen
Michel, „der Große," welcher nur durch den hebräischen Streitengel
Michael mit dem Drachen verdrängt wurde. Daselbft ftand eine
Donnereiche oder Esche am dreifachen Brunnen (der Nornen). Unter=

halb des Dorfes Roßbach fließen noch drei Quellen, an der mittleren liegen die Ruinen des Bruderhauses mit einem alten Jakobus Kirchlein. Hier sollen Schätze vergraben sein, die ein feuriger Hund bewacht, auch hört man Flötenspiel. In der Stadt fließt ein einziger Born, von den alten Leuten der Bartelsbrunn, jetzt Baderbrunn geheißen, unmittelbar in den Mümling oder Fluß des Mimir. Die Kirche ist St. Bartelmä geweiht, und aus dem Borne kommen die Kleinen; auch quillt ein Hollerbrunn im Thale nach Eulbach zu.

Dem deutschen Volke war noch in Aventins Tagen der Drachenkampf Ortnits am Gartensee und die Heldenthaten Wolfdietrichs so bekannt, wie nun die klassischen Muster. Ecke's goldene Rüstung ist in Drachenblut gehärtet, gleich Ortnits Panzer, welchen Dietrich von Bern durch Ecke's Tod erwirbt.

In Tyrol ist es der Fischersohn, der den siebenköpfigen Drachen erlegt und, nachdem ein anderer die Drachenköpfe vorgezeigt, mit der ausgeschnittenen Zunge als Sieger erkannt wird und die Hand der befreiten Königstochter erwirbt. (Zingerle I, 148 f. 216.)

Das Erscheinen des Drachen verkündet die Pest, im Sommersolstiz vergiftet er die Brunnen. Die Schlange Neidhauer lagert an der Quelle Hvergelmir. Es gibt eine Menge Drachenbrunnen, selbst einen in Jerusalem. (Neh. II, 13), griechisch Drakonero.

An den leibhaften Drachen glaubt man noch an der Saale und Unstrut; er frißt Getreide und berstet. (Niederlauf. Mitth. 1888 S. 260.) Zu Osterschwang oder Sonthofen erlegt ein Benedigermännchen den Drachen und reitet auf ihm am hellen Mittag davon. In der sumpfigen Niederung von Klagenfurt hauste einst ein Drache, dessen Gebrüll die Hirten erschreckte. Ein Tapferer unternahm das Wagestück und erlegte das Ungethüm. Wie er es in die Stadt geschleppt, bringt noch ein Stein in Erinnerung. In der Urschweiz ist Schrutan Winkelried aus Stans in Unterwalden an die Stelle des mythischen Heros getreten. Er, der Lehensmann Rudolfs von Habsburg, erlegt 1250 das Unthier, stirbt aber am Gifte, welches aus dessen Leibe trieft. In Bündten wird der Sieger durch zwei Gesellen um die erlöste Jungfrau betrogen, aber bei der Hochzeit verdingt er sich in die Küche, die Braut findet im Kuchen den güldenen Ring und wird die falschen Freier los.

Auch die Harzmärchen kennen den Drachenkampf, worauf der
Sieger die Königstochter erwirbt. (Ey. Spiegel und Schwert 196.)
Bei Apolda hat ein Ritter mit Bonifatius' Schwert die Lindwürmer
erlegt, welche die Umgegend verwüsteten. So hat der Kampf seine
Fortsetzung unter Angabe immer neuer Helden und Abenteuer in
allen Landen.

29. Der Georgiritt.

St. Georg, Martin, Nikolaus u. a. sind nur dadurch so glor=
reiche Heilige, weil sie in den urweltlichen Mythenkreis eingetreten
und mit all dem Strahlenkranz früherer Götter umgeben sind. Keine
Religion ohne ähnliche Legenden; wir leben im Zeitalter der christ=
lichen Mythologie. Zu Lydda, wo Zeus Georgos, der Patron der
Ackerbauern seinen Tempel hatte, erhob sich dafür die Georgskirche.
Da lernten ihn die Kreuzritter kennen, und erhoben ihn zum Vor=
kämpfer gegen die Ungläubigen. So entstand der vornehmste Ritter=
orden zunächst für England, und St. Georg bildete den Ruf in
Schlachten, wie die Deutschen wider die Ungarn auf dem Lechfelde
die Fahne des Erzengels Michael entfalteten, worunter ursprünglich
Michel der Donnergott gemeint war. Den Muhamedanern thut el
Chadr denselben Dienst. In Hispanien ist es St. Jakob, welcher den
Seinen sichtbar als Vorstreiter erscheint.

Die christlichen Heiligen= und Festtage bürgerten sich im Anschluß
an die gutdeutschen bei uns ein; der alte Heide ist daher unver=
kenntlich. So ist St. Georg als der christianisirte Perseus zu
uns gekommen. An der syrischen Küste hat der Drachenkampf des
„Ritters mit dem weißen Roße“ stattgefunden; davon hat
die Georgs=Bay nächst Beirut ihren Namen. Zu Lydda bei Joppe,
wo der Sonnenheld die Andromeda dem Meerdrachen ent=
rissen, besuchte ich sein Grab, von da ist der abendländische Georgi=
Ritterorden ausgegangen. Darum führt er auf Gemälden und in
Aufzügen die erlöste Jungfrau mit dem Drachen mit sich. Das
St. Georgenhemd schützt gegen Wunden, wie Siegfrieds Brüne un=
überwindlich macht.

München sah früher nach der Vorschrift des Herzogs Wilhelm V.
von 1580 den Aufzug des hl. Ritters, der von Zeit zu Zeit den

Lindwurm mit dem Spieße „stark und richtig durchbohren mußte,"
so daß das Blut ausspritzte. Natürlich fehlte auch Margaretha nicht.

Stain an der Traun ist eine uralte Burg mit acht bis zehn
Gemächern ganz in Felsen gehauen und mit sagenhaften Felsgängen,
welche bis Tengling und Troftberg führen sollen. Hier besteht eine
uralte Georgi=Bruderschaft und der berühmte Georgiritt vom
Pfarrhofe weg auf der alten Römerstraße, ³/₄ Stunden Weges bis
zur Georgilinde, welche bis gegen 1860 der Hauptschauplatz war
und dreimal umritten wurde. Jeder Hof der Umgegend schickt dazu
seine Pferde, und noch 1883 kamen 63 Paare zusammen, früher
auch schon hundert. Der Bauer oder sein Sohn muß selber mitreiten,
der Knecht tummelt das andere Roß. Ritter Georg im rothen Mantel
mit Fahne trägt einen Helm aus dem XII. Jahrhundert, früher
auch Panzer und Schwert. Auch der Burgkaplan reitet mit sechs
Engeln mit, alle auf Schimmeln mit weißrothen Buschen und Decken.
Am Ziele erwartet sie der Pfarrer mit der Monstranz und segnet
jeden einzelnen mit seinem Thiere. Nach dem Gottesdienste ist
Pferdemarkt, sonst gleicht die förmliche Reiterprocession mit dem
malerischen Umritt fast dem Leonhardsaufzug. Beim Georgiritt am
Ostermontag, 2. April 1888, betheiligten sich trotz des Schneegestöbers
in Ettendorf bei Traunstein sechzig Pferdebesitzer.

In Bayerisch Zell besteht am Freitag nach Christi Himmel=
fahrt von der Pfarrkirche aus das sog. Kreuzreiten bis Geitau,
wo in der uralten Kapelle der Gottesdienst ist; der Pfarrer und
Meßner müssen gleichfalls auf's Roß. Die Patrone des Ritterstandes
St. Martin, Michael und Georg finden sich als die Heiligen der
Kirche auf dem Auerberg zusammen, darunter sind zwei Drachen=
tödter.

30. Der Drachenstich zu Furth.

Ganz alterthümlich hat sich zu Furth im bayerischen Walde
der Drachenstich erhalten. Am Antlaßsonntag zieht ein Herold
mit dem Stadtwappen voraus, ihm folgt der junge Ritter hoch zu
Roß mit Schwert und Panzer, Speer und Schild, und einem Ge=
folge von hundert Personen. Da sind Knappen zu Fuß oder Roß,
Bogenschützen, Schildhalter, Standarten= und Pfeilträger. Die

Ritterin fährt mit Ehrendamen im Triumphwagen: den Schluß der Procession macht der blaugrüne Drache, welchen zwei Mann im Innern wie lebendig bewegen. Sofort geht der Kampf vor sich, eine Reihe Geharnischter mit dem Viergespann und den Edelfrauen bewegt sich nach der Beatushöhle, eine ungezählte Menge von nah und fern drängt sich durch die Burggasse nach dem Stadtplatze, des Schauspiels gewärtig. Da sprengt der Jüngling heran und stößt den Speer in den Rachen des gräulichen Lindwurm, daß das Blut ausspritzt.

Dieser vaterländische Brauch erfuhr 1878 die erste Störung durch die jüngeren Geistlichen, welche nicht deutsch verstehen, indem sie wider den Anschluß eiferten, weil der Ritter nicht St. Georg und die Ritterin Margaretha hieße, und doch mit dem Frohnleichnams-Umgang in die Kirche einlenkten. Als ob diese Kalenderheiligen, welchen wir ein langes Leben wünschen, nicht mythologische Figuren wären und Held Siegfried dem syrischen Lichtkämpfer ebenbürtig dastünde, denn der Drache sinnbildet die Finsterniß. Hat es etwa mehr als symbolische Bedeutung, wenn die Bibel die Apokryphe vom Drachen- kampfe Daniels XIV, 25 aufnahm, wie er Pech, Fett und Haare zusammenkochte und den Kuchen dem Beeldrachen in's Maul warf, davon er zerbarst. Historisch gefaßt haben all derlei Berichte keinen Werth. Sie beanspruchen, wie so vieles in der Schrift, nur mythische Geltung. Solche Volksfeste, wie die Leonhardsfahrt, bestanden über- haupt von kirchlicher Satzung unabhängig von jeher.

Der Drachenstich zu Furth hängt mit der Sage von einer Pest zusammen, welche die Kinder von acht bis zehn Jahren wegraffte. Die Aufführung ist so berechtigt und für uns Deutsche so bedeutsam, wie das hellenische Festspiel im Thale Tempe. Jedes achte Jahr nach alter Zeiteintheilung wurde der Kampf an der Quelle Kallirrhoe dargestellt, wobei ein Knabe den Apollo machte, der beim Streit mit dem Pestdrachen Python auch noch ein Kind war. Die Hütte mit dem Drachen wurde von Flammen verzehrt, worauf der junge Held den Festzug nach dem Thale Tempe antrat, um unter demselben Lorbeerbaum, wie der Gott, entsühnt zu werden und einen Zweig zurückzubringen. Die Ueberwindung des Drachen- fürsten Zohak, welchem zwei Schlangen aus dem Nacken wuchsen,

die täglich Menschenhirn zur Nahrung verlangten, durch Feridun
wird in Persien jährlich durch ein Fest der Natternvertilgung
am 31. August gefeiert.

31. Regenbittgänge und Riesenfahnen.

„Der Regen kommt vom Opfer," sagt der Inder, und das
ganze Alterthum sah den Opferrauch hoffnungsvoll gen Himmel steigen.
In gleichem Sinne spricht das Volk in Steiermark: Jedes Ver=
gelts Gott, das man für ein Almosen erhält, tragen die Engel zum
Himmel hinauf, und es kommt als fruchtbarer Regen und Sonnen=
schein wieder zur Erde.[1]) Schüttelt der mongolische Zauberer sein
Ziegenfell, so bildet der Regen alsbald einen See. Bei längerer
Dürre nehmen die Muslimen in Syrien zwei Stöcke kreuzweise, ziehen
darüber die Kleider eines Kindes, und lassen die Puppe Schoschballi
von einem Derwisch durch den Ort tragen. Die Jugend folgt mit
dem Rufe hinterbrein: „Schoschballi, Schoschballi, wir gehen nicht
weg, bis wir naß geworden sind." — Dreimaliges Umpflügen eines
Wely oder Heiligengrabes durch einen Molla unter Absingen geist=
licher Lieder hat dieselbe Wirkung. Wenn die Zadikim (Gerechten)
reisen, gibt es Regen, ist schon althebräisches Sprichwort. Der
Witz liegt aber in der Aussprache, Zadigim heißt die Störche.
Daß die geistlichen Herren Regen bringen, ist auch bei uns Sprich=
wort, also seit alter Zeit weltgiltig.

Wodans weise Raben oder der kundige Rabe in der Oswald=
legende, der ihm auch Nahrung zuträgt (Zingerle 85), haben im
Raben des Elias und Apollo ihr Gegenbild. Der Rabe kündet
durch seinen Flug und heiseren Ruf das nahende Gewitter an. Der
Prophet, welcher mit vier feurigen Rossen zum Himmel fährt, hat
den gleichnamigen kananäischen Donnergott zum Hintergrunde;
ebenso bringt Wodan mit dem Sturmhut auf dem Wettermantel
durch die Wolken. Elias ist der Regenspender (Jupiter pluvius),
auf sein Gebet verschließt sich der Himmel vierthalb Jahre. (Luk. IV, 25.
Jakob. V, 17.) -- Die Osseten im Kaukasus errichten hohe Stangen

---

1) Rosegger, Volksl. in Steiermark. — Abela in der Zeitschr. des
deutschen Palästina=Vereins VII, 94.

mit schwarzen Ziegenfellen, daß er den Hagel abhalte: der Bock ist
also sein Opferthier. Ebenso opfern die Tscherkessen am Eliastage
Ziegen und spannen das Fell, die Aegis, unter Gebet an einer
Stange auf. Es ist die himmellange Wetterstange, die bei uns wie
ein Nebelstecher mit dem zotigen Fahnenblatt bei Processionen getragen
wird. — Um Regen flehten die Gwandschen auf den kanarischen
Inseln in Bittgängen zum Seeufer und schlugen dann das Wasser
mit Zweigen, daß es zu den Wolken sich erhebe und das Land be=
fruchte. Urweltlich muß also der Brauch sein.

Baktra heißt die Stadt der hohen Fahnen. Sie galten
bei den Eraniern für ein Zeichen der Sieghaftigkeit, ihr Senken be=
deutete die Ergebung des Heeres. Die Regenfahne stellt sich als
glückverheißend und segenspendend neben das Siegesbanner. Welche
Rolle aber die himmelhohen Stangen bei den Regenbittgängen im
Kaukasus, bei den Litthauern und Bajuvaren, in Altbayern, Oester=
reich, Kärnthen und Steiermark bis heute spielen, gaben wir im
Sagenschatz 498 s. kund. Das ursprüngliche Widderfell, nur ersetzt
durch ein Fahnenbild mit Zitzen und Quasten, ist eben das Sinn=
bild der Regenwolke, woraus das goldene Naß niederträufelt.

Das goldene Bließ führt seinen Namen vom haarigen Fell,
das in den reichhaltigen Goldhäfen von Kolchis, wie noch heute
im Ural, die vom Wasser hergespülten Goldkörnchen auffing: der
Drache ist der Goldhüter. Aëtes nagelt dasselbe an eine Eiche im
Haine des Aros. (Aplb., I, 9. 1. 16.) So betete das Volk von
Attika: „Gib bald Regen, lieber Zeus, den Fluren und Auen der
Athen." (M. Aurel V, 7.)

Papst Gregor wirft den Longobarden vor, sie hätten noch
578 der obersten Gottheit einen Ziegenbock geopfert und ihn an=
gebetet. Der Kopf kam auf die Wetterstange. Das Fell hatte Be=
ziehung auf die Regenwolken. Die Longobarden übergossen den
Opferbaum mit Blut, hingen die Haut des Opferthieres an den Baum,
sprengten zurück und warfen ihre Spieße nach dem Felle; wer traf,
bekam ein Stück Fleisch, wer vollends in's Mittel schoß, dem ging
jeder Wunsch in Erfüllung.

Gregor von Tours meldet der glor. confess. c. 2: „Im
Gabalitaner Bezirk (Gevaudan, Dep. de la Lozère) liegt ein Berg

Helanus, der einen großen See enthält. Allda versammelten sich
zu gewissen Zeiten viele Landleute und brachten dem See gewissermaßen Opfer an leinenen Tüchern und männlichen Kleidungsstoffen;
einige weihten auch Bließe von Schafen, die meisten Käse, Wachs
und Brod von besonderer Form u. s. w., jeder nach seinen Kräften.
Man kam auf Wagen dahin, brachte Speise und Trank mit, schlachtete
und schmauste drei Tage Am vierten aber bei der Heimkehr über-
raschte die Leute ein Ungewitter mit starkem Regen u. s. f. (Grimm,
M. 564.) Galt es den See zu beschwören, oder einen Regenbittgang?

Tertullian eifert noch gegen die Regenbetfahrten, erst Papst
Leo I. 440—462 ordnete, wie Agapet 535 f. die sonntäglichen
öffentlich in den Kirchen an. Die Kurie mußte dem Judaismus
nothwendig absagen und den schief angesehenen Heiden mehr und
mehr Zugeständnisse machen. Gleichwohl pilgern die Jerusalemer
Juden zum Grabe der Rachel am Wege nach Bethlehem um Regen.
(Sepp, Jerus. I, 433. al. 539.) So wird Maria um Regen
angefleht, und wie von Lüttich schon 1240 gemeldet ist, in Polen
bei solchen Kreuzfahrten Blumen gestreut, um das Hinwelken der
Natur abzuwenden. Herkömmlich fällt der Regenbittgang (rogatio)
auf den Markustag 25. April; nach Weingarten kamen von
alter Zeit her alle Orte bis von Ravensburg her mit dem Kreuze,
selbst der Landrichter mit. (Birl. II, 459.) Als Hirten von Rampiz
das Flügelbild Suantewit's mit krausen Haaren an der Oder
auffanden und ein lang dauernder Regen aufhörte, fand selbes unter
Kurfürst Friedrich Wilhelm Verehrung, bis es durch den Regierungs-
Präsidenten von Crokow weggenommen ward. Von Gries bei Botzen
geht man mit dem Kreuz über den Berg nach einem Kirchlein Kosmas
und Damian; es ist aber ein Regenbittgang zu Ehren St. Ulrichs,
welcher für den Wetterpatron gilt.

Die Regenprocessionen stammen noch aus der Naturreligion
und finden sich darum allgemein, als ob sie einem Bedürfnisse der
hilflos schmachtenden Menschheit entsprechen, obwohl alle Bittgänge
an dem Verlaufe der Elementarereignisse nichts ändern werden.
Regnets an St. Swithins Tag den 15. Juli, so regnet es vierzig
Tage hintereinander, sagt die brittische Bauernregel. Wir rechnen

dieselbe Zahl von Medardus, 8. Juni, auch von den drei Eis=
männern Servaz, Achaz und Bonifaz, und merkwürdig treten die
altrömischen Vierzig (die auch in der Dauer der Feste sich wieder=
holen), als kalendarische Heilige auf. Sie heißen 40 Mar=
tyrer oder Legionäre, bei den Neugriechen ἅγιοι σόραντα, die
40 Heiligen, und ihr Fest fällt auf den 10. März. Im Reiche des
Islam sind die Arbaïn Kebabat als ebenso viele Propheten gefeiert.
Ahnungslos tauschten Christen und Muslimen ihre im Grunde alt=
heidnischen Heiligen gegen einander aus, und die Templerkirche der
40 Ritter zu Ramle ist den Muhammedanern eine Moschee der
40 Begleiter ihres Propheten. Die Kabylen halten sie ganz besonders
in Ehren. Anderseits stößt eine Kapelle der 40 Martyrer an die
hl. Grabkirche in Jerusalem, wie das erste Kirchlein von Athen nach
dem Pyräus zu, und die Grenzstation zwischen Hellas und Epirus
nach den Saranta heißt.

32. Pest= und Leichenspiele.

Die Indianer Amerikas gehen bei Epidemien in Schlangen=
windungen, um dem Tode nicht geradewegs in die Arme zu laufen,
d. h. um ihn mit labyrinthischen Zirkeln irre zu führen, damit er
das vorbestimmte Opfer nicht treffe. Beim Ausbruch der Blattern
vermeiden die Chunipies den geraden Weg und bewegen sich in allerlei
Krümmungen, um der Geißel der Krankheit auszuweichen. Der
Polynesier versöhnt bei Epidemien die Götter mit Tänzen, wie
die Azteken vor ihren Idolen solche aufführen.

Drei Tänze waren in aller Welt hergebracht: beim Eintritt eines
neuen Erdenbürgers in's zeitliche Leben, bei der Hochzeit und am
Grabe. Am Grabtanz hängt das Morgenland mit aller Eifersucht,
und der Reisende kann, wie der Schreiber dieser Zeilen 1846, in der
arabischen Welt leicht dessen Zeuge sein, wie die Jungfrauen bei dem
Begräbniß einer der Ihrigen um das Grab her feierlich die Kreise
ziehen, anzudeuten, daß die abgelebte Seele in den Reigen der himm=
lischen Heerschaaren zurückgetreten sei. Als vor einem Menschenalter
die Franziskaner zu Nazareth rigoristisch solches den Frauen unter=
sagen wollten, erklärten diese, mit ihren Familien lieber zur griechischen
Kirche überzutreten, als den uralten Brauch sich wehren zu lassen. —

In Sachsenhausen bei Frankfurt erhielt sich der Tanz auf dem Kirchhof bis zu Anfang unseres Jahrhunderts.

Der Tanz galt nicht blos für gesund, sondern sogar für ein gottgefälliges Werk! Der hl. Basilius hält ihn für die vornehmste Beschäftigung der Engel, und ermuntert, ihnen nachzuahmen. Umsonst verbot Bonifaz auf dem Konzil zu Leptina 743 den Kirchen= tanz; im Erzbisthum Köln mußten noch 1617 die gottesdienst= lichen Reigen abgeschafft werden; am längsten bestanden sie in der Marienkirche zu Lübeck.[1]) Gegenwärtig führen mit erzbischöf= licher Bewilligung nur noch die Chorknaben zu Sevilla den Engel= tanz auf.

So springt die religiöse Bedeutung der Tänze in die Augen, und die Einsetzung von Spielen zur Sühne und Abwehr von Landes= übeln wird uns verständlich. Von Androgeus, dem Kreter, lernten die Athener, jährlich am Targelien=Fest, Anfangs Mai, zwei Personen unter Flötenschall durch die Stadt zu führen und vor dem Thor, kraft seines alten Gelöbnisses, zur Sühne wegen einer Pest, zu opfern. Nach Erlegung des Minotaur führt Theseus die zur Opferung bestimmten, nun frei gewordenen sieben Jünglinge zum Tanz um den Keraton oder den aus lauter Hörnern zusammengesetzten Altar des Apollo. Als Hellas von inneren Kämpfen und einer Seuche heimgesucht war, stellte Lykurg mit Iphitos von Elis die von Herakles zu Olympia gestifteten Spiele wieder her, die auf die Kureten und Korybanten zurückgeführt wurden. Leichenspiele waren auch die Isthmischen, zum Andenken, daß ein Delphin den Leichnam des göttlichen Melikertes am Isthmus von Korinth ans Land getragen. Auch die Nemeischen Spiele vom Jahre 573 v. Chr., wie die Pythischen von 586 waren Leichen= spiele mit Todtenfeierlichkeiten, zum Dank für die Abwehr des Alles verpestenden Python, welchen Apollo der Pestgott mit seinen Pfeilen erlegte.

Auch der von Numa am 14. März festgesetzte Frühlings= tanz der Ancilier oder Salier soll eine Pest zum Anlaß

---

1) Ueber den Todtentanz in Kirchen vgl. Neue Münchener Zeitung 1857 Nr. 10. Sepp, Jeruf. u. das hl. Land 2. Aufl. II, 129 f.

gehabt haben. Vielleicht haben wir den Ursprung noch auf asiatischem Boden zu suchen. In Sparta fand der Aufzug der Lydier mit der blutigen Geißelung der Epheben im Dienste der Pestgöttin Diana statt. (Plutarch, Lyc. 18.) Die Römer begingen ihre ludi schon nach jedem Lustrum mit Lustrationen. Auch die Planeten vollführen ihren Tanz, wovon die Erdenzeit abhängt, und, was am Himmel vor sich geht, ahmt der Sterbliche hienieden nach; einen heiligen Zeit= raum aber bildet in aller Welt die Periode von sieben Jahren. Bekanntlich wurden aus Anlaß einer Seuche 391 u. c., 363 v. Chr., Histrionen oder Ludier aus Etrurien nach Rom berufen, die zum Flötenspiele zierlich tanzten. Wieder zur Zeit eines allge= meinen Sterbens wurden in der Siebenhügelstadt die Tabulae Atel= lanae, scherzhafte Pantomimen und Possenspiele, aufgeführt. Geschah dies aus Leichtsinn und Todesverachtung, wie bei der verheerenden Pest im peloponnesischen Kriege, oder jener unter Boccaccio 1365? Gewiß nicht, wenn auch das Gefühl: „Heute roth, morgen todt", zum letzten Lebensgenuß herausfordern mag.

Zu den Votivspielen in Pestzeiten zählen noch die tau= rischen, welche Servius II, 140 von den Sabinern herschreibt, welche bei einer Seuche das Uebel auf die unfruchtbaren Kühe ab= leiten wollten. Ebenso erneuert Valerius Poblikola aus Anlaß einer Pest um 245 n. Chr. die von seinem Ahnherrn gestifteten taren= tinischen Spiele als Säkularfeste. (Sepp, Heidenth. II, 24 f.) Man verlange keine andere Erklärung für die deutschen Pestspiele, als für jene der Südvölker. Im Weihnachtspiel figurirt noch der Gyges=Goges=Mann (A. Hartmann, Volksschausp. 524); er rührt von den Lydiern oder Ludern her, deren Leichtfertigkeit noch der im Deutschen eingebürgerte Name in Erinnerung hält. In Ravens= burg und Augsburg hieß das fröhliche Kinderfest, nachdem der Winter Abschied genommen, der Ruthenzug, und sollte von der Pestzeit, dem schwarzen Tod 1348 sich herschreiben.

Nach armenischer Sage erscheint die Pest alle sieben Jahre. Nach diesem Zeitverlaufe tritt regelmäßig der bezügliche Schäfflertanz ein. Auch das jüngste Gericht zu Waldens oder Veldenz wurde alle Jahrsiebente gespielt. Der Pesttanz zu Immenstadt wurde früher sogar alle Jahre aufgeführt. Die Transkaukasier wissen

6*

nach Haxthauſen (S. 321), die Seuche werde durch zwei Reiter an=
gemeldet, welche Zasmanagoz, die Peſtverkündiger heißen; der eine iſt
roth gekleidet und hält einen rothen, der andere ſchwarz und hält
einen ſchwarzen Stab in der Hand. Sie zwingen den erſten, der
ihrer anſichtig wird, ſie von Haus zu Haus zu führen; Menſchen wie
Thiere, welche ſie berühren, müſſen ſterben. Dieß erinnert an die
moſaiſche Legende vom Peſtengel in Aegypten. (Exod. XII, 23.)
Aehnlich ſchreibt Paul Diakonus: Bei der Peſt in Ticinum ſah
man Nachts den guten und böſen Engel durch die Stadt gehen, und
ſo vielmal der böſe mit der Ruthe an eine Hausthüre ſchlug, ſo viele
ſtarben daraus — bis in der Kirche St. Pietro in Vincoli dem
hl. Sebaſtian (Nachfolger Apollo's mit dem Peſtpfeile) ein Altar er=
richtet ward.

Eine Reihe peſtilentialiſcher Heimſuchungen ſind uns aufgezeichnet,
ſo von Evagrius die vom Jahre 454, welche von Kleinaſien und
den nördlicheren Ländern bis Wien ſich erſtreckte. Wieder war 520
ein furchtbares Peſtjahr. Die Beulenſeuche 531 dauerte nach Gregor
von Tours fünfzig Jahre, und verbreitete ſich von Conſtantinopel
durch das ganze weſtrömiſche Reich zu den Deutſchen, Hunnen
und Slaven; 546 erreichte ſie Gallien, 571 ſah man ſie in Warnefried
Ligurien. Sie entvölkerte 565 halb Italien, traf allein die Römer,
drang aber damals nicht zu den Alemannen und Bayern
vor. Zur Peſtzeit 662 fielen die erſchreckten Oſtſachſen, ſoweit ſie
bekehrt waren, wieder in's Heidenthum zurück und ſuchten
Hilfe bei den alten Göttern, da der Chriſtengott ihnen keine
zu bieten ſchien. Sind hier nicht die altheidniſchen Feſtſpiele gemeint?
Wie übrigens bei den Cirkusſpielen die Eier eine Rolle ſpielten,
trägt auch das Peſtweiblein Eier in der Butten, als das troſt=
reiche Symbol des nicht erſterbenden Lebenskeimes.

Von der Tanzwuth, die 1374 epidemiſch von Aachen aus
als St. Johannistanz, von Straßburg 1418 als Veitstanz ſich ver=
breitete, in Italien als Tarantel auftrat, finden ſich Spuren ſelbſt
bei den Tigretiern in Abeſſinien. Die Choromanie wiederholt
ſich ſeit der theatraliſchen Epidemie der Abderiten bei den Schotten,
wo ſie als Springfieber erſcheint. Allbekannt iſt die Prozeſſion der
ſpringenden Heiligen zu Echternach, jährlich am Pfingſt=

dienstage, zum Sarkophage St. Willibrords, des Patrons gegen die
hinfallende Sucht. Sie nimmt sogar zu, denn waren 1877 der
Springer 7995, so zählte man, selbst mit Kreuz und Fahnen von
den Pfarrern der Umgegend herbeigeführt, 1882 schon 11 269,
darunter 82 Geistliche; 1883 aber 13 310 und 1884 schon über
14 000, so daß der Zug, zwei Kilometer lang, dritthalb Stunden
dauerte. Nicht geringer ist die Anzahl der Zuschauer aus vieler
Herren Ländern. Nach der Morgenpredigt unter freiem Himmel
ordnet sich der Zug, durchtanzt in Reihen von fünf oder sechs erst
die Straßen der Stadt unter den Klängen der Musik nach dem
Textsatze: „Adam hatte sieben Söhne, sieben Söhne hatt' Adam,"
und so geht es immer drei Schritte voran, zwei zurück, auf fünf
Schritte vorwärts und vier rückwärts, über die Brücke, dann die
34 Stufen hinan in die Wallfahrtskirche, wo noch der Sarg des
Heiligen umtanzt wird. Die Prozession soll durch ein Gelübde für
das Aufhören der Tanzwuth 1374 begründet sein, wie die Ammer-
gauer zur Pestzeit 1634 ihr jedes zehnte Jahre wiederkehrende
Passionsspiel gelobten, obwohl schon ein Text vom Jahre 1622
vorhanden ist. Ebendas gilt vom Metzgersprung zu München, der
etwa auf die Pest 1349 oder 1460 zurückdatirt werden könnte. Das
Schembartlaufen in Nürnberg, sonst zur Fastnacht bräuchlich, —
soll gleichfalls von der Pest sich herschreiben. Selbst der Ursprung der
Singergesellschaft zu Pforzheim wird auf eine Pest zurückgeführt,
wonach man die Bürger wieder ermuthigen wollte. Der Schäfflertanz ist einer der vielen Pest- oder Todtentänze, die der Anthro-
polog bis in den Anfang der Geschichte zurückverfolgen und bei
vielen Völkern beobachten kann.

33. Der Schäfflertanz und seine Verbreitung.

> Die Sieben sind um,
> Laßt gellen die Pfeifen;
> Die Gläser geschwungen,
> Wohlauf nun zum Tanz!
> In zierlichen Reifen
> Den „Achter" geschlungen!
> Mit dem buchsenen Kranz!

München, die Hauptstadt des deutschen Biergottes Gomer-Gam-
brinus, weist zwar kein Riesenfaß auf, dergleichen die Wittelsbacher

im Keller des Heidelbergerschlosses aufstellten, wohl aber einen Fest=
brauch der Schäffler, die einst mit Bacchus am Bierfaß ihren Umzug
hielten. Siehe da, wie sie in der Fastnachtzeit nach uraltem Her=
kommen und unfürdenklichem Ceremoniell bei zwanzig an der Zahl,
den Vortänzer an der Spitze mit ihren buchslaubumwundenen und
gebänderten Reifen, mit gelbledernem Schurzfell, grüner Schlegel=
haube, schwarzen Kniehosen, weißen Strümpfen und Schnallenschuhen
vom Himmelschäffler¹) aus durch die Straßen zogen. Zuerst ging
es von jeher zur Residenz, wo früher zwei Gesellen beim Reifantreiben
den Takt zur Musik schlugen, indeß die übrigen in künstlich ver=
schlungenen Bogen und Lauben den großen Achter tanzten. Dann
ward vom Reiffchwinger der blauweiß bemalte Handreif mit einem
oder ein paar Gläsern voll Rothwein, ohne einen Tropfen zu ver=
schütten, mit größter Geschicklichkeit bei immer schnellerem Takte um
Haupt und unter Armen und Füßen durchgeschwungen und endlich
die Gesundheit der höchsten und hohen Herrschaften ausgebracht. Sofort
geht es vor die Häuser der Großbräuer und anderer Reichen. Seit
der Neugründung des deutschen Reiches bilden sie zum Schlusse unter
Zusammenstellung der Reife die Kaiserkrone mit dem goldenen Reichs=
apfel.²)

Die Zünfte und Gilden der Handwerker mit ihren Rechtsformeln
und Bräuchen sind aus dem deutschen Heidenthum herausgewachsen.
Mit den Julschmäusen und Opferfesten hingen ihre Tänzeltage
zusammen; kurz die Gewerke sind urgermanisch und eben darum
die Träger vorchristlicher Uebungen. Dazu gehörte vor allem die
Figur der Gredl in der Butten oder das Pestweiblein. Der
Schäfflertanz läßt sich in München seit 1463 nachweisen, die Gredl
kam 1802 zum letztenmal in Vorschein; nämlich ein Lustigmacher,
die vier Aß aus der Karte auf den vierkrämpigen Hut gesteckt, trug
eine Altweiberpuppe in der Weinbutte am Rücken, dazu eine lange
Wurst, um das Volk zu necken. Trommeln und Pfeifen erklangen
zur Melodie, welche die Menge mitsang. Ein Bauernweib sollte
nach der Pest sich zuerst mit Eiern in die Stadt gewagt haben. Die

---

1) Zunftgesellen vom Himmelreich in Köln. Ennen II, 674.
2) Vgl. Dr. Hyac. Holland. A. Allg. Z. 9. Febr. 1879 u. f.

Riesin Gridh oder schwarze Grete, Loki's Tochter mahnt an die
Todesgöttin Hel. Die Oberpfalz kennt sie als böse Gredl. Sie
hat Macht über die Unterwelt und führt darum den Stab, den sie
Thor entlehnt; ihr Sohn Widar aber ist der Gott der Wiedergeburt.
Als Heerdegöttin heißt sie hillighe oder Sünte Graite. Die Butte
symbolisirt in der Sprache der Griechen den Bythos oder Abgrund.
Im Sanskrit heißt Put die Hölle, griechisch βοτιός der Sarg.
Der Geist des Schloßtyrannen wird in eine Butte hineinbeschworen
und in die Hundsklinge geworfen. (Panzer 382.) So die Pest.
Die furchtbare Gridh ist in die zürnende Margaret mit dem Drachen
aufgegangen, da sie als Nothhelferin den gebändigten Lindwurm, den
Träger der Pest, mit sich führt.

Vor Zeiten, ja bis zum Anfang dieses Jahrhunderts ging auch
in Tölz der Schäfflertanz vor sich; mein Vater war als Knabe
selber einer der Schwegeler. 1861 wurde derselbe vorübergehend erneuert. Im Jahre 1886, wo die Münchener 483 mal tanzten, sollte
das Spiel auch in Frontenhausen aufgefrischt werden. Es ist
wieder in Aufnahme, denn zutreffend lesen wir aus Nürnberg:
„Am 25. Juli wird der hiesige Büttner-Gehilfenverein auf dem Löwen-
bräukeller die Weihe seiner neuen Fahne vornehmen, und damit
gleichzeitig die Aufführung des vor sieben Jahren an der Sedanfeier
zum letzten Male aufgeführten althistorischen Reif= oder Büttnertanzes
verbinden. Am Montag den 26. Juli wird dieser Reiftanz, ähnlich
wie in München, bei den Spitzen der Behörden und den Brauherren
hiesiger Stadt zur Aufführung gelangen. Zum Feste selbst haben
bereits verschiedene auswärtige Schäfflervereine (München, Erlangen,
Ansbach, Fürth rc.) ihr Erscheinen zugesagt.“

Die bayerischen Nachrichten über diesen Tanz reichen bis 1350
zurück, wo der schwarze Tod seinen Umzug hielt und ein Drittel
der ganzen Menschheit hingerafft wurde. — Nach dem letzten Hoch auf
die Hauptstadt beendete 1886 der Vorsprecher auf der Herberge das
Spiel mit den Worten: „Mein Spruch ist gemacht, mein Reif hat
gekracht.“ Dabei wurden die Reife zerbrochen und der Tanz war aus.

In Klosterneuburg findet noch am Feste des hl. Leopold
(15. November) das Faßelrutschen statt, wobei beide Geschlechter
abtheilungsweise auf Kosten ihrer Gewänder von der Höhe eines

koloffalen Faffes herabrutfchen, bis mit finkender Nacht die fchwankenden
Geftalten den Heimweg fuchen. Das Feft könnte leicht aus der Zeit der
erften Anpflanzung der Reben an der blauen Donau herrühren.

Wie man noch im Morgenlande den Wein und andere Flüffig=
keiten, wo nicht in Thonkrüge, einfach in ausgepichte Thierfchläuche
faßt, fo verfuhren auch die Italioten. Fäffer in unferem Sinne oder
Tonnen von Holz lernten die Alten erft am Fuße der Alpen kennen,
und Strabo V. 1, .12 fchildert mit Staunen den Umfang folcher
Weinfäffer, groß wie ein Haus. Das Wort tunna, tonna kömmt
nach Du Cange merkwürdig zuerft im Leben der Heiligen vor und
dürfte angelfächfifch fein. Keinesfalls hat der Schäfflertanz in den
Südländern feinen Urfprung genommen, die Mufik hat fich zu den
nordifchen Barbaren vererbt.

Die deutfche Reformation hat, wie die franzöfifche Revolution,
den mittelalterlichen Kirchen= und Volksgebräuchen unftreitig Abbruch
gethan. Gleichwohl tanzten die Küfer oder Büttner in Frankfurt
fogar auf dem zugefrorenen Maine fort, und hier in der kaiferlichen
Wahl= und Krönungsftadt wurde auch die Peft als altes Weib in
den Brunnen geworfen. Als Marie Antoinette am 5. Mai 1772
zu Freiburg im Breisgau von den öfterreichifchen Landen Abfchied
nahm, hatten unter andern ihr zu lieb veranftalteten Feftlichkeiten
auch die Küfer die Ehre, in althergebrachter leichter Kleidung unter
der Zunftfahne ihren Reigen aufzuführen. Es war leider für die
Tochter Maria Therefias ein vorbildlicher Todtentanz! Daß der Kur=
fürft und Erzkanzler von Mainz, der letzte Erzbifchof Fürft Dal=
berg 1801, dann König Friedrich Wilhelm III. und die un=
vergeßliche Königin Louife 1804, endlich felbft Napoleon zum
Schluffe des Monarchen=Congreffes 1808 in Erfurt die Böttcher vor
fich tanzen fahen, wo letzterer ihnen 100 goldene Napoleon befcheerte,
fchreibt Conftantin Beyer in feiner Stadtchronik. Auch zu Zerbft,
Zittau, Deffau, Halle, Breslau und Danzig war der Büttner=
tanz ehedem hergebracht. In Bautzen kam er nach zufälliger
Meldung von einem dabei erfolgten Hauseinfturze fchon 1412 zur
Aufführung. In Salzburg hielten früher die Schäffler ebenfalls
alle fieben Jahre ihren Zunfttanz mit großer Feierlichkeit.

Am zäheften haben die uraltnationalen Sitten und Bräuche fich allerdings in Altbayern erhalten. Nicht nur die Hauptstadt, sondern auch Marktflecken hielten am Herkommen fest, so Diessen am Ammer= See, wo bis 1800 der Pollinger Schäffler den Reif schwang, alle Gesellen in rothem Wams mit grünem Aufschlag und Schlegelhauben aufzogen und die Zuschauer nach der Musik: „Grebel in der Butten" sangen.

34. Biertausendjährige Melodie der Grebl in der Butten.

Fassen wir die Pest als den winterlichen Tod, so ergibt sich das Naturfest im Frühjahre von selbst, wo der Bürger sich wieder aus den Hütten und Häusern wagte und ein neues Leben begann. Wahr= scheinlich wurde der Todtentanz oder besser Frühlingstanz nach dem Hingange des Winters, des alten Todes, mit der Melodie Grebl in der Butten einst in den Kirchen getanzt. Bischöfe und Synoden hatten Mühe, den Deutschen den Kirchentanz abzugewöhnen. Von da aus verbreitete sich die Musik unter das Volk, das wohl ein Dutzend neue Texte unterlegte. Der Rhythmus war ursprünglich weit langsamer und friedlicher, jetzt hören sich moderne Anklänge heraus. Im Religionsgebiete geht nichts unter, es wechseln nur die Namen und Personen, und aus Religion beging man ursprünglich die Pestspiele und noch erhaltenen Zunfttänze, welche überhaupt nicht abkommen sollten. Die Melodie des Schäfflertanzes ist auch in Holland bekannt, ja was sagen wir, sie ist dieselbe bei der Procession der springenden Heiligen in Echternach. Ob die neue Sangweise auch dazu stimmt, weiß ich nicht, jedenfalls hat der Text nichts voraus und lautet:

„Eins, zwei, drei, Kyrie elei,
Für den heiligen Vater und seine Marei."

Nun höre man aber und staune!

Als der Schreiber dieser Zeilen im Mai 1874 von Bologna nach Ravenna fuhr, war auch ein Sänger zur Unterhaltung der Bahngäste zugelassen, der seinen prächtigen Baryton zu Geige und Tanzbewegung ertönen ließ. Das Lied war mir ja aus der Heimath bekannt? richtig, es klang mir die „Grebl in der Butten" in die Ohren. An der weiteren Bahnstation San Benedetto vor Loretto saßen ein paar Italiener und pfiffen dieselbe Melodie. Ja

als ich wieder asiatischen Boden betrat und in Thyrus den arab=
ischen Gottesdienst besuchte, welche Ueberraschung, zum Schlusse der
Abendandacht denselben Cantus zu vernehmen, wozu der Priester vom
Altare aus den Takt gab. Auf meine Frage erfuhr ich, diese Musik
sei in Rom ja hergebracht. Seit wie lange? Doch wir sind noch
nicht zu Ende. Am Succoth oder Hüttenfeste zur Zeit der Wein=
lese wurden im alten Jerusalem Zelte und Lauben mit Gezweig
wie im Weinberge, im Freien und selbst auf den Hausdächern er=
richtet. Die Hauptlustbarkeit aber ging am Tempelbrunnen vor sich.
Bereits Nehemias VIII, 15 f. beschreibt die Feier und führt sie bis
auf Josua zurück. Doch die Araber begehen ihr Aschura oder Oktober=
fest mit Zurückbeziehung bis auf Noah, der den ersten Weinstock mit
der Wurzel aus dem Paradiese anpflanzte. Am letzten Festtag, welcher
der feierlichste war (Joh. VII, 37), zog die Versammlung siebenmal
um den Felsaltar; mit erhobenen Maien, Myrthen und Weiden=
zweigen. Früh Morgens ging es, wie alle acht Tage, nochmal zur
Quelle Siloa und sofort nach dem Tempel, wo der Priester aus
goldenen und silbernen Gefäßen Wasser in Wein goß und umgekehrt.
Dasselbe Wassertragen fand in Thyrus und Hierapolis statt, und
das Volk goß es in Fülle aus dem Tempelbrunnen, um symbolisch
sich reichen Jahresregens zu versichern. Zum guten Ende aber be=
gannen die Männer, Greise wie Religiosen nicht ausgeschlossen, unter
dem Flötenspiel der Leviten im Vorhof einen kunstreichen
Fackeltanz. In den vorangehenden sieben Nächten ward auch vor
den Häusern getanzt, wobei Freudenlieder mitgesungen wurden.
Die Melodie aber lautete wie bei unserem Schäfflertanze mit später
unterschobenem Texte: Gredl in der Butten. So blieb der Syna=
gogengesang bestehen, bis Mendelssohn ihn durch neuere Compo=
sitionen verdrängte.

. Neun Tage währte das jüdische, aber auch das spartanische
Hüttenfest, wie die herbstlichen Eleusinien mit der Nachfeier,
wobei Zeltschirme in Procession getragen wurden, und der Wasser=
und Weinguß am Brunnen Callichoros stattfand. Zum Schlusse
wurde der Weinspender und Gott der Zukunft Dionysos Jacchos
mit Jauchzen auf den Schultern nach Athen zurückgetragen. Wie
Jauchzen mit Jacchus hängt unser Ju! Ju! mit dem orien=

talischen Freudenrufe Jahu zusammen. Der Ruf tönt schon
aus der Vorzeit vor 4000 Jahren aus Chaldäa und Indien herüber,
wo der Lebensspender Jao gepriesen wurde, und wiederholt sich im
griechischen Jo evoe, wie noch heute im Jahu (o Herr) der entzückten
Derwische. Auch der Bajazzo, der so wenig beim Schäfflertanz
als Metzger=Brunnensprung fehlt, führt auf βαχχιαζω, den Lustig=
macher am Bachusfeste zurück. Neun Tage dauerte unter Gesang
und Tanz das Fest der indischen Drachenkämpferin Durga um die
Zeit von Georgi und Michaeli, worauf ihr Bild in den Ganges
geworfen ward, wie die Winzer in Franken mit dem Weinpatron
Urban verfahren. Also stoßen wir auf unserer weltumfassenden
Mythenfahrt auf das Ebenbild der Gribh, Grete oder Margareta
noch am fernen Ganges.

An der Mosel kommt in der Fasten ein sog. Hüttenfest vor.
So sammelte man ein Malbergweich u. a. Stroh und Reisig, baute
eine Hütte davon und zündete sie unter dem Rufe an: „Die Burg
brennt!" Nun ging es zum Tanze herum, wobei der Windzug wahr=
genommen ward. Was sagen wir! Auch beim Laubhüttenfeste im
Jehovatempel, wo die ganze Woche ein Fackeltanz nebst Procession
vor sich ging, und die Theilnehmer die brennenden Fackeln in die
Luft warfen, nahm man aus der Richtung des Rauches ein Vor=
zeichen für den folgenden Jahresregen.

35. Der altgermanische Schwerttanz.

Bei den alten Deutschen haben schon all' die Zünfte bestanden,
sonst wäre nicht das Heidenthum damit verquickt: Schneider mit dem
Bockopfer ꝛc., Schäffler, Metzger, Schwertfeger mit den öffentlichen
Spielen. Vom Waffentanz berichtet Tacitus, Germ. 24: „Jünglinge
springen nach Ablegung der Kleider zum Zeitvertreibe tanzend zwischen
aufgesteckten Schwertern und Spießen." Jünglinge, nicht Erwachsene,
juvenes, nicht adolescentes führten den germanischen Schwerttanz
auf zur Kurzweil, und zwar in Hembärmeln (armalausi?); ohne
Oberkleid, mantellos, also nudi traten sie cap. 6 auch in den Kampf.
Sie zückten Schwerter oder Frameen, als ob sie in's Gefecht sich
stürzten, und tummelten sich herum.[1]

1) Ags. tumbian = saltare. Tegernf. Glosse zu Aen. VIII, 285.

Waffentänze schreiben sich schon aus vorgeschichtlicher Zeit her, und sind ja noch bei den Wilden im Schwange. So tanzen die Kureten und Korybanten, Schmiede am kretischen Iba, Kriegslärm vollführend um die Wiege des Zeus oder zu dessen Geburtsfest. Pallas Athene, die Kriegsgöttin selber soll zur Siegesfeier über die Giganten in Waffen getanzt und den Festtanz an den Panathenäen gestiftet haben. Der Pyrrhichische Tanz von Hopliten in voller Rüstung leitete sich davon ab, und besteht unter dem Namen Romaika noch fort. Die Priester der Bellona (Bellonarii) vollführten ihren Kriegstanz, wobei sie sich noch blutig ritzten. Bekannter sind die Salier, eines der drei römischen Priestercollegien; nach Joh. Lydus in der Zahl der Monate, als zwölf Jünglinge aus patricischem Geschlecht erlesen, tanzten sie unter ihrem Präsul d. h. Vortänzer bei Beginn des römischen Jahres um den Altar des Mars. Sie trugen und schlugen dabei zwölf Schilde, deren elf Numa durch Mamurius zu dem vom Himmel gefallenen Ancile fertigen ließ, um den wahren geheim zu halten, von dessen Bewahrung der Fortbestand des Reiches abhing. Es mahnt an die Parabel von den drei Ringen.

Unter den Römern erlangten die Fechterspiele am Forum solche Aufnahme, daß Vitruv die Erweiterung der Säulenabstände damit begründet, weil alles Volk zuschauen wolle. Aber diese Spiele waren blutiger Art, gewissermaßen stellvertretend für die Hingabe des Lebens. Man wollte auch Verstorbene damit sühnen, daß Gladiatorenkämpfe am Scheiterhaufen stattfanden. Als unblutige, aber als kriegerische Uebungen erscheinen die Waffenspiele bei den Germanen.

Den Schwerttanz in Obersteiermark hat Schlossar beschrieben. In Südböhmen hat derselbe gerade an der äußersten Grenze gegen slavisches Gebiet sich erhalten in Rosenthal, Halbersreith, Ober- und Unterhaid und Zettlersreith, ja fast in jedem Dorf zwischen Kaplitz und Rosenberg; er ward nur in der Fastnacht aufgeführt, zum letztenmal 1881.[1]

---

tamara = Salii. Jobocus Willich 1551. comment. zur Germania c. 32 nennt eyn schuuerdtanz — choream gladiatoriam. Müllenhoff: Ueber den Schwerttanz. Berl. 1871.

[1] Vgl. Müllenhoff, Der Schwerttanz. Berlin 1871. Ammann, Mitth. d. Ver. f. Gesch. d. Deutschen in Böhmen XXVI, 36 f.

Mit den Deutschen stehen die Perser in nächster Verwandtschaft und haben als Schiiten noch den Schwertertanz in Uebung. Jährlich am Versöhnungstage, Jom Aschura, sieht man in Kairo bei hellem Fackelschein etwa fünfzig weißbärtige Imame mit schwarzen Kegelmützen und langen Kaftanen aufziehen, jeder hat eine Fackel in der Linken, und schlägt mit der Rechten unter dem Rufe: „Hussein! Hassan!" sich die Brust. In der Mitte reiten als Repräsentanten dieser beiden Söhne Alis zwei Knaben in schwarzen Talaren die mit scharfen Messern taktmäßig sich die Stirne ritzen, daß ihr Blut das Gewand bespritzt. Wieder folgt ein Roß mit Rüstung und dahinter an achtzig Schwertträger in weißen Mänteln, welche sofort einen Kreis bilden und unter obigem Zuruf der Imame sich die Stirne verwunden, daß das Blut in Strömen fließt. Den Schluß bilden zehn Fanatiker, welche den Rücken mit Ketten schlagen. Manche dieser Heiligen sterben an ihren Wunden. Ein Hammelopfer in der Moschee beendet die Feierlichkeit, welche wie die Gladiatorenkämpfe den Charakter der Sühne an sich trägt.

Xenophon, Cyrop. VI, 1 schildert den Waffentanz der Thrazier nach ihren Nachtmahlen. Ihr Stammvater, biblisch Thiras, mahnt an den deutschen Kriegsgott, dessen Rune, das Kreuz, auf Tyr und Ear bezüglich, noch auf Schwertern und Messerklingen, sowie als Thors Marke im Rennthieralter am Hammer sich findet. Tiu (Tivisko) ist der göttliche Sahsnot oder Schwertgenoß. Goth. sviglôn, schwegeln, stimmt zu αὐλεῖν, der Schwegelbalg übersetzt τίμπανον und diente zur uralten Tanz- und Kriegsmusik. Der Waffensegen besteht in der altnordischen Schwertweihe unter zweimaliger Anrufung des Schlachtengottes Tyr. Es war eine Kampfesübung, gleichsam ein Vorspiel der Schlacht, ein kühnes und zugleich gefährliches Spiel, ein unveräußerliches Erbgut der indogermanischen Nationen.

Die Tanzbeschreibung in Schweden 1555 führt Müllenhoff 121 f. aus Olav des Großen Geschichte mit theilweise Taciteischen Ausdrücken an (Germ. 24); framea steht wie in der Vulgata für gladius. Walter Scott beschreibt im Anschluß daran einen Schwerttanz der Shetländer in der alten Julzeit. Der Master St. Georg tanzt und rühmt sich dann seiner Heldenthaten in allen Ländern,

zieht sein Schwert und stellt seine sechs Kämpen oder Brüder vor
als Jakob von Spanien, Dionys von Frankreich, David von Wales,
Patrick von Irland, Andreas von Schottland und Antonius von
Italien, alle sind in weißen Hemden. Die Angelsachsen und Nor=
mannen bewahrten den urgermanischen Waffentanz am treuesten.
Der Northumbrische Tanz schließt sich an den schwedischen mit
einigen Abweichungen an. In den Bergwerks=Distrikten versammeln
sich zur Christmas die Schwerttänzer nach Festsitte, Bergleute in
Gruppen zu fünfzehn, alle in weißen Oberhemden, jeder den Hut
geschmückt, den Degen in der Hand. Zwei Bursche im besonderen
Anzug heißen Tonny und Bessy; jener ist in eine Thierhaut gehüllt
und spricht den Prolog, nicht minder grotesk tritt Bessy vor. Ein
Fiedler spielt auf, ein Feuerwerker schießt los. Die Tänzer halten
das Schwert in der Luft, ergreifen die Spitze und biegen sie im
Bogen, oder binden die Klingen wie zum Gefechte zusammen und
bilden die Figur des griechischen Kreuzes. Einer trägt sie dann in
die Mitte des Kreises und die andern springen unbewaffnet herum,
schließlich zieht jeder sein Schwert zurück. Unwillkürlich ward in
Yorkshire Bessy getödtet, indem die Tänzer das Sechseck oder die
Rose mit den Schwertern machten, im Harzer Spiel geschah es
Schnortison, nachdem vier Könige ihre Schwerter gekreuzt und er darauf
geschritten war. Im Herbste tanzen die Landleute in Yorkshire den
Riesentanz, wobei Wodan und Frigg auftreten und zwei Schwerter
um den Hals eines Knaben geschwungen werden, ohne ihn zu
verletzen.

In Dietmarsen kömmt 1600 der Trymmekendanz in Er=
wähnung, nicht Trommeltanz, sondern von trimmen, englisch trim,
sich zieren in Mienen und Gebärden zum Scheinkampf. Das Kirch=
spiel Büsum war die Pflanzschule davon. Besonders künstlich war,
daß sie, eine Rose bildend, ihren sog. König von der Erde aufheben
und tragen konnten. Vom Suertreygen=Treten am Vasselabend
und den dabei sich befehdenden Schmiede=, Schuh und Bekkenknechten
ist zuerst 1443 in Braunschweig die Rede. Nicht über dem
Schild, sondern auf gekreuzten Schwertern war der Vortänzer gleich=
sam zum Könige erhoben, und das galt für ein Meisterstück. Justus
Winkelmann schreibt 1697 von dem Spiele in Hessen, so zu Hers=

feld, wie die jungen Gesellen in weißen Hemden unter den spitzen
Schwertern und Spießen unverletzt mit großer Geschwindigkeit sich
überschlugen, mit Schellen an den Kniescheiben versehen; zur
Fastenzeit und bei Hochzeiten war dieser Tanz hergebracht. Im Stift
Hildesheim sind Schildbäume nachgewiesen, um zum Waffenspiel
einzuladen, wie auch als Signal, sich auf den Kriegsfuß zu stellen.
Bei Schützenfesten und Freischießen, sowie alle sieben Jahre zur Er-
öffnung der Archenfahrt ging er vor sich.

Im XV. und XVI. Jahrhundert war der Schwerttanz in
Deutschland noch allgemein in Uebung, so in Zeitz. Die Bürgerssöhne führten ihn zur Fastnacht vor dem Rathhause auf und empfingen dafür vom Rathe Geldbeträge. Lange genug dauerte der
Tanz zu Weißenstein bei Marburg fort zur Erinnerung, wie die
Bauern von Wehrda an der Lahn ihn am Fuße der alten Raubveste
eröffnet hatten, um den Ritter, der ihn gerne sah, herauszulocken,
den Mädchenräuber zu erschlagen und die Zwingburg zu zerstören.
(Pfister. Heß. S. 142.) Die Tänzer trugen Gürtel um die Hemde
und Hüte mit flatternden Tüchern, um die Arme weitere Bänder,
und bewegten sich mit Behändigkeit kühn zwischen Schwertern und
Spießen herum, zur Bewunderung der Zuschauer. Geld, Eier, Speck,
Bratwürste bildeten den Lohn. (Lyncker, 154. 238 f.)

Hauptsächlich scheint dieß kriegerische Spiel bei den alten
Chatten hergebracht. In Franken und Hessen ward der Schwerttanz am Maifeste aufgeführt. Zu Schmalkalden geschah dieß alljährlich, so 1576 vor dem Fürsten Georg Ernst von Henneberg.
Das letztemal, bei der Hochzeit des Erbprinzen Ludwig VI, 1650
betheiligte sich die Dorfjugend von Lollar nächst Marburg; 16 bis
20 Tänzer mit blanken Schwertern, geschmückten Hüten in Hemd-
ärmeln, die Knie umschnallt, begannen den Kampf mit einem Lied,
und der Führer that den Spruch.[1]

Zu Köln erfolgte schon 1487 das Mandat, nicht „mit den
sverden off reyffen zu dantzen." Der Tanz war allerdings nicht immer
gefahrlos; so wurde zu Iba bei Rotenburg oder Bebra bei Fulda 1571
ein Fechter erstochen. In Waldeck erging 1590 das Verbot, am

---

[1] Joh. Müller, Teutsche Kulturgesch. 1857 S. 345.

Fastnachtstag, wie unter den Heiden solches geschah, sich in Schwert- und anderen Tänzen zu üben. (Kurtze 440.)

Die Schuhknechte zu Frankfurt entwickelten ihre Geschicklichkeit im Schwerttanz am Römerberge und ließen sich außerdem „vor Großen und Geringen sehen," auch wohl auf Dorfkirchweihen, — dabei verkleideten die Schmiede und Messerer sich als Bauern. Zum letztenmal tanzten sie 1613 vor den Altenburgischen Herrschaften. Sebald Beham stellte 1532 dieß Handwerkerfest im Kupferstich dar. Auch Leipzig, Nördlingen und Dinkelsbühl pflegten den Schwerttanz. Die Messertänze der Schwertfeger fanden zu Ulm und Nürnberg, und kraft kaiserlichen Privilegs noch bis 1782 in München jedes achte Jahr statt.

In Ulm begingen 1551 den Tanz 24 Handwerksburschen, der Fechtmeister stellte sich zuletzt über die auf den Mann in der Mitte gelegten Schwerter obenauf. Stetten schreibt in dem 1788 erschienenen zweiten Theil seiner „Kunst-, Gewerb- und Handwerksgeschichte der Reichsstadt Augsburg" p. 167: „Gewisse Professionen haben auch ihre eigenen Tänze. So hatten vor Zeiten die Klingen- und Messerschmiede die sog. Schwerttänze und noch heut zu Tage ist bei den Schefflern der Reiftanz üblich, ein Contretanz, der von den Gesellen, so oft einer von ihnen die Meisterrechte erhält, auf der Straße vor den Wohnungen obrigkeitlicher Personen und ihren Kunden, nach einer eigenen Musik getanzt wird."

Die Münchener Messerschmiede gehörten auch soweit zu den vier privilegirten Bruderschaften im hl. römischen Reich, daß sie neben Wien, Heidelberg und Basel alle Handwerksstreitigkeiten selbst ausmachen durften. (Holland, Altd: Dichtk. 635.) Die Stadtkammerrechnung von 1537 enthält: „II fl. zallt den Messerschmieden, so den Schwerttanz gehalten, ehrung." Die Hofzollamtsrechnung 1561 ergibt: „Mer bezalt Meister Georgen Hofschuster, nachdem er vor meinen gnädigen Fürsten und Herrn ein Schwerttanz gehalten, verehrung 12 fl.

Ueberlingen hat einen Schwertfegertanz seit der Pest, wo gegenüber in Meersburg alle ausstarben bis auf 101, die seitdem eine geschlossene Gesellschaft bildeten, so daß nie mehr noch weniger sein sollten. Damit charakterisirt sich der Schwerttanz als Frühlingsspiel.

36. Ehrentanz vor Kaisern und Königen.

Im Teuerdank und Ehrenspiegel steht Kaiser Max I. auf einem Gebund von 14 Schwertern, wie zum Triumphe. So erschwang sich sonst der Vortänzer, wie man z. B. bei schwedischen Hochzeiten den Bräutigam schließlich auf den Schultern jubelnd in die Höhe hält. (Tacit. hist. VI, 15.) In Breslau galt es bei der Ein= setzung Friedrichs V. von der Pfalz als Böhmenkönig und Herzog von Schlesien, den Schwerttanz aufzuführen. Am 23. Februar 1620 hielten 36 Kürschnermeister und Gesellen in weißen Blousen, groß= bauschigen Fechterärmeln mit Kniehosenbändern und Schellen an den Beinen, dazu aufgesetzten Lorbeerkränzen unter Trommeln und Pfeifen ihren Umzug, schlossen einen Kreis und fochten in Tuffaken. Die Schwerter wurden geschwungen, gekreuzt und verschlungen, eine Rose daraus gebildet, man sprang darüber weg; schließlich stellte sich einer auf den Knäuel. Dabei wurde wie beim Weihnachts= und Drei= königsfeste vorgesprochen, namentlich zu Anfang und Schluß des Tanzes deklamirt.

Auch die Schweidnizer verstanden so zu tanzen. — Zu Hermann= stadt in Siebenbürgen nahmen die Kürschner dieß bei jeder Einsetzung eines neuen Sachsengrafen als Ehrenrecht für die Rettung eines Vorgängers aus der Türkenschlacht bei Talmatsch in Anspruch. Selbst nach der Aufhebung der Zünfte 1848/49 wurde beim großen Volks= fest 1852 vor Kaiser Franz Joseph der Schwerttanz im jungen Walde ausgeführt.

Das schon in der Kelten= und Römerzeit berühmte steyrische Eisen (noricus ensis) lud von jeher zum friedlichen wie kriegerischen Waffenspiele ein. In der Stadt Steyer führten die Messerer 1680 in Gegenwart Kaiser Leopolds den Schwerttanz auf; ebenso tanzen ihn die Salzfahrer von Stadl bei Lambach. Die Umwohner von Ebensee producirten sich damit vor Kaiser Franz 1833. Die An= sprache lautet vor Erzherzog Johann, der die Aufschreibung ver= anlaßte: [1]

---

1) Schlossar, Oesterreichische Cultur= und Literaturbilder S. 175 f. 185.

Ich tritt herein wohl also fest,
Und grüße kaiserliche Hoheit auf's best,
Absonderlich — thät ich's nicht,
Wär' ich kein rechter Obersteyrer nicht.
Obersteyrer bin ich genannt,
Ich führ' meine Kling' in der rechten Hand.
Tritt Jungfrau herein in den grünen Kranz,
Spielleut macht auf zum Schwerttanz.

Im Salzkammergut führen den Schwerttanz neun Personen
auf mit zwei Pfeifern, einem Tambour und zwei Faschings-
narren; der Spruch lautet:

Wir treten herein ganz edel und vest,
Und grüßen all' anwesende Zuschauer auf's best,
Grüßten wir einen und den andern nicht,
So wären wir die rechten Schwerttänzer nicht.
Die rechten Schwerttänzer sind wir genannt,
Wir tragen das Schwert in unserer Hand.
Spielmann mach auf den rechten Schwerttanz. —

Man tanzt Rondo, springt über die Säbel, formirt die Schnecke
u. s. w. (Gebhart 464.)

Die Knappen des Dürnberger Salzwerkes bei Hallein
bringen noch heute den Schwerttanz zur Aufführung, wie schon 1586
in Gegenwart des Erzbischofs Georg von Kuenburg, und 1587 beim
Eintritt des neuen Erzbischofs Wolf Dietrich in Hallein, ferner 1631
vor Herzog Albrecht in Hofgastein. Neun Tänzer, zwei Pfeifer, ein
Trommler und zwei Schalksnarren springen in die Runde, jeder den
Säbel seines Nebenmannes in Händen haltend, und formiren wie beim
Schäfflertanz die Schnecke, woraus der Vortänzer und einer nach
dem andern sich wieder herauswinden. Der böse Loki mengt als
Hanswurst mit der Pritsche sich ein, der Faftnachtsnarr tritt mit
seinen veralteten Sprüchen hervor: ein gemeinsames Vivat bildet den
Schluß. So geschah es zu Aussee 1808 zu Ehren des Erzherzogs
Johann. Das Knappenfest fällt in die Woche nach dem Tage des
Salzpatrons Rupertus, und nachdem 20 bis 24 ihre Art Schwerttanz
ausgeführt, werden die Gefahren des Bergmanns in Bildern dargestellt.

Am Geburts- und Namenstag König Ludwigs II., 24. August
1884, begingen die bayerischen, in der österreichischen Saline Dürren-

berg vertragsmäßig hantirenden Bergknappen den altherkömmlichen Waffenreigen im Anschluß an den musikalischen Zapfenstreich der Berchtesgadener Knappen im Vorhof der dortigen Residenz. — Eine Art Schlachttanz wird im Leogangthale von den Holzern mit geschwungenen Aexten ausgeführt. Den Schwerttanz zu Hallein begehen 16 Knappen mit einem Vortänzer und Sergeanten. In Laufen an der Salzach bestund er in altüblicher Form noch 1806.

In Nürnberg erhielten die Messerschmiede 1349 von Karl IV. für ihre Treue beim Aufruhr der Zünfte wider die aristokratische Stadtverfassung das Recht des Schwerttanzes, und zeigten sich damit 1350 und 51 selbst vor genanntem Kaiser. Am 8. Juni 1570 tanzten sie ebenso vor Maximilian II. Die Abbildung zeigt Trommler und Pfeifer nebst sechs Schwerttänzern in weißem, einen in rothem Wams. Der Hintermann faßt das Schwert des Vordermanns an der Klinge, der letzte trägt seines über der Schulter, wie die Vorstellung bei den Dietmarsen, in Schweden und auf Schottland am Vorabend von Weihnachten vorkömmt. So ging das Fechten auf erhobenen Schildern vor dem Rathhause anfangs alle sieben Jahre vor sich und dauerte mit Unterbrechung bis 1600; die hohen Kosten thaten ihm Einhalt. Die Fechtschule und Umzüge dauerten zur Kurzweile fort. Sowohl in der Pegnitzstadt wie in München dürfte der Schwerttanz wieder in Aufnahme gelangen!

Unvordenklicher Weltbrauch darf nicht abkommen. Beim Besuche des Czar Alexander III. im Kaukasus, 5/17. Oktober 1888, vollführten die Chewsuren einen Schwertgang, ausgerüstet mit Helm, Schild und Panzer, worauf sogar das Kreuz angebracht ist, daher sie für Nachkommen der Kreuzfahrer gelten. Panzerhemd, stählerne Arm- und Beinschienen, und gerade Schwerter vervollständigen die Rüstung.

37. Der Metzger-Brunnensprung und die attischen Buphonien.

Jährlich ging in Attika und auf der Insel Tenedos am 14. Skirophorion, d. i. in Mitte des Frühlingsmonats, das Fest der Buphonien oder Ochsenschlachtung vor sich. Pausanias I. 28, 6 meldet: „Unter dem attischen Könige Erechtheus tödtete zuerst Taulon,

7*

vom Acker heimkehrend, am Altar des Zeus Polieus einen Ochsen, ließ die Axt zurück und floh aus der Gegend. Die Axt wurde sofort gerichtlich freigesprochen, indeß noch jährlich vor Gericht gezogen." Die Familie der Centriaden oder Treiber trieb dann einen Ochsen herbei, um ihn unverwehrt fressen zu lassen; sowie das Thier jedoch von den geweihten Broden fraß, schlug der Butype es mit dem Beile nieder, ein anderer zog ihm die Haut ab, die Detri oder Vorschneider aber schlachteten und zertheilten es zum Mahle. Jungfrauen trugen Wasser, um das Beil und Messer zu schärfen, worauf alle insge-sammt vom Fleische kosteten, die Haut aber ausstopften und den figürlichen Ackerstier wieder an den Pflug stellten. Er, der Gehilfe des Menschen, war erschlagen; aber nur weil er das Opfer des Zeus vom Altar gefressen. Der Schlächter schob die Mordschuld auf die Wasser-trägerinen und entfloh, diese gaben dem Beil und Messer die Schuld, worauf die Personen alle freigesprochen, die Schlachtwerkzeuge jedoch in's Meer geworfen wurden. Buzyges, der Ochsenanjocher, mußte nach Porphyrius II, 29 auf · jenes erste Attentat hin nach Kreta flüchten. Umgekehrt war das Geschlecht der Tauloniden von da eingewandert. Taulos, Tauros hieß der kretische Stiergott, der Stiermensch oder Minotaur. Schon daß Taulos oder Talos auch in Sarbinien Opfer empfing, der Insel des Herakles Sardon, deutet auf phönicischen Ursprung des Opferfestes, wie denn Polieus, der „Stadtgott," dasselbe wie der tyrische Melkart heißt. Es ist Baal, der „Herr," dem zu Ehren die Priester der alten Welt am Sonnen-fest im Frühjahr, als der Himmelsgott im Zeichen des Stiers weilte, seit 2470 v. Chr., das bezügliche Opfer schlachteten und dem Volke die Bissen preisgaben.

Das Schlachten war ursprünglich eine priesterliche Handlung und aus Potifex, dem Oberschlächter oder Opfermeister verwandt mit carnifex,[1]) hat sich Pontifex gebildet. Der Schlächter bringt ein Blutopfer, und so durfte während des Wüstenzuges der Isra-eliten nur am Standort der Bundeslade, nach ägyptischer Weise, geschächtet werden. Schrecklich klingen die Drohungen Levit. XVII:

---

1) Von σφάττω, σφάξω; facio hat wie θύω, thun, abthun, durchthun, ursprünglich die Bedeutung tödten. Wie Ungarn, Mongolen, Lanterne u. s. w. hat Pontifex das überflüssige N.

„Welcher Israelit einen Ochsen, Lamm oder Ziege in oder außer dem Lager schlachtet, und selbe nicht vor die Thüre des Zelts des Zeugnisses bringt, der soll des Blutes schuldig sein wie ein Mörder und ausgerottet werden aus dem Volke. Denn die Seele ist im Blut, und das Blut, welches vor dem Altar verspritzt wird, bildet die Versöhnung fürs Leben." Soweit ging der Schlachtzwang in der altjüdischen Tempelhierarchie; Freibank hielten nur die Baals= stätten, die verfluchten, und Oseas XII, 12 schlägt darüber den Jammer auf: „Zu Gilgal schlachten sie Ochsen umsonst aus." Tausend Jahre war der Salomonische Tempel das gemeinsame Schlachthaus der Nation, die aber nur einmal des Jahres, auf Ostern, zum Tische des Lammes oder Opferwidders ging.

Die Leviten waren Metzgerknechte, der Tempel aber die allge= meine Fleischbank, nur steigerte sich auf's Pascha die Lämmerschlachtung bis auf Hunderttausende, so daß der ganze Vorhof von Widdern und Böcklein vollhing, und jeder Hausvater selber zum Messer greifen mußte, um mit dem Schlachten fertig zu werden. In der Festwoche der Laubhütten kamen siebzig Rinder zur Schlachtung. Nun stand gegenüber dem Davidischen Pestaltar (II. Sam. XXIV, 21) der Tempelbrunnen, aus welchem am letzten Tage des Festes ebenfalls der Wasserguß über die Köpfe weg stattfand, und zwar mit Bezug auf einen ergiebigen Jahresregen. Dabei wurde von Alt und Jung um den Brunnen getanzt. „Wer das Wasserschöpfen nicht gesehen, hat nie eine Freude erlebt," so schreibt der Talmud (Succa f. 51, 1). Uebereinstimmend tanzte man an den Eleusinien um den Brunnen Kallichoros, und auf das Wasserschöpfen ($\mathring{v}\delta\varrho\varepsilon v\sigma\iota\varsigma$) folgte am neunten Tage der Weinguß ($\pi\lambda\eta\mu o\chi\acute{o}\eta$). Der ander= weitige Aufzug der geschwänzten Satyre bezeichnet das allgemeine Freiheitsfest.

Die Fleischer gelten den Tibetanern für unehrlich, weil ihnen als Buddhisten das Rind heilig ist. Ebenso war den Indern vor Jahrtausenden die Gerberei kein ehrsames Handwerk: überhaupt pflegt man noch in der asiatischen Welt keine Kuh zu schlachten; denn sie ist die Nährmutter der Menschheit auf der Stufe des Hirtenstandes. Ein Nachhall dessen ist es, daß in Rom an der Ara Carmentis ein uralter, unblutiger Dienst fortbestand, und kein Leder weder von

geschlachtetem noch gefallenem Vieh in den hl. Raum kommen durfte.
(Ovid F. I, 629.) Zudem fand am 24. Februar, also zur Zeit
unserer Faftnacht, das Feft des Regifugiums ftatt, wo der Rex sacri-
ficulus oder Opferkönig[1]) die Flucht ergreifen mußte, bis er von
der Mordschuld gereinigt ward. Dabei liefen die Freigesprochenen
(liberi hießen die Bacchanten) in Bocksfellen umher. Man vergeffe
nicht, daß die früheften Götterbilder aus Holzpfählen beftanden; ein
Fichtenbrett (βρέτας, phönicisch beruth) ftellte die argivische Here
vor. Aber nicht bloß der Pfahl wurde mit der Opferhaut überzogen, sondern der Opferer selber eignete sich das Verdienst des dar-
gebrachten Sacrificiums dadurch an, und ftellte in diesem Aufzug
zugleich den Uebergang des Menschenopfers zum Thieropfer dar.
Der Brauch führt auf die Culturanfänge in vorgeschichtlicher Zeit
zurück; er geht daher durch die ganze Welt und reicht bis zum
äußerften Norden. Herodot meldet II, 42: „Als Herakles (von
einem Verlangen wie Moses befeelt) die Gottheit zu sehen begehrte,
hielt Zeus sich den Kopf eines Widders vor und nahm deffen Fell
um. Und jährlich am Fefte des Zeus (Ammon) schlachten die The-
bäer einen Widder (ἀμνός), ziehen ihm die Haut ab und bekleiden
ebenso das Gottesbild." Daß auch die Feftbegeher mit einem Thier-
fell umhüllt aufzogen, wird hier nicht gesagt, in Griechenland war es
so. Am Fefte des Georgos und Maimaktes ging man in Attika
mit dem Widderfell herum, ebenso warfen sich Jünglinge zur Peft-
zeit nach dem Opfer eines Widders in die Haut, und pilgerten in
die Höhle des Zeus Katharsios am Pelion. In Schweden vermummten
sich die Schlächter seit alter Zeit und setzten sich Ochsenköpfe oder
Ziegenhörner auf, ja ahmten selbst die Laute dieser Thiere nach. In
England, zumal in der Grafschaft Dorset, führt man um Weihnacht
einen Burschen in eine Ochsenhaut sammt Hörnern gehüllt, und mit
einem Ring durch die Nase umher, wobei er an den Häusern Geld
einsammelt. Es war und blieb ein Feftaufzug, wenn der Blutkerl,
wie der altdeutsche Godi hieß, das gekrönte Thier selbst mit vergoldeten Hörnern zum Hauptopfer (Höfudblot) führe. Um eine Vor-
ftellung davon zu haben, muß man den feftlichen Aufzug beim

---

1) Eine Benennung, wie wir einen Schützenkönig, Immenkönig haben.

Stucken erlebt haben: voran die Musik, das Prachtexemplar eines
Ochsen, von nordländischen Centrionen am seitlich gezogenen straffen
Seile geführt, wenn der angehende Zunftbürger in rother Jacke, das
Beil auf der Schulter, sein Meisterstück abzulegen zur Schlachtbank zog,
und die halbe Gemeinde hinterbrein zum Schauspiel nachfolgte. Der
mactator ward ehedem zum Matador, der in gottesdienstlicher Weise
seine Aufgabe löste, denn die Gemeinde besprengte sich mit dem Blute
und Weihwasser. Das Handwerksfest der Metzger um die Frühlings=
nachtgleiche bezeichnet eine neue Culturstufe der Menschheit,
welche ursprünglich auf Früchte und Pflanzenkost angewiesen war.
Es ist von prähistorischem Alter, und der ähnliche Ritus an den
ersten Cultusstätten hergebracht, wo Hekatomben von Opfern fielen.
Wenn die ephesischen Jünglinge bei den Stiergefechten in der Arena,
wenn sie am Feste des Neptun den Willkomm mit Wein ausbrachten,
selber tauri hießen (Athenäus, deipn. X. p. 425), so dünkt uns der
Ausdruck durch den Aufzug gerechtfertigt. Es galt ein Wettringen,
denn es gehörte Muth dazu, an den Ackerstier Hand anzulegen, der
Mensch trat dabei in einen Zweikampf ein, wobei es sich um sein
eigenes Leben handelte und forderte das Gottesurtheil heraus.
Alle Nationen bewahren die Erinnerung vor der ersten hl. Scheu,
sich Thierfleisch einzuverleiben.

In Birma essen Mönche wie Laien Fleisch mit der Entschul=
digung, daß die Sünde der Tödtung auf die Schlächter falle. (Kern,
Buddhismus II, 76.) Durch den Mord der Thiere ladet der Mensch
Blutschuld auf sich, die Angst vor der Blutrache führte zu Sühne=
versuchen mittels Wasser. Darum zieht bei den Lappen und
Ostiaken der Priester mit auf die Jagd und beschwört den Bär,
sich freiwillig tödten zu lassen, und später nicht Rache zu nehmen;
ja wenn er in Todesröcheln liegt, bittet man ihn um Verzeihung
wegen des übelgeführten Streiches und stellt die ausgestopfte Haut
wieder zur Verehrung des Bärenkönigs aus. Die Kaloschen halten
ihn für einen verwandelten Menschen. Die Kaffern rufen dem
Elephanten zu: „Tödte uns nicht, großer Häuptling." Der Hotten=
tote muß nach jeder Jagd sich reinigen, hat er aber einen Löwen
oder Elephanten getödtet, so nimmt auch sein Weib an der Cermonie
Theil. Somit führt die Handwerkstaufe der Metzger in vorhistorisches

Alter zurück. München heißt irgendwo Derwischabad, diesen Spitz-
namen hat ihm erst Fallmerayer, sein Parlaments-Abgeordneter, aufgebracht, wohl aber in den Büchern der Rabbiner Jr ha Kamorin,
die Stadt der Mönche; so nannte man übrigens einst die Baalspfaffen
in wallenden Kapoten, und die Festbräuche sind älter als die Stadt.

Auch der Anfang des Metzger-Brunnensprungs wird auf irgend
eine Pest znrückgeführt, nach deren Ablauf sie das in den Häusern
eingeschlossene Volk durch öffentlich angestellte Lustbarkeiten wieder auf
die Straße locken wollten, wie die Schäffler durch ihren Tanz. Die
Pest ist jene unvordenkliche, welche die in der asiatischen Heimat zu-
sammengesessenen Völker-Racen ansteckte und zur Flucht nach allen
Ländern auseinandertrieb. Noch jetzt steckt die Landung fremder
Schiffe häufig ferne Insulaner an, und die Berührung mit Amerika
hat uns die Pocken eingetragen. Ueber Pesttempel (voran den Salo-
monischen), Pestopfer und Pestproceſsionen wäre ein Buch zu schreiben.
Ju der Kalenderordnung vertritt der grausame Winter den leibhaften
Tod, dem man im Frühling zu entfliehen glücklich ist, und daher
mit Festspielen sich ergötzt. In den Handwerks-Bräuchen und alten
Festgewohnheiten hat sich ein guter Theil uralt religiöser Sitte und
altdeutschen Volksglaubens erhalten. Zunftheilige und patronirende
Gottheiten kennt sowohl der Heide, als Christ und Moslem, Hindu,
Araber, Grieche und Römer, so gut wie wir Deutschen.

In Paris bildete der Aufzug des Faſtnachtochsen ein eigent-
liches Volksfest; er trug jedesmal einen berühmten Namen und hieß
1851 Cäsar, 1852 France, 1853 Onkel Tom, bis Napoleon III.
den Brauch abkommen ließ. Es war die letzte Erinnerung an das
alte Frühlingsopfer; indeß stellte die Republik 1873 den thierischen
Aufzug nicht wieder her, da Frankreich mit seinem Kriegsminister
Leboeuf an der Spitze die traurigsten Erfahrungen gemacht.

38. Das Schembartlaufen in Nürnberg, der Nornenstadt.

Als Ludwig der Bayer 1346 vom Bannstrahl eines französischen Papstes betroffen ward, fielen alsbald fünf Kurfürsten von
ihm ab. Allenthalben erhob sich Aufruhr und Verrath offen wie
heimlich gegen den rechtmäßigen Oberherrn, auch in der Reichsstadt
Nürnberg. Der Rath stand hier zum Kaiser, in der unruhigen

Bürgerschaft widerseßten sich die Metzger dem Anschlage, vom Reichs=
oberhaupte sich loszusagen und 1347 dem Böhmenkönig Karl IV.
zuzufallen, der schon vor die Mauern gerückt war.   Zur Erinnerung
an die bewährte Treue erhielt die Innung das Vorrecht eines feier=
lichen Umzugs am Fastnachtmontag nebst Freisprechung ihrer Lehr=
linge beim Sprung in den Marktbrunnen verliehen.   Nicht lange
darnach beschloß der Kaiser sein Leben, und um seinen Nachfolger
Karl IV. nicht zu kränken, verzichteten die Nürnberger auf den kaum
eingeführten Metzgersprung.   Da verpflanzten ihn zwei Münchener,
Mich. Tumblinger und Sebald Schneider, in die neu aufblühende
Isarstadt, und brachten als Zunftmeister das zu Ehren des Kaisers
erduldete kalte Bad in Aufnahme.   Die landesfürstliche Billigung
erfolgte 1426 bei Einweihung der neuen Fleischbank.   Ausdrücklich
findet dieses Innungsfest unter Herzog Wilhelm IV, 1508—1516,
Erwähnung.

Dieß mag seine Richtigkeit haben, erklärt aber keineswegs den
Weltbrauch.   Nürnberg bildet einen Mittelpunkt des deut=
schen Glaubenslebens: sie heißt nicht umsonst nach den Nornen.
Auf der Burg erhebt sich die Linde, welche die Wurzeln gegen
Himmel streckt — ein Abbild der Yggdrasil.   Sie soll so von der
Kaiserin Kunigunde zum Zeichen ihrer Unschuld gepflanzt worden
sein, dieß ist aber zugleich Nornenname.   Auch die uralte Linde von
riesigem Umfang im Schloßhofe von Augustusburg im Erzgebirge,
einer der denkwürdigsten Bäume, wurde erst umgekehrt in die Erde
gesetzt, und noch erweisen die Aeste sich als frühere Wurzeln.   Das=
selbe gilt vom Baum im Kirchhof von Annaberg.   Der wunder=
bare Baum von Schwamberg zeigt seine Zweige nach abwärts
gewachsen, er sproß aus einem Stab, den ein unschuldig Verurtheilter
in die Erde stieß. (Grohmann 303.)   In Görliß sieht man einen
Baum verkehrt eingepflanzt zum Zeichen, daß der ihn setzte unschuldig
war.   Der Kirschbaum in Schiltwald steht wunderlich verschränkt
am Wege; bei der Erbtheilung gruben zwei Brüder, die ihn dem
dritten nicht gönnten, ihn aus und setzten ihn verkehrt in den Boden,
daß die Wurzeln nach oben in die Luft starren. (Herzog II, 37.)
Auf die Mythe geht auch das Sprichwort zurück, daß die Bäume
nicht in den Himmel wachsen.

Tief im Brunnen auf der Burg zu Nürnberg sitzt an Wodans
Stelle Kaiser Karl der Große, wie Friedrich der Rothbart im Burg=
brunnen auf dem Harzeberg. An die Stelle der Nornen ist so gar
Nero getreten. (Daumer, Alterth. II, 34.) In G ü n z b u r g trinkt
man aus dem S a p i e n z b r u n n e n. So Odin zum weisen Mimir
um Rath kömmt und sein eines Auge zum Pfande läßt, verweist
man den Fremdling an den Nürnberger T r i c h t e r, um sich Ver=
stand einflößen zu lassen. In Paläftina hieß es zur Zeit Christi:
„Wer weise werden will, wende sich nach Lydda." Welche Ehre, daß
man in Deutschland auf Nürnberg weist, und wie schade, daß der
von mir projektirte Weisheitsbrunnen 1887 nicht zur Annahme ge=
langte. Das Anknüpfen an geschichtliche Ereignisse läßt natürlich
Vieles ungewiß; bald sollen die Schäffler sich im schönen Brunnen
verborgen, bald Lehrburschen der Fleischerinnung die Verschwörung
der Zünftler gegen den Rath belauscht und entdeckt haben. Die
medicëische Antike, der Schleifer in Florenz, wird auch für die Statue
eines Gärtners von Sandrart erklärt, der bei der Arbeit die Unter=
redung sienesischer Rathsherrn hörte und die Belagerer zum letzten
Sturm anspornte! Wir haben weiter auszugreifen. Immerhin erfuhr
der Zunftbrauch kaiserliche Bestätigung. Im Germanischen Museum
sieht man das Schembartlaufen im Glasgemälde, wobei ein Schiff
auf dem Karren gezogen wird, der nun vergessene Schiffskarren,
welcher dem Carneval den Namen ließ. Hiezu kömmt das Wandbild
im Bayerischen Nationalmuseum.

Schembart heißt die Maske, auch kömmt das Schemenlaufen
in Tyrol vor. (Zingerle S. B.) Die Nürnberger traten den
Zämertanz an, indem sie einander bei wurstartigen ledernen Ringen
hielten. Nach vollführtem Reigen lockten die Stadtpfeifer auf Fast=
nacht und Aschermittwoch zu den Stadtpfändern auf Trunk und Mahl=
zeit. An beiden Tagen durften die Gesellen in Sammt und Seide sich
kleiden und ein eigener Hauptmann, Eschelöer, wurde 1449 zugeordnet.
Ein wilder Mann, auch mit Wolfskopf, und ein Waldweib, der
Venusberg, die Hölle, ein Narrenofen, der türkische Sultan, Bauer
und Bäuerin, Drachen und Basilisken kamen mit im Zuge vor.
Urkundlich fand der erste Schembart 1449 statt. Altehrbare Ge=
schlechter erkauften von den Zünften das Recht, das Spiel mitzumachen,

und 1507 kam es zum kleinen Krieg, als jene das eigenmächtig sich
herausnahmen. Es ereignete sich, daß 135 von den edlen Geschlechtern
am Antlaß mitliefen. Die Patricier wollten die Zünfte nicht auf=
kommen lassen, ihnen wenigstens kein Vorrecht eingeräumt sehen. Die
Belehnung des Schembartlaufens, wobei der Pickelhäring mit
Kälberschwänzen ausstaffirt war, schreibt sich 1549 von Kaiser
Karl V. her. 1523 kamen politische und religiöse Verhältnisse, so daß
einer ein Gewand von lauter Ablaßbriefen mit großen Siegeln trug und
andere in den Händen hielt. Fanatisch predigte Osiander dagegen,
bis 1539 er selbst auf einem Schiff als Priester dargestellt ward
zwischen einem Doktor und einem Narren. Hans Sachs sang ein
Lied darauf. Auch Kaiser Joseph 1. wollte 1704 an dem Narren=
kleid mit Kälberschwänzen, diesem förmlichen Satyrenaufzug, kein Ge=
fallen finden. Der Stadtrath stellte ihn endlich ab, doch lief 1842
beim großen Volksfeste wieder eine Schaar den Schembart.

Albrecht Dürer, dessen Vater mit seiner Familie aus Ungarn
nach Deutschland zurückgewandert war, mußte den Brauch längst in
Erfahrung haben; denn in Ungarn war das Lehrjungen=Bad der
Fleischerzunft gelegentlich des Faschingstanzes bis in die zweite Hälfte
des achtzehnten Jahrhunderts in Uebung, wobei der Freizusprechende
aus einer Bottich voll unsauberer Flüssigkeit in eine solche voll
klaren Wassers sich stürzen mußte. — Zu Münster in Westphalen
findet jährlich am Fastnachtdienstag noch ein festlicher Aufzug der
Fleischerzunft statt, aber nichts weiter. — Die Metzger in Zürich trugen
früher am Aschermittwoch den Isegrim oder Eisengrind bei klingendem
Spiele durch die Stadt, der angeblich zum Gedächtniß der Mord=
schlacht von 1330 die Vorderhälfte eines Löwen vorstellte. Dazu kam
ein Mann in der Bärenhaut an der Kette, begleitet von zwei Knechten
mit großen Beilen. Der Führer mit entblößtem Schwerte eröffnete
den Zug, Geharnischte mit Spießen umgaben die Zunftfahne. Bul=
linger klagt über die thörichten Schöppen und daß man dabei Braut
und Bräutigam in den Brunnen warf. Der Aufzug hieß davon
auch die Metzgerbraut. Narren mit Kuhschwänzen und Schellen
bildeten den Schluß. Von der Zunft der Schmiedstuben heißt es
dasselbe, und daß die Gesellen vormals am Fastnachtmontag unter
Musik und Geleit von Bewaffneten einen Mann im Kohlenbecken

herumtrugen, und zur allgemeinen Beluſtigung in den Brunnen vor
dem Zunfthauſe abſetzten.

In Griechenland und Italien liefen die Freigeſprochenen -
liberi hießen die Bacchanten! — in Bocksfellen umher, wie bei
der ausgelaſſenen Freiheit in der Faſtnacht.

39. Lätare und der weiße Sonntag. Altweiber Faſtnacht.

Der weiße Sonntag heißt am Lech, aber auch in Tölz an
der Iſar, der erſte nach Faſtnacht, ſonſt iſt es der nach Oſtern. Am
Hirſchmontag und Dienſtag, acht Tage nach Faſtnacht, haben
alle Weiber das Recht, ein Wirthshaus zu beſuchen. Sie ſind dann
Meiſter, können einen Mann einfangen, ihm die Mütze vom Kopf
nehmen und ſich für die Rückgabe Wein zahlen laſſen. Am Hirs=
montag ging in Zürich der Umzug des Chribeglade und ſeiner Elſe
auf dem Schleifrade vor ſich, beide Puppen wurden in den See ge=
worfen. Auf Faſtnacht wird in der Nürnberger Gegend ſtets Hirſe=
brei in Milch gekocht. In Bayreuth jagten die Schuljungen ohne
Ausnahme auf Lätare unter hölliſchem Geſchrei die Schweine um
die Kirche, eine Art Winteraustreiben.

In England wird unter Whitſun gar Pfingſten verſtanden.
Der da ſtattfindende Brauch rührt noch aus dem Heidenalter. Selbſt
in London, wo der kranzumwehte und bänderumflatterte Maibaum,
den die Milchfrauen noch zu Ende des vorigen Jahrhunderts am
Strande umtanzten, längſt ausgeſtorben iſt, bricht der heidniſche
Zug des Pfingſtfeſtes durch. Man ſieht Burſchen und Dirnen mit
kronengeformten Kränzen aus buntem Papier auf dem Kopf, oder
mit vielfarbigen Bändern geziert, auch ſonſtige Sinnbilder der er=
wachten Natur und ihrer blumigen Fruchtbarkeit ſchwingend, nach
allen Richtungen hin zur Stadt hinauswallen. Ganz anſtändig ge=
kleidete Leute aus dem Volke ſingen — was ſonſt unerhört iſt —
laut in den Straßen, drehen ſich wohl auch plötzlich zu einem kleinen
Tanz. Ihr Aufzug gemahnt an die Gebräuche unſerer Voreltern,
die ja auch bis in's ſechzehnte Jahrhundert hinein ſchaarenweiſe
zum Tanz in's Freie hinauswallten. Die jungen Männer tragen
gleich den Schönen Kränze im Haar. Draußen auf Wieſe und
Haide geht es freilich ziemlich rüpelig und tobend zu, der Nachklang

einer froh lärmenden vorchristlichen Heiterkeit ist nicht zu verkennen. Frö oder Freyr in Person scheint da nochmals auf kurze Zeit die Regierung anzutreten.

Der Carneval wurde in rheinischen Städten früher mit einem Fackelzug eröffnet, wobei es durch die Stadt nach der Brücke ging und eine mit Lappen behangene Strohpuppe in den Fluß geworfen ward. Die Figur stellte wohl die abgelebte Winterzeit vor, wo der Italiener die Alte absägt (la vecchia segare).

In Schwaben ist da und dort üblich, daß die Weiber in der Fastnachtzeit einen ausgewählten Baum im Walde holen und den Erlös dafür im Wirthshaus vertrinken. Hie und da schaffen so die Frauen den Maibaum zu Pfingsten zur Stelle. Der Weibertrunk der schwäbischen Weilheimer bestand darin, daß alle Frühjahr die Weiber eine Eiche aussuchen, verkaufen und vertrinken durften. (Meier.) Fastnachtmontag gilt zu Daun für den Weibermontag; sonst ist in der Eifel unser fetter Pfingsttag der Weiberdonnerstag, weil die Frauen den schönsten Baum im Gemeindewald fällen und vertrinken durften. (Schmitz 13.) In der Weiberfastnacht führen die Frauen das Regiment, sagt das Sprichwort, und noch besteht, gleichsam in Erinnerung an ein Amazonenalter in Bayern, Schwaben, Tyrol und der Schweiz, wie in der Eiffel ein s. g. Weibertag, wo sie in der Gemeinde regieren.

Zempern, Zampern heißt mit Fastnachtmusik herumziehen, wobei die Weiber in Budißin in den Häusern obscure Lieder singen, auch wenn Mädchen Tanz und Musik bezahlen. (Lauf., Mag. XL, 316.) In Böhmen schneiden die Mädchen den Sommerleto (Lenz, Mannh. B. 156 f. 169), ein Bäumchen im Walde, das man, wie den Maibaum, nur weibisch aufputzt, mit silbernem Gürtel, goldener Hauben, Perlen, Kränzen, bunten Eierschalen, und ihn den vornehmsten Frauen vor die Thüre setzt. In Eisenach heißt auf Lätare Sommergewinn der Zug mit einer Tanne und der Sommerdocke darauf, angehängten Bretzeln, Kuchen u. s. w. Man holt sie aus dem Wald bei der Wartburg, Mannsleute klettern daran hinauf. In den Wendendörfern bei Ratzeburg kömmt ein grüner Baum auf den Brautwagen, in der Oberpfalz ein Fichtenstämmchen. (Schönw. I, 67.) Auch auf Sylvester haben die Weiber das Regiment. Am 19. Jäner

läuten alle Kirchglocken in Brüssel stundenlang und muß jeder Mann
seine Frau bewirthen, worauf sie ihn Abends zu Bette trägt. Solches
erinnert an das Fest der Magier, genannt Mardghiran oder Viri
capturae dies. An ihm führen die Frauen die Herrschaft und die
Männer müssen ihnen dienen. Dieß hängt vielleicht mit dem Mutter=
recht zusammen. (Liebrecht 579 f.) Hie und da besteht ein Tanz
der Weiberzunft, und vorzeitige Königinen oder Gräfinen haben
die Festgabe gestiftet. (Rochh., D. Gl. 293.)

40. Der Palmbaum und die Felderweihe.

In Württemberg findet am weißen Sonntag zu Spaichingen
das Saatleuchten oder der Fackelgang durch die Fluren
statt; soll es, wie das Scheibenschlagen, das Korn aufwecken? (Birl.,
V. II, 65 71.) Dieselbe Feuereinigung der Felder ging im alten
Latium vor sich. (Hartung Rel. d. Römer I, 193). In Elis war
ein Holzverwalter, der Weißpappeln zum Opfer abgab. (Pauf. V, 13.)

Wie die Weihnachtzeit hat das Frühlingsfest sein schmuckes
Bäumchen. „Am Palmsonntag sieht man den Starken": wer
nemlich den längsten Palmbaum von der großkatzigen Sumpfweide
zur Kirche bringt. Man umwindet den Palmwedel mit Blüthen=
kätzchen der Salweide, mit Sebenbaumzweigen und buntfarbigen
Weidenruthen, wozu der Knecht für die Bäuerin noch ein Säckchen
mit Gerstenkörnern befestigt, das heimlich mit den Palmen geweiht
wird. Die Hühner, welche davon fraßen, frißt der Fuchs nicht.
Beim Glorialäuten am Karsamstag schlägt der Hofbesitzer einen Pflock
in die Erde: soweit der Schall dringt, kann der Fuchs nicht schaden.
Der Fuchsschädel dient den Hühnern als Wassergefäß. Wer am
Palmtag den Palmbüschel bringt, kriegt ein rothes Osterei. Die
Zweige steckt man in Stube und Kammer und auf jedes Grab, um
die bösen Geister zu vertreiben, die sich da einfinden. (Böhaimb.)

Am Palmenfeste oder Ostersonntag nach der Kirche machen
Knechte und Buben aus dem Holze des Palmbaums Kreuzlein, die
man nach der Kornweihe für das Feld bestimmt. Eine Anzahl
Palmzweige behält man in jedem Haus, um sie beim Gewitter in
den Ofen zu werfen, daß der Blitz nicht einschlägt. An Stallthüren
und Scheuerthoren üben die Kreuzlein dieselbe Wirkung.

In Neumarkt und dem ganzen Rottthal werden die Palmen geschnitten, ja halbe Bäume zur Weihe getragen, alsdann am Kar=samstag in's neugeweihte Feuer gelegt und aus dem angebrannten Holze kleine Kreuz gemacht, die man an die vier Ecken der Felder steckt. Ebenso nimmt man eines der am Ostertag geweihten Eier, vergräbt es inmitte eines Waizenackers und steckt dann ein solches Kreuzchen darauf. Auch die geweihten Eierschalen streut man auf's Feld und sprengt Weihwasser. Bei diesem Hinausgange betheiligt sich das ganze Hausgesinde, der Hausvater, die Mutter, Knechte, Mägde und Taglöhner unter Abbetung eines Rosenkranzes. Man würde es jedem verübeln, der nicht mitginge.

Es gibt kaum eine Landschaft, wo altdeutsches Wesen sich un=verfälschter erhalten hat, wie in der bayerischen Holedau. Hier folgen Weihefeste das halbe Kalenderjahr hindurch. Die Korn= oder Felderweihe ist ein Familienfest, man feuert sogar Freudenschüsse ab; heimgekehrt erhält jeder Bier und Brod. Ein Antlaßei vergräbt der Bauer in's Waizenfeld, ein anderes steckt man in die Erstlingsgarbe im Speicherviertel, ein drittes hängt man im Stall auf, um das Nutzvieh wider Seuchen und andere Fährlichkeiten zu schützen, und fährt die erste Garbe in den Stadel, so muß die Bäurin ohne Wissen des Mannes ein geweihtes Ei und Kränzel hineinstecken, dann bleiben die Mäuse fort.

Um Viechtach schneiden die Bursche aus der Rinde der Palmweide vier Riemen (Runstäbe?), bringen sie zur Weihe und machen auf Kar=samstag einen Trudenfuß daraus, der an die Stallthüre genagelt wird.

Der Heimkreuter am Buchberg bei Tölz ging am heiligen Ostertag zur Mittagzeit auf's Feld hinaus, kniete unter freiem Himmel nieder und bekreuzte sich. In dem Augenblick gibt der heilige Vater in Rom den Segen über die ganze Welt, sagte er, und ich will ihn auch auf meine Aecker und Wiesen herabziehen.

41. Die Karwoche. Vorchristliche Fronfasten.

Das Christenthum ist nicht etwa die Fortsetzung des vereinzelten jüdischen Volksglaubens, sondern knüpft als Weltreligion an das Patriarchenalter an und hat den Cultus der Vorzeit ideell zu Ehren gebracht. Wer dächte es, selbst der Name Karwoche ist nicht neu.

Kar deutet auf Leiden, Todtenklage,[1] und careo, entbehren, hängt damit zuſammen.

Wer wüßte nicht, daß die alten Römer das Korn zu Brei ſtampften und den Koch= oder Mehlbrei (puls, pulmentum, Polenta) in ihren ohne Drehſcheibe gefertigten Töpfen aſſen, noch bevor ſie Brod zu backen verſtanden? Rom nun behielt ſeine Heidenbräuche bei, ſo am Gründonnerſtag in der Begehung der Tenebrä die 27 Lichter, entſprechend der Zahl der Argea oder von Numa ge= ſtifteten Stadtkapellen. (Varro ling. lat.)

Die Naturreligion hat ihre Leidensgötter,[2] und bringt um die Frühlingsnachtgleiche die Leidenswoche und eine eigene Speiſeordnung zur Abtödtung mit ſich. Hat es doch den An= ſchein, als ob das Rituale vom Tode und der Auferſtehung des phrygiſchen Attys ſammt der Schmerzensmutter Cybele der chriſtlichen Feier zum Vorbilde diente. Plutarch ſchreibt: noch heute verehren die Byblier das im Tempel liegende Holz der Iſis; die Rinde, mit Salbe übergoſſen, in Linnen gehüllt, übergab ſie dem Königs= paar. — Es iſt das Leidens= und Kreuzesholz der Phönizier, der Erika= baum, welcher den Sarg mit dem Leichnam des Oſiris einſchloß; man ſang zur Lamentation das Arbor intrat in cavernam. So ſchreibt Lucian D. S. 67: „Die Byblier opfern dem Adonis wie einem Todten, am nächſten Tage aber ſagen ſie, er ſei wieder lebendig.“ Von der Todtenfeier des Attys wiſſen wir vollends, daß am 22. März der Leidensbaum mit Klagehymne in's Heiligthum ge= tragen ward, unter welchem er als Lamm Gottes figurirte; der 24. hieß Tag des Blutes, am 25. aber wurden die Hilarien oder das Freudenfeſt über das Wiedererwachen des Naturgottes gefeiert. Der Hingang des Thammuz Adonis wird von den Schiiten noch dazu mit Paſſionsvorſtellungen begangen, nur iſt auch bei den Muslimen der Cult übertragen, und zwar auf den Propheten=Martyr Huſſein, den unglücklichen Sohn Alis.

---

1) Althochd. iſt chara = lamentatio, charòn = plangere, lugere, car = passio, Kartag der, wo man einen Verſtorbenen beerdigt und das Leichenmahl begeht. (Schmeller.)

2) Vgl. mein Heidenth. II, Thaten und Lehren Jeſu 434 f. Sagen- ſchatz 603.

Wie Plutarch def. orac. 17 das Seufzen der Natur beim Tode (Christi) des großen Pan beurkundet, so ertönt aus dem Orient herüber die Klage über Tanz oder Tamuz: „Der große Geister-könig ist todt, wehe über das Land!" Im Monat Tamuzi aßen die Frauen am Feste el Bagat, d. h. der Klageweiber, nichts von Mehl, sondern nur eingeweichten Weizen. (Sagensch. 603.)

Der alte Gott lebt noch in Fronfasten, wie in Fronleichnam, Fronaltar und Frondienst fort, es ist Frô. Auf Gründonnerstag wird jährlich der weißen Frau von böhmisch Neuhaus zu Ehren, auch zu Teltsch und Krumau, süßer Brei nebst Honigkuchen (die Todtenspeise) bereitet, um die Ahnfrau nicht zu erzürnen, — es ist ein Brauch aus der Heidenzeit. Mehlbrei oder Kornschrot, mit Milch zu einem Muse verkocht, ist als Essen älter als das Brod; der Römer hieß es puls, wovon Polenta. Zu Dscheniu in Palästina setzte man uns gekochten Weizen vor. Jetzt versteht man unter Brei nur Hirse in der Milch. Die zwölf ärmsten (bei uns ältesten) Männer werden in Schwäbisch Gmünd am Gründonnerstag zu Aposteln gewählt. Judas geht mit dem Geldbeutel voraus, alle Häuser abzubetteln. Ein Haus hat die Pflicht, Erbsen und Sauerkraut und Stockfisch ihnen vorzusetzen.

42. Gründonnerstag.

Der Grieche fastet vor Ostern bei vegetabilischer Nahrung von Salat und Kräutern, die man mit Citronensaft, Salz und Oel zu-bereitet. Man sieht die Albanesinen am Hügel der Akropolis von Athen darnach suchen. So geht am Schloßberg von Aschaffenburg die Jugend am Gründonnerstag Sauerampfer, Suppengrün und Spinat suchen. Der Gründonnerstag hat seinen Namen von den neunerlei Kräutern, daraus man ein Mus macht: Dachlungen, Brunnkreße, Schlüsselblume, Hollundersprossen, Gierenblätter, Frauen-mantel, Lauch, Nessel, Kukusmus. Am Gründonnerstag muß man Schnittlauch und anderes Grünzeug essen, um das ganze Jahr ge-sund zu bleiben. Der Tag ist aber auch glücklich zum Pflanzen und Säen; Weizen und Lein geräth dann gut. Ebenso genießt man Kräutlsuppe und Nißlsalat. Pflanzen, in der Nacht auf Morgen gepflückt, sind besonders heilkräftig. Neunerlei Kräuter am Grün-

Sepp, Deutsche Religion.   8

donnerſtag gekocht und gegeſſen, erhalten das ganze Jahr geſund.
(Wuttke 71.) Man ſäet und pflanzt zugleich, ſo viel nur möglich,
denn Alles geräth gut, der Tag eignet ſich beſonders zum Leinſäen.

An die einfache Koſt der Urzeit erinnert, daß man am Kar=
freitage Häringe mit Kraut, Hülſenfrüchte wie Erbſen und Bohnen
in Eſſig, aber nichts von Schmalz ißt und ſich mit dem geſalzenen
Brodzelten, der ſog. Karfreitaghaut, begnügt. Es gibt dann
Klöſe, Fiſche und Habergrütze, was, wie die altbayeriſchen Hutzeln
von Holzäpfeln und Birnen, nebſt dem Milchbrei genügt.

Wohl kann man ſagen, das ſei chriſtlich, aber es iſt nicht ohne
heidniſchen Beigeſchmack; deutſch und heidniſch galt den erſten Glaubens=
boten überhaupt für gleichbedeutend, wie den Juden der Ausdruck
helleniſch.

43. Die Fußwaſchung. Patriarchaliſche Königsſitte.

Wohlan! ein internationaler Akt von denkwürdigſter ſocialer Be=
deutung aus der grauen Vorzeit. Chriſchna ſelbſt, die vollkommenſte
Menſchwerdung des göttlichen Viſchnu, hat bei ſeinem Erdenwandel
den Brahmanen aus Demuth perſönlich die Füße gewaſchen, und, ſo
oft der König dieſe Pflicht gegenüber ſeinem Purohita oder neu=
beſtellten Vezier übte, ſprach er: „Ich waſche, ihr Götter, den erſten
und linken Fuß, damit wir Reich, Schutz und Sicherheit genießen.‟

Im Tempelpalaſt des Ramſes oder Memnon, des „Gottgeliebten,‟
zu Theben ſieht man im Wandgemälde den Pharao, umgeben von
der Prieſterſchaft, ſeinem Hofſtaat und Muſikchören, mit goldener Sichel
eine Kornähre ſchneiden. Ebenſo macht China's Kaiſer Jahr für
Jahr am 23. des dritten Monats das Pflugfeſt mit, wobei er unter
den Augen ſeines Volkes in der Tracht eines kanariengelben Land=
mannes, aber, wie der Inka in Peru, mit vergoldetem Pflug eine
Furche zieht; Pflug und Bauernhut hängen außer der Zeit in einem
Tempel. Altperſien beging in Wintersmitte ein Verbrüderungs=
feſt, Churremruß, wobei der Schah „am fröhlichen Tage‟ vom
Throne ſtieg, ſich in die Reihen ſeiner Unterthanen miſchte und mit
ihnen an einem Tiſche aß, ſprechend: „Ich bin wie einer von euch!‟

Der Sultan von Conſtantinopel legt nach der Säbelumgürtung
in der Moſchee Eyub, d. h. bei ſeiner Thronerhebung, Bauerntracht

an, zieht mittels eines mit Ochsen bespannten Pfluges eine Furche, trägt Erde und säet Samen aus. So that der neue Padischa Abdul Aziz Chan am 6. Juli 1861.

Diese Gleichheit aller Menschen sollte nach der Religionsübung des Alterthums den Monarchen alljährlich zum Bewußtsein gebracht werden, und nicht allein der Schah, sondern jeder Fürst hatte vom Throne herabzusteigen, sich in die Reihen seiner Unterthanen zu mischen und mit Wort und That zu erklären: ich bin Eures Gleichen! Die gemeinsame Mahlzeit zwischen Sklaven und Herren sollte das goldene Zeitalter, dessen endliche Wiederkehr die Nationen ersehnten, im Andenken erhalten. Zu Cydonia auf Kreta stieg der König jährlich einmal vom Throne und überließ denselben den Unterthanen.

In Attika hatte Cekrops nach Philodorus dem Saatengott Saturn, oder Chronos mit der Sichel, Altar und Tempel errichtet und verordnet, daß nach der Aernte Herr und Knecht gemeinsam die Frucht verzehren sollten. Nicht minder galt am lateinischen Jahresfest der Saturnalien, welches in die Weihnachtszeit vom 20. Dezember bis 6. Januar fiel, der Brauch, daß der Hausvater Knechtesgewand anlegte, sich die Lenden umgürtete und seinen Sklaven und Arbeitern bei Tisch aufwartete. Am Freiheitsfest an den Iden des Sextilis (August) gebührte dem dienenden Volke der Vorzug. An ihm war Sergius Tullius von der Sklavin Okrisia (Reith=okris!) geboren, der König wurde. Zudem waren noch am Cybelefest der Megalesien, 4.—12. April, wechselseitige Gastereien herkömmlich, wobei die Senatoren und Plebejer die Plätze wechselten. Cap Peloro bei Messina bringt uns in Erinnerung, daß das Herkommen durch die ganze Welt geht, indem an den thessalischen Pelorien geschah, wie am Fest Jokmaalen in Holland, und kraft der aus dem Julfest stammenden Sitte in Westphalen am Sylvesterabend der Hirt und Knecht oder Dienstbote den Ehrensitz einnimmt. Daß der Edelmann von seinem Schloß herabsteigen und seine Diener bedienen muß, ist eine eminent sociale Feier — wie denn auch in Ungarn der Schnitter nach der Aernte vom Ortsrichter bewirthet wird.

Dieser patriarchalischen Sitte hat Christus die religiöse Weihe

8*

für alle Zukunft verliehen, indem er Luk. XII, 37 die Knechte
wachen heißt, denn der Herr wird bei seiner Ankunft sich umgürten,
sie zu Tische sitzen lassen und herumgehen, ihnen zu dienen. Dieß
läßt durchschimmern, daß auch in Judäa oder Galiläa die Sitte
beim Aerntefest bestand, den Arbeitern den Vorsitz beim Tisch einzu=
räumen. Beim Abendmahle, wohin die Jünger von der Fußwaschung
sich verfügten, wiederholt sich noch fort und fort diese Gleichstellung,
indem der Diener wie der Herr, der König mit dem geringsten seiner
Unterthanen das gleiche Brod des Lebens genießt. Ja er, der
Königsjohn aus dem Hause Davids verrichtet vor dem Nachtmahle
oder jüdischen Osterfeste, wo die Primitien der Gerstenärnte darge=
bracht wurden, sogar den niedrigsten aller Dienste, und wäscht an
der abendlichen Tafelrunde den Aposteln die Füße mit dem Auf=
trage: „Dieß thut zu meinem Andenken! Wer ist wohl größer:
wer zu Tische liegt oder der aufwartet? Nicht wahr, wer zu Tische
liegt! Ich aber bin in eurer Mitte wie einer, der da dienet? Wer
unter euch der erste sein will, der sei der Diener der Dienenden."
(Mark. IX, 35. X, 43 f.) Der Titel servus servorum stand im
Gegensatze zum hochmüthigen Schahinschah oder König der Könige in
Iran, wie zum Herrn der Welt im Pharaonenreich und — türkischen
Sultanat. „Die Könige der Völker, spricht der Herr, üben Herr=
schaft und Gewalt aus; bei euch sei es nicht so, sondern der Größte
verhalte sich wie der Kleinste und der Vornehmste wie der Diener."
Luk. XXII, 25 f.

Die mosaischen Ueberlieferungen betonen zumeist, daß Abraham und
Lot den Engeln die Fußwaschung erwiesen. Die Ausdrücke: „Jemand
die Schuhriemen auflösen oder das Wasser reichen" entsprechen
der morgenländischen Sitte, denn wer den Empfangssaal eines Vor=
nehmen betritt, legt im Vorzimmer die Schuhe ab, und zieht dagegen
die vom Diener ihm nachgetragenen Pantoffel an. Der Täufer er=
klärt (Matth. III, 11) sich für unwürdig, Jesu die Schuhe nachzu=
tragen. Wer aber zu Tisch sich legte, ließ sich das Wasser zum
Fußbade reichen, um ja den Divan rein zu halten. Der Groß=
meister des Hospitals und der Custode vom Berge Sion, jeder
Bischof, Abt und Pfarrer, Geistliche wie weltliche Regenten machten
und machen von dieser fortwährenden Pflicht der Herablassung zu

ihren Untergebenen keine Ausnahme. Krumbacher sah auf Patmos am Gründonnerstage die Fußwaschung an zwölf ehrwürdigen Mönchen vollziehen, ein Krüppel machte den Judas. Doch fehlen farbige Glaskugeln in der Grabnische. Es ist ein wahrhaft demokratischer Akt, der für alle Zukunft in Ehren fortbestehen soll. Ihn nahm der byzantinische Basileus, ihn nimmt Rußlands Kaiser vor; die Patriarchen zu Jerusalem und Constantinopel, wie der Erzbischof von Moskau und der Papst in Rom begehen ihn in gleicher Weise alljährlich am Gründonnerstag.

Im Abendlande stoßen wir auf Spuren der Fußwaschung schon bei Augustinus ep. 119. Täglich lud Papst Gregor der Große zwölf arme Pilger an seinen Tisch und bediente sie eigenhändig, nachdem er ihnen zuvor Hände und Füße gewaschen, wie er es sonst als Abt zu thun gewohnt gewesen. (Joan. Diac. II, 22. 23.) In Trinita dei Pelegrini verrichten Kardinäle den socialen Akt die ganze Karwoche hindurch und bedienen sodann die Armen bei Tische.

Der Kaiser von Oesterreich und König von Ungarn tritt umgeben von den Prinzen und Marschällen an die Tafel von zwölf armen Greisen und verrichtet das Amt des Truchseß; ebenso thut die Kaiserin mit zwölf fürstlichen Damen an zwölf alten Frauen, worauf mit einem goldenen Becken auf beiden Seiten von Allerhöchster Hand die Fußwaschung an den niedrigsten Unterthanen als Akt der freiwilligen Selbstdemüthigung vor sich geht. König Robert der Fromme war der erste in Frankreich, der am Gründonnerstag (4. April 1029) den Armen die Füße wusch; ja er soll tausend auf den Knien bedient haben. So spricht schon Abt Markulf in Neustrien zu Childebert: „Die Menschen haben dich zum Fürsten erhoben, überhebe du dich nicht, sondern sei unter ihnen, wie einer ihres Gleichen." (Montalembert, Mönche II, 289.) Ludwig der Heilige fragte einst den Seneschall von Joinville (S. 165.), ob er am Gründonnerstag den Armen die Füße wasche? Auf die Erwiederung nein! entgegnete er: „Noch weit mehr möchte euch ekeln vor dem, was der König von England thut, der den Aussätzigen die Füße wäscht und küßt." — Ungeachtet des auf's Höchste gesteigerten Majestätsgefühls hat selbst Ludwig XIV. als „ältester Sohn der Kirche" am Gründonnerstage zwölf Arme bei Tische bedient.

In Schweden kam die Fußwaschung zum letztenmal 1594 durch König Sigismund von Polen in Vollzug. In Spanien, Portugal, Brasilien besteht sie noch feierlich. Im Musterland katholischer Rechtgläubigkeit, Italien, unterzog sich der König Ehrenmann Viktor Emanuel dem patriarchalischen Brauche bis 1860. Mit Auszeichnung geschieht es dagegen in Bayern, daß der Monarch die königlichen Insignien ablegt, zu seinem Volke herabsteigt und durch die demüthige Handlung des Bedienens der Aermsten ausdrückt: „Ich bin von Gottes Gnade und Erbarmung Herrscher, aber im Grunde ein Mensch wie ihr, nicht mehr als Einer von Euch!"

Der Herzog von Kärnthen, welche Provinz von Bayern und der Diöcese Freising aus germanisirt ist, wurde urkundlich[1]) seit Mitte des VIII. Jahrhunderts am Fürstensteine nächst der Karnburg durch den Herzogbauer Edlinger als Landesregent eingesetzt, und mußte sofort leibeigene Grundholden in goldenen und silbernen Gefäßen bewirthen, während die Vornehmen vor der Thüre ihr Brod aßen und den Wein aus irdenen Schaalen oder Pokalen tranken.

So predigte man im Alterthum die Gleichheit der Stände und die Ebenbürtigkeit des Volkes mit den Großen der Erde. Wenn Fürst Bismarck am Aerntefest mit der Großmagd tanzt, wie er mit mancher Großmacht sein Tänzchen machte und gewaltig umsprang, so entspricht auch dieß dem alterthümlichen Herabsteigen des Herrn zu seinem Dienstboten, als wären sie seines Gleichen.

44. Karfreitag und die Erlösung von Kreuz und Leid.

Die Römer fingen das Jahr mit März, die Hebräer mit Oktober (Monat Thisri) an; es war somit ein Nachtgleichenjahr und der Schluß des alten brachte eine Buß- und Trauerzeit, bei den Juden die zehn Bußtage vor dem Versöhnungsfeste mit sich. Die christliche Kirche nahm auch ein Todtenbrod auf, bei uns die sog. Karfreitaghaut, einen ungegohrenen lederartigen Zelten, der mit Salz betüpfelt aus dem Ofen kömmt. In England spielt gleichzeitig der Kreuzwecken, hot crossbun, eine Rolle; Hoch und Nieder bedient sich dieses Gebäckes, das an die Schaubrode der alten Götter-

---

1) Mitth. zur Erforsch. d. Baudenkmäler. Wien 1862. S. 277.

mutter erinnert. Man bricht es als Friedens= und Freundschafts=
zeichen, genießt es mit weihevoller Stimmung und bewahrt altbackene
Stücke wie Amulete auf. Am Karfreitag wurden früher vom Könige
von England Ringe gesegnet — als untrügliches Heilmittel gegen den
Krampf und die fallende Sucht.

Am Karfreitag wurde zuletzt noch in Thyrol das liegende Crucifix
mit Brod, Schmalz u. s. w. überdeckt, was nach altdeutschem Brauche
mit Todtenopfern zusammenhängt. Im Unterinnthal überschüttete es
der Bauer mit Mais, in Altbayern mit Korn. Im Landgebot von
1611, das Max III. 1746 wörtlich wiederholt, ist als unstatthafter
Aberglaube bezeichnet, das Crucifix am Karfreitag mit Schmeer und
Eiern zu bestreichen, mit Getreide zu beschütten und Brodlaibe darauf
zu legen. Also zur Sühne, da die Menschheit am Tode Christi sich
mitschuldig erklärt. So bringt man am Allerseelentag Getreide, Mehl,
Seelenzopf, Butter, Eier und Wachs für die Verstorbenen dar; auch
überschüttete man bei Leichengottesdiensten das Grab mit Korn, welches
den Armen verblieb.

Kinder mit einem Leibschaden schiebt man am Karfreitag durch
Baumhöhlen und Erdlöcher. Bögeln heißt man das Durchziehen
oder Kriechen von Kranken oder Kindern und Vieh durch ausgehöhlte
Steine oder Bäume gegen Bruchleiden, Kreuzschmerz und Zauberei.
In dem früher nach Rebdorf gehörigen Maierhof ist eine Kapelle
des hl. Lambert, wohin die Leute oft weither die Kinder bringen und
sie durch ein Felsenloch schieben. Unterhalb an der Donau liegt die
Teufelskanzel; wer durchschlieft oder sich ziehen läßt, wird gesund,
drum sagt man zu Kranken: laß dich bögeln. Wer durch das Loch
des steinernen Altars der hl. Korona in Koppenwall während der
Andacht schlieft, bleibt in der Aernte von Kreuzweh frei. Am Weg
von St. Gilgen nach St. Wolfgang ob der Ens kommt man nach
Falkenstein, wo sich St. Wolfgang vor seinen Feinden verbarg; darin
ist ein Stein, durch den die Weiber schliefen, um glücklich zu entbinden.
In der Domkrypta zu Freising ist das Steindenkmal des Nonnosus
zum Durchschliefen, und wenn man dreimal betend hindurch ist, wird
man von Kreuzweh befreit. In diesen St. Peterstein bringen die
Leute besonders an der Frais kranke Kinder, lassen selbe durchziehen
oder legen sie auf den Mauervorsprung und verrichten ihre Andacht

in bester Hoffnung. Hat das Kind einen Bruch, so spaltet man einen Eschenbaum, drückt und bindet die Theile wieder zusammen, und bis sie verwachsen sind, heilt auch der Bruch. Kriechen durch den Spalt der Eiche nimmt das Siechthum von Menschen und Thieren. In der Gegend von Oxford geschieht es durch eine Hagedornhecke. (Mannh. G. M. 135.) Zu Landshut kam noch in diesem Jahr= hundert der Fall vor, daß man ein verkrüppeltes Mädchen unter einer aufgegrabenen Wurzel durchzog und das Kind wurde wieder gerade, behauptet man. Am liebsten kroch man, um ein Leiden los zu werden, unter einem Heiligensarge durch.

Beim Nadelöhr an der Werra liegt die Ruine Osterburg, und im Keller der Wein in Weinstein. (Richter III, 57.) Man denkt dabei an Ostara; gerade an den sog. Felslöchern aber hilft das Durch= kriechen von Kreuzweh und andern Uebeln, ebenso am schachtartigen Zugang zu St. Wolfgang am gleichnamigen See, wie am Felsloch zu St. Wolfgang bei Trostberg. Das sind aber dem Namen nach urdeutsche Heiligthümer, mithin auch der Brauch uralt, ja schon asiatisch. (Sagensch. S. 87—95. 693.) Indra heilt die Apala, indem er sie dreimal durchs Wagenrad zieht, von Hautkrank= heiten — und ihre Haut war sonnenrein. Kreuzschmerzen heilen beim Donner im Frühjahr, wenn man sich am festen Boden den Rücken reibt. Der Donnervogel Kukuk nimmt Sommersprossen weg. (Mannh. G. M. 135.) Hiebei kömmt das Kreuz im Rade als heilwirkend mit in Betracht. Im Algäu schlägt man den Rossen auf Karfreitag (wie sonst zu Stephani) die Ader. Wenn es am Leidenstage im Rotthal regnet, besonders mit Donnerbegleitung, ist es ein günstiges Vorzeichen für ein gutes Jahr; im Oberland dagegen glaubt man, dann gebe kein Regen aus.

45. Welttrauer. Glockenreisen und Todtenglocken.

Ueber Balders Hingang zu Hel, den Tod des allgeliebten Gottessohnes weinten Götter, Menschen und Thiere, Pflanzen, Steine und alle Erze.[1]) Dieselbe Trauer der Erde und ihrer Bewohner

---

1) Juden wie Christen nahmen heidnische Vorstellungen auf, nicht umgekehrt. Das jüdische Lästerbuch Toldoth Jeschu (18) oder „Vom Geschlechte Jesu" travestirt die göttliche Tragödie mit Zuhilfenahme des

erfolgt im Orient um Tammuzi, den Liebling der Himmlischen. Bei
Adonis Tod kommen Götter und Menschen zusammen und weinen. Wir
vernehmen beim Syrer Kuthami, wie wohl über tausend Jahre v. Chr.
(Sagensch. 427) aus der Urheimat der Völker am Euphrat die Sage
klingt, daß alle Sakain der Götter und die Götterbilder Janbuschad's
Tod betrauerten, ebenso wie die Engel und sämmtliche Sakain über
Tammuzi. Die Götterbilder versammelten sich aus allen
Weltgegenden im Tempel el Askul zu Babel und begaben sich
vereint in den Sonnentempel zum großen goldenen Götterbilde, das
zwischen Himmel und Erde hing. Das Sonnenbild stand inmitte
des Tempels, umgeben von allen Idolen der Erde, und begann zu
weheklagen über Tammuzi; auch die Götterbilder weinten von Sonnenuntergang bis Sonnenaufgang, und kehrten darauf im Fluge nach
ihren Ländern zurück. Die Karfreitagklage ist so alt, wie
die Naturreligion; und hieran knüpft das Volk die Sage, daß zur
Trauer über den Tod Christi alle Glocken schweigen, indem sie
nach Rom wandern, aber wieder zurückkehren und zur Auferstehung
läuten. Warum wühlt der Eber, welcher den Adonis auf den
Tod verwundet und die Trauerklage der alten Welt verursacht, allenthalben die Glocken aus? Judenthum und Islam verbannen sie.

Die Glocke von Krottingen ward durch die Luft fortgetragen;
wo sie zwischen zwei Hügeln niedersank, entsprang eine Quelle.
Legt man das Ohr an den Boden, so hört man sie läuten: todt!
todt! zumal bei nahem Unglück. In der versunkenen Kirche von
Schaulen hört man noch die Glocken tönen und die mit unterge-

Baldermythus. Wie Frigg alle Gewächse beschwört, ihren Sohn nicht zu
versehren, soll Jesus (sic!) kraft des hl. Namens in Vorausahnung seiner
Kreuzigung alles Holz beschworen haben, ihn nicht zu tragen. Und da ließ
nach Vornahme der Steinigung (laut dem Talmud) — ihn wirklich nicht trug,
holte Judas einen Krautstängel aus seinem Garten, woran sie den Meister
hingen (sic!). Prof. Bugge in Christiania bekam das vielverbreitete „Entdeckte Judenthum" von Eisenmenger zu Gesicht, wo I, 179 f. diese schönen
Sachen stehen, und stellt „Nordische Götter- und Heldensage" 52 f. wie zum
Hohne auf unsere Nationalreligion die Dinge auf den Kopf, als ob die
Mistel, welche Balder's Tod verursacht, diesem Krautstängel nachgebildet und
unsere ehrwürdige Edda so weit nur eine Kopie des obigen Schandbuches
wäre! Phol erinnert ihn an den hl. Paulus!?! Wer Purzelbäume, schlägt
gilt sonst für einen Hanswurst.

gangenen Leute beten. (Verkenstedt II, 185 f.) — Beim Tode Papst
Leos IX. am 19. April 1054, der ein Deutscher, Bruno von Toul
war, sollen alle Glocken der Welt von selber geläutet haben. — Als
St. Verena auf der Aar an Klingenau vorüberfuhr, klangen die
Glocken von selber, wie die von Kloster Bergen, so oft eine Nonne
starb. — Dem hl. Virgil kündet der Tod des Romedius sich durch
eine von selbst läutende Glocke an. — Am Glockenborn in Mannsfeld
haftet die Sage: ein Mädchen hütete Schweine, als sich eines verlief und
die größte Glocke auswühlte. Die Hirtin zog dieselbe am Schürz=
band heim. · Die Glocken von Weihering wurden im Schwedenkrieg
von einem Eber entdeckt. — Ein Schwein wühlt die Glocke zu Simers=
feld aus, sie tönt: Susanna, Glockestanga, zu Simersfeld muß ich
hanga. (Birl. Al. 1879 S. 166.) — Die Domherrn zu Schilling
verirrten sich auf der Jagd; da sie auf die Glocke des Ortes sich
zurecht fanden, stifteten sie eine silberne zu 186 Pfund. Der Schwede
raubte sie, muß aber im Moos allnächtlich die gestohlene läuten.

Die Glocke von Jasberg hat ein Schwein ausgegraben. — Sun=
dorf ist in Kriegszeiten im Glockenborn untergegangen, man hört
noch manchmal läuten. — Die Marburger kauften die Gladbacher
Glocke, die größte in Hessen, doch redete es daraus: „Nun thu ich
keinen Klang, bis ich wieder komm in mein Vaterland.“
Man hing sie zwar im Thurm der Elisabethkirche auf, aber sie blieb
stumm, bis man sie zurückbrachte. (Pfister H. S. 87 f.) — Die Quer=
furter Schloßherren wollten die Gatterstedler Glocken sich aneignen,
aber sie blieben klanglos, bis man sie wieder heimführte. — Die Glocke
von Erdeborn ist auf den Fluch von Fuhrleuten versunken; jene von
Klausberg, wie die Lobesdorfer Glocke, ist von einer Sau ausgescharrt,
aber die Wolfenstedter machten sie ihnen wegen des schönen Klanges
streitig. Als sie zersprang und man sie umgoß, verlor sie an
Silberklang. (Größler 25. 38. 55. 67. 104. 147. 195. 206.
214. 235.) Von der Eislebener Glocke sagt der Spruch:

> Seeburg hat den Fischfang.
> Eisleben den Glockenklang,
> Rammelburg den Vogelfang,
> Helfta den Flegelklang.

Am Gottesfelde beim Adlerberg versank eine gottlose Stadt, ein Wild=
schwein wühlte die Glocke aus, die Schleusinger holten sie, doch

klang ſie ſchauerlich, auch nachdem ſie geſprungen und umgegoſſen
war. (Richter III, 14.) Ein Schwein ſchürft zwiſchen Felsberg und
Harle die Glocke aus, und ein blindes Pferd entſcheidet durch ſeinen
Lauf, welchem Orte ſie gehören ſolle. — Die Appelglocke vom untergegangenen Dorfe Oberſeilbach wurde aus dem Quellbrunn gegraben.
(Lynker 145. 188.) — Die Bibarſer große Glocke iſt wie die Haupt-
glocke des Wallfahrtsortes Maria Kulm bei Eger von Sauen aus-
gewühlt, ebenſo die der Kirche Stillfried am Marchfeld, einem uralten
Pfahlbau. — Bei Winkel im Felde nächſt Wagram hat ein Stier mit
ſeinen Hörnern die Glocke ausgegraben. (Bechſtein Fr. 288.) — Eine
Gais ſcharrte die Glocke aus, die im Kirchthurm zu Herzogenbuchſee
hängt. (Herzog II, 53.)

Wir ſtaunen, wie nachhaltig und mannigfaltig ſich das unvordenkliche Sprachbild in der Sage fortbehauptet, wenngleich das Ver-
ſtändniß längſt geſchwunden iſt. Es handelt ſich um die Donnerglocke, welche im Gewitter erſchallt und verhallt, und weil ſie mit
dem ſtrömenden Regen in den See niedergeht, von einem Nachbar
dem andern nicht gegönnt wird. Windfüſſige Roſſe entführen ſie,
aber der Eber, das Symbol des raſenden Sturmes, bringt die
Glocke wieder zur Stelle. In der Karwoche haben die Geiſter freien
Spielraum, bis die Glocken wieder läuten; am Karſamſtag aber
kehrt man die Winkel aus, auf daß keine Spur von ihnen zurückbleibt.

46. Unterſeeiſches Glockengeläute zu hohen Feſtzeiten.

Der Opferteich bei Moringen verſchlang ehedem die Sühnopfer der Gerechtigkeit; er iſt klein aber tief und ohne Zufluß. In
der Chriſtnacht flog aus der nahen Templerkirche beim erſten Läuten
die Glocke in den Grund und läutet jährlich um die heilige Zeit,
ſo daß kein Fiſch darin lebt. (Bechſt. D. S. 329.) Die Glocken
in Recknitz läuten auf Weihnachten von ſelbſt, nachdem (mit der
Reformation) dieß abkam. (Bartſch Nr. 530.) Die Kloſterkirche
Marienthron im Kreiſe Neuſtetten verſank wegen des Wohllebens der
Mönche; nun wollten die Fiſcher doch die Glocke aufziehen, aber
umſonſt! So läuten ſie denn auf Marienfeſte und Weihnachten
aus der Tiefe des Streizigſees. Beim Brand des Gotteshauſes zu
Groß-Tuchen flogen die zwei Glocken in den Pirchenſee, kommen

aber jeden Ostermorgen hervor. Einmal wollte man sie in die
Kirche von Damsdorf führen, doch der Wagen versank.

Bei Bronsdorf in Hinterpommern liegt ein grundloser See,
aus welchem Orgeltöne von der versunkenen Kirchenorgel klingen.
Zwischen Bertin und Stolpe war Streit über die Kirchenglocken:
als man sie von einem Orte zum andern bringen wollte, fingen sie
am schwarzen Brunnen plötzlich zu läuten an und sanken mit dem
Wagen in die Tiefe. Von dort hört man sie an hohen Festtagen
klingen, auch kömmt zuweilen eine Kutsche mit vier Pferden hervor.
Im Glockenberg bei Versanzig ist eine Glocke verborgen, man hört
sie selten. Die Glocken von Wurchow wurden von den Saffenburgern
auf einem Kahn über den Virchowsee entführt. Die Bestohlenen
setzten in Kähnen nach, es kam auf dem Wasser zum Blutvergießen,
bis der Blitz sie sammt dem Raub in den Grund schlug. In der
Johannisnacht hört man sie läuten. Im Teufelssee bei Tessin
ging eine Stadt unter (Bartsch Nr. 387. 388); man hört noch die
Glocken, wie aus dem Granzendorfer See; am Johannistag. Die
Kirche in Dambeck hat schon vor der Sündfluth gestanden, der
Thurm mit den Glocken versank im See, am Johannistag kommen
sie hervor, aber mit 16 Pferden fährt man sie nicht weg. (Bartsch,
Nr. 502.) Im See von Dennin zeigt sich die Jungfrau mit dem
Wasserpferd. Hört man in der Johannisnacht Glocken aus der Tiefe
läuten, so singt sie: „Johanne Susanne, wenn du mit wißt, so
kumm." Die Einladung gilt dem, der jedes Jahr ertrinken soll.
(Jahn 146.) Auf den Triften von Gergelylak in Ungarn lag
einst das goldene Dorf, aber der Ueberfluß an Goldmetall
machte die Einwohner gottvergessen, der Zorn des Himmels vertilgte
es von der Erde. Zur Buße müssen die Versenkten den Weg zur
Kirche von den Häusern mit den Händen graben, und wenn sie zum
Geisteramt zusammen sind, tönt schauervoll die unterirdische Glocke,
daß die auf der Oberwelt zittern. Dieß dauert bis zum jüngsten
Tage. Ein Schäfer hörte einst den Klang und betete für die
Unterirdischen, indeß hatte ein Schaf am Metallkreuz der
Thurmspitze den Fuß verletzt; er sah in der Tiefe das Dorf mit
aller Goldpracht und die Sünder in der Kirche, der Goldknopf des
Kirchthurmes aber ist unbeweglich. Man hört nicht gern den Ton

aus der Tiefe, denn er zeigt nahen Tod an. (Bechſt. S. O. 120. 141. 169.)

Es iſt, als ob mit den Glocken eine alte Welt todt geläutet und in den Hintergrund getreten ſei. Sie ſind hinweggezogen oder in der Seetiefe verſchwunden, laſſen aber zu heiligen Zeiten ſich wieder vernehmen. Wir nehmen die Donnerglocke, wo nicht gar Unken= rufe aus Teichen zur Erklärung: aber ſie tönen auch aus Bergen wie eine Offenbarung aus der Himmelshöhe und dem Erdenſchooße zur Verbannung der böſen Geiſter. Der Aberglaube iſt in aller Welt derſelbe. Auch in Amerika führen nach Baſtian Feen zu den Bergſchätzen, und da die Glocke von Caletto in Columbien Gewitter zertheilte, goß man aus den Metallſtücken Glöcklein zum Anhängen als Amulette wider Blitzſchlag, die bis nach Quito hinwanderten. (Culturländer 249.) Die Schwirrinſtrumente der Auſtraſier ver= ſcheuchen Gewitter, wie das Siſtrum der Iſis, womit ſie auch die Trauer um den Tod des Oſiris beging.

47. Das Feſt der Feuererfindung. Prometheus.

Das Hauptereigniß für den Beginn der menſchlichen Cultur war die Erfindung des Feuers. Welche Umwälzung mochte die erſte Entdeckung bewirken, daß der arme Sterbliche fürder nicht Baum= früchte, Wurzelknollen und Rohfleiſch wie die Thiere freſſen mußte, ſondern ſeine Nahrung kochen, mit Hülfe der Flamme den Urwald lüften, den Einbaum zum Schiffe aushöhlen, ſich wider Kälte ſchützen, und in rauhere Regionen vordringen konnte! Dieſes Geſchenk von Oben blieb im Glauben der Völker unvergeſſen. Im Atharvaveda wird der Opferfleiſch freſſende Feuergott Agni (ignis) mit dem Donnerkeil entſendet.

Im Rigveda II, 6 lautet die Feuerhymne: „O Agni nimm dieß Opfer an, nimm meinen Dienſt in Gnaden auf, und leihe dieſem Lied Gehör.“ Die frommen Caramanen erhielten dem zum Zeichen täglich Feuer vom Himmel. Der Brahmane unterhält das durch Reibung gewonnene hl. Feuer mit neunerlei Holz, im Bezug auf die Planeten. Der Gebrauch geht durch die indoger= maniſche Welt. Die Deutſchen verwandten die gleiche Zahl zum Nothfeuer gegen Seuchen, wobei Menſchen und Thiere ſich durch=

räuchern ließen. Namentlich in Schweden werden so vielerlei Aeste zum Feuer getragen. (Grimm M. 574.) Sogar das Hexenstühlchen erfordert neunerlei Holz. In Bombay brennt seit 300 Jahren das hl. Feuer ohne Unterlaß, rituell mit geweihtem Holze.

Das hl. Feuer Zaratuschtras fällt aus dem Orion herab. (Amm. Marcell. XXII, 8.) Das älteste dem Kiesel entlockte Feuer nennt der Iranier Sade. Die persische Lichtreligion bestimmt dasselbe als Sinnbild des Urlichtes und der allbelebenden Kraft zum gottesdienstlichen Gebrauche. Das Volk von Iran erneuerte die verunreinigte Heerdflamme mit ausgesuchtem Holz dreimal im Jahre durch das Behramfeuer, das in jeder Provinz unterhalten ward. Griechen und Römer achteten das Feuer (πῦρ, purus) als das reine und reinigende Element; keine gottesdienstliche Begehung geschah ohne Licht und Feuer. Den Litthauern war das Feuer völlig unbekannt, da kam ein Fremder und rieth, es von den Sternen zu holen, ergriff ein Holz, murmelte vor der Thüre ein Gebet, und ein Feuerstrahl schoß vom Himmel, worauf die Bauern ihn als Ugniedokas oder Feuergeber verehrten. Sein Bruder ist der Feuerriese und Waffenschmied Ugniegawas. Das hl. Feuer der Prauromia wurde dabei von Keuschheit gelobenden Jungfrauen unterhalten. Auch bei uns Deutschen genießt die Flamme eine Weihe; Niemand dürfte in dieselbe spucken.

Der Chinese nimmt einen Spiegel, um Feuer von der Sonne zu erhalten, Suy oder Kin-Suy. Am Feste Paukar-Huatay zündete der Inka durch runde, gegen die Sonne gehaltene Metallspiegel das Himmelsfeuer an, und gottgeweihte, dem Blute des Sonnenkönigs entstammte Jungfrauen hüteten und nährten es. Die Tolteken gewannen das erste Feuer durch Aneinanderschlagen von Kieselsteinen (über glimmendem Baumschwamm?), die Pauchataner durch Umdrehen von Holz. Terrestrisches Feuer ließ sich auch durch Blitzschlag oder von Vulkanen gewinnen. Clavigero erzählt VI, 16, 36: „Die Azteken in Mexiko erwarteten am Schlusse jeder 52jährigen Periode das Weltende, löschten am letzten Tage alle Feuer in den Tempeln und Häusern aus, zerschlugen ihre Hausgötzen, und Priester wie Volk zogen in Processionen nach einem Berge. Wenn aber um Mitternacht die Plejaden durch den Meridian gingen, war die Gefahr

vorüber, und auf die Pönitenz folgte ein großer Jubel. Man ent=
zündete durch Reiben von Hölzern ein neues Feuer, setzte einen
Scheiterhaufen in Flammen, und an der frischen Lohe steckte das
Volk schnell Tausende von Lichtern an. Eilboten mit Fackeln ver=
kündeten die frohe Botschaft im weiten Lande, und auf den Altären
der Tempel, wie am häuslichen Heerde, ward es wieder licht." Die
Mexikaner hatten ein Jahresfest der Feuererinnerung und wurde
dasselbe im Iztapalapa angezündet. (Bastian A. L. 533. 725. 750 f.)
Nach dem Erinnerungsfeste der Creek, welche das Feuer mittels
Kreuzhölzern gewannen, kamen vier Männer von den vier Welt=
gegenden, das hl. Feuer zu bringen und sieben Heilpflanzen zu
zeigen. Die Eingebornen auf Java in der Nähe des Bromo=Bul=
kans bedienen sich keines anderen Feuers, als das aus diesem feuer=
speienden Berge herrührt; sie entzünden, sobald ein Ausbruch erfolgt,
an der geschmolzenen Lava Späne, um damit ihr Herdfeuer anzu=
machen, und lassen dasselbe jahrelang nicht ausgehen. Ihr jetziges
Herdfeuer stammt insgesammt vom Ausbruch des Bromo im Jahre
1832.

Feuer drückt der Aegypter durch das Andreaskreuz, zwei über
einander geriebene Hölzer aus, die Sonne aber hat als Feuerspenderin
in der Mitte den Punkt, wie des Drechslers Drehscheibe. Wie man
auf Erden das Feuer erzeugte, so dachte man sich in der Nabe des
Sonnenrades das himmlische Feuer oder den Blitz entstanden. Hatte
der Blitz die erste Glut hinterlassen, so kam man bald hinter das
Geheimniß, dasselbe durch Reibung eines harten mit weichem Holze
beliebig hervorzulocken. Der Brahmane wendet nie gewöhnliches
Feuer zum Opfer an, sondern nur durch Drehung eines hölzernen
Bogens erhaltenes; ein Priester zieht dabei eilig den Strang hin
und wieder, der andere harret des Funkens. Manthami bezeichnet
in den Vedas „Feuer erwecken," einer Wurzel mit μανθάνω, das Licht
der Erkenntniß gewinnen, lernen. Pramantha nennt der Inder das
durch Friction Funken sprühende Holz. Daher der Name Proman=
theus (Lykoph. 537) oder Prometheus, der zugleich der Feuer=
reiber und Feuerräuber (Sskr. Pramatha) ist. Er hat mit Hülfe
der Athene den ersten Funken vom Altar des Donnergottes, Jupiter
Elicius, geholt; die Göttin der Weisheit und neuen Weltordnung ist

aber selber erst auf den Hammerstreich des Titanen oder seines Vaters
Hephästos dem Haupte des Zeus entsprungen. Nach anderen hat
Prometheus den Lichtkeim von der Achse des Sonnenrades, wie noch
das Kalenderbild den Rotationspunkt angibt, im Ferulastabe vom
Himmel geholt und seinen Geschöpfen mitgetheilt. Auch die Seele
ist höheren Ursprungs und gelangt durch feuerbringende Vögel
oder den Storch zur Erde. Aus Erde hatte Prometheus die Menschen
gebildet, aber das Licht von oben sollte die Körper beseelen und be-
geistigen, um die durch den Sturz der Titanen verursachte Lücke in
der Geisterwelt auszufüllen. In Phoroneus sahen die Argiver[1])
den Phosphoros oder durch den Neid der Himmlischen gestürzten
Lucifer, von welchem Isaias XII, 12 klagt: „Wie bist du gefallen,
du schöner Morgenstern!" Gleichwohl figurirt er als Heiliger im
christlichen Kalender, nur wird dabei ein Bischof unterstellt.

Prometheus brachte das Licht des Lebens und der Vernunft
aus der Höhe, um das Thongebilde erst zu einem mit mens be-
gabten Wesen oder zum Menschen zu machen. Doch das Eritis sicut
Dii erregte die Eifersucht der Unsterblichen. Zeus besorgte, die neuen
Geschöpfe möchten den titanischen Uebermuth erben und im Unge-
horsam sich auch gegen die Götter auflehnen. Was im Glaubens-
system liegt, verewigt der Cultus. Vom Altar des Prometheus in
Kolonos, der die Bildsäule des Hephästos neben sich hatte, nahm
jährlich im Hochsommer das Lampadodromion seinen Ausgang. Einer
zündete die Fackel bei der nahen Statue des Eros an, und begann
den Lauf nach der Töpfervorstadt Kerameikos, welche in Prometheus
ihren Schutzpatron verehrte. Ein Läufer trug stationsweit dem
anderen die Fackel zu, bis der letzte sie an's Ziel brachte. Welch
ein lebendiges Bild von der Fortpflanzung des Lebensfunkens von
Geschlecht zu Geschlecht, der ausgegangen von der göttlichen Liebe
unter Vermittelung des schöpferischen Prometheus! Der Aufblick zum
Tempel der Pallas Athene auf der Akropolis vollendete den kosmischen
Gedanken. Es ist zugleich das Licht der Religion, das, am Altar
der Gottheit angezündet, im Verlaufe der Zeiten den dahinwandelnden

---

1) Pauf. II, 19, 5. M. Planck Feuerzeuge der Griechen und Römer.
Stuttg. 1884.

Generationen überliefert wird und den geistigen Wetteifer auf dem
Felde der Erkenntniß vergegenwärtigt.

Wie die Sonne im Frühling neu aufflammt, will auch das
Feuer am heiligen Herde erneuert sein, um als keusche Flamme fort=
zubrennen. In Persien und Indien, in Syrien wie Aegypten und von
Thrus bis Gades ward das Lichtfest um die Frühlingsnachtgleiche
begangen, und die neue Flamme wo möglich vom Brennpunkt des
Lichtes und Lebens angefacht. In Athen bestand als ältester Altar
jener der Hestia im Prytaneum, und als das heilige Feuer unter
den 30 Tyrannen ausging, durfte es nicht von gemeiner Lohe,
sondern unmittelbar nur vom himmlischen Empyräum mittelst eines
Hohlspiegels entzündet werden. Auf Lemnos war Hephästos, der
ägyptische Weltbaumeister Phta, herniedergestürzt und zum hinkenden
Teufel geworden. Die vulkanische Insel war ihm geweiht, sein Enkel
Aetnaeos aber, Prometheus' Sohn, schmiedete im Aetna, welchen
die Kirche später für das sichtbare Fegfeuer ansah und deßhalb 998
das Allerseelenfest einführte. Hiemit ist eine Quelle unreinen Erd=
feuers angedeutet. Auf Lemnos nun wurden jährlich im Monate
des Widders, d. i. zu Beginn des Lenzes, auf neun Tage alle Feuer
ausgelöscht, bis das heilige Schiff aus Delos neues vom Altar des
Apollo brachte, worauf jeder einen Funken für seinen Herd nach
Hause trug, und sofort ein frisches Mahl gerüstet ward, ein neues
Leben begann. Bekanntlich mußte bis zur Rückkehr der Festgesandt=
schaft mit dem heiligen Feuer von Delos die Hinrichtung des
Sokrates verschoben werden. Während die Perser unter Xerxes als
echte Puritaner oder Fanatiker für den reinen Lichtdienst alle hel=
lenischen Altäre umstießen, schonten sie den zu Delos, weil der dortige
Dienst der reinen Lichtlehre von Iran zu entsprechen schien. Zum
zendischen atar, Feuer, atarvan, Feuerpriester, stimmt ὀθραγένη, die
Feuer erzeugende wilde Rebe, eine Schlingpflanze, aus welcher man
den Funken zog.

Nachdem die Meder den Tempel zu Delphi niedergebrannt hatten,
mußte für das ewige Licht eine unbefleckte Flamme mittels
Hohlspiegels an der Sonnenfackel entzündet werden. Nach
der Schlacht bei Platää betrachteten die Griechen alle Feuer der Um=
gegend als vom Feinde verunreinigt und löschten sie aus, worauf

der Bote in Einem Tag die reine Glut vom Altar zu Delphi holte,
aber beim Ueberreichen todt hinfiel. (Plut. Arist. 20.) Sokrates selbst
gedenkt des Hohlspiegels, um Feuer vom Sonnenherde zu entzünden.
(Aristoph. Wolken 757. Plut. Numa 9, 7.) Auswandernde Colo-
nisten nahmen vom Altar der Mutterstadt das Feuer in die neue
Heimath mit. Ewiges Feuer brannte im Tempel der Demeter zu
Mantinea und des Pan im arkadischen Akakesion.

Aeschylos bietet die Auffassung, der erste Pyrphoros habe das
Feuer vom Bulkan Mosychlos auf Lemnos, wohin Hephästos vom
Himmel gestürzt, im Narthex oder Phriemkraut aufgefangen, welches
noch in Cypern und Sizilien dem Landvolk statt Zunders dient.
Doch vulkanisches Feuer galt den Griechen für unlauter, und daß
er himmlisches im metallenen Brennspiegel gewonnen, wie Heraklid
von Pontus will, oder nach Diodor nur Erfinder der Feuerhölzer,
πυρεία, war, entspricht nicht der Idee der Mythe.

Die Prometheische Religion ist eine der erhabensten, welche
der Menschheit zutheil geworden. Der Menschenvater hat aus Liebe
zu seinen Geschöpfen, welchen er das Leben gegeben und das Licht
der Vernunft eingehaucht, den Fluch des Göttervaters auf sich genommen und büßt für sie alle, indem er mit drei Nägeln: durch
Hände, Füße und Brust, am Kaukasusfelsen gekreuzigt wird. Aeschylos
hat in seiner Trilogie: der Feuerraub, der gefesselte und der befreite
Prometheus, diese göttliche Tragödie mit wunderbarer Hoheit in
majestätischer Sprache vollendet, es ist die hellenische Messiade, ein
Vorbild auf das Leiden des Menschensohnes: wer erstaunt noch, wenn
die Kirchenväter in dem unsterblichen Sänger einen Propheten erkannten! Er schildert die Wehklage des göttlichen Dulders, dem der
Geier, das Sinnbild des Todes, die Seitenwunde aufriß, um zum
Sitze des Lebens zu gelangen, so daß sein zur Sühne vergossenes
Blut all die Aeonen hindurch zur Erde floß, bis Herakles als sein
Erlöser erschien und die Ketten sprengte. Auch von dieser Passions-
vorstellung gilt das Wort, welches die Evangelisten so oft im Munde
führen: „Dieß geschah, damit erfüllt würde." Im Menschensohne
offenbart sich der platonische Logos, der nach der Einleitung des
Johannis-Evangeliums als das Licht und Leben der Menschen in
die Welt kam. Dieses Lebenslicht leuchtete in die Finsterniß, aber

dieselbe hat es nicht begriffen. Es ist aufgegangen dem Volke, das in der Dunkelheit saß und im Todesschatten wohnte. (Matth. IV, 16.)

48. Karsamstag und die Feuererneuerung.

In Rom wurde am ersten März das Feuer am Altare der Vesta erneuert, indem man das Holzstück von einem fruchttragenden Baume so lange bohrte, bis sich eine Flamme bildete, worauf der Funke in einem ehernen Siebe aufgefangen und schleunig in den Tempel getragen ward. Plutarch schreibt (Numa 9) von der Einsetzung der Vestalinen, jener jungfräulichen Hüterinen der heiligen Flamme unter König Numa, an deren Fortdauer man die Existenz des Staates geknüpft glaubte: „Man bedient sich zur Wiederanfachung gewöhnlich eines Hohlspiegels, wo der ganze innere Umfang mit einem Brennpunkt in Beziehung steht. Gibt man ihm die Richtung gegen die Sonne, daß die allseitig zurückprallenden Strahlen in dem einen Centrum sich sammeln, so entzünden sie in kurzer Frist." Ließen die Vestalinen das Feuer ausgehen, so wurden sie vom Pontifex gegeißelt und mußten ein Brett mit glücklichem, d. h. weichem Holze so lange bohren, bis es anbrannte, dann das neue Feuer im erzenen Sieb zum Tempel tragen. Dieser Cult geht also durch die ganze Welt. Wie der Brahmane das ewige Feuer mit neunerlei Holz unterhält und davon den Scheiterhaufen mit seinem Leichnam anzünden läßt, so brauchten die Deutschen dieselbe Zahl Hölzer zum Nothfeuer. das mit einem Eichenpfahle erbohrt ward, um bei Seuchen Vieh und Menschen zur Reinigung durchschreiten zu lassen. Zu Kildar brannte zu Ehren der schottischen Vesta, Brigit, das ewige Feuer, welchem kein Mann nahen durfte.

Dieses himmlische Feuer ist in der Ueberlieferung aller Völker gottesdienstlich verherrlicht. Beim Opfer Abrams, Gideons, ja schon auf den Altar Abels, wie des Elias am Karmel, fällt verzehrende Gluth vom Firmamente oder aus der Erde, ebenso auf Geheiß Zoroasters. Hieronymus weiß aus dem Munde seines Lehrers Chanina, wie noch Raschi in Gen. IV, 4: „Feuer fuhr herab und leckte Abels Opfer auf," „Feuer ging aus vom Herrn und verzehrte das Brandopfer Aarons." (Lev. IX, 24.) Auch Salomons Opfer

9*

bei der Tempelweihe. (II Makkb. II, 10 f.) Pausanias I, 16 erzählt
uns noch mehr: „Als Seleukus dem Zeus in Pella opferte, bewegte
sich das Holz auf dem Altare von selbst zur Bildsäule und brannte
unangezündet." Mit Bezug auf II Chronik VII erklärt noch der
Talmud: „Das erste Opferfeuer, wodurch der Altar auf Moria ein=
geweiht wurde, ist vom Himmel gefallen." Vom Altar ward es
auf den siebenarmigen Leuchter übertragen, welchen Philo und Josephus
Flavius auf die Planeten deuten. Das ewige Licht brannte von da
im Allerheiligsten, im Jehova=Tempel, wie zu Ekbatana. Noch wird
der Cult des hl. Feuers am feierlichsten in der Auferstehungs=
kapelle zu Jerusalem von den Griechen begangen. In dem
Glauben, daß es vom Himmel komme, versammeln sich Tausende
und harren, bis nach dem Eintritt des hohen Klerus die erste Lohe
aus der Maueröffnung schlägt, ersehnt um die Kerzen anzuzünden,
das Licht andern mitzutheilen und in Laternen oft in die weiteste
Ferne zu tragen. Dieß könnte uns vergegenwärtigen, wie die wohl=
thätige Flamme ursprünglich vom Süden nach Norden getragen, ward
und die Verwendung des Brennstoffes den Menschen die Möglichkeit
bot, auch kalte Gegenden zu bewohnen.

Beim Tode des Königs wurden im alten Congo alle Feuer
im Lande ausgelöscht, wie in den altdeutschen Heimsitzen mit dem
Herdfeuer beim Tode des Hausherrn geschah. Um so mehr ordnet
der Cultus dieß beim Hingang des Herrn der Welt an. Im Christen=
thum erfüllt und bewahrheitet sich die Sokratische Idee, daß die
höhere Vernunft sich am göttlichen Lichte erhellen müsse. Christus
heißt das Licht der Welt, das aus der Nacht des Grabes hervorge=
gangen. In matutina tenebrosa am Gründonnerstage werden zwölf
Lichter ausgelöscht, eines aber hinter den Altar getragen. Drei
Tage sieht man die Lampen nur hinter farbigen Glaskugeln, zugleich
schweigen die Glocken. Am Vortage der Ostern beginnt die Licht=
weihe mit dem Capitel von der Weltschöpfung: „Es werde Licht und
es ward Licht." Das neue Feuer wird in der Kirche frisch aus dem
Kieselsteine geschlagen, und hinter dem Altar hervorgetragen. Vor
der Kirchenschwelle ist schnell damit ein Holzstoß entzündet, jede Haus=
haltung liefert dazu ein Scheit und bezieht eine glühende Kohle, um
sofort das neue Herdfeuer anzufachen. Damit aber das geweihte

Feuer wie ein goldener Lichtregen zugleich der Erde zu gute komme, trägt man die Kohlen zur Mehrung der Fruchtbarkeit, sei es gegen Schauerschlag auf die Felder, gleichsam den Blitzgott zu beschwören. Diese Ceremonie bestand in allen Kirchen des Morgen= und Abendlandes bis auf die Religionsstürme des 15. Jahrhunderts; den Rest hat in katholischen Landen theilweise die französische Revolution in Abgang gebracht. Wir können am Karsamstag vor allen hiesigen Pfarrkirchen von der Feuerweihe Augenzeugen sein. Ich will nicht behaupten, daß die Karwoche selber davon den Namen führe, gleichwohl bezeichnet Khara im Sanskrit heiß, glühend, finnisch Karho den Kohlhaufen. Reizend ist der noch erhaltene Festakt zu St. Jean=du=Doigt in Poitou, daß ein Engel vom Thurme nieder das Johannisfeuer an= zündet. Durch Feuer vom Himmel, schreibt Eugipius 9. 13. ernsthaft, sei in Cucullis in Severins Hand die Wachskerze entzündet worden, um Kirchenräuber zu entdecken. Im Hochstift Trient, wie zu Gries bei Botzen erweckt man das Osterfeuer durch ein Brennglas, und von Weihenstephan zu Freising ist zwischen 1116 und 1138 beur= kundet: Cristallus, cum quo ignis acquirendus est a sole in parascene.

Am Harz und im Rheinlande zündet man am Karsamstag die sog. Judasfeuer an, in Bayern und Schwaben am platten Lande nach der Auferstehung die Osterfeuer. Eichenholz vom Berge Tabor schützt gegen Gewitter, weil dort einst Zeus Atabyrios thronte, wie in Hellas auf dem Olymp, in Troja am Ida. Den Vorzug hat das Buchenholz, worein nicht leicht ein Blitz schlägt; solches trägt man gerne zum Karsamstagfeuer im Glauben, daß das hl. Kreuz davon gezimmert war. Nicht minder trifft die Hasel kein Blitz, weil Unsere Liebe Frau im Gewitter untergestanden; darum liefert auch sie Weiheholz zum Osterbrand. (Baumg. 13.) Scheiten vom geweihten Feuer am Ostervorabende legt man unter die Schindel des Hausdaches, dann schlägt das Jahr kein Blitz ein. Von dem bei der Feuerweihe angebrannten Holze macht man Kreuzlein und steckt sie wider den Hagel in den Acker; das Kreuz figurirt für Thors Hammer. Die Hausmutter legt davon auch in das während eines Gewitters angezündete Herdfeuer, damit das wilde Feuer nicht einschlägt. Es ist ein dem Donnergott mit geweihtem Holze ge=

brachtes Opfer. In Holstein schlägt man auf so lange auch noch die Axt in den Thürstock. (Mannh. G. M. 132. B. 503.)

Der Mittelpunkt des kirchlichen Feuercultes ist aber nun die heilige Stadt der Juden, Muslimen und Christen.[1]) Als einmal das Oel ausging, schreibt Eusebius hist. VI, 8., habe der Bischof Narcissus von Jerusalem das Wasser aus dem nächsten Brunnen gesegnet, worauf es Feuer vom Himmel fing, wie ein berühmter Jerusalem-Pilger, der Baarfüßer Fabri von Ulm, ergänzt. In den Kreuzzügen ist die Rede vom Ausbruch des himmlischen Feuers aus dem Stahle. Noch 1646 gingen die sechs Prälaten der Griechen. Georgier, Armenier, Nestorianer, Abessinier und Copten gemeinsam in die Grabkapelle, und der Patriarch der Syrer reichte als Bischof des heiligen Feuers (Methran en nur arabisch genannt), dasselbe durchs Fenster hinaus. Außen harrt die Menge im festen Glauben, daß das Feuer vom Himmel komme; jeder drängt vor, seine Kerze zuerst in Berührung damit zu bringen. Regelmäßig entsteht ein gräulicher Tumult, so zwar, daß 1834 bei 300 Personen um's Leben kamen. Es kommt vor, daß russische Pilger das so unmittelbar er-oberte Licht in einer Laterne bis in die ferne Heimath tragen. Die Lateiner halten sich diesem Feuerwunder ferne, ja die Franciskaner haben als Hüter am Christusgrabe sogar um Abstellung desselben sich an das Haus Habsburg gewendet. Aber soll denn alles aus dem Leben der Völker verschwinden, was nicht aus der Kanzlei stammt? Hier ist mit idealer Perspective unter dem Schutze der Kirche ein urweltlicher Brauch erhalten, ein internationales Fest, wie die Menschheit kein älteres aufzuweisen hat — warum es also abschaffen?

Schiltberger S. 12 schreibt: Am Sinai habe jeder Mönch eine Ampel, die vor seinem Tode erlösche; nach dem Hintritt des Abtes zünde sich die desjenigen von selbst an, der neuer Abt werden solle. Das Licht sinnbildet das Leben, dieß kömmt eben im katho-lischen Kirchenritus an den drei Schlußtagen der Karwoche zum Ausbruch.

Am Karsamstag wirft man die Ueberbleibsel im Sakrarium,

---

1) Sepp, Jerus. I. Bd. I. Aufl. S. 897 f. II. Aufl. 505 f.

wie das heilige Oel, in's Feuer, welches neu vom Perihelium angezündet wird, das alte Nachtgleichenjahr geht damit zu Gnaden. Auch die Knochen des geweihten Osterlamms müssen in's Feuer geworfen sein. So hielten es die Juden mit dem Sauerbrod, indem sie am Feste der ungesäuerten Brode bei Licht alle Winkel durchstöberten und nach den letzten Brodkrumen suchten, um sie zu verbrennen. — Während des Gloria-Läutens am Karsamstag wäscht die Dirne am einsamen Bache sich das Gesicht, dann bekommt sie keine Sommersprossen. — Eine Quelle bei Wendisch Bukow, Samistron geheißen, verwandelt in der Osternacht das Wasser in Wein. (Knoop 73.)

49. Das Osterei.

Die Urreligion ließ den Kosmos aus dem Ei hervorgehen, welches der Geist von Oben überschwebte. Es war nach indischer Auffassung gelb- und silbergestreift, und spaltete sich nach den sieben Sphären des Himmels und sieben Regionen der Erde oder Unterwelt. So stellte die Mithrashöhle mit sieben Ringen das Weltall dar.

Am Feste Neuruz oder dem neuen Tage, der den Frühling eröffnete, war nach persischem Glauben auch die Welt erschaffen. Dschemschid hatte das Fest eingesetzt und zuerst die Erde mit Gold-blech gespalten, sei es mit dem Sonnenstrahl befruchtet. (Hyde relig. vet. Pers. c. 19.) Anspielend auf die Spaltung des Welteis, woraus Ormuzd und Ahriman hervorgegangen, beschenkten sich die Perser an jenem Tage mit gefärbten, vergoldeten oder künstlich be-malten Eiern. (Magnusen Myth. Lex. p. 820.)

Inder und Babylonier, Griechen und Römer, Deutsche und Slaven kannten gleichmäßig das Osterei, lange bevor sie mit dem Christenthum bekannt wurden, die Kirche hatte den Brauch aus dem Alterthum entlehnt, und er ist in diesem Zusammenhange erst recht katholisch oder allgemein. Das Ei schließt die Bürgschaft neuen Lebens ein und wenn die Schaale bricht, kömmt selbes zur Aufer-stehung. Auch in Bezug auf das Fortleben der Seele galt das Ei als Symbol. Der Frühling des Jahres mahnt an das Morgen-roth der Welt, und das Fest im Lenze bringt es mit sich, weil dann die Natur die Eisdecke sprengt. Als die Kreuzritter vom Heere

Ludwigs des Heiligen während ihrer Gefangenschaft in Aegypten mit
buntbemalten harten Eiern traktirt wurden, glaubten sie nach Join=
ville, solches geschehe ihrem Könige zu Ehren! Mit nichten! Ich habe
sie 1846 auf der ganzen Nilfahrt, wie 1874 am Suezkanal, roth
oder grün, blau oder gelb bemalt vorgefunden, und dieß ist nicht
bloß im Frühroth des Jahres, sondern allzeit üblich. Die ägyptische
Athor ist verwandt mit der syrisch=babylonischen Astoreth oder
Astarte und der hellenischen Aphrodite. Die Assyrer kannten
sogar einen männlichen Istar, der als Auferwecker von den Todten
um den „begrabenen" Tammuz=Adonis in die Unterwelt hinabsteigt.
Die Basken nennen den Mai Ostaro.

Waren die Gottheiten der Deutschen Dämonen, warum ließen
die Bekehrer für das Frühlingsfest den Namen Ostern nach Eostra,
nach Beda der sächsischen Liebesgöttin, fortbestehen, welche die Gothen
Astherot, die Schweden Asturogita hießen? Ist es nicht Asträa,
im Sternbild die Jungfrau, die vor den Sünden der Menschen gen
Himmel entwich? Die Nachkommen des Askenas oder Tuisko begingen
das Osterfest schon auf asiatischem Boden, überhaupt so lange sie als
Nation mit eigener Sprache bestehen. Waren die Dioskuren als Zwil=
linge der Schwanjungfrau ab ovo gemino, aus dem Ei mit zwei
Dottern hervorgegangen, so kennen die Deutschen die Leda eben als
Schwanhilde, wie die Lotana, Mutter Apollos und der Diana, des
Tag= und Nachtgestirns, als Hludana. Auf Cypern, dem Eilande
der Venus, geht auf Ostern das Eiertippen am Tische um, nur chri=
stianisirte sich der Brauch durch den in der ganzen griechisch=russischen
Kirche üblichen Gruß: Χριστὸς ἀνέστη. Nicht nur die christlichen
Aegypter oder heutigen Kopten, auch die Muhammedaner färben
am Gründonnerstage die Eier roth, gelb, blau, und essen am Kar=
freitag ein Gericht von Waizen, Linsen und Bohnen, Reis und
Zwiebeln. In ganz Hellas beschenkt man sich am heiligen Tage
mit rothen Ostereiern, und das sorgfältig aufgezogene Osterlamm
wird dazu gebraten, wie das Frühlingslamm in der alten Welt.

Der Eier bedienten die Römer sich zu Lustrationen, wie Ju=
venal VI, 517 erklärt: Nisi me centum lustraverit ovis. Sie
waren von jeher das Symbol des im Keime fortdauernden Lebens,
und nach dem winterlichen Tode, wenn das eisige Leichentuch von

der Erde genommen ist, am Frühlingsfeste geopfert. In Florenz heißt Ostern Pasqua d'Uovo.

Nehalennia, die Göttin des Jahressegens (zu Wasser und zu Land) mit ihrem Sitze zu Deuß, hatte wie Ostara den Osterhasen zum Symbol, und der Gertrud zu Ehren werden am 17. März Ostereier gegeben. Zu Rens am Rhein beruht die Eiervertheilung sogar auf Stiftung. Zum „Sommergewinn" färbt man in Eisenach am Sonntag Lätare zum Spiele Hühner- und Taubeneier, putzt sie heraus und verbindet damit künstliche Vögel zum Sinnbild, daß das sommerliche Jahr wie ein Vogel aus dem Neste komme. (Wolf Z. f. D. M. II, 104.) Dasselbe Eierfest findet sich im slavischen Heidenthum; in einem altpolnischen Liede, das am Feste Letnicze im Lenze gesungen ward, bot man der Sonne ein Ei an.[1] Wo eine Schwalbe baut, schlägt kein Blitz ein: sie war, wie nun der Maria, ursprünglich der Ostara heilig, und man darf sie nicht tödten, denn sie ist dem Hause ein Segensbote. An der ganzen Nordseeküste, besonders in Pommern ist die Osterruthe mit Knistergold umwunden in der Hand der Kinder: wer damit geschlagen wird, muß ein Ei geben. Am Dnjepr läßt die Volkssage durch Enten die goldenen Eier legen. In der Ukraine trägt die Wittwe das Osterei nebst Brod auf das Grab ihres Mannes. Auch die Serben legen Montags nach dem weißen Sonntag rothgefärbte Ostereier auf die Gräber; in Rußland geschieht es am 24. Mai — wieder zum Symbol der zu erwartenden Urständе.

Dem T h o r war der Donnerstag, insbesondere der G r ü n d o n n e r s t a g heilig, und man schleuderte an diesem Hauptfeste Aexte in's Saatfeld zum Sinnbilde der befruchtenden Gewitterstriche, auch steckte man ein an diesem Tage gelegtes Ei, roth gefärbt und mit Johanneswein begossen, in die erste Garbe. (Mannhardt G. M. 137.) Solch ein Ei ist schon in der Henne gesegnet, kömmt am Ostersonntag abermals zur Weihe und hat Geheimkraft wider die Truden. Die Eierschaalen kommen gegen Schauer auf die Felder. Ein solches Antlaßei kann man noch nach Jahresfrist wie frisch gebrauchen;

---

1) Hanusch, Slav. Myth. 197. Nork, Myth. Lex. I, 506. III, 7. Sepp, Heidenth. I, 44. II, 362.

regnet es aber am Antlaßpfinnstag, so ist dieß der Ganstod, und die
Jungen kommen nicht davon. (Schlicht 116. 124 f.) Schält man
ein hartgesottenes Antlaßei und hängt es am Faden hinter den Haus=
altar, so wandelt es sich, wenn man nicht schilt und flucht, in ein
Gläsel, außerdem zerspringt es — so heißt es um Seefeld. Antlaß=
eier in der Nacht vom Gründonnerstag auf Karfreitag von schwarzen
Hennen gelegt, sind hochgeweiht schon in der Henne und schützen vor
Leibschaden (Hodenbruch). Ein Karfreitagsei fault nicht und ver=
leiht Glück im Spiele; es löscht die Feuersbrunst, sobald man es in
die Flamme wirft. Wer es am Abend hart gesotten ißt, überlupft
sich nicht (Panzer II, 212. Birlinger B. 77. 85. 185. 442). Mit
Hilfe des Eies einer schwarzen Henne vom Karsamstag, wo alle Hexen
zur Kirche gehen müssen, sieht man diese umgekehrt in den Bänken
sitzen und erkennt so die richtigen. (Jecklin 60.)

Ein rothes Osterei nüchtern gegessen bewahrt vor dem Bruch=
schaden, und das Mannsvolk überhebt sich nicht; deßhalb beschenkt man
damit die Knechte. Mädchen geben den Burschen ihrer Wahl schön=
bemalte, ebenso die Pathen ihren Godeln. Das Spitzeln ist in
ganz Altbayern üblich, namentlich in der Kinderwelt; wer des andern
Ei einschlägt, hat es gewonnen.

In der Nacht vom Karsamstag auf Ostersonntag ist es üblich,
beim Kammerfensterln das Osterei aus der Hand der Geliebten zum
Beweise der Begünstigung zu empfangen, wobei es nicht selten zu
gefährlichen Hahnenkämpfen kömmt. In Benediktbeuern holen
die Bursche von den Mädeln Ostereier ab und ziehen ohne Eifersucht
mit einander; kömmt der rechte, so bekömmt er ein „geschliffenes.“
So erfährt man oft, wer „Bartel beim Bach“ ist. Vater, Mutter,
Ahnl und Guckahnl setzen sich dann mit den vier oder fünf Buben
und dem Mädel zu Bier und Brod und einem Gläsel Schnaps um
den Tisch, das Bier geht auf Bartels Rechnung. Darnach geht's
weiter zum nächsten Hause, wo ein anderer Bartel am Bach wird.
Das Mädel aber sagt gerne schnippisch: „Da! hast auch ein Ei, wenn
du sonst keines kriegst.“

Mit einem schneeweißen Ei im Mund muß am Ostersonntag
der Oberknecht im Auftrag der Bäuerin vor Sonnenaufgang den ganzen

Hof umlaufen, damit die Hennen die Eier nicht verlegen. — Die Eier,
welche die Hofhennen am Ostertag legen, gehören der Oberdirn, vom
Montag der Anderdirn, vom Osterdienstag der Dritteldirn, so in
Freising. — Ein Bauernhof mußte jährlich vierspännig ein Ei
nach Kloster Weingarten abliefern; ebenso der Freihofbauer in Ell=
wangen. — Der Eierritt zu Haid in Saulgau wird, wie im Cirkus
zu Rom, von zwei Reitern ausgeführt. — Das Eierlauffest am Oster=
montage zu Pfungstadt in Hessen und Remlingen bei Würzburg ist
von einem Ahnherrn des Grafen Kastell gestiftet, und 1863 wieder
in Aufnahme gebracht. Auch das Eierlesen zu Ennabeuern in
Schwaben, zu Elmarshausen in Hessen, wie zu Breslau, ist am
Ostermontag üblich, wobei man 120 Stücke oder mehr in eine lange
Reihe legt, und der Läufer immer eines nach dem Korbe am Ende tragen
muß: wer eheroben oder unten fertig wird, hat gesiegt. (Lyncker 242.)
Am Gründonnerstag gelegte Eier sind werthvoller und geben
untergelegt lauter Hähne (Wolf, Zeitschr. III, 51); man bewahrt sie
wie die von Frauendreißigst auf, Abends ißt man grünen Feldsalat
und Bretzel gegen Fieber. Die Marienkapelle im Kloster Taxa ist
1618 in's Achteck gebaut, weil eine Henne ein gesterntes Ei mit
einem gekrönten Frauenbilde auf einen Ziegelstein legte. Küchlein
von Antlaßeiern bekommen alle Farben: schwarz, gelb, roth. Das
ganze Jahr legen die Hühner weiße Eier, am Ostertag bringt der
Ostergockel vor großer Freude unter lautem Kikeriki rothe, daß alle
Kinder zu Fürstenfeldbruck laufen und die Eier im Verstecke suchen.
Am Emmaustag (Luk. XXIV, 23) erhält der Bursche hierselbst, in
Niederbayern und im Walde die Ostereier durchs Kammerfenster,
Prachtstücke mit Schecken immer in ungerader Zahl 5, 7, 9, 11 bis
zu 21. Gradaus macht gar aus und die Freundschaft hat ein Ende,
ein Paar gilt als Zeichen der Verschmähung. Auch im Morgenlande
ist ungerade die Glückzahl. Am Ostermontag ging man zum Spiel
auf den Osteranger, die Osterwies oder Osterleiten, und begann das
Eierkugeln mit den Worten: „Hui mein Ei, schaff mir zwei!"
falls man nämlich den Abhang hinab ein zweites traf. Jung und
Alt nahm fröhlich an diesem Volksfeste mit allen Ehren Theil; die
Geschlechter waren gesondert.
Ein frisch gelegtes Ei weich gesotten, ein Gerstenkorn groß

Bisam hineingethan und vor dem Schlafengehen eine Zeit lang aus=
getrunken, hilft von Unfruchtbarkeit.   In der Niederlausitz fällt das
Sommersingen in die Osterzeit.

50. Das Paschabrod mit Kinderblut.

Vater Zeus hat den in der Deukalionischen Fluth mit unter=
gegangenen Weinstock nach deren Ablauf der erschöpften Menschheit
zum Troste wieder verliehen, wie Diodor III, 62 meldet, und Dio=
nys XII, 171 führt an, durch Verwandlung des Ampelos sei die
Rebe entstanden.   Nonnus XII, 293 läßt einen Tropfen Götter=
blut auf die Erde fallen, und daraus sei Traubenblut in wilden
Schößlingen aufgegohren.   Der nordische Meth rührt aus dem Blute
des göttlichen Quasir.   Dieß ist der verklärte Trank, und Brod und
Wein, die höchsten Gaben der Natur zur Lebensfristung, machen uns
zu Tischgenossen der Götter, welche an der himmlischen Tafel sich
an Nektar und Ambrosia erfreuen.

Aber erst der Gott der neuen Zeit, der langverheißene jüngere
Dionysos machte dieß sterbliche Geschlecht mit der Frucht des Wein=
stocks, und daneben Ceres mit der männernährenden Saatfrucht
bekannt.   Voran gingen die schauerlichen Mahlzeiten des ältesten
bacchischen Dienstes, die Omophagien oder das Rohfleischessen,
wobei man die Opferthiere gliedweise verschlang und deren Blut trank.

Mit entsetzlicher Naturwahrheit hielt der Mensch das Andenken
an die ursprüngliche Rohheit und den Uebergang zur besseren Nahrung,
zum edleren Leben fest.   Ein lebendiges Stierkalb diente jährlich zum
Festmahl auf Tenedos.   Der Wallfahrtszug der attischen Matronen
nach dem Fluthberge Parnaß war ein Bußfest in Erinnerung an
den Leidensgott Dionysos, der von den Titanen zerrissen ward.   Ihm
zu Ehren zerstückte man Böcklein und genoß das Fleisch roh, wie die
Erdriesen das des Osiriskindes.

Die Hebräer sollten durch den Rothwein beim österlichen Abend=
mahle an das Blut der hebräischen Knaben erinnert sein, worin sich
nach Pseudojonathan der Pharao vom Aussatze rein baden wollte.[1]

----

1) Sepp, Heidenth. II §, 70.   Kinderopfer bei den Hebräern § 109.
Jeruf. I. Aufl. II, 599, II. Aufl. 700.   Bastian, Altamerik. Culturl. 459.

Uebrigens sollten die vier üblichen Becher die vier Weltalter im Andenken erhalten. Nach Cedrenus wollte Kaiser Constantin, um von Aussatz zu genesen, auf den Rath jüdischer Aerzte sich im Blute von Säuglingen baden und versammelte die Mütter mit den Kleinen in seinem Palaste: da diese aber laut jammerten, verzichtete er auf dieß Opfer. Wohl möglich; denn Innocenz VIII. wollte 1492 von Epilepsie durch das Blut dreier Knaben sich heilen, diese starben, er auch, der Arzt entkam. (Reumont.) Die ärgste Anklage erhebt die Bibel. Um den Wahn von Blutgenuß ferne zu halten, ist bei der Messe Weißwein vorgeschrieben.

Wer kennt nicht den Vorwurf, daß die Juden zu ihren Mazzoth Kinderblut brauchten! Welche furchtbare Realität haben die Worte des substituirten Opfers von Brod und Wein im neuen Bunde zum Hintergrunde! Wider die auch im Israel eingerissenen Kinderopfer und Gräuelbißen eifern die Propheten nur zu lange, so Zacharias IX, 7.; Isaias und Jeremias, ja noch das Buch der Weisheit XII, 3 f.; Abarbanel leitet die Osterblutgeschichte ohne weiteres aus den grellen Worten bei Ezechiel XXXVI, 13 ab, wo Gott der Herr Menschenfraß verbietet. Hat auch das geoffenbarte Religionsgesetz Opferblut nirgend geboten, so ist doch der Aberglaube unberechenbar, und aus dem blutigen Baalscult der Kananäer erhielt sich die barbarische Uebung, sagen wir die Erinnerung, daß der vorzeitliche Mensch von Blutgenuß sich nicht enthielt.

Der heilige Brodteig der Totonaken im alten Peru war mit dem Herzblut geopferter Kinder gemengt, und mußten die Männer über 25, die Frauen über 16 Jahre alle Halbjahre an dieser Communion theilnehmen, auch wurden die Ueberreste von Zeit zu Zeit mit frischem Blute befeuchtet. Wie lange wurde noch am Schutz- und Reinigungsfeste, Citua Raymi, das hl. Brod, Caucu, mit dem Blute junger Knaben gemischt, denen man zwischen Augen und Nase die Ader öffnete. (Wuttke, Gesch. d. Heidenth. I, 312.)

Es war eine offenbare Milderung des Dienstes, daß die Inka statt der Menschenopfer blutbestrichene Opferkuchen einführten. Auf gleicher Bildungsstufe standen vormals die Bewohner der drei alten Welttheile, kein Wunder, wenn derlei Superstition früher auch dem Christenthum und Islam anhaftete. Die traurige Nachrede traf die urchristlichen Sekten der Kataphryger und Pepuzianer, und schon der älteste Vater, Tertullian Apol. 8 verweist auf den Genuß mit Blut befleckter Brode. Bis auf den heutigen Tag werden in Kairo während der dreißig Tage des Fastenmonats Ramadan eigene Waizenbrode, Garbaka, gebacken und wie Oblaten rund und nur messerrückendick zu Ehren des Prophetenmartyrs Hussein mit Syrup beträufelt genossen. Dieß Gebäck galt wohl dem Leidensgott Osiris, Tammuz, wird aber in Damaskus den Jezidije, Nachkommen der Mörder Husseins zu Kerbela, zugeschrieben, wo es zuerst an der Sonne gedörrt und mit Blut besprengt als eine Art blutige Hostie genossen worden sein soll, und zwar ursprünglich am Todes=tage den 14 Moharrem. Die Türken spotten deßhalb über die Araber, daß sie mit dem Blute Husseins getränkte Garbaka genössen.

Die blutigen, geheimnißvoll genossenen Lampelbrode in der deutschen Alpenwelt ermahnen auffallend an das Osterlamm. Der Jäger glaubt sich damit unsichtbar machen zu können; es soll aber in der Weihnacht gebacken sein. (Waizer 208. Schlossar, Oesterr. Culturbilder 253 f.) Göthe nennt das Blut einen geheimnißvollen Saft, auch schritt die Kirche noch im XI. Jahrhundert wider das Bluttrinken, diese eigenthümliche Transfusion, ein. Hostie bezeichnet das Opferlamm als Thier der Schlachtung; aber der Name ging einfach auf das sakramentale Opferbrod über. Zu den bedeutungs=vollen Einsetzungsworten im Abendmahle bilden aber die aus dem Baalsdienste vererbten Blutbrode den verständnißvollen Uebergang.

51. Das Osterlamm als internationales Frühlingsopfer.

Der Widder ist als Sonnenzeichen und Opferthier in der Frühlingsfestzeit an den Himmel versetzt. Die Juden hatten auch die österliche Lammschlachtung und das entsprechende Bundesmahl mit den Heiden gemein; nichts wäre verkehrter, als ihnen darin eine Ausnahmsstellung einzuräumen. Am wenigsten haben die Deutschen ihre Sitte angenommen. Das einjährige Ziegenböcklein oder Widder=lamm wurde gebraten in zwölf Theile getheilt; weniger Personen durften beim Abendmahle nicht gegenwärtig sein. Sie haben es als Unglückstag verzeichnet, da die seit Abraham und Salomon

fortbestandene Lammesopferung auf der Tempelstätte 67 n. Chr. ein
Ende nahm. Wir lesen vom fernen China, daß Confucius, da ein
Altersgenosse das Opfer des Lammes als eine sinnlose, antiquirte
Formalität abschaffen wollte, ihn mit den Worten tadelte: „Du
liebst das Schaf, ich die Feierlichkeit."

Dieses einzige Thieropfer begehen die Brahmanen am hohen
Sonnenfeste Yagna zu Ehren des Feuergottes Agni, welcher auf
weißem Widder reitet. Das Thier wird erst blutig geritzt, dann
vom Oberpriester mit Einem Schlage getödtet und im Nothfeuer verbrannt. Ein Theil des Fleisches jedoch, namentlich die Leber, wird
in kleine Stücke zerschnitten und diese unter Anrufung Brahmas
der Versammlung zur Communion vertheilt, wie das Lamm Gottes,
mit der Formel: „Wann wird der Tag kommen, wo der Heiland
geboren wird?" Die Leber galt den Alten für den Sitz des Lebens,
und der Deutsche ehrte den Gast nicht höher, als indem er ihm die
Bockleber vorsetzte. Nicht umsonst geht der Spruch, daß der Schwabe,
der ja erst mit vierzig Jahren gescheit wird, das Leberlein gefressen hat.

Zum Frühlingsanfang begingen die Perser das Nevruzihamel-
oder Widderfest, wobei das geweihte Fleisch für die Theilnehmer zer-
stückelt und die Partikel durch die Priester zum heilsamen Genusse an
das Volk vertheilt wurden. Gott sollte die Seele des Schlachtopfers
dargebracht sein. Von den Aegyptern erzählt Herodot II, 42: „Die
Bewohner von Theben opfern am einzigen Jahrestag, dem Feste
des Zeus, einen Widder, schlagen sich dabei an die Brust und um-
hüllen das Gottesbild mit der Haut, daher Ammon, als Herakles
einmal das Antlitz der Gottheit zu schauen begehrte, im Bild eines
Widders sich offenbarte. Im Papyrus Anastasy I von Leyden steht:
„Ich bin, der ich bin, ich selbst mein Priester zu Tantatho, der das
Schuldopfer zu Abydos fällt. Ich bin es, der das heilige Opfer
des Lammes der Sünde für dich zu Tantatho schlachtet, der es
in seinen Flammen verbrennt." (Fischer, Heidenth. und Offb. 325 f.)
Bei den Arabern ging der abrahamitische Cult des Widderopfers
in den Islam über." Die Widderhörner an der Kaaba, welche
vom stellvertretenden Thiere bei Ismaels Opferung herrühren sollten,
entfernte erst Muhammed. Am Korban Beiram läßt jeder Muslem

ein Lamm schlachten, alle Straßen Stambuls sind dann voller Schafe und Hämmel. Am ersten dieses hohen Festes muß der Sultan sich dem Volke zeigen und wie die kaiserlichen Prinzen je ein Lamm im Yildizparke darbringen. Auch für die hoheitlichen Frauen und Prinzessinen wird je ein solches Lamm geopfert und betrug die Anzahl i. J. 1886 zweihundert. Diese Lämmer werden in einer eigenen Meierei von dazu angestellten Hirten aufgezogen. Einige Tage vor dem Feste werden die Lämmer gebadet und gekämmt und mit wohl= riechender Seife gewaschen, so daß ihre Wolle so rein und weiß wie Schnee ist. Hierauf werden ihre Hörner vergoldet und ihre Stirne mit Hennah roth gefärbt, auch an derselben ein Spiegelchen befestigt. Tags vor dem Feste werden die Lämmer von ihren Hütern, deren zwei auf je ein Lamm kommen, durch die Stadt in den Palast gebracht.

In jedem griechischen Hause empfängt man die Einladung zum österlichen Lammbraten — nach uraltem Herkommen. Die Phliasier opferten einer ehernen Ziege am Marktplatze, damit das Gestirn ihren Weinstöcken nicht schade. (Pauf. II, 13.)

52. Die Jachenau mit dem Bockopfer und das Bockbier.

Die alten Deutschen brachten den Bock insbesondere dem Donner= gotte zu Ehren dar, wegen der Feldfrüchte. Donar rasselt im goldenen Wagen dahin, von Böcken mit goldenen Hörnern gezogen. Im Tyroler Märchen hat der Riese mit rothem Haar und feurigem Bart neben solchem Gespann noch eine goldene Peitsche, wie Indra. In der schwedischen Sage erobert Pinkel den Bock mit goldenen Hörnern und darauf die Königstochter. (Mannh. G. M. 176 f.) Merkwürdig hat sich in der Jachenau, einem Seitenthal des Isar= winkels, das Bockopfer auf Ostern bis zum Jahre 1854 erhalten, so zwar, daß der Antlaßwidder umging und von den 36 wald= und almberechtigten Hofbesitzern jedes Jahr ein anderer ihn zum Besten geben mußte. Derselbe wurde erst in Vierteln gebraten, dann im Korbe zusammengerichtet und der Kopf mit einem Kranze von Buchs und Bändern verziert; was aber das Bezeichnendste ist, die Hörner vergoldet. Der Erbe des Hauses oder auch der Oberknecht trug den Festbraten auf die Weihe zur Kirche des hl. Nikolaus, deren

Chor auffallend, wie beim Heidentempel in Urschaling und der Abend=
mahlskapelle in Hohenaschau gegen Abend steht.   Daheim hatte der
Wirth ihn zu zertheilen, und neben den Thalbauern bekam der Pfarrer,
Meßner und Lehrer seinen Theil, den Kopf aber der Hirt, der etwaige
Ueberrest verblieb den Söldnern.   Das Beste, die Leber, gehörte dem
altdeutschen Goden oder Priester und bildet das eigentliche Pfaffen=
schnitzel.

Man wollte dem Wetterherrn ein Jahresopfer bringen, damit
im folgenden Sommer der Schauer nicht schlagen sollte.   Dabei
fehlte es auch nicht an einem Opfertrunk; dieser hieß von Rechts=
wegen der Bock und bestand in stärkerem Bier, ein Ausschank findet
darum noch im Lanks oder Lenz statt. — Ein Ziegenbock mit ver=
goldeten Hörnern zieht zu Pfingsten das Bockbier von Insterburg
aus zu den Kunden.   Der Name ist unvordenklich alt; bekannt ist
ein Epigramm vom Kaiser Julian, worin er dem Gerstenwein der
Gallier nachsagt, er sei keine Bacchusgabe, denn Wein rieche nach
Nektar, Bier aber nach dem Bock. (Is nectar redolet hircum.)   Daß
Schmeller mit Unrecht an Einpeck denkt, lehrt der Vergleich des
Bockbieres mit der Gaiß, einer leichten Sorte, die bis zum XIX. Jahr=
hundert in München geschenkt wurde.

Die Falkensteiner am Schwarzwalde hatten zum Wappen einen
Widder über drei Bergen — das Bild ist aus dem deutschen Glaubens=
leben gegriffen.   Der Bockstein, ein natürlicher Felsaltar, neben dem
Hohlefels in Schwaben hat nach Fraas vielleicht von Bockopfern des
Thor den Namen, auch er ist ein Höhlenfels mit vorgeschichtlichen
Thierknochen.   W. Reynisch („Ueber Truhten und Truhtensteine"
Gotha 1802 S. 171) beschreibt im Kirchweihbrauch des vier Stunden
von Gotha und Eisenach entfernten Dorfes Wolfsbähringen das
Außerordentliche, daß ein mit einem Steinkranz umhegter Mal=
stein, welchen alte Linden umgeben, fortdauernd zum Opferaltar
dient, worauf ein aus der Heerde gewählter Hammel geschlachtet
wird.   Die Burschen spielen dabei mit Aepfeln und Nüssen.   Der
dritte Kirmeßtag ist der feierlichste; jeder putzt sich dazu so gut er kann.
Mit glänzendem Goldpapier werden die Hüte und Röcke besetzt.   Alles
bewaffnet sich mit Degen und Pistolen.   Man bindet etliche Seiden=
tücher und Bänder an einen Stock, den der Platzknecht als Fahne

trägt; alle setzen sich zu Pferd und reiten nebst den Spielleuten in guter Ordnung auf's Feld zur Heerde, den Hammel zu holen. Unter lautem Saitenspiel wird das Thier mit rothen Bändern geschmückt, vom Metzger, der ein großes Schlachtmesser anhängen hat, auf's Pferd genommen, mit Feierlichkeit nach dem Dorfe gebracht, da von Alt und Jung mit dem Ruf: Zu! Zu! empfangen, unter die Linden begleitet und unter Jauchzen und Tanzen auf dem großen Stein geschlachtet. Abends halten sie dann ein festliches Gelag, spielen um Aepfel und Nüsse, verzehren den Hammel nebst einem Gericht Schweinfleisch und beschließen damit die Kirmeß." Diese Kirchmeß fällt in den Herbst und mag ein Rest des ungebotenen Ge= richtes sein.

In der Rheinpfalz gibt es keinen Volksbrauch mehr mit Aus= nahme des Dürkheimer Bockfestes, wobei die Gemeinde Lamprecht bei Neustadt zur Entschädigung für Streugrundnutzung nach uralter Verbriefung unter freudiger Betheiligung der Umgegend einen Bock abliefern muß. Der jüngste Bürger ist hat ihn zu führen und erhält eine Maß Wein, einige Handkäse und ein Weißbrod zur Atzung. Vergebens suchten die Lamprechter 1879 die Last abzulösen: es ist ein altdeutscher Brauch, der fortbestehen soll und den Dürkheimern, wo ein altes Heiligthum des Donnergottes war, auch Gäste zuführt. Der Proceß ward gegen sie entschieden, und so wurde am 26. Mai 1885 wieder ein wohlgehörnter, zuchtkräftiger Gaißbock die vier Post= stunden nach seinem Bestimmungsorte geführt.

In Sachsen blieb es üblich, auf Christi Himmelfahrt, also am Tag des alten Donnergottes von Gemeinde wegen der Obrigkeit einen Ziegenbock mit vergoldeten Hörnern nebst einem schwarzen Rinde mit weißen Füßen und einem Fuder Semmelbrod zu entrichten.[1]) Dieselbe Abgabe hat namentlich das Mannsfeldische Dorf Finnstädt zu leisten. Noch begehen jährlich ganze Gemeinden unter Tanz und Jubel am Brunnen das Fest, wobei sieben Rinkeimer Bier zum Andenken an den vor vielen Jahrhunderten bereiteten Empfang einer Königin bis auf den letzten Tropfen geleert werden. Sonst glaubt das Volk, der Obrigkeit den Zehent, dazu ein schwarzes Rind mit weißen Füßen,

1) Grimm, M. 48. Wolf, Beitr. I, 394. II, 202. Nork, Festkal. VIII.

einen Ziegenbock mit goldenen Hörnern und ein vierspänniges Fuder mit Semmelbroden zu schulden.

Man gab Gott die Ehre. So reitet Freyr den Eber mit goldenen Borsten. Die Tyrolersage kennt die Gemse mit goldenem Geweih, und der Goldhirsch begleitet den Wodan und seinen Nachfolger St. Oswald, wird aber in der christlichen Zeit selbst zum dämonischen Thier. (Zingerle 94.) Ein Hirsch mit goldenem Geweih erscheint im Walde bei Angelrode dem Sonntagskinde; nachdem er im Felsen eine Oeffnung zum Schatze gestoßen, wirft er die Hörner ab. (Richter III, 70). Auch im mährischen Regenliedchen kömmt der Widder mit goldenen Hörnern vor. (Rochh. N. 213.)

Daß der hoedus den Römern zum foedus oder Bundesmahle diente, ging selbst in die Sprache über. Beim Opfer nahm der Priester vor der Tödtung des Thieres einen Becher voll rothen Weines, kostete davon, bot ihn dann den Anwesenden und goß den Rest zwischen die Hörner. (Ovid fasti I, 357.) Die Bulgaren opfern noch heute am Georgstage ein Lamm, angeblich zur Erinnerung an die thierische Stellvertretung für Isaak, am Feste der Panagia aber Lämmer und Ziegen, welchen sie die Kehle durchschneiden; ein Zechgelage schließt den Festtag. In Polen segnet der Geistliche nach altem Brauch das Osterlamm am Karsamstag ein. Mit der Zeit schwächt der Brauch sich ab und erhält sich bloß örtlich. So findet zu Leutkirch in Schwaben am Ostertage ein Festessen statt, zum Nachtisch gehört das Lamm mit weißem Halsband von Butter. (Birl. B. II, 82.)

In mehreren Stiften des westlichen Deutschlands mästete man Klosterochsen und schlachtete sie nach Vergoldung der Hörner und mit Blumen umwunden am bestimmten Tage, wie die Opferstiere im alten Griechenland, oder zu Cumana am 24. März der Göttermutter zu Ehren geschah. Goldgehörnt sind auch die Kühe der Zwerge. Im Samaveda heißt es: „Ihr Kühe, nahet euch dem Brunnen. Erd' und Himmel erfreuen das Werk, vergoldet beide Hörner sind." Der Juleber ward wohl mit goldenen Borsten zum Opfer gebracht.

In der Jachenau hatte sich auch eine alte Eidesform erhalten, daß der Vorsteher auf dem rundscheibigen Tisch mit der Kreide einen

10*

Kreis zog, den Daumen hineinsetzte und alle Nachbarn steiften sich
ebenso. Auf diese Weise verschworen sie sich wegen ihrer Ansprüche
an die Klosterwaldungen von Benediktbeuern.

53. Das Ostermahl der alten Deutschen.

Die drei hohen heiligen Zeiten sind im christlichen Festjahre
Weihnacht, Ostern und Pfingsten, entsprechend dem hebräischen Chanuka=
Pascha= und Wochen=Feste, aber darum keineswegs entlehnt. Außer
diesen Hauptfesten kam kein Fleisch auf den Tisch. An den Haupt=
festen des Jahres muß man sich einen guten Tag anthun. Dieser
Ausdruck erinnert an den jüdischen Jom tob, $\mu\varepsilon\gamma\acute{\alpha}\lambda\eta$ $\acute{\eta}\mu\acute{\varepsilon}\varrho\alpha$, wie
jeder hohe Feiertag, namentlich der erste und letzte Tag der Laub=
hütten, des Oster= und Tempelweihfestes hieß (vgl. Esth. IX, 19).
An den Dionysien bildete den Schluß „die hochheilige Tafel",
$\acute{\varepsilon}\nu\acute{\iota}\varepsilon\varrho\varsigma$ $\tau\varrho\acute{\alpha}\pi\varepsilon\zeta\alpha$, wobei nach feierlichen Weinspenden ($\sigma\pi o\nu\delta\alpha\acute{\iota}$),
Libationen für den hingegangenen Gott, den Geber des Weines, ein
Opferkuchen als Brod gebrochen ward, um die künftige Speisung
und Tränkung durch Dionysos (Osiris) im seligen Leben in Erin=
nerung zu bringen. (Roth II, 500.) Pascha, Pfingsten und Laubhütten
wurden Ex. XXIII, 15, 16 durchaus als Aerntefeste behandelt.

Das Christenthum hat allenthalben die Naturreligion mit ihren
Uebungen, oder die Bräuche aus der Urzeit, zur Voraussetzung der
kirchlichen Festbegehungen, und zwar hat sich vor allen bei der Frühlings=
feier der Weltglaube idealisirt. Am Morgen des hl. Ostertages schickt
die deutsche Hausfrau einen Korb voll auserlesener Speisen, welche
den eigentlichen Inhalt der Ostermahlzeit ausmachen, zur Weihe.
Darunter nimmt das gefärbte Osterei den Vorrang ein. Daran
schließen sich Salz und bittere Kräuter, wie statt anderem Grün=
zeug, um die ursprünglich rohe Kost in der nie fehlende Meerrettig
Erinnerung zu halten, da die Menschen von Wurzeln und
Kräutern sich nährten. Die Karfreitaghaut, ein Ofenzelten wie von
Leder, stellt das aus Körnern geschrotene Brod vor aller eigentlicher
Bodenkultur dar; es wird „auf der Weihe" durch Schwarzbrod
ersetzt. Bei mangelndem Getreide bieten in den Bergdörfern bei Pistoja
noch die necci, runde dünne Kuchen aus Kastanienmehl, das mit
Wasser gemengt und zwischen erhitzten Steinen gebacken wird, einen

wahren Leckerbißen.   Beim moſaiſchen Paſcha kam noch Charoſet
hinzu, ein Brei von Gewürzen, Ingwer, Citronen und anderen
Baumfrüchten, wovon der Menſch urſprünglich zu leben ange=
wieſen war.

Das Feſtgebäck der Oſtara war die radförmige Brezel mit drei
Speichen, weil das Jahr bei den alten Deutſchen nur drei Jahreszeiten
hatte.   Als nun der Name Oſtern auf das chriſtliche Auferſtehungsfeſt
überging, wurde ſie zur Faſtenbretze.   Nun folgt Schinken für
Wildpret, gebratenes Fleiſch vom zahmen Vieh, als Beſtandtheile
der ſpäteren Fleiſchkoſt und beßeren Nahrung, ein Reſt des einſtigen
Frühlingsopfers.   Ißt man am Oſtertage Rindfleiſch, ſo bleibt
das Vieh im Stall das Jahr über geſund: die Schlachtung hatte
alſo den Opfercharakter.   Zum Frühlings= und Herbſtfeſte buk man
aus Mehl und Eiern den Opferkuchen, wie noch auf Oſtern und
Allerſeelen.   Dieſer Eierfladen wird in der Oberpfalz dem Freier
vorgeſetzt, wenn ſeine Bewerbung angenehm.   Vor dem Hochamt zu
Oſtern füllen ſich alle Pfarrkirchen mit Körben voll feiner Wecken,
den Oſterfladen, rothen Eiern, die an der Spitze eingebrochen ſind,
und Braten, welche das Oſterlamm vorſtellen.

Die kirchlichen Weiheſpenden am Oſterſonntage ſchreiben ſich aus dem
höchſten Alterthume her.   Das Weltfeſt veranſchaulicht den hiſtoriſchen
Fortſchritt der Cultur, die Steigerung und Veredlung der
Nahrungsmittel vom Urzuſtande der Menſchheit oder der anfäng=
lichen Wildheit, wo die Pflanzendecke des Frühjahrs, mit Vegetabilien,
dann Baumfrüchte und Vogeleier den Hunger ſtillten, bis zum Jäger=
leben und der erſten Fleiſchkoſt, zum Halbnomaden= oder Hirten=
ſtande, wo zur Stuten= und Kameelmilch die Kuhmilch, Topfen und
Käſe als vorzügliche Koſt kamen, endlich zum Ackerbau und erſten
geordneten Staatsleben, das den Menſchen an die Scholle feſſelte.
Thiere zum Genuße zu ſchlachten galt zwar anfänglich nicht für er=
laubt, bis der Tempeldienſt aufkam und dieſelben als Gottesopfer
von Prieſterhand den Gläubigen zugetheilt wurden.   Bis heute iſt
die Rinderſchlachtung in der aſiatiſchen Welt ſo viel wie verboten,
vollends dem Inder.

Die Hebräer hießen den ungeſäuerten Kuchen das „Brod des
Elends;" es war ein Aſchenkuchen, bevor man Mehlteig zu ſäuern

und eigentlich zu backen verstand. Die Beduinen und alle Araber genießen noch heute die ungesäuerten Brodzelten; die Deutung, Israel habe bei der Eile des Aufbruchs nicht mehr Zeit zur Säuerung gefunden, ist nachträglich und gesucht. Die zwölf Schaubrode haben ihr Gegenbild vom Libanon bis weithin im Orient in den flachen, handbreiten Brodschichten, wie sie frisch vom Mühlstein und der heißen Asche kommen. Das alte Bundesmahl hat den Uebergang von der ursprünglichen Rohheit zum besseren Leben im Andenken erhalten, erfuhr aber im Pesach eine engere Umdeutung auf die ägyptische Sklaven= kost, obwohl das Volk Grund hatte, nach den Fleischtöpfen sich zurück zu sehnen. Die Gartengewächse oder Kreße, vorzüglich Lattich, Eppich, Meerrettig und gemeiner Kren, Mangold oder Rane, Endivie und Peterfilie, Körbelkraut, dann Brunnkreße und Marullen oder wilder Salat, Andorn u. dgl. Wurzelgewächse, sog. Bitterkräuter mit Salzwasser oder Essig, ungegorenes Brod oder Mazza, Pascha und Chagiga, d. i. Lammbraten und Rauchfleisch, dann ein Brei von Aepfeln, Mandeln, Citronen und andern Kernfrüchten eingekocht, und Honigseim machten die Substanzen des jüdischen Ostertisches aus, die vier Becher Weines aber sollten an die vier Weltalter erinnern. Diese bitteren Kräuter mit Zuthat werden bei den heutigen Jerusalemer Juden in zehn Portionen abgetheilt, um an die zehn Plagen Aegyptens zu erinnern. Am Gründonnerstag aßen auch die alten Christen das erste Grün des Frühjahrs, Kohl, Spinat und andere Kräuter, wie die Juden an diesem Tag den wilden Lattich. (Exod. XII, 81.)

Kar heißt altdeutsch Trauer; unser Brod des Elends ist die Karfreitaghaut, auch aus ungarem Teige von Roggenmehl, wie ein Ofenzelten gebacken, gesprenkelt und mit Salz bestreut. Die oberpfälzische Hausmutter bäckt bis heute einen eigenen, ohne Säure bereiteten Brodteig, fürwahr das älteste armselige Brod der Menschheit.

Hier haben wir wieder ein unvordenkliches internationales Fest vor uns. Die Mahlzeit erhält die Erlösung aus dem rohen Naturzustande im Gedächtniß, und von der natürlichen Rohheit, da man nur von Wurzeln lebte, das Feuer nicht kannte, Eier als edelste Speise aß, um Salzquellen sich stritt, ja sogar frisches Blut kostete. Die Juden halfen sich mit künstlichen Deutungen, um

den weltgiltigen Religionsbrauch aus ihrer Stammesgeſchichte herzu=
leiten; der Brei, Charoſet, ſollte den Mörtel bedeuten, welchen die
Vorfahren beim Städtebau in Aegypten verwandten; es hieß wegen
der Eile des Auszuges ſei das Brod ungeſäuert geblieben? Wir ent=
heben ſie des Aergſten, was ihnen bis zur Stunde zum Vorwurfe
gemacht wird, durch den Hinweis auf das urälteſte Culturfeſt aller
Nationen, wobei Brod und Wein zum Schluſſe ſtatt Leib und
Blut, als die höchſten Gaben des Naturlebens in's Myſterium über=
gingen.

Papſt Gregor II. erklärt 716 im Capitulare an Herzog
Theodo II. bei der Ordnung des Kirchenweſens in Bayern von Speiſen
für unrein, was den Götzen geopfert worden. Zacharias ertheilte
an Bonifaz den Beſcheid, Dohlen, Krähen und Störche zu eſſen,
ſei Chriſtenmenſchen nicht erlaubt, geſchweige Biber, Haſen und
Pferde. Die Frage, nach wie langer Zeit eingeſalzenes Schweine=
fleiſch unverboten ſei, laſſe ſich aus den Bätern (ſic!) nicht be=
antworten, er rathe es erſt geräuchert oder gekocht zu genießen,
ungekocht möge dieß nach der Oſterwoche geſchehen. — Welch' eine
Zumuthung, daß die gutmüthigen Germanen ſich den Küchenzettel
nach Levit. XI, 6 und den Kirchenvätern beſtimmen laſſen ſollten,
die ſich nicht einmal klar machten, daß Chriſtus die alte teſtamentliche
Speiſeordnung abgeſchafft hatte. Die Curie hat mit ſolchem Verbot
ihre Berechtigung überſchritten, das Oſtereſſen der Deutſchen iſt von
weltgeſchichtlicher Bedeutung und hat ſogar eine chriſtliche Vorbedeutung.

54. Der Godentiſch.

Honig hatten die Bienen dem Zeuskindlein gleich nach der Ge=
burt als Nahrung zugetragen, und dem jungen Dionyſos wurden
die Lippen mit Honig befeuchtet. (Apollon. Rhodius IV, 1136.)
Die Milch der Here aber befähigt den Herakles zur Aufnahme unter
die Götter. Das Land, wo Milch und Honig fließt, iſt das glück=
ſelige Jenſeits. Vom Libanon fließen der Nahr el Lebben und el
Aſal dem Kadumim oder Strome der Vorwelt (Kaſimije) zu, an deſſen
Mündung Kadmus ſein Grab hat. Madhu, Meth, heißt in den
Vedas der Somatrank, welcher Unſterblichkeit verleiht. Auch in den
Mythrasmyſterien wurde dem Eingeweihten vom Löwengrade Honig

geboten und in die Hand gegossen (Porphyr de antr. 15), um ihnen
einen Vorgeschmack von der Süße des ewigen Lebens zu geben.
Ebenso reichte man in den Eleusinien nach vorangegangenen Fasten,
Schuldbekenntniß und Taufe den Aufzunehmenden Milch und Honig,
um sie auf die Ewigkeit vorzubereiten. Die Aegypter gaben sogar
den Mumien Honigkuchen mit zur Speise, denn sie lehrten die Auf=
erstehung des Fleisches, wörtlich „die Erscheinung des Tages" (Titel
des Todtenbuches), welche auch die Perser und Germanen als Glaubens=
artikel bekannten. Persisch ist das Dogma der Urstände am dritten
Tage nach dem Tode.

Meth und Lebzelten gingen unsern Vorältern für Nektar und
Ambrosia hin. In der Osteroktave genossen die Juden statt der
minder schmackhaften ungesäuerten, nunmehr süße Brode oder mit
Mandeln und Gewürzen durchsetzte Lebkuchen. Daher lesen wir,
Lukas XXIV, 42, wie die Apostel am Tage nach der Auferstehung dem
Heiland Honigseim reichten. Er vertrat das honigsüße Manna.
Am altjüdischen Ostermahle durfte ein Waisenkind Antheil nehmen,
wenn der Vormund dafür das Lamm schlachtete. (Pesach f. 87, 1.)
Meth bot die alte Kirche den Täuflingen am Ostertage, doch ist
urdeutsch, daß den Kindern auf Ostern noch Meth beim Pathen ge=
boten wird. Aus der Taufe hob ursprünglich der Vater, aber schon
in Skandinavien und Island der Gevatter. In der christlichen Zeit
ist seit dem Concil zu Mainz 813 die Pathenschaft eingeführt. Der
altdeutsche Priester hieß Godi, gothisch Gudja, die Priesterin Gydja,
ohne darum einen besonderen geistlichen Stand zu bilden. In Er=
innerung dessen führen noch die Taufpathen in Altbayern und Oester=
reich bis in die Venediger Alpen den Namen Herr Göth und Frau
Goden, die Täuflinge aber Godel oder Dothen. Goden heißen noch die
Tempelvorsteher in Island und hießen auch die alten Häuptlinge,
welche aber die dänische Regierung beseitigte. In der Priegnitz kennt
man Frau Gode, und der am Acker stehen bleibende Ackerbüschel heißt
noch Vergodendeels. (Grimm M. 231.) Kloster Göttweih hängt
auch mit Herrn Guode zusammen. Die Anhänglichkeit an den Pathen
rührt daher, weil das Kind einst seinem Patronate die Auferziehung
dankte. Ursprünglich war es ja der Herr Göth, welcher den Pfleg=
ling vom Boden aufhob, später aus der Taufe hob, und so zum

Fortleben beſtimmte. Die Frau Godel geht allen Blutsverwandten
vor, außer Vater und Mutter, und zunächſt nach ihnen hat das
Kind für ſie zu beten.

Zum Taufgeſchenk erhält das Pathenkind einen ſilbernen Löffel,
dieß blieb durch ganz Altbayern Sitte. Göth und Goden laden die
Godeln auf Oſtermontag zum Meth, und ſchicken ihnen auf Aller=
ſeelen einen Lebkuchen oder Seelenwecken, Mädeln auch wohl einen
Wachsſtock. Im Teſtamente bedenken die Pathen zu Fürſtenfeldbruck
die Firmlinge mit 50 bis 100 Gulden. In Würmlingen geben die
Dotten und Dötten ihren Dötteln[1]) Eierkuchen, die „Seele“ genannt.
Zu Nördlingen trinken die Kinder auf Pfingſten Meth aus gläſernen
Hörnern zum Gedächtniß der Vorzeit. (Reynitzſch 243.) Auch
Gertruden Minne wurde aus gläſernen Schiffeln getrunken. In
Franken führt der Pathe die Firmlinge auf Pfingſten zum Meth.
In der Urſchweiz beſchenken die Pathen ihre Kleinen auf St. Niko=
laus, auch werden die Waiſenhäuſer mit den Einkäufen vom Niklaus=
markt bedacht. — Beweis genug von dem unabhängigen Herkommen.

55. Oeſterliches Ballſchlagen.

König Jakob I., Sohn der Maria Stuart, pries in ſeinem Book
of Sports das Ballſchlagen, die Maitänze und andere Volksbeluſtig=
ungen. In alter Zeit war das Ballſpiel unter allen Schichten des
Volkes verbreitet, und als Vergnügen des Adels und der höheren
Stände beliebt. Der Minneſänger Walther von der Vogelweide
ſpricht in einem ſeiner wunderlieblichen Gedichte auf den langen
Winter ſeine Sehnſucht nach dem Frühlinge aus, als der Zeit, wo
die Jungfrauen auf der Straße wieder Ball werfen. Zu dieſem
Spiele waren in Reſidenzen und großen Städten eigene Ballhäuſer
erbaut; in München beſtand das kurfürſtliche nördlich der Herzog=
Maxburg bis 1823; von den da gepflogenen Tanzvergnügen leitet
man den Namen Ball ab.

Das Ballſpiel iſt in Weſtphalen auf Oſtern, Pfingſten und
Nikolaus im Schwange, in England wird es als Sport betrieben.

---

1) Ahd. toto, totto, genit. tottin, wird tötte, tatte, d. i. Väterchen,
tota, totta, Mütterchen, auf Pathen angewandt.

Zu Landsberg an der Warthe hat es am dritten Ostersonntag auf
der Wiese statt, und so anderwärts. (Mannh. B. 473 f. 479.)
Zu Groß= und Kleinfeld in Schlesien geht es unter eigens erwählten
Feldherrn oder Obersten vor sich (v. Walde 135); auf der Insel
Sylt gilt es in der Osterzeit. Am Ostersonntag zogen die Main=
burger Bursche bis 1873 auf eine große Wiese vor den Markt
zum Ballspiel, das sonst gar nicht ländlich ist. Volk sammelte
sich in Masse; beim Wettrennen erhielt der Sieger den Ball, zwei
andere die Schlagbretter. Die Closen (Closenäre) hatten zum Wappen
neun schwarze Ballen in Gold.

Man sollte den uralten Brauch nicht abstellen, geht er doch
in's höchste Alter zurück. Bei den Griechen hat Zeus selber die
Sphärenkugel zum Spielball, nicht minder Dionysos Zagreus, und
Helios wälzt bei Euripides Phoen. 3 den Sonnenball vor sich her.
Plato Phaed. c. 62 vergleicht den Globus einem Ball von zwölf
verschiedenfarbigen Lederstücken — der Erdkreis ist nur ein Spielball
in der Hand des Allmächtigen — der Reichsapfel ist dem nachgebildet.

56. Die Schön' und die Stärke trinken.

„Die Schön' und die Stärk zahlen in Tölz am Sonntag nach
Fastnacht," das weiß ich aus Vaters Mund. In Fürstenfeldbruck
ist der Brauch noch so im Schwange, daß Alles dick zur Schön'
und Stärk' geht. Allenthalben führte sonst in Altbayern der Bursche
sein Mädel zum Meth, dem Lieblingsgetränk der alten Deutschen, um
sich schön und stark zu trinken: man ißt dazu Schiffeln. Ein Schnader=
hüpfel sagt auch umgekehrt:

> Im Unterland drunten da möcht' ich gern sein,
> Da führen die Mädel die Buben zum Wein.

Im Ilmthale zieht der Bauer die Bäurin, der Freund die
Freundin am Aschermittwoch zum Bier oder Wein. „Ein wenig
heidnische Unsitte," nennt das Beneficiat Schlicht (S. 93), — aber
was soll man dann noch gute Sitte heißen? Am liebsten setzt der
Hochzeiter seiner Künftigen auf, was gut und theuer ist, goldgelben
und methsüßen Muskateller. Getanzt wird nicht, weil heilige Fasten
ist. Die rothen Eier und Tüchel bilden am Ostermontag das Gegen=
geschenk der Schönen. Aber auch der Bruder führt die Schwester

aus, wenn beide keinen Anhang haben, und sie trinken sich Schönheit und Stärke an, paar und paar geht es in's Wirthshaus.

Zu München, Weilheim und anderwärts läßt die Frau drei Wochen vor Ostern sich von ihrem Manne die Schöne und Stärke mit Meth und Lebkuchen bezahlen. Der Methgarten schreibt dann in der Zeitung aus, daß er dazu mit Honiggebäck und Meth versehen sei. Am Welzheimer Wald stellen die Bursche an den Pfingsttagen auf Kreuzwegen ein langes taktmäßiges Peitschenknallen an; auch trinken die ledigen Leute am Pfingstmontag im Wirthshause „die Schöne.“

In Stockach gehen auf Lätare, am Freudensonntag alle Weiber, auch die ältesten zum Wein und trinken die Hübsch oder Schönheit. In Salzburg geschieht es zu Pfingsten, und zwar so lange, bis man vom Stuhle kugelt. In der Oberpfalz hängt der Brauch mit dem Aufkindeln zusammen. Im Böhmerwald sammeln sich die Bursche und Mädel auf Martini im Dorfwirthshaus, die Schönheit und Stärke zu trinken. (Rank 136.) Simrock (D. M. 296) vergleicht zum Herkommen, die Namen Baldr und Wali, der Weiße und Gewaltige. (Meier 402. Schmeller III, 360. Quitzmann 132.) Herrschte bei den Römern ein ähnlicher Brauch, so dachten sie gewiß an die Repräsentanten der Kraft und Schönheit, Mars und Venus: gewiß stehen diese Tugenden dem männlichen und weiblichen Geschlechte wohl an. Wir finden unseren Brauch selbst in Korsika, der Ursprung der Sitte geht aber in's höchste Alterthum zurück.

Der Scholiast des göttlichen Pindar erklärt Olymp. IX, 150. „In Eleusis werden die Demeterfeste gefeiert. Diese sollen das erste von den Kampfesspielen sein, denn als die Frucht der Demeter gefunden war, begannen die Menschen eine Probe ihrer Stärke zu zeigen und wettkämpften; während sie vor Alters auf allen Vieren herumgekrochen, fingen sie nun an aufzustehen und im Laufe zu wettkämpfen.“ Ferner gibt Aristides an, die Eleusinischen Stiergefechte seien darum eingeführt worden, weil die Menschen ihre durch Fleischesnahrung zugenommene Kraft erproben wollten.

Jupiter selber erhielt als Patron der Bäcker den Beinamen pistor, wie Demeter ἀλιτηρία, die Müllerin, hieß. Offenbar hängt noch das Ringen der Bäcker, z. B. am Münchener Oktoberfest, den Olympischen Spielen in Bayern, als Kraftprobe und Erneuerung uralten Brauches mit der ersten Einführung der Kornfrucht zusammen. Die Eleusinien mit ihren religiösen Gebräuchen knüpfen an die heiligen Pflügungen an, welche zuerst in Europa an der Straße von Eleusis begannen und zwar beim Heiligthum der Athenä Skiras, dann auf dem Felde von Rharos, wo Triptolem, der im Tarsus seine Fußspur zurückgelassen, dreimal den Acker umgestürzt; zum dritten unter der Akropolis durch die Buzygen im Dienste der Stadtgöttin. Daß das Volk von besserer Nahrung auch größer wird, kann man an der heutigen Bauernjugend sehen. Mit der steigenden Kultur ist dem Menschen die Kraft gewachsen. Um Schaaffhausens Worte bei Eröffnung des IV. Anthropologen-Congresses 1873 in Wiesbaden zu gebrauchen, sind die Culturvölker nicht bloß die schönsten, welche die ebenmäßigste, von Thier am meisten abweichende Körperform zeigen, sie sind auch die an Kraft überlegenen. Wo sich die europäischen Matrosen mit Wilden gemessen, wurden sie ihrer Herr.

> Urdeutsch ist's ohne Frage,
> Wer es nicht weiß der merke,
> Man trinkt am Freudentage
> Die Schönheit und die Stärke.

57. Das Kegelspiel.

Thor, der seine feurigen Kugeln unter Donnergepolter durch die Himmelsbahn schleudert, tritt seine Rolle an St. Peter ab. Die Domherrn in Halberstadt warfen noch im XVI. Jahrhundert Kegel über dem Kirchengewölbe, den Frühjahrsdonner vorzustellen, der das Korn aufweckt; das Ziel war ein ebenso geformtes Götzenbild. Typheus raubt den Donnerkegel, und büßt wie Ziu eine Hand im Kampfe ein. Odysseus traf bei der Heimkehr die Freier eben beim Kegeln und erschoß sie insgesammt. Die Griechen legten den Grund zu diesem Spiel, indem sie erst mit steinernem, dann metallenem Diskus warfen; die Neunzahl der Kegel bezogen sie auf die Musen, in der Mitte stand Apollo als König, Terpsichore hieß unser linke Eckkegel. Der Discobolos ist eine bekannte Kunstfigur; Calabrien kennt noch den Diskuswurf. Unser gewöhnliches

Lavinebl erfährt eine klassische Ableitung, indem zuerst Aeneas in
Lavinium das Spiel eingeführt habe.

Athenäus beschreibt das Kegelspiel auf Ithaka in der homerischen
Zeit: „Die Zahl der Edlen, welche, theils Ithaka, theils den Nach=
barinseln entstammt, um Gattin und Schätze des Ulyßes warfen, belief
sich auf 108; und ebenso groß war die Zahl der Kegel, d. i. unten
viereckiger, oben zugerundeter Steine (bei Homer πεσσοί), womit
sie spielten. Die Freier stellten sich in zwei Reihen einander gegen=
über, 54 gegen 54, ebenso wurden die Steine gesetzt. In der
Mitte des zwischen beiden Kampfordnungen befindlichen leeren Raumes
wurde ein Stein, Namens Penelope gestellt. Die steinerne Pene=
lope war nun das Ziel, nach welchem die Spielenden aus einer be=
stimmten Entfernung werfen mußten. Die Ordnung des Werfens
wurde durch das Loos entschieden; derjenige, welchem es glückte, den
Penelopekegel zu treffen und von seiner Stelle zu rücken, dessen Stein
wurde an den Platz gesetzt, und er warf dann von diesem Stand=
punkt mit der Penelope nach seinem eigenen Steine, der seinen vorigen
Ort wieder erhalten hatte. Traf er ihn, ohne einen andern Stein
zu berühren, so hatte er gewonnen und hielt es für eine glückliche
Vorbedeutung, daß er die Braut heimführen werde."

Aus der Heidenzeit schreibt sich der im Dom zu Ratzeburg
wie an der Hauptkirche zu Annaberg eingemauerte Kegel her. Man
sieht die Geister mit glühenden Kugeln und furchtbarem Krach Kegel
scheiben unter schallender Musik der Zwerge, so am Lüningsberge bei
Aerzen. Mißlang der Wurf, so riefen die Römer male factum,
unser Malefizkegel.

Das ahd. Chegil ist auch in's Russische und Litthauische über=
gegangen; man spielte, scheint es, mit Schenkelknochen der dem Wodan
geopferten Roße oder Gefangenen. Hugo von Trimberg schildert
das Spiel in seinem Renner B. 1136 f.:

So zwen scheiben zv ein Zil
Lavffet die kogel iht zu vil.
So wil einer vf haben den wint,
Vn neigt sich niber als ein kint,
Vn denet den mantel vaste nieder,
Darnach scheibet der ander hin wider.
Vn ist der Kugeln iht vil ze gach,

So laufte er balbe hinte nach,
Vn schreit: lauffe, kvgel! vrauwe
Zauwe die liebiv frauwe nv zauwe.
Siht man bie kvgeln gliche lige
Gen bem zil, so wirt genigen . . . .
So sie gelauffent hin vnd her
So machen sie ben pevtel ler,
Vn gewinne bar zu myber pain,
Sol man taglon geben in zwein,
Jn wurden zwen schillinge saur,
Des sprichet manic vilz gebaur,
Sinem wibe baheim vil bofiv wort,
Die kvgeln heizzet frauwe bort.

Murner schrieb ein allegorisches Gedicht „Kögelspil gebracttiziret ausz bem hezigen zwytracht bes Glaubens 1522."

In der Hermannschlucht, dem Sauloch bei Weißenstein am Regen, wo Steingerölle allerlei Figuren zeigen, kegelten die Geister und riefen einen Buben zum Aufsetzen; der durfte zum Lohn einen Kegel nehmen, er war von Silber, hätte er den mittleren geholt, der war von Gold.

In den Harzsagen (Eh. S. 74) stehen die Todten im Leichen=kleide aus ihren Grüften in der verzauberten Kirche auf, und be=ginnen mit einem Schädel nach den als Kegel aufgestellten Gebeinen zu schieben, bis ein Müller durch Mitspielen den Zauber löst, indem er den Todtenkopf dem Eigner nicht zurückgibt.

Der Näpfenstein bei Schönebeck zeigt neue tassenartige Vertief=ungen, angeblich vom Kegelstand, wonach die Riesen geschoben. (Jahn 168.) Am Teufelsstein bei Hohenkränig ist eine Kegelplatte künstlich eingegraben, am Johannistag schiebt da der Böse Kegel. (Jahn 168. 287.) Am Lüningsberg zwischen Pyrmont und Hameln schoben kleine Geister Nachts Kegel, ein Webergesell faßte sich ein Herz hinaufzusteigen; ein goldener Kegel, dachte er, ist doch mehr werth als mein hölzener Webstuhl. Sie hatten keinen Kegeljungen, die Kugeln rollten von selbst zurück und die Kegel stellten sich von selbst auf. Doch einer flog dem Weber hinter dem Busch zu, der schleunig damit entlief und in die Humme fiel. „Das war dein Glück, scholl es hinter ihm drein, denn im Wasser haben wir keine Gewalt!" Damit baute er sich ein Haus, die Kegelstätte sieht man noch, aber das Spiel hörte auf, den Geistern fehlt der neunte Kegel. (Bechst. D. S. 83. 181.)

Das Kegeln vernimmt man im Hausberg bei der Hahnseiche. (Größler 52 f. 163.) (Dort sitzt im Keller eine Gans mit goldenen Eiern. In Kloster Kalderborn brütete eine weiße Gans über zwölf goldenen Eiern und davon hing der Fortbestand ab, aber da kamen drei Fräulein, das Wunder zu sehen, die jüngste schwätzte es aus und die Eier wurden schwarz, das Kloster verfiel.)

Außer Altbayern trifft man das Kegelspiel wohl nirgend leb=haft im Schwunge, als auf der Insel Rügen. Althergebracht war es in Deutschland im XIII. und XIV. Jahrhundert in Uebung, selbst der Rath zu Frankfurt belustigte sich damit, erließ aber gleich=wohl 1443 ein Verbot gegen die Schützengilde, und gab es erst 1468 unter Beschränkung des Einsatzes frei. Nach Gallien hatten die Franken es gebracht, König Karl V. untersagte das jeu des quilles 1370. Boulevert hieß der Kugelwurf auf grünen Rasen meist an der Grenze der Festungswerke. In gleichem Sinne kennt England den Bowling=Green, auch warf man dort Kugeln mit einem Stock (club Kayles) und leitet den Ursprung vom Steinstoßen an den altheidnischen Götterfesten her.

Wie die Asen später als Ritter aufgefaßt in den Bergen mit Kegelspiel sich erfreuen, so unterhält der Altbayer sich mit Kegeln auf der Kugelstatt im Freien; und wie Walkyren die gefallenen Helden bedienen, so weiß das Landvolk von jeher es nicht anders; es will von Schenkmädchen bedient sein.

Die goldenen Kegel vom Spiele der Helden in Wal=halla sind in zahlreichen Burgen vergraben. (Sagensch. 50 f.) Der Renner weiß nur von drei Kegeln; auf englischen Bilderhandschriften sieht man auf sechs oder acht, wonach mit dem Stock geworfen wird; der mittlere heißt König oder Königin, wie im Schachspiel. Zwölf Männer spielen Kegel im Schartenberg. (Pfister 84.) Ein Ziegen=hirt kam seiner Ziege folgend in den Kyffhäuser, und traf da zwölf ernste Ritter beim Kegelspiel; er sollte aufsetzen. Als er zu seiner Herde zurückkehrte, fand er nichts; in seinem Dorfe Sittenbach wollte man ihn nicht mehr kennen, er war 20 Jahre ausgewesen. (Richter 16.) Neun Kegel mit sechs Kugeln von Gold aus der Riesenzeit schließt

der Berg von Oderwitz bei Zittau ein. (Gräve 89.) Bleibt das
Spiel in der Hand des glücklichen Kegelburschen zurück, so ist es
glühend, aber von Gold, z. B. in Drübeck, wo der Bockreiter unter
musicirenden Zwergen mit Geistern in die Wette schiebt. (Pröhle.)
Das goldene Kegelspiel im zerfallenen Schloß Ruchenberg in Graubündten, welches Geistergestalten unter Blitzen umschweben, erhielt die
Rittersfrau von der Elfenkönigin, der sie in Kindsnöthen beigestanden;
es vererbte sich auf die Urenkel. — Ein Bäuerlein sah dem Kegeln
dreier Ritter zu, bis unter lautem Krach Alles versank und er im
Finstern stand. — Drei Riesenbrüder kegeln zu Selzach, daß die Kugel
bis in die Wand des Jura von Betlach einschlägt. -- Das nächtliche
Kegelspiel in der Kirche in Oberwallis mit Todtenschädeln und Gebeinen endet Schlag 1 Uhr. Die schwarzen Männer hoffen Erlösung,
wenn der ungerecht Verurtheilte in geweihter Erde begraben wird.
(Herzog I, 99. II, 83. 181.) Auf der Burgruine Guetrath zu
Niederalm liegen neun goldene Kegel nebst zwei Kugeln. Wer mit
dem bösen Geist, der sie hütet, eine Kegelpartie machen will, kann
sie gewinnen, verliert er, so wird er geholt. (Freisauff 569.) P. Brunner
von Wörgl, Prior zu Schäftlarn theilt mir mit, wie er als Knabe
auf den Almen von den vergrabenen zwölf goldenen Kegeln erzählen
hörte, „die wenn man finden könnte!"

58. Der Heimgarten und Kofel. Berghochzeiten.

Vor Zeiten geschah es, daß man jährlich im Wonnemonat Mai
in den Haingarten oder Heimgarten zusammen kam, damit die jungen
Leute sich kennen lernten, und sofort Verlobungen und Ehebündnisse
abgeschlossen wurden. „In Heimgarten gehen" bezieht sich wohl
auf den Berg am Walchensee, wo man im Mai zu Lust und Freude
sich traf, Bündnisse schloß und die jungen Leute verlobte. Beim
Krueg am Heimgarten hieß mein älterliches Haus als bürgerlicher
Versammlungsplatz. Gleiches geschah am großen Kofel bei Ammer-
gau, und nicht minder bei Marquartstein, wo außer der Kapelle
am Wendelstein wohl das höchste Kirchlein im Bayerlande steht, die
Schnappenkapelle, im Ostland Schnackenkapelle genannt, in der sich
einmal ein Hirsch verlaufen, das dem Ehegott Freyr heilige Thier. Ihm
ist auch der Eber heilig, wie dem christlichen Heirathspatron Antonius.

Eine Waldhöhe bei Ebersberg diente mit ihrer Linde den Umwohnern zum Versammlungsorte, wo die jungen Leute sich kennen lernten; auch wurde unter diesem Weihebaum der Freya noch im IX. Jahrhundert Liebeszauber geübt. (Quitzmann, Ae. G. d. B. 171.) Sie war von einem Wächter behütet; als nun die Christen den uralt heiligen Stamm umhieben, brach angeblich aus der Sandsteinhöhle darunter ein ungewöhnlicher Eber los. Er ist das Thier des Freyr, an welches sich in der deutschen Heidenzeit alle Freier wendeten, es gibt darum noch das Ortswappen ab. Das Valentins-Kirchlein an der Stelle bezeichnet den Tag des Vorfrühlings. (Schöpp. I, 73.) — Am 14. Februar werden in England noch am meisten Liebesbriefe gewechselt. An der oberen Mosel wird bei öffentlichem Umzug am Sonntag vor Fastnacht jedem Burschen seine Valentine durch Anrufen des Mädchens am Fenster als Fastnachtstänzerin zugewiesen. Unfern von Sondershausen, wo das alte Schloß Lora vom hohen Berge herabblickt, liegt das Dorf Elend. Hier haben in der Heidenzeit Jünglinge und Jungfrauen sich die Hand zum Ehebund gereicht, bis Winfried den hl. Hain mit der Bildsäule der Göttin Lora zerstörte. (Grässe.)

Wie Zeus und Here auf dem Ida, hält auch Wodan mit Frigg Berghochzeit und zwar auf Walpurgis, es ist in christlicher Zeit der Hexensabbat. Am Brocken heißt ein Fels die Brautklippe und wird vom Volke alljährlich am 1. Mai mit Blumen bestreut und bekränzt. Die Lieder, welche man dabei singt, beziehen sich auf das Heirathen. Riesen verbanden sich da, und der Fuß einer Hünenjungfrau prägte sich in den Fels ein. Der Brautstein birgt auch Gold nebst einer Katze, welche bekanntlich der Freya heilig war. (Pröhle 135.) Steindenkmäler aus grauer Vorzeit heißen mitunter Danzelstein, weil da Tänze aufgeführt wurden, einzelne auch Braut, Bräutigam, Brautsteine, Brutsteine — kampe — koppeln, Bröddehange, weil vormals Ehen da geschlossen wurden, wie das Volk sagt. (Baer, Vorgesch. Mensch 294.)

Am Himilinberge bei St. Gallen sollen Dämonen hausen. Am Himmelfahrtstage wird der Heimberg vom Lucernischen Pfarrdorf Luthern aus bestiegen.

Die Deutschen benützten jede Gelegenheit, die Annäherung

beider Geschlechter zum bleibenden Bunde zu fördern, so am Heim=
garten, wie bei Tisch durch die am Rheine so bekannten Vielliebchen,
wenn man Krachmandeln bricht und zwei in Einer Schaale findet,
sollen die Wettenden mit Du sich anreden, und wer sich verspricht, als
der Verlierende ein Geschenk geben, was mitunter durch seinen Werth
die weitere Bedeutung verräth. Läßt man auch den glücklichen Zufall
walten, so herrscht dennoch bei uns immer die freie Wahl vor.

In den Ländern der Slaven werden die Töchter dagegen zur
Verheirathung auf öffentlichen Markt geführt. Zu Suwalki in
Polen ist sogar zweimal im Jahre Heirathsmarkt. Die Mädchen
stellen sich in dreifacher Reihe auf, und die Bursche wählen geraume
Zeit. Oft fahren die künftigen Ehepaare in sechzig Schlitten von
dannen; die stehen Gebliebenen warten die Dunkelheit ab und gehen
dann nach Hause. Solch ein Mädchenmarkt besteht auch im sieben=
bürgischen Rumänien zu Kalinyasza.

Bei den in den Karpathen ansäßigen Rumänen wird jährlich
an den zwei Feiertagen Peter und Paul am Kamme der Gaina,
5—6000 Fuß über dem Meere ein Hochzeitmarkt abgehalten, wozu
die heirathsfähigen Mädchen (fetele mari) der ganzen Gegend sich
versammeln, um von den Burschen (feciori) ausgesucht zu werden.
Meist sind sie der Wahl schon sicher. Schon Jahre vorher ist mit
Spinnen, Weben, Nähen und Sticken die Ausstattung in Arbeit ge=
nommen. Mutter, Tante und Ahnfrau legen aus ihrer eigenen Mit=
gift bei, all' das wird in zierlich geschnitzte und blumenbemalte
Truhen (wie bei uns) verpackt und auf die schönsten Pferde der
Familie tragweise geladen. Auch wählt man den schöneren Theil
des Viehstandes, Bienenstöcke u. A. aus, sei es auch nur zur Schau=
stellung. Zu oberst angelangt schlägt jede Familie, die ein Mädchen
zu vergeben hat, ihr eigenes Zelt auf, worin die Mitgift zu sehen
und der Brautwerber (petitori) erwartet ist. Die Jünglinge kommen
mit ihren nächsten Verwandten und wo möglich vornehmen Gönnern
und bringen ihr Bestes, namentlich einen schönen Gurt voll Geld,
Gold und Silber, mit, und ist die Braut gefunden, so findet die
öffentliche Verlobung durch den am Berge lebenden Einsiedler statt.
Zum Bindband werden nicht Ringe, sondern gestickte Sacktücher aus=
getauscht und damit Treue gelobt. Mädchen ohne voraussichtlichen

Bräutigam nehmen ihre Mitgift gewöhnlich nicht mit, haben kein Zelt und sind mehr Zuschauerinen. Der Tag schließt mit Musik, Tanz und Gesang. Geht das Mädchen auf diesen Markt, so weiß es beiläufig schon, wer als Bräutigam auf sie wartet; darum geht bei dem allgemeinen Stelldichein keine leer aus. Andere treffen ohne Mitgift und Zelt bloß zur gegenseitigen Schau ein, und findet Eine doch einen Bräutigam, desto besser. Nur die Verlobung auf der Gaina bringt Glück. Dieß gilt nur für Mozenmädchen, und kein Moze gibt seine Tochter einem Fremden; auch holt der Mocane die Mocanin lieber aus Siebenbürgen, um nicht aus der Art zu schlagen. (Joan Slavici, Die Rumänen 123.) Nach der Verlobung zieht der Hirt mit den Schafen auf die Winterweide und kommt erst auf Georgi zur Hochzeit zurück. Die so verlobten jungen Frauen, neveste, schreiten am Karsamstagin vollem Schmuck nach Halmágy, und jeder anständige Mann muß sich von ihnen küssen lassen und ihnen dabei ein Geschenk geben, wäre es auch nur ein Kreuzer, damit die Sitte gewahrt bleibe. In Siebenbürgen sind Mädchenmärkte nur noch zu Tövis, im Flußgebiet des Maros, und zu Recea an der Aluta, doch bringen sie die Mitgift nicht mit.

Ein Mädchenmarkt findet jährlich auf St. Peter von der Grenzscheide der Marhanen und Magyaren, gegen Siebenbürgen auf der großen Ebene Kalinassa am Fuße des Bihar unter den Walachen statt. Die Familienhäupter bringen Söhne und Vettern, wie auch alle mannbaren Mädchen zur Schau nebst dem ganzen Brautschatz an Kühen, Schafen, Schweinen, Geflügel, dann Münzen im Haargeflecht, dem unantastbaren Putzstück. Die Bursche besehen sich die Mädchen, und ein kräftiger Handschlag beweist den Abschluß des Handels, der, wenn das Mädchen die Hand reicht, unwiderruflich ist. Der Brautvater spart den Branntwein nicht, die Verwandten dienen als Zeugen, der Pope wird gerufen und der Trauung folgt ein allgemeiner Rausch. Dann ladet man die Neuvermählten auf einen Wagen und führt zugleich das Heirathgut nach. (Hormayr, Taschb. 1834 S. 257 f.) Zu Gießen in Hessen besteht am Kirschenfeste für die Judenmädel ein eigener Töchtermarkt, wo sie zum Heirathen verhandelt werden. Ehedem hielt auch der Czar von Rußland solch' eine Heerschau unter den Töchtern der Großen seines

11*

Reiches, die erröthend die Revue paſſirten, bis ihm eine derſelben in
Reih und Glied gefiel: oft konnte er auch mehrere brauchen. Wie
ſchade, daß bei uns ein ſo alter deutſcher Brauch, wie die Braut=
fahrt und Hochzeit am Heimgarten, in Abgang, ja beinahe ſchon in
Vergeſſenheit gerathen iſt!

59. Der Maigraf.

Bei Eröffnung der guten Jahreszeit zieht der Maikönig und
die Maikönigin, der Maigraf und die Maigräfin nebſt allen jungen
Burſchen auf. Sie ſind an die Stelle des höchſten Götterpaares
getreten, die in den anderen Zwölften (1. bis 12. Mai) ihre
Hochzeit begingen. Oberon der Elfenkönig und Titania feiern
nun ihre Verbindung, Theſeus und Hippolyte haben bei Shake-
ſpeare dieſen Tag erwählt: es ſind dies Jahresgottheiten. Der Mai=
könig gewinnt durch ſeinen Auftritt dem alten Winter das Reich
ab und begeht die Hochzeit des Jahres. Bei Schickſalszeiten, z. B.
dem zwölften ſtatt erſten Mai rührt der Unterſchied auch mitunter
vom alten und neuen Kalender her.

Den winterlichen Zwölften ſtehen alſo die zwölf Tage der
ſommerlichen Jahrzeit gegenüber, wo die Natur im Norden den
Tiſch deckt, die Erde Milch und Honig ſpendet und von Fett trieft.
In der Maibutter ſammelt ſich der Ertrag der himmliſchen Milch.
Der Himmelsthau im Mai rührt aus dem Paradies her. (Mann=
hardt G. M. 30. 35. Panzer II, 301.) Beim Maifeſt ſpielen in
England die Milchmädchen die Hauptrolle, die ſchönſten davon tanzen
unter der Muſik des Dudelſackpfeifers und Geigers von Haus zu
Haus und führen dabei eine bekränzte und bebänderte Kuh mit ver=
goldeten Hörnern herum.

Um Dürkheim hielt bis zur franzöſiſchen Revolution zu
Pfingſten der Käskönig mit dem Marſchall und Gefolge ſeinen Umritt,
ehedem um den Zins in Empfang zu nehmen. Er trug eine Krone
von Kornblumen und in der Rechten das Szepter, einen weißen Stab
mit gekröntem Handkäſe an der Spitze. Auf dem Marktplatze erwartete
ihn die Königin, ebenſo die Marſchälle. Die Bürgerwehr ſchloß den
Kreis, in welchem getanzt wurde; dann ging es in's Wirthshaus, das
Königreich genannt, welches dafür abgabenfrei war. (Schöpp. II, 322.)

Der Pfingstaufzug stellt den Triumph des deutschen Himmels-
Gottes an der Spitze der Asen, oder der Sonnenkinder dar.
Zwölf Pfingstburschen reiten in Burg bei Halle, die Pfingst-
mayen zu holen. Zwölf Halloren ziehen mit Karl dem Großen
in den Krieg und ragen riesenhoch über das ganze Heer hinaus:
ihre 4½ Ellen langen Schwerter werden noch beim Pfingstbier von
zwölf Männern getragen. Auch schenkte der Kaiser ihnen sein Roß
mit Sattelzeug und Fahne und verlieh ihnen den Roland oder eigene
Gerichtsbarkeit. Zwölf Ritter stecken ihre Schwerter in den Boden
und tragen Erde zum Bau der Wartburg. (Sommer 72. 78. 152.)

So lebt noch Berchtold von Andechs in der Heimath fort; er ist
jener Berchtung von Meran, der den oberdeutschen Heldenvater Wolf-
dietrich als ein anderer Faustulus mit seinen zwölf Söhnen auferzieht. Beim Frohnleichnamsumgang zogen in Wessobrunn ehedem
zwölf geharnischte Männer mit. Ursprünglich übten die Vogtei
über das Stift die Herren von Hochgreut; nach dem Verfalle des
Schlosses aber nahmen die von Wessobrunn, Rott und Haid die Waffen
in die Hand, bis der Umzug in diesem Jahrhundert aufhörte und
die Harnische gestohlen oder verschmiedet wurden. — Auch der Blut-
umritt zu Weingarten um die Felder geht unter Theilnahme bewaff-
neter Mannschaft vor sich. Zu Geratshofen, Pf. Gottmannshofen,
kommen unter dem Schatzberge am Pfingstmontag sechs berittene
Bursche zusammen; auf den Ruf: Hui! geht das Rennen los, und
der erste am Ziel ist der Maigraf, der zweite trägt einen Säbel
und leeren Geldbeutel, der dritte einen leeren Schmalzhafen, der
vierte einen Eierkorb, der fünfte führt den Wasservogel, welcher
der letzte ist. Dieser ist ganz in Birkenzweige gehüllt und wird so
auf's Pferd gesetzt; wer aber den Mayen- oder Birkenbaum trägt,
wird von den Mädeln mit Bändern, Sacktüchern und ausgeblasenen
Eiern voll behängt. Nachdem sie den Wasservogel in die Zusamm
geworfen, reiten sie zum Dorfe und tragen vor den Häusern die
Reime vor:

Pfingsten ist kommen,
Deß freuen sich die Alt und Jungen,
Wir reiten in die alte Welt,
Da säen wir kein Korn und kein Feld.

Sie wollen uns Pfingſtreiten verbieten,
Dann wollen wir kein Roß und Füllen mehr hüten.
A Hafen Schmalz iſt uns nit genua,
A Kröhen voll Eier gehört auch dazu,
A Kröhen voll Eier iſt noch nit genua,
A Fäßle Bier gehört auch dazu.
Wir reiten's Brückle in Boden nein,
Wir wollen's Brückle machen
Mit Eiſen und auch G'ſpachen,
Wir wollen's Brückle zieren
Mit Seiden und mit Schnüren,
Wir wollen mit einand
Auf die rechte und linke Hand,
Flachs, Eier, Schöps und Geld,
Denn Geld regiert die Welt.

Nun werden die Gaben eingeſammelt und verzehrt. Ein anderes
Lied lautet: (Meier 404 f.)

Mir führa, mir führa a Waſſervogel
Mir wiſſa nit wo er iſt hergeflogen.
Er iſt g'floga wohl über das Ries
Er macht den Fiſchen das Waſſer ſo trüb.

In einer Urkunde Herzog Heinrichs von 1447 heißt es von
Sonntag St. Georgentag: „Da wieder geritten wird der Waſſer=
vogel.“ Er ſtammt aus der Heidenzeit, ſagt der Landmann,
und wird vielfach nur mit Waſſer begoſſen, was Segen und Frucht=
barkeit bedeutet, gerade zu Pfingſten, wo die Pflanzen am meiſten
Regen bedürfen. Im Bisthum Eichſtädt wurde er laut Viſitations=
protokoll 1601 abgeſchafft, weil der Gebrauch heidniſch und einer
Gottheit gelte, welche die Gegend vor Ueberſchwemmung ſchützen
ſollte. Andere ſahen darin einen Spott auf die Taufe.(?) Zu Biber=
bach und Weſterndorf an der Schmutter findet der Brauch noch
ſtatt. Am Pfingſtmontag kommen die Burſchen auch von auswärts
zuſammen und loſen, wer der Waſſervogel ſein muß, nämlich der
das längſte Hölzlein zieht. Die Hüter= und Roßbuben ſind dabei
am zahlreichſten vertreten. Der Waſſervogel wird nun ganz in
Mayen, Reiſig und Binſen gehüllt, zwei Wächter halten ihn, daß
er ihnen nicht entwiſcht, ſonſt geht es zum Wirthshaus und die
Wächter zahlen die Zeche. Nach der Veſper nimmt er den Ausritt,

am Fluße hält er und die Begleiter einen Spruch, und wird dann in's Waſſer geworfen. Alle Begleiter heißt man Pfingſtlümmel. Das ganze Dorf wohnt dem Pfingſtritt bei; zum Schluß wird ver= trunken, was man ihnen ſchenkte.

60. Maya, die Maikönigin und die Mailehen auf Walpurgis.

Der erſte Mai war für die alten Völker ein Feſt der Frauen, wobei Verſammlungen auf den Bergen ſtattfanden. Die Italiener feiern noch heute den Tag der guten Göttin (bona Dea), d. h. der Maya, welche die Menſchheit zuerſt in die Freuden des irdiſchen Lebens eingeführt habe. Wozu den Mai zum Marienmonat erklären: Iſt es doch die indiſche Maya, in deren magiſches Bild ſich der Ewige vertiefte, um aus Liebe zu den Geſchöpfen in die Zeitwelt einzugehen — die jungfräuliche Gottesmutter, welche den Buddha ohne Verletzung ihrer Birginität aus der Seite geboren, die Gebärerin des Demiurgen oder Weltſchöpfers Hephäſtos — inſoferne identiſch mit Here, welche dieſen auch ohne Zuthun eines Mannes geboren und gleichfalls aus der Hüfte zur Welt brachte. Richtig ſingt Logau vom Mai: „Dieſer Monat iſt ein Kuß, den der Himmel gibt der Erde, daß ſie jetzo ſeine Braut, künftig eine Mutter werde." — Wie anſprechend iſt der Gedanke unſerer Altvordern, im Beginne des Mai, wo die jungfräuliche Maikönigin aus dem friſchen Waldesgrün im Dorfe einzog, wo die Erdenbraut ſelber ihre Hochzeit mit dem Sonnengotte eingeht, auf Bergeshöhen Verlöbniß und Trauung der Landestöchter zu feiern — beim Frühlingstanze.

In der Dauphiné wird am 1. Mai ein Burſche, der als fingierter Bräutigam im Laube ſchläft, von der Braut geweckt. Man möchte an Venus und Endymion denken. In Genzano, der Roſenſtadt, wählen ſie ein vierjähriges Mädchen zur Maikönigin, die dann un soldo per la regina einſammelt. Am 1. Mai wählen die Kinder der Siebenbürger Sachſen aus ihrer Mitte das Mémädchen, welches mit Bändern geſchmückt und mit Laub überkleidet im Orte herumgeführt wird und Eier dafür erhält. Am Chriſti Himmelfahrts= tage vollziehen die Kinder das Todaustragen: Mädchen unterbinden einer ausgedroſchenen Korngarbe den Kopf, ſtecken Augen und ein paar Hölzer als Arme ein, legen dem „ſchönen Tod" Schmuck an,

entkleiden ihn dann und werfen die Puppe in den Bach. Mit
dem Gewande aber wird ein Mädchen als Königin ausstaffirt, als
die Braut des Frühlings. Am zweiten Ostertage werden Mädchen
und Frauen von den Knaben begossen, die dafür rothe Ostereier
erhalten.

So geht der Brauch durch alle Welt; doch wir blicken auf
Deutschland. Am 1. Mai stecken die Mädchen in Oberschwaben
ihren Burschen einen May (Birke oder Tanne) vor's Haus, bei Welzheim
dagegen thun es die Buben und zieren das Bäumchen mit Bändern.
Auf der Grenze der Markungen Bräumisheim und Schalkstetten
ward auf dem Bannplatz jährlich am 1. Mai ein Tanz begangen.
Dieß war ein Freiplatz. (Meier 396 f.) In Herdern bei Freiburg findet das Mayenstecken statt, indem Zweige von Weiden,
zunächst vom Elsbeerenstrauche, dem ersten Frühlingsgrün, beliebten
Mädchen am Eingang der Wohnung, unbeliebten hinter dem Hause
am Dünger gesteckt werden. Bei den Franken in der Pfalz werden
heirathsfähige Mädchen zu Mailehen gegeben und öffentlich versteigert; der Erlös ist groß. (Bav. IV, 2, 364.) Auch Wittwen
werden zum Brautkauf ausgerufen. Das ist die altdeutsche Auf-
kündung: „Heut zu Lehen, Morgen zur Ehe, Ueber ein Jahr zu
einem Paar." Das Jahr hindurch bleibt die Braut in gegenseitiger
Ehrbarkeit dem Schützer empfohlen.

So findet Angesichts des lobernden Maifeuers das Mailehen
oder Versteigern der Dorfmädchen statt in Hessen und Westphalen,
wie am Rhein:

Hier steh' ich auf der Höhen,
Und rufe aus das Lehen,
N. N. In diesem Jahr' noch zur Ehe.

Die Ersteigerte heißt Maifrau; der Steigerer oder Maienbuhle
erlangt das Recht zum Tanz im ganzen Frühling und Sommer
und setzt ihr sofort einen Mayen auf den Hausgiebel, sie aber schmückt
ihm den Hut mit Blumen und Rosmarin.[1]

An der Ahr und in Blankenburg versammeln sie sich am Vorabende
des ersten Mai zum Mailehen und wählen dazu Schultheiß, Schöffen

---

[1] J. Müller, Deutsche Kulturg. 104. Mannh. B. 484. 450 f. 495.

und Schreiber. Der Schultheiß versteigert unter der Linde oder vor
der Kirchthüre sämmtliche Dorfschönen. Der Meistbietende gewinnt
das Recht, im Frühjahr und Sommer mit der ersteigerten Maifrau
zu tanzen, und sie darf keinen anderen Tänzer wählen; die Uebrig-
gebliebenen werden als Ein Bündel von einem Burschen ersteigert.

Ursprünglich war gewiß eine ehrbare Matrone oder Jungfrau
zur Krönung als Pfingstkönigin ausersehen, indeß gaben sich für den
zunehmenden Muthwillen zuletzt anständige Mädchen ungern her,
und man griff zu den wenig geachteten Kebsen. In der Diözese
Lüttich bestand nach Urkunde im XIII. Jahrhundert die Lustbarkeit,
daß „Cleriker und Volk" eine der Concubinen der Geistlichen zur
Königin wählten. Trotz ihres Widerspruches wurde ihr der Purpur
umgehangen, die Krone auf's Haupt gesetzt, und tanzend und singend
brachte man dieser Oster= oder Pfingstkönigin auf hohem Throne
gleich einem Götterbilde Huldigungen dar. (Grimm M. 1125.)

Das Lehenausrufen ist in der Lahngegend in der Walpurgis=
nacht Sitte. Alsdann ziehen die jungen Bursche mit Peitschenknallen
aus dem Dorfe, einer stellt sich auf eine Anhöhe, sei es auf einen
Stein, und ruft:

> Hier steh' ich auf der Höhen,
> Und rufe aus das (erste, zweite, dritte) Lehen,
> Daß es die Herrn recht wohl verstehen,
> Wem soll das sein?

Die Versammelten antworten mit Namen von Burschen und Mädchen
und dem Zusatz: In diesem Jahr noch zur Ehe. So allgemein war
das Mailehen. So wird die Zahl der Heirathsfähigen durchge-
gangen, und der Berufene erhält vom Mädchen einen Lehenstrauß
auf den Hut. Am Nikolasberg bei Spangdahlen wird das Mai=
fest uralt herkömmlich begangen. Auf Kirmeß tanzte der Jüngling
mit der ersteigerten Braut selbst um die Kirche.

In Sachsen und Hessen ist noch immer das Mailehen im
Schwange, indem in der Nacht vor Walpurgis die jungen Bursche
unter Gesang zu Berge steigen, wo dann unter loderndem Freuden=
feuer die heirathsfähigen Mädchen ausgemustert werden. Das Geld
der Meistbietenden wird im Wirthshaus verjubelt. Am nächsten

Sonntags wartet der geehrten Jungfrau im Kirchstuhl ein Blumen=
kranz, der häßlichsten oder mißliebigsten ein Dornzweig.

In Unterwalden galt es nicht für rathsam, im Maimonat
zu heirathen. (Lütolf 548 f.) Maheli heißt gleichwohl das Blümchen,
womit man zur Hochzeit ladet. Das zielte wohl auf etwas ausge=
lassenen Heidenbrauch. Höchst auffallend treten eben die alten Bayern
mit ihren Ehebündnissen im Mai in Widerspruch mit dem
Aberglauben der alten Römer. Ovid erinnert:[1] „Uebel fährt
die Person, die im Monate Mai sich vermählet." So bezeugt den
Widerwillen gegen die Maiehen Bayle bei den Engländern, Walther
Scott bei den Schotten, und auch bei den Franzosen wirkt diese
Superstition aus der Römerzeit nach. In England durfte am 1. Mai
keine Ehe geschlossen werden, bis mit Mai 1889 das neue bürger=
liche Gesetzbuch in Kraft trat.

Die alten Deutschen benützten jeden festlichen Anlaß, die jungen
Leute ehelich zusammen zu bringen, so dieses Maifest, ja ein obliga=
torisches Verlöbniß war sogar ein fürstliches und Majestätsrecht, von
welchem sich Frankfurt 1232, Wetzlar 1257, Ingolstadt 1312, Lands=
hut 1341 und Wien 1364 entbinden ließen. Lesner erzählt nämlich
(Frankf. Chronik I, 59), als König Heinrich 1232 nach Frankfurt
kam, habe ein Hofbedienter sich ein Fräulein zur Gemahlin erbeten,
dieß geschah mit der Formel:

> Höret zu ihr Herren überall,
> Was gebeut der König und Marschall.
> Was er gebeut und das muß sein,
> Hier ruf ich aus N. mit N. N.
> Heute zu Lehen,
> Morgen zu Ehen,
> Ueber ein Jahr
> Zu einem Paar.

61. Der Maibaum.

Im fernen Indien wurde der Lebensspenderin Bhavani in Gärten
und Feldern der Maibaum gesetzt. Die Syrakusische Jugend zieht
im Mai bewaffnet zu Fuß und zu Roß vom Lande in die Stadt,

---

1) Fasti, 487—490 Majo mense malas nubere vulgus ait. Geiger,
Jüdische Zeitschr. VII, 81 f.

einen belaubten Baum auf dem Wagen, und besiegte Feinde mit
Waffen und Feldzeichen mit sich führend. Man bezieht dieß Fest
auf den Sieg über den Athener Nikias 413 v. Chr., in Wahrheit
ist der besiegte Feind der Winter und der Frühling wird eingeholt.
(Liebrecht 378.) Auch wir haben Waffenbäume.[1] An den alt=
deutschen Baumkult erinnern noch die Maibäume, welche außer
Kränzen mit Thieren und mit aller Haus= und Dorfausstattung geziert
sind, auch fort und fort neu aufgestellt werden; dabei ist die Rinde in
einer Schlangenlinie geschält. Das sind unsere Freiheitsbäume!

Wenn man in der Gegend von Murnau einen Maibaum setzt,
treten von Alters her immer Hansel und Gredl hervor und führen
einen Tanz auf, indem sie im Dorf herumziehen; sie kriegen dafür
in den Häusern ein paar Sechser, wovon eine Mahlzeit bestritten
wird. In der Sette Communi heißt der Maibaum l'albero della cuc-
cagna, Baum des Ueberflusses oder Schlaraffenbaum. (Schneller 237.)
Man bindet Alles Mögliche daran und klettert darnach hinauf.

Bei Werle in Westphalen richtet man den Hakelmai, d. h.
Maibaum, eine Weide oder Birke, bei der Roggenernte auf. Nach
der letzten Garbe reißen die Mäher ihn nieder und schleifen ihn in's
Dorf. In Velmede an der Ruhr steckt man einen Hahn auf den
Busch und nennt dieß Häckelmai. (Henne 325 f.) Bei den Elbe=
wenden steht der Hahn am Kreuzbaum. Im Schmalkaldischen
führte man noch Ende des vorigen Jahrhunderts den Kirmeßtanz
um einen frisch aufgerichteten Baum auf, in dessen Wipfel aus
Lappen zusammengestückt der Lalli (wendisch Leš) steckte, gleichsam als
abgewürdigter Ortsgott. (Rochh. A. S. II, 397.)

Auch den Weltbaum Yggdrasil beleben Hirsch, Eichhorn und
Adler. Der Maibaum ist sein Abbild mehr noch als der mit An=
gebinden und Früchten aller Art behangene Weihnachtsbaum.
Gewissermaßen ist auch Irminsul, (vgl. Irmingot. Hildebr. 30), die
Nationalsäule, das Vorbild der Maibäume, die bei uns oft
100 Fuß erreichen. Die Angelsachsen nahmen ihn mit nach Britannien.
In London ward vor der Andreaskirche während des XV. Jahr=
hunderts jährlich ein Maibaum aufgerichtet, der die Spitze des Kirch=

---

1) Vgl. Sepp, Jerusalem u. d. hl. Land 2. Aufl. II, 535 f. carrocium.

thurms überragte. 1517 unterbrach der Aufstand die Sitte; 1634 war der thurmhohe am Strande abgegangen, 1644 verbot ihn das Parlament, aber Karl II. stellte 1661 ihn wieder her; dasselbe war 134 Fuß hoch.

In Frankfurt pflanzte man vor dem Römer einen Maibaum zur Bürgermeisterwahl. Oesterreich bewahrt den alten Maibaum für's Johannisfeuer auf. In den Pyrenäen zünden sie den stehenden Maibaum an; zu Tann im Elsaß geschieht es sogar mit Kirchen= kerzen. (Mannh. B. 167. 177. 305. 313.) Die Maistange oder der Maibaum (Maitra) steht in Schweden bei jedem Hofe, Kinder tanzen herum, er wird mit dem rothen Wetterhahn gekrönt. Die Festlichkeit beginnt Tags vor Pfingsten mit dem Einholen aus dem Walde. Glück und Unglück des Gehöftes hängt von dessen Bestande ab. In Litthauen stellte man vordem am 1. Mai einen bebänderten Baum vor dem Dorfe auf, führte dann das auserwählte schönste Mädchen mit einem Kranz auf dem Kopf, umwunden mit Birken= zweigen, auf den Platz zum Tanz und rief: "o Maja! o Maja! Die Floridaner stecken einen ausgestopften Hirsch mit dem Kopf gegen die Sonne auf den höchsten Baum und wiederholen dieß von Jahr zu Jahr. (Bastian II, 819.)

62. Der Mayen und das Maisäen.

In Hessen holt die Eschweger Jugend auf Johannistag im Sommer Mayen aus dem Walde, zieht mit den Büschen gleich einem wandernden Walde umher, und steckt unter Gesang sie im Kreise auf, der als Tanzplatz dient. (Lyncker 235. 253.) Ein italisches Sprich= wort: Appicare il majo ad ogni uscio, "Mayen vor jeden Eingang stecken," sagt so viel als "allen Mädchen huldigen." Die Landjungen pflegen in der Nacht vom 30. April auf 1. Mai vor dem Hauseingang ihrer Angebeteten Birkenzweige anzubringen. In Schwaben stecken die Bursche den Mädchen den Mayen vor's Fenster, sei es eine junge Tanne, Birke oder Linde, es ist eine Aus= zeichnung; in Oberndorf a/N. hängen zugleich Geschenke daran. Der Liebhaber schneidet auch wohl der Freundin zu Ehren seinen Namen in die Rinde. Der Gefallenen dagegen setzt man einen dürren Ast, Besen oder Strohmann. (Birl. B. II, 94. 430. Mannh. B. 165.)

Freudenmayen hieß man in Zürich den Strauß, womit man das schönste Mädchen von Haus zu Haus schickte, um Verwandten und Bekannten die Botschaft von der glücklichen Geburt eines Kindes anzusagen.

Am unsinnigen Pfinnstag baut man außerdem in Schwaben den Maiwagen, führt alte Jungfern auf's Girizenmoos und dann in's Wirthshaus, wo man ihnen Wein in die Schürze gießt. Man scheint überhaupt den ledigen Weibsleuten muthwillig Eines angehängt zu haben. Der Strohmann fliegt in Sontheim von der Brücke in die Zusamm, wie zu Rom an den Idus des Mai die strohernen Quiriten in die Tiber. Die Braut ist bei diesen Vorführungen natürlich immer durch eine Mannsperson vertreten. Im Rotthal säet man der in's Geschrei gekommenen Dirne und ihrem Liebhaber Kleien und Sägspäne, Agen und Gräten oder die Abfälle vom Flachsbrechen auf dem ganzen schmalen Weg, der von einem Hause zum andern führt. Der Verführten steckt man statt des Maibusch einen dürren Walbeerbaum oder Strohpopanz Namens Walburg vor's Fenster. Die verächtliche Behandlung gibt dem Gedanken bildlichen Ausdruck, die betreffende Person verdiene unter die Spreu geworfen zu werden, die man mit Füßen tritt.

Je mehr wir von der deutschen Religion kennen lernen, desto höher steigt unsere Achtung, denn das Volk ergreift jeden Anlaß, um Ehe, Treue und Sittlichkeit als unbedingtes Gesetz geltend zu machen. Das Maisäen ist auch in Hessen üblich. Wird ein schönes Kind der ersten Liebe untreu, und mit einem andern Burschen getraut, so schüttet man im Werdenfelser Landel vom Haus des Verschmähten bis zu dem der Braut des Nachts Kohlen. Zu Waldstetten in Schwaben säet man Spruile, die Hülsen von Fesen, einem Hochzeitpaar auf den Weg, welches, oder wovon Eines seiner ersten Bekanntschaft abgesagt hat. (Panzer II, 254.)

Auf dem Maibaum in Wessobrunn sind Kirche, Kloster, Wirthshaus und alle Gewerbe abgebildet. Die Jungfrauen hängen bei jedem Bild einen Kranz auf; wehe jener, deren Kranz herabfällt, es war 1867 für deren Fall bedeutsam. Der Maibaum wird auf Kirchweih als Lebensbaum der Gemeinde umtanzt, aber umgesägt, falls eine Entehrte daran theilnahm. (Bavaria, Mittelfranken 972.

Mannh. B. 188.) Wenn ein Mädchen in der Männerwelt Feinde hat und im Orte nicht wohl gelitten ist, wird ihr der Mai gesäet, d. h. nicht etwa blühende Mayen, sondern Gassenkehricht, Unrath aus dem Taubenschlag, Mist u. s. w. vor das Haus geworfen, auf das Dach aber ein dürrer Reiserbesen gesteckt. Mitunter trifft es selbst die beste Partie; doch sieht einer das Korps der Rache kommen, so bestellt man wohl, daß das Zeug schnell weggekehrt wird. Die Leute freuen sich boshaft, wenn es heißt: der und der ist der Mai gesäet worden! Aber es zündet Haß und Feindschaft.

Das nächtliche Spreusäen scheint eine uralte eigenthümliche Landessitte, denn noch am 21. Februar 1873 kam es in Hilpoltstein vor, und ein paar Jahre vorher wurde in Neumarkt in der Oberpfalz ein junger Mann deßhalb erstochen. In der Nacht von Karsamstag auf Ostersonntag 20—21. April 1889 ward der dreiviertelstündige Weg von Miesbach bis zu einem Bauernhof in der Gemeinde Wies von den Burschen mit Sägmehl bestreut, um einen Schutzengel der Gerechtigkeit aufmährig zu machen und zu warnen, ferner den Weg zur gewissen Bauerstochter zu machen; zugleich wurde der Liebhaber in Gestalt ausgestopft im nahen Gehölz am Baume aufgeknüpft. Darob erboste die hohe Polizei und verdammte die Gemeinde, je zwei Mann die halbe Nacht Wachtdienst zu halten, wo nicht ein Bataillon Soldaten in's Quartier zu bekommen.

Die Hofer feierten Fastnacht mit Mummerei, Stechen und Lanzenbrechen, auch trug man einen Häring an der Stange herum, vor welchem Häckerlinge und Sägmehl gestreut wurden, in Erinnerung an das Durchhecheln, das früher so einem Pickelhäring widerfuhr. In der Nacht vor einer Haubenhochzeit streut man am Herrenberg in Oberschwaben Spreu vom Hause der Hochzeiterin bis zum Stall des Dorfhagen (Zuchtstieres). Das Häckselstreuen diente in Frankfurt 1624 zur Verhöhnung bei einer Hochzeit, nachdem die Frau vorher die Strafe des Schnellgalgens erfahren hatte.[1] Am Niederrhein wurden der bräutlichen Wittwe Häckel gestreut, sofern sie ihren ersten Mann nicht ordentlich behandelt hatte. Wenn man eine

---

1) Kriegl., Deutsch. Bürgerth. 258, Rochholz, Gaugöttinen 27. 33. 40 f. Des Maien Hochgezit.

Stange mit einer Mannspuppe auf den höchsten Birnbaum steckte, ging es für das Maisäen hin. (Montanus 81.) Geht in der Eifel ein Verlöbniß zurück, so setzen die Bursche dem schuldigen Mädchen einen Strohmann, umgekehrt ein Strohmädel. Sonst zogen in der ersten Mainacht die Jungen mit Maizweigen umher und steckten selbe an die Hausthüren, um dafür Eier einzusammeln. (Schmitz 32 f. 49. 52.)

In Otterfing ward noch jährlich der Pfingsthansel dem auf's Dach gesetzt, der im Jahr ein Aergerniß gegeben; der händel= süchtige Pfarrer blieb nicht ausgenommen. 1872 geschah dieß an vier Häusern, so einer schmucken Dirne zu lieb, welche Besuche von jungen Gesellherrn annahm. Zu einiger Entschuldigung heißt es dann wohl: „Der Glaube kann dafür nicht, der Geistliche ist halt auch ein Mensch." Manchmal wird selbst ein Düngerwagen mühsam auf's Hausdach gestellt, so an der Mangfall, Isar und Amper bis Bayer= sojen hinaus. Wenn eine neue Hausfrau vor der Zeit etwas er= hauft hat und zu früh ihr Kindel zur Taufe bringt, muß sie vier Pfund Wachs als Kirchenstrafe zahlen. Im bayerischen Voigtland heißt es dann, die Frau ist von der Kuh gestoßen worden.

Das altdeutsche Volksgericht lernte auch Göthe kennen, denn Gretchens Bruder spricht im Faust:

Das Kränzlein reißen die Buben ihr
Und Häckerling streuen wir vor die Thür.

Noch werden in Kissingen und der Umgegend den anrüchigen Mädchen Häckerlinge vor die Thüre gesäet, gewöhnlich am Samstag, damit am Sonntag es recht viele Leute sehen.

63. Der Pfingstritt. Festspruch der Pfingstbuben.

Seit unvordenklicher Zeit haben die Ackerbursche zu Wolfs= hagen in Hessen, auch Pfingstknechte genannt, das Recht, von den Pferdehaltern der nächsten Ortschaften und Höfe auf Pfingsten die fällige Triftabgabe zu erheben. Am Morgen des dritten Pfingsttages ziehen sie mit den besten Pferden in den Wald und bringen auf achtspännigem Wagen die Maibäume zum Tanzhaus, wo die Schank= gerechtigkeit drei Tage dauerte. (Lyncker 251.) Wenn die Roßhirten oder Pferdejungen in Norddeutschland ihren Pfingstritt abhalten, geht das Ziel nach einer Stange mit aufgestecktem Hut, daher heißt es das Hutreiten. Der Pfingstschütze, der den Rest des hölzernen Vogels von der Stange schießt, heißt der Schützenkönig und erhält einen geschmückten Hut, den er am Abendtanz bis zum nächsten Jahre trägt. (Kuhn, Nordd. Sag. 381.)

Zu Friedingen in Schwaben zogen oft zwölf Reiter auf mit einem Platzmeister, und der Spruch lautet, indem sie dreimal um den Brunnen reiten und den Pfingstbutz baden:

Hier bringen wir ein' arme Mann,
Hat sieben Jahr im Wald verthan,
Alle Doktor haben gerathen,
Wir sollten ihn baden
Lieber in Wein als in Wasser,
Daher wir von den Herren
Ein' Zehrpfennig begehren.

In Wäschenbeuren bei Hohenstaufen erschien der Pfingst-lümmel als Narr mit dem Maienführer und sprach:

Tret ich herein nun also fest,
Grüß ich den Herrn und all' seine Gäst,
Grüß ich den Einen oder Andern nicht,
So sind wir keine rechten Pfingstbuben nicht.
Pfingstbuben sind wir hochgeborn,
Auf unsern Aeckern wächst kein Korn.
Wir reiten wohl unten, wir reiten wohl oben,
Wir reiten das Brücklein wohl in den Boden.
Mit was kann man es machen?
Mit lauter gutgebackne Sachen,
Mit was kann man es flicken?
Mit lauter Kuchen und Schnitten.

Dabei ziehen Rittmeister, Fähndrich, Oberst, Metzger, Bettelbub und andere Stände auf. Der Fähndrich spricht:

Wir kommen von Sachsen
Wo die schwarzbraunen Mädel auf den Bäumen wachsen.
Hätten wir daran gedacht,
Wir hätten ein, zwei, drei mitgebracht.

Korporal, Mohrenkönig, der weiße Mann, der Koch, Kellermeister, Dr. Eisenbart, der Henker produciren sich ähnlich wie beim Pfingst-vogel. Der weiße Mann spricht:

Ich fahre über den Neckar und Main,
Und schau, wo die schönsten Mädchen sein.

Beim Pfingstritte zu Fulgenstadt, Nusplingen und Bett=
ringen sammeln die Pfingstbuben Gaben ein. Mit Eiern, Schmalz,
Geld und Getränke werden die Jungen am Christi Himmelfahrts=
morgen in der schwäbischen Alb abgefunden. (Birl. B. II, 124.
135 f. Alem. 1885 S. 201.) In Gerazhofen unter'm Schatzberg
heißt es beim Pfingstritt:

> Wer reitet's Brückle in Boden nein,
> Wer wellet's Brückle mache
> Mit Eise und mit G'spache,
> Wer wellet's Brückle ziere
> Mit Seide und mit Schnüre.

Um Ehingen heißt es (Hist. Verein Schwaben 1858 S. LXXV):

> Se wöllet's Pfingstreite verbiete,
> Dau wölle mer koin Roß und koin Fülle meh hüete.
> Wer reite auf Friedberg, das große Schloß,
> Dau hand b' Bauern die schönste Roß.
> Und wenn se schöne Roß wellnt habe,
> Müssen's die Säck voll Thaler trage,
> A Sack voll Thaler is no nit g'nue,
> A Hafa voll Schmalz g'hört au dazue,
> A Krötzle voll Eier, a Fäßle voll Bier g'hört au dazue.

Zu Kötzting im bayerischen Walde findet am Pfingstmontage
urkundlich schon 1412 der Pfingstelritt, eine Wallfahrt zu Pferde nach
der anderthalb Stunden entfernten Niklaskirche in Steinbichel
statt. Der Geistliche steigt nach der Messe mit der Monstranz zu
Pferde; voran reitet ein Kreuzträger, hinterdrein Fahnenhalter; alle
beten mit entblößtem Haupt. Auf dem Rückwege wird das Kränzchen
von der Monstranz im freien Felde der tugendhaftesten Jungfrau
aufgesetzt. Dieser Aufzug wird aus der Heidenzeit herge=
leitet. (Schöppner Nr. 91.)

In Oesterreichisch Schlesien reitet auf Pfingstmontag der
Dorfrichter mit andern Gemeindegliedern um die Felder, Segen für
die Saat zu erbitten. Wer das schönste Pferd hat, wird König,
und läßt Nachmittags ein schwarzes Schaf braten, wovon jeder ißt
und andern Morgens einen Knochen in seine Saat steckt. (Ver=
naleken M. 306. 28.) Ebenso ziehen die Pfingstreiter im mittägigen
Mähren auf. Am Pfingstvorabende ist das Schnalzen bei den

Bergerbuben in Kärnthen so im Schwange, daß sie davon die Klecker heißen und ordentliche Stückel mit der Peitsche abknallen.[1]

In Tölz lautete der Spruch:

> Ich komm daher von Mangen,
> Weiß nit, ist's geritten oder gangen.
> In unserm Land wächst Wein und Korn,
> Wüete's Korn und Schabergold dran.
> Wein und Korn und rothes Gold
> Hat halt Bartel Doll (?) gewollt.

Unter Bartel ist immer Woban gemeint; Bartl Doll, wie mein Erzähler auf Befragen immer wieder sprach, enthält noch die volle Form Bartold. Derselbe, der sonst dem Wüeteshecre oder der wilden Jagd vorsteht, zieht hier friedfertig als junger Frühlingsgott auf, weshalb das Getreide nach ihm Wüeteskorn heißt. Die Reiter kommen aus dem Paradiese, wo Wein und Korn im Ueberfluß, und entbieten allen Gruß und Heil; aber die Brücke zu demselben ist gebrochen, heißt es hier und bei den neuen Pfingstbuben zu Holzheim in Schwaben. (Sagensch. 173.) Sollen wir an die geborstene Regenbogenbrücke Bifröst, „Die bebende Rast" denken, die beim Weltuntergang zusammenbricht? Die Brücke nach Engelland ist geborsten, die Seelenbrücke, worüber die Zwerge schreiten. (Mannh. G. M. 370.) Die Gothen ließen bei ihrer Einwanderung in Europa die geborstene Brücke hinter sich; ebenso bricht die Götterbrücke von Dewelanka (Ceylon) und erlaubt keinen Zugang mehr zur Insel der Glückseligkeit.

64. Der Pfingstkönig.

In Schwaben wird der Pfingstkönig von zwei Trabanten zu Roß begleitet; in Augsburg der Wasservogel von ein paar andern Knaben in der Stadt herumgeführt. Der aufgeputzte Maigraf behält sein Amt ein Jahr, dann folgt ein neuer. Beim Umzuge in Wismar zu Pfingsten wird ein bestgeschmückter Knabe aus guter Familie von drei Bürgermeisterdienern zu Pferd umgeführt. In Weitensfeld an der Gurk findet jährlich am Pfingstmontage ein Wettlauf statt zur Erinnerung an eine Pest, bei welcher nur drei Bürgerssöhne und

---

[1] Waizer, 187. Sepp, Sagensch. 133 f. 505. Mannhardt, Baumkult. 338. 367, 373. Friebländer, Sittenzust. Rom II, 169.

das Burgfräulein übrig blieben, um deren Beſitz ſie nun den Wett=
lauf hielten. Es iſt ein Brautlauf; der Sieger in Salzwedel iſt
Maikönig. (Franciſci S. 39.) Wer der Letzte iſt, trägt einen Spott=
preis davon.

Im Kreiſe Budweis wird am Pfingſtmontage einer als König
gekleidet, aber unterwegs in's Waſſer geworfen. Die Begleiter
tragen Larven von Rinde und haben zum Theil ihr Geſicht geſchwärzt.
Statt des Königs wird auch wohl ein Strohmann in's Waſſer ge=
ſtürzt. In Semik wird der König geköpft und zwar mit einem Holzſäbel,
er trägt als Scepter eine Hagedornruthe. (Mannh. B. 343. 350 f.
364 f.) Derſelbe heißt anderwärts Pfingſtkönig, Gras= und Lattich=
könig. In Thüringen kömmt der Einzug des Pfingſtkönigs wieder
in Aufnahme.

Pelo (puello) heißt ſpaniſch der reichgekleidete Knabe, der
am Frohnleichnamsfeſte von einem Manne auf der Schulter ge=
tragen wird. Wenden wir jedoch den Blick weiter! Am Eliasfeſte
den 20. Juli verſammeln ſich auf dem Berge Karmel die Völker,
wie ſchon Deuteron. XXXIII, 19 zu leſen. Muslemin und Chriſten,
Türken und Druſen, Beduinen und Fellahin, Griechen und Lateiner
ſtrömen drei Tagreiſen weit, auch von jenſeits des Jordans herbei,
ja von Jeruſalem bis an den Libanon ſcheint Alles in Bewegung.
Da ertönt das Jubelgeſchrei: Elia! Elia! nicht zu Ehren des Pro=
pheten, ſondern des im Feuerwagen durch die Wolken gefahrenen
kananäiſchen Donnergottes. Tänze bei nächtlichem Freudenfeuer werden
von beiden Geſchlechtern in den bunteſten Trachten begangen. Den
Hauptakt bildet das Pferderennen um den Conventsbau bis zum
Eliasbrunnen, welchen der große Wunderthäter hervorgerufen; hierauf
bringen die muhammedaniſchen Araber dem Pater Sakriſtan ein
unmündiges Kind, um ihm zuvörderſt in der Höhle vor dem Altar
die Haare zu ſchneiden, wie Simſon der Sonnenheld ja auch ſein
Lichthaar einbüßt. Darauf wird das Glückskind über die Oeffnung
der Ciſterne gehalten, und was es in dieſer Lage begehrt, müſſen
die Eltern ihm gewähren. Dieſer Völkerbrauch geht alſo urkundlich
drei Jahrtauſende zurück; die Huldigung aber ſcheint dem jungen
Jahrgotte zu gelten.

12*

65. Das Ochsenbraten am Krönungsfeste.

Wie Herodot V, 133 meldet, pflegten die Perser zum Geburts=
feste des Schah ganze Ochsen zu braten; alsdann mußte dieser
jede Bitte gewähren. Die Deutschen sind die Stammverwandten der
Perser, abgesehen davon, daß diese nach Strabo selbst einen Stamm
der Germanen unter sich zählten, denn letztere führten von gorm, der
Dattelpalme, den Namen. Wie sie nach Herodot I, 33 trunken
Beschlüsse faßten und nüchtern sich's nochmal überlegten, so handelten
auch die Deutschen nach Tacitus G. 22 bei ihren Berathungen.
Die Heldensage beider Nationen stimmt vielfach überein: so bekämpft
Rustem bei der Begegnung auf der Heerstraße ahnungslos seinen
Sohn Sohrab, erkennt aber daran den Helden, wie Hildebrand
den Hadubrand, da keiner an Kraft ihm sonst ebenbürtig war.
Hiezu kömmt unter Anderem noch, daß beide das Pferd als Götterroß
betrachteten und vom Wiehern Orakel nahmen. Geburtstag hieß
in Aegypten das Thronfest, bei dessen jährlicher Begehung der
Pharao eine Volksausspeisung anordnete (vgl. Genes. XL, 20); in
gleicher Weise wurden später im Römerreiche Hekatomben geschlachtet.

Bei der Kaiserkrönung in Frankfurt floß aus dem Brunnen
am Römerberge Wein; dabei wurden zwischen vier noch jetzt sicht=
baren Steinen vier Ochsen, gefüllt mit Milchschweinen, Rehen und
Geflügel gebraten, und dem Kaiser auf silbernem Teller das erste Stück
von denselben überreicht, damit er mit dem Volke den Bissen theile,
zum Sinnbild der neuerhofften segensreichen Regierungs=
zeit.[1] Die rothen Tücher, worüber der Krönungswagen fuhr, ver=
theilte man unter das Volk; auch wurde unmittelbar nach dem Umritt
ein Hügel von Haber aufgeschüttet, in den ein Reichsvasall sein Pferd
spornte. Den letzten Haberritt machte bei der Kaiserkrönung 1792
der 1853 verstorbene Reichserbmarschall von Pappenheim, in dessen
Hause diese Würde seit 1197 erblich blieb. In seinem Schlosse be=
findet sich noch der Marschallstab nebst dem silbernen Metzen und
Streichmaß, womit er den Haber einfüllte und abstrich, um ihn dem

---

1) Vgl. Festschrift zum VII. Deutschen Bundesschießen in München 1881.
S. 171. 194. 218 mit meinen Artikeln.

Kaiser, vielleicht nach altgermanischer Krönungssitte, zu überbringen. Bei der Inthronisation mit der Stephanskrone in Stuhlweißenburg ritt der ungarische Monarch seit Wladislaus VI. 1490 ein Pferd mit goldenen Hufeisen, welche, ganz lose aufgenagelt, regelmäßig ab= fielen und dem Volke als Beute zukamen. Bei der Krönung des Königs Franz Joseph in Pest am 8. Juni 1867 wurden an sechs Plätzen Ochsen gebraten und den Unterthanen zur Speisung überlassen, während aus Riesenfässern rother und weißer Wein floß.

In England (Dorsette) führt man um Weihnacht einen Burschen (wohl Schlächter), in eine Ochsenhaut sammt Hörnern gehüllt, mit einem Ring durch die Nase umher, wobei er an den Häusern Geld einsammelt. Am hohen Festtage selbst wird nach altehrwürdigem Herkommen auf der Tafel der königlichen Familie der Royal Beef, das Lendenstück eines ganzen gebratenen riesigen Ochsen, aufgetragen: es ist die Portion Sirloin, der zum Ritter geschlagene Ochs. Dieß loin, lüen, limmen, brüllen oder wüthen „bezeichnet den Lümmel!" In Altbayern hing das Stucken der Metzger mit einem festlichen Aufzug zusammen, wobei der angehende Handwerksmann sein Meister= stück abzulegen hatte, und den besterwählten aufgeputzten Ochsen in der Fleischbank vor allem Volke niederschlug. Metzger ist dasselbe Wort, wie im Lateinischen mactator, ital. mazzicatore, von macto schlachten, opfern.[1]) Der Matador im Stiergefecht vergegenwärtigt uns die Vorzeit, wo es eine Heldenthat war, den wilden Stier des Urwaldes zu bekämpfen. Vor dem Heiligthume des Stiergottes Apis in Memphis fanden nach Strabo regelmäßig Stierkämpfe statt, wozu die Thiere eigens abgerichtet wurden. Auf Kreta erlegte Theseus den Minotaur, ebenso den Marathonischen Stier, welcher Attika ver= wüstete. Das waren Kraftproben oder Zweikämpfe, worin das Thier selber um sein Leben sich wehren sollte. In Rom hatten die ludi Taurii religiöse Bedeutung. Damit hängen nun die Stier= gefechte in Spanien und Portugal, Südfrankreich und Süditalien zusammen. Der Sieger hüllte sich in ältester Zeit in die Haut des Thieres, und setzte zum Zeichen der Stärke sich dessen Hörner auf,

---

1) Massacre nennt der Franzmann den Kopf eines Wappenthieres, massacrer heißt tödten und massacreur der Todtschläger.

besonders im Norden. Das Füllhorn dient zum Gleichnisse des
Ueberflusses, wie (Lukas I, 69) des Heiles und der Kraft gerade für
Herrscher, und bildet ein Lieblingssymbol in der Bibel.

66. Der Pfingstlümmel.

„Aufgeputzt wie ein Pfingstochse" ist ein noch landübliches
Sprichwort. J. Grimm urtheilt M. 1201: „In mehreren Gegenden
Deutschlands und Frankreichs pflegen zu bestimmter Jahreszeit die
Schlächter einen mit Blumen und Bändern geschmückten Mastochsen
unter dem Geleite von Trommeln und Pfeifen durch die Straßen zu
führen und Trinkgeld einzusammeln. In Holland nennen sie den
Ochsen Belder und hängen ihm vergoldete Aepfel an die Hörner:
voraus geht ein Schlächter mit dem Beil. Das Alles scheint Ueber=
bleibsel einer alten Opfersitte." In Marseille marschirte der
Prachtochse mit Teppichen behangen und Blumen bekränzt sogar an
der Spitze der Frohnleichnamsprocession. Lümmel heißt der Ochse nach
seiner Plumpheit, lömmel schwedisch ein ungeschlachter Gesell oder
schwerfälliger Mensch. Beim Pfingstlümmelritt thaten sich drei Reiter
hervor, die ein Rad nachschleppten, welches, an der Nabe sich drehend,
Hansel und Gredel als Puppen trug: so ging es in München
noch vor hundert Jahren her. Am Fuße des Gollner, einem Vor=
berge des bayerischen Waldes, ziehen drei Bursche, wovon der
mittlere den Pfingstl macht, mit ebenso viel Mädeln von Haus zu
Haus, spielen die Maultrommel zur Pfingstlhochzeit, und als Geschenk
wandern nach altem Volksrecht Eier in die Körbe der Dirnen, wovon
der Pfingstl den dritten Theil erhält. (Schlicht 190 f. Panzer 235.)

Wer am Pfingstmorgen zuletzt aus den Federn kriecht, wird als
Pfingstl geneckt. Der Dorfhirt hängt beim Austrieb der Kuh der
faulsten Dirne den Pfingstkranz aus Kalmusblüthen, Schwertblatt
und anderen Feldblumen um den Hals. Die Leichtfertige bekömmt
den Pfingstlümmel vor's Fenster; so in Niederbayern und an der
Ilm. In Oberschwaben wird der Pfingstlümmel zum Kinderspott.
(Birl. Al. 1885 S. 20.)

Zu Hofolding bei München trägt die Stalldirne, welche auf
Pfingsten zuletzt ausläßt, den Pfingstjackel (eine Strohpuppe) davon.
Sie wird damit verspottet und traut sich kaum mehr unter die Leute.

Im Ansbachiſchen heißt Pfingſtlümmel der zuletzt im Bett Angetroffene, und wer am ſpäteſten austreibt; er wird mit Birkenzweigen um=wickelt durchs Dorf gepeitſcht.   In Weſt iſt der letzte Austreiber der Pfingſthammel. Jack in the green, Jack im Grün iſt der Name des in Laub gekleideten Pfingſtlümmels in England.

Der Waſſerguß bei der erſten Fahrt mit dem Pflug in's Feld bezeichnet, daß die Saaten reichlich Regen finden mögen. In Lit=thauen paßt das weibliche Geſinde mit der Wirthin den Ackersleuten bei der Rückkehr mit Waſſerkübeln auf, ſie werden aber dafür, wenn man ſie erwiſcht, ſelber in's Waſſer getaucht.   Die Walachen über=gießen die Magd, welche das aus den letzten Aehren gemachte Kreuz heimträgt, wie die alten Preußen den damit heimkehrenden Schnitter, davon quillt das Getreide im Speicher auf. (Mannhardt, B. 214 f.)

In der Mark bekömmt die Magd, welche im Frühjahre ſich verſchlafen hat, einen bunten Kranz, die ſog. bunte Kuh, was für eine große Schande gilt. (Kuhn M. S. 112.) Am Pfingſtſonntage vor Sonnenaufgang paſſen einige Burſche mitten im Dorfe Lain=grub bei Benediktbeuern mit einer Figur von Stroh, die gewöhnlich mit einem Kranz aus Buchenblättern geſchmückt iſt. Die Kuh, welche wegen Fahrläſſigkeit im Füttern zuletzt aus dem Stall kommt, wird aufgehalten, ihr die Strohfigur unter allerlei Schabernack rittlings auf den Rücken geſetzt und feſtgebunden; über die betheiligte Magd ſpottet man: „Sie hat den Pfingſtlümmel gekriegt.“

Die Holedauer warten die Heimkunft vom Felde mit Gelten voll Waſſer ab, um Knecht und Geſpann zu begießen, bevor ſie das Zugvieh einthun. In Mainburg wird der, welcher zuerſt im Frühjahr zum Ackern hinausfährt, auf dem Rückwege von ungewiſſer Hand zur großen Beluſtigung mit Waſſer überſchüttet, wie in Niederbayern der Pfingſtl. Aehnlich es geſchieht in Weſſobrunn, ſei es beim erſten Austrieb oder wenn man das Vieh in den Stall bringt; dann wird es nicht von der Sonne verbrannt. Die Knechte vergelten dieſes den Mägden bei der erſten Grasmaht. Die Neckerei mit Kuh und Ochſen gehörte zur Bauernlümmelei.

Am Pfingſtmontage vermummen die Hirten im Schwarz=wald einen aus ihrer Mitte mit Blumen und Geſträuch; er nimmt

eine Larve von Baumrinde vor's Geficht und behängt fich vorne
und rückwärts mit Kuhfchellen.   So gefchah es befonders in Neuler
bei Ellwangen, wo derfelbe im Gefolge von fechs Burfchen durch's
Dorf ritt.   Unter Jubel von Haus zu Haus geleitet, während Jungen
mit Peitfchen knallten, gab er fich laut als der Pfingftlümmel zu
erkennen, worauf Mädchen Eßwaaren einfammelten (Bufch, Vgl. 74),
die fich als Palmefelinen abfinden laffen müffen.

67. Der Faftnacht= und Pfingftjackel.

Der Pfingftochfe oder Lümmel hieß nach feiner Schwerfälligkeit
auch der Pfingftjackel.   Noch heißt Jackelhammer der fchwerfte in
der Schmiede; der Name rührt von einem ungethümen Riefen her,
wie Grendel, der Wellenbaum, von einem folchen fich herfchreibt.
Auch ging fonft das Sprichwort vom Jackel im Tobbette, wie vom
Hanswurft im Kindbett, um einen plumpen Gefellen zu bezeichnen.
Vom Faftnachtjackel erfuhr Schmeller II, 266 f. wie nicht minder
vom Schmierjackel.   Wenn die Hofdiener recht viel Bier begehrten,
hieß es: nehmt gleich einen Jackelkrug.   Der nun abgebrochene
Jackelthurm zu Traunftein enthielt wohl fo eine plumpe Figur.
Im nordöftlichen Steiermark liegt das Jackelland von fechs bis
fieben Stunden Länge und Breite mit dem Hauptorte St. Jakob.
Der Apoftel ift offenbar Subftitut.

Die Leonhardskirche zu Nußdorf am Inn fchließt den Kirchen=
jackel ein; es ift ein byzantinifches Bruftbild von Stein, foll einen
Ritter von Klammerftein, den Kirchenftifter vorftellen, und zeigt
einen Schnurrbart und langen Kinnbart in zwei Spitzen getheilt.   Im
Antiquarium der k. Refidenz zu München durfte jeder den eifernen
Jackel, dem man das Gewicht nicht anfah, durch eine Oeffnung
im Kopfe mit dem Finger heben.

Der Jackel oder Leonhardsklotz im Nationalmufeum wurde auch
zur Probe der Unfchuld gehoben.   Diefer eiferne Ritterstorfo ftammt
aus Grongörn.   Ebenbilder fieht man am Freithof von Braunau und
in Aigen; auch das ftädtifche Mufeum zu Villach in Kärnten ver=
wahrt einen folchen.   Die Jackelländer in Steiermark find von früh
eingewanderten Schwaben bewohnt und führen noch eine befondere
Sprache.   Man ruft dem Bauer gerne Jäckel, Jackel, Jockel zu.

Daß es ſich hier um einen alten Götzen handle, zeigt deutlich
genug der ſog. böſe Jackel zwiſchen Hütting und Mauern, ein
niederes, einem ringenden Mann mit gekreuzten Armen gleichendes
Felſenſtück, zu deſſen Füßen ein zweiter Stein einem Broblaibe gleicht;
daher die Sage, ein Bauer von Baring habe in ſeinem Geize ſeinen
Leuten, die ſich bei der Feldarbeit das Brod ſchmecken ließen, zuge=
rufen: „Ich wollte, ihr fräßet Steine ſtatt Brod!" worauf ein
Donnerwetter losbrach, anbei ein Blitzſtrahl den böſen Jackel erſchlug
und zum ewigen Wahrzeichen verſteinerte. Jockeles ruft man am
Neckar den vorbeifahrenden Holzflößern des Schwarzwaldes zu.
Jackel heißt auch das Stromopfer der Donauer. „Gib dich, Jackel,
es will ſo ſein," rief man dem ertrinkenden Innflößer zu, ohne ihm
zu helfen.

Man mag übrigens den Namen Herakles, von Har und dem
ſemitiſchen jakal, ſiegen, als „Horus der Sieger" erklären, zumal er
ganz und gar die Thaten des göttlichen Horos der Aegypter voll=
bringt, — unſer Jackel nimmt keine ſo hohe Stellung ein. Jockeli
heißt ein Schratzel oder Stallzwerg, der alle Arbeit thut, wie Herakles
bei Augias. Am Jakobstage geben die Bauern am Lechrain den
Knechten und Mägden einen Gulden Trinkgeld, um ſich Jackel=
ſtärke für den bevorſtehenden Kornſchnitt anzutrinken. (Rochh. A. S.
353. 390.) Im gäliſchen Märchen tritt Jack der Rieſentödter
in König Artus Dienſte und ſchlägt, gehüllt in den unſichtbar
machenden Mantel mit der Tarnkappe, dem böſen Geiſte, welcher die
Prinzeſſin entführen will, den Kopf ab. In Bedfordſhire verbindet der
Spruch noch heute Jack und Gill, wie bei uns Hans und Grette.

Jaiken heißt in der Schweiz jagen (Lütolf 211); und ruft man
an der Gjoadwand bei Berchtesgaden in den Felsſpalt hinein: „Jaik,
laß den Schuß los!" ſo kommt ein Waſſerſtrahl hervor; wenn aber
der Jaik einmal ganz losbricht, geht Berchtesgaden unter. (Panzer 9.)
Um Viſionen, die ein einzelner, dazu Veranlagter gehabt haben will,
iſt es etwas Eigenthümliches. So ließ der berühmte Ludwig Schwan=
thaler ſich's trotz aller Zureden ſeiner Freunde nicht nehmen, daß er
dem Waldjack auf der Jagd begegnet, wie er reitend auf einer
ſchwarzen Sau, ja nach unten ſelber thieriſch, das Waidmeſſer ſchräg
im Munde, in Moos und Laub wie im Wirbelwinde dahinraſte.

Er bildete die Erscheinung auch nach, es ist der leibhafte Frö. (Trautmann, Schwanth. 109.)

Junker Jäckele heißt der Schimmelreiter in Oberschwaben, der drei paar Hunde vor sich herschickt. (Meier 99 f. 265.) Er trägt seinen Kopf auf einem Teller unter'm Arm. Dieser Jäckele war ein Herr von Prestele, hatte auf einem Hügel bei Wurmlingen sein Schloß und war so stark, daß er, wenn er den steilen Berg hinabfuhr, mit der Hand das Wagenrad einhielt; zuletzt blieb er in der Schlacht, man weiß nicht wo? Als wilder Jäger eröffnet er seine Jagd Abends nach Betläuten. Jackelberg wie Hackelberg ist braunschweigischer Oberjägermeister und heißt noch Wiesjagel, Wicsberg Jockele. (Rochh. Nr. 10.) Auch Kuhn (N. S. 479. 510.) erkennt an, daß in Jiggeljaggel vielleicht ein älterer mythischer Name stecke, und vergleicht dazu Heckelstadt, sowie Jagelberg bei Jagel, darin die Unterirdischen wohnen.

Michel, Jackel und Hansel heißen die drei Söhne des Bauern, die mit einander auf den Widderdiebstahl ausgehen. Hansel bringt ihn zurück, ebenso die Gans und gewinnt den Hof. Diese Hinterpusterthaler Sage sammt den drei Namen ist rein heidnisch. (Zingerle T. B. 48 f.)

68. Das Jackelschutzen der Schlosser.

Jaculus ist nicht nur der Wurfspieß, oder eine daherschießende Schlange, sondern was immer geworfen, emporgeschnellt oder geschleudert wird. Man möchte bei dem geschmiedeten Jackel an jaculare, „schutzen," denken. Die Römer hießen den rußigen Schmied im Spiel Mamurius. Als abgedankter Schmiedeknecht des Mars führt er auch den Namen Veturius, und wurde, wie ein anderer Pelzmartel, mit Stäben zur Stadt hinausgetrieben. Der Umzug und Tanz zur Flöte an den Mamuralien fiel auf das alte Jahresende vor des Märzen Idus, wobei er an Mamers, den sabinischoskischen Kriegsgott gemahnt. Nach Cäsar b. g. VI, 21 verehrten die Deutschen die Sonne, Vulkan und den Mond. Vulkan ist Wilkin oder Wieland; sollte Jackel nicht ein weiterer Name desselben sein, oder haben wir an den Cyklopen Jökul zu denken, der in den Feuerbergen Islands arbeitet? So heißt der Eisriese, Sohn des Frosti (Snorre Edda 358. 369), oder des Bui und der Frid. (Weinholds 64.) Die Dietmarsen kennen einen Fisjackel oder Eis= jackel: den Eiszapfen. Den nordischen Bergnamen Jökul oder Jöckle haben wir auch im Jackelberg zwischen Bayrischzell und Flinsbach. Wie die idäischen Daktylen, schmieden die Fäustlinge oder Erdmännlein als Schwertfeger in der Schweiz und bringen diese Kunst den Menschen bei. Von Wielands Schwert Mieming hat der Mieminger Berg den Namen, worin wir wohl eine Waffenschmiede denken dürfen. (Rochh. N. 116.) Der starke Hans wird auch zum Schmiedegesellen und schlägt den Ambos durch.

Schmeller führt von den Schmied= und Schlosserlehrbuben an, die mit Leinwand prellten und auffingen: „Die in Lüften fliegenden Leute sind lauter ausgeschnappte Jackeln, die in Stricken hangen." Wir wissen mehr davon zu erzählen. Jährlich am Pfingstmontage pflegten vor Zeiten in Tölz die Schlosserlehrjungen, wenigstens fünf an der Zahl, den Jackel, ein aus Lumpen geformtes Männlein im Leintuche oder einer großen Blahe herumzutragen und vor den Häusern ihr Spiel mit dem Gesang zu eröffnen:

> Schutz mir den Jackel in alle Gott's Höh',
> Daß ihm's Weiß' im Aug' umgeh'.
> Der Jackel hat ein groß paar Augen,
> Taugt uns recht zum Geldaufklauben.
> Der Jackel hat a große Nasen,
> Taugt uns wohl zum Fuiranblasen.
> Eins, zwei, drei, hupfauf!

Dabei schnellten ihn ihrer vier durch gleichzeitiges Anziehen an den Zipfeln mitunter haushoch empor. Trafen sie mit dem kräftigen Ruck zusammen, so ärnteten sie den vollen Beifall der Zuschauer und bekamen aus den Häusern etwas Geld, wo nicht, so wurden sie ausgelacht. In Rosenheim übten die Kupferschmiede das Jackelschutzen mit dem Ruf: Der Jackel ist ein großer Schroll u. s. w. In München wurde ein nachgebildetes Männchen auf weißem Tuch emporgeschnellt und wieder aufgefangen, ein eigentlicher Plumpsack, doch kam nach Burgholzers Wegweiser 1796 „das Jäckelschutzen der Schlosserjungen durch wohlthätige Verordnungen (sic!) bereits in Abgang." Auch die Seilergesellen behaupteten dieß Recht und bekamen einen Gulden dafür, daß sie einen eisernen Bengel, „den

Liendl in der neuen Veſte ſchuͤtzten." Hier beruͤhrt ſich der
Jackel mit dem Wuͤrdiger oder Mannalienl zu Aigen und Gron=
goͤrgen, welcher ebenfalls zur Kraftprobe benutzt und geſchutzt wurde.

69. Die Pfingſtbraut oder der Waſſervogel.

An St. Peters Stuhlfeier 22. Februar klopfen in Weſtphalen
die Sauhirten oder Jungen des Hauſes mit Haͤmmern an alle Thuͤr=
pfoſten unter dem Rufe: „Heraus, heraus Sonnenvogel
(Sommervogel! Mannhardt, Nachl. 133.) Eigentlich iſt dieß der
Schwan. Palmſonntags ziehen in Luxemburg Kinder mit langen
Staͤben aus, die von Brod mit vier Speichen, Feigen, Roſinen,
Mandeln und Aepfeln behangen ſind, obenauf ſitzt ein Schwan. Um
Ehingen fuͤhren Maͤdchen beim Waſſervogelfeſte eine Kuh geſchmuͤckt
mit Baͤndern Blumen; die Gundelrebe heißt ſelber Waſſervogel. Die
Kuh iſt in der Sprache der Arier gleichbedeutend mit Erde.

· Eine groͤßere Volksbeluſtigung hat es nicht gegeben, als am
Pfingſtmontage der Waſſervogel, wie er noch bis 1822 in Eg=
mating, und bei Menſchengedenken in Sachſenkam naͤchſt Toͤlz
ſich im Brauche erhielt. Noch in der letzten Haͤlfte des vorigen
Jahrhunderts iſt er vom Wirthshaus ausgezogen, wozu eine Menge
Volkes zuſammen kam. Der Vogel hatte „ein aufgemachtes Werk"
uͤber dem Kopfe; ein Sprecher that ſich in Verſen hervor. In Wur=
mansquick bei Eggenfelden begeht man das „urſpruͤnglich heid=
niſche Volksfeſt" noch jaͤhrlich am 23. Juni und es wird dabei in
Knittelverſen mit koͤſtlicher Zeitumſtellung verhandelt; der vorige Be=
zirksamtmann beſtrebte ſich umſonſt, es abzuſchaffen. Zu Abeldorf
an der Vils unweit Landau ging jedes Jahr der Waſſervogelumritt
von ſtatten, wobei der zuletzt eingeſtellte Knecht mit Schilf umbunden
vom Roß herab in den Bach gezogen ward. (Schmeller I, 320.
VI, 172.) Auch in Mainburg, Rudelzhauſen und einer Maſſe
Ortſchaften der Holedau war der Waſſervogel uͤblich.

Am ſtattlichſten wiederholte ſich der Aufzug des Mannes im
Schwanhemd, deſſen Kopf mit langem Rieſenhals am beweglichen
Reife weit hinter Roß und Reiter hinausſchwankte, 1840 zu Sauer=
lach. Das ganze Dorf war dabei lebendig, doch betheiligten ſich
auch bei der Vorſtellung weiblicher Perſonen nur Mannsbilder;

voran Trompeter und Pauker zu Roß und wohl 40 bebänderte
Reiter, Fähnrich und Nachtwächter, Hanswurst und Hansgrobian.
Darauf folgten Landrichter und Apotheker, Klausner und Thyroler,
„Bachus am Bierfaß," wie er im Jsarwinkel sprichwörtlich blieb,
Hansl und Grebl von Stroh auf einem Schleipfrade oder Schweizer=
wägel, eine Bauernhochzeit mit dem Kuchelwagen voll zerbrochenen
Hausraths und einer alten Himmelbettstatt, dahinter die Percht=
frau als Hexe mit der Flachsschwinge auf einer Eggenschleife, Martin
Luther mit der in München (wie Wertheim Schnezler II, 649) nicht
bezahlten Bratwurst, und sein Katherl, der Pfarrer und der Teufel,
dann der bayerische Hiesel mit Schützen und Jägern, den Roßdieb
nicht zu vergessen, galt doch der Schimmeldiebstahl von Indien an bis
in's Abendland für eine Heldenthat. Der Wasservogel wird zuletzt von
drei baumstarken Burschen auf Stangen getragen, bis der Zug am
Gerüste beim Weiher ankömmt, wo die Komödie zu Ende geht. Der
Landrichter nimmt den Hiesel in's Verhör, der Hochzeitlader dankt
im Namen des Brautpaars ab, der Wunderdoktor prozelt mit seiner
Quacksalberei; auf dem Marodewagen kömmt nämlich ein krankes
Weib an und geht als lebensfrisches Mädel davon. Endlich wird
auch der Klausner über seine Frömmigkeit examinirt, er besteht schlecht
und beschließt, die Kutte auszuziehen und läßt sich zum Tanz auf=
spielen.

Am Pfingstmontage 1884 spielte in Geimersheim nach dreißig
Jahren zum erstenmal wieder der Wasservogel. Zu Sontheim
wird derselbe durch das Loos bestimmt, und in sog. Maibaum,
meist Birkenlaub gehüllt von der Brücke in die Zusamm geworfen.
(Panzer II, 89.) Zu Augsburg wurde ein Knabe ganz mit Schilf
umflochten als Wasservogel umgeführt; wobei die zwei Begleiter
sangen:

> Auf Friberg auf das hohe Schloß
> Da reita wir Buba das beste Roß.
> Hausstetta Brucka ist brocha,
> Mit lauter Hausstettische Rossa.
> Got a goldne Schnur in's Haus,
> Gucket Herr und Fro heraus.

Zwischen Ilm und Amper wird der Wasservogel gebadet und
dazu der Dorfbach gestaut; alle Häuser stehen leer, nur die Frau

bleibt daheim, um einen langgestiefelten Reiter etwas in die Büchse oder nebenbeigetragene Butte zu legen. Die Bauernkavaliere bilden übrigens ein Geschwader von Hunderten. Ein paar festlich geschmückte Wirthsdirnen reißen dem mit einer Rindenlarve und glotzenden Augen aus dem Walde geführten Wasservogel die Federn aus, und tauchen ihn und sich mit ihm mehrmals unter. In weißem Hemde steigt der Wasservogel zu Roß, und schließt sich im Pferderennen an mit Wetten, wobei die Einödhöfer mit ihren Thieren sich gerne hervorthun. Die Tanzlustigen ziehen mit beiden Badejungfern zum Wirthe. (Schlicht 196.) Dieses „vorväterische Heidenthum," die Sommerfeier kam seit 1850 ab, weil die Pfarrer sich nicht dafür einlegten. In Ettling, zwei Stunden unter Landau stellten Schulbuben jährlich den Pfingstl vor; ein Junge ward so in Weidenzweige gewickelt, daß er nur oben noch hinaussah. Ihn begleitete die Pfingstlbraut in erstaunlichem Putz von Bandschleifen und Feldblumen, so daß ihr Aufzug zum Sprichwort wurde, zum Wasserdümpfel u. s. w. Ebenso kennt das benachbarte Niederpöring den Brauch mit dem Wasservogel. Wenigstens wird noch immer ein Bursche in Stroh gewickelt, und in weißen Laken unter allerlei Scherz zu Pfingsten in's Wasser getragen oder getrieben, oder gar zu Roß in den Fluß abgesetzt. Ist doch auch im Proceßhansel auf dem Münchener Gärtnertheater des Wasservogels gedacht.

In Thyrol findet in und um Burgeis am 1. Mai das Madlenbaden statt. Ein Madele, welchem man am Wege begegnet, wird gefangen, zum Bache gejagt oder an den Brunnen gezogen, um begossen oder gar in's Wasser gestellt zu werden. (Wolf, Z. II, 360.) Dasselbe geschieht in Vintschgau. Die Kübele Maja fehlt auch beim Perchtenlaufen nicht; sie (d. h. Einer) springt in den Brunnen und begießt zugleich die Zuschauer. (Zingerle T. S. Nr. 747. 986.)

70. Die Dudel und ihre alterthümlichen Vorbilder.

Burchard von Worms († 1027) meldet, daß die Dorfmädchen in Hessen und am Rheine die Kleinste aus ihrer Mitte entkleideten, mit Laub umhüllten und zur Stelle brachten, wo Bilsen wuchsen, ihr diese an die rechte Fußzehe banden und sie mit Laubzweigen in den Händen zum nächsten Bache führten, mit ihren Büscheln Wasser über sie sprengten, schließlich aber im Krebsgange heimzogen, worauf alsbald Regen sich ergoß.

Petrarka belauschte die kölnischen Frauen beim Rheinbade am Johannisabende, wo sie sich mit Kräuterzanken umgürteten und Sprüche hersagten. Ein Mastochse, mit Bändern und Blumen geschmückt, wurde dabei durch die Straßen geführt, wie zum Opferaltare: dieß war der Pfingstlümmel. Schon Augustinus spricht von solcher Heidensitte; wir haben eben einen Weltbrauch vor uns. Theokrit Idyl. 15. 132 schildert, wie am Hof des Ptolemäus Philadelphus zu Alexandria Adonis an's Meer getragen ward und die Priesterinen der Cypris mit entfesseltem Haar, das Gewand bis zum Knöchel fallen lassend, den Feiergesang um ein glückliches Jahr anstimmten, Adonis Rückkehr erflehend. Das Bild der Cybele ward am 27. März im Fluße Almo bei Rom gebadet, und am 1. April das der Venus, wie nach Tacitus das der deutschen Nerthus. Die Anna Perenna, ward als Bild des abgelebten Jahres in's Wasser geworfen. (Roßmann, Gastfahrten 80.)

In der Mark ziehen zwei Mädchen mit einem blumenbekränzten Kinde, der Pfingstbraut, von Haus zu Haus und werden für ihr Singen mit Eiern beschenkt. Dort gilt auch der Pfingsthammel. (Woeste 26, Kuhn M. S. 319.)

Grimm zieht die serbische Dodola an, welche in Zeiten großer Dürre in Blumen und Kräuter gehüllt unter Singen und Tanzen von Haus zu Haus geführt und durch die Inwohnerin mit Wasser begossen wird. Das Regenlied begleitet bei jedem Verse der Ruf: Oj dodo, oj Dodole. Schmeller (S. 516) gedenkt der Dudel von Haching; diese unsere Dodola ist aber im ganzen Oberlande, am Inn und Isar, wie am Lech bekannt. Der Dudelsack mag damit zusammenhängen, doch ist er bei den Hochschotten selbst in der Armee hergebracht, und dudeln geht überhaupt für musiciren hin. Zwischen dem Kessel- und Klausenkopf liegt die Dudelalm. In der Schweiz singen die Kinder: Der Wind chunt voren Rege, der Dodoli chunt (Rochh. N. 206), und Ododele heißt in Schwäbisch Hall der Hallgeist. (Meier 96.) Man sagt auch scherzweise: versoffene, närrische schwäbische Dudel.

Die Rumänen führen bei Regenmangel die vermummte

Papaluga herum und gießen ihr Wasser über den Kopf unter dem
Gesange:

> Papaluga steig in den Himmel,
> Oeffne seine Thüren,
> Sende von Oben Regen,
> Laß gut wachse der Roggen.

Die Bulgaren nennen sie Djuldjul oder Peperuga. In Aegypten
wird am Fest des Durchstichs in der zweiten Augustwoche, wenn die
Nilfluth die halbe Höhe erreicht, ein Erdkegel unter dem Namen
Aruse als Sinnbild des Nillandes dem Strome Osiris vermählt,
mit Mais und Hirse zur guten Vorbedeutung der nahen Fruchtbarkeit
überstreut, und endlich weggespült. Bis zur arabischen Eroberung
pflegten die Aegypter eine Jungfrau im reichen Schmucke lebendig
dem Nil auszusetzen, und am Tage des Durchbruches, 10. August,
von der Fluth verschlingen zu lassen. In Yucatan wurden bei
großer Dürre Mädchen in die Cisterne solange getaucht, bis sie
ertranken. (Bastian A. C. II 371.)

Wie Danae, die Schwanjungfrau, als Repräsentantin der
Erde im ehernen Gemache plötzlich vom Donnervater Zeus mit gol-
benem Regen befruchtet ward — auf Kreta heißt ein wohlthätiger
Regen noch Goldregen! — so stellen die Neugriechen ihre Pirperuna,
vom Haupte bis zu den Füßen bloß in die Blüthen des Frühlings
gehüllt dar, und lassen sie in der Zeit der höchsten Trockniß die
Regenfluth empfangen. Ebenso erfährt Nerthus das Bad; die Erde
verjüngt sich und steigt darum gleichsam in den Jungbrunnen. Doto
heißt übrigens eine Nereide, was an Dodola erinnert.

Das von der Glut des Sommers ausgedorrte Land lechzt nach
dem himmlischen Naß, und der Mensch begehrt durch rituelle Begehung
den ehernen Himmel zu erweichen, damit die Himmelstöchter aus
vollen Krügen das befruchtende Element ergießen. Die 50 Danaiden
beziehen sich offenbar auf die Jahreswochen; auch die deutsche Holda
hat in der Harzsage einen Eimer. Der Schwan, der den Sonnen=
kahn durch den himmlischen Ocean steuert, ist Zeitsymbol, und als
der Memnonsvogel Repräsentant der absterbenden Natur.[1]) Er rudert

---

1) Panzer 1, 234 f. II, 281. 445. P. Cassel, Der Schwan not. 16. Mannhardt B. 328. 350 f.

am Eridanus, wenn Phaëton mit den Sonnenrossen aus den Wolken
fällt. Cycnus raubt und verzehrt selbst die Sonnenrinder Apollos,
und wird dafür von Herakles erschlagen, oder verbrennt nach anderer
Vorstellung sich selber, gleich dem Sonnenhelden. — Die Puppe des
Wasservogels gehört schließlich der Pfingstbraut und wird ihr auf
den First des Stadels gesetzt bis nächste Pfingsten. — Wenn der Regen
zu lange ausbleibt, überschüttet der russische Bauer den Popen mit
Wasser bis auf die Haut.

71. Flurumritt am Schauerfreitag und Grenzbeschau am Schnadgang.

Das Kloster Corvey bewahrte eine Hymne an die Ostergöttin
in altsächsischer Sprache (Vincke 87), die als feierliches Gebet der
deutschen Vorzeit, der Vergessenheit entrissen zu werden, verdient:
„Ostar, Ostar, Erdenmutter, lasse diesen Acker wachsen,
grünen, blühen, Früchte tragen, gib den Frieden, daß die
Erde sei gefriedet und geborgen, wie die Heiligen im
Himmel." Freya ist noch verehrt in Karfreitag, Säefreitag, Schauer=
freitag, Viehfreitag; auch läßt der Bauer am Freitag die Stute zu
und rechnet auf ein gesundes Fohlen.

Der Spender der künftigen Aernte ist zugleich Wächter der
Grenzen. Am 1. Mai fand die Grenzbesichtigung statt, die später
durch kirchliche Prozessionen ersetzt ward; mit Recht glaubt man
in Tyrol, daß die Umgänge älter seien als das Christenthum. (Zin=
gerle T. S. Nr. 720.) Im Innviertel reiten die Bursche schon
in der Nacht von Karsamstag auf Ostersonntag mit Musik und Ge=
sang um die Flur den Haberfeldritt. (Panzer II, 509.) In
Eichstätt wird der Feldumritt der Bürger und Bauern mit der
Geistlichkeit zu Pferde noch eine „Ceremonie der alten Heiden"
genannt und deshalb 1784 abgeschafft. (Rochh. N. 21.) In Erharting
bei Mühldorf muß der Pfarrer auf's Roß, überläßt aber die Ehre
dem Kaplan über, wenn er selber nicht reiten kann. Einmal ist das
Roß auch schon mit dem geistlichen Herrn ausgerissen. Wenn er die
Monstranz trägt, hält rechts und links ein Bursche die Zügel.
In Weißenburg a/S. ist der Flurumritt zu den Grenzsteinen neu
eingeführt.

Wenn das Korn auf den Fluren keimt, wandelt der Priester mit dem Sakramente am Feste des Frohnleichnam hinaus, den Segen zu ertheilen nach allen Weltgegenden. Aber am Schauerfreitage, der gleich nach Christi Himmelfahrt fällt, zieht die Feldprozession aus. Wie am Antlaß werden die vier Evangelien auf Fluraltären gelesen, und je nachdem die Gemeindeflur groß ist, dauert der Umzug vom Morgenamte an bis 12 Uhr. Abwechselnd füllen sich die Lücken der Rosenkranz- und Litaneibeter an den Filialorten durch Nachschub aus allen Häusern. (Schlicht 165.) Man beschaut dabei die Feld= frucht, wobei oft unser Herrgott und die noch unterwegs zuge= kehrten Beter, naß heimkommen. Wenigstens der Kirchenpfleger trägt dabei die Schauerkerze. Es ist der stärkste Umgang im ganzen Jahre. Das Fest hat sich nach den Kreuzzügen mehr christianisirt. In Wein= garten geht am Blutfreitage vor Christi Himmelfahrt der Regen= bittgang mit dem hl. Blut vor sich, wobei schon bis zu 600 der schönsten Pferde zusammenkamen und die wohlhabenden Bauern nicht blos von Württemberg, sondern auch aus dem bayerischen Algäu, dem badischen Seekreise und dem Schwarzwalde, wie aus dem österreichischen Vorarlberge, dem Fürstenthum Liechtenstein und den katholischen Nord= kantonen der Schweiz zusammenströmen. Der Umritt zu Pferde dauert 4 bis 5 Stunden. „Der Priester mit dem Heiligthume mag auch das tollste und kollerigste Roß reiten, es benimmt sich lammfromm, wird aber von zwei Jünglingen geführt. Die stattlichsten Thiere kommen da zusammen, deßhalb gestattete König Wilhelm den Festzug wieder. Mägde dingen sich zum Lohne aus, ihn mitmachen zu dürfen."

Der Flurumzug in der Bittwoche vor Christi Himmelfahrt ist in der katholischen Kirche hergebracht. An der Schmutter wird bei der am Festtage selber stattfindenden Oeschprozession schon vor der Fünfuhrglocke geläutet, und aus jedem Hause eilt wenigstens eine Person zur Kirche. Mit dem Kreuzpartikel folgt der Priester dem rothbehangenen Kreuze nach der Waldeinsamkeit, wo das erste Evan= gelium gesungen wird; bei einem eingepfarrten Hofe auf der Höhe ist das letzte Evangelium. Man rastet und sammelt sich am Fuße des Burgfelsens zum Heimzuge. Auf Antlaß schickt man Thymian und Rautenkränzchen im Korbe zur Kirche, trägt sie beim Umgange mit, und hängt sie dann daheim an den Fensterstock wider Schauerschlag

als Wetterkränzchen.   Die Osterkerze oder Wetterkerze zündet man bei
jedem Gewitter an, auch wird sie mit einem Blumenkranze umwunden
vom Kirchenpfleger mitgetragen.

Mit der üblichen Begehung wird zugleich ein heiliger Kreis
um die Felder beschrieben, daß kein Unwetter schade; darum geht der
Geistliche mit um das Kirchspiel und erfleht Segen für die Flur.
In Uelzen im Lüneburgischen geht der Umzug alle sechs bis sieben
Jahre vor sich und dauert zwei Tage; auf jedem Schnadehaufen
bläst ein Trompeter das Signal.   Die Stadt Osnabrück begeht
den Schnadgang jährlich im September unter Musik= und Fahnen=
begleitung; die Schnadgänger begehen die Grenze mit den Vorständen
wie Geschworene, um über die Unverletzlichkeit zu wachen.   Schnad
bedeutet Verszeile, vielleicht auch Grenzlinie.[1])   Den Schluß bildet
ein Fest der Kinder, die sich das merken sollen.   Um Hameln setzt
es sogar Ohrfeigen ab, wie bei der Firmung.

Die römischen Arvalbrüder begingen die Ambarvalien am
11. Mai und brachten zur Sühne der Felder (arva) die Suovetau=
rilien dar, die in einem Schwein, Schafbock und Stier bestanden.
So singt Tibull II. eleg. 2.   Fruges lustramus et agros Ritus,
ut a prisco traditus extat aevo.   Bergil schildert (Georgion) den
Umgang: „Dreimal die sprossenden Saaten umwandle zum Heile des
Opfers, Welches der sämmtliche Chor und die jubelnden Freunde
begleiten, Und laut rufend in's Haus einladen die Ceres." — Die
Bauern und Hirten kamen im Festgewande, einen Kranz auf dem
Kopfe, trugen das Bild des Saatengottes Saturn um die Fluren,
und führten die zum Opfer bestimmten Thiere mit, sangen auch
Lieder mit Musik in Begleitung.   In rätischer, römischer und deutscher
Zeit hat man das gleiche Fest gefeiert.   Es ist der Schnadgang,
wobei auch Jodler vorkamen, wie es heißt: strepentes et horridos
jubilos pastorales.   (Jung 160.)   Nach christlichem Brauche trug
man Madonnen und Heiligenbilder mit.   Im Indiculus paganorum 28
ist die Rede de simulacro, quod per campos portant.

---

1) Der Kärnther nennt die Vierzeiler Schnaffenliebeln, von Schnaffe
= Reihe, unsere Schnaberhüpfeln.   Waizer 189.   Bernal. Myth. u. S. in
Ostr. 856.   Pfannensch. 40.   Zum Schnadgang vgl. Maurer Einl. in die Gesch.
der Mark=Verfassung 224.

Der Lebensbeschreiber des hl. Martinus verdächtigt c. 9 die
Gewohnheit der Bauern in Gallien: Bilder der Dämonen
(sic!) hinter weißem Vorhange durch die Felder zu tragen.
Der Unterschied zwischen damals und heute bestand doch nur im
Wechsel der Gestalten. Schon das Concil von Liftinä in Bonifatius
Tagen gedenkt leg. I, 19 im Indiculus superstitionum et pagani-
arum Nr. 28. 29 dessen mißfällig, daß man die Götterbilder um die
Fluren trug, auch hölzerne Hände und Füße am Kreuzwege aufhing,
um die Götter zur Heilung der Gebreste aufzufordern. Eine bayerische
Verordnung vom 29. März 1803 verbietet den Priestern, die Felder
mit dem Allerheiligsten zu umreiten und solche zu segnen. Aber der
Bauer begehrt, daß der Antlaßumgang wo möglich um seine Felder
sich bewege. Nach Grimms Rechtsalterthümern 86 umschritt oder
umritt man Grund und Boden bei der Belehnung. Die jährlichen
Umzüge bezeichnen die Urweihe des Erdenrundes durch den Sonnen-
lauf. Am 28. Mai jedes Jahres feiern die Nonsberger ihre Ambarvalien. Bei diesen beteten die Heiden, daß alles Wachsthum auf
Bäumen und Feldern, wie im Stalle, von Mehlthau, Hagel und Räude
verschont bleiben möge; die Christen beten lauter Vaterunser, obwohl
die sieben Bitten Anderes besagen.

72. Wodanskapellen mit dem verhungerten Schimmel.

Schimmelkapellen gibt es so weit, als der Bajuvarenstamm
reicht. Die Pichlwanger bei Monsee im Salzkammergut werden
darum geneckt, weil sie vor Zeiten den Schimmel in die Kirche
gesperrt, wo er verhungern mußte. Diese Kirche steht öde da, weit
außerhalb des Dorfes, und schon die einsame Lage deutet auf heidnischen Dienst. Ich erfrug dieß von meinem österreichischen Freunde
Dr. Much. An den Schimmelkapellen wurde außen gerne das Roß
des hl. Georg angemalt, das durch nächtliches Gewieher den bevor-
stehenden Krieg verkündet.

Die hochgelegene St. Georgkapelle bei Bachendorf ist eine
Schimmelkapelle; das dem Wodan heilige Thier weidete um das Berg-
heiligthum. Auch der Wolf war sein Begleiter. In Kassianskapelle
bei Lenz hatte ein Mann die Gais an die offene Thüre gebunden;
da ging ein Wolf auf sie los, die Gais sprang über ihn weg, und

da die Thüre durch den Strick zuschlug, war der Wolf gefangen.
(Herzog II, 231); ebenso in Eichel am Main. In der Schnappen=
kapelle hoch am Berge oberhalb Marquartstein ist der Hirsch einge=
gangen und am Altare todt umgefallen. Er war dem Freyr geweiht;
all' diese Thiere aber gehen später in Gesellschaft des einen oder
anderen Heiligen; so führt St. Simpert den Wolf. Auf hohen
Bergen, wie hier und am Ifinger bei Meran, oder in abgelegenen
Mösern setzten die Bajuvaren ungestraft den alten Dienst fort.

Eine Stunde nordwestlich von Schrobenhausen liegt im
Langenmoos ein Kirchlein, wo ein Schimmel verendet hat. Nördlich
in wenig weiterer Entfernung gewahrt man im Holze Ziegelspuren
und der Punkt heißt am Malberg, weil hier Gericht gehalten ward.
Da saßen einst zwei Schwestern, welche den Schrobenhausern das
Moos schenkten — die Nornen. Eine Schimmelkapelle ist am Wege
von Lohhof nach Reichertshausen, im Amte Pfaffenhofen; man
fuhr auf der alten Poststraße von München nach Ingolstadt auf
100 Schritt weit an ihr vorüber, und ist sie zu Unterbruck auf der
Post zu erfragen. Zu Pelkam soll das Füllen des Aberlbauern in
die Kirche gekommen und verhungert sein. Acht Tage darnach, da
nur einmal in der Woche Gottesdienst war, brachte man die Thüre
nicht auf, der Schimmel lag todt dahinter. Als ob die Erzählung
neu wäre? Die Holedauer Schimmel stammen von den alten Götter=
rossen ab, da man diesen zu Ehren nur weiße Pferde züchtete; dort
gibt es wegen der langen Fortdauer des Heidendienstes auch die
meisten Schimmelkirchen. (Mein Sagensch.· s. v.) Die Landschaft
Halertau heißt Roßau. Der Name Halgermoos gegenüber von
Titmoning auf österreichischer Seite weist auf eine fern von allen
Wohnstätten abgelegene Kirche hin; eigentlich sind es zwei Kirchen
über einander in einsamer Gegend. Die Leute legen auf den Namen
heilig Gewicht, und wollen, daß da die ersten Christen unterirdisch
ihren Gottesdienst gehalten hätten. Uns gemahnt es an das Wodan
Bartelkirchlein im Murnauer Moos.

Dem Vilgratter Thale gegenüber erhebt sich auf grüner Hoch=
platte, über die man in das früher slavische Gailthal nach Kärnthen
hinabsteigt, die Leonhardskirche von Kartitsch. Dieß Heiligthum
soll der letzte Graf Leonhard von Görz erbaut, und hierbei zum

Steineziehen sein Bleichroß verwandt haben. Deßhalb heiße sie die
Schimmelkirche. In diesem Hage weideten wohl die heiligen Sonnen=
rosse des Gottes Freyr oder Frô.

Auf dem Bochholte, einst Schlachtfeld Wittekinds, unfern
Osnabrück wurde die erste Kapelle errichtet und steht seit tausend
Jahren noch, ist aber außer Gebrauch aus dem Grunde, weil nach
der Sage ein Pferd darin verhungerte, das durch die offene Thüre
hineinkam und sie von Innen zuschlug. Schwerin, das slavische
Stuttgart, führt den Namen von den Schimmeln am Tempel der
Obotriten. Helmold schreibt denselben deutschen Religionsdienst dem
Wodan, Thor, und der Frigg zu; somit galten die sog. Thiergarten
mit den Mecklenburger Rossen einst dem Wodan. (Grimm M. 629.)
Daselbst am Schelfwerder umreitet in der Neujahrsnacht ein Reiter
auf dem Schimmel dreimal die Kirche, an deren Stelle 1211
eine Niklas=Kapelle zu stehen kam. (Bartsch Nr. 19.) Es ist ein
förmlicher Leonhardsritt, und der Reiter wohl der wilde Jäger, der
in Mecklenburg Wode heißt.

73. Die Untersberger Heergesellen und ihre Kirchen.

Die Haberfeldtreiber stellen das wilde Heer aus dem Unters=
berge, und ein zeitliches Weltgericht vor, das an Wodans Stelle Karl
der Große am Michelting oder allgemeinen Gerichtstage nach der
Haberernte vornehmen soll. So hält nach jüdischem Glauben Jehova
in der Herbstnachtgleiche oder zu Anfang ihres Neujahrs mit dem
Monat Thisri Abrechnung im Himmel und auf Erden, daher das
biblische Gleichniß von der Ernte und den Schnittern. Wodan an
der Spitze des wilden Heeres ist zugleich Windgott und Sturm=
gebieter, und nicht umsonst spielt die Windmühle im Haberfelde eine
Rolle; denn wie die Spreu vom Weizen gesondert wird, soll auch
das Getriebene vom Kerne der Leute ausgeschieden und auf den Mist
geworfen werden.

Der Haberfeldbezirk ist in zwölf Gaue getheilt; doch Alles
wird möglichst geheim gehalten und, wer nicht zum Bunde gehört,
lernt die Haberfeldmeister nicht kennen. Die Zahl Zwölf erinnert
aber an die Asen; beim Aufruf antwortet immer Einer mehr als
anwesend sind, mit „Hier!" dies ist der Gottseibeiuns! In alter Zeit

hieß es, beim Gottesgerichte sei Wodan unsichtbar gegenwärtig.
Mit der westphälischen Vehme auf der rothen Erde hat das ober=
bayerische Haberfeld nur Eines gemein, daß Karl der Große als
Stifter figurirt, und Papst Sixtus V. dieß Volksgericht bestätigt
haben soll, der bekanntlich in seiner Jugend Schweine gehütet. Ist
das Gericht zu Ende, so erklären die vermummten Gesellen, wieder
in den Untersberg heimzukehren. Sonst erscheinen sie auch gerne im
Anzuge von Jägern.

Zwölf Geistergänge gehen vom Untersberg hinaus in's deutsche
Land, so nach St. Bartelmä am Königssee. Es ist eine alte
Wodanskapelle, sein Beiname Bartold, Bartel, ward in Bartolomä
verkehrt. Sie kommen ebenso zu Maria Eck in Vorschein. Hier
wie in St. Zeno und der nun abgebrochenen Peterskirche bei
Reichenhall, zu Großgmain und im Stift Högelwörth, dann in
der Propstei zu Berchtesgaden und im Dome zu Salzburg
hört man Nachts Orgelspiel, die Fenster sind erhellt und schwarze
Männlein pflegen der Andacht. Auch in Feldkirch vor den Thoren
von Salzburg halten die Untersberger ihre nächtliche Feier. Hinter
dem Altare zu St. Salvator bei Prien ist eine Oeffnung im Boden,
wo die Untersberger herauskommen. Auch die Pfaffenau oder Herren=
Chiemsee hat eine Salvatorkirche. Die Untersberger kommen nicht
minder in die alte Kapelle bei Weyarn, und in der Katharinenkirche
am Gottesacker zu Traunstein zu Tage. Selbst in Niederalm
bei Hallein hat man die Männlein gesehen, im romanischen Kirchlein
zu Bruck bei Reichersdorf desgleichen. Die Peitinger beziehen die
Sage auf ihre Wallfahrtskapelle Maria am Eck; ausgemacht ist aber
Andechs die entfernteste von den zwölf oder vierzehn Geister=
kirchen, wo das kleine Heer der Unterirdischen zur nächtlichen Feier
hervorkommt.

74. Das Wunschpferd und seine Reiter.

Der Schimmel des Albertus Magnus und Magus, ein
Zauberroß von fünfzehn Fuß Länge, das einmal in einem Sprunge
über die Stadtmauern, das anderemal über die Donau setzte, hat schon
W. Menzel (Odin 170) an das Wunschpferd Sleipnir erinnert.
Wodan Bartel ist eben zum Albertel herabgestiegen. Im großen

Herrengarten zu St. Gallen fand sich Theophrastus ein, da kam
der Steucheler und wünschte: Wär ich in Baden beim Gesandtentage,
da könnt' ich mit meiner Querpfeife was verdienen." Das kann
geschehen, sprach der Doktor, sitz auf, du findest den Schimmel bei
der Schießlaube, aber rede kein Wort." Damit sauste der Pfeifer
die 20 Stunden durch die Luft, daß ihm Hören und Sehen verging.
Als er an der Schloßhalde abgesetzt war, verschwand das Zauberroß.
(Herzog I, 135.) Wie Eppele von Gailingen von der Burg
zu Nürnberg, sprengt Skanderbeg aus dem Thurmfenster der belagerten Festung Kijudat Skanderbegut mit dem Hengst auf eine
Felsplatte in die Tiefe, welche noch den Eindruck der vier Hufeisen zeigt. Der Hengst Skemming (Schimmel), den auch Wieland und sein Sohn Wittich reiten, macht einen gewaltigen Sprung
von Fels zu Fels über einen Fluß, so daß die Hufeisen sich ein-
drücken. (Roßmann II, 237. 378. 388.) Früher wurde der Held
auf luftigem Rosse zur himmlischen Schildburg von der Walkyre
entführt, die ihn auch in die Schlacht begleitete; sie reichte ihm das
Trinkhorn, das noch im Oldenburger Antiquarium sich erhalten hat.
Das gespenstische Pferd hebt sich mit dem Küster oder Bauer in
die Luft, und setzt über Wiesen und Bäche im Nu zu Siebeneichen in
Lauenburg ihn ab. (Müllenh. 234 f.) „Set di up!" ruft ein Reiter
mit drei Rappen am Rütsch bei Kamern, unter deren Hufen Funken
sprühen, und wirklich setzt sich einmal Einer auf: da erheben sich Roß
und Reiter in die Lüfte und dahin geht's im sausenden Fluge. Da
es dem Manne zu viel ward, stieg er unvorsichtig ab und stürzte
kirchthurmhoch herab mitten in Kuhlhausen. (Kuhn N. S. 115.)
Der Schimmelreiter heißt auch Hans Trapp.

Im See zu Daber ist eine Stadt versunken; ein Bauer aus
Plantikow sieht einst drei Rappen weiden, setzt sich auf einen, der
aber steigt in die Höhe: am Schloßsee warf es ihn ab und das Roß
verschwand in der Tiefe. Gleich darauf hörte man Glockengeläute:

Anne Susanne,
Wust du mit to Lanne?
O ne, mi Grette,
Man immer deepe.   (Temme 187.)

Aus dem Teufelssee bei Güstrow steigt ein Rappe, der einer Dirne eggen hilft, da aber die Furchen sich kreuzen, im See verschwindet und den Bauer dabei mit hinabzieht. (Bartsch Nr. 549 f.) Hier scheint allerdings Loki im Spiele zu sein.

Ein Schneider in Mössingen in Baden setzte sich heimkehrend in eine Kutsche, als mit einmal diese sich erhob und ihn über Berg und Thal trug. Am Morgen lag er am Meeresufer, Schiffer nahmen ihn mit nach Ostindien, von wo er nach 20 Jahren zurückkam, und seine Frau mit dem Lehrjungen Hochzeit halten sah. Es ist Wodans oder Karls Wagen, der große Bär. Ein Mann aus Steinbach trifft Abends ein scheinbar verlaufenes Pferd, sitzt auf, es wirft ihn zur Frühglocke jenseits des Rheins ab, von wo aus er zwei Tage zurückbraucht. (Mone 8.) In der Mark Brandenburg vollführt der Uchtenhagen den Ritt durch die Luft, der vom Kurfürsten sein Besitzthum bei Freienwalde durch den Umritt vom Morgen bis Abend gewann; ebenso reitet der v. Bredow, an der Thurmspitze ansetzend. (W. Schwartz S. a. B. 29. 168.)

Zum Wunschpferde Odins kömmt man in den Sagen oft durch dem Wunschzaun (bei den Isländern Gaudreb), den man nur schüttelt, um im Nu ein Pferd herbeizubeschwören. (Menzel, Odin 171.) Als Luther mit Langenmantel des Nachts beim „Dahinab" aus Augsburg entwich, ritten sie über das Lechfeld gen Epfach dem Hochgebirge zu in Sturmesschnelligkeit mit glutschnaubenden Rossen, welche den Pfad in der dunklen Oktobernacht erleuchteten, so daß die zur Verfolgung nachgesandten Leibwächter des päpstlichen Legaten erschrocken zurückblieben. — Der Held des dreißigjährigen Krieges Schmarren-Pappenheim, sog. weil er natürlich gekreuzte Schwerter über der Stirne trug, machte sich durch die Erklärung gefürchtet, daß er fünfzig Meilen weit gewesen und im Fluge zurückgekehrt sei.

An das heilige Roß, das Wittekind im Banner führte, erinnert das springende Pferd Westphalens, Hannovers und Braunschweigs als Wappenthier. Der Besitz eines Rößlethalers macht im Kriege unverwundbar. Der rothe Königsrichter von Reps fällt in türkische Gefangenschaft, wird aber, wie Karl der Große, durch einen zaubermächtigen Diener auf Wodans Sturmmantel nach Siebenbürgen zurückgebracht, wo der Rothe, nach seinen Haaren so genannt,

noch lange das Volk richtet. Das Wunderroß ist der Liebling der
abendländischen Sage. Die gälische Gwennoloc hält ihrem in
der Schlacht gefallenen Geliebten die Treue; die Schwiegermutter
will sie wieder vermählen: da pocht es um Mitternacht am Thore.
Nola ist's, der Bräutigam, er schwingt sie auf sein weißes Roß, die
Eule fliegt mit, es geht auf sein Schloß in's Land der Seligen, wo
Knaben und Mädchen um grüne Aepfelbäume tanzen und aus klaren
Brunnen trinken. — Hier haben wir die Parallele zu dem im deutschen
Volksmunde forterhaltenen Liede von Lenore.

75. Stadtwahrzeichen.   Der Schimmeldieb.

Lauingen hielt einst die Belagerung eines Riesen aus. Dieser
berief einen Meister aus der Stadt, ihm Schuhe anzumessen: der
Schuster aber erstach ihn mit dem Pfriemen und befreite so die
Bürgerschaft. Der Riesenschimmel aber setzte über Mauer und
Graben und ist mit dem Schuster am Rathsthurme abgebildet.
Am Schlosse Brunn im Altmühlthale steht noch ein steinerner
Schimmel. Einst wohnte dort ein stolzer Graf, der die Hand seiner
Tochter sammt der Burg dem versprach, der in Einem Ritte von
München aus dahin, und auf dem schmalen Rande des Felsens herum-
reiten würde. Da wagten es drei Brüder, aber der eine stürzte
im Geisenfelderwalde, der zweite in Betbrunn, der dritte aber auf
seinem Schimmel kam glücklich an's Ziel, und führte die Braut heim.
Das Roß des ersten war ein Rappe, (der andere wird also einen
Rothfuchs geritten haben). Zum Wahrzeichen sieht man dort noch
den Schimmel in vollem Laufe in Stein ausgehauen, der vom
Schloßthurm schaut; in Rothenfeld figurirt das weiße Roß im
rothen Felde. (Panzer II, 174 f.).

Vom hohen Thurme nimmt Gott Vaters Schimmel Stadt und
Land in seine Hut; sogar aus dem Dachfenster blicken die Weihethiere
der aufgehenden Sonne entgegen, als wollten sie den jungen Tag mit
Gewieher begrüßen. So in Köln, wie Danzig. Auch Magdeburg zeigt die Köpfe mit der Sage, die Pferde seien die Treppe bis
zur Spitze des Hauses hinangestiegen. (Brandstäter 49 f. Karl 31.
Bartsch Nr. 290.)

Der Schimmelfang war eine Heldenthat und so wenig sträflich,

wie die Entführung der Mettensau auf Weihnacht. Die Märchen vom
Meisterdiebe heben vor allem den Roßdiebstahl hervor. Im Karling-
ischen Heldenbuche (Simrock 98. 101) verrichten ihn Kaiser Karl und
Elbegast des Nachts zu Ingelheim, freilich zur Rettung aus Gefahr.
(Sagensch. Nr. 48—51.) Wilde Pferde muß es noch in Karl des
Großen Zeit gegeben haben, denn 813 kömmt ein gebändigtes Roß
im Gutsbestande des Klosters Staffelsee vor. Der Roßfang ist in
der deutschen Heldensage beliebt, so Völsungas. c. 13. Thidreks. c. 18.
168. 188. 431 f. Ein Jötun oder Mann vom Riesengeschlechte heißt
Hroßdjofr, Rostiophus bei Saxo. Ebenso war der Roßdiebstahl bei
den Franzosen, Russen und Persern keine Sünde; nach frankogallischen
Quellen stiehlt der zauberkundige Basin ein Roß aus dem Stall.
Im Mabinogi entführt dem Sonnenhelden Peredur ein schwarzer
Mann sein Roß, das er jedoch wieder erlangt. Noch dem Korbinian
werden auf der Reise durch die Alpen von Bajuvaren zwei Rosse
abgeholt.

76. Das Siegesschwert Karl des Großen.

Das in den Boden gesteckte Schwert bezeichnet die Besitzergreifung
vom Lande. Zu Pael, dem einstigen Grenzpfahle zwischen Bayern
und Schwaben, soll das Schwert Karl des Großen unter einer alten
Eiche vergraben sein; wenn er aber aus dem Untersberg aufbricht, wird
er es wieder erheben und damit siegreich die letzte Schlacht schlagen.
Das Volk läßt sich nicht nehmen, seine vormaligen Retter in der
Noth zu Hilfe zu rufen. Ein Engel überbrachte Karl M. das kupferne
Kreuz im benachbarten Andechs zum Kampfe gegen die Ungläubigen,
das ihn auf allen Feldzügen begleitete. Die Andechser waren eben
die letzten Karolinger aus der Verbindung König Arnulfs mit der
Bajuvarin Holenrade.

Noch weiter gilt in Westphalen das Schwert Karl des Großen
für vergraben, und kehrt die Sage selbst auf Einzelhöfen wieder.
In der Karlssage ist der große Kaiser an Saxnot's und Siegfrieds Stelle getreten, und im Märchen klingt der Weltglaube
wieder. Theseus zieht das Schwert seines Vaters Aegeus unter
dem Fels hervor und bekämpft den Minotaur. „Die Alanen haben
weder Tempel noch Heiligthum, schreibt A. Marcellin XXXI, 2,

sondern sie stecken nach Barbarensitte das bloße Schwert in den Boden und verehren darin den Mars als Gebieter des von ihnen eingenommenen Landes." Auf gezückte Schwerter, welche sie göttlich achteten, legten die Quaden ihre Eide ab. (XVII, 12.) Meldet doch schon Herodot IV, 62, daß die Skythen ein altes Eisenschwert als Bild des Ares aufstellten.

Nun verstehen wir den Bericht des Jordanes c. 35 nach Priskus, wonach ein Hirt in Pannonien, durch die Verwundung einer Kuh aufmerksam gemacht, ein rostiges Schwert aus dem Erdgrunde zog, welches Attila als das des Kriegsgottes von günstiger Vorbedeutung zur Eroberung der Länder sich aneignete.

König Boleslav von Polen erhält bei der Krönung das Schwert aus Engelshand, und besiegt damit all' seine Feinde. Dasselbe ist im Schatze der Krakauerkirche verwahrt: die Inschrift zeigt aber, daß er es von Kaiser Otto III. empfing. Nach serbischem Volksglauben schläft der Königssohn im Berge Urvina sammt seinem Roße Scharaz, und sein Schwert wächst allmälig aus der Erde. (Grohmann.) Bei der Einwanderung in Siebenbürgen steckten die Sachsen ihre Schwerter in's Erdreich.

Der Brauch ist in Vergessenheit gerathen, aber füglich durfte der neue Reichsgründer Kaiser Wilhelm 1871 das blanke deutsche Schwert in Elsaß Lothringen in die Erde stecken und sprechen: „Hier sind wir und hier bleiben wir! mit dem Schwerte werden wir unser Anrecht auf Grund und Boden vertheidigen." Indeß beginnt eine neue Kaiserchronik. Der Münster zu Aachen besaß einst das Schwert Karls M., das Harun al Raschid dem Kaiser des Abendlandes geschickt, nun ist es in der Wiener Schatzkammer. Aachen weist auch sein Jagdhorn auf, das an jenes von Roland und an das Giallar- horn erinnert.

77. Der Speer- und Beilwurf. Sankt Wolfgang.

Odin schleudert seinen Speer Gungnir in den Odensund, der wieder zu ihm zurückkehrt. Dieser Wurf diente zur Kriegserklärung wie Besitzergreifung. Die dem Odin geweihte (seinem Heiligthume entnommene) Lanze, schleuderte man gegen die Feinde und rief: „Odin ist euch gram" oder: „Odin hat euch alle" — sie so dem Ver-

derben weihend (wie die Sachsen den Hermuduren schwuren.) So
wirft Apollo den Pfeil, Pallas die Lanze, der Feciale die vorn an-
gebrannte, blutgetauchte hasta bei der Kriegserklärung in Feindesland.
(Liv. I, 32.) Die Griechen schleuderten die Fackel, ein Sinnbild
des Blitzes, zwischen beide Schlachtreihen. (Preller, Röm. M. 223.)
So ist es auch Odin selbst, nicht erst ein Sachsenkaiser Otto, welcher
nach seinem Speerwurfe den Odensund benennt.

Als die Bajuvaren den Römern Tyrol abgewannen, stieß ihr
Führer Herzog Adalger am Haselbrunnen unweit Brixen seine Lanze
in's Erdreich und rief „nach der Kaiserchronik":

> Daz lant han ich gewunnen
> Den Beiern ze eren.
> Die marke biene in immir mere!

Wenceslaus Speer begleitet die Czechen als signum in die Schlacht
bei Kulm 1126. Ein slavisches Cultlied fleht, er möge die Deutschen
aus Böhmen verjagen. (Lippert 487.)

Die auf- und niedersteigende Insel Seeland wird durch den
abgeschossenen Pfeil mit angeglühter Eisenspitze in Besitz genommen, und
dadurch fest. Irland tauchte nach einheimischer Sage nur alle sieben
Jahre aus den Wellen auf, bis laut einer himmlischen Offenbarung
durch ein Stück darauf geworfenes Eisen es den Wellen für immer
entrissen ward. Ein Krieger warf sein Schwert darauf und davon
hieß es Ironland, Eisenland. (Pfeiffer, Germ. XIII, 401 f. 415.)

Auch der Axtwurf und Hieb in den Baum dient zur Grund-
erwerbung und Grenzbezeichnung. Hier tritt St. Wolfgang mit
dem Beil an die Stelle des altes Gottes. Der Heilige wirft an
dem nach ihm benannten See die Hacke in die blaue Ferne, und
will, wo sie niederfällt, eine Kirche bauen. Es muß ein uraltes
Heiligthum sein, denn man geht gebückt durch ein Felsgewölbe und
gelangt nach oben in eine Kapelle, wo die Miniaturbeile in einen
Eckraum geworfen werden; ursprünglich waren sie gewiß von Stein.
Auch am Hochgall bei Taufers, einem der obersten Punkte am Ueber-
gange in's Defreggerthal, 5000 Fuß hoch, besitzt Wolfgang sein Heiligthum: so weit hat der deutsche Gott, wie Oswald am Ifinger bei
Meran, sich in christlicher Zeit zurückgezogen. Graf Rasso, der
Ungarnheld, bestimmt mit seinem Streithammer (Sagensch. 543), wie

St. Wolfgang am See mit dem Beilwurf den Ort seines Kirchen=
baues. Da der Teufel dazu hilft, schickt der Heilige als erste Seele
einen Wolf hinein. Im Gestein sieht man den Eindruck von Kopf,
Rücken, Armen und Knieen. Ueber die Teufelsbrücke bei Pont la
ville in Fryburg in der Schweiz (Herzog I, 78) wurden zuerst Mäuse,
Ratten, hinterdrein Katzen gejagt, worauf ein Schlaukopf das Cru=
cifix über der Mitte aufpflanzte. Vergebens schleuderte der Teufel
in grüner Jacke dagegen Felsen, er war als Baumeister betrogen. All
dergleichen hat heidnischen Anklang, der Wolf aber ist Wodan heilig.

78. Baldersbrunn und andere Roßhufquellen.

Balders Pferd schlägt mit dem Hufe einen Brunnen aus dem
Felsboden, wie Pegasus, das Quellroß, den Born Pirene am
Helikon — der gleichnamige fließt am Berge von Akrokorinth. Ebenso
rührt Hippokrene oder Roßbrunnen zu Trözene vom Hufschlage des
Bellerophontischen Reitthieres her. Noch strömt dieser Baldersbrunna
(1365), nun Baldersbrond bei Roeskild im Skandinavischen Lande,
wie ein Baldebrunno in der Eifel und Rheinpfalz. (Grimm M. 207.)
Für Altbayern ist dasselbe der Hengistbach bei Palterzell nächst
Wessobrunn. Paltar (bei Meichelbeck Nr. 450. 460. vgl. 411 Pal=
dachar) ist der deutsche Lichtgott, dessen Hengst beim Todesritte das
Hufeisen einbüßt.

Die Mythe vererbt sich: auch Wittekinds Roß stampft das
Wasser aus dem Boden, wo nun Bergkirchen liegt. (Webdigen 48. 56 f.)
Andere verlegen das Ereigniß nach Seelborn. Ueber diesem Quell=
borne steht von Papst Leo geweiht eine Kirche. Die Roßhufquelle
bei Minden entsprang auf dem Wedekindsberge, als der König von
Karl dem Großen ein Wunder begehrte, um sich taufen zu lassen.
Das Brünnlein entspringt vor einer Kapelle aus dem Felsen. Seitdem
ist nicht mehr das schwarze, sondern das weiße Roß Feldzeichen der
Sachsen.

Das Pferd des hl. Bonifatius scharrt mit wundem Fuße den
Heilborn aus, das Hufeisen nagelte man zum Andenken an die Ober=
kirchthür zu Heilsberg in Thüringen. (Wolf, Beitr. II, 94.) Das
Roß hatte vom weiten Ritte einen bösen Schenkel, heißt es weiter
(Richter II, 75); es hinkte, wie das Sonnenroß vom zurückgelegten

Jahreslaufe. Eine blinde Jungfrau erlangte von der Roßhufquelle ihr
Gesicht wieder; nach anderen soll der Born zu Heilsberg bei Remda
entsprungen sein, als Bonifaz sein Trinkhorn auf die Erde ausgoß.
Die Kirche nahm zur Beschwichtigung des Volkes das dem Christen=
glauben sonst fremde Hufeisen auf. Der Bonifatius=Born bei Fulda,
wo jetzt Horas steht, entsprang angeblich durch dessen Stab, als er
dürstend eine Quelle suchte. Haracium, Haras bezeichnet aber einen Roß=
stand. In England begeben sich Wallfahrer unter Führung katholischer
Kleriker noch heute nach dem wunderthätigen Winfriedsbrunnen
Holywell. Winfried duldete noch kein Kreuz an Quellen und auf
den Feldern; indeß hat sich die Stammesreligion trotz aller Unter=
drückung erhalten und ihr Nationalglaube oder die Naturreligion
wieder gehoben! Karl der Große hat durch den Tritt seines Roßes
die Heilquellen in Aachen hervorgerufen. Als er schließlich vor
Gudensberg mit dem dürstenden Heere angerückt war, schlug sein
Schimmel mit dem Huf in den Fels, daß man noch die Trappe (jetzt
in der Kirchhofmauer) sieht, und an dem dadurch hervorsprudelnden
Glisborn labten sich die Krieger. Am Fuße des Berges schlug
Karl eine große Schlacht, daß das vergossene Blut Furchen riß.
Abends that sich der Berg auf und hinter dem Kriegsvolke schloß sich
die Wand wieder. Alle sieben Jahre öffnet er sich, aber der Glück=
liche, der die Schätze sieht und hineingeht, darf nicht zurückblicken,
sonst bleibt er bis zum nächsten Jahre drinnen. Auch hält Karl
quintes alle sieben Jahre seinen Umzug.

Gudensberg erstreckte sich einst bis zum Odenberge in Hessen
und hieß 1209 Wotansberg, 1226 Wuodensberg, dann Udenesberg.
(In der Flurmark von Frankenau gibt es auch einen Wodenberg und
Wodehain. Lyncker 3.) Die Burg hieß Karlsburg und die Kapelle
am Abhange Karlskapelle. Der großmächtige König übernimmt hier
ganz die Rolle Wodans oder seines Sohnes Balder, welcher in der
Hitze der Schlacht seinem lechzenden Herrn Wasser schuf.

Graf Arnold von Holland schlägt mit der Lanze auf den
Boden, und ein kühler Quell entspringt zur Erquickung des dürstenden
Heeres. (Wolf N. S. Nr. 34.) Einst kamen die Heiden vom
Bodensee oder schwäbischen Meere und plünderten das Gotteshaus
Disentis. Da fielen die Christen von den Bergen aus und erschlugen

fie im Thalkeſſel von Dißla, und da die Sieger halb verburfteten,
ſteckte der greiſe Anführer mit dem Blick gen Himmel ſein Schlacht=
ſchwert in die Erde, worauf ein armbicker Waſſerſchwall hervorſchoß.
(Decourtins 224. Herzog II, 27.)

St. Oswald ſchlug auf dem Jfinger mit dem Schwert das
Geſtein, ſo' entſprang der Jungbrunnen — und uz der ſteinin want
ein brunne vloz. (Zingerle 25. 55.) Es iſt Wodan unter ſeinem
Beinamen. Bei der Quelle des hl. Oswald zwiſchen Alton und
Newton in England wirft man das Hemd des Kranken in's Gewäſſer;
ſchwimmt es oben, ſo folgt Geneſung. Hier ſehen wir mithin Ordalien
genommen.

Bielleicht hat kein Sterblicher mehr Einfluß auf die Glaubens=
anſchauung der Zukunft geübt, als Esra, der bei der erſten Redaktion
des Bibelkanons, alle möglichen Legenden oder ſpäter ſog. Apokryphen
kanoniſirte, welche wohl den Malern Stoff bieten, aber ſchon die
Phantaſie der Kinder in der Schule irre führen. Was iſt indeß
der Moſesbrunn am Sinai im Vergleich mit den vielen Quell=
wundern in deutſchen Landen, welche die Heilgen der Reihe nach mit
ihrem Stabe wirkten, nur ſind dieſe an die Stelle unſerer einheimiſchen
Götter getreten, und ſeitdem beſteht die „fromme Sage" fort.

79. Ullerborn oder Ulrichs= und anderer Heiligen=Quellen.

Neben Balder oder Phol tritt Uller als Patron der Fohlen
auf, auch gibt es mehr als einen Ullerborn. In Weſſobrunn iſt
Uller noch Hausname, und tritt neben Balder als Dioskur, geht
aber ſchließlich in den Biſchof Ulrich auf. Auf der Reiſe nach Rom
ſoll der Heilige mit dem Finger den Boden bekreuzt und ſo den
Ulrichsbrunn bei Palterzell erweckt haben, um ſeinen Durſt zu
löſchen. Der Heilige trinkt auch aus dem entfernten Mundfäul=
bach, der fortan Ulrichsbrunnen heißt, kurz er kommt überall hin,
wo Ullerbrunnen waren. Staffelſee hatte auch einen Ulrichsbaum,
jetzt dafür die Bonifatiuslinde. Nach Böhaimb kömmt in einer
alten Markbeſchreibung St. Ula (l. Ulr) oder Ulrichsbrunn bei
Neuburg in der Nähe des Lazaretberges vor. Der St. Ureli's
Brunnen hat es in der Augsburger Diözeſe kein Ende. So fließt
ein Ulrichswaſſer im öſtlichen Stadtwald von Mindelheim, ein gleich=

namiger Brunn unterhalb der Ulrichskirche zu Habach. Auch zu
Hösen nahe bei Grafrath ist ein Ulrichsbrünnlein, und soll der Heilige
bei Verfolgung der Ungarn dahin gelangt sein. Dazu hat Kirchheim
in Schwaben ein ebenso genanntes Flüßchen. In Cresing, kaum
zehn Minuten vom Pfarrdorfe fließt eine Quelle aus drei Röhren.
Als St. Ulrich, wieder auf der Romreise, da rastete, begann dieselbe
zu fließen. Das Wasser ist hoch in Ehren gehalten, und deshalb eine
Kapelle dabei; das Volk wäscht sich daselbst die Augen.

Auch zu Dehlingen bei Neresheim steht eine Kapelle über dem
Ulrichsbrunn: ihn soll der hl. Bischof gesegnet und drei Stück
Holz hineingeworfen haben, um das Wasser heilsam zu machen.
Sie liegen noch in einem Kästchen am Grunde, und, wenn man sie
entfernt, wird das Wasser trübe. Viele Bresthafte lagerten einst da,
auch holte man das Wasser auf Karren und in Lägeln weithin. An
der Kirchenthüre hängt ein Hufeisen zum Andenken an den Spott
eines Bauers, das Wasser könne seinen blinden Gaul so wenig sehend,
als ihn blind machen — gleichwohl geschah Beides. Am Fuße des
Nadelstein kam ein Brunnen ohne lebendes Wasser vor; dem schwarzen
Spiegel entqualmte Nebel und erweckte Unwetter und Hagel. Da
begab sich St. Prokopius zu dem Unglücksborne, ihn mit Holzstücken
zu weihen, und sieh! sein Stab erwuchs zur Linde und eine reine
Quelle entsprang neben ihr. Hier haben wir förmliche Parallelen zu
der Legende vom Wunder des Elisa (II Kön. II, 20), welcher den
bitteren Brunnen von Jericho mittels Salzes gesund machte.

Ein Heiliger löst den anderen ab, alle vereint aber Gott der
Allmächtige, denn unsere Vorfahren waren tief religiös. St. Wili-
brord taufte in der hochheiligen Baldersquelle auf Forsites Eilande
drei Heiden, büßte jedoch diesen Frevel in den Augen der Einwohner
beinahe mit dem Leben. (Simrock D. M. 300.) Gleichwohl erbten
auch seinen Namen eine Anzahl geweihter Quellen. An der Küste
wandernd litt er mit seinen Begleitern Durst und bat Gott um einen
Labetrunk aus dem Sandboden; da füllte sich plötzlich die im Boden
gegrabene Grube mit süßem Wasser. Es gibt einen Wilibrords-
brunnen in der Krypte unter dem Muttergottesaltare zu Echternach.
Zu Weinsheim wird jährlich der Wilibrordsbrunn gesegnet und das
Wasser geholt, ebenso zu Unterstadt, Klausen, Wilmerwitz, Asselborn,

Heimenscheid, Oberholzingen, Kindorf, Lomersweiler und Derlinden. Auch Bischof Liudger taufte auf Helgoland, wo Forsites Thiere frei weideten, in der Quelle, aus welcher die Heiden nur mit ehrfurchts= vollem Schweigen zu schöpfen wagten. (Grimm M. 210.) Selbst den Seeräubern soll dieses süße Wasser des heutigen Hartbrunnens heilig gewesen sein. (Schade U. 116 f.)

Beim Ittstätter Hof, nahe bei Klosterbergen, der allein von der ehmaligen Pfarrei übrig ist, fließt im Heiligenholz der Wilibalds= brunn aus dem 16 Fuß im Umfang messenden Fels; er zeigt mehrere Löcher, die stets mit Wasser gefüllt sind. In der größten Sommerhitze trocknen diese Höhlungen nie aus, auch ausgeschöpft sind sie gleich wieder voll. Wilibald stürzte hier auf der Reise mit seinem Rosse, und die Eindrücke des gefallenen Pferdes bildeten die größere Oeffnung, die kleinen rühren vom hineingestoßenen Stabe her, worauf Wasser dem Felsgrunde entquoll, um die heidnischen Bewohner zu taufen. Die Abbildung hiervon findet man auf zahl= reichen Votivtafeln.

Der alte Roßgott zieht unter verschiedenen Namen auf. In Weißenburg a/S. ist ein schön gefaßter Wilibaldsbrunn. Im Eich= stättischen gibt es allein deren sechs, wo ein Reiseroß stetig ward und eine Quelle fand. Bezeichnend dafür ist, daß in der Nähe von Nürnberg ein Wilibaldsborn, auch Reitersbrünnlein genannt wird. So quillt unweit der Roßgartkirche zu Königsberg der heilige Brunnen, dessen Heilkraft Kranke von weither anzog. Um aus dem Wasser Geld zu machen, ließ ihn die reiche Besitzerin ummauern, da jedoch verlor sich die Wirkung. (Ziehnert P. V. 207.) Seitdem 1734 Russen und Polen ihre Pferde darin tränkten, ist sie vollends versiegt. (Mann= hardt G. M. 146.) Hier ist der einstige Balderbrunnen unverkennbar. Der Spring in Heiligenbrunn bei Danzig enthielt Wunderkräfte, um selbst Blinden zum Gesichte zu verhelfen; als man aber ein Roß in die Quelle ritt, erblindete der Reiter und die Heilkräfte schwanden. (Karls.)

Im Kloster Gaden zu Heidenheim zeigt man den Wunibalds= brunn oder Heidenbrunn, in welchem Wunibald die Heiden der Gegend taufte. Auch St. Erhard ist durch einen Brunnen verewigt. In Meilenhofen zwischen Neuburg und Eichstätt trugen die Brunnen=

weiber, wenn es längere Zeit nicht regnete, das Bild St. Erhard's zu einer frischen Waldquelle und beteten dabei um Regen. Dasselbe erwies sich bei der Kirchenvisitation 1601 ohne Hände und Füße, also Leonhard ähnlich. Der Zehrbrunnen bei Giehren war nicht minder solch' ein Wunderquell, so lange dort die Kapelle des hl. Wolf= gang gestanden. In alter Zeit wurde er von dem Heiligen mit unsichtbarer Hand in Bewegung gesetzt; welcher Kranke dann zuerst daraus trank, erhielt seine Gesundheit wieder, was ihm auch immer fehlen mochte. Ganze Haufen Krücken und Stäbe wurden daher von den Genesenen zurückgelassen, aber auch so viel Gold und Silber geopfert, daß die Kapelle ungemein reich ward. Seit ihrer Zerstörung ist der Schatz in den Brunnen versenkt, dabei ein lebens= großes Crucifix von Gold, und wird von einem Mönche bewacht. (Lauf. Mag. XL, 240.) Zu St. Wolfgang in Baden. heilt der Heilige einem Pferde den kranken Fuß. (Baader 331.)

Wunderbar haben wir hier in deutschen Landen ganz selbständig einen Brunnen Bethesda oder wie er heute heißt: Ain es Schefa, „Die Heilquelle." Die Wasserbewegung durch Engelshand ist auch in Jerusalem nur eine fromme Sage, und diese Stelle gehört eigentlich nicht in den Evangelientext, was seit dem Kirchenlehrer Origenes jeder Gottesgelehrte weiß, obwohl die Legende bis heute von den Kanzeln verlesen wird. Man kennt die Quelle in der Tiefe an der Abendseite des Tempels jetzt genau, sie steigt und fällt auch heute noch, das ist Alles!

80. Wodan zu Pilatus und Herodes erniedrigt. Holda Pharaildis als Herodias.

Aergeren Schimpf wußten die römischen Glaubensboten den alt= verehrten Göttern der gutherzigen Germanen nicht anzuthun, als indem sie ihnen die verfluchten Namen der Bibel anhingen, und hier Pilatus, dort Herodes oder Herodias und den ewigen Juden unter= schoben.

Der Pilatusberg bei Luzern hieß romanisch Fracmont, vergleichbar dem Brochinberg in Ostfriesland, vielleicht auch dem Brocken. Ur= sprünglich hieß der See Pilatus (pileatus von der Nebeldecke, welche Unwetter verkündet?), die Schweiz kennt übrigens viele Hutberge.

Nun aber mußte der Landpfleger auf einem Höllenrappen in die Tiefe sprengen, daß die Hufe der Hinterfüße sich, noch heute sichtbar, in den Fels eindrückten. Jährlich am Karfreitag stieg er empor und setzte sich in rother Toga auf den Richterstuhl, einen Stein mitten im See. Dieser ist schwärzlich und unergründlich, hat weder Zu= noch Abfluß, gefriert auch nicht; wirft man einen Stein hinein, so ziehen sich die Wolken zusammen und es bricht ein fürchterliches Unwetter los. „Der See in der andern Welt" bei Duschitz brausst ebenso auf, wenn man einen Stein oder ein Holzstück hineinwirft, und schleudert dasselbe wieder heraus. Merk= würdig ließ der Rath zu Luzern 1387 sechs Geistliche gefangen setzen und Urfehde schwören, weil sie es wagten, den Pilatusberg zu besteigen, ja setzte Strafe an Leib und Leben und Gut darauf. Der Luzerner Pfaffe Joh. Müller predigte sogar, man solle den See, worin die Leiche des Landpflegers nach dessen Selbstmord versenkt worden, durch einen Abzugskanal trocken legen, der 1594 wirklich begonnen ward, nur erwies sich das Werk als unausführbar. Die Hirten mußten eidlich versichern, Niemanden in die Nähe zu führen, um den Geist nicht zu necken; man fürchtete, daß der Kreinsbach Luzern den Untergang bringen würde. Noch vor wenig Jahrzehnten bekamen die Schäfer den Ruftäs, weil sie durch einen Milchtrichter den Abend= segen riefen, damit der Unhold dem Vieh nicht schade; am Thiersee geht Pilatus sogar als Viehschelm um. Der Berg galt für einen sabbat= lichen Hexentanzplatz. Ein fahrender Schüler beschwor ihn einst und stellte sich dabei auf einen Stein, der aber unter seinen Füßen wankte. Dieß ist ein Schwung= oder Gnappstein noch aus der Keltenzeit, nur sechs Fuß lang, drei breit, welchen auch die Sennen mit leisem Körperdruck unter Klang in Bewegung setzten, auf dem sog. Mittags= gipfel gelegen. Dominik heißt eine natürliche Steinfigur in der soge= nannten Höhle am Pilatus, die, nach außen sichtbar, von weißem Gestein und angeblich dreißig Fuß hoch, einem Manne mit zusammen= geschlagenen Beinen gleicht, der sich auf eine Tafel stützt; der Meißel hat vielleicht nachgeholfen. Man ruft Domini in die Höhle, um das Echo zu wecken; sie soll durch den ganzen Berg gehen und am Mondloch auf der Taulisalpe auslaufen, was aber nicht richtig ist.

Der wilde Jäger Türst läßt sich mit Gefolge am Pilatus ver=

nehmen. Es ist vielmehr Wüetisheer mit Woban an der Spitze, der selber Widrir, der Wind= und Wettermacher heißt. Auch versammeln sich auf dem Berge, wie am Blocksberge die Hexen. Eine Pilatus=scharte passirt man am hl. Bluttauern.

Wie Odin mit dem Zunamen Höttr, der mit dem Hut, seinen Hochsitz Hlidskialf hat, so Pilatus auf der Kanzel, dem Felsvorsprunge von wo er die Wetter niedersendet. Aber: „Hat Pilatus einen Hut, so wird das Wetter gut.“ Der Muet mit dem Breithut im Kinder=spruch ist eben Woban. Im kleinen See daneben soll des Pilatus' Frau liegen. So tritt Herodias für Pharaildis oder Frau Hulda ein und durchstürmt die Lüfte. In Tyrol heißt Berchta des Pilatus Weib; sie, die den Sitz mit Woban theilte, wird zur Unholde. Wie der Sleipnir im wilden Sprunge seine Hufeisen gegen einen Berg bei Wexio in Schweden schleudert, daß man noch die Spuren sieht, so hier des Pilatus Roß. Wie Wuotan bei Saxo der unermüdliche Wanderer, in der Edda Wegtamr, Gangradr, Gangleri, der wegmüde heißt, steht Pilatus in langer Kutte mit hohem Pilgerstab und Breit=hut vor uns.[1])

In Westphalen heißt der Weltläufer Robes oder Herodes. Anderseits stürmt Herodias, deren Tanz dem Täufer Johannes das Leben kostete, verfolgt von dessen Haupte an der Spitze der wüthenden Hexen durch die Lüfte. Ein Drittel der Welt ist ihr eigen, wie dem Surtr — es ist eben Hulda im biblischen Gewande, bei Burchard l. Worms X, 1 mit Diana verglichen: wir verzeihen gern, daß die Tänzerin Salome mit ihrer Mutter verwechselt ist. Frau Hilde, latinisirt Pharaildis, stellt sich als Windsbraut Woban zur Seite.

Der Fracmont oder helvetische Brocken mit dem Nebelhut blieb als Wetterprophet in Ehren, seitdem die Urbewohner darauf den beweglichen Setzstein errichteten; die Alemannen weihten ihn ihrem Sturm= und Wettergott, wie noch im IX. Jahrhundert ein Wotin=perach bei Toggenburg genannt wird. Der untergeschobene Landpfleger verdrängte nicht die früheren Insassen. Im Hintergrunde der Dominik=

---

1) **Rochholz**, S. II. 306 f. Mitth. d. antiq. Gesellsch. in Zürich XII, 150 f. **Wolf**, Zeitschr. I, 100.

höhle ſchlummern die drei Telle, um dereinſt zur Befreiung des
Vaterlandes aufzuerſtehen.   Wie zu Upſala die drei alten Götter in
drei Hügeln ruhen, und Kolumban ſie zu Tuggen bei Zürich und
bei Bregenz mit Bierſpenden geehrt fand, zählen wir leicht deutſche
Berge auf, worin drei Männer ſitzen: ſo zu Saluren, im Zopten
und Künsberg in Schleſien, im Schloß Aura, zu Auerbach in Heſſen
und Tiefenthal im Moſelland, endlich noch im Frakſtein im Schweizer=
Prättigau und im Grütli.   Drei Männer, darunter ein einäugiger,
ſchrecken einen Schatzgräber am Hunnengrabe bei Steinfeld im Bremer
Marſchland, es ſind Woban, Donar, Frö, oder Odin, Hönir und Loki.
Auch auf der Scheibenfluh im Emmenthal vertieft ſich ein großes
Loch in den Berg; darin liegt Pilatus begraben und wirft man
muthwillig einen Stein hinein, ſo bricht ein Wetter los.   Der Stein,
in die Fluth geworfen, ſtellt den Donnerſtein vor, welcher Ungewitter
mit ſich bringt.

81. König Waßmann als wilder Jäger und der Königsſee.

Daß unſere Hochberge Gottes= oder Rieſen=Namen tragen, iſt
für die Sagenforſchung von Belang, ſo der Juiven (vom etrur.
Juve = mons Jovis), Frau Hütt, der Pilatus, und der gleich dem
Atlas verſteinerte Waßmann.   Dieſer gilt für eine Benennung Wodans,
und wir erfahren erſt vom Nachbarlande aus, daß der Königsſee nach
König Waßmann benannt ſei.   So reich iſt die Phantaſie des Berg=
volkes, daß man auf jeder Seite des Alpenſtockes ſich dies oder
Anderes erzählt.

König Waßmann hatte ſein Schloß am Königsſee, hoch ragte
es in die Lüfte; aber tyranniſch ließ er die Bauern vor den Pflug
ſpannen und hetzte die Hunde mit Huſſa auf ſie. (Freiſauff 320 f.)
Sein Vergnügen war die wilde Jagd durch die Saaten, doch nicht
minder litten Heerde und Hirt von den Rüden, die auch das Wild todt
hetzten.   Aber der Fluch einer Mutter traf ihn, die Beſtien vergriffen
ſich an ſeiner Frau und den ſieben Kindern; ſie verſteinerten zu
ſieben Zinken neben ihm und ſeinem Weibe, die zwei Seen in der
Tiefe füllten ſich von ihrem Blute.   Der größere heißt Königsſee,
die Alpe dagegen der Hundstod, weil dieſe von da ſich herabſtürzten.

Auf dem Berge Watzmann hat man auch noch Trümmer von der Arche Noa entdeckt — nämlich vom Schiffer Bergelmir.

Am Säntis herrschte ein Riese, dessen Uebermuth sich so hoch verstieg, daß er König über Alles zu werden begehrte. Da erhob sich ein Donner im Felsgrunde und Eissteine deckten den Unmenschen sammt Stall, Vieh und Alme zu. Saussure, der erste Besteiger des Montblanc, konnte ein Jahr lang keinen Führer finden, weil derselbe für einen Mont maudite oder verfluchten Berg galt, wo ein Geisterkönig, wo nicht der Höllenfürst, throne. Der Berggeist schützt die Gemsheerde vor dem Jäger. (Herzog I, 180.)

Vom hl. See auf dem Pik von Ibague in Columbien ging Bachue, die Urmutter der Chibchas aus; er bleibt wegen geisterhafter Scheu unentweiht, selbst kühne Jäger wagen sich kaum hinauf, und man spricht kein Wort, da sonst schreckliche Gewitter losbrechen, zumal wenn man in das todtenstille Wasser einen Stein wirft. Im See Tota nimmt der Teufel die Gestalt eines schwarzen Fisches an. (Bastian Altam. C. 318.) Dieß stimmt zu dem lange gemiedenen Pilatusberge.

82. Die wilde Jagd durch die Tenne.

Ueber den Tempelberg von Jerusalem lief die Grenze von Juda und Benjamin; Scheidemarke war der schwebende Schrofen Eben Schatja oder Setzstein auf der Tenne Aravna. Solche Pendel‑felsen waren selbst im Sturme beweglich. Auf Moria steckte der Engel der Pest sein Schwert ein und baute David den ersten Altar. Hier standen Thron und Altar, Palast und Tempel einander gegen‑über, und wie der Talmud (Joma fol. 25, 1) beurkundet, war der Richtsaal Gazith derartig gebaut, daß die eine Hälfte in's Heilig‑thum sich hinein erstreckte, die andere im Heidenvorhofe stand. Der Vorsitzende hatte seinen Stuhl auf der Abendseite des Conclave, und das Urtheil wurde so auf heiligem Grunde gesprochen. Der Traktat Sevachim f. 108, 2 erklärt, daß die Schechina (über der Bundes‑lade) auf dem Antheile des Stammes Benjamin, des Synedrium im Gebiete Juda lag, so daß die Richter zunächst dem Altare und An‑gesichts des Heiligthumes den Spruch fällten, während Kläger und Beklagte an der andern Halbseite auf profanem Boden standen.

Adonai hält sich auch als deutschnationaler Odin oder Wodan merkwürdig an die Tenne, ist dieselbe doch geweihter Boden. Sein Auszug kündet den Krieg an; auch lebte er insoferne noch fort, als bei Hinrichtungen mit Strang oder Schwert er seine Opfer im Sturme heimholt und drei Tage der Wind geht.

J. Grimm wagte die Frage, ob die alten Götter wirk= liche Wesen waren, nicht zu bejahen noch zu verneinen, bezeichnet aber (Kl. Schr. 65) den Weg des deutschen Deus Terminus: „Durch den Stadel, mitten über der Tenn" geht die Grenze, auch wohl durch ein Loch in der Wand, durch die Stube, den Ofen oder Küchen= herd." Daß das wüthende Heer durch die Tenne fährt, erinnert auch Wolf (Beitr. II, 160), damit aber kein Schaden entstehe, eilt der treue Eckart als Mahner voraus.

Im Schwarzwalde zieht das Muotisheer durch die Scheuer, beim Martisbauern mit allen Hunden durch den Keller. (Meier 130. 151.) In Martin mit seinem Mantel geht eben der kriegerische Wodan auf. (Rochh. N. 20. 23 f.) In Wickersdorf b./W. geht die Grenze mitten durch ein Haus und sogar durch den Ofen, wobei es öfter vorkommt, daß in der Kochmaschine der Kaffee im Altenburgischen und die Kartoffel daneben auf sächsischer Seite gekocht werden. In einem Nachbardorfe durchschneidet die Grenze einen Kuhstall, so daß die Kühe ihr Futter im Altenburgischen zu sich nehmen, während sie auf sächsischem Antheile verdauen. Die vergangene Zeit mit ihren vielen Privilegien und Rechten lieferte noch viel mehr Komisches. So kamen früher in Waldsachsen, wenn dort die Essen gefegt wurden, oft nicht weniger als fünf verschiedene Schlottfeger aus Altenburg, Schmölln, Meerane, Crimmitschau und Zwickau zusammen, um ihres Amtes zu walten.

Im Kriegshof bei Allerheim geht die Grenzlinie zwischen Kur= pfalz und dem Fürstenthume Oettingen mitten durch die Stube, eine Steintafel am Ofen gibt noch davon Meldung. In Ergoltshofen und Geltmühle in der Teufelsmauer fährt die wilde Jagd durch den Ofen. Es galt zum Rechtsschutze, Höfe an die Flurmark zu bauen, so daß die eine Hälfte diesem, die andere jenem Gerichte angehörte. An derselben Grenzlinie römischen und deutschen Gebietes hört man das Getöse der wilden Jagd; ja auf dem Detschenhof bei Erkerts=

hofen nahe bei Weißenburg a/S., wie an dem gerade dem Pfahlgraben anliegenden, Bauerngute zu Güntersbach erzählt man, daß der Besitzer jedesmal in der Christnacht einige Kacheln aus dem Ofen auslöse, damit der Gottseibeiuns, welcher in der hl. Nacht auf der Mauer seinen Auszug hält, bei der jährlichen Fahrt durch Wohnstube, Küche und Rauchfang nicht den ganzen Ofen zerstöre. Auch bei Heresloh hört man die Jagd: Hundebellen, Rufen und Schreien. (Kugler, Altmühlthal 68.)

Den gleichen Weg nehmen christliche Prozessionen; zu Pferde geht es zu Fürstenfeldbruck durch die Leonhardskirche mitten im Markte.

Die feste Begrenzung des Gebietes wurde durch die Anlage von Gerichtsstätten und Kirchen bezweckt. Die uralte Markung Londons ward durch den Rathsaal in der City bestimmt. Der Pfarrhof von St. Cergues im Kanton Waat, dem ursprünglichen Helvetien, steht halb auf französischem, halb auf Schweizerboden. Bei unheilvoller Trockniß eilt ein Bote am Grenzorte Gerons in den Pyrenäen zur Quelle des hl. Lizier, füllt stillschweigend ein Gefäß und gießt die Hälfte auf spanischem, die andere auf französischem Boden aus, nachdem er beiderseits den Erdboden geküßt hat. Dieß wiederholt ein anderer, bis Regen tropft.

83. Die Guren von Haag. Gebietserwerb und Grenzlauf.

Das Roß (horse) galt den kriegerischen Germanen für das edelste Thier, und leitet diesen seinen Namen vom Wiehern her, wovon schon die alten Perser Weissagung entnahmen. Es wiehert mit halb menschlicher Stimme zum Kampfe. (Bechstein S. 107.) Beim hl. Roß schwuren die Gothen dem Alarich treue Gefolgschaft. Der Name Gure erinnert an die asiatische Heimat und lautet indisch gora, armenisch Kurre. Bei den Persern, unseren nächsten Stammesbrüdern heißt Gur das Pferd, auch der wilde Esel; die hindostanischen Parsi in Guzerate nennen Gora noch das Rößlein im Schachspiel. Gure heißt auch über Landsberg hinaus nach Schwaben Gaul oder Mähre.

Unter der Maurja-Dynastie entbrannte in Indien ein großer Krieg, als das heilige Pferd des Puschpamitra entführt wurde. Beim Aswamedha-Feste ward das Roß mit dem Spruche entlassen:

„Durchstreife Berge, Wüsten, Wälder, Städte, stampfe Alles unter deine Füße und sei Sieger über die Könige. Vertilge die Rakschasas und alle Bösewichter." Die Radschputen ließen ein Pferd los, um die Richtung der Eroberung zu bestimmen. Das weiße Roß der Libussa leitet die Gesandten zu Przimislav. Die alten Preußen jagten aus der an Rossen gemachten Beute eines zu Ehren der Gott= heit todt. Die Mongolen heiligten Pferde, die Niemand berühren durfte, und die Tataren Südsibiriens gaben beim Pferdeopfer einem Schimmel die Freiheit, indem sie ihm den Zaum abnahmen. Catlin sah, wie in einer Prozession der Pahnis=Indianer ein Häuptling seinem Lieblingsroße die Freiheit gab, das sich den wilden Heerden der Prairie zugesellte, und wenn es mit dem Lasso gefangen, sogleich wieder frei ausging, denn es gehörte dem großen Geiste. Haag hieß ehedem Gorenhaag und hat einen rothen Schimmel im Wappen. (Oberb. Arch. XVI, 284.)

Durch den Umritt auf einem Schimmel, Wodans heiligem Thiere, erwarb der älteste Gure von Haag den Besitz der Grafschaft und bestimmte ihre Grenzen, indem er in Einem Sauser selbst dem Bauern durch die Tenne sprengte, bis sein Roß strauchelte. Anderthalb Stunden von Haag liegt, nach Hohenlinden zu, der Schimmelberg mitten im Walde mit einer Tafel auf der Schneide; sie zeigt einen mit dem Vorderfuße gestürzten Schimmel und die Inschrift: „Mein, fällst hier schon, Gure?" 1058. Früher stand da eine Säule oder Steinpyramide, worauf das stürmische Roß eingehauen war; ein solcher Stein soll auch noch im Walde liegen. Ludwig der Fromme ertheilte Heinrich dem Welfen bei Ravensburg einen Landstrich, so weit er ihn mit dem Pfluge umfahren könne. Dieser aber nahm einen goldenen Pflug oder Wagen mit auf's Roß, und ritt sporn= streichs, bis seine Stute am Märenberge nicht mehr weiter konnte. Wie Herodot die Sitte von den Skythen meldet, belehnte nach der arabischen Romanze Muhammed nach dem Roßhufe mit Ländereien. (Zähn I, 427. 431.) Unser Hof oder die Hube stimmt nahe dazu.

84. Das Johannisfeuer.

In der Hochzeit des Jahres feierten die Druiden die Ver=
mählung des Himmels mit der Erde, und die jungen Paare
sprangen Hand in Hand über die Flammenlohe. Die Deutschen
blieben hinter den Celten nicht zurück, sie huldigten ja der Sonnen=
religion, die, wie der Baalsdienst im Morgenlande, die höchsten
Freudenfeste mit sich brachte. Nur die Einwohner des dunklen Welt=
theils begehen kein Sonnenfest, denn ihnen ist der glühende Feuerball
zur höchsten Qual. Kaum ist eine hinunter, sagte ein Bari=Neger
zum Missionär Knoblecher, so kömmt am nächsten Tage eine andere
herauf, die um nichts besser ist. Schon Herodot IV, 184 weiß, daß
die Ataranten der Sonne fluchten, weil ihre Glut sie verzehrte.

Aus der Bibel wissen wir, daß die Kananäer, und nach ihrem
Beispiele die Hebräer, die Kinder durch's Feuer trugen, also nicht bloß
die solare Lichtweihe, sondern auch die Feuertaufe ihnen gaben, um sie
gegen alle Uebel zu schützen. „Laß Sohn und Tochter nicht durch's
Feuer gehen, heißt es Deuter XVIII, 16. Theodoret von Cyrus führt
als altasiatische Reinigungssitte auf, beim höchsten Sonnenstande
in Sommers Mitte durch's Feuer zu springen. Dieß ist Knaben=
brauch in Persien. Zonaras hält die entsprechenden Feuer in
Constantinopel für den Rest altgriechischer Gebräuche.
Im alten Rom setzten am Gründungstage der Stadt, 19. April,
beim Feste der Palilien zu Ehre der Weidegöttin Pales Menschen
und Vieh dreimal durch's Feuer. Selbst bei den fernen Kanadiern
brachte die Feuerverehrung mit sich, daß sie um dasselbe tanzten
und darüber sprangen.[1]

Um Sonnenaufgang nach der Hochsommernacht zu schauen ging
nicht bloß der Engländer hinaus, sondern um das hehre Schauspiel
vor Augen zu haben, auch ziehen die Tübinger nach altem Glauben
haufenweise auf den Spitzberg, die Mössinger auf den Roßberg,
die Pfullinger auf den Georgenberg, die Reutlinger auf die
Achalm, und zwar schon um Mitternacht mit Fackeln und Musik=
begleitung. Am Dreifaltigkeitsfeste, wenn man den rechten Augen=

---

1) J. G. Müller, Urreligion 56. Sepp, Das Heidenth. I § 45—52.

blick trifft, kann man drei Sonnen aufgehen sehen. Das Sonnenrad
mit durchkreuztem inneren Kreise und drei weiteren zackigen Strahlen-
ringen findet sich schon auf altgermanischen Thonscherben, so am
Steinberge in Niederösterreich. (Much, Germ. Wohns. 62.) Es gilt
mit den Speichen in Kreuzesform für das Zeichen Odins, könnte
aber auch den Thierkreis bezeichnen. In Norddeutschland kam es
noch in unseren Tagen bei Seuchen vor, daß die Bauern in alter
Weise Notfeuer anfachten und das Vieh dreimal hindurchtrieben,
erst die Schweine, dann Kühe, endlich Pferde. (Colshorn D. M. 351.)
Aber in's indische Alterthum scheint es hinaufzureichen, wenn man
im Salzburgischen neunmal über das Johannisfeuer springt.

Beim Holzsammeln zum Scheiterhaufen stimmen die Kinder
am Lech und an der Wörnitz den Gesang an:

> Ist ein braver Herr im Haus,
> Gibt er uns ein Scheit heraus,
> Zwei Scheiter und zwei Poschen,
> Macht es brennen und gloschen.

Beim Ueberspringen des Feuers singen die Burschen:

> Unter'm Kopf und überm Kopf
> Thu' ich mein Hütel schwingen,
> Mädel wenn b' mich gern hast,
> Mußt mit durch's Feuer springen.

Am Illerberge in Schwaben findet das Himmelfeuerbrennen
an drei Sonntagen vor und nach St. Veit statt; junge Bursche
ziehen dann von Haus zu Haus und schreien:

> „Heiliger Sankt Veit,
> Gib mir auch ein Scheit,
> Gibst du mir kein's,
> So stehl ich mir ein's."

Längs des bayerischen Waldes erglänzen dann die Feuer, und im
Ries versammelt sich eine Masse Menschen, um selber durch die
Flamme zu springen oder andere springen zu sehen.

Seit unvordenklicher Zeit begehen dieß Fest die Umwohner des
Ossenkopfes noch auf allen Hügeln, und wie feierlich mag dieß im
Alterthume am Mittelgebirge Deutschlands, dem geisterhaften Wichtel-
oder Fichtelberge, geschehen sein! (Scherer 30.) Der mächtige Ringwall

bei Dürkheim aus germanischer Vorzeit, mit dem Brunhildenstuhl
und der Brunhildenhöhle ist zugleich die Stätte, wo noch bis in die
jüngsten Tage die Johannisfeuer angezündet wurden. In Ostpreußen
verbinden noch heute die Masuren mit dem Johannisfeuer die
Erneuerung des Herdfeuers. Dieses wird zuvor ausgelöscht,
dann ein eichener Pfahl in den Boden gesteckt und so lange her-
umgedreht, bis er sich entzündet. Mit diesem Feuer werden dann
Scheite angebrannt und in die Häuser getragen. (Töppen 71.) In
Nauders spielte das Feuerhupfen beim immergrünen Lärchenbaum.
Wenn man das Sonnwendfeuer nicht rechtzeitig auslöscht, springen
um Mitternacht die bösen Geister mit darüber und reiten auf Schür-
hacken herum; daher geht man zu Kraiburg um zwölf Uhr heim.
Dieß ist wieder eine Nachrede wegen des vorchristlichen Brauches.
Aus dem Blute Johannis des Täufers entsprang eine Blume, Johannis-
kraut oder -blut genannt. Sie dient zur Weissagung: „liebt mich,
liebt mich nicht." Unsere deutschen Vorältern sprachen in ähnlichem
Sinne von Balderskraut; im Pflanzensafte steigt ja das Blut des
Naturgottes auf. Vom Blute Odins entkeimen die Blumen des
Lenzes, wie die Anemone von dem des Adonis, die Rose von Thammuz',
dem Blute des syrischen Leidensgottes. Aus Attys Blut geht das
Purpurveilchen auf, und Hyacinthos lebt in der Blume gleichen
Namens fort; Blutstropfen des Cadmilos gaben dem Eppich das
Entstehen. Mit Götternamen bezeichneten vor allen die Deutschen
heilkräftige Pflanzen; ihre Stelle nehmen jetzt christliche Heilige ein.
Schwärmt ein Imm am Johannistage, so baut er einen Kelch.

85. Brandopfer.

In Rußland wirft man zuweilen einen weißen Hahn in's
Kupalofeuer. Am andern Ende Europas, in den Pyrenäen wird
eine Säule von Weidenzweigen zum Johannisfeuer hergerichtet, auch
eine Menschengestalt aus Weidengeflecht mit verbrannt. (Mannhardt,
Baumk. 515. 523.) Cäsar b. g. VI, 16 versichert, daß die Massi-
lioten darin wirklich Menschen verbrannten. Herakles auf dem Oeta
konnte zum religiösen Vorbilde dienen. Zu Malbergweich an der
Mosel zündet man eine Hütte an. Auf Johannistag verbrennt man
in Schwaben den Engelmann aus Holz mit einem töpfernen Kopfe

und mit Stroh umflochten. (Birl. B. II, 100.) Die Rottenburger
köpfen ihn, wie es mit dem Täufer geschah. In Aurdorf am Inn
brennt man außerdem noch Feuer auf Peter und Paul, und zwar oben
am Kaiser wie in der Niederung; dabei wird St. Peter als Strohfigur
mit Raketen beladen, die losgehen und ihn mit verbrennen. Oft
wird eine Strohpuppe als alte Hexe in's Feuer geworfen, ebenso
Beifuß und andere Zaubermittel. In Oberösterreich wurden Hansl
und Gredl als Strohpuppen auf Stangen mit dem Holze des
Johannisfeuers verbrannt, dann erst sprang man darüber; man
ging vorher wohl auch betend um die Flamme. Meth und Holler-
küchel gehörten zur Tagesfeier. Der Acker erfreut sich neun
Jahre auf die Kohle, wo das Feuer einmal angezündet ist. Die
Asche der Johannisfeuer gehört auf die Felder.

In Spanien heißen die Johannisfeuer verbena, weil man
Eisenkraut darein wirft. Altfränkischer Volksbrauch war, Kränze in's
Johannisfeuer zu schleudern mit dem Spruche: „Von mir zieh und
werde verbrannt mit diesen Blumen all' mein Unheil." In der
Johannisnacht blühen die Farrenkräuter und werfen ihren Samen
ab — ob am 23. oder 24. Juni — die Wahl steht frei. Auf
Schloß Saalenstein in Oberfranken blüht am Johannistage 12 Uhr
Mittags eine Johannisblume (hypericum); wer sie findet und mit
der Wurzel ausreißt, ergründet Schätze. Beim Johannisfeuer kränzte
man sich mit Blumen und Kräutern, wie Beifuß und Eisenkraut.
Wasser mit Kohlen, von diesem Brande abgeschreckt, ist Lungensüchtigen
gut. Wenn der vortreffliche Maler Riefstahl die ersten Glaubensboten Berge ersteigen läßt, um gegen so unschuldige Alpenfeuer und
die beim Sonnenopfer betheiligten Priester einzuschreiten, was soll
man dann von alttestamentlichen Judenbräuchen sagen, wo schon
Abraham seinen eigenen Sohn zum Bergopfer bestimmt!

86. Bergfeierlichkeit.

Die Sonnwenden und Tag- und Nachtgleichen begründeten die
natürliche Zeiteintheilung und bildeten die Hauptjahresfeste. Die
Osterfeuerspitz bei Eschenloh rechtfertigt ihren Namen; dort
brannten schon in der Römerzeit Signalfeuer, führt doch die Römerstraße unterhalb vorüber. Zu Daffel in Hannover wählte man zum

Osterfeuer Bocksdorn, der zu den Hexenbäumen zählt und wohl dem Donar heilig war. Das Funkenfeuer und Scheibenschlagen in Schwaben auf Fastnacht steht dem Johannisfeuer gleich. (Birl. B. II, 56 f., 67. 105 f.) In Erbach heißt das dieses Himmelsfeuer, zu Ehingen Zündelfeuer. Am Vorabende von Michaeli sammelten Knaben in der Stadt Prüm Holz zum Michaelsfeuer. Auf Martini wird Abends ein brennendes Rad vom Falkenlay bei Bertrich gerollt, ebenso zu Münstereifel vom Radberge, dasselbe geschah zu Witlich an der Mosel, in Münstereifel, Trier und an der Saar. Der Johannisberg in Luxemburg führt von der Feierlichkeit den Namen. Der Sonnenkult brachte die Feuerfeste an allen vier Wende-punkten des Jahres, auch auf Weihnachten mit sich.[1]

In Kroatien heißen die Johannisfeuer zum Darüberspringen Krieß. Das Feuerfest in Budissin hieß der Sommerempfang. Auf halben Wege vom Riesengebirge nach Breslau liegt der Zobtenberg, muthmaßlich mons Aciburegius im engeren Sinne, mit dem Städtchen Zobten vom XII. Jahrhundert an. Soboth, Sabotha, Sobatka heißt polnisch ein Freudenfeuer, worüber man springt, um gegen Krankheit geschützt zu sein, ebenso unser Johannisfeuer. (Preußker II, 19.) Welch' ein Jubel tönt von den Sonnenfesten aus ältester Zeit her! Bei Hoch-dorf in der Schweiz liegt die Spielmatte, auch hört man auf der Glarner Sandalpe bisweilen liebliche Musik. Steub entdeckte in Tyrol eine romanische Alm, Sampanozada, was an die Zampognari oder Pifferari, Hirten aus den Abruzzen erinnert, die ihre Sym-phonien auf Weihnacht seit unvordenklicher Zeit spielen. Dieses Spiel galt ursprünglich dem Herrn des Himmels und der Erde.

Einzig Johannes des Täufers Geburtstag wird neben jenem Christi begangen, sonst bei Heiligen nur der Todestag. Dieß hängt mit den Sonnwendfesten in aller Welt zusammen, und passend ver-wertete die Kirche dabei den Ausspruch Joh. III, 30: „Er muß zunehmen, ich aber abnehmen." Von Weihnacht an wachsen die Tage, von Johanni geht es abwärts. Das höchste Wesen der Tscheremissen, Juma, hat sein Fest um Mittsommer; ein ein-

---

1) Schmiß 43. 46. Simrock, D M 2. Aufl. 578 3. Aufl. 541. Sepp, Heidenth. 1, § 47—52.

samer „Heiligen=Baum" im Walde dient zum Opferplatz (Keremet) und
hat drei Zugänge, von West, Süd und Ost. Die Männer versammeln
sich da auf drei Tage, keine Frau darf dahin; man reinigt sich mittels
Waschungen und trinkt Meth. Der oberste Priester zündet sieben
Feuer an, das nordwestliche gilt dem Juma, die andern den Planeten=
göttern. Thiere werden vorgeführt und siebenmal mit Wasser be=
gossen; schaudern sie, so sind sie opferfähig. Ein Hengst wird dem
Juma, eine Kuh der Gottesmutter (Jumon Awa) geopfert, das
Blut muß in das betreffende Feuer spritzen, das Fleisch wird in
Kesseln an den sieben Feuern gekocht, auch auf einem Tuche Kuchen
und Trankopfer umhergestellt; dann vom Hohenpriester das Brod
auf einem Teller nebst einem Becher Meth unter Gebet vor dem
Feuer geopfert: das Volk ruft Amen. Zuletzt wird von ihm ein Licht
auf den heiligen Baum gesteckt; alle thun es ihm nach, bis der
ganze Baum illuminirt ist. Dann fallen sie auf die Kniee und
beten das Gesicht am Boden 18 Gebete (nach jüdischem Ritus). Hier
geht Heiden=, Juden= und Christenthum merkwürdig durcheinander.
Sie stellen auch brennende Kerzen auf die Gräber, verzehren unter
Klagen einen Kuchen und legen, jeder drei Bissen, dem Todten hin,
sprechend: „Das ist für dich!" Sodann gehen sie am 3., 7. und
40. Tag zu Grabe, und begehen jährlich das Gedächtnißfest der
Abgeschiedenen. (Om Seraik. Haxth. Rußl. I, 446 f.)

87. Der Sonnentanz.

Vom Nordpol schreibt Tacitus S. 45: „Jenseits der Suionen
(Schweden) dämmern die letzten Strahlen der untergehenden Sonne
schon wieder zum Aufgange. Daß man die Gestalt der Götterrosse
und das Strahlenhaupt (der Sonne) sehe, ist Einbildung." Gleich=
wohl stiegen wir in der Jugend mit demselben Glauben zu Berge, um
Morgens den ersten Lichtblitz mit derselben Erscheinung zu erwarten:
so sehr liegt dem Volke die altväterliche Religion im Blute.

Die Sonne selbst thut in den vier Wendepunkten ihrer Lauf=
bahn drei Freudensprünge. In der christlichen Zeit hieß es zu Ehren
der Geburt und Auferstehung; auch am Himmelfahrtsmorgen oder
in der Ehre Johannes des Täufers. Am Ostermorgen glaubte man
die Sonne am Himmel tanzen zu sehen. Im orientalischen Cult

soll der Tanz die Bewegung der Planeten vorstellen. Die Araber
tanzen um das Feuer der Zaubernacht, Leilat al vuluv. In Schwaben
kennt man noch den Sonnentanz in der Christnacht, dazu kommen die
Oster=tänze auf Bergen und Hügeln. (Germania I, 67.) In der
Johannisnacht tanzten die deutschen Mädchen um den Flachs auf dem
Felde, daß er hochwachse; schlägt man dagegen auf Johannis Ent=
hauptung mit der Axt an einen Baum, so verdorrt er. Am Bodensee
springen so Bursche wie Mädel im Rundgange über das Johannisfeuer,
es dauert oft mehrere Stunden. Verbrennt sich eines, so muß es ein
Stück Gewand nach dem andern zum Pfande geben, bis es nur noch
ein Hemd anhat, sei's auch ein Mädel. (Meier 380 f. 401. 424.) In
Niederösterreich ist am Johannistage Feuer an Feuer bis nach Steier=
mark hinein. Die sprühende Lohe lodert in den Dörfern und auf
allen Bergen. Besen werden angezündet und damit tanzt man um
den Scheiterhaufen. An die Nodfyr schloß sich die wüthende Tanz=
epidemie des XIV. Jahrhunderts seit dem Johannistage 1374 an.
Der Veitstanz galt für eine heilige Krankheit und ward vermuthlich
mit dem Sonnentanze in Beziehung gesetzt. Die Anrufung des Sankt
Veit fehlt beim Mittesommerfeuer nie, und der Heilige (Suantovit)
hat seinen Kalendertag eine Woche vor Johanni.

Der 72jährige Herzog Stephan II. hielt im Juni 1401 mit
Elisabeth von Cleve Hochzeit und sprang rüstig mit ihr über das
Sonnwendfeuer. Kaiser Friedrich III. ließ 1473 zu Regens=
burg ein großes Faß mit Harz und Holz füllen, dasselbe auf den
Markt stellen und die „fürnemsten Frouwen" dazu einladen, die mit
den Herren Rittern und Knechten öffentlich um das Faß tanzten,
das in Brand gesteckt wurde. Als das Faß zerfiel, hatte der Kaiser
eine große Freude: „er tantzt auch und warff den Arm uff, und
meint, er hette ein Löwen überwunden." Außer den weltlichen Fürsten
wohnten die Bischöfe von Mainz, Trier und Eichstätt dem Feste bei.
Der ritterliche Kaiser Maximilian I. ließ am Frohnhofe zu Augs=
burg das Simmetsfeuer schüren, wobei Erzherzog Philipp mit
der schönen Jungfrau Susanna Neithart, welche den Holzstoß an=
zündete, dreimal herumtanzte — wohl 10000 Menschen waren an=
wesend. (Hormayr, Taschenb. 1834 S. 149.)

Alles nimmt ein Ende! während im 14. und 15. Jahrhundert

noch hochfürstliche Personen in München und Augsburg auf
offenem Markte den Tanz um das Sonnwendfeuer anhuben, und
damit die Bürgerschaft ehrten, legte schließlich die hohe Polizei wider
den vieltausendjährigen Brauch ihr Verbot ein. Die Straßburger
Obrigkeit that dieß schon 1408. Der gestrenge Kaiser Ferdinand I.
schaffte 1524 den bacchantischen Tanz um das Johannisfeuer ab,
wobei Bürgermeister und Rath den Umritt, und Hübscherinen mit
Blumenkränzen im Haare mit Gesellen den Rundtanz hielten. (Kriegk,
Deutsch. Bürgerth. 327.) In Bayerns Hauptstadt wurde der schon
aus Asien mitgebrachte Weltbrauch 1776 verboten. Die Johannis=
bäder dauerten vordem 24 Stunden als äußerst heilsam, wie die
Johannisfeuer die Nacht hindurch leuchteten; der Johannisfreitanz
wurde in Tölz 1658 abgestellt. (Höfler 55.) Zu Lienz in Thyrol
stellte die Polizei die Sonnwendfeuer ein, weil die Bürger einmal
mit Feuerspritzen ausgezogen waren, den Brand zu löschen und dafür
ausgelacht wurden. Dieselben dürften jedoch auf dem Lande mit
all' dem Jubel, der sich daran knüpfte, ebenso wieder in Aufnahme
kommen, wie die Leonhardsfahrten.

88. Das Sonnenrad= oder Scheibenschlagen.

Der Himmelskönig fährt mit vier feurigen Rossen. Der per=
sische Mithras hat falbe Renner am Sonnenrade und die Speichen
glänzen. Das Abwärtstreiben brennender Scheiben oder Wagenräder
um Johanni hat nachbildliche Bedeutung. Die Sonne kehrt nach
indischer Vorstellung ihren Wagen um (Kuhn, H. d. F. 62), sowie sie
den Himmelsberg hinauf oder hinab fährt. Beim Oster= wie Mitte=
sommerfeuer setzte man das himmlische Rad in Bewegung. Beim
Himmelsfuirle am Beitstag in Obermedlingen steckt man ein
Wagenrad auf einen zwölf Fuß hohen Pfahl, läßt es mit Pech
getränkt und strohumwunden auflodern, und richtet dabei mit ge=
falteten Händen wie zum Gebet Arme und Augen gen
Himmel. (Panzer II, 240. 539 f.) Feurige Räder laufen Nachts
oft den Schloßberg zu Peiting herab. Zum letztenmal ließen 1779
die Wollenweber vom Polsberge bei Trier zugleich unter dem Aufzug
der Metzger am ersten Donnerstage in der Fasten ein feuriges Rad
treiben, ebenso die vom Münstereiffel. Die Conzer im benachbarten

Lothringen setzen am Vortage von Johanni ihre Feuerräder bergab zur Mosel in Bewegung und schwingen dabei selbst Fackeln in die Luft. An der Rhön geschieht desgleichen. (Hocker M. 82.)

Der erste Sonntag nach Aschermittwoch heißt in Oberschwaben der Funkensonntag, auch Scheibensonntag, und es findet an ihm das Scheibenschlagen zuvörderst zu Ehren der hl. Dreifaltigkeit statt, wozu der Geistliche das Feuer segnete. (Mannh. B. 455. 465. 500.) Am ersten Fastensonntage zündet man in Tyrol die Holapfannfeuer an und schlägt Scheiben mit dem Rufe:

> „Wem soll die Scheib' sein?
> Korn in der Wann,
> Schmalz in der Pfann,
> Pflug in der Erd',
> Schau wie die Scheib' auße fährt."

Vorher wird ein Kreuz von Stroh aufgerichtet, damit der Teufel das Scheibenschlagen nicht stört. (Menghin 127.) Ende März hielten die Buben das Krotenfeuer ab, umwickelten Reife mit Stroh, zündeten sie an und ließen sie den Berg herablaufen, so am Gügelberg zu Huting, zu Haart und Bergen. Die feurigen Scheiben, über die Saaten getrieben, sinnbilden die kornaufweckende Sonnenscheibe. Das Radtreiben kam früher in der ganzen Eifel vor; am ersten Fasten= oder Scheibensonntage mußte in Geroldstein der jüngste Ehemann ein Rad anzünden und vom Berge rollen. (Schmitz 24.) Daher die Namen Radberg, Radlberg, Radersberg. Zum Sommer= gewinnfeste in Eisenach läßt man am Sonntage Lätare ein brennendes Rad den Berg herabrollen. In Duderstadt geschieht es am Oster= abend, daß man die Osterfeuer anzündet. Vom Kornbühl, dem Hohenzollern gegenüber, läßt der Bruder daselbst, der auch die Wetter= glocke zu läuten hat, das Rad zu Thale.

In der Schweiz findet am Fastnachtsabend das Scheibenschlagen statt, es kömmt dabei auch zu Anzüglichkeiten auf lächerliche Vor= kommnisse im Jahre. Man ruft:

> Schibe, Schibe übern Rhi,
> Die Schibe soll des Maibli fi.   (Herzog 217.)

Zu Matt in Glarus schwingt man in Brand gesetzte Scheiben drei Mal in der Luft und läßt sie dann fliegen.

In Friedingen singt man:

> Scheibe, Scheibe, Scheib über den Rhein,
> Wem soll die Scheib' sein?

Dabei werden, wie vom Frauenberge bei Gerhausen, Strohräder den Haag hinabgerollt. (Meier 424.) Im Bündtner Oberlande hat sich der Brauch des Scheibenwerfens erhalten, so zu Schlans am ersten Fastensonntage; ein Strohmann geht in Feuer auf, woran jeder Bursche seine Holzscheibe anzündet und mit gewaltigem Wurf in die dunkle Nacht hinausschleudert. Jeder ruft dabei sein Vivat dem Mädche zu, das am nächsten Hügel dem Spiele zuschaut, und zum Danke den Kuchen spendet.

Alles überbietet aber das Radschlagen und Scheibentreiben am Mittesommerfeste. In Kärnthen werden buchene Rädchen mit einem Loche in der Mitte mittels eines Haselstockes in die Luft gewirbelt. In jedem Dorfe oder Weiler findet sich ein Scheibbühel. Man schlägt es zu Ehren St. Johanns, dann eines Werbers u. s. w. (Francisci 77 f.) Um Grein in Oesterreich rollt man auf Johanni brennende Pechfäßel in die Donau. Wer Holz zum Johannisfeuer spendet, erhält den urdeutschen Dankspruch:

> „Nimm ein Schimmel
> Und reit in Himmel.“

In Bayern werden beim Haberfeldtreiben die Vergehen im ganzen Dorfe kund, es ging aber auch lustig her; Ledige rufen:

> Scheiben aus, Scheiben ein,
> Wem soll die Scheiben sein.
> Mein Scheiben fliegt woh fein,
> Und gehört der Allerliebsten mein.

Die Asche vom Sonnwendfeuer streut man auf's Feld, die verglimmten Kohlen gegen den Blitz auf's Dach. (Waizer 99.) Die Gelegenheit dient hellauf, die Sünden des letzten Jahres an den Pranger zu stellen. Zu Waldstetten in Schwaben gilt die Schimpfscheibe einer Nachteule oder losen Dirne.

Die Oberpfalz kennt das Scheibentreiben in der Form, daß man einen Reif mit einer Schnur als Bogensehne spannt, den Pfeil mit Werg, umhüllt und angezündet horizontal losschnellt: findet man ihn wieder, so dient er, in ein Flachsfeld gesteckt, dem Flachs rechtes Wachsthum zu verleihen.

Zu Mittenwald in Oberbayern geht auf Johannistag das Scheibentreiben in altgewohnter Weise vor sich; dazu dienen häufig pechgetränkte, mit Stroh umwundene Abschnitte eines Brunnrohres oder ein an langem Stock gestecktes Rad, das angezündet von kräftigen Burschen ihren Mädchen zu Ehren von steiler Berghöhe geschleudert wird. So aber lautet im Karwendelgebirge der Spruch:

> O du mein liebe Scheiben,
> Wohin soll ich dich treiben?
> In b' Mittenwalder Gmoan,
> Meim Lisei ganz alloan.

In Bayerisch Zell heißt es: Du woaßt schon, wen i moan. Es geschieht auch gefallenen Mädeln zum Spott, daß einer beim Hinaus=schlagen ruft: „Die gehört dem Teufel!"

Auf einer Höhe bei Garmisch oder Partenkirchen werden zur Osterzeit die glühenden Scheiben getrieben und in die Luft geschleudert, und dabei den Leuten ein Sündenregister gelesen, daß sie es bei der Osterbeicht nicht vergäßen.

Welch' ein uranfänglicher, ja wegen der Allerweltsgiltigkeit möchte man sagen: katholischer Gebrauch! gleichwohl gelobten die Parten=kircher bei der großen Sterblichkeit 1741, den Unfug (sic!) der öster=lichen Feuer zu unterlassen. (Oberb. Archiv XXI, 106.) O des Unverstandes, bei solchen Anlässen, obwohl gerade Gott zu Ehren derlei Festlichkeiten eingeführt waren, wider so altehrwürdige, un=schuldige Volksgebräuche zu predigen!

89. Glockenfagen auf Johanni.

Die Kirche in Dambeck gilt für vorsündfluthig, der Thurm mit den Glocken ist in den See gesunken, auf Johanni Mittag sonnen sie sich; ein Mädchen, das am Ufer wusch, hing ihr Tuch daran zum Trocknen auf, da sanken zwei unter, die dritte blieb. Die Reichen von Röbel wollten sie mit 8, ja 16 und noch mehr Pferden an sich reißen, doch nur ein armer Mann brachte sie mit zwei Ochsen vom Fleck nach Röbel; sie wird beim Tode eines Armen umsonst geläutet und klingt Dambeck! Dambeck! (Bartsch M. S. 368—390.) Nach andern hat ein Fischer im Netze beide Glocken aus dem See gezogen. Aehnliches erzählt man von der Glocke im Thelkower See.

Die Heiden zürnten beiden Glocken von Dobbertin, da fuhr ein Bauer sie mit zwei Ochsen an den Nienhager See und ließ sie hinab; als die Gefahr vorüber und man sie wieder heraufholen wollte, kamen sie eines Sonntags und seitdem an Festtagen von selbst an die Oberfläche, bis Ganehirten am Ufer ihre Tücher darauf warfen. Nicht vier Pferde, wohl aber ein paar Ochsen brachten sie nach Dobbertin, wo sie noch hangen. Die Glocken des nahen Löhnwitz wurden in Kriegszeit versenkt, am Johannistage aber durch Tücher festgebannt u. s. w. Der See in Sülten verschlang die Glocken sammt Fuhrmann. Wie aus dem See von Neu=Gaarz steigt aus dem Wiewerberge um Johanni Mittags eine Glocke. Die Stadt Rhetra ist im Liepssee versunken, man sieht sie noch bei klarem Wetter. Auf Johanni erheben sich die Glocken an's Ufer, ein Mädchen bannt sie; nun wollen die Prillwitzer und Neu=Brandenburger sie holen, ein Fuhrmann ladet sie auf, die Pferde bringen sie nicht fort, wohl aber die Ochsen von Prillwitz. Im See von Mildenitz und Bars=dorf kömmt dieselbe Glockengeschichte vor. Die Sage lautet deutsch und scheint nur von den Slaven übernommen.

90. Die Sonnjungfrau und ihr Erlöser.

Am Johannistage ging eine Frau im Fichtelgebirge mit ihrem Kinde auf den Waldstein, um Beeren zu sammeln. Sie pflückte von einem großen Strauche und er wollte nicht leer werden; aber nachdem sie achtmal abgebeert, sah sie plötzlich daneben eine Höhle, da lag Gold in Haufen, und sie ging mit dem Kinde hinein. Drei weiße Jungfrauen boten ihr von den Kostbarkeiten, was sie mit Einem Griff erfassen könne; allein von jäher Habgier ergriffen, raffte sie dreimal von den Schätzen an sich und entsprang damit aus der Grotte, die sich sofort schloß, ihr Kind aber hatte sie vergessen. Nach Jahr und Tag trieb es sie wieder zur Stelle, und sieh: die Höhle stand wieder offen und ihr Kind trat frisch und lachend mit einem rothen Apfel ihr entgegen. (L. Zapf.) Die Böluspa spricht von den Schicksalsgöttinnen: „Frauen vielwissende kommen zu drei aus dem Saale neben dem Stamme.“ Sonst ist die Paradiesesjungfrau Iduna mit dem Apfel, der Götterspeise, von der Weltesche herabgesunken, und der vorigen Seligkeit verlustig an die Unterwelt gebannt.

Neunerlei Speisen sind zu Johanni auf die sommerliche Sonnwende im Unterlande hergebracht. Es war also schon bei den alten Deutschen eine hochheilige Zeit. Christlich aber scheint der Glaube: „Fliegt der Imm am Johannistage, so baut er einen Kelch." In der Johannisnacht thut sich die Geisterkirche auf dem Ochsenkopfe auf, ein Hüterbube gelangt hinein, zieht sich aber gemahnt eilfertig zurück, und das Eisenthor schlägt donnernd hinter ihm zu. (Schöppner Nr. 157.) Auf der Schloßruine Gosheim bei Wemding, wo ein großer Schatz liegt, ging ein Hirt ein Stück Vieh suchen; da erblickte er eine Jungfrau, die auf einem Steine saß und bitterlich weinte. Sie winkte dem Buben und gab ihm die Weisung, wo er eine Kiste hervorholen solle: er möge sich vor dem Hunde darauf nicht fürchten, der einen glühenden Schlüssel im Maul trüge. Er schrie aber vor Schreck laut auf, und wehklagend versank die Jungfrau mit dem Schatze. Am Mächterstädter Brunnen in Thüringen zeigt sich eine schneeweiße Jungfrau, ein Hirt pflückt daselbst drei wunderschöne Blumen, wovor sich das Bergthor öffnet; er schreitet nach einem hellglänzenden Saale, wo Ritter und Damen tafeln, ein Trinkhorn hängt an der Wand — vergißt aber auf dem Rückwege die Blumen und lauter Jammer der unerlösten Jungfrauen tönt ihm nach.

Am Mittesommertage öffnet sich der Berg und die Stunde der Erlösung ist gekommen. Wer Farrensamen im Schuh trägt oder die Schlüsselblume gewinnt, wer am Sonntage geboren und ein Glückskind ist, sieht plötzlich die Steinpforte offen, die Wände glitzern wie von Gold und all' die Herrlichkeit thut sich dem Eintretenden auf: er mag nur sehen, wie er wieder herauskömmt. Vom Salzburger Untersberge erzählt man in Grebig, es sei darin einmal ein Brautpaar verschwunden, und nachdem es Hochzeit gehalten, hervorgekommen, darüber waren aber über hundert Jahre verflossen und die Gegend ganz verändert. (Vernaleken A. 62.) Guldin Thor heißt ein kleiner Weiher bei Bülach im Kanton Zürich mit unergründlichen Oeffnungen, woraus Goldsand quillt. Hier ward ein Knabe durch eine Jungfrau in die hellichte Unterwelt entführt, aber wieder emporgeschnellt.

Der unschuldige Hirt wie der strahlende Held ist als Erlöser vorbe=
stimmt und sehnlich erwartet, wenn es ihm nicht an Muth gebricht.

In zahlreichen Sagen wird die Jungfrau der Erlösung theilhaft,
wenn man sie über die Brücke trägt, aber sich nicht umsieht. Ein Wind=
stoß verleitet den Mann dazu, und nun bleibt sie solange verwünscht,
bis eine Linde wächst, aus deren Holz die Wiege für den Erlöser ge=
zimmert wird. Wie von Orpheus und Eurydike lautet's vom Schloß
am Mönchsberge im Kreis Neustettin. (Knoop 135.) Beim Willberger
Schlosse unweit der Frankenmühle bei Miltenberg stehen drei Tannen;
sind sie einst zu Brettern aufgeschnitten, so wird das Kind, welches
in der daraus gefertigten Wiege schläft, die allda Verwünschten er=
lösen. Ist der günstige Augenblick versäumt, so tönt Weheruf dem
Verzagten nach und er findet später die Pforte nicht wieder. Der
Harfenstein bei Johannisbad im Riesengebirge öffnet sich jährlich
in der Passionswoche und eine weiße Jungfrau steigt hervor und
schlägt die Harfe. Bei Wismar ging eine Frau durch ein offenes
Thor in den Berg und kam erst nach mehreren Jahrhunderten heraus,
obwohl sie nur eine halbe Stunde im Innern gewesen zu sein glaubte.
(Bartsch Nr. 490.) Sieben Jahre oder noch länger muß die ein=
geschlossene Seele, die Sonnenbraut, auf einen neuen Befreier wieder
harren, ja erst der Baum wachsen, woraus eine Wiege gezimmert
wird, bis endlich der Erlöser zur Welt kömmt.

91. Die goldene Wiege.

Der Talmud Para c. 3, 2 enthält die zuverlässige Angabe, daß
in den Unterbauten des Salomonischen Tempels ein Gewölbe war,
wo Frauen ihre Niederkunft abwarteten, um im hl. Raume zu ge=
bären, sei es von vornherein ihre Kinder dem Tempeldienste zu
weihen. Das Andenken daran bewahrt bis zur Stunde die sog.
Wiege Jesu im südöstlichen Eckthurme. In den Kreuzzügen wurde
eine hölzerne Wiege und das Bad Jesu, sowie das Bett seiner Mutter
sogar in der Moschee el Aksa gezeigt, außerdem besteht der Name
Moechedd Aissa, Wiege des Herrn Jesu, sogar von einer Höhle an
der Westhöhe von Damaskus.[1] Eine arme Araberin, welche zwei

---

1) Sepp, Jerusalem und das hl. Land 2. Aufl. I, 157. 361. II, 375.
Sagenschatz 48. 426. 692.

Kinder verloren hatte, opferte am Karmel, wo einst Zeus Elieus, der Donnerer, thronte, kurz vor meinem Dortfein 1874 eine roh geschnitzte kunstlos bemalte Wiege, damit Elias ihr nächstes Kind am Leben erhalte.

Das Bacchuskind führte von der Wiege, einer Getreideschwinge (λίχνον) den Beinamen Liknites. Bei den Römern standen die Wiegen (cunae) unter dem Schutze einer eigenen Göttin Cunina. Die Basilika Maria Maggiore in Rom steht an der Stelle des Tempels der Juno Lucina, der Geburtförderin, und bewahrt dafür die Krippe des Christkindes, von welcher ein Stück zu den deutschen Krönungsinsignien gehörte. Selbst im Reliquienschatze des Pragerdomes figurirt ein Stück der Heilandskrippe; auch macht Bamberg auf diesen Besitz sein Recht geltend.

Es bleibt keineswegs ausgeschlossen, daß die christliche Idee an eine ererbte Wiege im Heiligthume anknüpfte. Jedenfalls sind in Deutschland Mutter Bertha oder Holda und die drei Nornen im Besitze einer glückverheißenden Schaukel, wovon das Lied noch aus dem Heidenalter herübertönt:

Mutter Gottes thut Wasser tragen
Mit goldenen Kannen aus goldenen Brünnel,
Da liegen viel Kindel;
Sie legt sie auf Kissen und thut sie schön wiegen
Auf der goldenen Stiegen.

In der Elisabethkirche zu Marburg ist eine goldene Wiege vergraben. (Böhmer III, 130.) Deren gibt es aber in deutschen Landen eine ungezählte Menge, und sie alle führen uns in die Zeit der gütigen Nornen oder jungfräulichen Schicksaltöchter zurück, welche auch die Kleinen aus dem Kinderborn holen, auserwählten Erdenbürgern aber im voraus eine goldene Wiege bereiten. Die Mark bewahrt weniger Erinnerungen an den wendischen als germanischen Volksglauben, so Odins wilde Jagd. Dieß gilt von allen einst deutschen Landstrichen jenseits der Elbe, insbesondere von Glocken=sagen, von der goldenen Wiege, den Helden der letzten Tage, auch den Schimmelreiter.

---

1) Müllenhoff Nr. 270. Vgl. W. S. 313. 339. R. S. 167. Mehlis, A. Allg. Z. 1880 Beil. S. 3708. Hist. Gesellsch. b. Prov. Posen 1885 S. 187.

Die silberne Wiege von Gevern wird von den Bauern im schlammigen Grunde des Schloßgrabens versenkt. Die goldene Wiege liegt oberhalb, wo die Isenburg gestanden, woher die Gieveler von Gevern stammen. Beide schließen die Schätze der zerstörten Burgen ein. (Daniel Sagen II, 68 f.) Reich ist Mecklenburg an solchen Geschichten, und dieß dient zum Beweise, wie viel deutsches Volk in Landen zurückgeblieben ist, welche von den Slaven überfluthet wurden.

Im Hochsommer zu Johanni zeigt sich Mittags eine goldene Wiege im Hügel am Mollenstorferfelde bei Penzlin. (Bartsch Nr. 56.) Auf dem Grapenwerder bei der Stadt schritt ein Bauer mit andern zu ihrer Ausgrabung, und schon ward sie beim Nachgraben sichtbar, da preßte der Schreck vor der Erscheinung des Lurjahn dem einen den Ruf aus: „o je mi nich!" und die Erde schloß sich darüber. Im Weiberberge bei Malchow liegt in der goldenen Wiege sogar ein goldenes Kind. Im Sonnenberge bei Schwieße hausen die Unterirdischen, darin ist eine goldene Wiege. (Nr. 80.) Der Kegel= berg, „die hohe Nonne" bei Güstrow wird von vier gewaltigen Stützen getragen und birgt die goldene Wiege eines Wendenfürsten, welche Tag und Nacht von den Erdmännlein gehütet wird. (Nr. 84.) Das Waldweibchen gibt der Bauersfrau, die sich ihres Kindes ange= nommen, eine goldene Wiege mit. (Richter IV, 47.)

Bei Ruchow liegt die goldene Wiege unter einem Baumhügel; im Bollberge an der Sude, wo eine Raubritterburg gestanden, wollten Bauern sie heben, als es einen Klang gab und eine Elster, das Blendwerk des Teufels, das Schweigen brach. Der Graf zu Wilmstorf bei Dassow besaß eine goldene Wiege und entführte sie mit andern Schätzen über den See; aber sie versank und ist bei gutem Wetter noch heute im Wasserloche sichtbar. Ebenso im Tressower See bei Wismar; in alter Zeit hauste am Kellerberge daselbst ein Räuber, dieser besaß unter anderen Schätzen auch eine goldene Wiege; doch als er sie fortschaffen wollte, versank er mit dem Kahn. Der Wischberg, ¼ Meile von Wismar, ein altes Wahrzeichen für Schiffer schließt die goldene Wiege einer Prinzessin ein. Im unterirdischen Gange zu Neukloster steht eine goldene Wiege, und wenn das jetzige Herrenhaus einmal abbrennt, wird mit diesem Golde das neue noch schöner aufgebaut. Zwei Männer wagten sich einst hinein, kamen aber nicht wieder heraus.

Im Goldberge auf der Zahrenstorfer Feldmarke steht eine goldene Wiege; da einmal drei Schatzgräber sie heben wollten und einer schon in den Freudenruf ausbrach, versank sie zehn Klafter tief.[1]) Im Glücksberge bei Vellahn ist ein Schloß mit unermeß- lichen Schätzen versunken; obenauf liegt beim Nachgraben eine Wiege von purem Golde, der Böse verhindert die Hebung. (Nr. 382.) Vom versunkenen Schlosse im Teterower See sieht man am Johannistag in einem Gemache ein Kindlein in goldener Wiege in Schlaf versunken; Schlag 1 Uhr Mittags schließt sich die Erd- öffnung. Auf dem Silberberge bei Warnkenhagen ist eine goldene Wiege mit harten Thalern gefüllt, wird aber von einem dreifüßigen Hasen bewacht. Erhebt man sie nicht, so rückt sie von selbst alle Jahr um einen Hahnschritt nach oben. Der Schwarze See bei Großtessin birgt Wiege, Bett und Sarg von Gold, was man bei mondhellen Nächten sogar an der Oberfläche sieht. Die verzauberte Prinzessin zu erlösen, kam ein Schäfer in der Johannisnacht, aber die Schlange, welche ihr in den Mund kroch, preßte ihm einen Schrei aus und Alles verschwand. Der letzte Ritter am Schloßberge bei Boitzenburg pilgerte mit der Burgfrau nach Rom und gelobte, wenn ihm ein Sohn beschert werde, ihm eine goldene Wiege fertigen zu lassen. Der Ersehnte ruhte darin wie ein Prinz; als der Vater jedoch wegen eines Todtschlages auf der Jagd der Reichsacht verfiel, versenkte er die Wiege nebst anderen Schätzen in den Schloßbrunnen, wo sie noch geborgen liegt, zündete die Burg an und begrub sich unter ihren Trümmern. Der Burgwall bei Zarrentin umschloß ein Räubernest; als die Lübecker es abbrachen, blieben die goldenen und silbernen Geräthe, unter andern eine goldene Wiege, unter den Trümmern. — In Fluthsagen ist es das Kind in der Wiege, welches wunderbar gerettet wird, und wenn das gewisse Bäumchen so groß gewachsen ist, daß man aus dem Holze eine Wiege zimmert, wird die Erlösung eintreten.

---

1) Bartsch Nr. 201. 338—348. 389. 394. 403. 443. Müller und Scham- bach Nr. 3. Grimm, Myth. 934. Panzer 70. 177. 362. Quitzmann 152.

Wolkendorf war früher eine wendische Burg, deren letzter
Besitzer die ihm vom Herrn von Lichburg verweigerte Tochter auf
einem Schimmel entführte. Bei der Geburt ihres ersten Sohnes
brachte eine Fee der Wöchnerin eine goldene Wiege, nahm sie jedoch
wieder in den Berg zurück. Wenn aber einst ein Graf Moltke
mit rothen, gekrausten Haaren geboren wird, bringt die Fee die Wiege
zurück.

Vollständig hat sich die Legende und Cultusübung zu Schildturn
bei Deggendorf erhalten, wo die drei Jungfrauen, Ambeth,
Warbeth und Wilbeth geheißen, d. h. die Nornen oder Schild-
jungfrauen im Besitze der silbernen Wiege waren, die vor der Kloster-
aufhebung unter einem Gitter in der Kirchenecke stand, und jetzt durch
eine versilberte in der Sakristei ersetzt ist. Sie wird von sterilen
Frauen zur Erlangung des Kindersegens in Bewegung gesetzt, denn
die Schicksalstöchter erfüllen den Wunsch und helfen zur Entbindung.
In Schwaben kommen Mädchen Nachmittags am hl. Tage zu
Weihnachten zusammen; jede mit einer Wiege, darin ein wächsernes
Christkind liegt, und wiegen es unter Gesang. Im Kreuzgange der
Georgskirche zu Augsburg geschah dieß noch bis 1804. In der
Wallfahrtskirche am Kalvarienberge zu Bobenhausen wiegen fromme
Pilgerinen noch heute in der Hoffnung auf Nachkommenschaft. Die
naive Sitte ist aus dem Nornenkulte hergebracht. In der Augustiner-
kirche zu München wurde bis zum Klostersturm 1802 mit Eia popeia
das Christkind in der Wiege oder Krippe eingesungen.

92. Schatzfeuer.

Der „Kessel“ im Walde bei Saalfeld bezeichnet die Stätte
eines wendischen Gerichtes. Dort standen einst Steintische und Bänke
und an einer Eiche hing zum Zeichen der Strafe eine rostige Kette.
(Witzschel 203.) Der Kesselberg, in dessen Wandung der Walchensee
liegt, umschließt rechts, wenn man von Kochel heraufkömmt, einen
kleineren Kessel von etwa 20 Fuß Breite und 30 Fuß Länge, welcher der
Feuerzipfel heißt. Dieser Grund wird im Frühjahre immer zuerst
grün, und zeigt einen üppigeren Graswuchs; denn so geht die Rede,
unter ihm liegt die brennende Hölle. (Auch Weilheim und Sachsenkam
stehen gerade ober der Hölle.) Hier bei einem großen Stein, nicht

aber auf der Höhe des Berges brannte man vor Zeiten die Johannis=
feuer ab, und soll daselbst ein steinerner Heidentempel gestanden haben.
Wenn ein Bauer ein krankes Roß oder Rind besaß, das sich durch Fall
oder Stoß beschädigt, oder etwas in den Fuß getreten hatte, so trieb
man es in den Feuerzipfel; dann hieß es, die Luft daselbst
mache gesund, und es kam nach einem halben Tage heil zurück.
Noch liegt ein großer Schatz daselbst, welchen ein Kochelbauer im
Schwedenkriege vergraben hat. Noch vor wenigen Jahrzehnten ist ein
Jachenauer von einem wälschen Hausirer zum Nachgraben angestiftet
worden, aber darüber verdorben. Andere meinen, da sei vielmehr
ungemünztes Berggold in schweren Klumpen, die aus Teufelshand
zu Kohlen werden. Kohlen am Untersberge werden zu Gold.

Auch in der Blumalp auf dem Stanserhorne in der Feuer=
grube der Almhütte liegt ein Schatz. Wer wüßte nicht, daß man
auf Johanni und Lorenzi allenthalben Kohlen findet, welche Geld an=
zeigen?[1]) Das Geldfeuer im Silberthale am Harz zieht die Schatzgräber
an. In Masuren sagen die Leute oft auf dem Felde: „Dort brennt
ein Schatz, ich hab' ein Feuerlein gesehen." Man muß dann schnell
Schuh oder Stiefel ausziehen und hinter sich werfen, sonst versinkt er
wieder. Wirft man aber seinen Pantoffel oder Stock darauf, so er=
lischt zwar die Flamme, doch der Schatz kann nicht tiefer sinken als
Stocklänge und man gräbt ihn leicht aus. Alle sechs Jahre muß
der Schatz sich sonnen oder reinigen und das hellblaue Flämmchen
darüber brennen, denn bei allem Gelde ist der Teufel im Spiel.
(Töppen 35.)

Der Riese Logi (Lohe) hat zur Göttin die Glöd d. h. Glut, zu
Töchtern Eysa und Eumyria d. i. glühende Kohle und glimmende
Asche. (Mannh. Z. f. d. M. III, 358.) Kohlen werden Gold
(Bartsch Nr. 308. 313. 321) und wandeln sich in Dukaten bei den
Südslaven. (Krauß II, Nr. 51.) Es buttert Gold, heißt es in
Hinterpommern, wenn Kohlen über einem Schatze brennen. (Knoop 67.)
In der Johannisnacht tanzen blaue Flämmchen über vergrabenen
Schätzen.

1) Sepp, Sagenschatz 17 f. 573. 690. Lütolf 68. 258. Meier D. V. 163.
Kuhn M. S. 31. Pröhle H. 188. Weddigen 33.

93. Das Licht= und Lebensschifflein.

Die Hindus lassen Lämpchen den Ganges hinabschwimmen. Licht und Leben, sowie Lebenswasser stehen in geheimnißvollem Zusammenhange. Diese Bedeutung gibt der ähnliche Brauch im Abendlande an die Hand. Am Fastnachtsonntage, wenn der Stadtbach wieder offen war, setzten noch in diesem Jahrhunderts die Kinder in Winterthur mit bunten Lichtchen besteckte Schifflein in's Wasser und ließen sie vor vielen Zuschauern durch die Stadt rinnen. Es ist ein halber Feiertag, so daß dabei feilgehalten wird. „Am Sankt Friedli's Tag schwimmt das Licht durch e Bach ab," ist Bauernregel, Fridolin (6. März) ist Wetterpatron. Die Jugend von Glarus ehrt ihn als Landespatron, theert Schiffchen und Holzträge und läßt sie Nachts mit brennenden Lichtern besteckt, bewimpelt in Quellen und Dorfbächen fortschwimmen und Papierschiffchen thun es auch. Eine Stiftsdame von Schannis soll den Aarauern den Surbach geschenkt haben; wird er nach der Bachreinigung im September wieder losgelassen, so zieht Alt und Jung, Schuljugend und Arbeiter im Sonntagsaufzuge mit Mayen zum Quellorte und mit den wiederkehrenden Wellen in die Stadt, wobei hohle Kürbisse mit brennenden Wergbüscheln dahinschwimmen. Die Knaben rufen: Fuerjo, der Bach brennt. (Rochh. S. 3, 21.) Der Jubel gilt dem Wasserempfange, dem frischen Lebenselemente, wenn „vom Eis befreit sind Wies und Wälder." Auf den Ruf: „Seid ihr Kinder alle da?" lautet die helle Antwort: Ja, ja, ja!

In Miesbach läßt man ebenso Nußschaalen mit Lichteln in der Schlierach schwimmen. Am sinnreichsten setzt die Jugend in Fürstenfeldbruck ganze Häuschen in die Amper und sieht vom Brückengeländer zu, wie sie schwimmen. Stoßen ein paar, von Buben und Mädeln abgeschickte zusammen, so gehören sich diese einst im Leben an. So schwimmen sie oft bis Dachau, werden aber auch aufgefangen und in Kirchen aufgestellt. „Der Bach kommt" auch in Tölz und wird von der mitlaufenden Kinderschaar mit Freudengeschrei empfangen.

94. Stromsegnung und das Himmelbrodschuhen zu Laufen.

An Stromschnellen und gefährlichen Wirbeln wurden in alter Zeit Opfer gebracht, um den Flußgeist zu versöhnen und drohendes Unglück zu beschwören. Weit verbreitet ist der Glaube, daß am Johannistage ein Unglück geschehen und Flüssen wie Seen ein Menschenleben zum Opfer fallen müsse. Die Fischer und Schiffers= leute an der Oder und Spree sagen sogar, man dürfe seinem Mitmenschen, der in Lebensgefahr kommt, nicht einmal beispringen, wolle man nicht selbst das Leben einbüßen. Pfiffiger machen es die Schwaben: sie bestechen den Fluß mit einem Laib Brod, um ihn von der Verschlingung eines Opfers abzuhalten; das Spital zu Rothenburg war verpflichtet, alljährlich dieses Opferbrod zu liefern, das in die Fluthen des Neckar geworfen wurde.

Laufen ist seit unvordenklicher Zeit am oberen Inn der Haupt= stapelplatz der Schiffahrt, deren Genossen in der Mehrzahl die Vor= städte Oberndorf und Altach bewohnen, welche 1816 von Bayern an Oesterreich abgetreten wurden. Längst gute Christen geworden hängen diese noch heute am Gebrauche der Urväter, den die Kirche in veränderter Gestalt heilig hält, um das Volk nicht zu verstimmen. Der Stadtname rührt von dem reißenden Flusse, welcher im engen Felsen= bette eingeschnürt sie Eines Laufes umfluthet (hlaufan). Da mögen in alter Zeit Priester und Priesterinen in weißem Gewande Opfer= brode in den Strom geworfen haben, wie derlei Quellopfer vor= kommen. Noch besteht als Akt der Wasserweihe aus frühgermanischer Zeit bei der Schifferzunft der Salzach das Himmelbrodschuhen. Jährlich zieht am Antlaß der Oberndorfer Pfarre die Schifferinnung in hellrothen Röcken mit Trommeln und Musik auf, acht Mann mit Gewehren gehen neben dem Prozessionshimmel einher und feuern bei jedem der vier Evangelien vom Platze aus. Kaum ist der Zug an der Brücke, so kömmt hinter dem die Stadt Laufen tragenden Felsrücken ein kleiner, in Laubwerkschmuck prangender Nachen her= vorgeschossen. Vier Mitglieder der alten Schiffergilde in scharlach= rothen Uniformen beschleunigen mit kräftigen Ruderschlägen seinen Lauf. Im Nachen aber stehen vier Knaben in den weißen Gewändern der Meßdiener, und halten ein schön gesticktes weißes Tuch ausgespannt;

auf demselben liegen Hostien inmitten eines Blumenkranzes. Die alten Opferbrode sind nun zu „Himmelbroden" geworden. In= deſſen iſt der in der Prozeſſion fungirende Prieſter auf die Brücke getreten, und wie ſich der Nachen dieſer naht, da ſpendet er von der Brüſtung der Brücke herab mit hocherhobenem Allerheiligſten den Segen: und im ſelben Augenblicke ſchnellen die Knaben im Kahn das „Himmelbrod" in die wirbelnden Waſſer der Salzach. Der Nachen verſchwindet unter der Brücke, und die Prozeſſion ſetzt ihren her= kömmlichen Weg fort.

Der Feier des „Himmelbrodſchutzens" folgt des Nachmittags der „Banditenfang." Da geht ein althergebrachter Seekampf, eine hiſtoriſche Regatta vor ſich, wobei die Schiffergilde ihre Ruder= kraft und Gewandtheit ſehen läßt. Ein Seeräuberſchiff iſt in's Fahr= waſſer gedrungen und verübt allſeitig ſeine Stöße und Neckereien, bewaffnet mit rother Mannſchaft und furchtbar krachenden Böllern. Ihm geht das Volk nun zu Leib, von allen Ufern wird geſchoſſen und türkiſche Muſik ſpielt auf einem Schiffe dazu. Bis von Salz= burg und Titmonning iſt Alt und Jung herbeigeeilt, die Waſſer= ſchlacht mit anzuſehen. So entwickelt ſich unter Kampfſpiel und Lärm ein intereſſantes Volksfeſt, bis das Piratenſchiff erobert und unſchädlich gemacht iſt. Die Schiffer in rothen Hoſen verfolgen die Seeräuber unter der Brücke durch, und ſchleppen ſie zur Hinrichtung — in's Wirthshaus. Dieſe Handlung hängt wohl mit der Religion nicht zuſammen, friſtete aber aus dem Mittelalter ihren Fortbeſtand.

Unſer Johannisbrod führt auch den Namen Himmelbrod. In Oſtende findet am zweiten Juliſonntage die Ceremonie der Ein= ſegnung des Meeres ſtatt.

95. Schifferstechen und Fischerspiele.

In Rom waren am 7. Juli Fiſcherſpiele üblich, dem Tiberius zu Ehren; Ovid VI, 238 ſah ihnen am Marsfelde zu. Feſtus ver= ſichert, der Stadtvorſtand habe jährlich für die Tiberfiſcher, oder Transtiberiner, deren Fang nicht auf den Fiſchmarkt kam, ſondern vor dem Tempel des Vulkan (zum Opfer) ausgeboten wurde, Spiele veranſtaltet.

Dieß Kampfſpiel auf dem Waſſer muß uralt ſein, weil die

letzten Ueberreste der Sitte sich in der Entfernung ganzer Länder=
strecken wieder finden. Nicht bloß besteht derselbe Brauch auf der
Donau, sondern ebenso auf der Saale zu Halle in Sachsen. In
zwei Schaaren getheilt stechen hier die Halloren mit Stangen auf=
einander, an deren Spitzen Scheiben befestigt sind. Wer aus dem
Kahne fällt, aber sich wieder hineinschwingt, erhält den Preis von der
Thalbrüderschaft. Aehnliche Gebräuche bestehen durch halb Deutsch=
land. Ehedem war das Fischerstechen in Eßlingen auf Fastnacht
berühmt.[1] — Zu Ulm suchten die Fischer auf Kirchweih um die Er=
laubniß nach, worauf es Jahr für Jahr am Dienstag nach Laurenzi
vor sich ging. Im Juni 1877 geschah der Brauch zur Feier des
Münsterjubiläums. — In Nürnberg ist des Fischerstechens in der
Pegnitz 1671 gedacht und dieß sogar abbildlich erhalten; das letzte
wurde 1704 begangen.

Am 18. Januar 1659 bewilligte Kurfürst Ferdinand Maria,
daß zur Fastnacht von den Bürgern zu Burghausen der „Reif= und
Schwerttanz" aufgeführt werde. Für dieselbe Fastnacht erlaubte der
Magistrat 1668 und 1719, „daß die Schiffleut auf dem Wasser
stechen." (Huber, Gesch. v. Burgh. 253.)

Im Frühjahr, wenn der Ammersee aufgethaut und das Wasser
schon erträglich warm ist, geht in Dießen das Schifferstechen vor
sich. Man legt ein Fäßlein in den See, dessen Reife herabgestochen
werden müssen. Dieß geschieht, indem die Fischer dasselbe im Kreise
umfahren, und einer hinter dem andern vom Vordertheil seines
Nachens aus mit Gewalt den Stoß nach den Reifen versucht, wodurch
er nothwendig in's Wasser plumpen muß. Der letzte, dem es ge=
lungen, und sein Vorfahr erhalten je eine Fahne zum Präsent.
Man macht und steuert seit 1866 kein riesiges Holzfloß mit hohem
Mastbaum mehr durch den See, da das Holz aus den Bergthälern
der Ammer mittels der Schienenbahn in's Land hinaus verfrachtet
wird, aber das Schifferstechen hatte noch 1872 bei St. Alban statt.
Auf dem Würmsee ist das Lanzenstechen herkömmlich, wobei ein
Dutzend und mehr Nachen hinter einander ein vielbereistes Faß zum

------

1) N. Münchener Zeitung 1860, Abendbl. Nr. 163. Birlinger B. II.
54. 245.

Ziel des Speerwurfes machen, indem je zwei den Einbaum rudern,
der dritte aber die breite Lanze mit solcher Kraft gegen einen schwim=
menden Bierbanzen stößt, daß er selbst zur großen Belustigung in's
Wasser fällt. Dieß geht so lange fort, bis die Tonne zerstoßen ist
und Wasser schöpft, darnach folgt die Preisvertheilung. Das Kufen=
stechen am Seespiegel von Windisch=Feistritz hat Aehnlichkeit mit dem
Fischerstechen am Ammer= und Würmsee.

Beim Einzuge Kaiser Karls V. in München in der Pfingst=
woche, 10. Juni 1530, hielten Fischer in blauweißen Linnenhosen
und Wamms auf dem Isarfluße ein Stechen nach einem Faße in
bayerischen Farben ab, wobei sie theilweise in's Wasser fielen. — Jetzt
wird überall der Sport mit höchster Kraftentwicklung betrieben.

96. Kräuterweihe am Liebfrauentage.

Die Maiblume wird bei Sonnenaufgang, Teufelsimbiß in der
Sonnwend=Mitternacht gebrochen. Frauendreißiger heißt die Himmel-
fahrtsoktave von den dreimal zehn Gängen und Rosenkränzen. An
den dreißig Tagen nach Mariä Auffahrt müssen die heilsamen Kräuter
gesammelt werden, wenn sie ihre geheimnißvolle Kraft bewähren sollen.
Zu einem ordentlichen Büschel gehören 77 erlei Kräuter. Zu der
Kräuterweihe vor Ostern werden Salbei, Thymian u. s. w. auch in
den Niederlanden gebraucht: anders ist es im Herbste.

Am Kräuterfrauentag, den 15. August, heißt es bei der
Benediktion: „Durch dies Gnadenwort entsündige (?) diese auserlesenen
Kräuter und gieße ihnen heilsame Kräfte ein." Die Königskerze, auch
Himmelbrand geheißen, prangt in der Mitte, umgeben von Baldrian;
Tausendguldenkraut, Bärenklau, Wermuth, Gundermann, Malven,
Schafgarben, Rhabarber, Natternzunge, Ginster, Feldmünze, bilden
einen Riesenstrauß zur Weihe.[1]) Das Volk erhält die Lehre, daß
die Apostel und Jünger am Tage nach der Bestattung der seligsten
Jungfrau zu ihrer Gruft kamen, aber das Grab leer, und statt des
Leichnams die duftenden Blumen fanden; man bringt den Gebrauch
damit in Verbindung. Deßhalb werden nur aromatische Kräuter
und Blumen geweiht, nach feststehendem Rituale. Auf Mariä Geburt,
8. September, ist in Tyrol kein Dorf, wo nicht Kräuter gesammelt

1) Schlicht 59. 322. Rochell, Pflanzensagen 15.

und öffentlich geweiht werden. Alledem liegt die ursprüngliche
Naturreligion zu Grunde, und die liebe Frau ist den Deut=
schen vor allem Bertha.

Zur Kennzeichnung des altheidnischen Festcharakters fehlt aber
in Franken die Haselruthe nicht. Auch dort schickt am Frauen=
kräuteltag jede Familie ein Bündel Garten= oder Wiesenpflanzen
zur Würzweihe, und bewahrt das Geweihte als Schutzmittel wider
die bösen Geister der Thomas= und Neujahrsnacht. An der Abens
eilt die Dirne in aller Frühe auf's Feld und an den Waldsaum, und
pflückt dieselben mit ängstlichem Blick gegen Osten, denn die aufgehende
Sonne darf sie nicht überraschen, sonst verlieren die Kräuter alle
Kraft. Dann kommt der Buschen mit dunkelkolbigem Moosrohr und
Himmelbrand oder der Königskerze zur Weihe nach Abensberg. Man
schneidet davon auch dem Vieh in's G'sott zu dessen Gesundheit.

Eine Reihe Frauenfeste, nicht bloß Bauernfeiertage, gehören zur
einheimischen Religion der Deutschen, so Mariä Lichtmeß, Mariä
Wasch, die Regenmutter mit ihrer Legende (Sagensch. Nr. 130), dann
Mariä Heimsuchung, soferne das Wetter in den 40 Tagen von
da, wie sie über das Gebirge wandert, bis zur Wiederkehr sich gleich
bleibt. Im Hintergrunde steht Frau Holda oder Holle, von welcher
auch der heilsame Holler oder Hollunder herrührt, der in den Holler=
küchlein auf Johanni als Festspeise dient. Ein Strauß mit neunerlei
Blumen und oben hinein ein Dornzweig macht die Hexe unschädlich,
da sie sich daraufsetzen muß.

97. Flachsärnte und Flachsopferkapellen.

Am Mittwoch (Wodanstag) soll man keinen Flachs jäten, damit
Gott mit seinem Roß nicht den Samen zertritt, wie Holla in
den zwölf Nächten in den Spinnstuben nachschaut. (Waizer, Kärnthen
113. 177.) „Die Nacht gehört mein, der Tag gehört dein," spricht sie
und droht der Spinnerin mit Zerreißen. So am Federsee bei Kiß=
legg u. a.

Beim Flachsausreißen soll kein Mann zugegen sein; auch gilt
es für eine Schande, die letzte Handvoll mitzunehmen; die Person,
welche das thut, trägt damit den Spottnamen: die Schand! davon.
Geht in Kärnthen an den Flachsbrecherinen oder Brechlweibern ein

16*

Mannsbild vorüber, so ziehen sie ihm die Hosen ab (abhöseln) und
füllen sie mit Agen oder Häckerlingen von Hanf; auch überschütten
sie ihn damit, wenn er sich nicht mit Bierzahlen loskauft. Am
Feierabend gibt es ein gemeinsames Mahl, und im Strohaufputz kömmt
ein toller Bursche und sucht mit Versen die Brechlbraut zum Tanz.

Um Eschenbach in der Oberpfalz bestimmt man drei Handvoll
Leinsamen oder drei Büschel Flachs für die Holzfrau; der Brobrest
beim Backen gehört den armen Seelen. Zu Neuham und dort
herum bindet man Flachs am Feldrain, etwa drei Büschel zusammen,
daß das Holzweibel sich dahinter verstecken kann. Am Frauenberg
bei Hartpenning steht eine Kapelle, worin man früher Flachs
opferte, der nach dem Volksglauben von drei Jungfrauen abgeholt
wurde. Sonst wacht Frau Bercht darüber, daß in den hl. Zeiten
abgesponnen ist; geschieht das nicht, so mengt sie Daxen in den Flachs.
Sie zerrüttet den Rocken, schneidet der Uebertreterin den Bauch auf
und füllt ihn mit Häckerlingen. Dem hl. Kyris oder Cyriakus im
Münster zu Freiburg i/B. bringen Bauernweiber Flachs, Geschirre
und Besen dar; sein Bild ist kropfig und monströs. (Birl. Al. 1881.)

Die Magdalenakirche in Genf bezeichnet die Ufer des alten Sees
und lag einst außer der Ringmauer, womit König Gundobald die
Burgunderstadt umgab. Zum Bau der Kirche, die jetzt mitten in
der Stadt steht, vermachte eine fromme Spinnerin Magdalena all ihr
Gut; zum dankbaren Andenken sind Spinnräder an allen Stützsteinen
der Gewölbe angebracht, auch ward ihr Bild als Puppe in Prozession
durch ihr Stadtviertel getragen unter dem eintönigen Gesange: Tiens
bon Madelaine. (Madelon. Herzog I, 85.)

An der Tannenquelle bei Obertauffkirchen wurden Flachs, Butter,
Leinwat, Wachsfiguren u. s. w. an die Tanne gebunden. (Höfler 45.)
Zu Fahrenberg bei Leuchtenberg u. a. ist es üblich, auf Neujahr
Besen, Putzhadern und sogar Sägkleien vor das Gitter der Kirche
zu bringen, damit dieselbe vom Meßner ausgefegt werde. Butz ist
Popanz; in der Schweiz gibt es viele Butzenbrunnen: ein Butzen=
brünneli zu Flach, die Butzmattquelle zu Knonau, am Fischmarkt zu
Basel den Lumpenbrunnen, einen andern zu Sierenz. Dasselbe sagt
der Hudlerbrunn zu Uerzlikon im Kanton Zürich. Hudeln sind
Haderlumpen, daher die fontaine de chiffel zwischen Pierre Pertuis

und der Birsquelle. Wir haben ein Putzbrunn bei München, Putzbrunn bei Waldsassen, Putzenbach bei Pfarrkirchen, was ich für Verdeutschung von puteus halte. Aber leugnen läßt sich nicht, daß Kranke Lappen bei Quellen, an Büschen und Bäumen aufhingen, um Fieber und andere Uebel los zu werden; wer die Gewandstücke wegnimmt, erbt das Leidwesen. Namentlich trifft man im Orient mit Fetzen behangene Bäume.[1]) Haarangebinde von Genesenen finde ich am Kalvarienberg meiner Heimath bei unserm Herrn im Kerker. Auch in Japan hängen die von einem Leiden Genesenen im Tempel ihre Haarlocken auf. Um Waldburg ist St. Habnit ein Volksheiliger und sein Bild in der Kirche über und über mit Kindsschlotzern beladen, die man ihm opfert. Die Erde zu seinen Füßen wird ausgescharrt und kranken Kindern unter das Haupt gestreut. Er heilt die englische Krankheit, Herzgesperr und Unterwachs.

98. Der Dienstbotenmarkt.

Das Wort Slave ist von den alten Bayern als Sklave in die Bedeutung Knecht übersetzt worden, theils weil er die feindseligen Nachbarn im Kriege sich unterwarf, theils weil sie im Frieden sich gerne zur Arbeit verdingten. So hat Straubing am Samstag vor der Aernte einen sog. Sklavenmarkt, wozu das Volk, männlich und weiblich, aus dem Böhmerwald und dem nahen Grenzlande herbeiströmt, sich in Reih und Glied stellt, und der Arnkauf (Arnkerl wie Arnmensch oder Aerntnerin) vom Bauer „gehandelt," dann heimgefahren wird. Der Fidelböhm führt sie am Montag unter Jauchzen und Springen auf's Feld. „In der Aerntezeit gibt's kein Sünd."

Zu Holzkirchen im Bayeroberlande ist am Pfinstag nach Lichtmeß (Pfinstag heißt der Donnerstag) der Schlänkelmarkt, wenn die Ehehalten schlänkeln, d. h. ausgestanden sind, und die Burschen mit einem Strauß oder Strohband am Hut, die Mädel im Mieder, sich zur Musterung einfinden, um sich wieder auf ein Jahr zu verdingen. Im Unterlande heißen drei Tage vor, drei nach Lichtmeß

---

1) Mein Jerus. u. d. hl. Land I, 508 f. 2. Aufl. 617. Runge, Quell-kult. d. Schweiz 1859 S. 211.

die Schlänkelweil, die Schlänkelwoche. So wie der Bauer das Darangeld einhändigt, überreicht ihm der neue Dienstbote zum Zeichen der Uebereinkunft ein gemachtes Blümel — dann geht es zum glück-lichen Einstand in's Wirthshaus. Am Schlänkeltage arbeitet kein Ehehalte etwas.

Eine Ausartung ist der Dienstbotenmarkt zu Osterhofen am zweiten Sonntage im Juli, wo den Bauern entlaufene Knechte und Mägde für die Aerntezeit sich neuerdings losschlagen. Reißt der Bauer dem Weibe Nachts drei Haare aus dem Kopf und läßt sie in's Brod backen, so bleiben die Dienstboten.

Aehnlich besteht in Ravensburg der „Menschermarkt" im Frühjahre, wo Dienstsuchende beiderlei Geschlechts von zehn bis acht-zehn Jahren in der Bachstraße sich einfinden, um an würtembergische oder badische Landwirthe für die kommenden Sommermonate sich zu verdingen. Früher fand sich nur die Jugend aus dem Bregenzischen und Graubündten ein, jetzt kommen sie auch aus dem württembergischen Unterlande, um die Musterung von Kopf bis zu Fuß, und das Examen über Namen, Alter, Heimat und Glaubensbekenntniß zu be-stehen, auch guldenweis um den Lohn, halbguldenweis um die Kleidung zu handeln, bis man über doppeltes oder einfaches Gewand und Schuhe einig ist und eingeschlagen wird. Er heißt auch der Kinder-markt, weil am Tage nach Josephi sich Vorarlberger- und Tyroler-jungen von 11—14 Jahren einfinden, die kaum ihr Bündel tragen können, und für 22—30 fl., dazu den Anzug sich verdingten. Eine alte Mutter begleitet oft die Dienstmädchen, und die jungen Leute, wenn auch sichtlich noch so arm, sind fröhlich und guter Dinge; um Martini kehren sie gut gekleidet und mit etwas Geld wieder in's Elternhaus zurück.

Allgemein ist in Schwaben am Stephanstag Dienstbotenwechsel. Den ausgestandenen Knecht holen die Kameraden mit Peitschen-knallen in den neuen Dienst ab: taktmäßig wird auf freiem Platz vor allem Volk geknallt. Im fremden Ort wird das Ehrenknallen fortgesetzt, er selber knallt mit. Ebenso geht es am Dienstbotenmarkt zu Buchsweiler im Elsaß her, wo die Leutchen ihre sieben Sachen in Tüchel gebunden tragen und auf einen Dienst warten. In Metz geht dieser Dienstbotenhandel jährlich am Stephanstage auf dem

Gemüsemarkt vor sich; bei 300 männliche und weibliche Personen stellten sich 1874 ein, die Bauern zögerten aber und die Löhne fielen. Sie werden, ächt deutsch, mit Handschlag auf ein Jahr gedungen. Von den 5—600 Ehehalten beiderlei Geschlechts, welche 1878 am Domplatz die Revue passirten, gingen die meisten leer aus, ebenso 1879. In Luxemburg heißt der Dienstbotenmarkt Heuringstag. Da empfängt man zum Eintritt den Heuerschilling, er ist am 28. Dezember. Haring kömmt von Ring, womit man zahlte, und heuren, „kaufen." Dabei verdingen sich die Dienstleute beiderlei Geschlechts von Weihnachten zu Weihnachten gegen Preise, welche ihren physischen und moralischen Eigenschaften entsprechen. Es ist für Fremde ein merkwürdiges Schauspiel, von 9 Uhr Morgens an die Stadt von Stellesuchenden erfüllt zu sehen, welche von den entferntesten Orten herkommen, um sich für Geld und Kleidung zu verkaufen, oder von ihren Angehörigen verkaufen zu lassen. Man findet auf dem Markte „Subjekte" zu 30 bis 300 Francs, welche letztere zur Aristokratie der Dienstboten gehören. Auf etwa 2—300 menschliche Artikel kommen ungefähr tausend Käufer. Der jüngste Dienstbotenmarkt ist glänzend ausgefallen; man konnte da Mädchen in Crinolinen sehen, welche sich um die Stelle einer Kuhmagd bewarben. 2500 Kaufverträge kamen zu Stande, und die Gekauften wurden von ihren Käufern der Sitte gemäß nach der nächsten Schänke geführt, um den Einstandstrunk zu erhalten. Am merkwürdigsten bleibt immer, wie aus dem Wald und von Stockböhmen das Schnittervolk auf den „Sklavenmarkt" nach Straubing zieht, dessen fünfspitziger Stadtthurm, wie die ganze Gegend, den Arbeiterschwarm wunderschön anlacht. Hier in der Waizenbreite untersuchen die Bauern nun die in Reih und Glied Gestellten nach Körperbau und ehrlichem Gesicht, markten um den Lohn von 4 Uhr Morgens bis zum abendlichen Betläuten für bärenmäßige Anstrengung mit der Sichel. (Schlicht 55. 300.)

In Hochschottland stellen sich an Markttagen dienstsuchende Knechte und Mägde, einen Strohhalm im Munde, auf. — In Tonkin stellt der Verbrecher mit einem Krautbüschel im Munde sich dem Richter vor, d. h. er unterwirft sich wie ein Stück Vieh. Durch Darreichung von Gras erklärt man sich für unterworfen. (Grimm,

R. A. 118. 127.) Heißt das in's Gras beißen? Der Inder ſteht
vor dem Vicekönig aus Demuth mit dem Grashalm im Munde,
noch dazu auf Einem Bein. (Liebrecht, Volkskunde 382 f.) Nabucho=
donoſors Demüthigung ſchildert Daniel mit dem Ausdruck, er habe
Gras gefreſſen. Der Grashalm im Munde iſt alſo ein Zeichen der
Dienſtbarkeit. · So erſcheinen auf dem Markte zu Richmond nach
altem Herkommen die Mägde mit dem Strauß auf dem umbänderten
Hut und dem Ränzlein unter dem Arme, um ſich neuerdings an
einen Pächter zu verbingen, und der Pakt gilt dann auf ein Jahr.
Bekanntlich bildet dieß das Schema zur Oper „Martha" von Flotow.
In England fällt der Mägdemarkt in den Oktober oder Dezember.

Wäre dieſe Sitte nicht uralt, ja ſchon aus der aſiatiſchen Völker=
heimath hergeſtammt, ſie könnte nicht ſo allgemein verbreitet ſein.
Auch Bremen hat ſeinen Mägdemarkt. In Dresden iſt ſeit
undenklicher Zeit auf Sylveſter ein Markt für's Landgeſinde, zu dem
die arbeitenden und dienenden Bewohner der Lauſitz, meiſt wendiſche
Knechte, zu Hunderten ſich einſtellen. Das bunteſte Treiben herrſcht
vor den Thoren der Hofkirche. Berühmt iſt der Burſchen= und
Mägdemarkt zu Betſchau in der Lauſitz zur Aerntezeit.

Mit dem Umweg über Danzig und Marienburg bin ich auf
der Rückkehr vom Zollparlament im Frühjahr 1870 ſelber von Poſen
nach Breslau auf einen Zug gerathen, wo unter der Aufſicht einer
Altmutter wohl hundert Mädchen bis zu 15 Jahren ſeelenvergnügt
hinfuhren, um ſich in Schleſien wie alljährlich zum Gärteln zu ver=
bingen. Das Mägdefeſt, festum ancillarum, fand in Rom Nonis
Iulii mit feierlichem Umzug und einer Mahlzeit ſtatt, weil ſie der
Stadt einſt den Sieg verſchafften und, wie Judith, als Buhlen zu
den Lateinern gingen, welchen ſie die Waffen nahmen. Lugano
hält den Dienſtbotenmarkt am 11. November ab, dieß Martiniziel
dürfte von den Longobarden ſich herſchreiben.

Das Gleichniß von den Arbeitern im Weinberg, wovon
ein Theil am frühen Morgen, der andere um die dritte, ſechſte und
neunte Stunde vom Hausvater gedungen wird (Matth. XX), läßt
von der Weinbergarbeit auch auf die Aerntezeit ſchließen. Benjamin
bekömmt fünffach aufgetragen (Gen. 43, 34), wie bei uns Samſtags
der Oberknecht.

Der weibliche Dienstbote hatte früher noch mehr Plage. In
Niederbayern ist es Sitte, daß die eine Magd den Knechten Hals und
Gesicht wäscht, die andere sie kämmen muß; dafür werden sie auf
Lichtmeß mit Wachs beschenkt. Zu Frohnau bei Neunburg weiß
noch jedes Kind, wie die Großmutter, da sie diente, allen Manns=
leuten im Hause am Samstag Kopf und Hals waschen mußte. Das
Handtuch heißt Zwehl, twahil, nach Schmeller von zwagen, und
die Waschzwehle ward sogar zum Ausdruck für Dienstmagd. Der
Brauch lag den Hörigen ob und reicht in urgermanische Zeit hinauf.
Die Gegend von Bogen aufwärts heißt das Königreich. Der Ober=
knecht muß dort im Dunkelboden um Straubing der Oberdirne bei
der Aernte die Sichel wetzen, der Ander= und Drittelknecht der Ander=
und Drittelbirne, und bekömmt dafür freundliche Worte und auf die
Dult ein seidenes Halsbändel oder ein Guldenstückel.

99. Oswald der Herr der Schnitter und Mähder.

Auf dem Oswaldhof unweit Bagen besteht die Sage vom einstigen
Heidentempel. Ein gebogenes Opfermesser von der Gegend kam
1. Oktober 1878 dem historischen Verein in München zur Vorlage.
Anspalt, Oswald hieß Wodan. Ist der Kornschnitt beendet, so stellt
man eine Garbe auf, die Schnitter knieen herum und rufen: Heiliger
Oswald, wir danken dir, daß wir uns nicht geschnitten haben, —
so in Nassenfels und Möckenloh. Anderwärts lassen sie drei
Aehren oder soviel Nothhalme, sei es Garben, stehen, als Schnitter
waren, auch zu Oswalds Ehren, so um Sonthofen. Halme mit
zwei Aehren steckt man im Pusterthale hinter das Crucifix. Wer
eine Doppelähre findet, hat Glück und wird wieder heirathen.
(Gumbinnen.) In Plattling wird der Oswald aus Kornähren ge=
macht und mit Feldblumen umwunden; man hält davor ein Dank=
gebet ab, wie in Westphalen vor der Aule (Alten).[1] In Nieder=
pöring und anderwärts im Unterlande kniet man davor im Kreise
herum. Im Dorfe Schnett in Meiningen stand eine Oswald=
kapelle; das Bild des Heiligen wurde in Flurumgängen durch die
Felder getragen, um günstige Witterung zu erbeten, und da man
ursprünglich nur Haber baute, hieß er der Haber=Oessel.

1) Kuhn W. S. II, 183. 510. Panzer I, 242. II. 214 f.

Auch die Juden in Paläftina ließen am Ackerraine Aehren für die
Armen ftehen. Laut Talmud, Gittin f. 61, 1 follte man felbft Heiden
nicht verjagen. In Mecklenburg flocht man noch im XVIII. Jahr=
hundert am Ende des Roggenfeldes die ftehengelaffenen Halme in
einen Büfchel, befprengte fie mit Bier, die Mäher fchloffen einen Kreis,
richteten die Sichel in die Höhe und fprachen dreimal: „Wode, hole
deinem Roß Futter; nun Diftel und Dorn, im nächften Jahr beffer
Korn." Das Schnitterbier heißt davon Wobelbier.

Oswald war alfo ein Beiname Wodans und fo figurirt er
noch mit den Raben auf dem Szepter als Wetterherr hoch auf dem
Ifinger bei Meran, wie zu Zirl. Oswaldftaude heißt der Alpen=
rausch und kömmt unter dem Fuß des Almerer empor. Jährlich am
5. Auguft ift in Hafling und Schöna Feiertag und die Einwohner ziehen
mit dem Kreuze nach St. Nikla auf dem Granitgebirge, wo faft immer
Schnee liegt, und zwifchen Almrofen fein Bild verfteckt war. Diefe
heißen nach ihm Oswaldsrofen. Ohne die fortgefetzte Verehrung
würde er durch Hagelschauer Alles in Grund und Boden hinein=
fchlagen. Die Legende zeigt allerliebft, wie aus einem alten Gott
ein neuer Volksheiliger wurde. Oswald war ein milder König
im Etfchland, nach dem Volksbuch von Engelland, und fuchte nach
einer Gattin. Waramund durchpilgerte für ihn 72 Länder, bis er
die fchöne Spange entdeckte. Sie ift die Tochter eines fchrecklichen
Heidenfürften, darum fendet Oswald einen über und über goldenen
Raben nebft goldenem Krönlein, Ring und Brief als Boten; der
wilde Vater aber weift den Ring zurück, den der Rabe in's Meer
fallen läßt. Doch das Gebet eines Einfiedel zieht den Fifch herbei,
der ihn verfchlungen, worauf er dem Meifter Eife in's Netz geht.
Nun bricht der König, der Liebe jener Prinzeffin ficher, mit einem
vergoldeten Hirfch auf, der den Heiden zur Jagd verlockt, indeß der
edle Bewerber feine Braut zu Schiffe entführt. Es kömmt mit dem
nachfetzenden Heeren zur Schlacht, worin alle Heiden fallen, bis
fie Oswald wieder erweckt. Zu ihrer gemeinfamen Taufe nebft
dem Fürften fchlägt der Heilige mit dem Stabe Waffer aus dem
Fels. Schließlich fällt Oswald gleichwohl im Kampfe, fein Grab
bleibt auch im Winter grün, und unter andern Wundern wird auch
ein krankes Pferd heil. St. Oswalds Kirchen und Feldkapellen finden

fich in ganz Tyrol; auch bringt die Legende ihn mit einer ungleich älteren Gottheit, der hl. Kümmerniß, in Verbindung, wobei es vom Heidenkönig Aaron heißt: „er welle selber z'einer Frouwen nemen die tochter sin." (Zingerle S. 11. 26. 32. 60. 71 f.)

Seefeld in Tyrol hat die Wallfahrtskirche St. Oswald mit der hl. Blutkapelle, ferner hat das St. Oswald=Kloster im bayerischen Wald ein Wallfahrtsbrünnlein, gleich dem heilsamen Jungbrunnen am Ifinger. Er ist einer der vierzehn Nöthelfaere. Zu Hollfeld und Wüstenstein in Oberfranken wird der künstlich gebundene und umwundene Aehrenmann am Aerntefeld zum heiligen St. Mäher. In der alten wie neuen Welt ist es Sitte, nach der Aernte und zwar aus dem Korn der letzten (Opfer) Garbe ein menschenförmiges Brod zu Ehren der segenspendenden Gottheit zu backen und an die Haus= genossen und Arbeiter zu vertheilen. In der Holedau bindet man beim Kornschnitt den letzten Halm um ein Stäbchen, verziert ihn mit Feldblumen und springt jauchzend darum her, dabei die Sicheln in die Höhe werfend. Beim peruanischen Aerntefest wurden Mais= ähren in Bündel gelegt, als Pirua verehrt und umtanzt. — Raymi heißen die vier Sonnenfeste, besonders das neuntägige im Juni.

100. Das Haberfeldtreiben.

In vielen Gegenden Altbayerns, so um Aibling (Epilinga), die Residenz der letzten Karolinger, läßt der Bauer bei der Aernte für Gott Vaters Schimmel einen Zwickel stehen; die auf dem Halm be= sonders gebundene Garbe heißt man den Haberhalm, Haberbock. Habergaiß. Dieß ist urdeutsches Herkommen zum Gedächtniß des Aerntegottes, der bei Einbringung der Feldfrüchte seinen Umzug hält. Alsdann findet allgemeine Abrechnung und Auszahlung statt. Haber war in frühester Zeit die Getreideart, womit die Deutschen hauptsächlich das Feld bestellten, und scheint für Speise überhaupt gegolten zu haben. Wie erklären sich sonst die Ausdrücke: Eierhaber, Mehlhaber, Grieshaber, Fischhaber, Schwindelhaber, wobei allerdings Faulhaber und Kriegshaber keinen gleichen Sinn gewinnen. Im Harz läßt die junge Frau zur glücklichen Niederkunft Wodans heiliges Thier, einen Schimmel, aus ihrer Schürze Haber fressen. (Ploß, Das Kind 13.)

Wie urbildlich auf dem Idafelde in Walhalla das offene
Gericht vor sich geht, zu dem nach der jüngeren Edda (15) die
Asen reiten, so kommen im Namen Kaiser Karls die Haberer an=
geblich aus dem Untersberg zusammen, um, bei der Nacht und in
ihrer Vermummung unkenntlich, über das im Jahre hindurch vorge=
fallene Aergerniß ihr Urtheil zu sprechen. „Diese schöne alte Sitte
ist durch die Unvernunft moderner Polizei beseitigt worden." klagt
W. Menzel (Odin 240). Solche Rechtsübung ist so alt wie das
bayerische Volk und wird, wenn nicht wirkliche Ausartung ein Ein=
schreiten rechtfertigt, wohl auch so lange wie dieses fortbestehen.

Daß die Germanen bewaffnet zu Gericht zogen, wissen
wir aus Tacitus (G. 11. 13. 22), da er schreibt: „Weder Staats=
noch Privatangelegenheiten verhandeln sie anders als in Waffen, diese
darf jedoch keiner eher führen, als bis er für wehrhaft erkannt ist."
Die Schwyzer freien Männer hielten ihre Waffenrüstung zu Hause und
gingen mit dem Degen zu Gericht. (Rochh., Klaus v. d. Flüe 11.)
Die Landgemeinde Ausserroden hat unter allgemeinem Jubel im
April 1878 die alte Sitte wieder hergestellt, daß der Bürger nur
mit dem Seitengewehr bewaffnet stimmfähig sei. Ebenso sind Trommler,
Pfeifer und Spießmänner von den Todten auferweckt; dabei waren
sie den neuen Gesetzesvorlagen zu Erwerbung des Landrechtes und freier
Rechtssatzung nicht abgeneigt. Die Nordsachsen, gewiß vollblütige
Germanen, bewehren sich zur Gemeindeversammlung mit dem Messer
(sahs). Die Appenzeller gehen mit der Wehr noch heute in die Ver=
sammlung. Am Pfingstdienstag versammelte sich in Ravensburg die
ganze Bürgerschaft in schwarzen Mänteln mit Seitengewehren
nebst den Rathsmitgliedern beim Waghause, die Gerichtsherren nahmen
auf Stühlen Platz und hielten Gericht; er hieß der Schwörtag.
(Birlinger B. II, 191.) So ziehen auch die Haberfeldtreiber be=
waffnet zum Gericht aus.

Weyarn ist der eigentliche Mittelpunkt dieses Corps der Rache;
dort am Irschenberge, in der bayerischen Zell und im Elbäcker Winkel
sind die Hauptführer daheim, und wird bis Hohenburg im Isar
winkel, zwischen dem Würmsee und Wagingersee, und von Feldkirch
bei Westerham bis Anzing und Feldkirch bei München getrieben.
Schon Tacitus G. 19 meldet: „Der Mann vollzieht die Strafe,

indem der untreuen Ehefrau, was selten vorkömmt, die Haare abge=
schnitten, und sie entblößt vor den Augen der Verwandten aus dem
Hause gestoßen, auch durch den ganzen Flecken gepeitscht wird. Die
Dirne findet keine Gnade." Gefallene wurden von jungen Burschen
mit Geißelhieben durch's Dorf in's Haberfeld getrieben und wieder
zurück; der Schlankel, der sie verführte, mußte das Aushauen mit=
machen. Ist eine grobe Ungebühr vorgefallen, hat zumal eine ver=
heirathete Person Anstoß gegeben, eine ledige mit dem Unrechten sich
eingelassen, so verfällt er der öffentlichen Rüge bis zum Läuten der
Schandglocke. Die Rugmänner sollen nicht gerade aus der Nachbar=
schaft sein; so haben die aus den Gerichten Aibling, Miesbach,
Tegernsee bei Menschengedenken ihr Amt geübt. Der Aergernißgeber
wird an's Fenster oder vor die Thüre gerufen, um in Gegenwart
Aller sein Urtheil zu vernehmen; ja er hat, aus dem Bette geweckt,
sogar im Hembe sich zu stellen. Die gräulichste Musik mit Peitschen
und Kuhschellen begleitet die Sentenz. Die berußten oder maskirten
Gestalten stellen die Unterweltlichen vor, und zwingen, wie eine bild=
liche Darstellung aus Miesbach zeigt, den Ruchlosen mitunter, auf
dem Mistkarren stehend seine Verworfenheit anzuhören.

Das Haberfeldtreiben gegen Amtleute, welche bis zum Ausbruche
des Sendlinger Bauernkrieges die Partei der Landverderber nahmen,
habe ich im Vorspiel zum Schauspiel „Der Jägerwirth" nach der
Wirklichkeit geschildert, daß ein Augenzeuge es nicht richtiger könnte,
da mir Personenkenntniß nicht fehlt. Zur Abwechslung mag ein
weiterer Aufzug der Haberer mit der Hahnfeder auf dem Hute zur
Sprache kommen,[1]) wie sie bewaffnet heranziehen, der Missethäter
vorgerufen und auf einen Dungwagen gestellt, wo nicht zwischen zwei
Vermummten in der Klemme, den Vorwurf erwartet. Es ist finstere
Nacht und der eine hält ihm die Laterne vor's Gesicht, der andere
aber spricht:

> Wir warnen und mahnen, du sollst dich bekehren,
> Doch willst du die Stimme zum Bessern nicht hören,
> Dann wird dir wo anders Haberfeld trieben,
> Das steht in Himmel und Höll angeschrieben.

[1] Ueber Land und Meer Bd. LVII Nr. 20.

Du wirst des Teufels gierigen Krallen
Am jüngsten Tage auf ewig verfallen.
Liber scriptus proferetur,
In quo totum continetur,
Unde mundus judicetur.

Der Verurtheilte blickt unheimlich und bleich wie der Tod um sich, er ist moralisch todt. Es war ein rechtschaffenes Sittengericht, indem dabei die ehrenhaftesten Männer Recht schafften, ein ur= väterlicher Brauch, der besser wirkte, als alle heutigen Strafgesetze. Das Volk selbst übernahm die Rechtfertigung der öffentlichen Ehre unter Verlesung der vorgefallenen Unbill ohne Unterschied der Person. Der Amtmann und Pfarrer nicht minder, wie der Bauer, wird im Falle eines Aergernisses auf das Korn genommen, es heißt dann:

Bauer steh' auf, es hat elfe g'schlagen,
Jetzt woll'n wir dein Mensch in's Haberfeld jagen.

Die Haberfeldglocke ist jetzt im Museum zu Tölz.

101. Wodans Diener im Kampfe wider die Neulehre und gesellschaftliche Schäden.

Die reine Wahrheit dürfen wir freilich nicht unterdrücken. Der Haberbund war ursprünglich gegen die Verkünder des Christenthums gerichtet; daher stehen die Erben der alten Götter Karl der Große für Wodan an der Spitze. Daß Emeram in Helfendorf unfern Weyarn vom Erbprinzen Lampert nieder= geworfen und entmannt ward, und Corbinian aus Altbayern flüchten mußte, ist gewissermaßen das erste Haberfeldtreiben. Beide waren vielmehr politische Sendlinge der Frankenkönige, um die Agi= lolfinger unterwürfig zu halten. Ersterer brauchte einen Dolmetsch und eignete sich schon darum nicht zum Glaubensprediger, war auch nach Aussage seines Lebensbeschreibers Arbeo als Liebhaber von Frauen verrufen; letzterem stellt Meichelbeck (Kurtze Freising Chron. 25. 30) in doppelter Hinsicht ein bedenkliches Zeugniß aus. Ob mit Recht oder Unrecht sind seit jener Zeit hauptsächlich Geistliche mitgenommen. Pfarrer Hafner in Prien predigte mit Grund: „Die Haberer waren von aller Anfang an keine Christen." Es heißt wohl: der böse Feind ist auch ungerufen allzeit dabei.

Diese Volksjustiz war die einzige Waffe der Unterthanen gegen den Feudalherrn. Auf der Leutkircher Haide bestand ein offenes kaiserliches Landgericht mit vier Malstätten, jede mit zwölf Schöffen besetzt aus Bürgern oder Handwerkern, die zwölfmal auf jeder Mal= statt unter freiem Himmel Gericht hielten. Aus diesen urgermanischen Gerichten ging die Vehme hervor mit ihren Freischöffen. Die Haberer übten ehedem auch am hellen Tage ihr Amt. Als Theilnehmer oder Beisitzer werden die umliegenden Pfarrer und Landrichter, überhaupt die angesehensten Personen der Gegend, laut verlesen und beim Aufruf fehlt keiner, am allerwenigsten der bayerische Hiesel. Alles geht in Knittelversen vor sich. Kömmt dabei ein Unglück vor, hat z. B. von dem Höllenlärm ein Pferd im Stall sich erhenkt, eine Kuh vom Stand sich losgerissen, so wird der Schaden regelmäßig vergütet, und es läßt auf die Zahl der Theilnehmer schließen, daß nach einem solchen Fall in der Valley der Preis von 300 Gulden für das Roß auf den Holzhaufen gelegt ward: „Hat halt den Mann 18 Kreuzer getroffen."

Um bildlich die Spreu vom Waizen zu sondern, spielen beim Haberfeld Windmühlen eine Rolle. Ja, damit nicht zufrieden, ihre Tenne rein zu fegen, brachten die bajuwarischen Ordnungsmänner und Anhänger alter Sitte sogar den Mistkarren mit in's Spiel, auf welchem der Auszustoßende sein Verdammungsurtheil anhören mußte. Birlinger (Alem. 1886 S. 62) meldet aus Schwaben, daß man in N. einen Dungwagen stückweise auf's Hausdach getragen und vollends mit Stallmist gefüllt habe, um dem Besitzer die äußerste Verachtung auszudrücken. Dieß heißt nach bäuerlicher Auffassung, Jemand in Verschiß erklären. Den Mistwagen auf dem Dachfirst mit niederhangender Deichsel kennt nicht nur der Lechgau, sondern auch der Isarwinkel, und als dem jüdischen Banquier Baron Eich= thal in Hohenburg getrieben wurde, schleppte man Räder und Fuhrwerk sogar auf das Schloßgebäude. Es galt einen socialen Krieg für Erhaltung der Sägemeister und ihrer Familien, wo das papierne Gesetz zur Vertheidigung gegen den reichen fremden Fabrik= herrn nicht ausreichte.

Im Grunde ist ein stadtöffentlich betriebener sog. Ehrenproceß, wo der Arbeitgeber oder Gutsherr durch den Sozialisten, sei es Streiker, belangt, und von dem ebenso angehauchten Anwalt oder Richter um

nichts verurtheilt, ja eine Zeit lang beliebig ausgeschrieben ward, nur
ein umgekehrtes Haberfeldtreiben. Die Staatspolizei und das Volksgericht gerathen sich hier in die Haare, wie beim Maisäen. Die
2024 Meter hohe Haberfeldspitze bei Ischl hat die Kaiserin Elisabeth
im September 1887 erstiegen. Der Name haftet, aber so hoch hat
sich der Bund wohl nie verstiegen.

102. Germanische Rügegerichte.

An das Michelting oder Herbstgericht erinnert der Aufzug in
der Gegend von Rothenburg an der Tauber, wo jeder den andern
rügt; aber auch nach Pfingsten geschah es: beide Zeiten hießen „in
der Goldwoche." Man rügt, so Jemand der Gemeinde im Ackern,
Mähen und Zäunen etwas entzogen. (Bensen Rotenb. 381.) In
der Urschweiz gilt die Redensart: Einem den Haber abmachen,
Einen abhabern," d. h. den Text lesen, ihn herunterkampeln.
(Lütolf 380.) Zu March im Kanton Schwyz besteht am Sylvester-
abend, vor Dreikönig und in den drei Faftnachtstagen das Bröcken
oder Ausläuten und Zuschellen, wobei Leute aus allen Ständen mit
Ketten, Ratschen und Trommeln, Klarinetschnäbeln und Hörnern,
Kuhschellen und Heerdeglocken sich zusammenschaaren. Bröcken heißt die
Stimme verstellen, um, gereimt oder ungereimt, zum Volkswitze die
Vergehen einer Person durchzuhecheln, Skandale Einzelner mit Katzen-
musik zu strafen, darüber zu kläffen und sie zu verklopfen. Der
Reimdichter gedenkt der abscheulichen Larven, die mit dieser Masken-
freiheit noch heute zusammenhängen.

Den Beweis für das germanische Herkommen liefert der Umstand
(Sulzb. Kalend. 1885), daß in Ebrach bei Bamberg man jährlich auf
Aschermittwoch zwölf Jungfrauen auf freiem Felde zum Gerichte einsetzt, ihnen eine vermummte Person vorführt, und diese all'
der Uebelthaten beschuldigt, welche das Jahr hindurch im Hause und auf
den Fluren verübt wurden. Ebenso treibt man an der Ilm zur Faft-
nachtzeit das Leutausspielen, wobei alle lächerlichen Begebenheiten,
die sich das Jahr über im Orte zugetragen, zur Belustigung der
Zuschauer, in Scene gesetzt, vorkommen. (Panzer II, 510.) Das wirkt
besser als Beichte und Buße.

Die möglichen Ausartungen sind ebenfalls nicht neu, wie Horaz

in seiner Epistel an Augustus V. 132 f. bezeugt, indem er, der Hof=
pëot, im Tone des Unmuths sich ausläßt über den Muthwillen der
Landleute, daß sie im Wechselgesang, in struppigen saturninischen
Versen und dorfmäßige Schmähungen sich ergingen, bis der Scherz
sich in Ernst verwandle, so daß das Gesetz mit Stockstreichen den Aus=
schlag geben müsse. — Auch Saturn war Aerntegott und zugleich
Richter.

Mit obiger Beschändelung greift aber das Volksgericht weit
über die altbayerischen Gaue hinaus. Zu unserer Genugthuung stoßen
wir auf dieselbe Justiz bei den leider verwälschten Langobarden
am Gardasee. Hier ist das Märzrufen statt des herbstlichen
Haberfelds üblich, und zwar alljährlich. So ging es 1882 vor der
Rocca vecchia in Riva vor sich, dem alten Thurme der Fürstbischöfe
von Trient. Als es dunkelte, erscholl plötzlich durch ein Sprachrohr
die laute Stimme:

'Trato Marco in questa terra,
E da, maritare una puta bella.
Chi é ella, e chi non é ella?
É la Signorina N—, che é la piú bella?
A chi la volete dare?
Al Signor N—, che é da maritare?
Siete contenti? —
Ist der März in's Land gekommen,
Gilt's 'ne hübsche Dirne zu vergeben.
Wer ist sie, und wer ist sie nicht?
Ist es Signorina N—, sie die schönste?
Wem wollt Ihr sie geben?
Dem Signor N—, der heirathsfähig ist?
Seid Ihr's zufrieden? —

Man wird an das Zulehengeben beim Scheibentreiben erinnert. Und
nun brüllte die Menge ein schallendes si (ja) oder no (nein) als
Antwort hinauf. So werden zum größten Gaudium der zahlreichen
Zuhörer die stadtbekannten Namen eingeborner wie fremder Mädchen
und Männer ausgerufen, und deren vertraute Beziehungen öffentlich
ruchbar. Die Besatzung liefert gerade das Hauptcontigent für die
Märzlisten der Facchini, und wehe, wenn an den Tag kömmt, daß
ein junger Herr mit zwei oder drei Dämchen, oder gar eine Dame
mit mehreren Rittern Einverständniß hege. Einmal scholl auch der

Name des Seelsorgers, ein andermal zum Hohne auf die Sitten=
polizei jener eines hohen verheiratheten Ortsoberen in Verbindung
mit seiner Köchin oder Zofe von der Rocca vecchia herab, und auf
die Frage an das Volk: siete contenti? folgte ein einstimmiges No!
als Antwort. Verräth aber die Annäherung zweier Liebender ehrbare
Absicht, so schließt der Volkswille mit beifälligem Si! den Bund.
Natürlich lehrt diese jährlich wiederkehrende Sittenwache beide Ge=
schlechter vorsichtig sein und selbst jeden Blick zu bewachen, damit
nicht der Name an den folgenden Märzabenden über den Garbasee
hinausschalle. So dauert das Märzrufen in San Giacomo und
Torbole, und im Allgemeinen war diese Controle der öffentlichen
Moral eher förderlich, obwohl der Spruch gelten sollte: „Wer von
euch ohne Makel ist, werfe den Stein auf seinen Nächsten."

Als Kernbayern sind die Haberer im Bergkriege zur Vertheidigung
des Landes allzeit die ersten gewesen, und in der blutigen Sendlinger=
schlacht voran mit Leib und Leben für den angestammten Fürsten
eingetreten.[1]) In der Flur des alten Wirthshauses zu Seeham hängen
zwei Oelbilder aus der Mitte des 17. Jahrhunderts, Männer in
Lebensgröße bis zum Knie; der mit dem Stutzen ist als alter Haber=
feldmeister angesehen. Auf manchem Anwesen war das Amt herge=
bracht; so waren der Oppenrieder, Hammerschmied an der Leutzach, der
Uz von Föching, der Lederer von Feldkirchen hergestammte Haberfeld=
meister. König Ludwig I. ließ sich den Haberfeldbund noch aus der
guten alten Zeit schildern, daher Döllingers Verordnung=Sammlung
die Weisung enthält, denselben schonend zu behandeln. Indeß kömmt
die Volksjustiz bei Aergernissen, die sonst straflos bleiben, mit der
Polizei in Conflikt, und so ziehen sich die rechtschaffenen und recht=
schaffenden Männer zurück; junge Leute und selbst Knechte sind an die
Stelle getreten. Darauf deutet schon ein bekanntes Schnaderhüpfel:

> Der Pfarrer halt Predig',
> Der Schreiber thut schreiben,
> Doch ein G'scheerter kann nix
> Als was Haberfeld treiben.

---

1) Vgl. Das Haberfeldtreiben, Vorspiel zu meinem Drama: Der Jäger=
wirth und die Sendlingerschlacht. München 1882. Kellerer.

Nur ein Freier durfte ursprünglich das Haar vollwüchsig tragen, konnte aber durch Uebergabe des abgeschnittenen Haupthaares oder Bartes sich in die Knechtschaft eines anderen begeben. (Grimm, Rechtsalt. 146.) Auch bei den Wandscha auf den Canarischen Inseln hießen die Hörigen Adschi — Carnay, Geschorene, Gescheerte. Die Mönche mußten demnach als Unfreie sich scheeren lassen.

Mit Grund sagte der Müller am Baum, Landgericht Miesbach, der selber manchen Vers dazu gemacht hat: „Vor Zeiten war es ein Ansehen, wenn einer beim Haberfeldtreiben mitthun durfte, es war ein öffentliches Ehrengericht und lauter rechtschaffene, hausgesessene Leute waren dabei. Jetzt ist bald jeder zugelassen, da mache ich mir keine Ehre mehr daraus, und mag ich nicht mehr mitthun." Von einem Armenseelenprediger habe ich übrigens ein gedrucktes „Amulet wider die Haberfeldtreiber" in Reimen zur Hand.

103. Wodan Bartold als christlicher Bartolomä.

„Ein Name genügte mir nie, seit ich unter die Völker zog." So spricht Odin im Grimnismal (ed. Simrock p. 18), und noch geht ein niederrheinischer Volksspruch: Du wellst mich wis mache, Gott hêsch Gerret. „Du willst mir weiß machen, Gott heiße Gerhard." Das war Wodans Beiname vom Speere Gungnir hergenommen. Ebenso tritt er als Oswald (Haber=Oessel), Bernhard und Leonhard, Gangolf und Wolfgang, Ruprecht und Berchtold oder kurz Bartel auf. Aber schon im Rigveda, dem ältesten Buche der Menschheit, lesen wir IV, 192: „Die Götter wurden abgedankt wie alte Männer, du allein o Indra (Regenspender) bleibst der Allherrscher."

Vorzüglich bemühten sich die Apostel des neuen Glaubens, die alten Götternamen verächtlich zu machen. Wodan der wilde Jäger ward als Sturmgott (indisch Vaju) oder vom Hundegebell zum Wauwau. Nicht minder gestaltete sich Hruodprecht, der Ruhmstrahlende, zum unheimlichen Begleiter des hl. Niklas, Knecht Rupert oder Rüepel, der mit Ketten rasselt und die bösen Kinder in den Sack steckt. Ebenso ist der himmlische Dynast Barthold als bäurischer Bartel, Saubartel, Schmutzbartel (in Oesterreich beim Umzug Strohbartel) zum Entgelt für seine frühere Herrlichkeit herabgewürdigt.

17*

Mit der Zeit werden wohl viele alt= und neubackene wälſche Heilige
dasſelbe Schickſal erfahren.

Was geht uns Deutſche St. Bartolomäus an, und doch iſt er
im Beſitze ſo vieler Kirchen, wie zu Paderborn, Pilſen, Berlin, auch
des kaiſerlichen Krönungsdoms zu Frankfurt!¹) Zur Antwort diene,
daß der Apoſtel wegen des anklingenden Namens den Wodan Bartold
aus ſeinen Heiligthümern und im Kalender verdrängte. Der unter=
ſchobene Apoſtel wird zuvörderſt Aerntegott und Patron der Dreſcher;
daher nimmt der Schweizer die Rede in den Mund: Die Zahl der
Dreſcher erkennt man leicht, ſind zwei, ſo lautet es Bartl! Bartol!
bei dreien Bartolo, bei vieren Bartolmä, ſind aber fünf, dann
vollends Bartholomäus. Im Argau backt man auf Dreikönig
Bechteles Hirzli oder Berchtolds Hirſchlein, ehedem geweihte
Brode in Hornform, wie die Bretzel mit drei Stängeln, dem drei=
ſpeichigen Sonnenrade nachgebildet, der Weihnachtsgöttin Bertha oder
Bercht gegolten. Er iſt auch Bier= und Weingott: „Der Bartel=
mann hängt dem Hopfen Trollen an.“ Und wer kennt nicht
die Redensart: „Der weiß auch, wo Bartel den Moſt holt.“ In
Unterfranken heißen Bartel große Spitzkrüge, worin man den Moſt
u. ſ. w. aus dem Keller holt. Vielfach iſt am Rhein Bartolomäus
Kirchweihtag. Wie Bartolmä ſich hält, iſt der ganze Herbſt beſtellt;
d. h. von ſeiner Witterung hängt der gute Wein ab.

In Schleswig Holſtein reitet Bartelmä auf dem Schimmel,
und am Bullenberg im Stargarder Kreis ſtürmt in der Bartolomäus=
nacht die wilde Jagd dahin. (Tettau, Oſtpreuß. Volksſ. 244.) Beim
Aufzuge des Faſtnachtſchimmel im Iſarwinkel lautete der Spruch,
namentlich in meiner Heimat Tölz:

> In unſerm Land wächſt Wein und Korn,
> Wüetes Korn und Schabergold b'ran,
> Wein und Korn und rothes Gold,
> Hätt halt Bartel Doll (?) gewollt.

Es gilt der Wiederkehr des Frühlings, und die Reiter kommen
gerade aus dem Paradies. Der Schimmel mit einem Kopfe nach

---

1) Seit Heinrich VII. ausführlich in meiner Schrift: Frankfurt das
alte Askiburg, zum dortigen XIII. Congreß der Anthropologen. München 1882.

vorn und rückwärts stellt das Roß Gottes, den Sleipnir, vor; aber
der ganze Spruch blieb den Leuten nicht mehr verständlich. Im
nahen Wackersberg heißt die halbe Männerwelt Bartl. In der Stifts=
kirche zu Berchtoldsgaden halten die Untersberger Männlein
nächtlichen Gottesdienst, ebenso in Bartlmä auf der Halbinsel im
Bartlmä= oder Königssee, welchen der Jäger Berthold entdeckt
haben soll. Beim Fastnachtschimmel, der in Altbayern noch nicht
lange abgekommen ist, macht ein Bursche den Bartel oder Frühlings=
herold, der auf dem einreitet. Im Moose von Murnau liegt
abgewürdigt eine Bartelmäkapelle in Ruinen, worin einmal ein
Schimmel verhungert ist, wie es in früheren Wodanskirchlein
heißt. Sieben Einöden heißen Barthel=Mühle, dazu noch die bei
Murnau Bartlmämühle, dazu zwei Einöden Bartmühle — allein
in Bayern. Auf einem der schönsten Punkte des Bayeroberlandes,
zu Kleinhöhenrain bei Aibling erhebt sich Angesichts der ganzen Ge=
birgskette die frühere Wallfahrtskirche mit den beiden gegrabenen
Bartelbrunnen und dem Bartlmäholz als Stiftungsgut. Auch
die Heidenpriester erhoben ihr Herz zu Gott im Anblick des erhabenen
Welttempels. Zu Erbach im Odenwald ist die Kirche St. Bartelmä
geweiht, daneben fließt der Bartelsbrunn, aus welchem man die
Kinder holt, zudem quillt ein Holler, d. i. Holdabrunn im Thale.
Bartelwulfenberg bei Preßnitz und Bartlmä=Aurach führen auf dieselbe
Spur, ja letzteres neben Peters= und Veits=Aurach legt uns sogar
die drei verwandelten Gestalten des Wodan, Donar und Freyr nahe.
Das Berchtellaufen in den zwölf Nächten von Weihnacht bis Groß=
neujahr, wie es im Zillerthal und Pinzgau, im Salzburgischen und
in Kärnthen noch üblich, ist ein Ueberrest von seinem Dienste. Den
Arber im bayerischen Walde, welcher über den größten Horizont in
deutschen Landen gebietet, krönte eine Bartelmäkapelle, und das Haupt
des Heiligen ward jährlich auf Kirchweih den 24. August herum=
getragen. Zu diesem Feste wurden auch hölzerne Köpfe mit Haber
oder Gerste gefüllt hinaufgebracht, und auf den Altar oder die Bank
gestellt.

Die hohen Feste, bei den deutschen Waldfahrten oder Wall=
fahrten, waren regelmäßig von Jahrmärkten begleitet. Die älteste
Ostermesse hängt mit dem Pascha am Tempelberg in Jerusalem

zusammen. Die Frankfurter Herbstmesse knüpft sich an die
Bartholomäusfeier, hier wie anderwärts. Zu Landshut in Bayern
sprengt in der Bartelmä-Nacht ein Reiter durch die Straßen, daß
die Funken aufsprühen. Am Bartolomäus-Altar in der Pfarrkirche
Tölz ist 1521 eine ewige Messe gestiftet, so sehr ist der vermeinte
Apostel verehrt; und der Jahrmarkt kommt dazu. Selbst die Got-
schee in Krain hat eine Bartlmämesse. Oberstimm, eine Stunde
von Ingolstadt, aber zu dem sieben Stunden entfernten Neuburg
gehörig, hat seit unvordenklicher Zeit seinen Bartelmarkt, wobei
es ohne Ungeschliffenheit so wenig abgeht, wie beim Keferloher Pferdemarkt, da jeder den Rüepel machen darf. Bis aus Norddeutschland
kommen Käufer zum Fohlenmarkt herbei, und einer darf dem andern
ungestraft einen Schabernack anthun. Wer vierzig Jahre nach einander,
oder neunmal an Einem Tage zu Markt kommt, wird gescheit (auch
ohne den Nürnberger Trichter). Bartlmä ist Kirchenpatron, und soll
dem hl. Lorenz den Rost geheizt haben; da rief dieser: „Bartel
schür, in vierzehn Tag ist's an dir" — wie es der Kalender gibt.
Dieses Sprichwort bezüglich des 10. und 24. August ist auch am
Rheine gang und gebe. So hält sich der Spruch in der Umgegend
von Ingolstadt, Geisenfeld, Pfaffenhofen, Neuburg und Eichstädt.
Aehnlich geht es am Gilermoosmarkt zu Abensberg zu, der acht
Tage nach Bartlmä fällt. Dauerte etwa die Festbegehung acht Tage,
und schloß sich daran Handel und Wandel? Auch Epfach, das
gallorömische Abudiacum, Kraiburg, Breitenau bei Dachau u. a.
huldigen dem Bartholomäus, wofür kein anderer Grund, als die
frühere Verehrung des göttlichen Barthold vorliegt.

Wie Hirmon hat der alte Gott seine heiligen Steine, so bei der
Burgruine Bartenstein ober der Alle (Zufluß der Pregel) einen
Granitkoloß in Mannesform, genannt der Bartel, daneben liegt
Bartelsdorf. Der Bartel heißt ein Berg und Waldort bei Fritzlar
und wenn sich ein Bernert in Hessen erhebt (Arnold, Ansiedl. 291),
so wissen wir, daß Bernhard oder Hackelbernet Wodan den Mantelträger bezeichnet. Der Bartelberg bei Viechtach und Bartlmäberg
bei Bludenz, Bartlmä bei Braunau und Bartelsdorf bei Schwabach
haben sämmtlich nicht den Apostel im Sinne. Die Schwarzbeer-
weiber im Reichswald zu Wöhrd bei Nürnberg zogen auf Kirchweih,

den 24. August, umher und riefen: „Der Bartl kommt, der Bartl kommt!" Mit dem Erlös aus ihren Beeren sollen sie den versetzten silbernen Bartolomäus wieder eingelöst haben. Die Bartlmäkirche liegt in der Wöhrder Vorstadt. Und so geht es fort bis Bartolomeo tedesco in Südtyrol; die Langobarden hinterließen den Italienern noch den Bartolo. San Bartolomeo auf der Tiberinsel weist als Zuthat sogar die Haut des Apostels. Von Rom aus eroberte der alte Gott unter christlicher Maske noch Heiligthümer in weitentfernten, nicht deutschen Landen.

Just am Bartlmä=Tag wird in der Vallep oberhalb Kufstein mit wahrer Virtuosität der Schuhplattler aufgeführt, die Tänzerin geschwungen, und gestampft, daß der Boden kracht. Dieß beweist, daß der Tanz schon aus der altdeutschen Zeit stammt.

104. Der Roßkopf und die Reidstange.

Germanikus stieß sechs Jahre nach der Teutoburgerschlacht auf die „barbarischen Altäre," wo die Sieger die Kriegsgefangenen, römische Tribunen und Centurionen, ihren Göttern opferten, auch auf Pferdegerippe und deren an Bäume genagelte Köpfe. Der alte Deutsche steckte den Kopf des geschlachteten Rosses auf die Wetterstange, oder nagelte ihn an den Stadel, während er das Hufeisen am ge= weihten Orte aufhing, um dem im Wetter heranstürmenden Donner= gott zu zeigen, daß man ihm das gebührende Opfer gebracht. Noch mehr! man wandte das bräuende Uebel gegen den Feind ab. So spricht der Held in der Eigilsage, indem er eine Felsspitze besteigt und das Roßhaupt auf die Haselstange steckt: „Hier errichte ich eine Neidstange, und wende die Verwünschung (nid) gegen König Erich und Gunhild." Zugleich schnitt er den gräulichen Fluch in Runen in die Stange. Saxo erwähnt dabei des aufgesperrten Rachens nach der Gegend, woher der Feind droht. Die Wenden befestigen solche auch auf Zäunen um die Stallungen her, Viehseuchen abzuwehren. Auch im skandinavischen Norden und namentlich in Rußland zieren den Giebel nicht selten zwei geschnitzte Roßköpfe. (Harth. R. I, 9.) Von diesem Heidenbrauche der Bajuvaren und Schwaben rühren Orts= namen wie Roß=, Bär= und Thierhaupten, Schamhaupten, Schweinshaupten, Roßschenkels bei Memmingen her. Roßhaupten liegen allein drei in Bayern, ein viertes bei Waidhausen im Böhmischen, unfern dem Blutacker, wo Tilly die Mansfeldischen schlug. Vom Ulrichsberge, wo die Bayern sich verschanzten und so viel Blut floß, läuft ein Schimmel ohne Kopf nach dem Farrenberge, wird aber von einem feuerschnaubenden Stier ohne Kopf zurückgejagt. „Pferdekopf" heißt ein Waldrevier im Voigtland vom Wegweiser, woran ein Roßschädel hing, den der Scharfrichter immer erneuern mußte. (Eisel 296.) Vertrocknete Roßköpfe und Stierhäupter zur Abwehr von Blitzschlag und Seuche zählt Rochholz (A. S. II, 18 f. 216. Glaube und Brauch II, 85 f. 154) an einer Reihe alter Bauernhäuser der Schweiz unter dem Strohdache auf.

Von der Neidstange mit dem Pferdehaupt ist nur eine Nachbildung in Holz noch übrig. Das bayerische altsächsische Bauernhaus hat als Giebelzeichen zwei gekreuzte Roßköpfe, nach innen schauend in den Lüneburger Haidedörfern, bei Bardowick, Uelzen und die Elbe hinauf, nach außen gerichtet längs der Weser, in Westphalen, Braunschweig und bis in die Mark und Niederlausitz. Zwei schräg gekreuzte Pferdeköpfe am Stirnfirst haben ihres Gleichen am ehesten in den vereinzelten Bauernhöfen Altbayerns — vielleicht schon in romanischer Zeit. Plinius IX, 10 kennt den aufgespießten Roßkopf in Gärten zum Schutz gegen Raupen — wie noch M. Jugger 1584 dieses Mittel wider Raupen und Ratzen anräth (Andree, Schädelkult). In der asiatischen Heimath stecken die Osseten Roßköpfe auf die Pfähle, rings um ihr Gehöft, wie die Bulgaren. Die Samojeden umgeben den Opferaltar oder ihre Holzgötzen mit den Schädeln von Eisbären, Wallrossen und Rennthieren, ihrer Jagdbeute, die Tschuktschen stellen wie die Bari, Galla und andere Afrikaner die von Ochsen, Gorilla, Antilopen an Gräbern ihrer Häuptlinge auf. Nirgends sah ich mehr Schädel von Pferden, Kameelen oder Eseln als Schutzmittel über allen Eingängen angebracht, als in Jerusalem 1845, sie waren 1874 auf Befehl des Pascha verschwunden. Die Thondrachen auf chinesischen Häusern sind gegen den bösen Blick oder Geist, wie unsere Pferdeköpfe ꝛc. In Rom heftete man das Pferdehaupt, d. h. den Schädel des jährlich am 13. Oktober zum Opfer gebrachten Oktoberrosses an's Stadthaus (regia Numae) oder an den Manilischen Thurm.

105. Fortbauer der Roßopfer.

Porphyrius de Abst. I, 14 erinnert, daß die Hellenen weder Hunde, noch Pferde und Esel aßen. Rosse opferten und verehrten dagegen die alten Deutschen. Solches Fleisch verbietet Levit. XI, 4, weil das Roß die Klauen nicht spaltet. Gewiß in Rücksicht darauf hat Bonifatius derlei Opfer und Mahlzeiten ihnen abgewöhnt, obwohl die jüdischen Speisegesetze uns Christen nichts angehen, aber vereinzelt behauptete sich der uralte Brauch.

König Athanarich der Gothe läßt den christlichen Priester Sansala verhaften, und zieht mit bewaffneten Schaaren und einem Götterbilde von Dorf zu Dorf, davor wird geopfert und alle Bewohner müssen vom Opferfleische kosten. (355—372. Sozom. VI, 97.) Man hielt Opferschmäuse an Gräbern, und legte dem Todten eine Pferdekeule auf den Leichenhügel; so wurde jüngst ein Oberschenkel-knochen über einem Grabsteine bei Schwaneck nächst München in auffallender Lage ausgegraben.

In der Leonhardskirche zu Kirchenweidach bei Burghausen opferten die Bauern der Umgegend bei einer Viehpest Rosse und Ochsen, um durch die freiwillige Darbringung die übrigen Stücke vom Heiligen gesund zu erbitten. Das Cistercienser Nonnenkloster Heiligenthal bei Würzburg nimmt die Stelle eines heidnischen Opferplatzes ein; man hat daselbst eine Menge Thierknochen, besonders Pferdeschädel ausgegraben. (Panzer II, 448.) Der Dorn-busch heißt Roßzünder (goth. aihvatundi), weil damit das Roßopfer angezündet wurde.

Am Hahnenkam im Eichstädtischen wurden bis zu diesem Jahrhundert Sankt Willibald zu Ehren Pferde geschlachtet und Blutwürste davon gemacht, auch Pferderennen veranstaltet. Zu Rummelsburg in Hinterpommern sagt man: „Das ist auch einer von den Sieben, die den Schimmel verzehrt haben." (Knoop VIII.) Man führt zudem auf Weihnacht und Fastnacht den Schimmel um.

Unglaublich, und doch wahr — dauerten selbst Roßopfer im Stillen in den gebildetsten Zeiten und Ländern fort. Auf neuen Kirchhöfen vergrub man ein lebendes Pferd, bevor man einen Todten einscharrte — als Opfer der Todesgöttin Hel mit ihrem dreibeinigen Roß.

(Hocker, St. d. H. 49.) Sogar in Florenz jagten nach Savona=
rolas Feuertod seine Gegner, die Arrabiati, durch den Dom Maria
del Fiore ein Pferd und tödteten es am Ausgang, um die Kirche zu
lustriren. (H. Grimm, Michelangelo I, 228.) Wenn die Einwohner
der bisherigen Hauptstadt der Mediçäer sich noch zu solchem Aber=
glauben verstanden, hat sich unsere Bauernschaft dessen nicht zu schämen.
Meldet doch Pontanus die Thatsache.

Später brachte man die Rosse nicht mehr leibhaft zum Opfer,
sondern es fanden Uebergänge statt. Thiere, welche im geweihten
Waldbezirk weideten, sollten freiwillig in die Schimmelkapelle gegangen
sein, man ließ sie verhungern. Aber noch im Jahre 1815 fiel zu
Algenthausen im Toggenburgischen ein thatsächliches Roßopfer vor,
um ein 15jähriges Mädchen vom Veitstanz zu heilen. Man band
einem, freilich werthlosen, Pferde ein Bündel Stroh an den Hals,
verbrannte dieß und vergrub das Roß lebendig sammt allen dabei
gebrauchten Werkzeugen. (Wolf, Zeitsch. IV, 4.) Statt ein Füllen
zu Gantenschwil in den Grundmauern des Kirchbaues einzugraben,
zündeten sie ihm Bohnenstroh unter dem Leibe an, bis solches ver=
glimmt war, und dieser Brauch hat sich in der Gegend bis in die
Neuzeit erhalten, selbst wo nur landwirthschaftliche Verrichtungen
mißrathen wollten. (Rochh. A. S. II, 25. 278.)

Noch ist in Erinnerung, wie das vom alten Wahne befangene
Volk ein Roß in den Pilatussee versenkte; man erkennt am dortigen
Wagstein oder Lottelfels beim Mondschein auch eine Huffpur, ebenso
wie am Lechfall die Alemanen Pferde in die schauerliche Tiefschlucht
hinabstürzten und der Huf in Fels gemeißelt ist. Dieß entspricht
der Meldung des Agathias, daß sie Rosse an Strudeln der Flüße
darbrachten, und wird auch vom Rheinfall erzählt. — Die Rhodier
stürzten ein Viergespann in's Meer, dem Roßgott Poseidon zum Dank.

Ueber Versenkungen von Rossen im Wasserwirbel belehrt uns
schon Homer Il. XXI, 132 vom Skamander: „wo starkhufige
Roß, in die Fluth ihr lebendig hinabwerft." Im alemannischen Winkel
am Schwarzwald bis Basel opferte man in den Julinächten Pferde
unter Bäumen und begoß die Wurzel mit Blut.

Das Roß bildet das vornehmste Geschenk an Wodan und andere
Heidengötter, sowie ihre christlichen Stellvertreter. Die Perser opferten

Roſſe dem Ormuzd und der Sonne zu Ehren. Herodot erfuhr, daß
ſie an hohen Geburtsfeſten ganze gebratene Pferde auf die Tafel
brachten. Auf Cyrus' Grab wurde allmonatlich ein Roß geopfert.
Anderwärts trat ein Scheinopfer ein. Bei der Beſtattung eines
Oſſeten (Alanen) wird deſſen Streitpferd und Weib dreimal um
das Grab geführt, und das Pferd darf von keinem mehr beſtiegen
werden, die Frau nicht mehr heirathen. (Haxth. Transk. II, 21.) Zu
Gerrus an den Königsgräbern der Skythen wurde am Jahres=
tag das Grab mit 50 getödteten Pferden und Reitern umſtellt, die
man mit Spreu ausgeſtopft auf Pfähle und Stangen ſteckte. Bei
Aufdeckung dieſer von Herodot beſchriebenen Skythengräber auf der
Nordſeite des ſchwarzen Meeres fanden die Ruſſen Mann an Mann
zu Roß in ganzen Reihen beigeſetzt. Der Wilde gibt dem Mann
ſeinen ganzen Hausſtand zur Unterhaltung in jene Welt mit.

Eduard III. brachte bei König Johanns Leichenbegängniß in
London Pferde zum Offertorium. Der Biſchof von Auxerre ſegnete
1389 die Roſſe, welche beim Leichengottesdienſt Bertrands Duguesclin
nach St. Denys geopfert wurden. Später fand man ſich mit einer
Geldſumme ab. Als 1464 König Ferdinand von Neapel die Stadt
Sueſſa belagerte, die an Waſſer Mangel litt, warfen die Bürger
ein Crucifix unter Läſterungen in's Meer, Geiſtliche aber ſtießen einem
Eſel eine Hoſtie in's Maul und vergruben ihn vor der Kirchthüre.
Sofort brach ein gewaltiges Unwetter los. (Carl Meyer, vergl. d.
Mittelalt. 33.) Als Kaiſer Karl IV. beſtattet ward 1378, folgten
ihm 26 Pferde, auch ein gewappneter Ritter mit dem Roß unter
dem Traghimmel. Fünf Monate nach Maximilians II. Tod 1577
wurden an ſeinem Grabe zu Prag Pferde zur Kirche verehrt (oblati).
Gegenwärtig ſehen wir zum letzten Andenken an den einſtigen Brauch
des Tödtens und Verſcharrens bei der Beſtattung Hochadeliger bloß
das ſchwarzbehangene Pferd noch mit zu Grabe geführt. Aber noch
1781 wurde in Trier am Grabe des Cavallerie=Generals Friedrich
Kaſimir ein Pferd getödtet und auf den Sarg in die Gruft geworfen.
(Tylor I, 467.) Soweit findet noch in ſpäter Zeit, was Tacitus
G. 27 berichtet, Beſtätigung: „Jedem werden ſeine Waffen, manchem
auch ſein Leibpferd mit auf's Todtenfeuer gegeben. Das Grab iſt
übrigens ein Raſenhügel."

Deutsche wie Slaven pflegten zur Abwehr der Viehseuche Häupter
von Rossen und Rindern um die Ställe zu stecken, noch dazu lebenden
Thieren den Kopf abzuhacken (Meier D. S. 135), um durch
dieses freiwillige Opfer ein Schutzmittel gegen die Gefahr zu ge=
winnen.   Dagegen wird im Harz bei einer Pferdesucht ein lebendiges
Roß vor der Stallthüre begraben. (Zeitsch. f. deutsche Myth. I,
202.) In Brandenburg gräbt man einen jungen Hund unter die
Schwelle oder Krippe. In Böhmen gehörte sich's nach der Sage,
bei der ersten Aussaat einen lebenden Kater im Felde zu ver=
scharren, damit kein böser Geist schade (Grohmann 87. 143) — oder
als Opfer für die Regengöttin Freya. Nach dänischer Ueberlieferung
wurde auf jedem neuangelegten Friedhofe zuerst ein Pferd lebendig
begraben, oder wenn die Kirche noch Begräbnißplatz war, ein Lamm.
(Lippert, Christth. u. Volksgl. 459.)

Wann die heidnischen Thieropfer in Altbayern aufgehört haben,
läßt sich nicht sagen; es geschah gewiß nicht auf einmal und nur
durch Uebergänge kam der frühere blutige Ernst allmälig in Ver=
gessenheit.

106. Roß= und Rinderlößeln wider den Viehschelm.

Dem hl. Leonhard bei Bruck schickten die bayerischen Fürsten
alljährlich das schönste Pferd des Hofstalles zum Dank für die
Befreiung des Landes von einer verheerenden Viehseuche. Ludwig
der Strenge verlobte sich 1293 zum hl. Leonhard nach Inchenhofen,
ebenso Ludwig im Bart mit seinem Sohne. Kurfürst Max I. opferte
1631 bei einem Viehfall in Schleißheim persönlich sein bestes Roß
aus dem Marstalle mit Sattel und Zeug, und das jährliche Opfer
eines zweijährigen Rosses dauerte bis auf Karl Theodor fort. Das
Ichenhofer Wahrzeichen, der eiserne Nagel (von phallischer Bedeutung)
ist angeblich von einem Bauer beim Pflügen herausgearbeitet, oft
genug umgefahren und in den Sumpf vertragen worden, aber jedes
Mal wiedergekehrt (vgl. Panzer II, 24 f.).

Da im Revier Jesewang zur Kriegszeit alles Hornvieh fiel, ver=
lobte die Gemeinde das erste Roß und Stück Hornvieh auf das Fest
St. Willibald 7. Juli 1712, das, von der Weide heimkehrend über
gelegte Streu schritt, und daß sie verschont blieb, zeigt die große

Votivtafel in der Kirche. Anno 1797 grassirte in der Lauinger
Gegend eine arge Viehseuche, daß des Tages bei 18 Stück fielen;
darob hielt man am 17. Mai einen Bittgang zu St. Leonhard und
ließ auf dem Platze sämmtliches Vieh mit dem Sanktissimum einsegnen,
„welches ein schauerlicher Anblick war, indem das gar jämmerlich
zusammenschrie." Sonst fand am Leonhardsfest nach alter Sitte der
Umritt der Pferdebesitzer von nah und fern um die Kirche statt,
bis 1827 unter Trommelschlag das Verbot erfolgte. Es ist die
Stiftungskirche der Hirtenbruderschaft.

Im Jahre 1759 faßten die Rathsherrn in Weilheim[1]) 18. Juni
wegen des Viehschelm den Beschluß, von der oberen und unteren Stadt
je ein Rind, das voran von der Weide nach Hause gehe, dazu ein
Roß Gott dem Allmächtigen aufzuopfern, und von dem Schätzungs=
preise alle verlobten Kreuzgänge und Gebühren für Messen zu be=
zahlen. Die Religion greift gar zu gerne der Heilkunde und Pro=
phylaxis in's Geschäft. Der Viehschelm ist ein Stier, vorn leibig,
rückwärts die schlotternde Haut nachziehend. Er geht um und brüllt
wenn eine Viehseuche ausbricht. Man nennt gelben Schelm den
Milzbrand, Schelmhütte den Schindanger, Schelm das Aas — so
im Lechrain. Nicht minder machte im vorigen Jahrhundert Apfel=
dorf eine Verlöbniß zum hl. Rochus, die erste Kuh, welche über die
Streu gehe, zu opfern; sie galt nur 15 Gulden. Als man andern
Tages die Probe wiederholte, schritt dasselbe Thier voran. Eine
Tafel in der Kirche am Rochusaltar zeigt die Jahreszahl, das Fest des
Pestpatrons zieht Kreuzgänge von Stoffen und Birkland herbei. Dieß
gehört zu den Loosen, worin die Germanen nach Tacitus G. 10
Anzeichen nahmen. Die Oberammergauer verehrten zu U. L. Frau
1703 wegen des Viehdiebstahls von Seite der Tyroler eine Kuh, die
ihr um 16 fl. 19 kr. wieder abgelöst wurde, 1704 „von wegen der
s. v. Roß, daß U. L. Frau alles Uebel wolle abhalten," 30 fl.,
1712 um Abwendung s. v. Roß und Viehfalls 13 fl. 49 kr.

Um Kraiburg ist es bekannter Brauch, daß man jährlich ein
Kalb den Kapuzinern in Altötting opfert, um von Viehseuche frei
zu bleiben. Wer lacht nicht, daß einen Bauer von Eckenhof an

---

1) Böhaimb, Chronik v. Weilh. 112 Oberb. Arch. XX, 182.

der Loysach sein Versprechen reute, und er sich von den Franzis=
kanern in Tölz auf wohlfeilere Art loskaufen wollte, „weil es gar
so ein schönes Kalb war." Ein anderer verlobte, weil seine beste
Kuh erkrankte, den nächsten Bettler, der um ein Nachtlager anspreche,
anstatt auf's Heu, in die gute Kammer zu legen und reich be=
schenkt zu entlassen, worüber der Arme nicht wenig erstaunte, bis
ihm der Bauer sein Gelübde anvertraute. Die Grundlehre Matth.
XXV, 40: „was ihr dem Geringsten aus euren Brüdern
thut, das habt ihr mir gethan," hat merkwürdig schon in der
Religion der alten Deutschen gegolten.

107. Kuhopfer zur Abwehr der Seuche.

Beim Klasen am Beurerhof, Pfarrei Längriß, war längere
Zeit das Stallvieh würfig, der Bauer mußte ein Stück um das
andere wegthun. Da rieth man ihm, einer lebenden Kuh den Kopf
abzuhacken: das Thier rührte sich gleichwohl noch ein paar Stunden,
der Kopf mit den Hörnern hängt bis heute im Rauchfang und ist
ganz gedörrt. Meinetwegen soll er nur hängen bleiben, denn er ist
lehrreich für die Sitten und Glaubensbräuche der ältesten Zeit. In
der Gegend von Rinchnach bei Regen kam es nach den Meldungen,
welche der Donauzeitung zugingen, wiederholt vor, daß zu aber=
gläubischen Zwecken Kälber und Schweine lebend begraben wurden.
Es klingt unglaublich, und doch hat noch im Jahre des Heils 1887
im Hochsommer der Bauer K. von Bigelsdorf bei Freising, um das
Unglück aus seinem Stalle zu verbannen, ein Kalb lebendig einge=
graben (B. Kurier 22. Okt. 1885 und 23. Juli 1887); am liebsten
unter der Thürschwelle. Wenn zu viele Kälber fallen, schlägt man
einem vor dem Verenden den Kopf ab und steckt diesen mit aufge=
sperrtem Maule in's Eulenloch am Dachgiebel. (Wuttke, Abergl.
§ 339. Panzer II, 301.)

Genau so haben in Schleswig die Bauern beim Viehfalle
einer zweijährigen Kuien den Kopf abgeschnitten, und diesen gegen
Morgen im Kapploch angebunden; darauf ist das Sterben nicht in's
Haus gekommen. (Müllenh. 239.) Rußwurm verzeichnet (S. a.
H. 84) aus Esthland den Gebrauch, eine Kuh stehend mit
dem Kopf gegen den Stall einzugraben, auch einen Schafkopf

an die Thüre der Hürde zu nageln. Zu Albringen in der Mark
vergruben sie noch vor einem Jahrhundert eine eigens getödtete Kuh
im Grunde eines heilkräftigen Spring, oder schnitten ihr den Kopf ab,
um diesen unter dem First des Hauses aufzuhängen. In Heiligen=
hagen büßte ein Hauswirth mehrere Kühe ein, auch hatte vor Jahren
die Seuche Menschen und Vieh weggerafft. Nunmehr wurde eine
junge Kuh lebendig mit einem Weidenzweige im Maul ver=
graben; erwächst dieser zu einem Baume, so ist der böse Geist ver=
söhnt, und wer ihn abschneidet, den trifft Unglück. Solch' eine Weide
hatte der Hauswirth umgehauen, daher die Heimsuchung. (Bartsch
418 Nr. 584.) Am feierlichsten gingen die Beutelsbacher zur
Opferung, indem sie auf den Rath einer Wahrsagerin 1796 bei
einer Sucht den schönsten Farren, Hummel oder Zuchtstier, mit Blumen
bekränzt im feierlichen Zuge zu einer Grube führten, und obwohl er
dreimal wieder heraus wollte, lebendig verscharrten. (Birl. Al. IV,
2. 148.) Seitdem heißen sie die Hummelbacher, ein Wandgemälde
stellte den Vorgang dar. (Panzer II, 180.) Bei einer Schwein=
seuche zu Mauern um 1870 verbrannte der Bauer ein Schwein
im Backofen und wunderte sich nicht wenig, daß ihm auch die übrigen
Thiere noch fielen. (Hartmann in Fürstenfeldbruck.)

Das Haupt der Heerde diente somit zum Opfer für die Ge=
sammtheit. Wo immer sich die Sage erhält, daß eine Kuh oder ein
Schimmel ohne Kopf gespenstisch umgeht, war ein solcher Opfer=
platz. Zu Lehrbach am Harz ließ sich früher eine Kuh ohne Kopf
sehen, welche eine ihr zu nahe kommende Frau mit dem Schweife
weit wegschleuderte. (Pröhle H. 159.) Zwischen Angelberg und Dürk=
heim sieht man an hohen Festen eine kopflose Kuh. Ein Mann ging
zu Anfang des XIX. Jahrhunderts Abends vor Allerseelensonntag
vom alten Schloß A., nun Tussenhausen, am Walde vorüber auf
die schwarze Kuh los; da er sich aber überzeugte, daß sie wirklich
keinen Kopf hatte, eilte er spornstreichs nach Dürkheim, stotterte dieß
noch seiner Frau vor und starb in Folge des Schreckens nach wenigen
Tagen. In der Dämmerung sah der Pfarrer von Heringen im
Jungsthal eine Kutsche mit vier kopflosen Pferden und desgleichen
den Kutscher. (Pfister 101.)

Der Böhme glaubt ein todtgebornes Kind lebendig zu machen,

wenn der Vater einem frischgebornen Kalbe den Kopf abschneidet und
ihn rücklings über sich in's Waſſer wirft, ohne umzuschauen. (Ploß,
Das Kind 81.) Die Kuh diente ja zum Seelenopfer; dieß bringt
uns das Roeskildische Synodal von 1556 in Erinnerung, welches
verbot, eine schwarze Kuh bei Beerdigungen auf den Kirchhof zu
führen und dem Prediger als Seelgabe zu überlaſſen. Zu Brits=
werth in Friesland bewahrte der Paſtor noch bis zum Beginn dieses
Jahrhunderts eine eiserne Kuh, die bei Leichengängen hinter dem
Sarge mitgeſchleppt wurde. Dafür spendeten die Leidtragenden ihm
eine lebendige Kuh, damit er für das Seelenheil des Verstorbenen
bete. Urſprünglich wurde diese am Grabe geopfert und davon das
Leichenmahl bereitet: das Blut sollte die Abgeſchiedenen beruhigen.
Bei den Inſelſchweden auf Worms erhielt früher der Geiſtliche
bei Bestattung eines Wirthes einen jungen Ochsen, bei der Leiche
einer Wirthin eine junge Kuh, wovon er eine Mahlzeit anrichten
mußte. (Mannh. G. M. 51.)

Die Waldkapelle bei Kötzenried heißt noch zur alten Kuh.
(Kötzen steht dabei für Götzen. Schönw. 26.) Die Pfarreien
und Klöster haben diese Heidenopfer forterhalten, besonders
das erste Kalb. Nach Ottobeuern ſchickte man jährlich ein Hagel=
rind oder den Wetterstier in's Kloster. (Birl. B. II, 185.) Die
alten Deutſchen ſchlachteten keine Kuh, so wenig dieß noch heute in
Vorderaſien wie in Indien und China geschieht. Man betrachtete
sie als Nährmutter und größte Wohlthäterin der Menschheit, die mit
Milch die Familie auferzieht.

Wie noch Einzelne aus religiöser Ueberspannung gleich hundert
Meſſen für eine arme abgelebte Seele bestellen, so verstieg man sich
in der klaſſiſchen Welt zu Hekatomben, — die kaiserlichen wurden
mitunter auf hundert Altären dargebracht. Am Fordicidienfest
15. April opferten die Pontifices der Tellus trächtige Kühe, einige
auf dem Kapitol und je eine in jeder der dreißig Kurien. Die Ver=
brennung der Kälber erfolgte durch die älteste Vestalin. Die Aſche
diente zur Reinigung von allen ſchädlichen Einflüſſen. Dieß stimmt
zu der von Moſes Nr. XIX angeordneten Verbrennung der rothen
Kuh, deren Aſche zur Besprengung aller dienen sollte, welche durch
Berührung eines menſchlichen Leichnams sich verunreinigt hatte (?!)

Auch mit dem Sündenbock steht der jüdische Ritus auf gleicher Stufe mit dem Heidenthum. Nirgend war der Aberglaube mächtiger und traf man mehr Pferde- und Kameelschädel zur Abwehr alles Uebels oder des bösen Blickes über Thür und Thor genagelt, als ich 1845 in der hl. Stadt Jerusalem sah. Auf Befehl des über solchen Wahn erhabenen Sureya Pascha waren dieselben bei meinem zweiten Besuche 1874 verschwunden.

In Südjava herrschte bis in die neueste Zeit die Sitte, einen Stier von der Klippe in's Meer zu stürzen. Einer meiner Freunde (Oberst Schliep) hat als holländischer Beamter dieses Opfer auf die Darbringung der Eingeweide beschränkt. Der Büffelkopf wird in Indien bei jedem Hausbau in den Grund gemauert, ja sogar in die Baurechnung gebracht. Bei den Juden hatte der zur Opferung geführte Friedensochse vergoldete Hörner. (Lightfoot 550.) Ebensolche zeigt die Mumie des ägyptischen Sonnenstiers Apis, die ich 1845 zuerst nach Europa brachte; in gleicher Weise wurden dem Ochsen, der bei der Kaiserkrönung in Frankfurt für das Volk gebraten ward, die Hörner vergoldet. Das Rind mit güldenen Hörnern kömmt schon im Zendavesta (Yascht 14,1—27) vor. „Nicht mit Opferthieren, wären sie noch so fett und Hörner und Stirne vergoldet, ist den Göttern gedient, sondern mit frommer und rechtschaffener Gesinnung ihrer Verehrer," spricht Seneka. Dachte er an Homer Od. III, 382, wo Nestor zu Pallas betet: „Dir gelob ich ein jähriges Rind, breitstirnig und fehllos, ungezähmt, das nimmer ein Mann zum Joche gebändigt, dieß nun weih' ich zum Opfer, mit Gold die Hörner umziehend." Goldhörnige Kühe verlangt auch die Edda. (Sämund 73a. 141a.) Ein Sabiner wollte eine Kuh der Diana opfern, um seinem Volk die Oberherrschaft zu gewinnen; der Priester hieß ihn zuvor baden und schlachtete sie indeß. Die Hörner sah man in Rom noch lange Jahre am Tempeleingang angeheftet. Dieser Dianentempel am Aventin war das Bundesheiligthum der lateinischen Eidgenossenschaft. Aehnlich schaute man ein 4 Ellen langes Horn am Münster zu Straßburg an einer Kette über dem Portal der Alpisbacher Klosterkirche. (Rochh. N. 80.) Schon im angelsächsischen Heldengedichte Beowulf kömmt die Sitte vor, die Giebelende eines Hauses mit Hörnern zu schmücken. Dieß ist ebenso in Madagaskar und Siam der Brauch. (Oben Kap. 52.)

Der Freibauer Baltin Supplit, im Stillen oberster (heidnisch preußischer Priester oder) Waidelot, brachte noch 1520 mit Erlaubniß des Markgrafen Albrecht des Aeltern ein Stieropfer, damit die Polen mit ihren Schiffen im Haff nicht landen konnten. Da er hierdurch aber Alles zurückgewiesen, mußte er die Fische durch das Opfer einer fetten Sau wieder anziehen. Während der neuerwählte Papst Hadrian VI. 1522 auf dem Wege von Spanien nach Rom war, wo die Pest herrschte, brachte diese ein Grieche Demetrios von Sparta zum Stillstand, indem er einem wilden Stier ein Horn halb absägte, durch ein paar in's Ohr geflüsterte Zauberworte ihn zähmte und mit einem Faden am Horn in's Kolosseum schleppte, wo er ihn zum Sühnopfer schlachtete. Die Pest wich — nicht! Unter Sylvester II. raunte ein Jude einem Stier den hl. Namen in's Ohr und der Stier fiel todt hin, ward aber vom hl. Sylvester nach Konrad von Würzburg wieder belebt. (Höfler Adrian VI, 161.) Rom war von jeher die Mutter alles Aberglaubens, die Deutschen haben ihn früher gemäßigt oder überwunden. Bei ländlichen Hochzeiten in Griechenland wird noch heute das Schlachtvieh zum Feste geschmückt und zum Theil mit vergoldeten Hörnern im Dorfe herumgeführt — ein alter Opferzug, der am Donnerstag und Sonnabend sich wiederholt, worauf ein weißgekleideter Mann die Schlachtung vornimmt.

108. Die Katzenmutter Freya und der Sturzregen.

Der Göttin Freya war die Katze heilig; ihr Wagen ist mit zwei solchen Thieren bespannt. Sie steht der Ehe vor, und darauf bezieht sich noch der Satz: wenn ein Jungfräulein die Katzen lieb hat, kömmt sie eher zu einem Manne. Die Katze gilt für den Liebling der Frauen, stellt aber auch das Regenthier vor, weil sie den Witterungswechsel ahnt. Noch spricht bei Platzregen der Oberpfälzer: es regnet Katzen oder Katzenköpfe. In Frankreich war es Brauch, die unheimliche Bestie in's Johannisfeuer zu werfen, ja man brachte in Metz jedes Jahr am 25. Juni sechs Katzen auf den Holzstoß. (Kuhn W. S. 162 f.) Dasselbe geschah in romanischen Ländern, selbst in Paris, und man ergötzte sich an ihrem Winseln und Zappeln.

Die Atterborner werden deßhalb nicht wenig genedt. Dagegen wurde am Himmelfahrtstage zu Ypern, und nicht minder in Köln eine Katze vom Thurm gestürzt, ebenso im Aargau zu Au. Zu Rapperswil schleuderte man jährlich am Fest des hl. Gregorius eine Katze, mit einer angehängten Schweinsblase vom Thurm, angeblich weil eine solche den Heiligen beim Studieren gestört habe. (Lütolf 347.) Daher der Spruch: Die Katze fällt, wie man sie wirft, immer auf die Füße und der Katzensprung heißt eine kleine Wegstrecke. (Rochh. A. S. II, 289.) Bei der ersten Aussaat den Kater dicht vor dem Pflug lebendig im Acker zu begraben, mußte als Regenunterpfand gelten. (Mannh. B. 561.)

Bei den Aegyptern war diese Nachtwandlerin der Pascht oder Diana heilig, weil sie in ihren Augen alle Mondviertel abspiegelt. In ihrem Wallfahrtstempel zu Bubastis treffen wir sie mumisirt. Aus dem Monde stammt nach alter Anschauung alle Feuchtigkeit, darum ist die Mondfrau mit ihrem Thiere zugleich Regengöttin. Die vier Hirsche im Jagdzug der Diana trugen goldenes Geweih.

109. Das Bockheiligen oder der Sündenbock im Abendlande.

Das heutige nordöstliche Deutschland kam vor der Reformation aus dem Heidenthum kaum heraus. Der Chronist Simon Grünau wohnte 1520 dem Bockheiligen am Feste Ozinek (im „Espenhain") zu Ehren des Donnergottes Perkunos in Altpreußen bei, er mußte den in einer Bauernscheune aus mehreren Dörfern Versammelten jedoch schwören, dem Bischofe keine Anzeige zu machen. Der Waidelotte predigte von der Ankunft und den Heldenthaten der Altvordern, auch von den Geboten ihrer Götter, welche er der Reihe nach nannte. Wie die Juden dem Sündenbock alle Schuld aufhalsten, beichteten die Anwesenden demselben auf den Knieen und hoben den Bock bis zur Vollendung des Lobgesangs in die Höhe. Zuletzt ward derselbe in Stücke gehauen und im Backofen gebraten; dann ging es an ein Essen und Trinken aus Hörnern den Tag über und die folgende Nacht; die übrigen Bissen vom Brode, das sie erst durchs Feuer sich zugeworfen, vergruben sie, damit sie als geweiht nicht den Thieren zur Beute fielen.[1]

---

1) Avé Lallemant, Die Mersener Bockreiter 14 f. Sepp, Heidenth. II, 812. Bastian, Der Mensch 156. Kreuser Kirchenbau I, 586. Müllenh. 581.

Noch 1677 mußte durch die altpreußische Landesordnung den eigenen Unterthanen das sog. Bockheiligen verboten werden, wobei die Land= leute in einer abgelegenen Scheune sich versammelten, einen Waide= lotte oder Priester aus ihrer Mitte ernannten und ihre heidnischen Mysterien begingen, indem ein Bock herbeigeführt wurde, dem die Versammelten laut ihr Vergehen bekannten, worauf man ihn schächtete, d. h. ihm den Kopf abschnitt, mit dem Blute alle Anwesenden und daheim Vieh und Ställe besprengte, das Fleisch aber nebst einem von den Weibern bereiteten Kuchen von Waizenmehl in einem förm= lichen heidnischen Communionsakt aß.

In Schwaben wird hin und wieder der Ziegenbock vor dem Schlachten aus dem Stall heraus und vom Heuboden herabge= sprengt, und, sowie er auf dem Boden angekommen ist, erstochen. (Panzer II, 504.) Das Fleisch soll dann geruchlos sein, doch ist dieses sicher nicht der Grund. Zu Kosel in Schlesien wurde jährlich zu Jakobi oder zur Aerntezeit ein Ziegenbock mit vergoldeten Hörnern und buntbebändert durch die Fleischerzunft vom Stadtthurm gestürzt. (Tiede, Merkw. Schlesiens S. 125.) Um dieselbe Zeit wurde auch an vielen Orten Böhmens ein schön aufgeputzter Ziegenbock zum obersten Hausfenster hinausgestürzt, das Blut galt für heilsam und das gebrochene Horn legte man auf Kohlen, um die Mäuse zu ver= treiben. In Jiçin führt man auf Kirchweih den schönsten Bock, mit Goldpapier, Kränzen und Bändern geschmückt, nach dem Hochamt mit Musik in's Wirthshaus und stürzt ihn dann vom Kirchthurm. Und so geschah es in Mähren und Ungarn, wo der Sturz vom Gerüste erfolgte.

Erinnert dieß nicht an den hebräischen Sündenbock, der um dieselbe Herbstzeit am Versöhnungsfest mit den Sünden des ganzen Volkes beladen, eine scharlachrothe Binde um den Kopf, vom Tempel hinaus auf erhöhtem Gange, nach dem Felsen Zuck am todten Meere geführt und da hinabgestoßen wurde? Wer immer konnte, half schieben oder suchte wenigstens ein Haar davon zu erreichen, um ihn zum Capporo zu machen, während der andere Bock zum Sündopfer im Priesterhofe dargebracht ward. Seit der Tempelzerstörung pflegen gesetzeseifrige Israeliten wenigstens einen Gockelhahn über das Haus= dach zu werfen, der dem Azazel der Wüste oder Teufel mit dem

Bocksfuße zusteht. Was also im dritten Buche Mosis XVI, 7 f. als göttliches Gebot vorkömmt, bestand von jeher als eigenthümliche Cultus= übung auch in der Heidenwelt; ja hier sehen wir außer dem Bock auch Stier und Katze von der Höhe gestürzt.

Der Bock im Stalle ist das vorgestellte Opfer, damit die Gott= heit die übrige Heerde verschone. Moser, der berühmte würtembergische Landschaftsconsulent, schreibt Autobiogr. IV, 11 f., daß Botschafter und Hofbeamte zu Wien 1724 durch einen griechischen Mönch dem Teufel einen schwarzen Bock opfern ließen, in der Hoffnung dadurch Geld zu erhalten.

110. Der Schneiderbock.

„Auf Egidi, wenn die Schneider ihren Jahrtag haben,“ ist der deutsche Ausdruck für die Verschiebung einer Angelegenheit auf ein letztes Ziel oder eine Schlußabrechnung. Was aber hat es mit Egidi am 1. September auf sich, und warum zieht man das ehrsame Handwerk der Schneider damit auf, daß der obige Spruch im Isarwinkel wie im Schwabenlande sich erhalten hat, und andere Neckerei dazu?

Beim deutschen Volke, wo alle Tugend nach der Körperkraft be= messen ward, kamen offenbar die Genossen jener Zunft zu kurz, welche am wenigsten Kraftaufwand brauchte und mehr zum Geschäft der Frauen gehörte. Indeß hat es gar manchen Tapferen dieses Standes gegeben; man denke an den früheren Schneidergesellen Derfflinger, zuletzt Feldmarschall und Sieger bei Fehrbellin. Im öster= reichischen Volksmärchen von Ziska S. 9 f. ist es das Schneiderlein, welches solche Großthaten verrichtet, im Dienste eines Riesen nicht bloß Wasser, sondern gleich die ganze Quelle mitholen will, nicht bloß Holz, sondern den ganzen Wald niederzuschlagen sich erbietet, nicht nur einige Stücke Wildschweine, sondern sofort tausend auf Einen Schuß einzubringen gedenkt, so daß der Riese verzagt. Ein Schneider auf dem Ziegenbock ward in Porcellan in Meißen dar= gestellt. Im neugriechischen Märchen (Hahn 173) tödtete der Schuster vierzig (Fliegen) auf Einen Schlag, und läßt dieß auf sein Schwert graviren. Damit verrichtete er dann Heldenthaten, wie der starke Hans mit dem Dracken.

In der Oberpfalz erfolgte der Bocksturz auf Egidi. (Schön=
werth I, 343.) Noch bei Menschengedenken ging in der Stadt, welche
wegen der Hirschauer=Stückel berühmt ist, jährlich nach der Aernte
am 1. September der Bockstich vor sich, wobei man den Bock als
Verbrecher vom Hausdach stürzte.

Seltsam ist Henoch, der den Himmelsflug gemacht, der türkische
Patron der Schneider und Schreiber, Sem als Erfinder der Bienen=
zucht Patron der Wachszieher, Salomo jener der Korbmacher.   Der
Aufzug aller Gewerbe zählte 1634 in Stambul über 200000 Mann.
(J. Braun Muhammed, Welt 414.)   Das Volk der Kölner Diözese
in der Umgegend von Kirchhart (?) sammelte sich um einen Bock
oder Preishammel der auf einer Bühne im Bänderschmuck stand, und
suchte ihn beim Bändel zu fassen.   Hier erinnert schon Cäsarius von
Heisterbach (S. 188) an den Tanz um das goldene Kalb.

Den Schneidern singt man in Franken zur Klöpfelsnacht die
Stichelei zu:

> Heut ist Freinacht,
> Goaß hat'n Bock bracht,
> Hat man g'jagt bis obenaus,
> Springt der Schelm zum Boda naus!

Vielleicht mußten die leichtfüßigen Schneider den Bocktanz aufführen,
wissen wir doch, daß die altheidnischen Gebräuche an den verschiedenen
Handwerken hängen blieben, z. B. die Weberzunft mußte die Kosten
zum Galgenbau bestreiten, die Müller die Leiter dazu liefern, weil
sie die längsten Finger hätten, u. s. w.   Henoch, den muslimischen
Patron der Nadelhelden, könnte der fliegende Schneider von Ulm
zum Vorbilde haben.   Im Harz überliefert der Schneider den Bock,
an dem kein weißes Haar ist, dem Teufel und dieser reißt ihn in
Stücke. (Ey. Schneider und Teufel S. 210.)

Bei den Sorbenwenden kömmt noch gegen Ausgang des vorigen
Jahrhunderts an verschiedenen Orten der Brauch vor, daß man am
Jakobitag einen bändergezierten Bock mit vergoldeten Hörnern unter
Musik vom Kirchthurm oder Rathhause stürzte, darauf ihn
abstach, und das Blut, wenn auch getrocknet, als heilkräftig ver=
wendete. Baut man in Java oder Indien auf sogenanntem heiligen

Grund, wo vielleicht früher ein Opferplatz war, so wird zur Sühne ein Bock geschlachtet.

Thor, der Donnergott, fährt mit Böcken, um die Sprungfahrt des Wetterstrahls über die Berge zu verlebendigen. Ward der Wolken= blitz als Nadel aufgefaßt? oder ist der Bilwizschneider, der Wegeleschneider mit im Spiele, der auf einem Bock reitet? Als Bock oder Pferd holt der Teufel (d. h. Donar) einen Schneider aus dem Roßgarten zu Königsberg. Anderseits wird der Schneider Nepomuk aus Contay von einem ziegenfüßigen Zwerg durch die Luft getragen. (Mannh. G. M. 717.)

Eine Schlucht am Bocksberg bei Ansbach heißt das Schneiderloch. Wie Bechstein Fr. 201 erzählt, zeigt eine Felshöhle bei der Ruine Lichtenstein eine Feuerstätte am Boden und eine in den Stein ge= hauene Oeffnung für eine Scheere, sie konnte auch mit einem Steinblock geschlossen werden. Hier soll ein Schneiderlein in der Raubritterzeit den beutebeladenen Knappen aufgelauert und sie erschossen haben — bis es mit glühenden Scheeren und Nadeln todtgestochen ward. Auffallend kömmt in der Uckermark der Hüne als Schneider vor, und man sieht im Felsblock noch die Löcher für Scheere, Nadel, Fingerhut und Zwirnknäuel. (Kuhn N. S. 56.) In der Wittofer Kamp geht Mitternachts ein verwünschter Bock mit einer Laterne zwischen den Hörnern um, damit leuchtet er besonders allen Schneidern. Ein solcher verspätete sich einmal auf der Jagd und wäre erfroren; da erschien der Bock, aber im Schrecken erschoß sich der Schneider. Seitdem thaten seine Collegen den Bock aus ihrem Wappen.

111. Die Sau aufheben oder das Schwein als Aernteopfer.

In früherer Zeit hatte der Volkshumor freieres Spiel, man neckte sich gegenseitig und nahm nicht jeden nachbarlichen Scherz für eine Beleidigung und Ehrenkränkung. Wer kennt nicht, was man den guten Weilheimern aufbürdet, wie sie einmal den Kurfürsten Karl Theodor im festlichen Aufzug begleiteten und den Teppich zu früh ihm unter den Füßen wegzogen, so daß Seine Durchlaucht auf die Nase fiel. „Hab ich nicht vorausgesagt, rief der Bürgermeister erzürnt, wir heben heute noch eine Sau auf!"

Dieß ist ein sog. Stückel, der Ausdruck rührt aber vom unvordenklichen Aerntebrauch her, daß der letzte bei der Einfuhr oder beim Ausdrusch, also der Reichste das Opfer eines Schweines zu bringen hatte. Das Schlachtthier wurde durch eine Brodfigur oder Nudel ersetzt, welche beim Aerntemahle Dem vorgelegt wurde, welcher den letzten Drischelschlag that. Als man des Heidenthums sich schämte, bürdete man den Strohbund als Lous dem Nachbar auf, und warf ihm denselben auf die Tenne; der Träger trägt eben diesen Spottnamen davon.

Um Kirchdorf am Haunpold bindet man der Lous Drischel und Rechen u. s. w. auf den Rücken und jagt sie durchs Dorf oder zum Bauer, der mit dem Ausdrusch zurückblieb, zum Dank für die große Nudel. In Jetzendorf ward die Sau aus Stroh gemacht, auf vier Hölzel statt der Füße gestellt und mit rothen Bögeln oder Bändern verziert. Wer sie davon trägt, hat das ganze Jahr den Spott, daß er der faulste Drescher gewesen. Natürlich paßt man auf, daß sie nicht unvermerkt in die Dreschtenne geworfen wird; und wer dabei ertappt ist, bekommt das Gesicht mit Pfannenruß verschmiert. Auf das hin ließen sich viele ein Pferd nachführen, um augenblicklich davon zu reiten, sobald sie die Sau in einen Stadel hineingeschleudert hatten. Als sie neulich den Bäckerdreschern verblieb, mußten sie sich fortwährend spötteln lassen, daß sie der Bettzipfel am Aufstehen zum Dreschen verhindere. Man heißt die Figur Hansl, Bock oder Schwein. Die Sau soll übrigens angesagt sein, und wird Einer eingeholt, so kann er mit Stroh umwickelt selber mit Peitschen durchs Dorf getrieben werden. In Wessobrunn backt man zum Drischelwürget ein schweinähnliches Küchel, und neckt, wen es trifft, beim Aerntemahl nicht wenig. Wer die Sau, einen mit Stroh gewickelten Klotz, vorträgt, ärntet beim Betreffen auf des Nachbars Tenne tüchtige Püffe. Noch besteht der altdeutsche Brauch um Pangkofen und Plattling, daß man nach Einbringung der Aernte und zum Drischelmahl ein Schwein schlachtet. Es thut wohl noth, die alten Aerntebräuche noch schnell aufzuzeichnen, bevor sie durch Einführung der Dreschmaschinen ganz in Abgang kommen.

Ursprünglich mußte also der Bauer, welcher am längsten zu dreschen hatte, das Opferthier herbeischaffen; zuletzt läugnete man sich

von dem Brauche weg, stichelte einander und wurde ihn doch nicht
los. Das Schwein wurde der Erdenmutter dargebracht, verwandelt
sich aber unter der Hand in ein Gebäck, wie man in England und
Schweden den Juleber bäckt. Uebrigens verkleidet sich in Schweden
beim Aerntespiel ein Bursche gerne als Schwein. Auch bei den
klassischen Völkern war das Schwein der Demeter heilig; aber uralt
und bei allen Nationen hergebracht ist die Sitte, zur Sparniß das
Opfer in Teig abzubilden.[1]) Noch Cato schreibt im Buch über den
Landbau c. 134 vor, ein trächtiges Schwein zu opfern, doch Servius
erklärt in Aen. II, 116: „Man muß wissen, daß bei Opfern der
Schein für die Wirklichkeit hingeht; sind Thiere schwer aufzutreiben,
so formt man sie von Brod oder Wachs und bringt die Figuren
dar." Nach dem Voropfer, das in einem wirklichen Schweine bestand, brachten schon die römischen Landbauern dem Jupiter und
Janus Nudel und Strudel (straes) dar; letztere waren nach Festus
eine Art Opferbrod, nicht unähnlich verbundenen Fingern, mithin
bretzenartig. Die Bretze dürfte als Nachbild des dreispeichigen Zeit-
rades, weniger von der Jahrmutter Bercht oder Berchta, als von
brachiolum, Arm, den Namen führen. Wie Tacitus Germ. 45 von
den Aesthiern bezeugt, daß sie aus abergläubischer Verehrung der
Erdmutter Eberbildchen trügen, so stellten die Römer nach Festus sogar
goldene und silberne Schweinfigürchen auf den Altar der
Ceres, um die Göttin der Erde und Unterwelt zu gewinnen und
günstig zu stimmen. Auf Abbildungen und noch in den Gräbern der
alten Aegypter findet man Gersten= und Waizenbrode in Form von
Thieren, Sternen, Scheiben u. s. w. wie schon Herodot II, 47 von
gebackenen Schweinchen meldet.

Außerdem kann „die Sau aufheben" auch von der Bedeutung
sein: den letzten Preis gewinnen, Glück bei allem Pech haben.[1])
Beim Schützenfeste zu München 1400 war das „Beste" ein Widder,
1433 zu Nürnberg ein Roß mit rother Schabrake. Der letzte Preis
für den schlechtesten Schützen war ein Schwein, groß oder klein,
welches der Pritschmeister unter spöttischen Glückwünschen nebst der

---

1) Sepp, Das Heidenth. II, § 109. Das Waizenopfer und die Sonnen-
mondkuchen.

Preisfahne überreichte, die oft mit einem Spottbild statt des Stadt=
wappens oder Herrenschildes verziert war.   Der glückliche Gewinner
mußte sein Schweinchen unter dem Halloh der Jugend in die Stadt
führen oder nach Hause tragen, daher die Redensart „Schwein
haben.“   Beim Pferderennen zu Ulm 1468 führte der letzte Renner
die, mit der Leine an's Roß gebundene Sau, heim.   Auch bei dem
mit dem Freischießen vereinigten Glückstopf hieß der letzte Gewinnst
die Sau, die ja als Aß im Spiel sogar die höchste Karte ist.   Dabei
wird die Sau abgehoben.   Daher predigte Abraham a Sancta Clara:
„So sind in der Karten vier Säu: Eichel=, Schellen=, Herz= und Gras=
Sau, und weil die Säu mehr gelten als der König, so ist ja das
ein säuisch Spiel.“   Sauglück heißt soweit ein unverdientes Glück
im Karten wie beim Festspiel.

112. Das Bärenaufbinden, Bock und Habergaiß.

Um Erding ist, wer den letzten Drischelschlag thut, der Bär.
Um Kraiburg heißt der letzte Schab Stroh der Bär, wer
ihn zusammenschnürt, dem wird er auf den Rücken gebunden.   Weil
es eine Schande ist, ihn aufzuheben, wird der Bär auf der Tenne
hin und her geworfen.   In und um Haag heißt der Binder sofort
der Bär, man schnürt ihn selber in das Stroh, legt ihn auf den
Rücken und treibt allerlei Muthwillen.   Am Abend bekömmt er die
größte Nudel von Waizenmehl mit ein paar Augen, worauf noch
kleinere Nudel gebacken und gesteckt sind.   Lös ist das Mutterschwein,
Bär der Eber.   Beim Flegelhängen reicht man Bier und Küchel
herum.   Hiezu kömmt das Bäreneintreiben, ein Spiel, in Schwaben
das Saubesseln geheißen, wobei man in einem Kreis so viele Gruben
macht als Spielende sind, weniger eine.   Alle haben lange Stecken,
womit ein Klotz, gewöhnlich Faßspund, in die Höhe geschlagen wird
mit dem Rufe: „Steig auf und fall nieder, komm wieder!“   Bei
wem der Klotz, Bär, Sau oder Mockel genannt, niederfällt, der
muß ihn in den Spielkreis treiben, die andern suchen ihn aber
hinauszuschlagen, und sorgen, daß der Treiber mit dem Stock in

---

1) Albert Richter, Deutsche Redensarten S. 128.

keine Grube kömmt, sonst muß Der treiben, welcher keine Grube mehr
offen finde.

In der eigentlichen Korngegend um Erding, wie anderseits um
Indersdorf spricht man auch vom Bock vertragen. Um Marktl
werden beim Ausdrusch der letzten Garbe oder der Halmböcke ge=
wisse Schnaberhüpfel gesungen, der letzte Bock aber mit Lamperten
und Küchen behangen auf den Haufen geworfen und ausgerauft.
Bei diesem Drasch, wo zuletzt jede der sich gegenüberstehenden Drescher=
parteien zugleich die Drischel fallen läßt, damit keiner einen Fehler
oder Bock macht, pflegen sie sich die das Jahr hindurch verübten
Stücklein vorzurümpfen. Anderwärts geht dieses Sticheln am Haber=
feld vor sich, wo man den Bock oder die Habergaiß aufstellte. Während
man in Niederdeutschland das Wodelbier zu kosten gibt, trinkt man
in Altbayern Heinzel, was an Heinzelmann erinnert, zu dessen
Rang der alte Wodan herabgesunken ist. Bock und Gaiß sind
Bierarten.

Wer zu Homburg im Thurgau die letzte Handvoll Getreide
abhaut, heißt Kornsau, Roggensau, Gerstensau, Habersau, ebenso
beim Dreschen. (Pfeiffer, Germ. XIII, 211.)

In Friedingen an der Donau ist, der den letzten Schlag thut,
die Sau, je nach der Fruchtgattung in Tettnang der Bock. In
Herbrechtingen wird eine Docke in die fremde Scheuer geworfen.
(Meier 149. 440 f.) In Schwaben läßt der Bauer für die Haber=
gaiß etwas Frucht auf dem Acker stehen. Zu Gablingen bei
Augsburg stellten die Schnitter auf das letzte Haberfeld eine höl=
zerne Gaiß, einst dem Donnergott zu Ehren. In Landau
an der Isar wird das Haberthier von Stroh auf der Tenne errichtet.

Beim Ausdrusch und noch mehr bei der Flachsärnte herrscht
um Prien der geheimgehaltene Brauch, daß eine weiß gekleidete
Weibsperson (Berchta?) von einem bestimmten Mann, dem „Goben,"
an Stelle des alten Priesters? von Haus zu Haus geführt und gut
empfangen wird. Um ein nudelartiges Gebäck liegen die Flachszöpfe:
das ist die Habergaiß. Beide haben für diesen Tag das Recht,
Unfug zu rügen. Beim Drischelleg hängen die Leute in den Dörfern
umher sich Thierfelle um; sie schleichen in dieser Verkleidung heimlich
in die Häuser und verbergen den Brauch sorgfältig vor dem Pfarrer.

Hauptmann Auer brachte es von einem alten Weibe heraus; so heimlich erhält sich der Heidenbrauch fort.

Im Böhmerwald wird dem, der den letzten Getreidewagen einführt, Nachts die Habergaiß von Stroh auf's Dach gesetzt, dazu ein Strohmann mit Geißel und Knittel. (Rank 110.) Ein Bursche bleibt als Wache, indeß das Dorf aufgeweckt wird, um unter allgemeinem Ergötzen das Wunderthier zu sehen; dabei schreit man:

> Wer nit aufsteht, arbeit und jagt,
> Merk bir's, der wird mit der Hobagoas plagt.

Die Habergaiß ist im Gefolge des Nikla. (Baumgarten S. 87.) In den Abruzzen kommt es vor, daß die Schnitter die Vorübergehenden hänseln.

113. Der Alte, ober die Mockel und Hundsfut.

Ueber den Lech hinaus in Schwaben trug, wer den letzten „Drasch" that, den Titel Sau davon, wurde ihn aber los, wenn er den letzten Strohbund in Nachbars Haus warf, wo noch nicht ausgedroschen war. Fing man ihn dabei, so wurde er in den Saustall gesperrt. (Birl. B. II, 425 f.) Dreschmockel, Saumoggl im Illerthal, Matzel heißt um Ottobeuern der in die Tenne geworfene Strohmann; aber wehe dem, der sich fangen ließ, er wurde zum Spott rückwärts auf eine Mähre gesetzt und durchs Dorf geführt.

In Pommern flicht man die Korngabe in Gestalt eines Mannes und nennt sie den Alten (Jahn 1). Den Schnitter oder Mäher (auch Binder) der letzten Garbe hänselt man in Mitteldeutschland:

> „Hast den Alten, mußt ihn b'halten,
> Soll bir's Herz im Leib erkalten!"

Der Name geht wieder auf den Träger über, und die so gebundene, Garbe wird zum Gutsherrn gebracht. Beim Aerntemahl nimmt der Alte seinen Platz ein, wird mit dem Aerntekuchen und reichlichem Zutrinken bedacht. Sofort tanzt die Binderin der letzten Garbe mit der Strohpuppe, darauf die andern Arbeiter. In Westphalen wird die letzte Garbe besonders gebunden und in Form einer Puppe, der oder die Alte geheißen, an einem Baum aufgehangen. (Kuhn, Sag. aus W. II, 184 Nr. 513.) Im Zusam-, Schmutter- und Urselthale gilt, daß, wer von Manns- oder Weibsleuten den letzten Drischel-

schlag thut, die Alte oder die Drescherin vertragen, und die aus
Stroh gebundene Figur in Nachbars Stadel werfen muß. Wird
die Person erwischt, so bindet man ihr sie auf den Rücken und sie kann
schauen, wo sie dieselbe anbringt. Zu Aschbach in Unterfranken wird
dem Schnitter oder der Schnitterin, wer eben den letzten Halm schneidet,
der Alte aufgebunden und eine schwarze Maske der Person vor's
Gesicht gehangen, ja derselbe in Weibs-, sie in Mannskleider
gesteckt.

In Oberschwaben also nennt man das letzte Gebund beim Aernte=
schnitt den Mockel, und unterscheidet Gerstenmockel, Habermockel.
Wer den letzten Schnitt thut, hat den Mockel und bekommt einen
Ehrenstrauß mit Blumen und vergoldeten Aehren; ebenso bei der
Flegelhenke das größte Küchel. Mock, Mockel heißt sonst die Kuh.
Eigentlich soll eine Braut die letzte Garbe schneiden, und diese erhält
sogar den Namen von der Braut; die Binderin wird in Jahres=
frist heirathen.

Wer den letzten Drischelschlag thut, dem wird da und dort auch
die sog. Hundsfut[1] aufgebürdet. Roggensau oder Ferrsau
(verres!) heißt man's in Buchloe, Saufut um Ansbach. In
Schwaben, z. B. zu Wasserburg am Bodensee und in Offingen,
verträgt man die Hundsfut, läßt sich aber der Träger nach dem
Wegwerfen der Strohfigur erwischen, so muß er auf einem blinden
oder halblahmen Gaul im Dorf umreiten, dann im Wirthshaus die
Zeche zahlen. In der Gegend um Günzburg windet man als
Hundsfut den letzten Strohbündel zum Zopfe, mit einem Stein
darin, um sie weit schleudern zu können. Man verträgt sie auch
über Feld, aber häufig wird die Ankunft verrathen, alle passen und
der ertappte Träger wird sofort geschwärzt, rückwärts auf ein Roß
gesetzt, dann unter Trommeln auf einer Gießkanne und allgemeinem
Spotte der Umritt im Dorf eröffnet.

---

1) Dasselbe was Hundsmetze, fututa, von fuo, futuo, futeln. (Mannh.
B. 256. 281.) Soweit stammt das Wort von den Römlingen; es ist unser
füzeln. Scheltworte aus fremden Sprachen haften am leichtesten: so lernen
wir den althellenischen Ochsendieb (βοὸς κλέπτης) noch heute als Buschklepper
kennen. Das Hundsfutbad auf der Hundskugel zu München diente den schlechten,
d. h. armen Leuten.

114. Die Schweine des hl. Franziskus und Antonius.

Im schönen Griechenland, versehen noch die Schweine die Straßenpolizei, um mit Gemüseabfällen, Fruchtschaalen u. s. w. auf= zuräumen. Sie sperrten mir auf Syra wiederholt den Weg zur Hoch= statt. Jährlich hängen die Franziskaner zu Castellamare ein paar Spanferkeln Glöcklein an und lassen sie aus den Klosterpforten laufen. Diese heißen die Schweine des hl. Franziskus, und wo sie anlaufen, reicht man ihnen Futter zu Ehren des Heiligen. So tummeln sie sich frei durch die Stadt, bis sie gemästet, eingefangen und im Kloster geschlachtet werden. Anderseits singt bereits Guiot von Prouvins Bibl. 196:

> Von den Conversen des hl. Antonius
> Von Antiochien bis zum Schottenland
> Ist nirgend ein Dorf, ein Schloß bekannt,
> Wo man nicht ihre Schweine spürt.
> Am Halse seines Pferdes führt
> Ein jeder seine Glocke.

Das Antoniusschwein hatte in Deutschland an der Kirche seinen Stall, und wurde vom Sakristan auf Gemeindekosten gehalten, lief auch unbeirrt in Stadt und Dorf herum. Es wurde am 23. Dezember, sei es auf Sylvester geschlachtet, in der Kirche zur Weihe gebracht und den Armen verschenkt — vom Juleber genügte meist der Kopf zum Opfer. Beziehung darauf hat vielleicht der Eberkopf an der Marienkirche zu Neu=Brandenburg. Auch auf Antoniustag wurde Schweinefleisch am Altar geopfert, — noch kömmt dieß zu Herkenrath bei Bensberg in den Rheinlanden vor. Freirennende Schweine schützt die Lex Salica und Lex Frisionum. (Montanus 17. 170 f.) Man denke an die freigehenden Wodansrosse.

Früher aß man in Europa fast nur Schweinefleisch, und der Eber bildet sogar die himmlische Nahrung, Rinder, Kälber waren dafür fast unbekannt. Nach kirchlicher Aneignung tritt Antonius, ungewiß welcher? schließlich der Heirathspatron von Padua, an Stelle des Freyr und Adonis; auch der von Rossen zerrissene mythologische. Hippolyt ist so christianisirt. Der Martyr war ein Fleischer in Rom, der, hingerissen von dem Muthe der christlichen Blutzeugen, sich selber zum Tode führen ließ. Er hat unterschiedlich vom Einsiedler

ebenfalls das Schwein, und ist Schutzheiliger der Metzger. Ueber=
wiegend ist aber der ägyptische Mönchsvater, Antonio del porco,
mit dem Schweine zur Seite, das eine Glocke am Hals trägt,
dargestellt. Wer wohl mehr Anspruch haben mag! Vor die Antonius=
kirche werden daselbst am 17. Januar die Hausthiere zur priesterlichen
Segnung getrieben. Am Hubertusfeste geht zu Chantilly im Herzen
Frankreichs la bénédiction des chiens in der Kirche vor sich, statt in
der Vorhalle; der Jagdherr erscheint mit seinem Hunde, der am
Halsband die Karte von seiner Rasse zeigt. In Neapel wurde das
Recht des Antoniusklosters, Schweine in der Stadt laufen zu lassen,
schon 1665 als Unfug abgestellt, in München erhielt sich die Renn=
sau bis gegen Anfang des XIX. Jahrhunderts.

Das Kloster St. Antoine in der Dauphiné hielt im XV. und
XVI. Jahrhundert in Bamberg, Regensburg, Memmingen und
anderen Städten Süddeutschlands Schweine mit Glöcklein unter der
Aufsicht eines Expositus. Zu Bamberg sollten nach Rathsbeschluß
von 1481 nicht über sechs Stücke laufen. In Münchens Gassen
trieb sich bis Ende des XVIII. Jahrhunderts die Rennsau herum,
von Niemand in ihrer Mission gestört, wie das hl. Thier der Demeter
in Griechenland, z. B. in Hoch=Syra, noch heute der Gassenreinigung
obliegt. Als im XII. Jahrhundert die Straßen von Paris zuerst
gepflastert und durch k. Ordonnanz das Halten von Schweinen ver=
boten ward, widersetzte sich die Abtei des hl. Antonius mit dem
Begehren, die Schweine ihres Heiligen sollten überallhin dürfen.
Obwohl König Philipp, Sohn Ludwigs des Dicken, durch das
Straucheln seines Rosses über eine Antoniussau das Leben einbüßte,
gab die Regierung nach, wenn dieselben ein Glöcklein am Halse
trügen. In Folge der Pflasterung aber verschwanden Ruhren und
Fleckfieber.[1]

1) Draper, Conflikt zwischen Religion und Wissensch. 321. Das Schwein
wurde in der Urzeit als Stallthier gehalten, vor der Kuh, daher die Aus=
grabungen in sog. Zwergküchen Knochen und Zähne wilder und zahmer Schweine
ergeben, aber nicht von Rindern.

115. Der Saathahn und Hahnentanz.

Der Saathahn, sei es ein Schwein, Dreschhund oder Katze wird in die letzte Garbe gebunden und erstochen, oder mit dem Dreschflegel erschlagen, so in Tyrol, Lothringen, der Picardie, wie in Böhmen, auch bei den Szeklern. Wer den letzten Drischelschlag thut, hat den Haberl oder Woazerl erschlagen (Bogen.) Kinder, die ein Kornfeld betreten, schreckt man mit der Drohung: „Geh' nicht hin, ist eine wilde Sau darin." Dieß soll der Kornbämon sein.[1] Der Name Wolf, Bock, Hahn blieb dem, der ihn vorstellte, so gut wie dem Maigrafen, ein ganzes Jahr lang.

Beim letzten Kornschnitt heißt es in Schlesien: „Heute ist Hahn." Man bindet einen Kranz von Korn und Blumen und tanzt bei der letzten Garbe. (Schulenburg 127—138. 150.) In Leutkirch heißt das Sichelhenken der Schnitthahn, in Schwäbisch Hall das Niederfallet. Am Aerntefest nennt man den Tanz die sieben Sprünge, und der Tänzer muß dabei in Oberschwaben jedesmal auf die Knie fallen. In Ottobeuern zog das Sichelhängen den Achtertanz nach sich, wo die Paare die Figur 8 anstellten. Der Hahnentanz führte den Namen, weil der beste Tänzer den Hahn bekam, um welchen man tanzte. Das Sichelhängen heißt selber der Schnitthahn und das schwäbische Aerntefest der Hahnentanz. Um Wallenstein, Friedingen und anderwärts im Ries wird derselbe meist von vertrauten Paaren ausgeführt und so benannt, weil auf der Baumspitze ein Hahn sitzt.

Die hl. Edigna führt als Ackergöttin den Saathahn, dazu die Glocke am Wagen, um das Korn aufzuwecken. Das patriarchalische Aernteopfer mochte in Altbayern der Halmbock heißen, weil es dem Donnergott gebracht wurde, ihm war aber auch der Hahn heilig. In München wird der Saathahn vertrunken. In der Gegend von Rammingen bekömmt der letzte Drescher die Sau mit Anhang eines Schweifes, und den Spott umsonst; die Lätizel oder das Abendessen heißt man den Dreschhahnen oder das Flegelhängen halten.

Diese Aerntebräuche reichen bis in's höchste Alterthum hinauf,

---

1) Mannhardt, Roggenwolf und Roggenhund. Kornbämon Nachl. 19 f.

in Hellas, Phrygien, wie Aegypten. Mensch oder Thier, vorgestellt in der Halmpuppe, dient bei der Abrechnung zum Aernteopfer. Bei den Griechen bindet Lityerses den Fremdling in eine Garbe und mäht ihm das Haupt ab. So wird unser Aerntemann in Stroh gewickelt. Wie Diodor I, 14. 16. meldet, riefen die Aegypter bei der Aernte die Erdmutter Isis an, indem sie die ersten Aehren auf die Seite legten und sich an die Brust schlugen, auch Waizen- und Gerstenbündel am Isisfeste in Prozession trugen. Es ist ein Schnitter, der heißt Tod! so bringt die Klage der alten Welt zu uns, wie in der Bibel das Gleichniß von der Aernte und den Schnittern oder der himmlischen Heimzahlung vorkömmt.[1]) Bei den Deutschen hat das Fest einen fröhlicheren Charakter, denn man kann obigen Tanz eigentlich keinen Todtentanz nennen. Uebrigens suchten schon die Griechen dem symbolischen Todtenfeste eine historische Unterlage zu geben.

116. Der Hahn zum Gelöbniß und Todtenopfer.

Der Hahn ist Verkünder des Frühroths, und in der religiösen Symbolik, wie schön! der Bote der Auferstehung. Es kräht der Hahn in den Sälen der Todesgöttin Hel und verscheucht den Teufel als Verkünder des neuen Morgens oder der künftigen Weltzeit. Er steht den Gräbern vor, welche bei den alten Deutschen in den Bergen sich befanden, und sein Ruf ertönt aus zahlreichen Göckelibergen, wo Burgen und Schlösser untergegangen (mein Sagenschatz s. v.). In den Höhlen des Löcherberges bei Langenorla hört man Nachts nicht selten einen Hahn krähen (Eisel 146) — hier scheint hlê, der Todtenhügel, im Andenken erhalten. Das Sprichwort: „Kein Hahn kräht darnach!" besagt, daß etwas in ewiger Vergessenheit begraben liege. Hähne bildeten zu Lethra auf Seeland das Todtenopfer. Auch beim bayerischen Seefeld liegt ein Göglberg.

Auf griechischen Bildwerken ist der Hahn das Attribut der Unterweltsgöttin Persephone. Als letztes Wort sprach Sokrates zu Krito: „Wir schulden dem Asklepios einen Hahn, traget diese Schuld ab und vergesset nicht darauf!" Er sprach dieß mit einer über den

[1] Joel III, 12. If. XVII, 5., mein Heidenth. II, 46 f.

Tod erhabenen Ironie und bestätigte damit den Glauben an das
Wiederaufleben im Jenseits; bevor er den Schirlingsbecher austrank,
wozu die athenische Demokratie 399 v. Ch. den großen Weisen ver=
urtheilte, flehte er noch zu den Göttern, ihm in jener Welt eine
glückliche Zukunft zu bescheeren.

Das Morgenland hat die alten Religionsbräuche besser bewahrt;
vergleichen wir darum die Sitte im heutigen Jerusalem, wenn in
einem Hause desselben Jahres mehrere Todesfälle sich ereignen, beim
Mann einen Hahn, bei der Frau eine Henne zu schlachten, Kopf
und Füße zu begraben und das Fleisch an die Armen zu vertheilen.
Am Vorabende des Versöhnungstages ist es noch heutzutage jüdischer
Brauch, ein Huhn oder sonstiges Geflügel für sich als Opfer zu
schlachten. In Hebron wird dieß lebendige Sühnopfer in den Grab=
schacht Jesse's hinabgeworfen. (Frankl. Nach Jeruf. II, 284. 470.)

Auf Bildnissen wird der Hahn dem Sankt Vitus zum Altar
getragen, auch ward ihm in seinem Dome am Hradschin zu Prag bis
in's XVIII. Jahrhundert ein Hahn geopfert, nur weil er an die
Stelle des wendischen Lichtgottes Swantevit gesetzt ward. Vom
Heidengott hat der Teufel den Hahnfuß und Hahnenkamm geerbt.
In Bohenstrauß sperrt man einen schwarzen Hahn in einem neu=
gebauten Hause ein; er ist das Opfer für den ersten, der die Wohnung
bezieht, wie der Hahn, der über die Brücke gejagt wird.

Die Waldburger Pfarrkirche im unteren Mühlviertel (Ober=
österreich) hat auf einem Seitenaltar ein altes Gemälde, das die
Einweihung vorstellt. Der Bischof geht, vom Baumeister und Grund=
herrn begleitet, dem Teufel entgegen, vor ihnen läuft ein Hauswolf
mit einem Brief um den Hals (der Teufelsverschreibung), darüber
fliegt ein Hahn. Links ist neben dem Altar unten eine vergitterte
Oeffnung, durch welche nach der Sage der Gottseibeiuns hinausfuhr,
und die sich durchaus nicht zumauern läßt, da der Baumeister
ihm die erste Seele, die die Schwelle überschritte, versprochen. Der
dazu bestimmte Hahn flog ahnungsvoll davon, den nachfolgenden
Hund aber zerriß er und nahm ihn mit. Die Waldburg ist spurlos
versunken; ein Hirtenbube stieß einst auf einen Stein, und stieg durch
das damit bedeckte Loch in die Tiefe.[1] Der Leichnam des Leibeigenen

---

1) XXI. Bericht des Francisco-Carolinum. Linz 1861 S. 78.

mußte in Oesterreich mit dem Leichenhuhn vom Gutsherrn losge-
kauft werden, die Leibhenne bildete das Zinshuhn.

Derlei Opferbräuche dauerten zu Regenbach, Waldenburg und
Mainhardt in Würtemberg bis zur Reformation, und wurden dann
als Abgötterei verdächtigt. Die Kirchenpfleger verzehrten die Hühner,
der Pfarrer durfte aber nicht mithalten. (Würtemb. Franken Zeitschr.
1873 S. 388.) In der Pfarrkirche zu Kreuzberg bei Eggenfelden ist
hinter dem Altare ein kleiner Stall, wohin die Bauern Schweinchen
und Hühner bringen, so daß es während des Seelen-Gottesdienstes
grunzt und gackert.

An die alten Todtenopfer erinnern in den Bezirken Dachau und
Fürstenfeldbruck die schwarze Henne, welche man im Korbe lebend
auf die Bahre stellte; da sie aber oft auskam und in der Kirche
herumflatterte, legt man dafür 24 kr. in den Korb, der am Dreißigsten
auch mit ganzen Vierteln Fleisch, Semmeln u. s. w. um den Altar
getragen wird. Ursprünglich kam das Aufgebahrte oder Aufgericht
auf das Grab, und durfte der Meßner es nicht vor Einbruch der Nacht
abholen, eigene Steintische auf vier Säulen bestanden hierzu. Daher
die Form der alten Rittersärge. Die Eier im Mehl sind immer
ungerader Zahl 3. 7. 9. 13.

Zu Inkofen ist von außen eine Oeffnung, durch welche man
Hühner hinter dem Altar einließ. In's Kirchlein Stephansberg bei
Geisenhausen an der Landstraße nach Vilsbiburg kömmt am Stephans-
feste eine mächtige Hühnersteige, in welcher die Weiber vor dem Gottesdienste ihre schönsten Hühner zum Opfer bringen. Nach der Kirche
läßt sie der Kirchpropst zum Besten der Kapelle versteigern, wobei
sie die vorigen Besitzerinnen regelmäßig zurück erwerben. Im alten
Dom zu St. Stephan in Regensburg ist der alte Altar seltsam
durchlöchert, so daß man an eine Hühnersteige erinnert wird. Schuh-
graf schreibt ihn von den Heiden, etwa gar den Römern her, welche
heilige Hühner hinter dem Altar hielten.

Taube, Hahn und Henne von Silber und Alabaster befanden
sich im Domschatz zu Passau. Solche alte Opfergebühren hat der
Meßner in Heiligenstetten bei Raisting verzeichnet. Zu Aller-
heiligenberg bei Heidelberg ist in der Kirche ein Loch, das tief
in das Erdreich geht. Eine Gans, die man hinabließ, soll beim

Kloster Neuburg herausgekommen sein.[1]) Zu Veltzike in Flandern bringen die Wallfahrer Tauben und Hühner zur Erleichterung der Sterbenden der Ontkomera zum Opfer. Ein Teufelsloch war im Dom zu Goslar, das man lange, selbst mit von Weihwasser angemachtem Mörtel, nicht zumachen konnte. (Bechst. D. S. 330.)

In der Gemeinde „der Heiden," zu Pagani bei Neapel fand durch drei Tage vom 4. April 1880 an eine Prozession zu Ehren der Madonna delle galline statt. Eine Henne der Familie Tortora legte nämlich wiederholt ein Ei, auf dessen rauher Schaale man das Bild der Gottesmutter erkennen konnte. Der Umzug dauerte von der Kirche aus zwei Stunden, und folgten der Fahne zwei Kühe mit Bändern geschmückt, Bruderschaften und Priester, vier weitere Kühe mit ihren Kälbern, sogar eine Heerde Schweine. Dabei wurde verschiedenes Federvieh geopfert, auch ein Papagei als geweiht verkauft. Der Ortsname ist für diese Cultushandlung bezeichnend. Oeffnungen in der Kirchenmauer, wodurch lebendige Opfer, wie Hühner, hineingebracht wurden, deutete man später als Loch, wo der Teufel hinausgefahren sei. Unser volkskundiger Schmeller (Wörterb. II, 199) führt als Ausdruck der Ungeduld oder der sehnsüchtigen Erhörung an: „es thät noth, ich verlobt' eine schwarze Henne." „Hätt' ich bald eine scheckige Henne verlobt," war noch zu Ahnherrns Zeiten im Isarwinkel sprichwörtliche Redensart, wenn Jemand lange ausblieb und unerwartet eintrat, — von einer schwarzen Henne sprach die Mutter aus St. Georgen am Ammersee.

Zum leichten Zahnen schneidet man für die Kinder einem schwarzen Hahn den Kopf ab, fängt das Blut auf und bestreicht damit das Zahnfleisch. Die Redensart: „Dem thut kein Zahn mehr weh!" bezeichnet den Verstorbenen. Die Kinderseelen der Freya (Bertha) erscheinen in der Volkssage als Hühner. Eine goldene Henne mit vielen Küchlein bedeutet ebenso viele Todte.

---

1) Zimmer, Chron. III, 277. Mannhardt G. M. 283. 298. Sagenschatz 221. Schon im klassischen Alter feindet der Löwe, das Lichtsymbol, den Hahn an. Birlinger, Alem. VIII, 30.

117. Quellopfer.

Die heiligen Wasser genießen den Vorzug eines Opferdienstes.[1] Am bestimmten Tag im Jahre warfen die Lißäer nach Pauf. X, 8 Kuchen und was sonst gebräuchlich in die Quelle des Kephisos, welche in der die Weissagegabe verleihenden Castalia zu Delphi wieder zum Vorschein kommen sollten. Der Eurotas und Alpheus haben eine gemeinsame Quelle; wirft man Kränze in das beim arkadischen Asea entspringende Wasser, so kommen sie unterhalb in einem der beiden Flüße zu Tage. (Strabo IV, 2.) Diese Kränze bildeten eben das herkömmliche Quellopfer. Wer zählt, angefangen von der Fontana Trevi in Rom, all die Gesundbrunnen auf, worein man Opfergeld warf? Römermünzen fand man schon 1420 im heißen Sprudel zu Baden im Aargau; dann in der Badequelle zu Bruck, und namentlich in der Brunnquellgrotte zu Biel. An den Elbequellen ließen die Leute von Melnik nach altem Brauche, wie im vorigen Jahrhundert, noch 1805 und 1807, die Männer schwarze Hähne, die Weiber Hennen fliegen, damit Rübezahl nicht die Felder überschwemme. Drei Tage blieben sie im Gebirge, füllten ihre Geschirre mit Wasser, und suchten in Rübezahls Walde und Garten an der schwarzen Koppe nach Kräutern, die sie dem Vieh zum Futter gaben, nachdem sie selbige gewaschen.

In den Ilkenborn bei Sievershausen werfen die Kinder noch Brod, Zwieback und Blumen, und in den Reinhardsbrunnen bei Göttingen heißen Mütter und Mägde sie dasselbe thun, besonders zu Pfingsten. Kuchen und Zwieback dienen zur Nahrung der Ungebornen. (Schambach 60.) Derlei Quellopfer kommen im ganzen Abendlande vor. Am Fest Johannis des Täufers bekränzen die Mädchen in Hessen den Brunnen, auch wählt man einen Brunnen= herrn. (Lyncker 253 f.) Paniperda heißt ein Bach in der Ober= pfalz gegen Böhmen zu, in den man Brod zum Opfer warf. J. Grimm erfuhr davon durch Herrn von Schönwerth, der darüber im Regens= burger Geschichtsverein Mittheilung machte — seltsame Latinisirung.

---

1) Runge, Quellcultus der Schweiz. Zürich, Wissensch. Monatsschr. 1859, 103 f 202 f. Sepp, Sagensch. 331. 702.

Unvergleichlich ist die berühmte Fontaine von Bérendon in der Bretagne, in welche man Brod, Käse, Nägel und Nadeln, Muscheln und Kieselchen wirft. Diese Sitte rührt gewiß noch aus der Keltenzeit her.

Im Kaukasus geht die Flußweihe am Dreikönigstage vor sich, wie einst die Nilweihe zur Taufe auf Epiphanie. In dieselbe Zeit fällt die Weihe der hl. Quellen zu Wessobrunn. Die junge Russin wirft in dieser heiligen Zeit einen Kranz in den Bach oder Fluß, versinkt er, so wird sie in diesem Jahre nicht mehr Braut. Die alte Welt kennt eine Menge Weissagebrunnen, in Bezug auf Krieg, Jahressegen oder theure Zeit. Hungerquellen, die plötzlich fließen, dann wieder versiegen, sind bei Sangerhausen, in der Graf= schaft Stolberg und in einer Höhle bei Gehofen;[1]) auch Kärnthen meldet sich damit. Der Theuerborn bei Leisnig quillt in einem backstubenähnlichen Gewölbe, wenn theure Zeit droht, doch erwies er sich 1738 auch heilkräftig. Die Gucki= oder Guggersbrunnen in der Schweiz sind wohl solche Orakelbrunnen, in die man guckte, ebenso die Zeitbrunnen, deren mehrere auch Heidenbrunnen heißen. Am Fuß des Childberges hat der Schimmelreiter seinen Brunnen; die Salzquelle zu Ryken gehört dem Heidenmannli. Auch die Nornen haben Heilwasser inne: so die drei hl. Jungfrauen, welche vor den Landvögten auf den Rigi geflüchtet sein sollen. Um diesen Dreischwesternbrunn zu Kaltbad fand früher jährlich auf Michaeli, dem Schutzpatron der Kapelle zu Ehren, ein dreitägiges Freudenfest mit Tanz statt, wozu die Umwohner Laubhütten bauten.

Die Pirminsquelle in den Ardennen war längst vor der An= kunft des Apostels verehrt, man schöpfte daraus rücklings und schweig= sam, goß und warf zum Opfer Wein, Honig, Mehl, Korn, Waizen und Blumenkränze hinein, und trank die Minne der Elben. (Weicher= bing, St. Pirminsberg 23. 41.) Die Franken hielten am Brunnen auch Opfermahlzeiten, und man hing Glieder aus Holz an den Bäumen auf. Schon die Römer nahmen ein Bad im Born, Pirmin segnete den Heilbrunn (fons salubris). Die Prediger des Christusglaubens witterten darin Heidenthum und hatten keinen Sinn für Naturdienst, wenn nicht auch die Judenreligion dabei betheiligt

---

1) Größler 161. Sepp, Sagensch. 324 f. vgl. Grimm 556 f.

war. Wie das Concil von Arles 452 verbot St. Eligius 586
das Lichterbrennen an hl. Quellen und Bäumen, und wollte diese
zerstört wissen. Burchard von Worms frägt, ob Jemand zu Bäumen,
Quellen oder Steinen sich verlobe, Licht oder Sonstiges spende? Ja
Bonifaz litt nicht einmal Kreuze am Brunnen und auf den Feldern.
So ist die Heiligkeit zu verschiedenen Zeiten unterschieblich.

118. Michaelsfest. Himmlische Mitstreiter im Kampfe.

Vom Wallfahrtsort Gargano, wo St. Michael herrscht,
kehren die Pilger mit dem Stabe (bordone), an dessen Spitze ein
grüner Fichtenzweig mit Pinienzapfen und brennendroth ge-
maltem Heiligenbilde befestigt sind, oft in Schaaren bis Tarent heim.
Ebenso berühmt ist das nur zur Ebbezeit zugängige Heiligthum des
Erzengels an der englischen Küste, und nur schwer zu sagen, an
wessen Stelle der Kalenderheilige getreten.

Im Herbste findet nach all' den Aernten die Abrechnung statt,
und wie auf Erden ist der Gerichtstag im Himmel festgesetzt. Opfer
von Thieren und Feldfrüchten werden zur Sühne oder als Weihegaben dargebracht. Nicht umsonst hängt dann am Firmamente als
Zeichen die Waage aus. Wie die Jahreszeiten mit einander ringen,
liegen Gut und Böse im Kampfe, Thor mit dem Beinamen Michel,
der Großmächtige, welcher den Streit mit dem Weltdrachen aufnimmt,
wird füglich von Sankt Michael, dem Streitengel abgelöst, welcher
zugleich Vorkämpfer in Schlachten ist, und das Panier der Deutschen
in der Ungarnschlacht am Lechfelde abgab. Michelting hießen dabei
die Herbstgerichte. Der Ungar kennt St. Michael als Todtenführer,
die Todtenbahre heißt ihm Szent Michaly lova, Michaelspferd. Es
schlug ihn St. Michaels Pferd, heißt: er stirbt.

Die persische Grundidee von Mithras-Metatron ist unverkennbar in's Judenthum eingedrungen und auf den Erzengel Michael
und Genossen vererbt. Wir lesen auch II. Makkab. X, 29: Fünf herrliche Reiter kommen dem Judas Makkabäus vom Himmel zu Hilfe
und entscheiden die Schlacht, indem sie selber Pfeile und Donnerkeile
gegen die Syrer schleudern, und den Führer in die Mitte nehmen.
Die Legende von Heliodor bringt einen Engel als Schirmherrn des
Heiligthums in's Spiel, der den feindlichen Ueberfall abschlägt.

Bei Homer nehmen die Götter an den Kämpfen vor Troja
Antheil; Apollo ſchüttelt die Aegis und treibt durch ein Hagelwetter
die Achäer zurück. Dieß gilt auch von den Schlachten von Marathon
und Salamis. Demeter warf in Geſtalt eines irdiſchen Weibes
einen Ziegel auf Pyrrhus Haupt, als dieſer in Argos eindrang,
wovon der König ſtarb: und er ward im Heiligthum der Göttin
beigeſetzt. (Pauſ. I, 13.) Die Lokrer ließen ein Glied in der
Schlachtreihe für das Herabſteigen ihres Heros Lokros übrig. Und
wie bei Homer die Götter ſich in den Kampf mengen, ſo betheiligen
ſich im Glauben der Araukaner die im Kriege zu Hilfe gerufenen
Teotes oder Sonnenaufgang zu lebenden Götter, und es eilen die
Ahnengeiſter aus dem Seelenlande jenſeits des Meeres zu Hilfe,
wohin ſie der Walfiſch nach dem Tode bis an den Horizont, die
Erdgrenze getragen. Auf dem Wege der Milchſtraße, wo ſie als
Sterne leuchten, ſchreiten ſie den Kämpfenden zu, wie die Hunnen
und Magyaren auf dieſem Wege in der äußerſten Noth Hilfe von
den in Aſien zurückgebliebenen Brüdern erwarteten. (Baſtian, Altam.
Cult. 23 f.) Wie nach der Hunnenſchlacht vor Rom kämpfen dieſe
Geiſter, wenn Gewitter zuſammenſtoßen, und werden mit Zuruf
begrüßt.

In der Schlacht am See Regillus ſtellten Caſtor und Pollur
ſichtbar ſich an die Spitze der römiſchen Reiterei, und führten ſie
zum Siege. Noch deſſelben Abends erſchienen ſie auf dem Forum
in Rom und verkündeten den Ausgang des Kampfes. Der Diktator
Poſthumius gründete ihnen darauf einen Tempel, und noch heute
erinnern die rieſigen Statuen der Dioskuren mit ihren Roſſen an
der Rampe des Kapitols an jene Erſcheinung der Schutzgötter. Die
Gallier wurden am Parnaß von paniſchem Schrecken ergriffen und
glaubten Pferdegetrampel von entgegenrückenden Feinden zu hören.
Kein Mann entkam, nachdem ſie zur Plünderung Delphi's ausgezogen. (Pauſ. X, 23.) Daß kein Mann oder höchſten ſieben davon
kamen, um die Nachricht von der Niederlage nach der Heimat zu
bringen, iſt ebenfalls eine allgemeine Redensart. Indeß brachten die
Gallier die Götterbilder von Delphi zurück, um ſelbe in den See
zu verſenken, da ſie das unſichtbare höchſte Weſen bildlos verehrten.
Bei Alarichs Belagerung wandelte Athene Promachos in voller

Rüstung um die Mauer Athens. Vor dem ihr heiligen Bezirk
aber sah der Gothe den Achilles stehen, wie Homer ihn schildert.
(Zosim. V, 5.) Wie Gibbon nacherzählt, hatte Alarich nach der Ein=
nahme Roms eine Erscheinung der Minerva gehabt und darauf hin
die eine Stadt geschont. In Raphaels Stanzen sehen wir die
Patrone der christlichen Siebenhügelstadt, Petrus und Paulus in den
Lüften, den Attila vor dem Angriffe zurückschrecken.

Tacitus betont Germ. 7: „Im Glauben, daß die Gottheit
(Thr=Ziu) mit in den Kampf ziehe, nehmen sie gewisse Bilder und
Symbole aus den Hainen in die Schlacht mit." Der Glaube bringt
es mit sich, daß namentlich bei Religionskämpfen der himmlische
Schutz sich bethätigt. Eine Jungfrau von wunderbarer Schönheit,
mit dem weißen Banner der Kreuzritter in der Hand, rettete den
Comthur von Christburg von der Ueberzahl der heidnischen Poge=
sanier. Beim Angriff auf Nowgorod wendete die Madonna die
Pfeile gegen die Susdaliten. St. Szeslaus stimmte bei der Be=
lagerung der Dominsel zu Breslau durch den Tataren Peta 1241
ein himmlisches Stoß= und Schutzgebet an, und bei heiterem Himmel
fiel ein schreckliches Feuer auf die Heiden, daß viele umkamen,
die andern entsetzt davon liefen. (Göbsche 29.) Ein Waidelotte
wußte durch ein heidnisches Blutopfer im Dienste Albrechts von
Brandenburg 1520 im Kriege mit dem Polenkönig Sigismund I.
die Küste von Samland so zu umnebeln, daß die feindlichen Schiffe
bald einen Abgrund, bald unersteigliche Sandberge vor sich sahen
und nicht zu landen vermochten. (Tettau 57. 90. 134.)

San Jago selber streitet in Schlachten an der Spitze der
Christen zu Pferde mit, und die hl. Jungfrau breitet ihren Schutz=
mantel über den ihr anempfohlenen Ort aus. Der Angolaner General
mit 60000 Mann floh 1580 vor zwölf Lusitanern und Mauren,
„weil er eine Wunderfrau mit großem Licht, glänzend und schimmer=
umstrahlt, in der Luft sah." Bald ist es ein Engel mit feurigem
Schwerte, der die Heiden zurücktreibt, und Feuer fällt vom Himmel,
Schloß und Mannschaft zu verbrennen; bald ist es St. Andreas,
der den Braunsbergern wider die Polen hilft. (Tettau 83. 129.)
Als die Hussiten Budissin bedrängten, erschien St. Michael, wo
nun die Erzengelkirche, in einer Wolke den Bürgern, die nun den

Feind abtrieben. Himmlische Heere zeigen sich beim Kriege König
Johanus 1560 mit Dietmarsen. (Müllenh. 247) Ein undurch=
dringlicher Nebel verhüllt dem Feinde die Burg Heidegg, zugleich
schwillt der Fluß an. (Rochh. A. S. I, 2.)

Als Villingen 1633/34 dreimal von den Schwedischen be=
lagert wurde, ließ sich die Mutter Gottes auf den Ringmauern
sehen, und General Horn zog ab. Die Schweden hatten freventlich
geschworen: Wenn Maria die Stadt mit zwei Ketten bis zum Himmel
hinaufzöge, wollten sie dieselbe doch herunterreißen. (Birlinger Al.
VIII, 34.) Da die Franzosen und Schweden Freiburg belagerten,
sahen die Bürgerinen die Jungfrau Maria hoch über dem Pulver=
dampf schweben und die Kugeln im Mantel auffangen. Entsetzt wichen
die Feinde zurück. (Schnetzler I, 24. 370.)

St. Bonifaz rettete Fritzlar im siebenjährigen Kriege vor den
Franzosen, indem er auf der Mauer mit einem weißen Tuche die
Kugeln abhielt und zurückschleuderte. Als nach der Schlacht bei
Hohenlinden die Franzosen auch in den Isarwinkel vordrangen, machten
sie in Königsdorf Halt, ein Nebel verschleierte ihnen Tölz und sie
glaubten, daß dort viele Tausende Standquartier hielten. Die Tyroler
bestanden 1809 das Gefecht am Isel unter der Parole: Die Mutter
Gottes hilft uns!

Ein König belagert Cameryk, aber die Muttergottes mit den
lieben Engeln fängt alle Steine und Pfeile auf und wirft sie zurück.
(Wolf B. II, 204.) Im jüngsten deutsch=französischen Kriege
haben unsere hartheimgesuchten Feinde, besonders fromme Visionärinen,
Gesichte gehabt, wie die Madonua (natürlich ihre wälsche ohne Christ=
kind) mit dem Säbel in der Hand die Deutschen aus Frankreich,
und vollends aus Elsaß=Lothringen hinausjage. So haben sie die
Legende: Deutsche Reiter sprengten im Januar 1871 gegen Cambrai
vor, da erblickten sie an den Thoren die Jungfrau Maria und einen
Engel mit dem Flammenschwerte, der ihnen Schrecken einjagte, daß
sie bis zum Dorfe Masnières zurückwichen. Sie erzählten das
wunderbare Ereigniß einem französischen Wirthe, der seltsam genug
das Deutsche sogleich verstand, obwohl er sonst der Sprache nicht
mächtig war. In der Kathedrale verewigen das Wunder zwei Lampen=
stöcke mit den Köpfen König Wilhelms und Bismarcks, sowie Moltkes

und General Göbens. Es ist die alte Stadtlegende in neuer Auf=
lage, jedoch so ernsthaft wiederholt, daß selbst ein Weltblatt, wie die
A. Allg. Ztg. 25. August 1873 davon Akt nahm. Daumer führt
in der Schrift: „Das Wunder" 1874 als fünfte Gruppe an: Städte,
Burgen, Heere u. s. f. durch Marienerscheinungen vor feind=
lichen Angriffen geschützt" auf.

119. Der Schlangenbann.

Diodor erzählt, Herakles habe den Kretern zulieb die Insel
von Schlangen gereinigt; und noch heute finde sich höchst selten
eine, wohl aber Skorpionen. Nicht nur Kreta, die Zeusinsel, auch
Sardinien mit Aesculaps Dienst kannte keine Schlangen und
schädlichen Thiere, so wenig wie der Apollohain in Claros bei Colo=
phon und — Jerusalem! Malta ist von Schlangen befreit, seitdem
Paulus da gelandet und die giftige Natter, die sich an seine Hand
gehängt, in's Feuer geschleudert hat. Man will im Fels noch Ver=
steinerungen der kleinen Bestien nachweisen.

Ob ursprünglich ein Gott oder Halbgott als Schlangentreter
auftritt, später übernimmt seine Rolle ein gefeierter Held, oder, wie
wir hier auseinander setzen wollen, ein Heiliger. Das Alterthum
faßte Saurier und ähnliche Petrefakten als Rippen und Wirbelknochen
von Riesen auf, z. B. vom Inder Orontes. Am Drachenstein, einem
hohen Fels im Thal bei Kufstein ist alles Gras ausgebrannt: solche
Plätze nennt man Alberfleck. Dieß thut der Erzdrach wenn er
Abends oder Nachts umherfliegt, da wo er sich niederläßt. Nach
sieben Jahren wächst manchmal wieder Gras. Er hält sich nur
in den tiefsten Klüften der höchsten Berge und Felsen auf, wohin
man nicht leicht gelangt, und seine Nahrung ist Erz, das er zu Gold
schmilzt. Wer sein Lager findet, kann ein reicher Mann werden.
Wenn der Alber fliegt, röthet er die Felsengipfel, der Glanz dauert
eine Viertelstunde; dann gleicht er einem glühenden Klumpen mit
feurigem Schweif. Der Drache fährt als feurige Lufterscheinung
durch den Schornstein (Lauf. Mag. XL, 80), von höheren Mächten
gebannt fällt er in den Sternschnuppen vom Himmel. (Bartsch 366.)
So ist der Drachenkampf auch biblisch verbrieft. Margareta führt
den Drachen an ihrem Gürtel, wie die indische Durga. Die Blind=

schleiche konnte den Menschen durch und durch stechen, aber seit sie der Muttergottes auf der Reise über das Gebirge nachstellte, ist sie blind.

Riezler führt (Gesch. B. I, 307) das Vorkommen von Hunds= und Wurmsagen in den ältesten Sprachdenkmäler Bayerns an. Das Mittelalter stellte sich verfluchte und versteinerte Drachen vor, welche geflügelt und mit feurigem Athem dahinschießend Luft und Erde ver= pesteten. So verwandelt St. Patrik alles giftige Gewürm Irlands durch sein Gebet in Stein. Kaufleute holten von dieser Erde in Schiffen, um ihre Gärten von Ungeziefer zu reinigen, wie nach Alian V, 2 Erde von Kreta den Giftschlangen für verderblich galt.

Alle Schlangen werden von Constantinopel fernegehalten im Hinblick auf die eherne Schlange, welche das Mittel vom apollinischen Dreifuß aus Delphi am Rennplatz Atmeidan bildet. So bannt die von Moses erhöhte Seraphschlange in der Wüste alle Nattern. Gen Schlanders entsandte St. Georg so ein Ungethüm, weil man seiner Wallfahrtskapelle keine Ehre angethan. Die Städter nähten ungelöschten Kalk in eine Kalbshaut, die der Drache verschlang, darauf aber vor Pein im See den Damm durchbrach, so daß die gottlose Stadt den Untergang fand. Im Tode zersplitterte das Ungeheuer mit dem Schweife noch sieben Eichen. (Henne 40.) Lint ist altnordisch was Lintwurm. In der Drachenhöhle auf dem Wawel bei Krakau hauste ein furchtbares Ungethüm, das Menschen und Thiere verschlang, bis Krakus ihm einen mit entzündlichem Schwefel gefüllten Hammel vorwarf und den Drachen von Innen verbrannte, worauf das Volk ihm als Landbefreier huldigte. Diese Sagen entsprechen annähernd der Schil= derung bei Daniel XIV, 26, welcher Pech, Fett und Haare zu= sammen kocht, und mit dem in's Maul geschleuderten Kuchen den Drachen bersten macht. Eine Legende ist soviel werth, wie die andere; gleichwohl nehmen christliche Theologen die biblische noch für Thatsache.

Apollonius von Tyana bannte durch einen Adler von Erz alle Schlangen, wie er durch einen in die Erde gesteckten Skorpion diese, die Mücken und alle Insekten vertrieb. Das Pestübel zieht in Gestalt eines alten Bettlers in Ephesus ein, und wird auf Apollonius

Geheiß todt gesteinigt (Philostr. IV, 10. VIII, 6. 9), worauf der
Weise von Thana dem Herakles als abwehrenden Gott und Heiland
einen Tempel erbaut.   Die Schlangenbändiger sind in Aegypten
heimisch, und der Reformator des Heidenthums und Zeitgenosse des
Paulus, auch im Nillande bewandert, steht nur insoferne . hinter
Moses zurück, als dieser die ahrimanische Karfesters zugleich hervor-
rief und mit seinem Stabe wieder bannte.

Maria liberatrice heißt die Kirche am Forum, wo die Römer
eine Schlange verehrten, bis Papst Sylvester II. sie mit dem Kreuzzeichen tödtete. Unfern liegt der juturnische oder kurtische See. Außer
der Gottesjungfrau hat der hl. Sangarius das Kloster am
Sinai von Kröten, Wespen und Gewürm gereinigt.   St. Clemens
tödtete eine Menge Schlangen um Trier.   St. Gaudentius
Bischof von Offero (Apsorus) segnete von seiner Grotte aus die zu
seinem Bisthum gehörigen dalmatischen Inseln, daß kein giftiges
Reptil die Menschen schädige.   Seitdem beherbergen Cherso und
Luffin keine Vipern mehr, ja fortwährend kommen aus Italien und
andern Gegenden kleine Barken, um Steine aus der Höhle abzu-
zuschlagen.   Dasselbe geschieht in Citta vecchia auf Malta im Andenken daran, daß Paulus die Natter in's Feuer geworfen.
(Apstg. 28, 5.)   Seitdem kommen sie nur in Versteinerung vor.
Keine Natter oder „Ainichgewürm" wird zu Bietingen im Dorf
oder der Umgegend in Schwaben gefunden, bleibt auch da nicht
lebendig; das soll nach Fürgeben der Alten von ihrem Patron Cyriakus kommen.   Pirmin reinigt die Bodenseeinsel Reichenau,
Honorat die Lerinischen Eilande bei Cannes von Nattern.   St. Be-
atus von Vindonissa (oder Vindocinum-Vendome), ein Schotte von
Geburt, vertreibt eine Schlange aus der Höhle bei Chur, die er
als Einsiedler bewohnt. St. Julian von Rendena in Wälschtyrol
erschlug seine Eltern, sie für Räuber haltend, zog dann zur Buße
in die tiefste Waldeinsiedelei am Val Genova, bis er die Glocken
nicht mehr läuten, die Hähne nicht krähen hörte.   Da hartherzige
Hirten ihm ein wenig Milch versagten, wurden die Heerden in die
noch sichtbaren Steinblöcke verwandelt. Seine Fürbitte hilft gegen
giftige Schlangen, deren es am Berge San Giuliano darum nicht
gibt.   Patron wider die Mosquitos ist der hl. Markus, Bischof

von Arethusa, welcher 362 sein Martyrium unter Mücken= und Fliegenstichen erlitt.

Ein Bettelweib wirft beim Guß der Bürgerglocke zu Bernau in Brandenburg eine Natter in die Esse, und so weit ihr Ton klingt, bleibt die Gegend von Schlangen frei. (Schwarz 161.) Zu Prenzlau in der Ukermark kommt keine Schlange vor, so weit die große Glocke tönt. Ein zur Richtstatt geführter Verbrecher erbot sich, wenn man ihm das Leben schenke, alle Schlangen aus der Gegend zu vertreiben. (Tenne 114.) Soweit man die große Glocke von Wriezen hört, gibt es keine Schlangen; Schlangenfett, beim Guß der Stargarder Glocke verwandt, brachte sie auf eine Meile um. (Gräße Pr. S. 99.) Mit Kohlen vom österlichen Judasfeuer werden sie vertrieben, und Vernaleken (A. 250) erzählt noch, wie ein fahrender Schüler im Saasthale in Wallis alles giftige Gewürm verbannte, daß es den Triftbach nicht überschritt. Der Schlangenfänger zu Salzburg pfeift einen unnachahmlichen Ton, und aus Kellern und Häusern ringeln sie herbei, zuletzt eine große Schlange, die sich über ihn wälzt und ihn tobt martert. (Bechst. S. O. 102.)

Das Drachenloch im Untersberg liegt 4000 Fuß hoch. Eine der vielen so benannten Höhlen ist bei Röthelstein in Steyermark. Unter den Kirchenheiligen ist kaum einer mehr der Erbe uralter Mythen, wie St. Mang, der Apostel des Algäu. Gleich dem Sohne der Latona, unserer nordischen Fludana, der den Python an der kostalischen Quelle bekämpfte, erlegt der christliche Glaubensprediger das Ungethüm am Drachensee in der Alpenschlucht bei Füßen. Auch auf dem Wörth am Staffelsee weist man noch die jetzt verfallene Höhle, wo St. Magnus den Lindwurm tödtete. In Murnau selbst zeigte man bis zum Brande 1835 am Schneiderbichel neben dem Griesbräu das Drachenloch, wo es hauste und barst. Dasselbe ging tief einwärts, so daß man sich kaum hinauftraute; davor stand eine Marmorsäule zum Andenken. Die „Stadt" soll früher Wurmau geheißen haben und führt noch den Lindwurm im Wappen. Der deutsche Kriegsgott von der nahen Hirmonsburg ist durch den Heiligen vertreten, doch hat St. Mang nach Raderus auch bei Kempten alle Schlangen vertilgt.

120. Die Feldmaus als Pestsymbol und Altaropfer.

Im Tempel zu Memphis stand die Statue des Priesterkönigs Sethon mit einer Maus auf der Hand, wie Herodot II, 141 meldet, zum Andenken an die Niederlage der Assyrer unter Sanaharib, wie in dessen Heere durch Schwärme von Feldmäusen Köcher, Bogensehnen und Schilde zernagt wurden, so daß sie waffenlos umkamen. Die Pest ist es, die dem feindlichen Kriegsheere die Sehnen löst, nach biblischem Ausdruck aber hat der Engel des Herrn vor den Mauern Jerusalems in Einer Nacht 185000 Mann desselben Sanherib erschlagen. (II Kon. XIX, 35.) Wie der Erzengel sein Schwert auf der Engelsburg in Rom einsteckt, als Papst Gregor 590 die von der Pest heimgesuchte Siebenhügelstadt durchwanderte, so hat der Pestengel schon auf Moria unter König David gethan. (II Sam. 24. 16 f.) Die von Kreta kommenden Teukrer hatten ein Orakel erhalten, dort ihren Aufenthalt zu nehmen, wo sie von Erdgebornen überfallen würden. Bei Hamaxitos nun zernagte Nachts ein hervorbrechendes Heer von Feldmäusen alles Leder an Waffen und Geräthen, daher blieben sie da wohnen. Bei Homer Il. I, 37 f. schickt Apollo auf das Gebet seines Priesters Krines dem feindlichen Heere Mäuse auf dem Hals, während auf Bitten des Chryses die Griechen von der Pest heimgesucht werden. Clemens Alex. protrept. II, 33 gedenkt, wie die Mäuse nach dem trojanischen Kriege die Bogensehnen der Landesfeinde zernagten (vgl. Plin. VIII, 82).

Die Ratten des chinesischen Kriegsgottes Skanda fressen in den Oasen Serikas wie am Himalaya alles Rüstzeug der feind-seligen Völker auf (Eckstein Askesis 238.) Im Yadschur Veda heißt die Maus das Thier Rudras, d. i. Schivas des Zerstörers, auch steht Ganesa auf einer Maus. Nach dem Zendavesta sind die Mäuse Geschöpfe Agramainyus, des in Laster verschlungenen Ahriman. Die Nachtgöttin Buto floh in Gestalt einer Maus vor Typhon, in ihrer Stadt Butos wurden solche als Mumien beigesetzt, und man hegte an dem Orakelorte prophetische Tempelmäuse. (Herod. II, 67. 166.) Davon hieß sie die Mäusejägerin. Eine Münze mit dem Kopf der Demeter hat auf der Kehrseite die Maus, sie war also der Erdmutter eigen. Isis führt davon selber den Beinamen Mut oder Maut,

und wird als De Muta zur Todesgöttin. Die Maus ist die Saat-
verderberin und Vorläuferin der Pest, die aber zugleich das Korn,
das Symbol des Leibes der Auferstehung im Erdengrabe birgt. Als
das Land Mäuse kochte (wie die Septuaginta I Sam. IV, 15 liest),
sandten die Philister aus ihren fünf Städten fünf goldene Mäuse
zum Bundeszelt Jehovas. Baal der Belzebub ist nämlich „der Herr
der Ratten und der Mäuse, der Fliegen, Frösche, Wanzen Läuse,"
wovon Mephisto spricht. Isaias LXVI, 17 rügt nicht umsonst die
Mäuseopfer (zur Befreiung der Felder). Wer denkt hier nicht an
das sagenhafte Votivopfer der silbernen Maus im Kölner Dom-
schatze, welche die Anekdote nach sich zog, die Rheinländer wollten
lieber noch — einen goldenen Prütz auf den Altar stellen, um die
fremden Herren loszuwerden.

Apollo führt nicht nur zur Strafe der Menschen den Pestpfeil,
der in christlichen Bildern auch in Gott Vaters Hand übergegangen
ist, sondern er ist zugleich Erlöser von dem Uebel. Im Mauslande
der Mysier (hierogl. Mausu) trägt er schon bei Homer als Mausgott
den Beinamen Smintheus, und die ihm heiligen Thiere nisten
unter seinem Altar im Tempel zu Hamaxitos. Bei überhand-
nehmendem Mäusefraß in den Saatfeldern opferten die Aeolier und
Troer dem Gotte, und das Uebel schwand. Herakles von Pontus
meldet bei Strabo XIII, 1, im Heiligthum zu Chrysa habe es gar
viele heilige Mäuse gegeben, das Bild Apollos von Skopas setzte
den Fuß auf eine solche. Aelian XI, 19. XII, 5 weiß von zahmen
weißen Mäusen im Smintheum zu Hexamitos, die unter dem
Altar ihre Höhle hatten, neben dem Dreifuß figurirte zudem eine
Maus. Argivische Münzen haben die Maus zum Emblem (Pollux
IX, 6. 84), und auf solchen von Tenedos und Alexandria ist sie
neben dem Gotte, abgebildet. Der alte Baal hält so das Thier in
der Rechten, in der Linken den Pestpfeil. Eine Münze von Meta-
pont zeigt die Erdmutter Demeter und auf der Kehrseite die Maus.

St. Gertrud, die Gärtnerin, wird im krainischen Bauernkalender
mit zwei Mäusen dargestellt, die an der Spindel nagen, da vor
ihrem Festtage (17. März) das winterliche Spinnen ein Ende hat.
Der Ausdruck: „da beißt die Maus keinen Faden ab," besagt volks-
thümlich: „es ändert sich nichts." Die Seele wandelt im Traume

als Maus über die Schwertbrücke, und ſo iſt urſprünglich Gerdr
die Hüterin der Abgeleibten. Unter dem Altare hervor bringt zu
Andechs unfern vom Mauſſee die Kirchenmaus den papiernen
(ſic!) Zettel mit dem Nachweiſe der zur Hunnenzeit vergrabenen
Reliquienſchätze. Ein Wahrzeichen von Lübeck ſind Mäuſe, die
unter dem Altartuch des Abendmahlstiſches ſich blicken laſſen.

Am 13. und 14. Oktober 1727, wenige Tage vor einem Erd=
beben, ſchwamm die Wanderratte in Schaaren bei Aſtrachan über die
Wolga und hielt ihren Einzug in Europa, die ſchwarze Hausratte
verdrängend. Mäuſe im Lande bedeuten nach der Traumſymbolik
fremde Völker, alſo Krieg.

**121. Die Weltſage vom Rattenfänger. Parallele zu den Wundern
Moſis.**

„Das Volk kann nicht ohne Mythologie leben," äußerte
Heinrich Gagern zu mir auf der Rheinfahrt zur ſechſten Säkular=
feier der Gründung des Kölner Domes 13. Auguſt 1848. Und
fürwahr! achtet einer auf all' die Patrone, welche die Menge gegen
Mäuſe, Fliegen und anderes Ungeziefer aufſtellte, ſo glaubt man
mitten in der Heidenzeit zu leben. Unſere Volksheiligen haben die
Aufgabe des Apollo σαυροϰτόνος und μυιοϰτόνος im vollen Um=
fang übernommen: ſie ſind der Reihe nach Schlangentödter, Mäuſe=
banner und Fliegenvertreiber. Hat doch auch der Mäuſefänger von
Hameln oder das Bergmännlein, welches alle Kinder der Stadt
nach den ſieben Bergen zu den ſieben Zwergen, d. h. maus=
todt in die Unterwelt oder in die Weſer entführt, ſein mehrfaches
Vorbild. Die Abeſſinier laſſen Jadſchudſchi und Madſchudſchi.
d. h. Gog und Magog als dämoniſche Pfeifer auftreten, welche
auf Ziegen durch die Dörfer reiten und durch ihre Muſik die Kinder
unwiderſtehlich in's Verderben ziehen. (Pfeiffer G. XIV, 399.)

Aegypten galt von Alters her für das Land der Zauberei. Da
verſetzt ſich die weiße Magie des Moſes mit der ſchwarzen in Kampf.
Gregory meldet von den Faſcinationen eines Stone: ſo groß war
deſſen Macht, zumal auf ſehr ſenſible Perſonen, daß ſie einen am
Stuhle lehnenden Stock nach ſeinem Willen für eine Schlange hielten
und auf ſeinen Befehl für ihre Vorſtellung das Zimmer zu einem·

von wilden Thieren bevölkerten Garten wurde.[1]) Hier scheint Hyp=
notismus im Spiele. Das Mäusemachen spielt in Hexenprozessen
eine Hauptrolle. Das deutsche Volksmärchen führt die Strafwunder
Mosis auf sieben zurück. Als die Landschaft von Lorsch einst
durch einen Ameisenregen heimgesucht wurde, und der Bischof von
Worms deshalb Bittgänge anstellte, erbot sich ein Einsiedler, für
den Preis von hundert Gulden zu einem Kapellenbau, die Plage von
der Gegend zu nehmen, zog eine Pfeife und die Ameisen gingen
sämmtlich im dortigen See zu Grunde. Da aber die Leute den be=
dungenen Lohn verweigerten, pfiff er abermals, und alle Schweine
stürzten sich in's Wasser. Im nächsten Jahre folgte ein Grillenregen:
nun steigerte der Unbekannte den Preis auf das Fünffache, zum Bau
eines Klosters. Sofort wurde auf die Bedingung eingegangen und
ein Kohlenbrenner befreite das Volk von dem Jammer. Jedoch auf
den abermaligen Treubruch pfiff der Wundermann allem Wollenvieh,
und es verschwand im See. Das dritte Jahr sah auf Grund und
Boden Alles von Mäusen wimmeln. Neuerdings Buße; darauf
erschien ein Bergmännlein, welches von jedem Dorfe tausend Gulden
begehrte, um das Unheil abzuwehren und zugleich einen Damm wider
die Bergwasser zu bauen. Das Landvolk leistete wieder die Zusage,
der Kobold pfiff und alle Mäuse folgten ihm nach dem Tannen=
berge. Der abermalige Treubruch führte endlich dazu, daß auf die
Pfeife des Gnomen oder Bergmännlein sich die Wand aufthat, alle
Kinder des Umlandes ziehen hinein und kamen nicht wieder in
Vorschein.

Auf Mosis Geheiß stirbt die Erstgeburt an der Pest. — Es regnet
diese Grillen und Mäuse vom Himmel, denn nach dem Volksglauben
rühren sie überzählig von Gewitter her, tauchen mit dem Nebel auf
und verschwinden mit den Wolken wieder. Wer dächte, daß die
Sage vom Mäusefänger von Hameln 1284, welcher die Nage=
thiere vertreibt und, zum Danke abgewiesen, die Stadtkinder in den
Bocksberg führt, worauf sie in Siebenbürgen wieder vorgekommen
sein sollen — uns bis Aegypten zurückführt! Auch Moses ent=
führt die Kleinen unterirdisch. Zum Ueberfluß ergänzt nämlich der

1) Perty, Myst. Ersch. 738. Nork, Myth. Realw. I, 103. III, 125.

Talmud[1]) die Bibel mit der auf gleichem Grunde beruhenden An=
gabe: der Gesetzgeber habe die Kinder Israel, welche der Pharao
zum Blutbade auserkoren, Gott aber wunderbar unter der Erde ge=
borgen, als sie herangewachsen, mit seinem Zauberstabe herausgeführt.
Selbst Paulus nimmt I. Kor. 10 darauf Bezug, wie sie geistig ge=
speist und getränkt worden seien. Auch die Frauen und Kinder gingen
mit Wittekinds geschlagenem Sachsenheer in den Berg ein, wie die
israelitische Jugend auf diese Weise der Verfolgung entrinnen. Unser
Abendland bewegt sich somit im Kreise der apokalyptischen Vorstel=
lungen, worin auch die Wunder Mosis spielen.

Die reichen Freiherrn von Güttingen besaßen drei Burgen,
ihr sog. Schloß, die Oberburg und Moosburg. In der theuren
Zeit füllten sie ihre Speicher im Thurgau und lebten in Saus und
Braus, lockten aber das Volk, welches um Brod schrie, in eine
Scheune und steckten diese in Brand. Auf ihren Weheruf um Er=
barmen schrie einer der Freiherrn: „Hört wie die Mäuse pfeifen!"
Bald suchten zahllose Mäuse die Herrensitze heim, bis diese in die
Wasserburg flohen, doch auch dahin verfolgt, wurden sie bei lebendigem
Leibe aufgefressen. Von der im Bodensee versunkenen Burg sah man
bei hellem Wetter noch lange Trümmer im Grunde. (Herzog I, 158.)

Im Dorfe Drancy les Nouis bei Paris wimmelte es 1240 von
Ratten und Mäusen, bis man mit einem Kapuziner, Angionini,
den Vertrag schloß, sie zu vertreiben. Er warf seinen Mantel in
den Fluß, sprang hinein und das Rudel ihm nach, bis sie alle ersoffen.
Da man nicht Wort hielt, holte er sein Horn und auf sein Blasen
sammelten sich alle Kühe, Schweine, Hammel, Pferde, Ziegen, Gänse
und Enten, und zogen ihm nach aus dem Lande, Niemand weiß
wohin. (Henne 91.) In den Kloaken der alten Lutetia selbst be=
fand sich nach Gregor von Tours h. Fr. VIII, 33 vor Zeiten eine
Ratte und Schlange von Erz, welche diese Bestien ferne hielt, wie
der eherne Serpent, welchen Moses in der Wüste aufrichtete. Seitdem
die Araber diese entfernten, wimmelt es hier von Ratten. Auch
Irland kennt die Sage. In Neustadt Eberswalde gibt es keine
Ratten: ein Unbekannter erbot sich dem Rathe, alles Ungeziefer

1) Sota fol. 11, 2. Jahrb. d. Gesch. d. Juden III, 60.

20*

wegzuschaffen, und haufenweise drängten sie sich zur Mühle, wo
er ein Zaubermittel versteckt hatte, und nach dem Fluße Finow.
Er bekam nach Jahr und Tag acht Thaler; nach anderer Urkunde
büßte die Stadt die Weigerung des Entgeltes mit dem Verluste
ihrer Kinder. (Bechst. D. S. 302.) In Brandenburg spielt ein
Leyermann auf seinem Kasten und lockt die Kinder vor's Thor in den
Marienberg. (Kuhn N. S. 479.) Der Rattenfänger spielt auch auf
Ummanz, die kleine pommersche Insel südlich heißt davon Rattenort.
(Jahn 451.) Bei Salanten in Litthauen gab es soviel Prussokas,
welche die Deutschen Schwaben heißen, und Ratten, daß der Müller
sich nicht davor zu retten wußte. Da kam ein Spielmann und
führte das Ungeziefer nach einer Insel, wo sie in einer Oeffnung
sich verloren. Als aber der Müller den Lohn verweigerte, zog er
auch dessen Frau und Kinder nach sich. (Verkenstedt II, 225 f.)
Gleiche Bewandtniß hat es mit den Heuschrecken. Nach böhmischem
Volksglauben kräht ein verschnittener weißer Hahn alle Mäuse aus
dem Hause. Am Nikolaustag kann man mit Anschreiben gewisser
Zeichen an der Thüre Mäuse und Ratten vertreiben. In Oberösterreich trug sich ein „Halter" an und blies auf dem Marktplatz
in sein Horn, da krochen sie aus allen Löchern. So zog er das
Ungeziefer hinter sich zum nächsten Teiche und schritt hinein; da er
aufhörte, ertranken sie.[1] Es ist der Todtengott der die Seelen holt;
diese laufen als Mäuslein aus dem Munde des Schlafenden, und
der Rattenfänger hat Bezug auf die Pest.

122. Der Mausthurm und Mäusefraß.

Die Apianische Karte verzeichnet den Wörthsee zwischen Inning
und Seefeld noch unter dem Namen Maussee. Von seiner Insel
geht die Sage: Ein Graf von Seefeld aus dem Geschlechte der
Törring, der steinreich, aber ein Geizhals war, ließ einmal in der
Zeit einer großen Hungersnoth die armen Leute, die nach Brod
schrieen, in eine leere Scheune zusammensperren, und diese darauf
anzünden. Als der Stadel hellauf brannte, und die Leute in den

1) Orts- und Familiennamen nebst Sprachproben im Deutschen Alpen-
verein VI, 243 f ; VII, 163 f.

Flammen jämmerlich winselten, schrie er noch lachend auf: „Hört
ihr, wie die Mäuse pfeifen!" Bald aber erreichte ihn die Strafe
Gottes: es kamen mit einmal so viele Mäuse und Ratten in Vor=
schein, daß er in seinem Bette nicht mehr sicher war. Aß er, so
stiegen sie ihm, wie die Frösche dem Pharao auf den Tisch, schlief er,
so liefen sie über sein Lager, so daß er bis in den obersten Saal im
Schlosse flüchten mußte, und auch da es nicht mehr aushielt. In
der Noth baute er auf das Wörth im See einen Thurm, und suchte
dort Schutz; aber die Mäuse verfolgten ihn zu Tausenden auch dahin
und fraßen ihn völlig auf, wiewohl er sein Bett an eisernen Ketten
aufhängen ließ. Nach andern jedoch rief er zu Gott um Hilfe, und
gelobte Stiftungen für die Armen zu machen, darauf verschwanden
Mäuse und Ratten und es war wieder wohnlich in Seefeld. Die
Herrschaft im Schlosse hört von dieser Geschichte nicht gerne. Indeß
ist auf der Insel im Maussee noch ein Thurmrondell gebaut, unter
dem Gewölbe hängt an vier Ketten eine Bettstatt, rings an der
Wand ist der Vorgang mit den Mäusen gemalt. In der Schatz=
kapelle der benachbarten Kirche zu Andechs aber sah man abgebildet,
wie die Maus hinter dem Altare hervor einen Zettel bringt, der zur
Entdeckung der in den Hunnenkriegen vergrabenen Reliquien führt.

Auch zu Hohenaschau spielt die Sage, man verlegt den Mäuse=
thurm etwas ungewiß nach dem Bärensee. Es ist der Bannrichter
Scherr, der von Geiz geplagt dreißig Metzen Geldes ansammeln
wollte, und die Unterthanen fürchterlich schund, aber die Strafe des
Himmels blieb nicht aus. Nachdem er die hungernden Leute in eine
Scheune gesperrt, diese angezündet, und bei dem Geheul der unglück=
lichen Opfer gespottet hatte: „Hört ihr, wie die Mäuslein pfeifen?"
wurde er selber von den Mäusen gefressen. Die Sage findet ihren
Stützpunkt in einem Grabstein der benachbarten Kirche Höhenberg,
wo am Altar das Wappen der Scherr, mit einem Scherr, d. h.
Maulwurf, daneben aber ein Ritter mit eisernen Schuhen steht.

Bei Holzöster an der Bayerisch=Salzburgischen Grenze liegt der
Burghügel Butterstall mit einem kleinen See. Der Graf, ein
hartherziger Mann, ließ die Armen in's Burgverlies werfen, und
lachte bei ihrem Jammer: Hört ihr, wie meine Getreidemäuse schreien!
— bis sie verhungerten. Auf einmal füllte sich sein Schloß, selbst

Bett und Käften mit Mäufen, die Alles aufzehrten. Umfonft baute
er fich einen Thurm in den See, denn die Thierchen fchwammen
auf Hölzchen hinüber, und der Tyrann fand ein fürchterliches Ende.
beide Schlöffer aber fanken in den Grund. (Vernaleken A. 328.)

Die Sage vom Mäufethurm erhielt fich, wie hier beim bayerifchen
Stammvolke, in allen deutfchen Landen. An Entlehnung ift nicht
zu denken, lieber möchte man von angebornen Ideen reden, die
in derlei Mythen, wie die Sprachbilder allenthalben wiederkehren.
Auch bleiben die Berichte aus verfchiedenem Munde fich gleich, fo
die Thurgauifche Angabe vom graufamen Zwingherrn, der feine
Hörigen bei einer Hungersnoth in eine Scheune fperrt und verbrennt. (S. 207 Wolf Z. II, 405 f. III, 307. Kohlrufch 314.) Im
badifchen Oberlande wird eine Bäuerin, welche das Brod in einer
Truhe verfchließt, ftatt es den Armen zukommen zu laffen, nach dem
verdammenden Urtheil des Papftes von Schlangen und Kröten auf-
gefreffen. (Baader S. 51.) Die Sage vom Mäufethurm wiederholt fich auch bei der Moosburg am Bodenfee im Thurgau.

Trithemius meldet zuerft die Sage vom Mäufethurm bei
Bingen in Verbindung mit Erzbifchof Hatto von Mainz († 970).
Nach Thietmar von Merfeburg (Chron. VI, 30) erfährt 1012 ein
rebellifcher Ritter unweit Köln wegen Beraubung der Güter des
hl. Clemens von Mäufen dieß Schickfal. Vom Gaftmahle weg zu
Schiff geflüchtet, fieht er die kleinen Beftien auch dahin nachfchwimmen
und die Planken durchfreffen, daß es dem Untergange nahe ift und
wieder an den Strand gebracht werden muß, wo er im Magen der
Mäufe fein Grab findet. Im Chron. belgicum p. 117 flüchtet ein
Uebelthäter auf ein Schiff und wird auch dahin von den Nagethieren
verfolgt. Zu St. Gereon in Köln liegt ein Wucherer beftattet,
dem das den Armen vorenthaltene Almofen in lauter Kröten fich
verwandelte. Da ihm der Beichtvater auftrug, fich nackt in die Kifte
zu legen, ward er bis auf die Gebeine aufgezehrt. Seitdem kam aber
keine Kröte mehr über die Schwelle. Cäfarius, der II, c. 32. X, 68
diefes berichtet, lernte felbft einen gewiffen Dietrich, zugenannt der
Frofch, aus Carponia (Kerpen) in der Kölner Diözefe kennen, den eine
Kröte verfolgte, die, fo oft er fie auch todt machte oder verbrannte,
immer wieder auflebte und fich an feine Ferfen oder an fein Pferd

heftete, so daß er zuletzt in einem Schilde an der Decke sich auf=
hängen mußte: es war der leibhafte Teufel!

In Köln hat sich die Nachrede an Erzbischof Adolf 1112 ge=
hängt, in Straßburg an Bischof Wilderolf 999. Dieser ließ
St. Attala heimlich ausgraben, damit das Volk nicht in St. Stephan
opfere, und die Seelgeräthe vielmehr seinem Münster zu gute kämen.
Zur Strafe ward er von Mäusen und Ratten verfolgt, so daß
er zu Schiffe floh; aber sie schwammen ihm nach und bissen ihn
todt. (Stöber 381.) Dasselbe begegnet dem Bischof Gottfried von
Osnabrück um 1363. Selbst Kaiser Heinrich IV. wird in diese
Sage hereingezogen. Der junge Esquir Siscillus von Wales
wird vom Bette weg bis auf einen Baum verfolgt, dem man Zweige
und Blätter abgeschlagen, und von den Ratten bis auf die Knochen
zernagt.[1] Nach andern bilden zahllose Kröten die Plagegeister. In
Dänemark üben sie das Rächeramt für den Riesen Lae. Zur Strafe für
den Thronraub wird König Snio zu Lusaehog bei lebendigem Leibe
von Würmern und Läusen gefressen, wie Antiochus, Sulla, Herodes,
Philipp II. von Spanien, und ein Herr von Bartensleben, wegen ihrer
Grausamkeit. Der Lausbühel[2] bei Salzburg heißt so nach einem
Fürsten, der als leidenschaftlicher Jäger seine Grausamkeit an den
Wildschützen ausließ. Hieß er sie doch auf lebende Hirsche binden und
wie Pugatschew todtjagen, zuletzt aber einen gußeisernen Hirsch her=
stellen und den hohlen Körper heizen, daß der daraufgesetzte Wilderer
zu todt gebraten ward. Zur Strafe befiel ihn die Läusekrankheit,
umsonst brachten ihn die Leibärzte in das Blühnbachthal, das Unge=
ziefer fraß ihn auf. (Freisauff 646.) Als der Dänenkönig Knut
1086 auf Anstiften des öländischen Jarl Asbjörn in St. Albans
Kirche zu Odensee erstochen ward, brach eine Hungersnoth aus, Asbjörn
aber wurde auf der Rückkehr nach der Insel Oeland von Lemmingen
aufgezehrt.

Die böhmische Sage geht vom Mäuseschloß im Hirschberger=
teich. Dasselbe weiß man vom Goplosee in Posen und vom

---

1) Vgl. Gesta Rom. c. 58. Mannhardt, Z. f. D. M. III, 307 f.

2) Palästina kennt am Flusse Kison unfern vom Karmel den Floh=
hügel, Tell Bararid, einen künstlichen Erdaufwurf in der Ebene, wo
Bonaparte seine Truppen concentrirte. Näheres erfuhr ich nicht.

Mäusethurm bei Keuschwitz. In Gnesen gebot ein Fürst Popiel II.,
bei dem zwei Wanderer einsprachen: er aber wies sie mit Hohn zurück.
Piast, ein armer Bauer in der Vorstadt, nahm sie auf, der eben mit
seinem Weibe Repiza die Vermählung seines Sohnes Semo feierte.
Zum Danke verkünden sie diesem die königliche Herrschaft. Wirklich
stößt er Popiel den Brudermörder vom Throne, und sammt den
Seinen erliegt dieser der Mäusepein in einem hölzernen Thurme auf
einsamer Insel. In Marseille wird der reiche Leyto 1092 das
Opfer. Bei Schambach (Niederf. S. 124) wird ein Schneider von
Mäusen verspeist.

An das Mückenthürmchen bei Teplitz knüpft sich die Sage,
ein Leutebedrücker habe einem armen Weibe die letzte Kuh entführt,
da schickte diese kraft der Wünschelruthe ihm einen Mückenschwarm
auf den Hals, der ihn umbrachte. Ein anderer Frevler endet an
Insektenstichen auf dem hessischen Schlosse Spangenberg. Ebenso
unheimlich wirken Ameisenschwärme. (Laistner 237 f., Grohmann
78. 246.) Die ungarische Version wendet die Sage auf eine
Edelfrau an, welche ihre Stiefkinder halb verhungern ließ, indeß sie
praßte; doch die Mäuse fraßen ihr die Bißen vom Munde weg,
daher sie auf einen hohen Baum stieg. Umsonst! auch dahin folgen
ihr die Mäuse. (Wislocki in Pfeiffers Germ. XXXII, 432 f.) Die
Rumänen in Siebenbürgen erzählen von einem Könige, der in seine
eigene Tochter verliebt war und, da zur Strafe der Regen ausblieb,
dieselbe in's Wasser werfen ließ. Aber aus diesem kamen zahllose
Mäuse, verfolgten den Landesherrn im Schloß und in der Kirche
bis auf den Thurm, und fraßen ihn mit Haut und Haaren auf.

Siebenbürgische Zeltzigeuner wußten um die Sage in
folgender Faßung. Vor vielen tausend Jahren war ein König, der, um
sein Leben zu verlängern, mit dem Teufel einen Bund schloß. Dieser
begehrte für zehn fernere Jahre das Opfer seines Sohnes, und nach
Ablauf der Zeit immer einen weiteren geschlachtet bis zum siebenten.
Da ergrimmte Gott und ließ ein Jahr lang die Sonne nicht mehr
scheinen, Eis und Schnee deckte das Land, und Bäume, Gras und
Kräuter erfroren, die Mäuse liefen vom Felde in's goldene Königs=
haus. Dieser floh von Kammer zu Kammer bis auf einen hohen
Berg, aber auch dahin folgten sie ihm und zehrten ihn ganz auf,

daß nicht Haar noch Knochen mehr übrig blieben. Da schien die Sonne wieder, und das Volk fand Obst und Getreide, die Thiere frisches Futter. — Ein verwandtes Märchen lautet: Vor vielen hundert Jahren lebte ein König, der in seiner Grausamkeit die Armen zum Zeitvertreib durchsägen ließ. Da bat ihn einmal eine Frau um Brod; der Uebermüthige versetzte: Da muß ich erst das Mehl mahlen, und ließ sie zerschneiden. Das aber war eine gütige Urme, und die Fee hob sich in die Luft. Ein furchtbar heißer Sommer dörrte das Land aus, Gärten und Wiesen lieferten keine Nahrung mehr und die Leute verhungerten, während der Landesvater vom Ausland zu hunderten Wagenladungen mit Korn und Wein sich kommen ließ. Wieder erschien die alte Frau, und bat um Brod, der König ließ ihr aber wie das vorigemal das Mehl mahlen. Da hob sich ihr Körper in die Höhe und sie spukte auf die Erde, daß aus jedem Tröpflein tausend Mäuse wurden. Diese stürzten auf den Tyrannen los, umsonst flüchtete er sich auf das Hausdach: erst als er von den Nagethieren vollständig aufgezehrt war, folgte wieder ein fruchtbarer Sommer mit reicher Aernte, und das Volk wählte sich einen neuen guten Fürsten.

. Diese Sage erinnert an die Heimskringla I c. 29, wo König Dee mit sechzig Jahren dem Odin ein großes Opfer bereitet und seinen Sohn darbringt, um noch so lange zu leben. Nach Verfluß dieser Zeit opferte er jedes zehnte Jahr einen weiteren Sohn bis zum zehnten, da empörten sich die Schweden und er starb.

Wir können den grausamen Bericht bis zur ultima Thule verfolgen. Einem Geizhals schickt auf den Atreyjar ein Zauberkundiger zur Strafe Mäuse zu, bis sie all' sein Gut aufgezehrt und er in tiefster Armuth starb. Da rief der Besitzer der Insel einen anderen Zauberer, der einen Schafschlegel briet und damit alle Mäuse nach einer Grube lockte, die er auf Nimmeröffnen zuschüttete. Als aber ein späterer Eigenthümer hier den Grund zum Neubau legte, kamen sie wieder in Vorschein und sind seitdem eine Plage der gesegneten Insel geblieben.[1]

---

1) K. Maurer Isl. S. S. 95. Liebrecht in Wolf Zeitschr. II, 405. Gebhart 330.

Diese Parabel von der furchtbaren Heimsuchung zur Strafe für die Hartherzigkeit scheint der ganzen indogermanischen Welt eigen, also schon aus Asien von den Priestern mit auf den Weg genommen. Eine todstille „Mäuseburg," Achabara, traf ich oberhalb der Landschaft Genezareth zwischen dem einstigen Kapharnaum (Chan Minyeh) und Safed, ohne eine bezügliche Sage erkunden zu können. Bei Heraklit Pont. c. 29 verläßt Polemarch meineidig die Flotte der Korinther und wird Nachts zur Strafe von Wieseln (γαλᾶς) gefressen. (Herodot II, 141.) Dasselbe wiederholt sich nach Klaproth bei den Chinesen.

Es ist als ob der göttliche Sittenlehrer selber dieß abschreckende Gleichniß gebraucht, wenn er Luk. XII, 17 f. lehrt: „Hütet euch vor allem Geize. Das Feld eines reichen Mannes trug viele Früchte. Da sprach er: ich will meine Scheunen größer bauen und Vorrath auf viele Jahre sammeln. Gott aber sprach: Noch diese Nacht wird man deine Seele von dir fordern. Und ich sage euch: Gebet Almosen, sammelt einen Schatz, welchem kein Dieb beikommt und den keine Motte verzehrt." Hiezu stimmt Isaias XIV, 11 „Motten werden dein Bett und Würmer deine Decke sein. LXVI, 24. Sie werden schauen die Leichen derer, welche mich mißhandelt haben; ihr Wurm wird nicht sterben und ihr Feuer nicht erlöschen."

123. Der schwarze Tod und das weissagende Bergmännlein.

Beim schwarzen Tod in Graubündten suchte ein Bauer mit List das Gegenmittel einem Bergmännlein abzufragen, und füllte an ihrem Lieblingsplätzchen eine Höhlung in Stein mit Veltlinerwein. Der Kleine nippte und leckte, bis er betäubt war, die Finger hundertmal; endlich auf die Frage, was gut gegen die Pest? ließ er sich nur heraus: „Ich weiß es wohl, Eberwürz und Bibernell, aber das sag ich dir noch lange nicht. (Zecklin 27.) Auf Altenstein im Altmülgrund lebte einst ein häßliches, rothhaariges Ritterfräulein, das keiner begehrte. Ihm begegnet im Wald ein fremder Jäger und verspricht, sie schön und reich zu machen, wenn er sie nach drei Jahren erhalte: wenn sie seinen Namen erfahre, verzichte er auf diesen Dank. Vor Freude jubelt er: „Wie mich das Ding jetzt freut, daß d' Fräulein nit weiß, daß i Silfingerl heiß." Sie wird Frau eines andern, redet den Gnom

mit Namen an und er fährt mit Stank ab. Drei alte geisterhafte
Männer lassen 1688 den Christoph Platzebeer im heidnischen Keller
zu Salurn drei Fäßer vielhundertjährigen Weins kosten, bis er das
Geheimniß ausplaudert und der Schatz versinkt. (B. Zingerle.)

Bei Homer ist es der Meergreis Proteus, welcher die Gabe
der Weissagung besitzt, alle möglichen Gestalten annimmt, aber trunken
gemacht das Geheimniß verräth. Midas berauscht den Silen, um
ihn zur Offenbarung seiner Weisheit zu bewegen. (Sagensch. 464.)
So täuscht Salomo den Dschin Sachr, und Numa den Pikus
und Faunus. Numa wollte wissen, wie die vom Blitz getroffene
Stelle zu nennen sei? Da verbarg er zwölf Jünglinge an der Quelle,
wo Pikus mit seinem Sohne Faunus zu ruhen pflegte, jeden mit
einer Fessel, und stellte große Becher mit Wein und Meth neben
das Wasser. Beide berauschten sich und verriethen gefangen das
Geheimniß, den Jupiter Elicius herabzuziehen und zu sühnen: sie
glichen aber den Panen und Satyren. Merlin der Zauberer wird
vom Seneschal des Kaisers ausgeholt. Merkwürdig ist das Ver-
lauten auch dieser klassischen Sage unter dem Volke der Nordwelt,
das sie ja nicht aus Büchern schöpfte, indem die Salvadsch oder
Waldfänken in den Alpen trunken gemacht, gefesselt und zu Rath-
schlägen genöthigt werden. Man möchte fragen, welcher Bericht älter
sei, der von Odysseus, welcher von Eberszahn verwundet eine Narbe
trägt, woran ihn die Magd beim Fußbade erkennt, oder unserer von
Odin, welcher auf der Jagd von den Hauern des Thieres die Wunde
davonträgt? Wie der heulende Polyphern in der Odyssee nach seiner
Blendung den Namen des Unthäters Οὖτις, „Keiner,“ nachspricht
und darauf die zu Hilfe eilenden Genossen wieder umkehren, so nennt
der Graubündter[1]) sich der Dialin: „Ich selbst,“ um seinen Namen
nicht zu verrathen. Da er sie nun mit der Heugabel sticht, ruft sie:
„Ich selbst“ hat es gethan! worauf die herbeigelaufenen Fanggen antworten: was man sich selbst thut, muß man selbst tragen.

---

1) Jecklin 32. Laistner bringt in seiner Sphinx eine Reihe Parallelen bei.

124. Die Peſt und das Augurium.

Ein Nürnberger Doktor Kraft von Oelhafen beſtimmte
die Pflanzen, die Niemand kannte: Tormentilla und Pimpinella. Zum
Dank wies man ihm Ländereien an und er nahm eine Aarauerin
und gewann Bürgerrecht. Ein weißer Rabe im Voigtland und
Erzgebirge ruft (Gräße S. S. Nr. 559):

Freßt nur recht Rapundica,
Süßen kimmt kä Menſch derva.

Im Lechram (Leopr. 101) meldet der Vogel den Viehſchelm an:

Ihr Leut, ihr Leut, brockt's Bibernell,
Der Schelm, das Kunter, (monstrum) fährt gar ſchnell.

„Bibernell iſt gut fär äll'!
Eſſet Bibernelle
So ſterbet nit älle"

lautet der Vogelgeſang zu Owen und Kiebingen in Oberſchwaben.
In der Peſtzeit mußten die Leute ſich todtnieſen, wenn man
aber ſagte: „Helf Gott!" kamen ſie davon. Bei der Waldarichs=
kapelle wandert der Grundſtein. (Meier 248. 294. Baader 256.)
Himmelskron iſt eine Feldkapelle gleich außer Waging zum Andenken,
daß auf die Fürbitte der Muttergottes die Peſt da ſtille ſtand und
den Ort nicht erreichte, indem der letzte Peſtkranke daſelbſt verſchied.

Die von Breslau brauchten in der Peſt 1542 auf den Traum
eines Stadtbürgers eine Wurzel Bibernell, ſo auf den Wieſen wächſt.
(Göbſche 36.) Bei der Peſt in Ruhla im 30 jährigen Kriege rief
eine Stimme:

Grab Bibernellen,
Iſt gut für Jungeſellen.   (Richter II, 54.)

Im Schwedenkriege, wo man gegen den fürchterlich graſ=
ſirenden Tod ohne alle Mittel war, gruben die Leute friſche Brunnen
im Glauben an Brunnenvergiftung, ſelbſt das Feuer hielt man nicht
mehr für rein und gewann Notfeuer, alſo Urfeuer, durch Reiben
zweier Hölzer, ſo in Eſchau und Sommerau; zuletzt brauchte man
Bibernell und zwar auf den plötzlichen Weiſſageruf eines durchfliegenden
Vogels. (Herrlein 216.) In Pommern rief eine Taube vom
Himmel:

Iſt die Krankheit noch ſo ſchnell,
So braucht geſchwind nur Bibernell.   (Köhler 497.)

Vögel lassen nicht bloß die kommende Wirkung voraus erkennen, sondern bieten auch sonst Vorzeichen, eine Erinnerung an die alten Augurien. So oft die Mutter eine Elster hörte, begann sie gegen den lästerlichen Unglücksboten zurückzuschmähen. Bei einem ent= setzlichen Schiffsuntergang in den nordamerikanischen Gewässern waren es Vögel, welche die Rettungsboote durch Hin= und Wiederfliegen auf die Spur der noch auf Balken Herumschwimmenden führten. Mabillon gewahrte auf seiner Reise in Bayern 1683 an Galgen häufig das Bild einer mit dem Messer abgeschnittenen Hand, als Strafe für jene Pechvögel, welche zur Pestzeit den Ort der Herreise falsch angaben.

Die Pest wird durch Einschlagen eines Nagels gestillt. (Liv. VII, 3.) Zugleich meldet der römische Geschichtsschreiber VIII, 18, in einem Hexenprozesse seien über 170 vornehme Frauen verurtheilt worden, weil sie ihre Männer vergiftet hätten, durch wahnsinnige Mittel, weßhalb wieder ein Dictator clavi figendi causa ernannt wurde. So wird auch die Viehseuche im Stall verpflockt. Dabei kömmt der Pesthund in Betracht.

Bei der Pest 1634 lief ein Hündlein durch den Markt Tölz herein und wo es sich in die Häuser schlich, starb die Familie weg. So theilt der 90jährige Pföderl zum Rechenmacher im Gries vor 40 Jahren mir mit. Beim Pudelbräu ist gleich ein Biergast todt vom Tisch gesunken. Da verlobten die Tölzer den Altar zum hl. Sebastian in der Pfarrkirche, und wollten einen Bittgang zum hl. Michael nach Gaißach machen, wurden aber vor dem Dorf mit Mistgabeln und Dreschflegeln empfangen, auf daß sie ihnen die böse Krankheit nicht einschleppten. Umsonst! Der Pesthund kehrte auch oben zu, und nach späterer Volkssage starben alle Häuser aus. In jener Zeit ist auch ein feuriger über den Markt hingeflogen; die Leute haben aber nicht gewußt, was er bedeute, ob einen „großen Sterb" oder Hungersnoth und Theuerung? Als nun der Sterb regierte und die Ueberlebenden keine Hilfe mehr wußten, flog ein Vogel über den Markt und schrie deutlich: „Brockt's Pimpernel! oder: kocht's Bibernell!" Das that man und sofort ging die Gefahr vorüber.

In Bündten wird ein Knäuel Fäden in ein Haus geworfen,

und daraus entwickelt sich die Pest, oder es kömmt eine Wolkenkappe zum Fenster herein. Man vertreibt sie durch Wallfahrten. In Brigels ist eine Pestkapelle mit dem Bilde: Gott Vater, St. Rochus und Maria, anderseits ein Todtentanz, wo der Tod sein Opfer aus dem Bette holt. Vielverbreitet ist auch das Gemälde, wie Gott Vater gleich Apollo den Pestpfeil abschießt. Zur Pestzeit rufen die Holzweiblein:

> Eßt Binellen und Baldrian,
> So geht euch die Pest nicht an.   (Mannh. B. 81.)

Anderwärts ertheilt die weiße Frau den Rath.

In Zirl erzählt man: Zur Zeit einer grausamen Krankheit war das Innthal fast ganz ausgestorben und nur zwei Familien noch übrig. Die beteten andächtig um Hilfe: da ruft in der Nacht eine gewaltige Stimm' aus dem nächsten Hügel, daß man Wort für Wort verstanden hat:

> Kranawitten und Bimbernell,
> So eilt der Tod nit so schnell!

Nun räucherten sie mit Kronwidbeeren, nahmen Bimbernell gegen Ansteckung in den Mund, thaten davon in ihre Speisen oder kochten davon einen Thee, und keines starb mehr. (Alpbg. 346.) Während einer Pest riefen die kleinen wilden Männer vom Pilatusberg in der Schweiz mit furchtbarer Stimme: „Eßt schwarze Astrenzen, (Oster-Enzen, gentiana) und Bibernellen, so sterbt ihr nicht alle." (Lütolf 127. 487.) Da einmal in Oesterreich die Pest herrschte, kam auf die uralte riesige Linde vor der Kirche zu Weichstetten (nahe der Wallfahrt Ruppishofen) ein Vöglein geflogen und sang:

> Iß Bitterklee und Enzian,
> So kimmst davon, so kimmst davon.

Als 1348 der schwarze Tod zu Basel regierte, starben die Leute aus allen Häusern bis auf zwölf alte Männer. Diesen sang ein Vöglein vom Himmel von Heilkräutern vor. Sie stifteten dafür die noch bestehende Todtenbruderschaft, und an dem Tage müssen alle 12 Rathsherrn in die Kirche gehen. (Rochh. A. S. II, 385. 390.) Den Abdeckern, weil sie damals Todtengräberdienste verrichteten, ist noch heute jede Leiche tributpflichtig.

Die von Aarau hören 1565 die Stimme vom Himmel:

> Grabt Dornendip und Bibernell,
> So sterben die Leute nicht so schnell.

Als im Kirchgang Schwyz einmal 99 Jungfrauen mit einander
verstarben und in das gleiche Grab versenkt wurden, rief eine Stimme
aus der Luft: „Eßt Strenzen und Bibernellen, daß ihr nicht alle
umkommt!" Oftränzen und Bimpinell dienen gegen die Pest im
Grindlwald (Herzog I, 44) und im Winter 1612 hörte die Plage
auf. In Seveben hört man bei großem Sterben aus den Lüften:

> Effent Knoblauch und Bibernelle
> So sterbent ihr nit so schnelle.   (Henne 158. 269)

125. Sankt Ulrich der Mauspatron.

In der Augsburger Diözese hat der hl. Ulrich die Mäuse und
Ratten gebannt, während sie über der Grenze hausen, daher wird
der Ulrichstag vom Volke besonders hoch gehalten. An seinem Stabe
laufen Mäuse und Ratten hinauf, und selbst Erde von seinem Grabe
vertreibt diese schädlichen Thiere, so predigten die Kapuziner. Die
Benediktiner von St. Ulrich handelten sogar mit Rattenpulver,
nämlich Erde von seinem Grabe. Bis 1538 gab es deren soviel in
Möskirch, daß sie mehrmals argen Feldschaden brachten, bis Herr
Gottf. Wernher St. Ulrichs Ertrichs etlichemal von Augsburg bringen
lassen. Umsonst! da ging auf Christnacht ein Zauberer durch alle
Gassen und Gäßlein, ließ um 12 Uhr Schrecken läuten und verbrannten alle Ratten außer der Brücke. Der hl. Bischof sagte dem
Städtlein Veringen zu, daß keine Ratte dort bleiben kann, wenn
auch manchmal eine von ungefähr hinkömmt.

In Grusien liest man Messen gegen die Heuschrecken, und
schickt dann zur Quelle des hl. Jakob am Ararat um Wasser, um
damit die Vögel Tarbi anzulocken, welche den Heuschrecken den Rest
geben. In Tiflis und Gori besprengt man mit dem Wasser die
Felder und die Vögel kommen in einigen Sekunden. Auch in Altbayern läßt gelegentlich der Bauer eine Messe gegen die Engerlinge
lesen, statt für Einsammlung der Maikäfer in der Brütezeit sich's
kosten zu lassen. Die durch Bischof Enicho von Freising 1285 von
Inichen nach der Gottschee in Krain verpflanzten Zarzer schicken noch

jährlich das „Käfergeld" an die Mutterkirche im Pusterthal zu einer Messe, damit die Felder von Insektenfraß frei bleiben. Die Kirche zu Lausanne ließ den Würmern und Engerlingen förmlich den Prozeß machen und bestellte ihnen einen Vertheidiger, worauf sie durch rechtskräftiges Urtheil verbannt und ausgewiesen wurden.

Ulrich ist auch wider die Fliegen gut anzurufen, aber in seinen zauberhaften Wunderleistungen von anderen Heiligen längst überholt. Kräuter in St. Afrathurm in Augsburg gelegt, schützen vor allem Ungeziefer. (Birl. A. Sch. 294. 410.) Am Niklastag schreibt man den Namen des Heiligen an die Thüre, um die Mäuse zu vertreiben. (Reinsberg, Festkalender S. 540.) Columban verbannt Ratten, Mäuse und Erdwürmer aus dem Fauat in Irland unter einen Felsblock; seit man diesen bei einer Straßenanlage in neuerer Zeit entfernte, stellten sich die Plagegeister wieder ein. Aber früher hatte schon St. Patrick ganz Irland für immer von Schlangen und Kröten befreit.

Am meisten Credit hat der hl. Ulrich behalten. Das Stift brachte nämlich noch im XIII. Jahrhundert Erde vom Grab dieses ersten durch Rom zum Heiligen erhobenen als Universalmittel gegen Mäuse und Ratten in Kauf und Umlauf. In den zum Augsburger Sprengel gehörigen Häusern der Pfarrei St. Georg in Hugelfing wurden nach Gailer Vindel. s. keine Ratten gesehen, wohl aber in U. L. Frau, die zur Freisinger Diözese gehörte.

St. Ulrich ist von Augsburg bis Mindelheim Mauspatron, und als sein Fest abgewürdigt ward, herrschte zwei bis drei Jahr ein Mäusefraß, wie man ihn seit lange nicht mehr wußte, daher man die Feier erneuerte: dieß gilt für Thatsache. Am Tage dieses Heiligen Heu einzuführen, gilt für einen Frevel. Es ist erwiesen, daß der durch die Einkehr der sieben Schwaben berühmte Bräuwastel in Weilheim keine Ratte im Hause hat, seitdem sie den Feiertag für alle Zukunft verlobten. Dagegen hat der Ertlmüller bei Raisting das Fest zur Heuärnte benützt und seither mit Ratten und Mäusen die liebe Not. So erzählte er mir im Vertrauen, will es aber nicht mehr thun.

126. Beelzebub im Abenblanbe. Die Fliege und das Schlachthaus.

Wenn auf den Almen eine Viehseuche ausbricht, wie dieß im Ysarwinkel besonders im Sommer 1853 wieder der Fall war, wo der gelbe Schelm regierte, stellt sich regelmäßig eine sonst unbekannte große Bremse ein, die das Pestgift wo nicht mit sich bringt, doch von einem Thiere zum andern trägt, so daß am Ende die ganze Heerde unrettbar der Seuche erliegt und selbst Menschen an dem Gifte sterben. So soll auch die Cholera 1854 eine böse Fliege zum Vorboten gehabt haben. In der Oberpfalz sendet die Pest Leichen= fliegen aus. (Laistner N. 264.) Vier der kleinen Tsetseliegen in Afrika sind im Stande mit ihren giftigen Stichen einen Ochsen zu tödten, und die sagenhaft aus der Verwesung des von St. Georg erschlagenen Drachen stammenden Columbaczer Fliegen bringen mit ihrem Stachel Rinder und Rosse um. Daran erinnert die Bremse, welche die Kuh Jo auf dem Wege von Argos rasend macht und durch Phönizien bis Aegypten treibt. Als König Sapor vor Nisibis lag und mit aller Macht anstürmte, schickte Jakob der Große von der Stadt aus ein unzähliges Heer von Fliegen und Mücken den feindlichen Reitern entgegen und zwang sie zu weichen.

Nach Zoroasters Lehre hat Ahriman, der böse Feind, alles Ungeziefer und Geschmeiß geschaffen, und dadurch die ursprünglich reine Welt verdorben, er selbst durchstreift die Erde als Fliege.[1] Der böse Loki stellt im Mythus der Skalda in Gestalt einer Fluga, der Urheberin alles Lebens, Freya, nach, und bringt mitunter durchs Schlüsselloch. (Snorri 131. 356.) Bei Warnefried VI, 6 setzt sich der Teufel als Fliege an's Fenster und so wird ihm ein Bein ab= gehauen. Dämonen werden in's Glas gebannt oder fahren da aus, und Zauberer, wie der Lauterfresser, verwandeln sich in solche. Eigen= thümlich taucht in allen Hexenprozessen der Teufel als Fliege auf.

Führen wir nicht auch wider den Coloradokäfer und die Reblaus den Kampf auf Leben und Tod, was Wunder, wenn das Alterthum die Fliegenpest mit allen Mitteln der Religion und Magie bekämpfte! Beelzebub zu Accaron ist der Fliegengott, welcher die Pestfliege sendet

---

1) Zenbavesta III, 66. Sepp, Leben Jesu 2. Aufl. VI, Kap. 47.

und auch abwendet. Ebenso wurde Zeus zu Elis als ἀπομυιος
oder Fliegenabwehrer verehrt. Nicht minder führte Herakles diesen
Titel, angeblich weil man in seinem Kulte die Fliegen fortjagte, oder
vielmehr, weil er einst dem Zeus zu Elis ein Rind opferte und
dabei die Fliegen über den Alpheus vertrieb. Athen flehte zum Zeus
μυιόδης, dem Mückenjäger; Apollo aber hieß der Parnopische und
Sminthische, weil er nach Pausanias von Kreta παρνόπας καὶ
σμίνθους, nach kretischem Worte die Schnacken und Mäuse verbannt
hatte. Die Athener nannten Apollo ἀλεξίκακός, den Abwehrer alles
Uebels, weil er nach einem Orakelspruch von Delphi sie im pelopo-
nesischen Kriege von der Pest befreite. (Pauf. I, 3.) Auch meldet
Plinius X, 41. XXI, 46, in Rom kämen im Heraklestempel auf
dem Rindermarkte (forum boarium) weder Fliegen noch Hunde
vor. Albertus Magnus soll in Hildesheim durch seine Zauber-
kunst alle Fliegen aus dem Dominikanerkloster getrieben haben.

Jerusalem behauptete als ein göttliches Vorrecht, daß ungeachtet der zahllosen Opfer, zumal der Tempel eigentlich das Fleisch-
haus der Nation, und wer abseits der Stiftshütte schlachtete, sogar
todeswürdig war (Levit. XVII, 3) — das Fleisch nicht in Fäulniß
überging, noch eine Fliege sich zeigte. (Pirke Aboth c. 5, 5.) Nie
wehte der Wind die Rauchsäule des Altars auseinander, auch
schadeten Schlangen und Skorpionen den Einwohnern nicht. Der
Muslem bleibt mit der Legende nicht zurück, daß keine Schwalbe in
die berühmte Ommayadenmoschee in Damaskus fliege, auch keine
Spinne darin ihr Netz webe. (Kremer, Mittelsyrien 31.) Die Stadt
besitzt einen Talisman gegen alles Ungeziefer. Nur ist der Glaube
an den kananäischen Fliegenbaal auf Jehova übergegangen. Diese
Tempelsage geht eigentlich durch die halbe Welt, so vom Berge
Karmel, wo das berühmte Orakel des Zeus bestand. Ebenso wehrte
die Gottheit am Berge Casius, zu Olympia, Aliphera in
Arkadien und Aktium, wo im Apolloheiligthum jährlich eine
Fliegenandacht stattfand (Aelian X, 23), Schnacken und Heuschrecken
ab. Zum Zeus Casios bei Apamea betete man um Abwehr der
Heuschrecken, worauf die seleucidischen Vögel kamen. Bei der furchtbaren Heuschreckenplage Anfangs Juni 1866, wo die Schwärme
nach der Volksschilderung erschienen, wie Offb. IX, 7 f. zogen die

Muslimen mit Derwischen an der Spitze in Prozession um die heilige
Stadt. St. Stephan, Benedikt, Gregor und Benedikt von Osna=
brück haben Gewalt über die Heuschrecken. So hält sich Glaube
und Brauch von Land zu Land, nur die Wunderthäter lösen einander
ab. Die Jesuiten leugneten zwar die Wunder St. Cajetans und
lehrten, die Pest könne nur von Sebastian oder Franz Xaver geheilt
werden — wir schlichten den Streit nicht.

Zu Capua stellt der Zauberer Virgil eine Fliege von Erz
auf, und die Stadt blieb von diesem Geschmeiß verschont. Gervas
ot. imp. III, 12 erfuhr, Virgil habe in Neapel einen magischen
Bissen Fleisch an die Wand geheftet, und kein Fleisch am Fleischmarkt,
wenn auch noch so alt, ging in Fäulniß über oder verbreitete einen
bösen Geruch. Konrad von Hildesheim läßt die, ähnlich der ehernen
Schlange wirksame, goldene Fliege am (eisernen) Thore von Neapel
aufgestellt sein, die allen Fleischfliegen im Umkreis der Stadt den
Zutritt wehrt, wie die Sage auch im Sängerkrieg auf der Wartburg
vorkömmt, und alles Gewürm war unter eine Bildsäule gebannt.
Virgil baut in Neapel die Metzig, worin es ohne Blutgeruch abgeht,
er heißt darum Thaumaturga, der Wunderthäter.

Die Mönche von Sinaikloster waren von Fliegen und Flöhen
zur Auswanderung genöthigt, als sie bei der Marienkapelle die
Erscheinung der Madonna zurückrief und von der Plage befreite.
(Ebers, Durch Gosen zum Sinai 311.) Nach Fabri waren es
Schlangen, Nattern und Kröten, früher nach Ludolf von Suthem
Wespen, Flöhe und Mücken, welche die Mönche vertrieben. Jetzt
ist das Kloster ganz davon frei. Die Kapelle ist zum Gedächtniß an
das Umkommen des Ungeziefers erbaut. Auf dem Berge Karina in
Kreta war eine Stätte niemals von Fliegen besucht. Was Plinius
21. 14. 30. 10 weiter schreibt, ist auch deutscher Brauch: wo man
zuerst einen Kukuk hörte, sticht man die rechte Fußspur aus dem
Wasen und streut die Erde übers Feld — soweit sind dann die Erd=
flöhe für dieses Jahr vertilgt. (Mannh. Z. f. D. M. III, 274.)
In Hims, dem alten Emesa, sprechen die arabischen Schriftsteller
von einer wundervollen Erzstatue, die sie Idol nennen; sie besitze
einen Talisman, die Stadt von Skorpionen und anderen giftigen
Thieren zu befreien. Edrisi schreibt von einer Reiterstatue aus Bronce,

die unter einer Kuppel stehe, und sich nach dem Winde drehe, an den
Mauerwänden sei das Bild eines Skorpions in Stein ausgehauen;
ein Thonabdruck dieser Skulptur auf den Skorpionstich gelegt, bringe
Heilung, keines dieser Thiere könne über die Grenze der Stadtthore
ohne todt umzufallen. Schon der Staub von Hims tödtete alles
giftige Gethier, und ein im Orontes gewaschenes Hemd schützt vor
Schlangen und Skorpionen. Edrisi den Bielgereisten, meint wahr=
scheinlich der arabische Autor, wenn er durch den Philosophen Belinas
mittels Talismans alle Skorpionen aus der Stadt Karkan in der
Bocharei verbrennen läßt. Hiskias zerstört den Seraph Mosis II K. 18,4.

Das Schlachthaus in Augsburg ist das allerschönste im ganzen
Bayerlande, darin konnte man früher keine Fliege finden, und auch
jetzt ist es wunderselten der Fall, denn der hl. Ulrich hat sie wegge=
segnet. Nicht minder ist Kufstein in solcher Weise durch seinen
Heiligen begnadigt. In Nürnberg ist es der hl. Sebald, welcher
durch seine Bitte bewirkte, daß in der Fleischbank sich keine Fliege
aufhält, sie ist auch immer kühl und luftig. „Ein Wahrzeichen
von Straßburg soll sein, daß in unser Metzig keine Mücke oder
Fliege angetroffen werden, wie denn auch nach den jüdischen Schrift=
stellern im Salomonischen Tempel und dem des Herkules, keine ge=
wesen sein sollen."[1]

127. St. Magnus, Schutzpatron wider alles Ungeziefer.

St. Magnus galt von jeher für den Bertreiber alles Ungeziefers,
sein Stab wurde nicht bloß in Oberbayern und Schwaben gebraucht,
um die Engerlinge oder Ackermaden von den Feldern zu bannen, sondern
1521 auf Begehren des Ortes Uri ward sogar der Arm des
Heiligen von St. Gallen durch drei Boten abgeholt. Noch 1732,
als zu Sursee in der Schweiz eine unerhörte Menge Würmer und
Engeriche um sich griff, begehrten die Obern aus dem Kloster Füßen
den Stab des hl. Magnus. Ein Pater brachte ihn in's Land und
ward in Sursee mit Geläut und Jubel empfangen. Tags darauf
bei der Prozession über die Felder wurden damit Benedictionen und

---

[1] Stöber, Elf. Sage 427. Pfeiffer, Germ. IV, 260. Schönwerth III, 16 f.
Ritter, Erdk. XVII, 1009 f. 1371.

Exorcismen vorgenommen. (Attenhofer, Surſee S. 94.) Der 53. Abt
Dominikus Dürling bezog den Stab des hl. Mang von Füßen nach
Stams in Thyrol, um die Weinberge gegen Ungeziefer zu ſegnen,
das den Reben ſchadete. (Thyroler Bote 1832. S. 144.) Chriſtus
ſelbſt hat nach Thyrolerglauben dem Umgang gegen den Abfraß der
Felder beigewohnt. (Zingerle Nr. 1255.) Ebenſo wurde 1756 der
Wunderſtab nach Lana gebracht und feierlich einbegleitet, der Tag
zum Feſttag. An drei Stellen weihte der Pfarrer Waſſer und Erde,
an fünf Stationen wurden die Felder geſegnet. Am Gagershofe
wurde er den letzten Sommer aufbewahrt, und während anderwärts
oft die Traubenkrankheit herrſcht, gedeiht da der beſte weiße Wein.
(Menghin 93.)

Um Böbingen und Schönberg hatten ſie vor kurzem um
1850 ſo viel Ackermaden, daß es erſchrecklich war; da gingen ſie mit
dem Kreuz nach Füßen, hielten dort ein feierliches Bittamt um Ab=
wendung des Uebels, und wurden richtig erlöſt. Als ſie wieder die
Felder umpflügten, fanden ſie die Ackermänner haufenweiſe todt, ſo
daß der Boden ganz weiß damit bedeckt war.

Zur Kloſterzeit kam Niemanden ein Bedenken, ja es galt für
Frevel an der Kraft des Wunderſtabes zu zweifeln, gab doch der
Moſisſtab das Vorbild. Als in Benediktbeuern einmal das Un=
geziefer der Raupen auf den Feldern ſo ſtark überhand nahm, daß
ſich die Leute nicht mehr zu helfen wußten, verſchrieb das Kloſter den
St. Magnusſtab, welcher noch in der Stiftskirche zu Füßen in einer
eigenen Kapelle ausgeſetzt iſt, aber nicht mehr gebraucht wird. Damit
hielt der Prälat feierlichen Umzug um die Flur, ſegnete das Erd=
reich, und die Mäuſe verloren ſich ſchnell. Nicht minder ſchrieb Abt
Quirin von Tegernſee im Dezember 1702: „Es hat mir bereits
vor einigen Jahren der Herr Prälat zu Füßen den Gefallen gethan
und wegen Abtreibung der ſchädlichen Käfer von Treidt= und Malz=
käſten den ſehr berühmten Stab St. Magni durch ſeinen P. Prior
eigens hieher bringen und den Exorcismus machen laſſen, mit ſo
wunderbarem Erfolg, daß ſogleich die Käfer den Ort verlaſſen
und in großer Menge abgewichen, was einige Jahre nachgewirkt."
Nun aber dergleichen Ungeziefer ſich wieder merken laſſen, wiederholt
er das Geſuch, und erhält Zuſage mit der Bitte, für jenes Kloſter

vom Kurfürsten Salvaquardia auszuwirken." (Da Max Emanuel mit Oesterreich im Kriege lag.)[1]

Otto von Bamberg vertrieb die bösen Geister in Pommern, und den Mückenschwarm aus dem Tempel von Gützkow. In Altpreußen wird der katholische Geistliche als mächtig des Bannes angerufen, so einer, erklärte das Landvolk in Westpreußen 1757, habe die Felder von Heuschrecken befreit und diese alle in die benachbarten Seen getrieben. (Wuttke.) Mein Landsmann und Vorgänger Euf. Amort, der auf seinem Grabstein in Polling omnis superstitionis debellator invictus heißt, warnt vor Büchern, die nur mehr Aberglauben verbreiten, und erhält unter Papst Benedikt XIV. von Rom die Antwort, Exorcismen gegen Mäuse und Heuschrecken seien gänzlich verboten und abrogirt. Das Mäuschen im Chorstift zu Andechs mit dem Verzeichniß der zu erhebenden Reliquien brachte eine solche Wallfahrt nach München zu wege, daß man das Geld für die ertheilten Abläße mit Schäffeln messen, und der Papst mit dem nothigen Herzog Stephan dem Knäufel sich darein theilen konnte. So schreibt Aventin ad ann. 1388 nicht ohne inneren Grimm. Mein seliger Freund Abt Haneberg ließ die bildliche Darstellung von der Altarmaus, welche den hl. Schatz entdeckt, entfernen.

Auf Fastnacht schüttet man in der Nürnberger Gegend vor Sonnenaufgang alles Kehricht auf Feindes- oder Nachbarsgrund; damit bekömmt dieser alles Ungeziefer aus dem Hause dessen, der es ihm anthut. Man spotte nicht über den Aberglauben, denn er ist nicht überwunden. Ein böhmischer Fuhrmann zauberte einem Bauern die Ratzen und Matzen d. i. Raupen und Ungeziefer aller Art aus einem ganzen Dorf in den Garten, eine wimmelnde Schaar, die nur durch Gegenzauber zu vertreiben war.[2] Und von einem fahrenden Schüler meldet die Zimmerische Chronik, III, 273, daß er zu Neuburg am Rhein unterhalb Constanz alle Mücken vom Schloß auf ewige Zeit verbannte. Man möchte selber abergläubisch werden, wenn man von der maßlosen Verbreitung des verfluchten Ungeziefers hört. So erzählt mir Bezirksamtmann Regnet, wie sein Vater Landrichter

---

1) Morawitzky M. S. 665. Ferner J. Friedrich. Amort 75.
2) Wuttke, Volksabergl. II, 350. 373. Oberb. Arch. XII, 204. XX, 116. 163.

von Unterviechtach 1826—28 war, habe ein Böhme für die unfreund=
liche Aufnahme sich dadurch gerächt, daß er in einer Nacht das ganze
Haus von Ruſſen vollzauberte, die man früher nicht kannte. Man
ſchickte Schachteln voll an's Gericht; auch in Oberbayern kennt man
ſie noch nicht lange.

„Teufelsbeſchwörungen, Geiſterbannereien, Weihungen und Zau=
bereien der Kapuziner" heißt eine Schrift von Ammann. Bern 1841,
worin S. 10 die in der Schweiz übliche „Benediktion gegen die
Mäuſe, Heuſchrecken, Würmer, Schlangen, Käfer, Engeriche und
andere ſchädliche Thiere" mitgetheilt iſt. S. 27 folgt: „Beſchwörung
der Ungewitter des Donners, Blitzes und Hagels. 35, Exorcismus
zur Vertreibung des Maleficees unter dem Vieh im Stalle. 36, Seg=
nung der Milch und Butter, des Käſes und anderer Speiſen, die
maleficirt ſind u. ſ. f. Beinahe kömmt es heraus, als ſei die Erde
und ihre Bewohner nicht aus Gottes, ſondern Teufels Hand her=
vorgegangen.

In der Heidenzeit hält die Gottheit ſelber ihr Heiligthum von
Ungeziefer, d. h. von dem was nicht opferbar iſt, rein. Helgo=
land mit ſeinem Götterheiligthum hieß die heilige Inſel, und um=
faßte ſpäter ſieben Kirchenſpiele. Da fand ſich kein giftiges Thier
und der Fang der Häringe war ſo reich, daß man nicht Tonnen
und Salz genug aufbringen konnte. Als einſt der Fang mißrieth,
peitſchte man die Fiſche mit Ruthen, oder aus Uebermuth kehrte
eine Helgoländerin ſie mit dem Beſen vom Strande, und ſeitdem blieben
ſie aus. Das Eiland iſt großentheils vom Meere verſchlungen.

128. Kolomankapellen. Gesichtsurnen aus der Keltenzeit.

Die Kolomanskapelle zu Hochſtätt (Hofſtätt?) nächſt Prien,
ein viereckiger Holzbau, ſchloß bis zur Reſtauration (um 1880) Kegel
mit einem Könige ein, woran ein Kopf figurirte. Es waren Opfer=
gaben der Leute, wie ſie ſolche ſeit undenklicher Zeit herbeibrachten,
ohne mehr zu wiſſen, was ſie bedeuteten. Man malte ein Geſicht
an und ſchrieb den Familiennamen darauf. Einer trägt die ſpaniſche
Krauſe, dabei ſteht die Jahrzahl 1634 und 1644. Die gedrechſelten
Holzköpfe mit eingeſchnittenem Mund, Naſe und Augen ſtanden mit
den andern Weihgeſchenken auf dem Altar, von andern Votivbildern

umhangen. Der Heilige kam vor seiner Kapelle angeschwommen, so oft auch die Mönche von Herrenwörth ihn entführten. Dieses Bethaus war nie geweiht und galt, wie andere Kolomanskirchen (Sagensch. 494 f.) für ein altheidnisches Heiligthum; deßhalb widersetzte sich die Geistlichkeit der Feier einer Kirchweih. Gleichwohl hielt man diese zu Pfingsten auf eigene Art ab, denn bis auf sechs Stunden kamen Bursche und Bauern herbei, und die Wirthe von Mauerkirchen und Riemsting zugefahren; jener wurde zuerst, dann dieser ausgetrunken, und darnach regelmäßig gerungen und gerauft, wozu beide Parteien sich auf zwei Hügeln aufstellten. Als deßhalb das Gericht in Mitte der fünfziger Jahre den Wirthen die Zufuhr verbot, kamen gleichwohl die Entferneren noch herbei.

Ober der Eingangsthüre prangt ein Schnitzwerk aus gothischer Zeit in zackigem Rahmen, wie es mehrfach in der Gegend vorkömmt: es ist eine Mutter (Anna), madonnenartig mit dem Schleier, zur Rechten ein Kind mit dem Apfel (?) links die gleichfalls kindförmig gestaltete hl. Maria. Das sind in christlicher Auflage die drei Nornen. St. Koloman steht mit dem Pilgerstabe am Altar; in gemalten Votivtafeln, deren Ueberzahl der Meßner entfernen mußte, sieht man ihn am Kreuze hangen, er trägt die Königskrone und hat dem Geigerlein den goldenen Schuh herabgeworfen, vertritt also die hl. Kümmerniß. Am Eingange hängt ein Hufeisen an einem zierlich geschmiedeten gothischen Träger; ein Glaskasten schließt den 7 bis 8 Zoll langen Leonhartsnagel nebst Wachsbildern ein, Rauchnagel genannt, auch Zähne sind geopfert. Die Schindel, womit die ganze Kapelle von außen benagelt ist, machen das Sprichwort klar, wodurch man eine unehrerbietige Rede vor Kindern abweist: „Es sind Schindel auf dem Dache.“

Es fehlt nur noch Christophorus und ein Drachenkämpfer, und die vorchristliche Kapelle ist fertig. Auch der sog. Götzentempel, nun Jakobskirchlein zu Urschaling verwahrte solche Holzfiguren, sie sind erst kürzlich verschwunden; der Schaalenstein aber, worin einst das Blut der Opferthiere aufgefangen und mit Wasser gemischt vom Wichmann oder deutschen Priester über das Volk gesprengt wurde, ist in der nahen Stallung eingemauert. Oder dienten die sieben Näpfe, um darin Oel zu brennen? Das Kirchlein hat eine wundervolle Lage

und kömmt wieder nirgends als geweiht vor; die Johannisfeuer sind
da hergebracht. Die Kegel erinnern an jenen Merovinger, der an
einem Wallfahrtsorte nebst andern Pilgern Holzfiguren (für sich zum
Opfer) schnitzte. St. Koloman bei Waging nimmt die Stelle eines
Heidentempels ein und lieferte eine Gesichtsurne. Das hölzerne
Eßbesteck nebst einer zierlichen Holzfigur ging da verloren. In
welch' hohes Alter der Cultus der Kegel hinaufreicht, läß sich daraus
ermessen, daß Schliemann in Troja Thonkegel mit ebenso einge-
ritztem Gesichte ausgegraben hat, sowie Thonmasken, deren eine ich
auch aus Larnaka auf Cypern nach Hause brachte. Die Gesichts-
urnen, welche Hauptmann Arnold in Langenwinkel bei Griesbach
entdeckte, dienten zur Füllung mit dreierlei Korn, Waizen,
Roggen und Gerste, welche Spende aber geschenkt sein mußte.
Männer opferten sie um eine Braut, Mädel um einen Bräutigam
zu gewinnen, Weiber um glückliche Entbindung — alle auch gegen
Kopfweh. Derlei hohle Köpfe, worin man früher Haber oder
Gerste opferte, werden von Töpfern am Chiemsee noch heute gemacht,
und aus dieser Gegend, bis Ebersberg hinab, rühren die meisten
Schaalensteine her. St. Koloman war einst berühmter Wallfahrtsort
im Salzburgischen Tauglthale. Wo ein Kolomansbrief erhalten
ist, schlägt das wilde Feuer nicht ein. Die Kolmannlkirche, Pf. Heberts-
felden bei Pfarrkirchen, wurde 1805 abgebrochen, über andere heidnische
Heiligthümer brach die Zerstörung tausend Jahre früher herein. Wir
vergessen nicht, daß Kolmannl eine Heidenfigur neben dem Würdinger
zu Aigen am Inn abgibt, und auch beim Johannisfeuer angerufen
wurde.

Gleich einer Leonhartskirche gilt St. Koloman bei Hohen-
schwangau. Der Umritt am Sonntag nach Lichtmeß reicht bis in's
Keltenalter hinauf, denn die Germanen hatten unsere bäuerischen Jahr-
viertel. Karilef ein edler Arverner erhielt von König Childebert für
seine Abtei soviel Land, als er an einem Tage auf einem Esel umreiten
konnte, St. Fiacre vom Bischof von Meaux soviel Waldgebiet für
einen Garten, als er an einem Tage mit einem Graben umziehen
konnte, und die Spitze seines Stabes that Wunder. Der hl. Choëz-
man zog in demselben Falle eine Heugabel hinter sich her, und
umschrieb ein Gebiet von zwei Stunden in's Gevierte, innerhalb

deffen das Asylrecht galt. Der in Island gelandete Norweger nahm
den ganzen Grund ein, den er von Morgen bis Abend durchreiten
konnte, wo der Tagritt begann und schloß zündete er ein Feuer an.
(Grimm R. A. 195.)

In Stockerau wird der Jerusalempilger, Britte Koloman, als
böhmischer oder polnischer Spion an einem dürren Baume aufge=
knüpft, darauf in Kloster Melk beigesetzt 1012. Aber Raderus in
in seinem heiligen Bayerland II, 35 erinnert, ihm sei ein anderer
Coloman, Bischof von Lindisfarn um dritthalbhundert Jahre vor=
angegangen. Ja der in Bayern genießt den Kult eines höheren
Wesens, als ob ein Kalendergott in ihm steckte, und Colo der Jahr=
kreis in seiner Vollendung wurzelhaft wäre.

129. Der Sonnenwagen und sein Führer.

Nicht allein die Inder, wie schon Philostratus (Apoll. II, 22)
schreibt, sondern die ganze indogermanische und semitische Welt stellen
die Sonne als Herrn des Himmels auf dem mit vier Rossen be=
spannten Wagen dar. So lautet zwei Jahrtausende vor Chr. im
Rigveda V. 62, 8 die Hymne an Mitra und Varuna, die Ver=
treter von Tag und Nacht: „Den Wagen, der goldfarbig ist beim
Aufleuchten der Morgenröthe, und eiserne Deichseln hat beim Nieder=
gang der Sonne, besteigt ihr, Mitra und Varuna, von dort aus
seht ihr Aditi und Diti.“ Die Morgenröthe heißt I, 113. 19 das
Antlitz der Aditi; im Rita dem Ort im Osten schirrt die Sonne
jeden Morgen ihre Rosse an, um von da ihre gemessene Bahn zu
durchlaufen. Die Sonne selber wird 1. 163, 6 als Roß angeredet,
und der von Eos geraubte Kephalus ist eben das aufstrahlende
Lichthaupt.

Die Sonne fährt mit schnellen Rossen, heißt es im persischen
Avesta. (Yasna XXII, 26.) Nach Jakut's Geogr. Wörterb. II, 893
ließ Kei Kawus sich einen Wagen fertigen, um in den Himmel
zu fahren, die Winde trugen ihn in die Wolken; da stürzte Gott
ihn herab in das Gurganische Meer. Herodot IV, 76 berichtet
von der Achilles=Rennbahn im „Waldland“ Hyläa, die mit
Bäumen aller Art umwachsen war. Anacharsis, der Skythe, sei hin=
eingedrungen, das Fest der Allmutter zu begehen, mit einer Hand=

pauke in der Hand und mit Heiligenbildern behangen; aber König Saulius habe ihn deßhalb todtgeschossen. In abgebildeten Festaufzügen von Amathus auf Cypern haben die Pferde einen Schopf oder Kopfschmuck, und zwar in Form eines offenen Fächers (Cesnola, Cypern 229.) Der unter einem Sonnenschirm Dargestellte ist wohl ein Satrap, und sonach die Kopfzier der Rosse persisch. Den Roßschweif finden wir bei den Etruskern sorgfältig verziert.

Heliogabal ließ den syrischen Sonnengott in Rom auf einem Wagen mit sechs weißen Rossen in Prozession fahren, und tanzte davor, wie David beim Einzug der Bundeslade. Nach dem Morgenlande zurück weisen uns vor allen die bajuvarischen Leonhardsfahrten, indem sie gleich den Sonnwendfeuern aus dem Sonnenalter stammen. Der Roßlauf um die Grenze hängt von allem Anfang damit zusammen, und das Wort resa, welches dafür die Septuaginta Genes. 35. 19 für asp gebrauchen, ist ebenfalls persisch, wie unser Gure für Roß.

Wer fährt hinauf gen Himmel und herab?" mit dieser Frage deuten die Sprichwörter XXX, 4 auf den Allmächtigen, und Paulus antwortet Eph. IV, 9: „Er ist hinaufgestiegen, was sagt dieß anders, als daß er vorher auch herabgestiegen in die Tiefe der Erde." Vom Propheten Elias ist die Rede, wenn Christus Joh. III, 13 spricht: „Niemand ist in den Himmel hinaufgestiegen, als der herabstieg, der Menschensohn, der im Himmel ist." Das feurige Gespann aber, in welchem der gleichnamige Kananäergott seine Himmelfahrt antritt, ist eben der Donnerwagen. Wie Elias zur Höhe gefahren, und nach Jalkut Rubeni f. 9, 2 öfter vom Himmel herabgekommen ist, fährt Krischna den durch seinen göttlichen Anblick entsündigten Fischer auf seinen Wagen gen Himmel. (Bastian, Buddh. 119.) Bellerophon will sich zu den Göttern erheben, wird aber vom Flügelroß Pegasus auf die Erde herabgeworfen. Den Helios ertränkten die Titanen im Eridanus, schreibt Diodor mit dem Hinweis auf Phaëton. Mithras fährt den Himmelsberg herab. Als Heiliger wird in Oberelsaß St. Hippolyt verehrt, dem die Rosse sich losgerissen, wie der Name und sein Dienst schon im alten Rom besagt. Die Rhodier warfen jährlich dem Sonnengott zu Ehren ein Viergespann in's Meer. Auf unvordenklichen Sonnenkult führt

auch der hl. Leonhard zurück, nur wird sein Bild in's Wasser ge=
worfen, um, wie das des Apollo von Delos, anderweitig anzu=
schwimmen.[1])

130. Leonhard der altbayerische Herrgott.

Eine Meile von Antwerpen nach Mecheln heißt die Bahnstation
oude God, der alte Gott. Nach antiker Vorstellung fährt der Sonnen=
gott mit Roß und Wagen um die Erde, und erwirbt sie dadurch zu
eigen. Die Mutter Erde war gleichsam als Braut dem Himmels=
gott zu Lehen gegeben. Der Sterbliche thut von Religionswegen
nach, was die Gottheit vorgethan, und so fährt der Grundherr
bei der ersten Besitznahme im Viergespann um sein Gut oder reitet
um die Grenze, und empfängt für sein Gut die höhere Sanktion,
indem er jährlich um die Kapelle des Bauerngottes die Umfahrt oder
den Umritt erneuert. In Rußland wird die Grenze vom Aeltesten
umackert. Auch beim Antritt großer Herrschaften kömmt eine solche
Belehnung vor. Heinrich mit dem goldenen Wagen erwirbt
von Kaiser Karl dem Dicken so viel Land, als er von Morgen bis
Abend mit einem Wagen umkreisen konnte. Bekannt ist die Sage,
daß er ein goldenes Wägelein auf's Roß genommen, und indem er
ritt, was er reiten konnte, 4000 mansus oder 160000 Morgen
Landes in Schwaben, zunächst am Bodensee als Lehen eingethan.
Nach andern geschah es unter König Arnulf, dem vorletzten Karolinger,
der auf dem Schlosse Aibling lebte und dem Hause Andechs den
Ursprung gab, worauf aber sein Vater Eticho II. aus Gram, daß
ein Welfenherzog seine Unabhängigkeit aufgegeben, sich in die Einöde
Ettal zurückgezogen. Ein erster Eticho tritt schon im Holzpalaste
des Hunnenkönigs Attila an der Theiß auf; dieß sind alte Geschichten,
doch schadet nicht, sich daran zu erinnern.

Leonhardi war ein großes Fest, worauf sich die Jugend mit
dem Peitschenknallen und dem fröhlichen Rufe vorbereitete: „Heut ein
Tag, morgen ein Tag, übermorgen der Lienhartstag!" Dazu werden
die Rosse zierlich am Kopf und Schweif aufgezäumt. Die Schweden

---

1) Mein Sagensch. 133. 137 f. 501. Jeruf. I, 432. 504. II. Aufl.
451. 538.

führten Freyrs Bildfäule von Silber auf einem Wagen
um (Grimm M. 103); bei uns widerfährt diese Ehre der versilberten
Leonhardsbüste. Vorzüglich waren die Broncewagen, wie sie dort
und an der deutschen Nordküste, auch in Judenburg ausgegraben
wurden, Cultusgeräthe.

Lennert heißt der Leonhard im Sauerlande, in Ungarn kömmt
er als Löhnhardt vor. England deutet ihn als lionheart, Löwen=
herz. Mit Layard, Leart, dem etrurischen Larth erweitert sich der
Gesichtskreis, und Lars bezeichnet noch norwegisch der Lord oder Herr.

Die Anrufung des hl. Leonhard hilft für Vieles, wo nicht für
Alles. Zu Villach in Kärnthen steht er sogar einem Bade vor. Die
Franken kennen und ehren ihn als Geburtshelfer nach der Legende,
der Heilige erhielt zum Danke, weil er die Königin Chlotilde von
Frankreich durch sein Gebet errettet, von König Chlodwig so viel
Land, als er in einer Nacht umreiten könnte, um darauf Kapelle
und Klösterlein zu bauen. Nach seinem Tode wurde auf seine Ein=
gebung eine größere Kirche an einem Orte erbaut, wohin wundersam
allein in der Umgegend in einer Winterszeit kein Schnee gefallen.
In Frankreich rühmt sich das Kloster Noblak, Bist. Limoges, oder
Saint Leonard an der Vienne, in der zweiten Hälfte des VI. Jahr=
hunderts schon dem Heiligen gehuldigt zu haben, ja der Ausgangs=
punkt seines Kultes zu sein. Arnoldus, der Harfenspieler Karls
des Großen erbittet sich vom Kaiser so viel Wald, als er während
dessen Mahlzeit umreiten könne, und überläßt diesen dann den Armen.
Die hl. Lufhildis reitet mit der Spindel hinter sich, die den Boden
ritzt und so die Grenze zieht.

Soweit die Bajuvaren sich verbreiteten, in Bayern, Oesterreich,
Kärnthen und Tyrol zog der alte Herrgott als Patron der Rosse
mit ihnen, die Longobarden brachten ihn mit nach Italien: ausnahms=
weise begegnen wir ihm so. Die Bajuvaren scheinen in Kärnthen
noch als halbe Heiden eingerückt zu sein, denn dort finden wir be=
zeichnend St. Leonhard, St. Oswald. Ausdrücklich zeugen St. Leon=
hardskirchen bei Tamsweg, zu Aufhausen bei Zell am See, zu Leo=
gang und bei Gröding von altbayerischem Kultus. Soweit das
Peitschenknallen gehört wird sind die Hexen machtlos und durch die

Lüfte verjagt: man peitscht kreuzweise im Takt. Ist die **Blitzgeißel**
gemeint?

> Auf der Brücke steht ein goldner Wagen,
> Wird mich und dich in den Himmel tragen,

wird als Volkslied in Komotau gesungen. Hier scheint St. Leon=
hard oder Nikolaus gemeint.

Wie **Indra** als Sonnenherr mit vier Rossen fährt (Philostr.
Apollon. II, 22) kömmt Leonhard im Viergespann vom Himmel.
Es ist der Wagen Gottes, der im Donnerrollen durch die Himmel
fährt. (Psalm XLVIII, 18. 34.) Auf gallischen Münzen kömmt das
springende Pferd mit hohem Kopfschmuck vor (Streber, Regenbogensch. 38),
ja schon auf assyrischen Denkmälern tragen die Rosse solche Büschel
am Kopfe, dazu reiches Geschirr. Hiezu kömmt noch der Sonnen=
wagen. Dieser Schopf bezeichnet die Glanzmähne, skandinavisch
Skrimfaxi, und blieb für die stellvertretenden Sonnenrosse bei der
Leonhardsfahrt charakteristisch.

131. Leonhardifahrten.

Die Leonhardskirche bei Wang nächst Wasserburg steht in
einem Mauerring ohne Gottesacker eine halbe Stunde abseits. Doch
findet da der Umritt statt. Dabei muß der Geistliche mit dem Kreuz=
partikel und sein Ministrant voranreiten, wie in Hohenbrunn mit
silbernen Sporen. Von andern Leonhardskirchen, wie zwischen Eglofs=
heim und Langenerling, Neußling und Piring, hat das Volk in
Erinnerung, daß der Umritt bestanden; Kranzberg kennt ihn noch.
Allenthalben kömmt die Fahrt neu in Aufnahme; am 6. Juli 1889
fand sie prächtig zu Allerheiligen bei Oberwarngau statt. In
Neuhaus bei Schliersee ist ein Bauer sammt dem Gespann herab=
gestürzt, ein Zug, der bei diesen Fahrten allenthalben legendär ist und
solare Bedeutung hat, auch geht ein Schimmel ohne Kopf um, was
auf alten Opferdienst deutet. In Leonhardspfunzen bei Rosenheim
machten am 31. Juli 1887 138 Pferde den Umritt mit, wobei
Pferdesegnung statt hat. Man hält ihn zu Froschhausen bei
Murnau, Ichenhausen bei Untergünzburg, in Weilheim geht es um
den Gottesacker. Wängen bei Dießen hat ein Leonhardskirchlein
mit dem Hufeisen an der Thüre und den jährlichen Umritt, wie

Reichling und Forst. Erwähnung verdient noch St. Leonhard am Wonneberg bei Laufen. Auch seine Kirche in der Oberstadt zu Regensburg hat die Umfahrt. Auf Einöden entfällt der Name Leonhard bei Frontenhausen, bei Penting und in Leonhardshaun bei Ergolsbach — so mußte der deutsche Glaubenspatron sich zurückziehen; doch erhielt sich der Umritt auch um die Kirche der Heiligen zu Geising bei Fürstenfeld.

Für St. Bonifaz war deutsch und heidnisch gleichbedeutend. Ist dem also, dann stecken wir noch im tiefsten Heidenthum, denn unsere Vorfahren ließen sich die urgermanischen Festbegehungen nicht nehmen. Daß Leonhard kein christlicher Heiliger ist, zeigt seine ganze Umgebung. Unter andern hängt in der Leonhardskapelle zu Lauingen eine Votivtafel der „Jungfer Kümmerniß" mit der Erzählung: „Ein heidnischer König hatte eine wunderschöne Tochter, zu welcher Viele hingerissen wurden. Dieß betrübte das Prinzeßchen und als heimliche Christin bat sie Christus, ihre Schönheit zu verderben. Gleich hörte sie eine Stimme: wohlan, du sollst mir gleichen. Und von Stund an wandelte sich ihr weibliches Angesicht in ein männliches, das mit starkem Bart geschmückt war. Darüber ward ihr Vater furchtbar zornig und sprach: du sollst noch mehr deinem gekreuzigten Gott ähnlich werden. Und man kleidete sein Kind in eine grobe Kutte, ließ ihr von aller Herrlichkeit nur die goldene Krone und die goldenen Schuhe, und nagelte sie an den Händen an ein Kreuz, wo sie bald starb. Nach mehreren Tagen zog ein armer Geiger des Weges, dessen Weib und Kinder daheim fast verhungerten. Der dachte, wenn die gute Prinzessin noch lebte, träte sie gewiß ihren goldenen Schuh mir ab, und begann zu geigen. Da löste sich der Schuh vom Fuß, als er ihn aber in der Stadt verkaufen wollte, ergriff man ihn, führte ihn vor den König und dieser verurtheilte ihn als Dieb zum Galgen. Bei wiederholtem Geigen fiel auch der zweite Schuh, und auf das Wunder wurden König und Volk Christen." St. Kümmerniß ist eine jetzt erst verständlich gewordene kosmogonische Gottheit, eben darum von internationaler Verehrung. (Sagensch. 175—269.)

Den Leonhard von Aigen hat die Tochter eines Burgherrn aus dem Wasserwirbel gezogen, und dabei sich des Gelübdes erinnert,

aus Dankbarkeit für ihre Befreiung von der Gefangenschaft eine
Kirche zu bauen. Man opferte darin eiserne Ketten oder Fessel,
Schlüssel, Leibringe, Pflugscharren, Sensen und Pferdehufe, noch 1721
koloffale eiserne und vergoldete. Nach uraltem Heidenbrauche brachte
das Volk dem Heiligen noch im ersten Drittel des XIX. Jahr=
hunderts Gänse, Enten und Hühner dar, trug sie dreimal um
den Altar und ließ sie dann durch ein Loch im Chor, welches jetzt
vermauert ist, in den Geflügelstall. (Panzer II, 32.) Der Bauer
reitet das Mutterpferd, das ihn zum erstenmal mit einem Follen er=
freute, sammt diesem um die Leonhartskapelle, und beide bleiben das
Jahr über gesund. In Ammerfeld bei Monheim werden die Bilder
der beiden Viehpatrone, Wendelin und Leonhard, am Feste in Thurm=
häuschen vor die Thüre gestellt. Zu Rottenburg a/T. fand 1884
das 500jährige Jubiläum der Leonhardskirche statt. Linden bei
Kloster Heilsbronn hat eine alte Leonhardskirche, einst Filiale, und
noch zu Anfang dieses Jahrhunderts stand eine große Linde mitten
im Orte. Der Heilige gehört vornehmlich in eine Waldgegend.

In Niederbayern ist diese Kirchfahrt uralt. Zu St. Leonhard
bei Postmünster kommen die Rosse jährlich zur Weihe, und früher
verkaufte man an der Kirche eiserne Rößlein zum Opfer,
welche der Pfarrer oder Meßner das nächste Jahr wieder in Handel
brachte, bis ein Seelsorger ohne Umschweife das Geldopfer einführte.
In Ganacker galt es vor dem Hochamte einen Ritt um die Kirche,
der erste mußte vom Wirth freigehalten werden. Dort kauft der
Bauer sein eisernes Votivbild von Roß oder Kuh noch heute am
Freithofe, um selbe beim Opfergange auf den Tisch neben dem Altar
zu legen, und findet eine ganze Kiste von geschmiedeten Rossen, Kühen
und Kälbern im Innern zum nächstjährigen Verkaufe. Darunter
sind noch Arme und Beine, auch eine auf's feinste geschmiedete Hand
mit Federwerk und beweglichen Fingern, wie die eiserne Hand von
Götz von Berlichingen mit haarscharfen Schienen bis an's Arm=
glied reichte. Am berühmten Judenburger Opferwagen aus der
Keltenzeit sind dieselben Rößlein von Erz, wie man sie eisern dem
Leonhard darbringt.

Von Belang sind die wechselnden Zeiten der Leonhardsfahrt.
Inchenhofen ist am Pfingsttag und zum Kalenderfest den 6. November

am stärksten besucht. Die Heglinger begehen die Fahrt im Hochsommer, ebenso Fischhausen bei Schliersee, was auf die ursprünglich solare Bedeutung des Festes schließen läßt.[1]) Dieser Charakter ist durch Steichele's erzbischöfliche Verordnung verwischt, wonach das Volksfest wegen allerlei Mißbräuche auf den Herbsttag beschränkt werden wollte, wie der allgemeine Kirchtag auf den dritten Oktobersonntag verlegt ist. Allerdings steht die kirchliche Berechtigung zu derartigen Eingriffen in Frage, da es sich eigentlich um keine christliche Begehung, sondern um einen volksthümlichen Brauch handelt.

132. Votivbilder von Eisen und Wachs.

Schon die Aegypter bildeten ex voto kranke Gliedmaßen nach und stellten sie in den Tempeln auf. Solche Hände, Ohren, Augen sind noch übrig. (Wilkinson III, 395.) Die Philister brachten sogar die Abbildung ihrer kranken Sitztheile dem Jehova (I Sam. VI, 5) gegen Siphylis, und goldene Mäuse gegen deren Felderverwüstung. Die Kabiren auf Samothrake geboten den Winden und Meeren, und wer auf weiter Seefahrt begriffen sich vorher dort einweihen ließ (den rothen Gürtel der Ino Leukothea anlegte) und das Gelübde that, nach überstandener Gefahr, zumal im unwirthlichen Pontus, wiederzukehren, wobei man den Götterberg der Insel als Urbesitz der Stürme im Auge hatte, der hat als Geweihter niemals Schiffbruch gelitten. Solche Personen aber, die den Stürmen glücklich entrannen, hingen im Heiligthum der Kabiren Votivtafeln auf. (Cicero n. D. III, 37.) Dasselbe thaten die aus dem Schiffbruch Geretteten anderwärts im Tempel der göttlichen Mutter Isis. (Juvenal XII, 28.) In Golgoi auf Cypern finden sich als Votivgegenstände von Stein: Augen, Ohren, Nasen, Gesichter, Lippen, Daumen, Füße und andere Körpertheile, alle auf einer Stelle, wie vor dem Altar der Gottheit (Aphrodite), welche von der Krankheit zu helfen gebeten ward. Auch sieht man Frauen mit Kindern an der Brust oder am Arme, Kühe mit Kälbern und andere Thiere mit Jungen. (Cesnola, Cypern 129.) Die Asklepios=Tempel zu Kos und Epidauros waren voll

---

1) Schmeller S. 14. 81. Quitzmann 93. H. Holland, Allg. Z. 3. Februar 1879.

solcher Erinnerungen, und in Etrurien fand man im Grund eines
kleinen Bergsees eine Menge Broncefiguren mit Zeichen von Wunden,
Schwindsucht u. s. w. Hippokrates von Kos schrieb die ersten
Heilmittel von Tafeln ab, welche die Kranken in den Tempeln
des Aeskulap, Apollo und der Diana aufgehängt hatten, und die
koischen Vorschriften sind eine Hauptquelle der Heilswissenschaft ge=
worden. Die Broncethierchen und Terracotten in Olympia u. s. w.
sind überwiegend Rind und Roß, sei es, daß man die Votive an
Bäumen aufhing. Der Landmann opfert Thiere und Idole, die ihm
nahe gehen.

Im Tempel des Amphiaraos zu Oropos hing eine Menge von
Bildwerk. (Corp. insc. graec. I, 750.) Der Seher ward mit seinem
Wagen von der Erde verschlungen und als Weissagegott verehrt. In
Elis stand eine Säule, die beim Blitzfeuer, wodurch der Gott das
Haus Oinomaos zerstörte, wunderbar übrig geblieben, wie ein ehernes
Täfelchen zu lesen gab. (Paus. V, 20.) In Athen selbst steigt man auf
Stufen zur Kapelle des Kosmas und Damian oder der Anargyroi
hinab, wo noch eine Säule vom alten Aeskulaptempel sich erhebt.
Zahlreiche Kranke finden sich ein, hängen einen Strick an der Säule
auf, und geloben eine ebenso dicke und lange Wachskerze, damit sie
fieberfrei werden. Der Glaube wankt nicht, auch wenn sie nicht ge=
nesen. Die beiden Heiligen sind nur an die Stelle des Chiron und
Medon, oder Vaters der Chirurgie und Medizin getreten, welche die
„Geldlosen" heißen, weil sie angeblich für ihre Behandlung sich nicht
bezahlen ließen.

In Rom warf man dreißig brennende Lichter oder Puppen,
statt eben so vieler Menschen aus den dreißig Kurien, jährlich an des
Mayen Idus von der sublicischen Brücke, und am Feste der Sigil=
larien brachte nach Numas Anordnung den 16. und 17. März
Jedermann in der, mit dem Saturnustempel zusammenhängenden,
Kapelle des Gottes der Unterwelt, nämlich Pluto, für sein eigenes Haupt
oder Leben Wachsfiguren zum Opfer, ja es gab nach Varro IV, 14
in der Tiberstadt allein nicht weniger als 27 derlei Opferplätze,
Argeia genannt. Besonders wurden im Tempel des Aesculap auf der
Tiberinsel bei Ostia, wie auch in den Heiligthümern der Isis Figuren
der leidenden oder geheilten Glieder in Wachs aufgehangen, die Altäre

der Heilgötter dienten dazu. Zwar verbietet der Indiculus superstitionum c. 29 dieß Aufstellen oder Hängen von Armen und Beinen,
aber der Weltbrauch lebt im Christenthum wie im Buddhismus
unabweisbar fort. Der Pilger, der in die Pagode geht, um von
einer Leibesplage befreit zu werden, muß die Figur des behafteten
Gliedes je nach Vermögen in Gold, Silber oder Kupfer dem Priester
abliefern.

Wer an einem Gliede ein Gebresten trug, brachte ein hölzernes
Abbild als Weihgeschenk in den Götterhain, so meldet Gregor
von Tours vita patr. 6. Augenfällig ist die Uebereinstimmung
der figürlichen Opfer, als da sind: wächserne Arme und Füße, Brüste
und Augen, ganzer Kinder, Rößlein und Rinder, mit den im Alterthum herkömmlichen. Merkwürdig ist eine Votivhand von Erz aus
Aventicum, erst 1845 gefunden, mit drei wie zum Schwur aus-
gestreckten Fingern, auch kleinen Brustbildchen der Cybele, des Saba-
zius, Bacchus und Merkur, nebst Schlange, Eidechse, Frosch und
Schildkröte, gegen den bösen Blick; unten liegt die Wöchnerin mit
dem Kinde, die man im II. oder III. Jahrhundert ex voto das Weih-
bild dargebracht.[1])

Gliedmassen wie Augen, Brüste, Arme, Füße, Kröten als Symbole der Bärmutter, werden nicht bloß in Hellas und Sizilien, sondern
auch in Deutschland den Heiligen verehrt, welche geholfen haben
sollen. Nicht an der Krippe, sondern auf der Anricht vor dem Altar
steht Roß und Rind. In Aigen bei Braunau opferte bei Menschengedenken das aus weiter Ferne herbeigeströmte Volk eiserne Pferdchen,
Kühlein, Schweine und Schafe mit ihren Kälbern, Ferkeln und
Lämmern, und alle Arten Geflügel, bei großem Andrang sie selbst über
die Kirchhofmauer warfen. Hinter dem Hochaltar hängen aber auch
Hufeisen, Pferdefüße, Sensen, Pflugscharren, Schlüssel und Hand-
oder Fußschellen nebst eisernen Kröten. Quirinus in Tegernsee bekam nach Metellus Quirinalia auch Rosse zum Geschenk, und den
Preis einer Kuh in Wachsopfer dargebracht. In Gannacker bei
Landau ist in der Leonhardskirche neben Kühen, Pferden und Füllen

---

1) Abgebildet in den Mittheil. d. antiq. Gesellsch. in Zürich XI, 35 f.
Vgl. mein Heidenth. II, 128 f. III, 24. J. Braun, Naturgesch. d. Sage 88.

eine eiserne Hand mit demselben Mechanismus, wie die von Götz von Berlichingen zu sehen. Durch ein paar Schrauben wurden die künstlichen Glieder fixirt, ein Schwert zu halten.

133. Das Hufeisen als Talisman. Wahrzeichen der Roßtrappe.

Es ist als ob Wodan selber ein Segenszeichen gegeben, denn zum Kaiserfeste, wo selbst die fernsten Länder den Deutschen Reichs=gründer Wilhelm zum vollendeten neunzigsten Lebensjahre beglück=wünschten, flog in Berlin vor seine, für das Leipziger Kriegerdenkmal bestimmte, Erzstatue ein Hufeisen durch das Schaufenster der Gladen=beck'schen Broncegußhandlung, ohne selbes zu zertrümmern. Niemand begriff, wie und woher, doch blieb es allgemein als günstiges Vor=zeichen betrachtet, lange dem Volke ausgestellt (22. März 1887). Dasselbe verdiente am Portal des Königsschlosses angebracht zu werden. J. Grimm wagt nicht zu verneinen, daß die alten Götter wirkliche Wesen waren: hier möchte man sogar an ihr Fortwalten glauben. Im heutigen Griechenland wagt man neben einer einst heiligen Quelle nicht laut zu reden, um die Nereiden nicht aufzu=bringen.

Im Umkreis von Lugano sieht man noch an Häusern und Stallungen Hufeisen angenagelt zum Beweise, daß die heute wälsch redenden Longobarden ächte Brüder der Bajuvaren sind, wie sie auch gleichmäßig jodeln. Brachten die klassischen Völker den Phallus an Thüren und Thoren an, um Unheil abzuwehren, ja trägt selbst die vornehmste Neapolitanerin ihre Feigen von Silber oder Korallen wider den bösen Blick (mal d'occhio), so läßt der Deutsche dafür das Hufeisen selbst im Schmucke gelten. Es wird zum Gelöbniß in Kirchen und Kapellen aufgehangen, groß für Pferde, klein für Follen, und nicht selten vergoldet, als wäre dem Schutzgott der Heerde ein Opfer gebracht. Aber auch an den Stallungen ist die Trappe angenagelt, damit die Seuche vorübergehe und nicht einbringe. Aus Roßhufgefäßen goß man Trankopfer, aus Pferdetrappen trinken die Hexen; doch wer immer ein Hufeisen findet hat Glück und wendet bösen Zauber ab. Ißt man auf einem Holzteller, worauf ein Huf=eisen eingebrannt ist, so verliert sich von dem Tage an Keuchhusten und Erbrechen. Dieß weiß am besten der Schmied, denn die Leute kommen oft um dieses Schutzmittel. So erzählt mir eine gebildete Familienmutter, Frau von Miller, die nichts von Woban wußte.

Zingerle schreibt (Sitten und Bräuche 831) von Meran: daß vor alten Zeiten Ritter, die eine Reise unternahmen, ein Huf= eisen dem hl. Leonhard an die Kirchthüre nagelten. In türkische Gefangenschaft gerathen ruft Martell von Bacqueville, da er andern Morgens zum Tode geführt werden soll, den hl. Leonhard an, da — in der Nacht ist er an den Waldsaum vor seinem Schloß versetzt und baut dem Befreier die verlobte Kapelle. An der Haupt= thüre der Kirche zu Kempsford an der oberen Themse haftete bis vor wenig Jahren ein Hufeisen, angeblich vom Pferde Herzog Heinrichs von Lancaster 1360 verloren. Offenbar brachten schon Angel= sachsen das Symbol des Opferthieres mit. An der Kirchthüre im Dorfe Hausen vor der Rhön sieht man ein übergroßes Hufeisen, das ein Ritter von Rapp, dem sein Pferd in der Schlacht gefallen, dahin gelobte. (Mannhardt, Zeitsch. f. d. M. III, 66.) Am Alt= städter Thore von Artern an der Unstrut hing noch im vorigen Jahr= hundert ein Hufeisen, und am Thorpfeiler bemerkt man es einge= hauen. Graf Buffo von Mannsfeld erhielt vom Dogen zu Venedig, wohin er Kupferhandel trieb, einen Hengst mit goldenem Sattelzeug, silbernem Hufbeschlag bei goldenen Nägeln, und verlor da ein Eisen. (Größler 211.) An der Nikolaikirche zu Leipzig ist sogar ein Hufeisen vom Pferde des hl. Georg eingemauert.

In der Ueberwasserkirche zu Münster ist der Pferdefuß in Stein abgedrückt und die Spur des Hufeisens noch heute sichtbar. (Web= digen 228.) Bei Gunzenhausen am Acker Weil kam ein riesiges, stark versilbertes Hufeisen in Vorschein, an welchem zwei kleinere hingen (für die Stutte und ihre Füllen). Gegenüber haftet noch der Name Kappel, wohl von einer früheren Leonhardskapelle; auch ist ein Michelsbück und eine Michelskirche in der Nähe. In Greim= harting bei Prien war ein Hufeisen zu oberst am Kirchthurm ein= gemauert, so hoch ist es geflogen. Leonhard hat da als Patron den Umritt. Zu Wagesenberg bei Pöttmes hängen Ketten und Bänder, Hufeisen und Hirtenstäbe oder Prügel außen an der Kirche, zu Gammersfeld bei Wellheim am Triumphbogen. Zu Eben am Achensee ist ein Hufeisen in die Kirchhofmauer eingehauen zum

Schutz gegen einen Blutsauger und Nachzehrer oder — Vampyr, der da begraben liegen soll und so lange wächst, bis er zum Kirchhofe hinausreicht.

Der in Norddeutschland so oft vorkömmliche Pferdefuß im Stein scheint, wie der menschliche, geheiligtes Grenzzeichen zu sein, so am Felsblock des Ufers vom Gardesee, am Teufelsstein bei Schojow und bei Bewersdorf. (Knoop 71. 73. 75.) Auch unweit Salzwedel liegt ein Stein mit einem Huftritt. (Kuhn M. S. 39.) Eine Roßtrappe im zwei Schäffel großen Stein ist bei Darmstett unweit Stendal das Wahrzeichen; ein Feldherr schwur: so gewiß mein Pferd in den Stein tritt, gewinnen wir morgen die Schlacht. (Temme, V. d. A. 15.) In Keuschberg bei Merseburg sieht man einen großen Stein mit dem Eindruck einer Hand, eines Pferdehufes und einer Hundetrappe. Vor der Ungarnschlacht 933 flehte Kaiser Heinrich hier um des Himmels Hilfe und griff in den Stein mit den Worten: So wahr meine Hand sich im Stein abdrückt, werde ich den Sieg davontragen. Sechs nägelbeschlagene Steine liegen bei Krimpe (71. 87), ebenso der Hoyerstein am Welfesholz, auch der löcherige genannt, weil Graf Hoyer von Mannsfeld vor der Schlacht am Welfesholze 1115 mit der Hand hineingriff und sprach:

Ich Graf Hoyer ungeboren,
Hab nie noch eine Schlacht verloren,
So war ich greif in diesen Stein,
Auch diese Schlacht muß meine sein.

Aber der kaiserliche Oberfeldherr siegte nicht. (Größler 88. 200. 252.)

Wie bei Quellen das Andenken an Balder, so wirkt hier die Erinnerung an Wodans Kriegsroß nach, beiden ist die Roßtrappe am Harz geweiht. Bei Treppeln in der Niederlausitz liegt im k. Forst der Teufelsstein mit einer Pferdetrappe — und so lassen sich noch viele aufzählen. Eine uralte Gangolfskirche liegt bei Neudenau im Jaxtthale, und mit Hufeisen sind die Thüren so voll beschlagen, daß man nicht eines mehr hinbrächte. Der Bau ist noch romanisch. In der Nähe, etwa 5 Minuten vom Städtchen ist eine Quelle, schön von Steinen eingefaßt, wohin man früher die Pferde trieb.

Im heutigen Mexiko dient nicht selten ein Hufeisen zum Schlosse,

denn die Hexen gehen ihm aus dem Wege. In Norddeutschland
trifft man dafür in allen Geschäftshäusern ein Eisen an der Schwelle
befestigt, es bringt Glück.

134. St. Martin mit dem Schimmel.

Die Schimmelkapelle zu Ascholting zunächst meiner Heimath
hat die Martinskirche von Dietramszell und Elbach zur Seite, außerdem
sind dem Nikolaus Dorf Wackersberg und die Jachenau, dem hl. Michael
Gaißach unterthan. In St. Martin zu Lengenfeld bei Velburg besteht der Schimmelritt. Zu Rieden an der Vils in der Oberpfalz bringt man noch Martinshaber zum Opfer. Nach der Aernte
ist das Opfer von einem Metzen Korn oder Waizen zur Kirche noch
da und dort hergebracht. In der alten Benediktiner-Abtei Ens-
dorf opfert man zum hl. Martin Haber bis zu einem Schäffel.
Martin erscheint als andere Gestalt, in welcher der Wodansdienst
auf uns gekommen. Er ist wesentlich der Heilige der Franken und
allenthalben durch sie eingeführt. Mars wird zu Martinus mit dem
Kriegsmantel, welchen die Frankenkönige in der Schlacht trugen. Es
ist vielmehr Wodans Mantel, auch genoß man in Frankreich das
gesegnete Brod des hl. Martinus. (Georg v. Tours VIII, 2.)
Ihm flammen die Martinsfeuer an der Mosel. Stellt sich am
Martinstag auch schön Wetter ein, so heißt es im Unterland Bayern:
„Der Heilige muß für seinen Schimmel noch ein Winterheu dörren."
Sein Fest bringt der Jahrzeit entsprechend ein Opfer mit sich, und
zwar die Gans, die das allgemeine Festessen gibt, und schon 1171
schriftlich beglaubigt ist. Um Martini ist in Längriß das Gansschießen
üblich, und werden den Schützen ganze, halbe und Viertelgänse als
Preise zu Theil. Auf Martini opferte man in seinen Kirchen und
Kapellen Gänse und Hühner, so noch in Oderding bei Weilheim,
der Erlös aus der Versteigerung gehört den Kirchen. Zu Martini
treiben die Hirten ein und ist Freitafel im Unterland. (Schlicht,
Altbayerland und Volk. 285.) In Schwäbisch Hall wurden oft
600 Gänse verspeist, und wer die Martinsgans mit verbundenen
Augen traf, bekam sie zum Gewinne.[1]

1) Meier 452 f. Rochh., Homberger Gaugrafen 33.

No dia de Sam Martinho prova a ten vinho, spricht der Portugiese, weil an dem Tage der erste neue Wein angestochen und herumgeboten wird. Die Martinshörner, welche er den Kindern bringt, sollen an die Hufeisen von Wodans Roß erinnern; in Franken bietet Pelz=Marten den Kindern Aepfel, Nüsse und Zuckerwerk. In Baden heißt der wilde Jäger Junker Martin. „Wer zu oft hält Martinsnacht, hat bald Haus und Hof durchbracht;" der Verschwender heißt daher Martinsmann. Unter diesem Namen hielt der unvergeßliche alte Gott als christlicher Heiliger bis 1805 in Lübeck mit einem Faße Wein zur Martinsminne seinen Einzug, empfing aber beim Umritt auch Gänse und andere Geschenke.

Die heimathlichen Götter der Germanen wandelten sich fast alle in kriegerische Heilige um. Das Bisthum Augsburg zählt 95 Kirchen Martins (darunter 74 Pfarreien), 89 Leonhards (sechs Pfarreien), 84 hat Nikolaus, 71 Georg, 69 Michael, 67 Peter und Paul (darunter 15 Peter, eine Paul allein gewidmet), 65 Johann der Täufer, 54 Sebastian, 53 Stephan, 53 Veit, 41 Ulrich, 41 hl. Kreuz, 41 St. Anna, 36 Jakob der Größere, 29 Katharina, 25 Margaretha, 25 Wolfgang, 21 Lorenz, 21 Wendelin, 21 Magnus, 20 Antonius von Padua, 18 Odilia, 15 der vierzehn Nothhelfer, 14 Barbara, 13 Ursula, 12 Rochus, 11 Bartlmä, 10 Anton der Einsiedler, 10 Alban, 9 Wilibald, 8 Aegidius, 6 Agatha, 5 Walburg, 5 Dionys.

Von der Schimmelkapelle zu Ascholting ging also der Heilige zu Roß mit dem Mantel (Hakelberend) in die Nachbarkirche zu Elbach bei Tölz über. Dietramszell hieß ursprünglich Martinszell. Martins=kirchen sind die älteste bei Dießen, die Urkapelle in Berchtesgaden, das Gotteshaus zu Garmisch, zu Weinsdorf bei Murnau, Dürren=hausen, Egelfing, Oderding, Bernried, Zell bei Schlehdorf, Bayrischzell, Fischbachau, Flintsbach, Wösen, Ischl bei Seeon, Waging, mit den Filialen Saaldorf und Thundorf, Kai mit Pietling, die Stadt Mem=mingen nicht zu vergessen. In die Martinskirche zu Landshut theilt sich der Mantelträger mit St. Kastulus, dem Schimmel=patron, auch sprengt der Schimmelreiter (Wodan) noch in der Fastnacht durch die Stadt. Zeigt doch sogar der Priesterchor im Dome zu Mainz den hl. Martin leibhaft auf seinem Schimmel. Wodans Reitthier kömmt dem deutschen Volke nicht aus dem Kopfe.

Eppo von Gailingen macht auf seinem Roß den Satz über die Burgmauern bis in den Stadtgraben. Zudem läßt der Hufschlag einen Brunnen entspringen. In Coblenz hat General Marceau am Fuße des Petersberges sein Grabmal, davon erzählt Stramberg im Rhein. Antiquarius: Nachts sieht man ihn nicht selten auf seinem Schimmel. Vernaleken meldet (Oestr. M. u. Br. 290) vom Mettenheu, welches gleich dem Christkindelshaber auf Weihnachten dargebracht wird, wohl zum Futter für Gott Vaters Schimmel. Rechnen wir hieher noch die früher im Erzstifte Salzburg um Dreikönig gebräuchliche Abgabe des Sühnheues für das bischöfliche Gestüte, sowie das Wutfutter im Passauer Sprengel, welches für die bei der Kirche unterhaltenen Thiere bestimmt war, wörtlich eine Wuotanspende von Haber. (Quitzmann 34. 85. 92.)

135. Nikolaus der Schiffspatron als Nilgott.

Am Nikolaustage begeht Bari auf dem adriatischen Meere ein festliches Schauspiel, wobei ein prächtig geschmücktes Schiff, umgeben von einer Unzahl Barken die Statue des weltberühmten Schutzheiligen auf die wogende Salzfluth hinausfährt, um nach einigen Stunden ihm wieder einen feierlichen Einzug in die Kirche zu bereiten. Fürwahr eine alte Neptunstadt, die von ihrer Gründung an nach βάϱις, dem Schiffe benannt ist. So heißt Jos. Flavius die Arche, die am Ararat landete.

Längst ist der Gottesname Amykläos für fremdländisch, sei es semitisch oder ägyptisch angesehen, aber nicht erklärt. Die Griechen bezogen ihn auf die Stadt Amyklä mit dem Sonnentempel Amykleion. Damit springt die Katze auf die alten Füße. Amyklas (Preller 204) stimmt merkwürdig zum hl. Mikola, d. i. Nikola, dem Gott der Samojeden, auch nannten die Aegypter den Nil Okeame für Okeanos. Die Russen wollen wissen, St. Nikolaus sei auf einem Mühlsteine von Italien bis Archangel geschwommen.

Gewiß ist es ein fremdartiges Wesen, und der Bischof von Myra in Lycien wurde nur wegen desselben Namens zum Träger der Volkslegende; was hat er mit dem Schiff und mit dem Meere zu thun, denn in der ganzen alten Welt ist unser Kalenderheiliger Seepatron, soweit er nicht durch St. Johann von Nepomuk verdrängt wurde.

Aber der in die Moldau gestürzte wurde nicht heilig gesprochen und der Heilige nicht in's Wasser gestürzt, so daß man wieder zum alten Nikolaus zurückkehren muß.

In ganz Holland ist St. Niklas Seepatron, gilt aber für einen alten Bischof von Mecheln. Kinder setzen ihm Holzschuhe mit Haber und Stroh aus „zum Futter für St. Klasen," der allzeit auf dem Schimmel reitet, während Knecht Ruprecht als Mohr den Rappen oder Esel hat und die Kette mit sich führt. Der Klasklump (Schuh) hat die Form eines Schiffchens. Als Patron der Seeleute empfängt er im Sturm das Gelübde einer Kerze so hoch wie der Mastbaum, das aber nach der Rettung zu einem Pfenniglichte zusammenschrumpft.

So geht es von den Nikolaikirchen in den Seestädten Hamburg, Stralsund, Berlin u. a. bis in's innerste Binnenland fort. Te Oude Kork, die älteste Kirche Amsterdams ist wie die neue katholische dem Nikolaus geweiht. In deutscher Wortform vertritt ihn Sebald, der Seegewaltige. Wie unsterblich sind doch die alten Gottheiten! Nikolaus beschwört den Seesturm, wie ein Wandbild zu Terlan in Tyrol darstellt. Naglfar, das Todtenschiff hängt mit Nahal zusammen, die künstliche Deutung von Fingernägeln kam auf, als man das Wurzelwort nicht mehr verstand. In Griechenland gibt es kein Schiff ohne ein Bild des hl. Nikolaus. Man vermuthete in ihm längst eine Gestalt mit Poseidon, auch zieht dieser gleichmäßig im Wagen auf. Nikolaus nennt sich buchstäblich nach dem Nil; denn dieser lautet semitisch Nachal, Nichol, d. h. einfach der Fluß, und Osiris Onufre, d. h. der Wohlthäter, längst als Onuphrius bei uns eingebürgert, ist eben der Nilgott. Unnoper heißt der Nil selbst in Hieroglyphen, und die beiden Arme, welche das Delta einschließen, sind Osiris Füße (Uane) genannt. Die seefahrenden Phönizier werden ihn in's Abendland gebracht haben. Er ist aber zugleich Metallgott, und jeder Nickel darf uns an ihn erinnern. Als Spender des Brodes hat er dem Pumpernickel den Namen gelassen.

Bedeutsam bringt Nikolaus seine Gaben im Papyrusschifflein, und einnickeln braucht man in Niederbayern von seinen Geschenken, soweit noch nicht der Christbaum den alten Brauch verdrängt hat.

In der Oberpfalz setzt man statt der Schifflein einen Schuh, das Symbol des Segens aus, und die Lebzelten haben die Form eines

Bischofs, der Spinnerin (Bertha), von Ritter und Rößlein, wozu noch die alten Model vorräthig sind. Die Bäcker ihrerseits backen Brode wie Schweinchen, Hirschlein, Lämmer und Hasen aus, die früheres Opfergebäck vorstellen. Im Rheinlande werden alle Vorabende von St. Niklas Aepfel, Nüsse, Confekt hereingeworfen. Hanselmann heißt das Backwerk, welches dann die Mädchen im Algäu ihrem Liebsten verehren. Wer von uns Landeskindern wüßte nicht, daß in Altbayern, die Hauptstadt nicht ausgenommen, noch heute Reiter und Bischof auf Nikolaustag in Lebkuchen, sowie in der Faste Schweine, Hirschen und Hasen von Brod gebacken werden! So behauptet sich der unschuldige heidnische Culturbrauch fort. Um Ottobeuern haben die Klausenbrode am Niklasabend die Form eines Mannes, wie der Götze von Butterwiesen. Man backt sie in der Schelmhaide, wohin auch der „Wuotes" zieht.

St. Niklas mit drei Kindern zu Füßen figurirt im Gemälde am Hochaltar in seinem Kirchlein zu Landshut. Die hl. drei Jungfrauen und Schwestern Ainbet, Gwerbet und Vilbet sind zu Einbetl bei Petersbrunn am Würmsee mit Pfeilen abgebildet. Darüber steht im Gemälde Bischof Nikolaus, der ihnen drei Aepfel reicht. Sie sind ja zugleich Pestpatroninen! so wollte man 1632 f. die drei Fräulein mit dem Todespfeile gesehen haben, zumal im Isarwinkel. (Höfler, Volksmedizin 229.) Auch Hertha führt den Pfeil. Herakles hält drei Hesperiden-Aepfel, das Symbol der Jahrzeiten. Am Abhang des Steigerwaldes bricht eine mächtige Quelle in die Ebene vor, der grundlose Brunnen oder das Gründelsloch geheißen. Darin hausten vor Zeiten drei Nixen, die unterschiedlich auf das Schloß am Kastellenberg kam, wovon nur mehr Ruinen übrig sind. Als sie einmal erst bei Hahnschrei zurückkamen, quoll ein warmer Blutstrom aus dem Wasser. Als Nornen und Nixen erklären sich auch die drei Kinder im Schapfen des Seepatrons.

136. Nikolaus der Kinderfreund und Strafrichter.

Kallimachus hymn. in Dian. v. 64 f. erzählt, daß die Mutter ungehorsamen Mädchen mit den Cyklopen Arges und Steropes drohe, worauf Hermes rußbedeckt aus dem Innern des Hauses komme. Bei den Römern erscheint der alte Gott als kinderfressender

Saturn. Nach Tacitus übten die deutschen Priester die Strafgewalt, wie in Aegypten, und ließen gewiß auch einen strafenden Gott in der Kinderstube aufziehen, so daß nicht erst in der christlichen Zeit der Heidengott und kinderfreundliche Bischof sich gegenüberstehen, vielmehr tritt in Nikolaus selbst eine mythologische Gestalt auf.

In Kärnthen und Steiermark zieht auf Weihnacht St. Nicolo und der Bartel mit dem Teufel und der langhalsigen Habergaiß um, welche in einen Thierschädel endet und die durch die Lüfte fliegende Ziege der Holda vorstellen soll. (Bild. Lpz. Illustr. Z. 7. Dez. 1889.) Der Teufel, welcher den göttlichen Richter und Wohlthäter begleitet, trägt den ägyptischen Namen Typhoel; die Deutschen kannten keinen Satan, sondern nur dumme Riesen. Man will den alten Brauch zum Kinderschrecken nicht abkommen lassen und droht in voraus mit ihrem Erscheinen. Bartel ist der Schimmelgott Woban. In Norddeutschland zieht ortweise noch der Schimmelreiter mit dem Knechte Ruprecht oder Klas, der die Kinder beten lehrt, von Haus zu Haus, und beschenkt oder straft. In Schlesien kömmt St. Niklas mit dem vermummten Schreckensmann für unfolgsame Kinder (v. Walde 129); letzterer schüttelt nur zu arg an der Kette, wie in Süddeutschland der Klaubauf, der noch dazu mit dem Sacke sichtbar wird, oder doch an Thüren und Fenster sich anmeldet, und böse Buben und Mädel einzustecken, anderwärts gar in's Wasser zu werfen droht. In Egern läßt er sogar Kinderfüße aus dem Sacke in Vorschein kommen. All' das war schon vorchristlicher Brauch. Jetzt bleibt der Schreckensmann besser ferne, da die Kleinen vor Angst nicht selten in Ohnmacht fielen, dagegen fehlt die Ruthe niemals.

Am Bodensee kömmt mit dem Bischof der Pelzebub in Pelz mit großem Zwilchsack und langer Ruthe, auch Pelznickel heißt er. In Hohenzollern spricht St. Niklas:

> Ich komm vom hohen Himmel herab,
> Will schaun, ob ich brave Kinder hab.
> Die Braven sind mein,
> Sonst laß ich den Pelzebub ein.

Teller und Schüsseln am Tisch füllen bei offenen Fenstern sich in der Nacht mit Kleiderstücken, Spielzeug, Gutelen, Lebkuchen und Birn= wecken, Aepfeln und Nüssen.

Am Niklaskirchhof zu Ulten hört man in der Quatemberzeit gewaltigen Lärm, als ob ein Zug vieler Menschen um das Gotteshaus sich bewegte. In Wackersberg bei Tölz kam noch 1828 ein Nikolausumzug zu Roß und Wagen vor, mochte sich das Landgericht noch so sehr dagegen eifern. Die Nikolauskirchen schließen sich an den ältesten deutschen Gottesdienst an. Ein St. Nikolausspiel theilt Schlossar aus Liezen in Steiermark mit. (Veckenstedt, Volksk. I, 349 f.) Im Paderbornischen erscheint den Kindern am Vorabende der verkleidete Bischof. (Weddigen 112.) Im Saulgau ging der Bischof von der Kreuzkapelle aus in die Häuser, wohin er bestellt war. (Birlinger B. II, 2 f.) In Leutkirch und Ravensburg geben die Pathen zum Niklasgeschenk jedem Täufling einen silbernen Löffel. Der Seebischof selbst wird zum bösartigen Nix, welcher Menschen in's Wasser zieht. Im Todtengrab bei Slawe sind es drei Jungfrauen, welchen der Nix oder Nickel dieses Schicksal bereitet. Seine Insel entspricht dem ursprünglich orientalischen Priesterschmuck. Die Pontifices trugen eine Toga von blendend weißer Wolle mit Purpurstreifenbesatz, dazu eine kegelförmige Mütze (tutulus), die Auguren im weißwollenen Rock (trabea) mit dem Krumstab (lituus), um den Vogelflug und sonstige Himmelszeichen zu beobachten und zu deuten. In manchen Gegenden Bayerns schützt St. Nikolaus die Keller vor Ratten, weshalb man seinen Namen anstatt der drei Könige C. M. B. anschreibt. Dieß hängt wohl mit dem Bischofstabe zusammen, welchen sodann Sankt Magnus deshalb führt.

Eugen Schnell, Archivar in Sigmaringen, versandte 1200 Exemplare mit Anfragen nach allen Weltgegenden, sogar nach dem Orient, und schrieb ein dickes, dickes Buch: Sankt Nikolaus (Brünn 1883), gesteht auch, daß selbst die Muhammedaner ihn verehren. ahnt aber nicht, daß der Heilige mit den drei Töchtern (den Nornen!) eine mythologische Gestalt sei.

In Vorarlberg bringt der hl. Nikolaus aus dem Paradiese den Haussegen mit, denn der „Klas ist kö" heißt, ein Kind ist zur Welt gekommen, „dem Klasa beta:" es steht ein solches in Aussicht. (Vonbun 2. Aufl. 49.) So ist der Heilige für Alles gut; aber wie paßt dieses Amt für den Diözesanhirten des weltvergessenen Myra?

Allein im Bisthum Augsburg besitzt St. Nikolaus 84 Kirchen,
darunter 30 Pfarreien, so um Ellwangen, zu Bernbeuern, Pfronten,
Elbigenalp. In Aitingen stehen Martin und Nikolaus zusammen.
Wäre sein Dienst nicht urweltlich, wie käme der Bischof zu so all=
gemeiner Verehrung! Man wußte eben keinen andern zu substituiren.

137. Mimir und Isis Nehalennia.   Punischer Religionseinfluß.

Die Phönizier haben das Abendland, wie 3000 Jahre später
die Spanier die neue Welt entdeckt, und Midakrit heißt der Columbus
des Alterthums, er kam bis zu den Zinninseln. (Plin. VII, 56).
Hygin fab. 274 nennt dagegen Midas den Entdecker des Zinnes
und Bleis, und die Legende dieses Goldkönigs im Rosengarten ist
auffallend auch Laurin, (Laurenzius) eigen. (Sagensch. 571.) Europa
hieß zuerst das phrygische Thrazien, und von da ging der Name durch
die Tyrier auf das ganze Abendland über; auch die Alpen gelten
für eine phönizische Benennung. Nach Strabo waren die Iren noch
zu seiner Zeit Kanibalen, bei welchen das Verspeisen der Verwandten
für löblich galt, und der gelehrte Nilson weist nach, daß der blutige
Baalkult, von kuttentragenden Priestern geübt, selbst in Skandinavien
Denkmale hinterlassen habe. Kein Wunder, wenn zugleich Götter=
namen vom Besuche der Semiten Zeugniß geben, die nach den Cassi=
teriden und der Bernsteinküste Handel trieben.

Baldr, ags. bealdor, „Herr und Fürst" ist derselbe Sonnengott,
wie der phönizische Baal. Wenn nach der in Böhmen erhaltenen
Volkssage der gefürchtete Leviatne die Kinder in die Wassertiefe zieht
(Grohmann 150. 154), so ist dieß leibhaftig der Leviathan des
Buches Hiob III, 8. XL, 20 und der Psalmen CIV, 26. Da der
Meerdrache oder die „gewundene Seeschlange" sich in den Mythologien
der Völker nicht weiter findet, mögen die Semiten dieses höllische
Ungethüm bekannt gegeben haben. Melusine ist als die Winds=
braut allen Slaven bekannt.

Der räthselhafte Mimir, welcher außerhalb den Asen steht, und
doch als Herr der Weisheit und des guten Rathes allen überlegen
ist, erklärt sich nicht aus unserer Sprache. Aber semitisch ist Memra
der gottpersönliche Logos der Offenbarung, das ewige Wort.
Derselben Wurzel ist memor, memoria, welche Geisteseigenschaft der

Göttin der Weisheit Minerva beigelegt ist. Minerva Memor hatte Inschriften zu Placentia, Velleja und Mediolanum. (Orelli Nr. 1427—1429.)

Auch Nehalennia läßt sich nicht aus dem Deutschen erklären, wie Grimm (M. 236. 390) erfuhr; sie stellt sich aber zu Osiris Nichol oder Poseidon Nikolaos, und führt das Schiff. wie im römischen Kalender Isidis navigium die alte Stelle behauptet. Im Museum zu Cagliari liegt eine große Zahl bronzener Botivschiffchen, welche die Sarden beim Antritt einer Seefahrt oder nach glücklicher Heimkehr den Göttern weihten. Bilder von Schiffbrüchigen wurden als Votivtafeln in den Tempeln der Isis aufgehangen, der Schutz= patronin der Schiffahrt zu Ehren. Juvenal XII, 28 scherzt: „man weiß, daß die Maler von der Isis leben." Notre Dame in Paris nimmt die Stätte eines Isistempels ein, wie der Dom zu Freising.

Jo Europa, wie Artemis Astarte erscheint kuhgehörnt als Mondgöttin neben dem Sonnenfarr. Horus hat seiner Mutter Isis diese Hörner aufgesetzt, und nicht umsonst schreibt Tacitus Germ. 9 den Sueven ihren Dienst zu, die schwäbische Schreckgestalt trägt noch heute diese Hauptzier. Die Isisbrödchen bestanden in einem Opfer= kuchen mit darauf geprägtem Nilpferde; unsere Hörnlein sind ur= sprünglich Mondbrode, zopfartig geflochtene bringt das Seelenfest mit sich. Nach Herodots Schilderung hatten auch die ägyptischen Isis= feste, zumal jenes zu Bubastis, einen neckischen und tumultuarischen Charakter. Von der Raserei führt Jo oder Isis das griechische Prädikat Tithrambo. Auch der zweigehörnte Mond soll rasend machen.

Bertha aber mag man mit Beryth, der Tochter des tyro= phönizischen Adonis vergleichen, welcher die Fichte ($\beta\varrho\acute{e}\tau\alpha\varsigma$) heilig war, und ein Bret war das Bild der argivischen Here. Smyrna aber hat zwölf Nächte das Lager ihres Vaters, des Assyrerkönigs Thyas (Apld. III, 14, 4) getheilt, und davon den orientalischen Odin: Adonis geboren. Beide sterben vom Eberszahn. Es sind dieselben Zwölfte, in welchen Bertha ihren Umzug hält: die Naturmythe ver= leugnet sich nirgend. Wie Mimir und Isis kömmt Osiris Onufre unter dem Namen St. Onufrius noch in den Kreuzzügen zum deutschen Volke.

138. Umzug der Bercht oder Eisenbertha.

Aventin kennt Isis unter dem Namen Frau Eisen, wie auch
die Kinder singen:

> Eisen, klar wie ein Haar,
> Hat gesponnen sieben Jahr u. s. w.

In Mittelfranken, wo noch die Alemannen sich behaupten, insbesondere
zu Holzbrenndorf, ging vordem Eisenbertha in der Kuhhaut und
kettenschleppend umher. Dieselbe wandelt bei Eschenbach mit der
Sichel um und schneidet den Mägden den Bauch auf; sie haust am
Mirga oder Barbaraberg. In den Klöpfelsnächten verwirrt Bercht
den Haar, und heißt dann auch die Stemp oder Stempen, womit
man zugleich ein zusammengerittenes Pferd bezeichnet, sowie Tramp
oder Trampel. In Oberhausen bei Augsburg kömmt die Buze=
bercht als vermummte Frau mit dem hl. Nikolaus in's Haus.
Beide sind abgewürdigt und zum Kinderschrecken geworden. Zu
Irrsee zog am Klausenabend eine Person in der Kuhhaut mit
Hörnern und Kuhschellen um, und klopfte an die Hausthüren. (Panzer II,
117. 464.) In Wunsiedel stellt die Bäurin an den Berchtentagen
Nudel und Milch vor's Fenster. Um Bayreuth ist Sprache und
Sitte altbayerisch, man spricht von Andreasbarat, Thomasbarat, und
es fürchten sich die Kinder vor deren Erscheinen, wie vor Nikolaus.

Grausam entstellt ist ihr Bild im Böhmerlande. Berchtrababa
zieht als riesiges Weib mit einer Kuhschellen unter Hurra und
Juheisa um; sie ruft:

> „Kinder oder Speck,
> Sunster geh i nit weg."

In der Perchtelnacht (5. Januar) ist Frau Percht Anführerin des
„wilden Gjads," das in dieser Nacht dreimal die Welt um=
zieht. (Waizer 81 f.) Sie war Herodes Tochter die Tänzerin, ging
aber beim Tanz auf dem Eise unter. Zur Strafe muß sie aus der
Hölle an die Spitze des wilden Heeres fahren. In Tyrol kömmt
zu Weihnachten die Percht mit ihren Kindern, wenn die Leute zu
Bett sind, als steinaltes Weib und kostet von den vorgesetzten Speisen.
(Mannh. Z. f. D. W. III, 334.)

Der Perchtentag war zu Lienz im Pusterthal bis auf unsere

Tage ein Volksfest, wobei 20 bis 30 Masken, die einen als Engel, die andern als Teufel verkleidet, angeführt von Perchta oder Holle, auch Hütt geheißen, die Straßen durchtobten. Man fand sie mit Sälchfleisch, Kletzenbrod und Krapfen ab. Der Aufzug endete mit einem „Neubayerisch" seitens der Musikbande. In Salzburg geht Frau Perth um Weihnachten um und fahndet nach den bösen Kindern. Sie hat Haare wie Flachs, schaut durch's Fenster oder vom Kamin herab auf den Herd, wo die Kinder auf die Suppe warten. Der Rocken muß abgesponnen sein, sonst ruft sie:

> „So manches Haar,
> So manches böse Jahr."

Nachts erscheint sie auf Kreuzwegen. Auf Dreikönigabend geht im Salzburgerlande, in Tyrol und bis Kärnthen das Berchtel=laufen vor sich, eine förmliche wilde Jagd, mit aufgesetzten Hörnern und Kuhschellen veranstaltet.

Am Weihnachtsabend verkleideten sich früher die Wertheimer Mädchen in die Frau Hulla, indem sie ein weißes Gewand anlegten und eine Krone von Goldpapier aufsetzten. Den guten Kindern brachten sie Weihnachsbäume, den bösen Ruthen. (Wolf IV, 19.) Ebenso erscheint auf Island die vergröberte Hulda oder Waldfrau Huldra als Königin der Berggeister mit dem Huldrafolk. In den zwölf Nächten verschließt man die Thüren und geht Abends nicht aus, da Frau Gode an der Spitze des wilden Heeres zieht. In der Priegnitz lag Frau Gode mit 24 Töchtern am hl. Sonntag dem Waidwerk ob und sprach einst das gottlose Wort: „Die Jagd ist besser als der Himmel." Da wurden aus ihren Kindern Hündinnen, die den Wagen der Edelfrau umkläffen.

Bei Laien und Vilanders im Eisackthale geht Frau Berchta mit ihren Hunden, welche ungetaufte Kinder sind um. Nach Betläuten steigt sie mit den Hündlein zwischen Tschöffes und dem Grödenerbach herab. Da sie lange Jahre nicht mehr gesehen wurde, wird sie nun wohl erlöst sein, schreibt 1887 Pfarrer Tappeiner. Obige Orte waren Freisingische Colonien. (Zingerle.)

Um Traunstein droht man den Kindern mit der Bercht, wie sonst mit dem Nikolaus, und um Rosenheim gilt die Berchtel für eine wüste Person, die den Mägden, wenn sie nicht abgesponnen haben, den Bauch aufschlitzt und mit Werg füllt. Am Weihnachts-abend wird in Pullenreut bei Kemnat in jeder Familie Haberbrod mit Hutzeln verzehrt, von welchen man die Stingel vor's Fenster legen muß für die Specht. Diese ist ein geheimnißvolles weibliches Wesen grausamer Natur, und schneidet den Leuten mit einer Sichel den Bauch auf, um ihn mit Stroh auszufüllen; durch das Opfer der Hutzelstiele wird sie aber besänftigt. Zuweilen spielt die Magd den Kindern des Hauses gegenüber die Gefürchtete, indem sie mit Tuch oder Schürze sich den Kopf verhüllt und unter Brummen und Pfauchen auf die Kleinen losgeht. Diese Specht ist eben aus Becht entstellt. Die heilige Lucia zog in ganz Bayern an ihrem Feste, 13. Dezember, in weißem Gewande auf, sie ist die in's Latein über-setzte Bertha. Zu Aibling geht die Bercht mit neun Kindern auf Allerseelen um, und man stellt ihnen dann die sog. Allerseelen-kücheln, meist Apfelkuchen hin. Einmal wollte ein Sohn vom Hause den Zug belauschen, wie sie die Küchlein verzehrten; da sprach die Bercht zur ältesten in ihrem Gefolge, geh' und mach die beiden Guckerln zu. Im Augenblick war der Junge blind, die zwei Guckerln waren seine beiden Augen. So blieb es bis zum andern Jahre, wo die Bercht mit den ihren wieder kam. Der gewitzigte Knabe stellte sich an den alten Ort, und erhielt nun sein Augenlicht wieder. Ebenso läßt sich in und um Dorfen die Bercht in der Allerseelenoktave blicken. Die Bercht lebt sogar noch im Kindermund, so daß ein Schulmädel in Prien 1862 auf die Frage: was ist morgen für ein Feiertag? dem Geistlichen erwiderte: der hl. Berchttag. Das Mangfalldreieck kennt sie nicht, wohl aber die drei Jungfrauen.

Berchta erscheint mithin ebenso als Mutter der in's Leben tretenden, wie der abgeschiedenen Seelen.

139. Katharina und ihr Grab am semitischen Kithäron.

Die Gottheiten alle sind unsterblich, und wir brauchen nicht zu erschrecken, daß wir noch indisch-ägyptische und babylonisch-semitische Gestalten im Kalender haben. Die ältesten Namen hatten die Phö-nizier zu uns gebracht, andere sind durch das hellenische Idiom über-tragen. Zu diesen gehört Katharina mit dem Rade und ihrer fabel-

haften Bergfahrt. Die Griechen erklären sie als die reine Magd;
aber sie ist im hebräischen Munde die Nächtliche, gleich Kethura: die
Legende muß Näheres ergeben. Conrady (Egypt. Göttersage 20 f.)
hält Aikaterina für Isis Hathor, denn auch diese nennt Plutarch
de Is. 2 σόφην καὶ φιλόσοφον, die weise Philosophin, und sie wird
enthauptet. Immerhin hat das Rad, worauf sie geflochten wird,
dieselbe Bedeutung, wie das Kreuz der hl. Kümmerniß. Origenes
homil. in Luc. will ja sogar, die hl. Jungfrau sei den Tod der
Enthauptung gestorben.(?) Das genügt uns nicht. Katharina wird
von Engeln nach dem „Mondberge" Sinai getragen, auf
dessen höchstem Gipfel noch heute ihr Heiligthum besteht — gegen=
über jenem des Donnergottes Elias.

Zum Verständniß aller Mythen sind Parallelen Ausschlag gebend.
Die Philosophin von Alexandria ist zuvörderst Hypatia, Tochter des
Mathematikers Theon, welche in ihrer Vaterstadt Vorlesungen über
Plato und Aristoteles, wie über die Geometrie des Apollonios und
Diophantos hielt, auch den Synesios von Cyrene zum begeisterten
Schüler gewann, und als eine Stütze des Heidenthums gelten mochte,
bis sie, nach dem Dafürhalten des Neuplatonikers Suidas unter Zu=
laffung des Erzbischofs Cyrillos wegen dessen Eifersucht auf ihre
Beredsamkeit, vom Lektor Petrus in die Kirche geschleppt und durch
den Christenpöbel todtgeschlagen wurde. Ihr christliches Gegenbild ist
zum Ersatz die gelehrte Martyrin Katharina, deren Existenz wir nicht
in Frage stellen, nur ist ihre Legende mythisch. Die Geschichte der
Christenverfolgungen ist vielfach geschrieben und übertrieben, nicht so
jene der Heidenverfolgungen unter Zerstörung der herrlichsten Tempel,
wie des Serapeions unter dem Vorgänger des Cyrill, Theophilos,
durch die fanatischen Mönche, und der Untergang des architektonisch
hoch wichtigen Heiligthums des Marna, einer Rotunde mit zwei
Schiffen.

Unsere Heilige knüpft an uralte Vorbilder an. Zu Gader oder
Kathra, Fluß aufwärts bei Jabne erhebt sich auf der höchsten Berg=
spitze des Wely Kathrawani, eine muslimische Grabkapelle, wohin
der Leichnam durch die Luft entschwebte. Von Damaskus weg wird
Selimije ebenso nach dem Ebal bei Sichem getragen, wo ihr Berg=
kult besteht. Sie heißt die Mondgöttin, und der Sinai hat gleich=

23*

falls vom Monde, Sin, den Namen. Der Dſchebl Katharin iſt
der arabiſche Kithäron oder ſchwarze Berg,[1] und das Vorgebirge
Katharon in Lybien und Kytoron in Paphlagonien bezeichnen eben
was Montenegro; Kattarini heißen die Einwohner der Bergſtadt
Kattaro. Endlich hat der gen Himmel fahrende Elias unter dem
Beinamen el Kadr im gelobten Lande zahlreiche muslimiſche
Kuppeln.

Leicht übertrug ſich die Legende aus der Heidenwelt in die Chriſten=
heit, machen doch ſelbſt die Reliquien eine ſolche Wanderung durch.
Einer der liebenswürdigſten Pilger, der Leſemeiſter Fabri von Ulm,
der im letzten Viertel des XV. Jahrhunderts ſogar zweimal in Paläſtina
war, ſollte auf der Heimkehr eben am Katharinenfeſte in einem
Schweizerkloſter predigen, wo ein Arm der Heiligen verwahrt war.
Nicht faul nahm der witzige Dominikaner dieſen mit ſich auf die
Kanzel und begann: „Ich komme eben vom Berge Sinai, und habe
dort die Gebeine der Katharina mit beiden Armen geſehen; hat ſie
aber drei Arme gehabt, ſo iſt dieß — (und hier zog er den Schatz
hervor) wahrhaftig der Dritte.“ So unbefangen urtheilte man noch
kurz vor der Reformation über dergleichen Heiligengeſchichten.

Die Legendenſchreiber wetteiferten mit einander, ihren Gegenſtand
mit Wunderzügen auszuſchmücken, und ſo ſpielt oft eine fromme
Sage in die andere. Katharina die Königstochter wird auch von
einem fremden Fürſten zum Weibe begehrt, vermählt ſich aber. obwohl
ſchön und Erbin des Reiches, durch einen Trauring mit Chriſtus,
läßt ſich taufen und wird gemartert.

140. Die vorchriſtliche Barbara.

In der chriſtlichen Mythologie offenbart ſich die Seelenmarter
im Zeitleben der hl. Barbara, welche den Kelch nebſt dem Thurme
zur Beigabe hat, als Symbol des Gefängniſſes, in dem auch Danae
die Erdentochter unter der Tyrannei des Vaters ſchmachtet. Ihr zur
Seite ſteht Margaretha mit dem Lindwurm, wie Demeter und die

---

1) Vgl. Sepp Thyrus S. 20. Jeruſalem und das hl. Land II. Aufl. II,
37. 594.

indische Durga; sodann Katharina mit dem Rade, worauf sie geflochten war. St. Barbara entflieht der Verfolgung ihres un= natürlichen Vaters, indem ein Fels sich aufthut und sie aufnimmt. Odilia kömmt blind zur Welt, wird bei der Taufe sehend, ihr Vater will sie vermählen, sie flieht und wird vom Felsen aufge= nommen, der gespalten bleibt und eine Quelle ergießt, als sie wieder hervortritt. Die jungfräuliche Ablehnung der Ehe bildet den Grundton der Legende.

Barbara war schon in der antiken Zeit in aller Welt, und namentlich von Thyrus gefeiert. Sie wird vom eigenen Vater ent= hauptet, wie Isis vom Sohne Horus, und lebt als Berg= und Metallgöttin fort. Sie gilt für die Schutzpatronin des Geschütz= wesens; Sancta Barbara heißt die Pulverkammer. Im XVI. Jahr= hundert erlangte der Constabler nach der Prüfung unter einem Gebete zu dieser Heiligen seine Aufnahme. In den unterirdischen Gängen zu Reichersdorf saß sie als Steinbild, und wurde erst in jüngster Zeit an's Tageslicht erhoben. Weil sie einen Königssohn aus= schlug, hat Dioskorus ihr Vater angeblich 230 n. Chr. zu Niko= media sie des Hauptes beraubt, ward aber dafür vom Blitze erschlagen. Als Prinzessin trägt sie die Krone. Dieß stimmt zur Legende der hl. Kümmerniß.

Abends vor St. Barbaratag lassen christliche Frauen und Mädchen in Syrien die Augenwimpern mit Weihrauchruß sich färben, um kein Augenleiden zu bekommen. (Z. d. d. P. V. VII, 100.) In Griechenland hilft die hl. Warwara wider die Blattern. Bei den Südslaven ist Barvara ein Festtag, an dem man varnice, Brei, kocht und daraus wahrsagt. Auf der Insula Barbara, l'île-Barbe in der Saone nächst Lyon hat Erzbischof Leidrad der Bayer, die Martinskirche erbaut, und Benedikt von Aniane zwanzig Mönche ihm zur Klosterstiftung geschickt, bis die Sarazenen Alles zerstörten.

Der Deutschorden eroberte das Haupt der Heiligen in Danzig 1243; dasselbe bewahrt aber auch die Insel Kreta. Noch haftet ihr Name am Barbaraberg bei Pressat, bei Neustadt am Kulm, wo eine große Schlacht vorgefallen, auch liegt ein Ort Barbara bei Braunau. An den Thermen von Trier, wie zu Coblenz und Prag besteht ihre Kirche, und von ihrer besonderen Verehrung als Patronin der Ster=

benden zeigt namentlich am Rhein und in der ganzen Oberpfalz
das tagtägliche Gebet:

> „Heilige Barbara, du edle Braut,
> Mein Leib und Seel sei dir anvertraut,
> Sowohl im Leben als im Tod,
> Steh mir bei in jeder Noth.
> Steh mir bei an meinem End,
> Führ mich in den Himmelssaal u. s. w."

Die hl. Barbara geht noch heute über die Bühne, wohl als
das älteste ländliche Volksspiel; ich habe der Vorstellung in Teining
von Wessobrunn aus beigewohnt, auch in Audorf wurde das Drama
aufgeführt. (Hartmann, Volkssch. 379.) Babet, im Volksmund
für Barbara gebraucht, ist ursprünglich der Nornenname Vorbet, die
in Schildturn als Warbet verzeichnet ist. Barbarazweige, am 4. De=
zember in's Wasser gesetzt, vertreten vielfach in Altbayern, ja selbst
im protestantischen Franken den Weihnachtsbaum. In München
werden solche Zweige von Kirschen, Weichseln, Kastanien und Hollunder
korbweise auf dem Markte feilgeboten, und man läßt sie in's Wasser
gesetzt aufgehen wie — Jerichorosen.

141. Die mannweibliche Weltmutter.

Die mythologischen Religionen haben ihren Ursprung nicht in
Natursymbolik, Mondwechsel oder Elementarereignissen, der Blitz=
schlange und dem Donnerwagen, sondern wurzeln in höheren Ideen,
indem der Mensch über Anfang und Ende der Welt, Zweck des
Daseins und seine eigene Zukunft Aufschluß haben wollte. Was lag
näher als das mannweibliche Princip zum Ausgangspunkt der
Schöpfung zu nehmen, wenigstens den Protogonos androgyn zu ge=
stalten! So faßt der Inder den „Herrn der Creaturen," Prajapati.
Die „Bergfrau" Parwati, Schivas Gattin, heißt mit Auszeichnung
Kumari, die Jungfrau, ebenso Durga mit dem Drachen. Die in=
dische Ynana Kumara zeigt die Fähigkeit magischer Verwandlungen.

Nicht selten ward so ein Gott in eine Göttin oder ein Weib in
einen Mann verwandelt. Unter der chinesischen Dynastie Soung
ward Kuan=chi=ni durch das Mißverstehen seines Kopfputzes zur weib=
lichen Phousa. Die Bildsäulen der Kamenya Baba, die nach dem

Volksglauben von Christus in Stein verwandelte Menschen sind,
stellen in sibirischen Grabmälern Männer, in südrußischen Frauen
vor. Sie ist eben mannweiblich, wie Kymine und Kathrani. Die
Aegypter mißdeuteten Komre, die ithypallische Gottheit, in ihrer
Sprache als „Geschöpf der Sonne." Dreimal kömmt der Name
in gnostischen Zaubersprüchen aus dem III. Jahrhundert vor, so im
demotisch abgefaßten Papyrus zu Leiden. Auch Nephthys trägt den
Bart, wie Neith, und im Monde, der auf alle Zeugung Einfluß
hat, sahen die Aegypter ein Zwitterwesen.[1])

Im kaiserlichen Museum zu Constantinopel unter Dethiers Leitung,
dazu in ägyptischen Sammlungen, auch, wie Freund Rochholz mir
mittheilt, im Antiquarium zu Aarau seit der Zuwendung aus der
Zeit der Expedition Bonaparte's findet sich die merkwürdige Vor=
stellung. Da sind 24 Aquarelle auf Leinwand mit Gypsgrund nach
Auskleidungsbildern von Mumiensärgen, darunter getreu das Bild
der Komre — oder Thmëi, d. i. Themis Persephone, welche als
Tochter des Todtenrichters Osiris und Seelenherrin die Verstorbenen
im Amenthes empfängt. Sie breitet ihre nackten Arme wagrecht aus,
und entspricht dem zweigeschlechtigen Titelbilde in unserem Sagen=
schatze. Cybele, die Mutter vom Berge, führt mit Thetis das
Prädikat Kimeris, wie Hesychius in seinem Wörterbuche verzeichnet.
Athene Tritonis sagt nach ägyptischer Fassung ihrem Vater Poseidon
ab wegen eines Vorwurfes, den sie gegen ihn hatte, worauf Zeus
sie für seine Tochter erklärte (Herod. IV, 180) — wir verstehen den
Vorwurf! Der indische Werkmeister oder Demiurg Twashtar gattet
sich mit seiner Tochter, der Morgenröthe, wie Apollo der Daphne
nachstellt, Theias seinem Kinde Myrrha und Thyestes der Pelopia.
So sinkt die ideale Vorstellung auch bei der Kümmerniß in's Sinn=
liche herab.

Mannweiblich ist der Schöpfergeist, Pan Erikapäos, wie
Proklus in Tim. III, 131 schreibt: Θῆλυς καὶ γενετὼρ κρατερὸς
ϑεὸς Ἡρικαπαῖος. Gott schuf den Adam nach seinem Bilde und
gab ihm eine Gehilfin bei, heißt es Genes. II, 18 — macht dieser
Ausdruck uns nicht das mannweibliche Gehilfenbild vorstellig? Erst

---

[1] Brugsch, Reise nach der Oase el Khargeh. Taf. XVIII.

durch Trennung vom Weibe ist der Urmensch zu seinem andern Ich gelangt. Bei griechisch-sinnlicher Darstellung träumt Zeus von Cybele, und der übersprudelnden Kraft entsproßt der Hermaphrodit Agbistis. Die Kabbalisten fassen aber Adam Kadmon als Erstgebornen, nach dessen Bild und Gleichniß die Welt selbst geschaffen ward. Diese Schöpfung ist voll Leiden, aber das schwerste Kreuz tragen die Frauen. Sogar die eifrigsten Scholastiker stellten in Frage, ob nicht besser die Welt gar nicht geschaffen wäre, da Niemand seines Daseins und Endes froh werden könne? Hiemit ist der Urheber der Geschöpflichkeit selber in Anklage versetzt. Nach pantheistischer Auffassung leidet der Urheber des Alls persönlich darunter und wird in die Elemente aufgelöst. (Sepp, Heidenth. II, 11.)

Makrobius Sat. III, 8 nennt die cyprische Aphrodite nackt, mit großem Bart und den Zeichen beider Geschlechter, so daß man sie für Mann und Weib zugleich halten konnte (vgl. Semiramis). Ihr Dienst war darnach, und brachte auch nach Servius in Aen. II, 632 mit sich, daß die Männer in weiblicher, die Weiber in Männertracht opferten. Consul Cesnola grub in Hagios Photios an der Stelle von Golgoi unter andern Statuen den halbkolossalen weiblichen Brustkörper aus, wozu die Landleute den fortgeschleppten Kopf, Arme und Füße beitrugen, so daß das ursprüngliche Gottesbild der Amathusia mit Bart und drei langen Locken in wunderbarer Ausführung sich zeigt. Die rechte Hand hält einen Becher, die linke eine Taube, und trägt ganz den assyrischen Charakter. Ein Terracottafigürchen derselben traf ich bei ihm in Larnaka, eine andere befindet sich im Museum zu Stambul. Dieß erlaubt einen Rückschluß auf die Gestalt der Venus von Askalon, von wo aus der Cultus der Weltmutter in Cypern eingeführt wurde. Der Dienst der mannweiblichen Gottheit bedingte Cinäden oder Priester in Frauengewand, so daß Deuter. XXII, 5 nicht umsonst den Kleidertausch verbietet. Cinyras, der von seiner Erfindung, der Harfe, den Namen trägt, führt den mannweiblichen Dienst der Aphrodite in Paphos ein. Diese ist selbst dem Namen nach Astoret, welche in Salomons Tagen I Kön. XI, 5. 33 als Gott der Sidonier geschildert worden ist, wie später noch Venus Deus heißt. Die Nationen alle, welche die Sonne weiblich, den Mond männlich fassen, huldigen diesem Culte. Auch die Indianer Amerikas kannten solche

Mannweiber.[1]) Männer in Frauenkleidern traf Martius bei den Guayacuru in dem La Platastaate, ebenso tragen sie sich in Illinois.

Gomer, assyrisch Gimir, Κιμμέριοι sind die riesenmäßigen Kappadocier. In den Annalen Sargons II. heißt ihre Hauptstadt Kimir, auch Chamane oder Chammanene, d. i. Cumana. An der Nordostküste des Pontus hatten sie zahlreiche Colonien mit dem Namen Cimeris oder Cimerium schon vor dem VIII. Jahrhundert v. Chr., weshalb man das von den Scythen verdrängte Volk von Norden ausgehen ließ. Der Dienst ihrer Gottheit, der kimmerischen oder kumanischen Virago verbreitete sich in ganz Vorderasien. Die Verwechslung der Kleider bei gewissen volksthümlichen Festspielen im Abendlande ist mehr und mehr abgekommen, und steht längst nicht mehr im Zusammenhang mit einem Religionsbrauche.

Darf der Dienst der mannweiblichen Jungfrau im Abendlande uns in Erstaunen setzen, da die Verehrer der Göttin nach ihr Cimerier hießen, so die Diener der Diana Cimeris in der Krim, und weitervorgerückt Cimbern und Cymri, mithin Sarmaten, Deutsche und Bretonen sich in die Benennung theilen! Immerhin heißen, gleichbedeutend mit Jaonen, juvenes, nach dem indischen Kumara, die Ausgewanderten „Jünglinge", der ver sácrum.

Wir legen auf das Bild der Kümmerniß und den daran haftenden Mythus das größte Gewicht, weil wir an ihm den Ursprung des Heidenthums und den Uebergang zum Christenthum veranschaulichen können, das ohne diesen Zusammenhang nicht die Weltreligion zu heißen verdient. Folgen wir der theologischen Fassung, so spricht der Schöpfergeist im Buche der Weisheit: „Ich war bei Gott im Anfang seiner Wege, ehe dann die Welt war; ich spielte vor ihm wie ein Kindlein und hatte meine Freude zu sein mit den Menschenkindern." Und der Ewige entgegnet VIII, 2: „Ich habe ihre Schönheit lieb gewonnen und dachte sie zur Braut zu nehmen." Der Schöpfer hat sich selbst entäußert, sich in die Liebe zur Natur verloren und die Welt in's Daseins gerufen. Er hat sich in die Zeitlichkeit versehen, und das Spiegelbild der ewigen Weisheit, sein Ge-

---

1) J. G. Müller, Amerik. Urrelig. 49. Barthels Zeitschr. für Ethnologie von Hartmann, Berl. 1881 S. 255. Bastian, Der Mensch 16.

schöpf über Alles lieb gewonnen. Aber die Kreatur enthält nicht das Wesen Gottes, sie die Tochter sträubt sich, das Ebenbild des Vaters wiederzugeben, und zieht vor zu leiden. Das ist nach heidnischer Vorstellung die Weltseele, die gekreuzigte Kümmerniß. Der Becher zu ihren Füßen läßt an den Kelch des Dionysos als des Schöpfers der Generation und Recreation, an den Kelch des Heiles und der Wiedergeburt denken. Man trank auf Leben und Sterben auch die Minne der hl. Kümmerniß, und das ist hochbedeutsam, um sie als vormalige Gottheit zu rechtfertigen. Der Becher, κόνδυ, bezeichnet den Welturſprung, die göttlichen Wunder gehen daraus hervor. (Athen. Deipn. IX, XII, 8.) Dieſer Schöpfungs- und Schickſalskeſſel, worin die Elemente gemiſcht werden und die göttliche Zaubermacht ſich offenbart, iſt in der Druidenreligion im Beſitze Ceridwens, der Erdmutter. Wohlan der heilige Graal, zugleich Myſterien- und Orakelbecher (Geneſ. XLVI, 5), ſetzt ſich fort im Paſchakelch, Lebens- und Leidensbecher, worin die Wandlung der Geſtalten vor ſich geht, und durch die Communion das Heil der Wiedergeburt erreicht wird. Es ist der indiſche Kelch Amrita mit dem Trank der Unſterblichkeit.

Die Idee der hl. Kümmerniß, die ſich lieber kreuzigen läßt, als daß ſie ſich einem Manne ergibt, iſt grundreligiös. Schon im Beginne der Schöpfung ſpricht Cumari, wie bei der moraliſchen Wiedergeburt der Dinge die Jungfrau zu Nazareth: Ich erkenne keinen Mann, und ihr mythiſches Ebenbild Pallas Athene bewahrt ihre Reinheit unbefleckt, ja die perſiſche Anâhita heißt wörtlich Immaculata. Wenn Prof. Scheeben in Köln Maria die Eingeborne und Erſtgeborne der ganzen Schöpfung nennt, ſo hat er ſie unwiſſend auf die gleiche Stufe mit Kumara, der Tochter Gottes vor aller Schöpfung placirt. Die Mythologie iſt den Romanen ein unerſchöpflicher Brunnen für chriſtliche Glaubenswahrheiten. Wie Aſträa die Sternjungfrau, nach Ovid Met. I, 149 vor den Sünden der Menſchen an den Himmel entwich, ſoll die Madonna leibhaft gen Himmel fahren. Den Titel Melecheth Haſchamaim, Königin der Himmel, welchen Baaltis und die karthagiſche Beliſama, Virgo coelestis, führt ſie längſt, und wir achten nicht darauf, daß Jeremias VII, 18. XL, 17 davor erſchrickt und vor ihren Opfern warnt.

Immer geht der Gürtel um den Königsrock, Sanctus Kumernus
steht am Bild zu Rankwil in Vorarlberg. Was in die erste Jugend=
zeit fällt, bleibt jedem unvergeßlich: wie sollte, was dem Kindesalter
der Menschheit angehört, ihr je aus dem Gedächtniß schwinden. Dieß
Erdenleben ist so jammervoll, daß die geplagte Menschheit von An=
fang eine Leidensgottheit zum Troste und Vorbild zu Hilfe
nimmt. Wie Herodot II, 61 bezeugt, geißelten sich am Isisfest die
Wallfahrer zu Bubastis, warum? Das dürfe er nicht sagen (wegen
des Leidenstodes des Osiris nämlich). Pausanias I, 33. III, 16
meldet, daß nach Lykurgos Gesetz die spartanischen Epheben den Altar
der Artemis Orthia mit Blut besprißten, indem sie zu Ehren der
blutgierigen Jungfrau einen Tag lang bis auf's Blut gegeißelt
wurden. Er schreibt auch VIII, 23, daß zu Alea in Arkadien am
Feste Skiereia dem Dionysos gegeißelte Frauen ihr Blut zum Opfer
brachten. Orthia tritt uns näher, indem deren Steinbild bis Maria
Orth bei Regensburg die Donau heraufschwamm. (Sagensch. 229.)
Anderseits wurde in Condilea die Bildsäule der Artemis von Knaben
mit einem Strick umschlungen und gleichsam gewürgt, daher sie wie
die Göttin Here, Apanchomene, „die Gehenkte,“ die Gekreuzigte hieß.
Die Priester der Bellona oder taurischen Diana peitschten sich bis
auf's Blut, ja die Hohepriesterinnen, Nachfolgerinen der Iphigeneia,
schlitzten sich selbst Arme, Brust und Seite auf, um der blutheischenden
Kriegsgöttin sich dienstlich zu weihen. Auch die Diana von Cumana
verlangte so blutige Sühne. Die kimmerische Göttin auf der
Halbinsel ihres Namens ist eben unsere Kümmerniß, deutschverständlich
aufgefaßt. Von der Geißlung der skythischen Artemis im Auftrag
des Orakels meldet auch Philostratus Apollod. VI, 20. Der Priesterin
der Athene zu Pedasus bei Halicarnaß wuchs bei bevorstehendem
Unglück ein großer Bart. Dieß ereignete sich zwei bis dreimal, und das
bezeugt Niemand geringerer, als der da gebürtige Herodot VIII, 104
(vgl. Museo Pio Clementino Nr. 495). Die jungfräuliche Anaitis
oder Artemis im kappadocischen, pontischen und pisidischen Cumana
kehrt im Abendlande als Comenia oder in der ältesten Nachricht der
Heidelberger Handschrift Nr. 793 Bl. 6, als Cymini wieder.

142. Die heilige Kümmerniß.

Dem Begründer der deutschen Mythologie, Jakob Grimm, ist die hohe Bedeutung der räthselhaften Kümmerniß nicht klar geworden, doch verbreitet sich ihr Dienst seit unvordenklicher Zeit über alle Lande, weit über Germaniens Grenzen hinaus und erhält sich bis heute. Kein Cultus ist ursprünglicher, wir konnten sie von der ägyptischen Komre und indischen Kumara, mit dem Uebergang zur kimmerischen Jungfrau bis in's fernste Abendland verfolgen, und die wunderbare bärtige Gestalt der mannweiblichen Göttin auch in der antiken klassischen Welt nachweisen, die Kreuzigung und den Geiger aber im kosmogonischen Sinne erklären.

Nach der Edda hat Hlif (Jlithyia), die Helferin in Nöthen, ihren Sitz auf dem Hyfjaberge. Am Hilfenberge im Eichsfeld, auch Maria Hilfberg geheißen, ließ St. Bonifaz eine Kapelle bauen, die einer wunderschönen Prinzessin, Wilgefortis geweiht ist: wer ihr sternbesäetes Gewand anrührt, erlangt Heilung.

Selbst den Namen Maria Hilf auf die nordische Nothelferin zurückzuführen, sind wir vollauf berechtigt, nicht minder Helfenberg bei Velburg, Helfenstein, und die Vorhöhe des Ehrenbreitstein dazu. Die gekreuzigte Jungfrau Ehra im Dom zu Braunschweig, wie in der Brückenkapelle zu Saalfeld, führt auf Eir in der Edda zurück, welche neben Hlif zu Füßen der Menglada sitzt, die beste der Aerztinen. Die Deutschen waren an die Vorstellung von Odin Hangagod und die göttliche Hilfe mit dem Barte gewöhnt, dieß erleichterte den christlichen Glaubensboten die Einführung des Crucifixes unter dem Namen Salvatorbild.

Als Karl der Große in der Schlacht auf der Drepperhöhe bei Felsthuten hart von Wittekind bedrängt wurde, rief er die himmlische Hilfe an und der Sieg wandte sich ihm zu. Da gelobte er St. Hülpe eine Kirche zu bauen, die erst in der Reformationszeit einging. Andere schreiben das Gelübde und den Bau von St. Hülfe lieber Wittekind oder einem Grafen von Diepholz zu, der die Bremer aus dem Felde schlug. (Weddigen 382 f.) Salvator mundi 1516 unter dem in Saalfeld, wie zu Ettersdorf bei Nürnberg. Franz Münzmeister stiftete bereits um 1350 nach dem Salvatorbilde auf dem

Gehilfenberge im Eichsfelde das Kümmernißbild in St. Gangolf zu
Bamberg. Nachdem der siegreiche Gründer des deutschen Reiches den
Stuffenberg erstiegen und das Bild der bärtigen Jungfrau am Kreuze
in der Bonifaziuskapelle zurückgelassen, dauerte weithin die Verehrung
fort. Als die Jesuiten 1576 die Wallfahrt erneuerten, wußten sie
das Bild des angeblichen Salvator nicht zu deuten.

Es ist wunderbar, wie zähe die vor allem kriegerische Schutz-
gottheit sich aus der Heidenwelt fortbehauptet. Wer zählt all' die
Orte auf, wo sie Verehrung genießt?[1]) Ein Elfenbein Triptychon
aus dem XIII. Jahrhundert zeigt bereits die Gekreuzigte, Kümmerniß
oder Wilgefortis. (Aglaus Bouvenne l'Art Chretienne X.) Für
gleich alt gilt das Bildniß zu Oberwinterthur. Ihr zu Ehren trägt
sogar eine Alpenpflanze, (Silene umilio) die Benennung Kümmer-
nißel, ob wohl der Uebertrag in's Pflanzenleben bei alten Gottheiten nicht selten ist. Das Bild der Kümmerniß zu Wessobrunn
stammt wohl aus der ersten Zeit der Stiftung. Wenigstens erkennt
Schönemark das ähnliche Holzcruzifix zu Obernkirchen in Thüringen
als Karolingisch.[2]) Wohl sechzig Processionen aus dem weiten Um-
lande bewegten sich früher zur hl. Kümmerniß nach Neufarn.
St. Kümmerniß hat eine Kapelle halbwegs Seeham und Ober-
trum im Salzburgischen, mit der Legende, ihr Vater der König von
Portugal habe sie enthauptet, weil sie, um nicht heirathen zu müssen,
um Entstellung ihrer Schönheit bat, worauf ihr ein Bart wuchs.
(Huber, Sagen 80 f.)

Die Thyroler verehren sie vorzüglich. Eine Kümmernißkapelle
steht beim Scheibthurm zu Gries, nächst Botzen das Kümmerniß-
kirchlein. Ihren ursprünglich heidnischen Charakter kennzeichnet nichts
besser, als daß ihr Bild in der Todtenkapelle zu Wilten mit dem des

---

1) Abbildungen der Kümmerniß liefern die Mittheilungen der k. k. Central-
Commission für Baudenkmale Wien 1856 Bd. I und II. Der Geschichts-
freund des hist. Vereins der 5 Orte Einsiedeln 1863 Tom. 19. Dr. Hoß,
Osterwald in Zürich: Zur Restauration eines alten Cultes. Leipz. Illustr.
15. April 1876 S. 291.

2) Abbild. in Zeitschr. f. christl. Kunst 1888 Nr. 9 S. 316. Lehfeldt,
Bau- und Kunstdenkmäler Thüringens 1889 S. 79 f. Dr. Max Bartels
(Berl.) „Einiges über den Weiberbart."

Riesen Heimo oder nordischen Ymir zusammensteht, aus dessen Leib die Welt geschaffen ist. In der Pfarrkirche zu Dietersheim an der Nahe steht das Bild der Kümmerniß noch in Verehrung, im Volks= mund heißt sie St. Helferin. Noch bei Menschengedenken stand davor eine Steinkiste, worein die Gläubigen Körnerfrüchte als Opfer warfen, auch pflegte man aus einem porcellanenen Schuh Wasser aus dem Brunnen an der Kirche zu schöpfen und zu trinken. S. 476.

Besonders hat die Urschweiz Ueberfluß an solchen Bildern. Zu Baar im Zugerlande ist die Kreuzkapelle zu Ehren St. Kümmerniß 1642 neu geweiht. Der Münster zu Freiburg in der Schweiz enthält ihr Bild. St. Kümmerniß zu Schönbrunn bei Zug hilft gegen Geschwüre, daher das Aiffenmauli genannt, sie erhielt kürzlich ein neues Gewand. Im Luzerner Pfarrdorf Ruswil ward die Bruderschaft der hl. Kumeri 1828 errichtet, gleichzeitig in der Filiale Rüediswil ein Heiligenhäuslein dem Bischof und Martyr Kummerus geweiht. Das hölzerne Kümmernißbild im Beinhaus des Pfarrdorfs Naters in Wallis hängt in vier verschiedenfarbige Tuchröcke gekleidet am Kreuze, wollte aber alle sieben Jahre neu gekleidet sein.

Die Namensunterstellung Wilgefortis führt eher auf Wile, Wurt, als auf virgo fortis. Mit dem Bilde der Ildefortis oder St. Kumernus wallfahrten die Urner im Mai nach Steinach; dazu lebt Frau Selten im Kanton die Göttin Sälde fort.[1]) Einsiedeln und Disentis verehren die hl. Gommera, und in derselben Namens= form erscheint die Prophetin der Langobarden Gambara. Santo vulto in der Kirche San Martino, des Schutzpatron von Lukka. Da man über die Aufstellung sich nicht einigen konnte, rieth der Bischof, das= selbe ein paar jungen Ochsen aufzuladen. Es war 782 im Meere an= geschwommen. Die Langobarden waren demnach so eifrige Verehrer des unvordenklichen Heilandsbildes, wie die Bajuaren. Das Kümmerniß= kirchlein in Pisa ist unscheinbar. Ein Bild besitzt die Sammlung Nadar in Paris. Der gegenseitige jährliche Bittgang nach Steinen

---

1) In Pfeiffers Germ. 32. Bd. S. 461 f. hält Rehorn das Bild der hl. Kumernus für Thor (469 f.); er kleidet sich ja in Freya's Gewand, und trägt das Hammerkreuz im Gürtel. Fiorgynn seine Mutter, ahd. Fergunna benennt das Erzgebirge, Virgunt den Bergstrich von Ansbach gen Gmünd.

und Bürglen soll in Geßlers Tagen der Unterbrückung gestiftet worden
sein. Er besteht noch in Einsiedeln und Disentis und Winter=
thur kannte ihn.

Ontcomeria heißt sie in Lauingen. Der Kirchenkalender aus der
Jesuitendruckerei zu Dillingen 1562 verzeichnet zuerst zum 20. Juni:
„Wilgefortis von Portugal, zu Latein Liberata, zu deutsch Onkumer."
Gleichzeitig ging die Heilige unter Gregor XIII. dem Kalender=
verbesserer in's Martyrologium Romanum über. Nach ihrem Grabe
zu Sternbergen in Brabant hieß der dortige Dünenstrich Sinte Ont=
comers Polder. Rochholz[1]) bezieht letztere Namensform auf Komber
und Kommer, Schutt und Steindamm, wie der Argauer Bauer
noch den Abraum von Wiesengräbern Kumber nennt, mittellateinisch
combrus = Bauschutt, portugiesisch combro, Wasserdamm. Die
Heilige ist im römischen Martyrologium als lusitanische Martyrin
vorgetragen, also ja nicht in Holland zu Hause, und hieße demnach
deutsch erklärt in ein paar Fällen die Entkümmerin, liberatrix im
ethischen Sinne, sonst die Bekümmerin; aber in Lauingen gibt es
noch dazu keine Dünen, und wie erklärt sich der Name in der
übrigen Welt? Unsere Kümmerniß ist eben nur dem Deutschen mund=
gerecht und verständlich gemacht, aber die Liquida n ebenso überflüssig
wie in Benlaunen, Pfenning, Ungarn und Mongolen, für Belaunen,
Pfennig, Ugren und Mogolen. Ebenso wenig eignet sich „kommen"
nach Tyrolermeinung zur Erklärung von Comina, sondern diese stellt
sich wie Kymini zu Cumana, Cumara, wie Camöna zu Carmena.
Es ist die Amazonengöttin, welche ihren Dienst vom Thermodon
in Colchis durch die Länder der kimmerischen Slaven und Skythen
bis zu den fernsten Grenzen des Abendlandes verbreitet.

Erschrecklich ist geradezu, was man dem Volke für christliche
Religion bietet, zumal an Wallfahrtsorten. So liest man im Laure=
tanischen Blumengarten" von einem Kapuziner Joseph Bilin, gedruckt

_____

1) Tell und Geßler S. 150. 439—446 Der wackere Forscher führt
Kümmernißbilder auf S. 154 f. Wilgefortis S. 432 f. 437. Stauffachers
Haus zu Steinen ward 1400 angeblich in die Kapelle zum hl. Kreuz (Sankt
Kümmerniß) umgebaut. Sie soll mit dem Gnadenbild schon 1307 und 1287
bestanden haben (S. 437), aber diese Urkunden sind kurz vor 1692 aufge-
nommen.

zu Prag, „Außerwöhlte Gebetter" beim Umbgang zu der H. Kummer=
nuß: „H. Wilgefortis, Gesponß Jesu, Schnur Mariä, die du deines
unreinen Vatters Königliche Präsent verachtet haft" u. s. w.   Die
Marianische Litanei ist auf die von Henkersknechten am Kreuz aus=
gespannte Jungfrau umschrieben mit dem Schlusse: „Bitt für mich
o du selige Wilgefort.   Auff daß ich der Verheißung Christi würdig
werde."

143. Anfeindung der Kümmernißbilder.

Auf dem Stuffen= oder Gehilfenberg bei Mühlhausen baut
Bonifatius eine Kapelle zu Ehren der Königstochter, in die ihr eigener
Vater verliebt war, bis sie auf ihr Gebet einen abschreckenden Bart
erhielt.   Erst die Anhänger des Thomas Münzer haben dieses
„Salvatorbild von der göttlichen Hilfe" vernichtet.   Und doch
lebt selbst in protestantischen Gebieten die Heilige im lebhaften An=
denken fort.   Die verkehrten Eiferer haben keine Ahnung, daß, sollte
alles vorchristliche verworfen werden, bald nichts mehr übrig bliebe,
als Messe singen, Rosenkranz und Ablaßkram.   Die Volksseele
fände keine Befriedigung mehr, und wir büßten die altväterlichen
guten Sitten ein.   Der Feuereifer, welcher den Bonifatius zur Aus=
rottung der Donnereiche beseelte, zündet noch immer nach, besonders
bei Mönchen.   Ist die Zerstörung des Serapeions mit dem ausge=
spannten Gottesbilde ein Akt unvergleichlicher Barbarei, so sind es
bis in neuester Zeit Ordensleute, welche jetzt die Kümmernißbilder
entfernen, oder die Leonhardsfahrten als heidnische Ueberreste einstellen
möchten.   Von Mainz brachte beim Franzosen=Einfall zu Anfang des
Jahrhunderts ein Bürger obiges Bildniß mit der werthvollen Krone
nach einem entlegenen Dorfe, doch hängt noch in der Pfarrkirche zu
St. Christoph ein anderes.   Fünf sind in der hessischen Rheinpfalz.

In ganz Lothringen verkauft man gedruckte Gebetzettel mit
Ablaß zur hl. Kümmerniß, so zu Weißendorf, Rottendorf und ander=
wärts.   Man glaubt, der Vater habe nach ihr begehrt, da bat sie Gott
um Entstellung.   Wir finden Bilder in Brüssel, Mecheln, Arques bei
Dieppe, ein berühmtes Bild in Emmerich, zu St. Maria in Lys=
kirchen, in Köln, und wer sagt wie viele zu Grunde gegangen!

In Frankfurt stand eine Kapelle zum hl. Kumernuß am Dom=

bichel, ward aber abgebrochen; doch führt noch ein Haus daneben
den Namen. Durch den Hinzutritt dieser Weltgottheit verstärkt sich
der Beweis meiner Schrift: „Frankfurt ein altes Askiburg Recht, daß
der Bartolomäus-Dom, worin die Kaiserwahl stattfand, den Platz
eines einstigen Heiligthums des Wodan Bartold einnimmt."

Zu Brüssel wurden die Reliquien (?) der Gekreuzigten jährlich
dem Volke gezeigt und in Prozession umgetragen, bis sie 1696 verbrannten. Französisch heißt die Heilige Kombre, und erinnert so an
den ältesten vorchristlichen Namen. Sie kömmt oder kam in die Kathe-
dralen und Klöster Frankreichs, Italiens, Englands und Spaniens,
aber wer darf darin einen deutschen, oder mit Baron Sloet den
holländischen Namen Ontkommer suchen, der doch nur auf sprachlicher
Anbequemung beruht. Hier wurde der vermeinte Leib der Heiligen
1404 zu Steinberg erhoben? In Besançon war das monströse
Bild einer bärtigen Jungfrau zur kirchlichen Verehrung aufgestellt,
bis der Carmeliten-Provinzial Andreas und S. Nikolaus 1706 auf
dessen Entfernung drang, damit die weniger kirchliche Menge nicht
in Hohngelächter ausbreche. Im Veitskirchlein ober Telfs ließ
ein Franziskaner das lebensgroße Bildniß verbrennen, wie vor hundert
Jahren Bischof Ungeltner von Augsburg mit den Bildern in St. Leonhard bei Dillingen verfahren wollte — hier aber eilten die Bauern
herbei und retteten die Heilige sammt den Votivtafeln, worauf die
Kapelle in ein Pulvermagazin verwandelt ward. In Düsseldorf
sicherte ich 1868 das große Wandbild der Kümmerniß mit dem Geiger
in der Pfarrkirche vor abermaliger Uebertünchung. Ein Kaufmann
brachte 1684 das Kumernusbild nach Prag, früher wäre es wohl den
Hussiten verfallen. Die Kümmerniß-Wallfahrten brachte unter Wessen-
berg der Constanzer Generalvikar Müller, Stadtpfarrer von Luzern, in
Abgang, nach dem Wienerfrieden kamen sie wieder in Aufnahme. In
Eichstätt erzählte ein alter Mann, um die hl. Kümmerniß gefragt:
es ist noch nicht lange her, daß sie allgemeine Verehrung genoß. Ihr
Bild in der Pappenheimischen Kapelle wurde erst bei der Restauration
unter Bischof Reisach entfernt. In der Wohnung des jetzigen Dom-
meßners bestand eine dieser Heiligen gewidmete Kapelle. St. Peter am
Kofel heißt eine seit 100 Jahren aufgegebene ganz eingestürzte Kapelle
„der ersten Christen," vor Inichen im Pusterthale gelegen, bei Rads-

berg war ein Kirchlein Maria Hilf (Maria Rath). Die Sylvester=
kapelle bei Inichen auf Bergeshöhe ist gleichfalls verwaist, der Volks=
glaube hält fest, der Heilige leiste Hilfe bei krankem Vieh, und habe
auch als Einsiedler in der nahen Felsenhöhle den Drachen mit dem
Kreuzzeichen besiegt. St. Peter (Thor), Maria Hilf und Fron=
deigen als letzte Stätte der Dreikönigsgruppe (Frohdi) haben wohl
den Anstoß zum Dreikönigsbilde in Sylvester gegeben. Bei Hof=
stetten nächst Landsberg heißt ein Flurname „Auf der Kümmerniß,"
und zwar bei der Kapelle, welche einst Pfarrkirche gewesen sein soll:
wohin ist das Bild gekommen? Dem überlebensgroßen Bildniß von
Wessobrunn wurde von weltlicher Hand mit Stemmeisen und Hacke
mitgespielt.

Die Kirche unterstellte der deutschen Gottheit lateinische Heilige.
Eben das geschah wohl mit der römischen Galla und der hl. Paula,
welche zu Abila in Spanien gebartet dargestellt erscheint. Ist es nicht
rührend, daß Comina am 29. Mai, Kümmerniß am 20. Juli ihren
Kalendertag hat? Mit dem Heiligen Lexikon Bollands unternahm die
Gesellschaft Jesu ein Riesenwerk unter Benützung aller Bibliotheken
und Archive Europa's, und setzte sie bis zum 15. des Kalendermonats
Oktober in 53 Folianten fort; seitdem ist die neue französische Auf=
lage auf 80 Bände berechnet, doch nie kam den Verfassern der Ge=
danke, daß sie damit nur christliche Mythologie schrieben, ebenso
wenig ihren Nacheiferern Joh. Ev. Stadler und Alban Stolz,
obwohl sie in den Heiligengeschichten mit ihren Wundern wenig anderes,
als deprimirte, aus dem Heidenthum entnommene Göttersagen nachbeten.

144. Drei Berge, Burgen und Kirchen.

In Arabien sind die drei unzugänglichen Berge Thay (Baus),
Abscha und Salma von religiöser Bedeutung, und das Mittelalter
läßt die Magier oder hl. drei Könige auf drei Bergen Himmels=
beobachtungen anstellen (mein Palästina II, 235 al. 342). Bedeutsam
heißen drei Nachbarberge mitunter die drei Brüder, auch drei
Schwestern (las trais sruors); so liegt Baduz am Dreischwestern=
berg, das Rheinthal bei Bregenz schließt damit ab.

Bei Spremberg liegt der Babenberg nebst dem Jurowa und
Marina gora: zu diesen drei Bergen wurde einst in den katholischen

Kirchen gebetet. (Schulenburg 5.) Vom Hohenstaufen führen drei unterirdische Gänge nach Heldenberg, Rechberg und Kloster Lorch. (Panzer 196.) Oberhaupt, Diebskopf und Bußkopf sind drei Berghöhen bei Brombach in Hessen.

„Muß, Tann und Waal, vier Focking und drei Saal" um= geben Kelheim, nämlich Obersaal, Herrensaal und Postsaal. Die drei Kirchen zu Mistelgau, Gsees und Felsbach wurden gleich= zeitig gebaut. (Panzer II, 17.)

In Uhlands Gedichte: „Die drei Schlösser," liegt das eine in Waldesdunkel in Dickicht, das andere ist vom Blitzstrahl getroffen versunken, das dritte strahlt auf Bergeshöhe im Sonnenglanze. Wenn das silberne Glöcklein zu Rapoltsweiler läutete, fingen sämmtliche Hunde auf allen drei sog. Schlössern zu heulen an, und seit diese in Trümmer gefallen, hört man sie unterirdisch bellen. Agnateln, Roseln und Mergeln, drei Nachbarorte in Siebenbürgen sind von drei Jungfrauen erbaut, die auf der alten Burg bei Schönberg saßen. Soweit wanderten noch spät die drei Schicksalsschwestern mit den Sachsen!

König Wittekind baute drei Burgen, die Wittekinds= oder Wekingsburg am Wedigenstein, die andere am Werder, die dritte Babilonie bei Lübbecke. Ebenso drei Kirchen: auf der Höhe von Bünde, am Werder vom Rehme und eine im hügelumschlossenen Angerthal. Karl der Große that das Gelübde, wenn er die Schlacht gegen Wittekind gewinne, drei Kirchen im Kleeblatt gelegen zu bauen, die zu Ovenstädt, Buchholz und Windheim, wo sein holzgeschnitztes Bild zu sehen war. Wedigenstein, Dosberg und Schaumburg waren drei Raubnester, die den Kaufleuten auf der Weser viel Schaden thaten. (Weddigen 27.) Der Raubritter Baggus Speckin beschloß zur Sühne seiner Unthaten drei Kirchen in Pommern zu bauen und ließ dreimal eine Eule fliegen, den Platz zu bestimmen. Diese setzte sich zu Baggendorf, Nehringen (Glewitz) und Vor= land. (Jahn 191. 535.) Die Riesin Trendela benennt mit ihren Schwestern Saba und Bramba in Hessen drei Burgen.

Am Blocksberg, Jabsberg und Lindberg bei Neubranden= burg hausten Lindwürmer. (Bartsch Nr. 57.) Der Löbauer, Stromberg und Rothstein in der Lausitz correspondiren mit

einander und schließen reiche Geldkeller ein, muthmaßlich sind es ge=
meinsame Opferorte. .Die drei Ritter auf der Nellenburg, Wüs=
burg und am Forst bei Neustadt unterhielten sich mit einander
durch ein Sprachrohr. (Lyncker S. 182 f.) Ebenso die drei Brüder
auf Weidelsberg, Niederstein und Falkenstein. Die Felsen
über dem Spitzingsee auf der Seite des Jägerkamp heißen die wilden
Fräulein, in sie waren die Jäger verliebt, sahen sich aber dafür
in Netzen in die Tiefe gezogen. Die Göttin Berchta auf der Brecher=
spitze führte deshalb Klage bei Wodan auf der Bodenschnait, und
dieser versteinerte die Töchter, so stehen sie noch zum Wahrzeichen oben.

Drei Felsspitzen: der Hohenstein, Plöckenstein und Drei=
sessel bilden die Grenze von Bayern, Oesterreich und Böhmen.
Vgl. die Dreiherrnspitze in den norischen Alpen. Zu Füßen liegen
drei Burgen: Wolfstein, Freudensee am Hanzenberg und Riedl=
burg, wo drei wunderschöne Fräulein hausten, um welche drei
Ritter aus den drei Grenzlanden freiten. Sie erhielten Zusage,
wenn sie in Jahresfrist einen Adler, Wolf und Bären als Beute
brächten, und um Mitternacht in den Zwölften mit dem Schwert
in den Sand oder Schnee drei Kreuze zeichneten. Dabei sollten
Feuerbrände auf den Höhen leuchten. Am Lusen, Arber und
Rachel holten sie ihre Jagdbeute. Im Kirchlein zu Glockenberg und
Waldkirch schlug die Glocke zum letzten Tagewerk. Da aber die
Burgfeuer nicht aufleuchteten, warfen sie die Ringlein fort, die hoch=
müthigen Fräulein blieben unvermählt und gehen seitdem auf den
Waldhöhen als Hexen um. (Schenk, Charitas 1847 S. 238 f.)

Ortsnamen wie in Mittelfranken Peters=, Veits= und
Bartelmä=Aurach tragen altdeutsches Gepräge. Die drei Kirchen
zu Nivenburch, Hademarsperch und Valchenstein am Inn ge=
hörten in alter Zeit zusammen. (Mon. b. VIII, 435.) Heiden=
heim, Auhausen und Heilsbronn sind von drei Geschwistern,
Walburg, Oswald und Willibald gegründet, ihr Esel fand daselbst
die Quelle, und zwar in Heidenheim den Heidenbrunn. (Panzer 132.)
Zwischen Pöttmeß und Neuburg liegen die drei höchsten Berge der
Gegend, St. Wolfgang bei Sinning, St. Ottmar bei Wolda,
der Bemberg bei Schwabhausen. Jeder trägt nun ein Kirchlein,
früher standen da drei von Riesen bewohnte Burgen, die sich gegen=

seitig eiserne Keulen zuwarfen. Bei Mörn, Gerichts Monheim, standen auf drei Anhöhen drei Burgen, von drei Brüdern erbaut und bewohnt, die einander eiserne Würfel zuschleuderten. Ottakring, Sigharting und Wilhalming bei Prien sind von drei gräflichen Brüdern im Chiemgau gegründet. Salvator, Greimharting und St. Florian stammen aus gleicher Zeit. Neukirchen, Weyarn und Reichers=dorf sind unterirdisch durch Gänge verbunden. Die drei Burgen Massenhausen, Hohenkammer und Parteneck bildeten das Besitzthum eines Geschlechtes, und hatten gemeinsam die Parte oder Streitaxt im Wappen. Haldenberg, Lichtenberg und Kalten=berg boten sich am Lech die Hand: erstere hat Doppelmauern mit Wehrthurm ohne Zugang, letztere einen Römerthurm und vom Hoch=punkt die Aussicht bis Augsburg. Ueberhaupt liegen die drei Schlösser oder Dörfer gewöhnlich so gewählt, daß sie zusammenschauen. Auf dem Moos bei Roweiler stand einst ein Schloß. Die letzte Besitzerin vermachte den Kirchen von Zürgesheim und Donauwörth den Forst zu den drui Berglen, dafür wird noch gebetet. Zwei schwarze Frauen mit weißen Schleiern gesehen zu haben, da er noch Vieh hütete, ließ der Erzähler sich nicht nehmen.

Traunstein hat drei Berge mit zwei Lilien im Wappen. Die drei Pfarrgemeinden Götting, Högling (schon 803 als Pfarre genannt) und Kirchdorf hielten ihre Bittgänge in der Kreuzwoche in das eine oder andere Gotteshaus. Aichberg bei Rott, Lechs=berg und Pöring gehörten zu einem Besitz, waren in der Hand von Raubrittern und durch Gänge unterirdisch verbunden. Die drei Klöster Wessobrunn, Polling und Raitenbuch gehörten zusammen, ebenso die drei Schlösser Peißenberg, St. Georgen und Jais; beide letzteren haben einen Galgenbühel neben sich, hatten also das jus gladii. Hohenaschau hat zum Wappen den goldenen Dreiberg im aschenen Felde. Früher stand ein Baum auf dem Drei=berg und die Esche. Noch leben in Bayern Freiherrn von Asch. So haben die drei Schloßfräulein, welche die Kirche zu Schildturn erbauten und die drei hl. Namen Aimbet, Warbet und Wilbet führen, in Lemberg, Wimpassing und Hinterau Sitz und Besitzung.

Meine eigenen Ahnen besaßen drei Burgen bei Kaltern, die nun in Ruinen liegende **Seppenburg**, **Rechegg** und **Stahlegg**. Die Frondsberg führen drei Berge im Wappen. Gilt dieses Gesetz nur für Deutschland oder weisen auch andere Länder eine solche Drei= zahl von Bergen, Burgen und Kirchen nach?

145. Die drei Brunnen der Edda und ihre Nachbilder.

Der Urdar= und Mimirbrunn nebst dem aus der Unterwelt aufkochenden Yergelmir lebten in dunkler Erinnerung im deutschen Volke fort, nur ist sprachlich Urdel, Mume und Urgel daraus geworden. Die Dreischwesternbrunnen besagen dasselbe, die dritte, schwarze oder blinde gleicht eben der unterweltlichen Hel. Herzog Tassilo dürstete auf der Jagd, und auf sein Gebet entsprangen die drei hl. Quellen zu Wessobrunn, von wo ein unterirdischer Gang bis Pael, anderseits zum Göggeliberg bei Polling führt. Luden= hausen führt den Namen von Hludama, der deutschen Latona, wie Hilde oder Schwanhilde die griechische Leda ist. An den drei Aich= brunnen am Fußweg nach Rott und Wessobrunn lassen sich drei Waschfrauen sehen; es sind die drei Fräulein, wovon die Blinde beim Schatztheilen mit dem umgekehrten Metzen übervortheilt wurde. Darauf ist kraft ihres Fluches die Burg versunken. Die Brunnen sind künstlich gegraben, doch soll das Wasser nie ausgehen. Auch von einem ge= heimnißvollen Baume ist dabei die Rede, welchen Niemand kannte, wie jenen zu Upsala. Im Orden der Schulschwestern lebt die ur= deutsche Hludana als Klostername fort.

„Drei heilige Brunnen" ehrt das Tyrolervolk am Fuße des Orteler, der Ferner Trafoi hat davon seinen Namen, sowie der Thalgrund. Sie quellen den Bildsäulen Christi, Mariä und Johannis aus der Brust hervor. Die Madonna wird, da im Winter die drei Quellen ausbleiben, jährlich am Michaelstag hinab nach Trafoi, auf Pfingsten hinauf nach Hintrafoi in Prozession gebracht. Drei heilige Brunnen liegen am Fuße der Gletscher des Stelvio=Passes. Daneben steht St. Ulrichs Gotteshaus auf Stilfs, und bildet mit der Kirche St. Joh. Bapt. und St. Maria ad tres fontes die übliche Dreizahl; ganz Vintschgau trinkt das Wasser als heilsam. Auf Maria Heimsuchung, Jakobi und Bartolomä treffen die Haupt= wallfahrten, die Votivtafeln sagen das Uebrige. So liegt in Rom

an der Straße von Ardea die Abtei alle tre fontane, alt ad aquas
Salvias. Am Richtplatz, wo Paulus enthauptet ward, sollen sie
vom dreimaligen Sprung seines Hauptes entqollen sein. Genau so
entspringen zu Sarmenstorf in der Schweiz die Brunnen der heiligen
drei Angelsachsen von ihren abgeschlagenen Köpfen. Ein heilig ver=
ehrter Brunnen bei Löwen quillt aus drei Gräbern. (Wolf R. S.
414. 697.) Albricus trium fontium schrieb die Chronik über den
Kreuzzug des Königs Andreas von Ungarn 1217.

Auf Hilpoltsberg bei Krumbach saß Ritter Ulrich von Ellen=
bach, dem ein Diener die Treue seiner Gattin Adelheid von Roth
verdächtigte. Schleunig kehrte er heim, die Edelfrau kam ihn zu
willkommen, da er aber mit dem Dolch auf sie einstürzte, floh sie
in eine Scheune. Diese ließ der Halbwahnsinnige an drei Ecken
anzünden. Adelheid ward erstickt gefunden, aber an den drei Stellen
entsprangen zum Beweise ihrer Unschuld drei Quellen. Sie liegt
zu Wettenhausen und das Volk ehrt sie als Heilige.

Ein Dreibrunnthal taucht zufällig bei Dürkheim in der Pfalz
auf. Das Wildbald Adelholzen heißt Trifons. Nicht zu reden
von Dreienbrunnen bei Erfurt und anderen in der deutschen
Heimath — haben wir deren Dreizahl bedeutsam auch im alten
Griechenland nachgewiesen. (Sagensch. 299. 488.) Die Ansiedler
in Kanada nahmen bei der Gründung von Three Rivers oder Trois
Rivières die Achtung vor der hl. Dreizahl aus Europa mit.

146. Der Nornenbaum und Kinderbrunnen.

Die Nornen Urd und Werdandi schneiden die Schicksalsrunen in
Scheiten (Stäbe) und Holztafeln, die Griechen lassen sie spinnen; beide
Art Feen stehen außerhalb des Götterkreises. Tertullian de anima 3
meldet, man habe über Neugeborne die Fata Scribunda angerufen.
Die Sachsen und Skandinaven wissen aber auch vom Drehen und
Festigen des Lebensfadens, vom Schicksalswift. In der Nornagest=
sage c. 11 wünscht die böse Frau, das von den beiden andern mit
Glück überschüttete Kind des gastlichen Häuptlings solle nicht länger
leben, als die Kerze brennt. Schnell löscht jene, wie die Mutter
Meleagers, die Kerze aus und übergibt sie — gleichfalls der Mutter,
sie ja nicht wieder anzuzünden.

Auf den jonischen Inseln heißen die Quelljungfern oder Nereiden auch καλαὶ κυρίαδες, die schönen Herrinen. Sie hausen in einer Höhlung, hüten Schätze, musiciren und tanzen, können aber den Unvorsichtigen auch schaden. Die Albanesen glauben: am dritten Tage nach der Geburt erscheinen drei unsichtbare Frauen (φάτιδες) am Bette des Kindes, um dessen Schicksal zu bestimmen. (Hahn I, 148.) Es sind die schon aus Homer bekannten Moiren.

Sitte und Brauch der Siebenbürger Sachsen bringen vom Zuwachs der Familie, dem lieben Ehezweiglein, das Lied von den Brunnenfrauen:[1])

> Drei Rane (Nornen) kommen aus dem Rohr,
> Sie bringen gefangen ein Kind hervor.
> Und legen es in ein Trögelchen,
> Es schläft wie ein Regenvögelchen.

Durch die ganze Oberpfalz, besonders zu Thirschenreut bringt das Teichfischen eine eigene Festlichkeit mit sich. In Stadteschenbach sind die Weihnacht- oder Heiligenabend-Fische aus dem Stadtbach von drei Jungfrauen gestiftet, um an alle Herdstätten je nach der Steuer zur Vertheilung zu gelangen. Im Dutzendteich zu Nürnberg wird das Fischen zum Stadtfeste.

Der Jungfernsee bei Freienwalde in Brandenburg hat das Andenken an die deutschen Nornen noch über die Slavenzeit hinaus erhalten. Drei Jungfrauen schwimmen über den Beltowsee und singen wunderschön, der Horcher schläft aber darüber ein. Zwei sitzen verzaubert im Jungfernsee bei Callies und bewachen einen Schatz: am Johannismittag sieht man sie baden. (Knoop 9. 31. 90. 143. 159.) Auf dem Schloßberg zu Belgard wohnten drei Prinzessinnen, der Steig führte nach dem Mühlenteich hinab. Die eine bat einen Mann, sie dreimal schweigend um den Berg zu tragen, dann sei sie erlöst. Längst ist von der weißen Burg nichts mehr übrig. Auf dem Bollwerk bei Labehn wurde eine Kapelle mit drei Jungfrauen verzaubert, diese sieht man in der Neujahrsnacht im nahen Teiche baden.

Die Schicksalsschwestern spinnen und weben, und bestimmen über Leben, Wohlergehen und Tod der Menschen. Die Sommerfäden

---

1) v. Wlislocki, Sammlung wissensch. Vorträge 1888.

stammen von ihrem Spinnrad und Spulen; davon heißt auch der Spindelfels die „Spinnerin." Ist das Feld mit Tausenden von Spinnweben überzogen, so sagt man in Holstein, die Metten haben gesponnen. Das Kinderlied lautet:

> Sonne, Sonne, schein,
> Fahr über den Rhein,
> Fahr über das goldne Haus
> Gucken drei schöne Jungfern raus.
> Die eine spinnt Seiden,
> Die andre wickelt Weiden (den Todesstrick)
> Die dritte geht an's Brünnchen,
> Findet ein goldigs Kindchen.

Die schlesische Spillaholla trägt die faulen Kinder in's Wasser, und bringt dafür kinderlosen Aeltern Neugeborne. Die drei Schicksalsschwestern, slavisch Rojenice, wohnen auch auf hohem Berge, erscheinen aber zu Thal, um Frauen in der schweren Stunde beizustehen, und verkünden das Schicksal der Neugebornen, der Spruch der letzten gilt für's Leben. Der Wanderer sieht sie, dem man Nachtlager gewährte, oft erscheinen sie bloß als Lichter. In der Oberpfalz ist kein Dorf ohne Teich, aus welchem die Kinder geholt werden, mitunter auch aus dem Walde, und wenn eine Mutter mit ihrem Kleinen auf's Feld geht, bindet sie am Walde ein paar Birken zusammen, macht daraus eine Wiege und schaukelt es mit wiederholtem Stoß, eifrig bedacht, daß kein Schratzel es hole und gegen einen Kielkropf austausche. Auf chinesischen Malereien findet man drei Jungfrauen unter einem Apfelbaum — Nornen ähnlich.

Frau Holla gewährt den Ehesegen, ihr Baum ist die hl. Linde.[1]) Zu Nirnstein in Hessen (Nörnstein?) holt man die Kinderchen von einer Linde, unter der man einen Born rauschen hört. Die weitberühmte Linde bei Nauders war in der Heidenzeit zugleich Gerichts- und Opferbaum, und in ihren Zapfen erkannte die Jugend künftige Geschwister; in der nahen Baumburg hausten die Nornen. Die Schweiz kennt den Kindeli-Birnbaum im Aargau, so bei (Klein) Coblenz und Tegernfeld. An den Hollabaum schließt sich der Hollabrunn. In Köln entnimmt man die Kleinen aus dem

---

1) Weihenlinden, Wolf, Beitr. I, 168 f. Sepp, Sagensch. 122. 125. 611.

Kunibertsbrunnen, wo Maria, d. i. die gütige Bertha, den Brei holt.
In Braunschweig entstammen sie aus den zwei Gödebrunnen, in
Halle aus dem Götchenteich. Hier kömmt der Gode zu Ehren,
welcher das Kind aus der Taufe hob und für dessen Fortleben ein=
stand. Die Titiseen haben von den da anschwimmenden Kleinen
den Namen, auch der Kindliweiher bei Lubsheim und Kindlisbrunn
in Gmünd sind dafür berühmt. In der Oberlausitz werden sie aus
dem Hönigborn bei Löbau aufgefischt. (Preußer 78.)

Hessen zählt eine Menge Kinderbrunnen, so den Glockenborn
bei Wolfhagen, einen Butzborn und hl. Born (dieser hilft auch un=
fruchtbaren Frauen), dazu den Bonifatiusbrunnen (Lyncker 74 f.)
Außerdem kommen die Kleinen aus dem Hollenteich. Auch der
Münsterbrunn zu Straßburg ist ein Kindeliborn, wie der Milch=
brunn mit dem Klapperstorch zu Frankfurt a/M. und der dortige
Knäbelinsborn. Zu Bregenz heißt es, die Kinder kommen aus
dem Lindauerbrunnen. Zu Passau holt die Mutter ihr Büblein
oder Mägdlein aus dem Kinderbrunnen im Neuburger Wald, indem
sie Nachts ganz allein barfuß zur Esche geht, unter welcher der
Schutzengel das Kindlein vom Brunnen übergibt. Oft findet sie dort
auch das Taufhemd. In Sievering bei Wien quillt das Jungfern=
brünnel, wo zuweilen eine Nonne umwandelt (Bechst. S. O. 127),
nämlich die Norne. Er ist zugleich ein Weissageborn, und an ihm
hielt eine Wahrsagerin sich auf, welche 1865, eigens bestellt, Lotto=
nummern prophezeite. Auch der Storch bringt im Bayer-Unterlande
die Kinder aus dem tiefen Weiher, oder man fischt sie aus dem
Regensburger Dombrunnen. Ja der Jungfernbrunn bei
Stargard bringt in Erinnerung, daß die deutsche Nymphe so gut,
wie die in Latium und Hellas, an der Quelle sitzt, wie auch kleinere
Füße regelmäßig weibliche Form haben. Mehrfache Frauenbrunnen,
woran Dörfer sich schließen, wie bei Regensburg, genossen wohl schon
im Heidenalter Verehrung, gleich den drei heiligen Quellen. Dieß
mag vom Kirchdorf Frauenbrünnel bei Straubing und dem ebenso
genannten Weiler bei Laufen gelten. Das Wiesel soll jungfräulich
durch das Ohr aufnehmen und durch den Mund gebären. Vom
Wiesel angeblasen zu sein hieß heimlich zu einem Kinde kommen.

Eigentlich rührt die Benennung Goldborn schon aus dem

Morgenlande her, so kenne ich Ain al Dahab bei Hunain in Galiläa.
Der Goldborn treibt die Walkmühle bei Stolpe, er heißt aber auch
Kakborn (Kochbrunnen) — so mächtig quillt er auf. Ein großer
Rappe soll im selben Kessel sich gewälzt, auch ein Schwan darauf
˙geschwommen sein: das Wasser kömmt bis aus der Unterwelt.
(Knoop 50.) Hinter Werchau fließt der goldene Brunnen, welcher
besonders Wöchnerinen gut thut. (Lauf. Magaz. XL, 238. 250.) Noch
bekannter führt der Verenabrunn im Aargau uns in die Heidenzeit
zurück. Auf Rügen vertritt der Schwan die kinderbringende Norne.
Ebenso kommen die Seelen der Neugebornen aus dem Seelenlande
über die See, und das Schiff spielt in Cortryk bis heute die Rolle
des Storch. (Wolf, Beitr. I, 164.) Das Weihnachtslied bei Tauler
überträgt das Bild auf das Jesukind:

> Es kommt ein Schiff geladen,
> Bis an den höchsten Bord,
> Trägt Gottes Sohn voll Gnaden.   ˙

147. Das steinerne Nornenbild von Polling.

Rupert (Vita c. 4) ließ den Herzog Theodor den Bilderkult
abschwören (idolorum cultibus abrenuntiare). Also muß es noch
im VII. Jahrhundert Götzenbilder gegeben haben. Das sogenannte
Götzenbild vom Kloster Polling oder die mit langem Zopfe
umflochtene weibliche Gestalt und zwei Kindsköpfen neben sich ist die
ebenso anderweitig vorkömmliche, durch Mißverständniß erklärte Nonne
mit zwei Kindern. Dieses mein Geschenk an's Bayerische Nationalmuseum ist mit Recht im Katalog an erster Stelle mit Abbildung
vorgetragen, und auf meine Autorität hin als ältestes, noch ba-
juvarisches Bildwerk aufgeführt: es muß noch aus der Zeit vor
Corbinian stammen. Da figurirt Borbet als Mutter zwischen Ainbet
und Vilbet, welche mit Kindsköpfen dargestellt sind. Aus der Norne
ist eben die Nonne geworden, wie anderwärts die gleiche Abbildung
und Erzählung vorkömmt. Die Verwitterung zeigt schon, daß das
Bildwerk lange dem freiem Himmel ausgesetzt war. Der Nornen-
stein ist oben kantig zugehauen zum Stützpunkt des Schwibbogens,
die Schicksalsschwestern halten ja das Gewölbe des Weltbaues. Talis-
manische Verwendung fand derselbe an der 1711 vom Blitzschlag

abgebrannten Klosterstallung. (Töpsl Informatio.) Eine Warnungs=
tafel darunter verbot jedem Fremden den Eintritt in die stattlichen
Räume. Am liebsten sperrt der Schwabe seinen Viehstall ab, aus
Furcht, man könnte den Thieren etwas anthun.

Wie gewöhnlich spricht die Sage von der Schaßtheilung mit
umgekehrtem Metzen auf der längst untergegangenen Burg, worauf
die übervortheilte Blinde aber die geizige Schwester verfluchte. Diet=
halb Graf von Wileihin oder Weilheim starb als letzter Burgherr
am Göckeli den 12. Aerntemonats 1211, und fand sein Grabmal
zu Wessobrunn rechts vom Eingang in die Peterskirche. Weilheim
war also wie Pael zum Kloster gehörig. Der Volksmund läßt vom
Göckeli nach dem Schlosse Jais am Peißenberg, wie auch nach Wesso=
brunn einen unterirdischen Gang führen, in welchem eine Nonne,
nachdem sie ihr Gelübde gebrochen, sich verborgen. Diese Nach=
rede hängt mit dem mißverstandenen Steinbilde zusammen. Ihre
Schätze hinterließ sie dem Frauenstift, das in Wessobrunn am Orte
der drei Quellen bestand, wo sie auch bestattet ward. Noch 1822
und 1830 sah man sie zur Strafe als Geist in weißem Gewand
mit schwarzem Band, fliegenden Haaren und die Schlüssel in der
Hand bei Tag und Nacht bis an den Forellenbach und die Wein=
straße herabspuken. Man opferte den wilden Fräulein bis in unser
Jahrhundert herein Tannenzapfen, welche die Jugend in eine schüssel=
artige Vertiefung warf.[1]) Es besteht darüber eine 1827 zu Füßen
gedruckte Ballade nebst Anhang. Einer gefallenen Nonne mit ihren

---

1) Schöppner Nr. 1199. Der Katalog des National=Museums stellt
unser Steinbild zwar an die Spitze, der Verfasser setzt es gleichwohl bis in's
XII. Jahrhundert herab. Frau Baurath Charlotte Schmidtner, welche vierzig
Jahre in Weilheim war und zugleich die Kapitelle der abgebrochenen Peters=
kirche zu Wessobrunn für die bayerische Sammlung rettete, erzählt uns, hier
stets von den drei Nonnen gehört, und bei der Ausstellung im Glas=
palaste 1876 sie sogleich wieder erkannt zu haben. Dieselben hätten weite
Reisen gemacht und zwar unter Gebeten, auch das Land gesegnet, wo sie gute
Aufnahme fanden. Ihr Namensvetter, der geistliche Rath, wolle nichts davon
wissen aus Angst, das Christenthum erleide durch die heidnischen drei Jung=
frauen eine Einbuße. Den studierten Einwurf des wackeren Conservators,
derlei Sagen seien werthlos und rührten aus dem vorigen Jahrhundert, wo
nicht gar erst aus Panzer her, lassen wir demnach auf seinem Werthe beruhen.

zwei Kindern setzt man natürlich kein Denkmal. Eine Nonne von Wessobrunn hat ihr Gelübde gebrochen und muß dafür weinend im weißen Habit auf der Göggeleburg umgehen, schreibt die Bavaria 313. Diese Sage haftet an dem Nornensteine.

Am Göggelesberg zwischen Dachau und Mitterndorf stand vor uralter Zeit ein Nonnenkloster, das plötzlich versunken. Leute hören aber noch manchmal zur Nachtzeit Gesänge von Fräulein. Ein Gickelberg liegt bei Kufstein (Sagensch. 289), außerdem gibt es einen bei Bergham, Reichersdorf und Kleinhelfendorf. Es sind Gräber= berge, woraus der Göckelhahn als Bote des Morgens der Aufer= stehung kräht. Im Kloster Benediktbeuern heißt es, sind drei schwer goldene Engel vergraben. Am Hirmonsberg bei Michelsdorf nächst Vohenstrauß hat sich ein dreiköpfiges Götzenbild befunden, also waren die drei Schlachtjungfrauen im Gefolge des Kriegsgottes Irmin. Am Gumbiner Rathhause war ein Nonnenbild mit be= weglichem dreifachem Kopfe, das eine Gesicht trug natürliche Farbe, das andere war feuerroth, das dritte kohlschwarz. Die Nonne sollte vor Gericht ihre Keuschheit beschwören und ward darüber das erstemal feuerroth, wieder aufgefordert aber schwarz. (Gräve 137.)

Die sog. drei Götzen in der Zöllnerstube am Neuhanserthor, ein Kopf mit drei Gesichtern, deren eines weiß, eins schwarz, eins roth angetüncht war, und zwar mit den Jahrzahlen der Renovation 1105, 1109 und 1767, stellten wohl die Nornen vor. Nicht nur in Stein gehauen, auch in Felsgebilden erkannten die heidnischen Bajuvaren die drei Jungfrauen, so am Kirnberg bei Berchtesgaden. Am Kolmaniberg bei Velburg gelten sie für die versteinerten Töchter eines Ritters, welche der Vater verfluchte, weil sie sich ver= führen ließen. Die drei weiblichen Figuren auf zahlreichen Matronen= steinen heißen: matres, mairae, dominae, deae, herae, matronae. Am Steinberg bei Viechtach hausen die drei Steinfräulein. Einst stand da eine Burg, man kroch früher auf Händen und Füßen in die Spalten. Die Töchter des Burgherrn flüchteten in einer Fehde mit den Schätzen des Vaters da hinein. In der Mittagsonne kommen sie oft zu Thal, und breiten ihr blendendweißes Linnen am Ufer des schwarzen Regen aus. Manche schwören darauf, sie gesehen zu haben. (Regnet.) Ich lese noch vom Matronenstein zu Borkum.

Noch als gute deutsche Heiden erhoben die Bajuvaren Angesichts
des romanischen und slavischen Kriegsschauplatzes hoch auf dem Berge
zu Meransen bei Brixen das Heiligthum ihrer Kriegsjungfrauen
Aubet, Cubet und Querbet. Ebenso im Karantanenlande. So schreibt
mir Freund Dr. Petz aus Velden: „Kärnthen ist ganz ein Kind
des bayerischen Stammes. Selbst die slovenischen Kärntner tragen
in Sitten und Gewohnheit diesen Stempel an sich. Diese Aehnlichkeit
mag um so bestimmter sein, als Arnulf, Karlmanns Sohn, offenbar
sehr enge Verbindungen zwischen Altbayern und Kärnthen stiftete
Ihre Moosburg am Einfluß der Amper in die Isar findet ein Gegen=
stück in der hiesigen Moosburg nördlich vom Wörther See, die lange
der Hauptort und festeste Punkt Kärnthens war . . . ein Orten=
burg, Velden hier wie dort. Auf den Magdalensberg entsinne
ich mich ein steingehauenes Dreihaupt gesehen zu haben, worin
wir also, nach Ihnen, die drei Nornen zu sehen haben. Der
hl. Leonhard ist hier fast zahlreicher in Ortsnamen vertreten, als in
Altbayern; auch an kettenumgürteten Kirchlein und eisernen Oechslein
oder Pferden fehlt es nicht: man nagelt diese bei Seuchen an den
Viehstall, besteckt sie mit Kerzen, zündet diese an und verrichtet dabei
Gebete u. s. w. Unter den bayerischen Eppensteinern und fränk=
ischen Ortenburgern ließen sich Deutsche genug nieder. Eine Reihe
bayerischer Adelsgeschlechter erwarb dort ihren Sitz, so die Schmer=
ling, andere sind in den Kämpfen der Reformationszeit, wo merk=
würdiger Freiheitsgeist bei unsern Volksgenossen in Oesterreich auf=
lebte, wieder ausgewandert. Die Sprache, wie Sitten und Sagen
blieben seit der Landeseroberung und Volksübersiedlung unter den
Agilolfingern kernbajuvarisch.

Herodot VI, 110 führt Oiorpatä als skythische Benennung
der Amazonen an, und erklärt sie durch Männertödter. Derselbe scheint
in Borbet, Vorbet oder Fürbet fortzuleben. Borbet bei Herzogen=
aurach hält den Namen so gut, wie das gallische Vorbetomagus
fest. Der Mediomatrix, welche ihren Namen Metz und der um=
wohnenden Völkerschaft gelassen, gebührt als Mutter die Mitte. Der
Auslaut auf bed, biod, bezeichnet einen Opferplatz, etwa in Bed=
burg, Bedford, auch Bedfort (Belfort) und Betpur; doch als Kriegs=
jungfrau benennt sie sich vielmehr von badu = Kampf, und da der

Stammname **Bajuvare** auch in der Form **Baduarios** vorkömmt
(Sepp, Bayerſtamm 24. 37. 44 f.), möchte man faſt glauben, daß
ſich die alten Bayern als **Wehren** nach den Schickſalsſchweſtern,
ihren Kriegsgottheiten benannt haben. Ihr Hauptdienſt blieb unſerem
Volke bleibend in Erinnerung.

Neben den drei Nornen am Domportal zu Worms liegt ein
anderthalb Meter hoher Quader mit zwei ſeitlichen Rinnen und einem
fußtiefen Loche, ein alter Opferaltar. Siegfried ſoll vom Roſen=
garten jenſeits des Rheins ihn ſammt einem 25 Fuß langen Ger
geſchleudert haben. Kaiſer Friedrich III. ließ Siegfrieds Grab er=
öffnen. „Die drei fränkiſchen Königstöchter" daſelbſt wurden
nach der Legende enthauptet, die Steinfiguren zeigen den Hieb um
den Hals.

Mit großem Geſchick haben die Glaubensprediger die heidniſchen
Sagen in die chriſtlichen Legenden herübergenommen, und die Bild=
werke unter heiligen Namen nachgeformt. Dieß gilt insbeſondere
von den mehrfachen Nornenbildern, wo Borbet als Mutter der beiden
andern erſcheint. Ihre Stelle nimmt ſpäter die Mutter Anna ein,
welche Maria und Jeſus als klein auf dem Schooße hält.
Solche Nachbilder ſind zahlreich; ich traf ſie mehrfach zu Prien, wohl
im Anſchluß an die gut heidniſche Colomannskapelle am Chiemſee,
ja vor der Reſtauration auch in der Pfarrkirche zu Tölz. Mein
Antrag auf eigene Koſten ein Muſeum von altdeutſchen Cultus=
bildern zu gründen, wie noch keines in Deutſchland beſteht, ſtieß
im k. Miniſterium auf Bedenken, da die Hochw. Biſchöfe leicht gegen
die Entfremdung der Heiligen Einwand erheben würden, wenn man
ſie in die Heidenzeit zurückverſetzen wollte.[1]

148. Wilburg, Wilgund und Odilie zu Weſſobruun. Ihre Eben=
bilder zu Dießen und Andechs.

Die drei Nornen von Weſſobrunn leben als chriſtliche Heilige
noch in den benachbarten Ortsnamen Wilburgsried, nun Ried bei
St. Vigilien, Wilgundshofen oder Vilgertshoven, einſt Pfarre
mit einer Holzkirche, nun Wallfahrtsort mit einem reichen Roccocobau,

---

[1] Dr. Ignaz von Zingerle hat von dieſer Seite wegen des hl. Oswald
oder einſtigen Wodans u. ſ. w. wirklich eine Rüge erfahren.

endlich St. Odilien. Diese, die blindgeborne verhilft, wie sie durch
die Taufe sehend geworden, auch andern zum Augenlicht. All das
ist alter Nornengrund. — Wilburgstetten in Mittelfranken
zeigt einen künstlichen Hügel, den Schießbuck, wo vor undenklicher
Zeit drei Jungfrauen hausten. Ein unterirdischer Gang zieht von
da nach dem einstigen Frauenkloster zu Mönchsroth. Man hört
sie singen, sieht sie auch wohl über den Hügel schweben; die eine
von oben weiß, vom Gürtel abwärts schwarz wird von einem Hunde
begleitet; im Graben umher haben sich Pfeile gefunden. Bei Wil=
burgstetten liegen an der Hochstraße von Dinkelsbühl nach Donau=
wörth auch ein Helweiher, Helmühle, =Wiese und =Holz (Panzer
Nr. 165), wie zu Wessobrunn die Helbruck, wo es nicht geheuer
zugeht.

Simrock führt als Namen der Nornen an Ottilia, Mechtild
und Gertraud, oder Ottilia, Margaretha und Crischona. Odilia ist
blind wie Hel. Acht Szenen aus ihrem Leben sind in Möschen=
feld, der Odilienkirche bei Zorneding nächst München dargestellt.
Kunigunde, Mechtgunde und Wilbrande heißen die drei Schwestern,
aus dem Jungfrauenheer der 11000 zu Eichsel im Schwarzwald —
gunt und brant bezeichnen Krieg. Bilisburg ist der alte Name für
Wilzburg. Die urweltweise Wala ist als Bergfee Wile auch den
Bulgaren bekannt, sie schwebt in der Luft und in Stürmen dahin.
Die Sage von Kunigunde ist gerne auf die Kaiserin über=
tragen, wie beim Baume auf der Burg zu Nürnberg. Berirrt auf
der Jagd soll sie auf den Hornruf eines Hirten wieder den Weg
gefunden, und ihrem Gelübde getreu bei den drei Höfen zu
Dietenhofen die Kirche gebaut haben, darin ihre Lebensgeschichte
gemalt ist.

Im mildesten Licht erscheint Odilia, so auf dem berühmten Berge
mit dem Nonnenkloster in Elsaß, wie am Odilienberg zu Kauf=
beuern; gilt sie doch als Heilräthin der Blinden. Odilia hat
noch ihr kleines Heiligthum neben der Wurmlinger Kapelle bei
Tübingen, wo Dietrich den Drachen schlug. An einer
wunderschönen Waldstelle mit Quelle und unterirdischer Gruft besteht
ihre Kapelle hinter dem Schloßberg zu Freiburg i/B. Sie hat
den Brunnen aus dem Felsen geweckt, und die an bestimmten Tagen

eintreffenden Wallfahrtsprozeſſionen ſtärken ſich da durch einen heilſamen Trunk.

Die hl. drei Quellen von wunderbar reinem Waſſer bilden den
Weſſobrunn, der von Rechtswegen vom Pfarrer geſegnet ward. Hier
war das Heiligthum der Nornen, das durch ein Nonnenſtift erſetzt
wurde. Taſſilo träumt von niederſteigenden Engeln und baut
da den alten Münſter — darunter ſind eben die Nornen zu verſtehen.
In Siebenbürgen iſt es die Salvatorkirche von Eſik-Somlyo, durch
König Salomo von Ungarn errichtet, wo das Volk einſt die Engel
auf der Himmelsleiter niederſteigen ſah. Mein alter Schweizer, der
Kaſpar wußte zu erzählen: „Drei ſtudierte Fräulein waren urſprünglich
im Kloſterbeſitz und gaben es dann den geiſtlichen Herren zu kaufen.
Sie beſaßen den Wald und Alles umher, und es heißt, daß ſie ſich
noch anmelden, die eine ſoll blind geweſen, und, wie natürlich, von
ihren Schweſtern betrogen worden ſein. Ich ſelber, ſagte er, habe nie
was davon geſehen und gehört und war doch lange in der Kloſter-
ſchweizerei. — So bildet ſich die Mythe nach den ſpäteren Anſchau-
ungen um.

Das ganze Umland beurkundet den altdeutſchen Gottesdienſt.
Um Ludenhauſen beſtand die längſte Zeit ein Urwald, in welchem
es noch im XVIII. Jahrhundert Wölfe gab. Daſelbſt ſind zwei kleine
Aichberge, die ehedem zwei Schlöſſer trugen, durch einen Gang verbunden. An den beiden gefaßten Quellen — die dritte iſt vertrocknet,
ſieht man beſonders im Herbſte zwei Waſchweiblein. Auf dem einen
Berge ſtand ein wunderſamer Baum mit hängendem Laube wie eine
Trauerweide, (Eſche?) (Die hl. Eiche zu Romowe wie Heiligenbeil
war auch im Winter grün.) Wer in's Holz nach Reichling zu hineinkam, verirrte ſich am hellen Tage.[1]) Alſo ein Irrgarten, wie beim
alten Götzentempel zu Urſchaling — ſollte dadurch vor Betreten
gewarnt ſein? Panzer S. 40 erwähnt auch einen eiſernen Dreifuß
oder Feuerhund, der im Hügel des Lenzlewaldes ſich gefunden und
vielleicht auf die drei weißen Fräulein Bezug hat, die ſich da ſehen
laſſen und waſchen. Anderwärts ſind es die Wildfräulein in der

---

1) Vgl. Sagenſch. 298 f. So erzählte mir als Gutsherrn von Weſſobrunn der alte Kaſpar Hoy von Ludenhauſen nach dem Munde ſeines 87jährigen
Vaters und 82 alten Ahnherrn, deſſen Familie in Wolfsgrub heimiſch war.

Waldschlucht, die auch am Wasserfall plätschern und waschen. (Kranz 385 f.) Wenn Nebel im Wald aufsteigen, hängt das Waschweiblein die Wäsche in die Luft — welch' ein Dichterbild!

Haben wir Dießen, das mit den drei Burghügeln und kloster-stiftenden Schwestern mit Andechs in innigster Verbindung stand, (Sagensch. 302 f.) von den Disen oder göttlichen Jungfrauen der alten Deutschen erklärt, so folgt uns darin Arnold (Ansiedl. 63), indem er auch Dießen bei Gudensberg in Hessen als so bezeichnete Cultusstätte auffaßt. Unseligendissen heißen die Heidengräber und Dissenroth liegt am Friedhof bei Flieden. Am Jungfernborn bei Alverdissen im Lippe'schen lassen zwei Jungfern sich sehen, die eine dreht ein rothes Sieb, ein andermal steht ein Haspel im Weg. (Weddigen 78.)

· Die Namen der Gräfinen Kunigund, Mechtild und Euphemia dürften mit ihren Grabaltären in der Kirche zu Dießen historisch sein, sie rühren gleichwohl von den Nornen her; dabei ist Euphemia ein Euphemismus für die dunkle Hel. Die drei heiligen Frauen zu Winterbach (Glötterherrschaft), Cleopha, Magdalena, Salome betitelt, sieht man wie Sibyllen mit Büchern auch auf Kirchen-bildchen. Ihre hohe Verehrung, natürlich unter deutschen Namen, ist schon vorchristlich. Die Germanen hatten jungfräuliche Priesterinen, die Germanenjungfrau war zum Priesteramte befugt; die drei oder zwei waren Dienerinen der Holde, die im Berge sitzt. Drei Schwestern waren in jedem Dorfe: Hebamme oder weise Frau, die Gewand-macherin bei der hochzeitlichen Ausstattung, und die Seelnonne. Der Name einer altnordischen Norne Trenta (Sagensch. 280) scheint in der Trentwand, dem Hochberg bei Bayrischzell wiederzukehren; auch führt eine Oper den Titel: Der Trentajäger.

In Andechs hatten drei Schwestern ihr Schloß, die ein unge-heures Besitzthum von Meiereien erbten, aber nicht zu theilen kamen. Die eine wollte zu viel, die andere was recht ist, die dritte sprach: meinetwegen soll Alles zu Wasser werden, und das geschah: 5000 Tag-werke gingen unter, es ist an Größe der heutige Ammersee.

Die drei Fräulein von Mergentau bei dem höhlenreichen Kissing tauchen drei Stunden nördlich als Schwestern von Mühlhausen auf, die auf einem Schlosse lebten und einen Schatz erbten. Zu

Mergentau gräbt sich jede einen eigenen Brunnen (wie in
Ludenhausen!), zu Mühlhausen läßt jede sich eine eigene Thüre in
die Kirche machen; nach dem Tode der beiden feindlichen Schwestern
vermauert man selbe umsonst: sie durchbricht der Haß der Blinden,
welcher der ganze Schatz zufällt. Ihr Schloß im Altholz zu Mergentau
verfiel, aber die tausend Tagwerk Waldung schenkten sie nach Fried-
berg, der Gemeinde Zahling blieb die Weide, und man betet hier
jetzt noch für das Seelenheil der drei edlen Fräulein, wie zu
Paar, Kissing, Hörmannsberg und Ottmaring in öffentlicher Andacht. So genießen die drei Jahrestöchter der alten Bayern noch
immer Verehrung.

Eine erschien einmal wunderschönen Hauptes im Wald einem
Geiger, einen Schlüssel im Munde und den Schlangenleib um einen
Fichtenstamm gewunden; doch wie er sich umsah, war das Bild unter
Knall und Schall verschwunden und nur Weinen deutete an, daß sie auf
Erlösung hoffte. Am Johannistag erscheinen die drei Jungfrauen
im Burgwall bei Marienfließ und sind zu erlösen. (Jahn 224.)
Die beiden schatztheilenden Schwestern bauen in der Heidenzeit das
Schloß Trauchburg.

Das Grafenloch bei Oberaudorf soll einst die Nornen be-
herbergt haben. Ein Graf von Falkenstein (?) hatte die Weissagung
erhalten, er werde vom Blitz erschlagen sterben. So oft nun ein
Gewitter am Himmel stund, verkroch er sich in die Höhlung, einmal
kam er zu spät und wurde wenige Schritte vor der Oeffnung erschlagen. Mutter Anna mit zwei Kindern am Schooße, Maria und
Christus, vertritt die Stelle, und die gleiche Vorstellung in romanischer
und gothischer Zeit traf ich 1886 am 16. August in Prien. Aus drei
Löchern unweit der Schulzenmühle bei Miltenberg stiegen die Meer-
fräulein und gingen auf Kaltenbronn spinnen, bis sie Nachts 11 Uhr
wieder verschwanden. Die drei Schwestern sind im Drachenloch am
Untersberg, letzte Station von Salzburg her, am Gasthaus angemalt.

In Bayerischzell sehen wir Margaretha, Barbara und Katharina nicht ohne Bedeutung am Hochaltar. In der ursprünglich vier-
eckigen Jakobskirche zu Urschaling, dem anerkannten Heidentempel
stehen Barbara, Katharina und Maria am Altar, als Stellvertreterinen
der Nornen; dazu sind die Wandgemälde, wie in Agatharied, gelb,

25*

braunroth und ſchwarz, ſo in den Katakomben. Auf der Hirmons=
burg bei Murnau hauſen drei Fräulein, die immer kochen und doch
mit dem Eſſen nicht fertig werden. Zum Bau der Burg Teſters
bei Feldkirchen im Vorarlberg ſchafften die Bauern Milch für den
Mörtel. Drei weiße Frauen hauſen in den Ruinen, jede hat ein
goldenes Küchel in der Hand. Drei Handwerksburſchen ſtiegen einmal
hinauf und ſahen ſie: hätten ſie die Küchel doch angenommen! (Birl.
Al. XII, 159.)

Der Aargauer Kinderſpruch von drei Mareien im goldenen Hauſe
ſagt von der Himmelskönigin:

> Sie ſitzt ennet an der Wand,
> Het an Oepfel in der Hand,
> Goht durch — ab zum Sunnehus
> Und loht die heilig Sunne—n—us. (Rochh., Tell 32)

Aepfel und Nüſſe, Symbole des friſch keimenden Lebens hängen am
Weihnachtsbaum und bilden die Spenden auf St. Niklas.

149. Die drei Jungfrauen iu Altdeutſchland und bei den Slaven im Rationalkult.

Odins Nornen und Richterinen erwähnt die Völuſpa 24, davon
umfaßt Wurth, Byrt=Vorbet den Begriff des Werdens. Brynhild
heißt Urde der Edlen. (Holzmann D. M. 157.) Mymir, der am
Brunnen zu Füßen der Welteſche ſitzt, hat die drei Nornen um ſich,
wie Nikolaus der Meergott die drei Jungfrauen mit den Aepfeln.
Heilräthinen heißen ſie ächt nordiſch, wo Heilraedhi die heilſamen
Räthe bezeichnet, eigentlich als Aerztinen. Hother begegnet im
Walde drei Jungfrauen, welche für Baldr ſtärkende Speiſe bereiten,
zwei wollen ihm davon reichen, die dritte wehrt es. (Saxo II, 299.)
Nach däniſcher Sage bei Svend Grundtwig hat ein Mann drei böſe
Töchter, Karen, Maren und Mette; die letzte als die ſchlimmſte
ward endlich von ihrem Freier gebüßt.[1] Auch Mecklenburg kennt
die drei Jungfrauen, ſie ſind verwunſchen und gehen in rauſchendem
Flittergewand je beim Vollmond ſtolz hintereinander, ein Unthier folgt

---

[1] Die Namen der drei Nornen ſtellt Simrock S. 585 zuſammen, als
Einbet, Verbet und Volbet kennt ſie Stubach. Urreligion S. 87. Vgl.
Wolf, Beitr. II, 166 f. Abweichend beſteht ein männlicher Wilipato.

darauf. Anderwärts flehen die drei Schwestern um Erlösung und
versprechen einen Schatz am Kirchhof. (Bartsch Nr. 353. 365.) Auf
der Jungfernmühle bei Bütow in Hinterpommern lebten drei
Töchter, welche in drei Berge gebannt sind, die das Jungfernthal
mit der Mühle im Dreieck umgeben. Wer in einer Nacht dreimal
um jeden herumläuft, kann sie erlösen: darin liegt auch ein Schatz.
Vom verwünschten Schloß zu Wundichow kamen oft zwei Jung=
frauen bis an die Grenze. Unter einem Birnbaum ist am Johanni=
tag ein Schatz zu heben. Eine Jungfrau wusch einen Kessel am
Bach und lieh ihn zur Hochzeit; da er nicht pünktlich zurückkam,
holte ihn der † † †

Im Schloß zu Ziegenhals in Schlesien theilen drei Schwestern
den Schatz, auf den Fluch der übervortheilten Blinden versinkt die
Burg. (Henne 284.) Zu Büren im Paderbornischen spucken zwei
weiße Nonnen, die umgehen, weil sie ihr Gelübde, ein Viertelschäffel
Geld nach dem hl. Grabe zu bringen, nicht gehalten. Sie bitten
einen Müller, es an ihrer Statt zu thun, und versprechen ihm einen
gleichen Metzen. Da er die Thüre hinter sich schließt, tönt klägliches
Geheul. Zwei Jungfrauen hüten den Schatz im Ziegenhuck, aber
erst nach hundert Jahren wird wieder einer geboren, der ihn heben
und sie erlösen kann. (Weddigen 112. 376.) Ein Brandenburger
Augensegen lautet: Es fielen drei Jungfern vom Himmel zur Erde,
die eine segnet das Gras, die andere das Laub, die dritte (Blinde) das
Fell vom Auge. (Busch, Volksgl. 183.) In Luxemburg leben die
Nornen als die drei Jungfrauen fort, und zählen seit ältester Zeit
her Heiligthümer, so 'zu Nörzingen, Vianden an der Uhr und
Uselbingen, welches davon aux trois vierges heißt. Vom Schloß=
rain bei Friedigerode kamen drei Jungfrauen öfter zum Tanze;
einmal verspäteten sie sich, stiegen in den Brunnen und Blutstropfen
quollen auf. Das Schloß ist längst versunken. (Lyncker S. 63 f.)
Zu Oberellenbach bleibt nur eine Seejungfrau beim Tanz zurück.
Aus dem Nixenborn bei Kirchhain in Hessen kamen drei Jung=
frauen zum Tanz und verspäteten sich, da ein Bursche die Uhr ver=
rückte: Morgens schwammen drei Blutstropfen am See. Roth färbt
sich der Teich bei Dens, der ohne Zu= und Abfluß und nicht aus=
zufüllen ist, so oft Mißwachs eintritt. Hessen kennt noch die drei

Jungfrauen auf der Huttenburg, die unter Gesang Gewänder wirken, drei Bräute, die unvermählt starben und noch ihr Hochzeit= gewand fertigen müssen. Pfister führt 49 f. 68 bis 83 eine Reihe Orte auf, wo sie hausten.

Die Stadt Roll am Thunersee ging unter durch eine Fluth, weil die Bürger einem Zwerglein die Nachtherberge verweigerten. Nur ein abgelegenes gastliches Häuschen blieb übrig, wo nun das Ralligs= schloß, in dessen unterstem Stockwerk drei Jungfrauen in seidenen Gewändern durch die Gänge schreiten und verschwinden. (Herzog II, 11.) Der Schwisterberg zwischen Brühl und Euskirchen war wohl eine Cultusstätte der drei Schwestern. Auch zu Molsheim bei Straßburg sind die drei Jungfrauen heimisch. Die drei ungleichen Schwestern backen den Almenburschen Kuchen, die mittlere braune aus grobem Hausmehl, die Hexe gelbe aber vergiftete, wovon die Esser sterben, die gute Norne weint darüber. (Herzog II, 142.) Bei Feldkirch in Vorarlberg erhebt sich ein Dreischwesternberg, wie im Engadin le tre sruors. Drei Schwestern sind auf den Rigi geflüchtet. Von den drei Loferer Jungfrauen ward die Blinde mit dem umgekehrten Schäffel um das Erbgut betrogen. Dafür müssen die zwei im Loferer Loch den Schatz so lang bewachen, bis er bis zum letzten Pfennig erhoben ist. In heiligen Zeiten sieht man die, welche der Erlösung nahe ist, halbweiß; der Schatzhund schreckt vor dem Eindringen zurück. (Freisauff 621 f.) Ihr Haus steht noch in Lofer.

So hat sich der Grundgedanke fortentwickelt: die Jahreszeiten figuriren als Jungfrauen; es sind Sommer und Herbst, welche sich bereichern, während der Winter leer ausgeht und nichts einbringt, in hochpoetischer Fassung. Math. Schmid entwarf das Bild der drei Schwestern zu einem Wandgemälde Vorarlbergischer Sagen für die Villa Tschavoll auf dem Margarethenkapf bei Feldkirch.[1]

Kommen wir zu unsern Nachbarn den Slaven, so haben sie allerdings willig den Gottesdienst der früher im Lande angesessenen und theilweise zurückgebliebenen Deutschen aufgenommen, doch warum sollten sie mit den Nornen nicht ursprünglich vertraut gewesen sein, haben sie dafür doch mehrfache Benennungen. Bei Muskau liegt

---

1) Lpz. Illustr. 11. Dez. 1886 S. 608.

der Dreijungfernberg; sie gingen in die drei nächsten Dörfer zu
Musik und Tanz. Eine holte sich einen Liebsten, der sah die Herr-
lichkeiten sich aufthun, ging aber nicht hinein. Einmal kam sie zu
spät und die Thüre war geschlossen, da gab sie dem Burschen ein
goldenes Ei.[1])

Schicksalsrichterinen (Sudich) heißen die Göttinen der Geburt,
Hochzeit und des Grabes in Böhmen. Man stellt ihnen Brod und
Salz, auch Bier auf den Tisch. Die schwarze und die weiße Frau
von Neuhaus, Laba die Frühlingsgöttin (Leda-Hilde) erscheint als
weiße Jungfrau. Die Leute wallfahrten zum Libabrunnen bei Zbirow
und Podmokl, winden Kränze und loosen, ob sie in diesem Jahre
heirathen, schöpfen auch Wasser für krankes Vieh. Sie wäscht auch
ihre Kleider darin. In Böhmen rast die Melusina als Windsbraut
zwölf Tage vor Weihnachten. (Grohmann 3 f. 34. 44. 66.) Die
drei Jungfern Swetice, Rucka und Keltna haben hl. Quellen
nach sich benannt, wohin das Volk pilgert. Aus drei Orten kommen
reine Jungfrauen zum Brunnen, um da zu beten oder in trocknen
Jahren ihn zu säubern. (88—91.) Drei Jungfern, die bei Stadt
Gabel am Ostersonntag mit der Sichel in's Feld gingen, sind in
die Dreijungfernsteine verwandelt, bei Kommotau sind es sieben, wie
bei Oberwesel. (273.) Das Kirchlein von Sejecin mit drei Thürmlein
haben drei Prinzessinen gebaut, die älteste den größten, die jüngste
den kleinsten, jetzt kann man von der Seite nicht mehr unterscheiden,
welcher der höhere ist. Sie starben alle drei an einem Tage. Bei
den Südslaven weissagen die drei weißen Fräulein Sujenice, welche
Schwestern sind, über den Neugebornen. (Krauß, Sagen d. S. Nr. 47
S. 179. 215. 218.)

150. Die drei Schicksalstöchter im Weltglauben.

Nach Bundehesch werden am Ende der Tage drei badende
Jungfrauen den Sosios und die beiden Propheten Oschederbami und
Oschederma empfangen. Auf die Verehrung der drei Schicksals-
göttinen in der Kaaba machten wir im Sagenschatz S. 284 aufmerksam. Allat, Alilat, Alitta war Göttin des Stammes Takif.

---

1) Vgl. die drei verwünschten Mädchen. (Schulenburg 13. 21. 24. 83.)

Ihr Bild und das der Uzza wurden dem Heere im Kriege vorge=
tragen. (Sue. LIII, 6.) Auch die Stämme Bedr und Hilal ver=
ehrten Al Lat, welche einfach die Göttin hieß, im Bilde eines vier=
eckigen Steines, worüber ein Tempel erbaut war. Manath iſt der
Mond, Bedr und Hilal Voll= und Neumond. Manat war in Kudaid
in Form eines Steinblocks verehrt, und darüber ein Heiligthum er=
höht, 73 geographiſche Meilen vom Götzenthale Mina bei Mekka.
(Sepp, Jeruſ. 2. Aufl. I, 124.) Die andere große Göttin der Araber,
Uzza, wurde im Samurabaum, der Akazie im Thal Nachle ange=
betet, darüber war ein Tempel erbaut, ihn zerſtörte Chaled und
tödtete die Prieſterin. Abd al Uzza, d. i. Diener der Uzza, heißt
Muhammeds Vatersbruder. Die von Medina brachten Manah ihre
Huldigung dar, die Ozza empfing ſie in Horâdh (Sprenger, Geogr.
Arab. 222), ihr Baum, auch von den Mekkanern adorirt, kömmt im
Koran vor. Der Stamm Solaym bekleidete dabei das erbliche Prieſter=
thum. Am Minâ oder Frühlingsfeſte der arabiſchen Minäer zogen
die Frauen zu Mekka in Ceremonie auf, wie Eva, nur ohne
Feigenblatt.

Die drei Schickſalsſchweſtern voll grauenhafter Häßlichkeit, eine
Reliquie aus dem Aſtartedienſte, lernte ich mit meinem Sohne auf
der Meerfahrt nach Thyrus S. 83 zu Sidon, im Beſitze des Conſuls
Durighello, kennen — wie abſcheuliche Furien! Jüngere jüdiſche Ge=
lehrte ſind geneigt, ſelbſt Abraham als Kananäer=Gott mit dem
Feuerofen und Opfermeſſer, mit anderem Namen für Moloch=Chronos
aufzufaſſen; dann ſtünden ſeine Gattinen Sara, Hagar und die
ſchwarze Kethura den Nornen gleich, ungefähr wie Lot's Weib Idith
mit ihren beiden Töchtern. Wir gehen nicht ſoweit, wohl aber er=
kennen wir in den drei Elohim unter dem Abrahamsbaume mit der
Weiſſagung eines Sohnes und beim Schickſalsvollzug in Sodom die
weltſchaffenden Potenzen. Jakob richtet zu Luza einen Stein zum
Betorte auf; und dieß iſt Bethel, berühmt durch den ſpäteren Kälber=
dienſt, ein Luza liegt aber auch bei Sichem, und iſt gleichbedeutend
mit einer Stätte der el Uzza.

Bei den Griechen hat Adraſteia, die Todesgöttin, drei Dienerinen,
Pöne, Dike und Erinnys — dagegen Zeus drei herrliche Töchter,
die Charitinen. Pauſanias IX. 16, 2 ſah in Theben drei Schnitz=

bilder der Aphrodite unter den Namen Urania, Pandemos und
Apoſtrophia. Hermes erlernt von den Thrien, drei geflügelten
Jungfrauen am Parnaß, die Weiſſagung. Theokrit nennt die
drei Seefräulein Eunika, Malis und Nychteia, die Nächtliche,
welche den Hylas in die Tiefe zogen. Die Griechen zählen drei
Sirenen oder Waſſertöchter: Telxiepia, Molpe und Piſinoe,
nach andern Leukoſia, Ligea und Partenope, nach welchen drei
Felſen oder Inſeln die Sirenuſen hießen. Die Nereiden ſind auf
Thaſos noch heute die guten Frauen, καλαὶ κυριάδες genannt. Das
griechiſche Märchen (Hahn 134. 297) kennt drei badende Jungfrauen,
deren jüngſte der Prinz der Kleider beraubt. Pauſanias meldet ferner
VII, 5. Alexander der Große habe zu Smyrna von der Jagd
am Pagus niederſteigend den Tempel der Nemeſis erreicht, vor
welchem eine Quelle mit einer Platane ſtand. Hier entſchlummernd
empfing er ein Traumgeſicht, worin beide Schickſalsgöttinen ihn auf=
forderten, die Smyrnäer aus der nördlichen Altſtadt in ein hier neu
zu gründendes Smyrna überzuführen.

In der Meluſinenſage hat König Helmas drei Töchter,
Meluſine, Melia und Palatine. Melia heißt die Eſche, an
der die Schlangenjungfrau ſitzt. Sie badet im Brunnen, aber der
Auserwählte ſoll ſie nicht ſehen, ſonſt iſt ſie für ihn verloren. Die
meliſchen Nymphen waren alſo ſchlangenfüßig? Helmas iſt der Zauberer
Elymas auf Cypern, wo die Sage im Hauſe Luſignan fortlebte, ſeine
Frau Freſine iſt wieder die Eſche, fraxinus, fresne (P. Caſſel. Vom
Nil zum Ganges 307). Raimund, Sohn Bohemunds von Antiochia
war Meluſinens Gemahl, der Tochter Almerichs von Luſignan. Der
Ritter trifft die drei Töchter am Brunnen.

Im ſiciliſchen Märchen ſind es zwei Schweſtern, welche die
jüngere dritte auf den Tod verfolgen, bis ſie gleichwohl Königin
wird. (Gonzenbach Nr. 2, 3 und 4.) Die eine ſpinnt, die andere
webt, die dritte näht und wäſcht. Die Kirche San Giovanni Fuori-
civitas in Piſtoja enthält ein Weihwaſſerbecken mit einem Pilaſter,
den drei Frauen in Faltengewand mit Mauerkrone bilden. Die
mittlere mit nächtlich dunklem geheimnißvollen Geſichtsausdruck hält
einen Kelch mit Flammen vor die Bruſt, die zweite hat Lilien, die
dritte Kornähren in der Hand, wenn es nicht Fackeln, Geißeln, Schlangen

und Schlüſſel ſind. Es iſt Hekate, die Göttin des Mondlichts und
der Seelen der Unterwelt, des Zauberkults und des eleuſiniſchen
Geheimdienſtes. Auch die holden Feen werden einſt wieder kommen,
wie das Landvolk in der Bretagne glaubt, eher iſt kein Glück und
Segen mehr auf Erden. Sie werden dann ihre verlaſſenen, halb=
zerfallenen Höhlen auf's Neue bewohnen, die einſt von Schätzen an=
gefüllt waren, wie Sebillot die Märchen geſammelt hat (Paris 1881).
Drei wunderſchöne Jungfrauen baden im Inhiquinſee in Irland,
die jüngſte wird des Ritters Braut und verſchwindet im Elfenbrunnen.
(Knortz, Irländ. Märchen 102.) Die Angagok kennen badende
Jungfrauen, die ſich in Enten verwandeln; als Schwanjungfrauen
lernte ſie der Prophet von Mekka kennen.

So geht dieſelbe Religionsanſchauung durch die alte, wie neue
Welt. Brahma, Biſchnu und Schiva, der Schöpfer, Erhalter
und Zerſtörer vertreten im Grunde daſſelbe Prinzip, wie weiblich
gefaßt die drei Nornen.

151. Buddhiſtiſche Anklänge von der Seelenwanderung.

Guenchlan der bretoniſche Barde ſingt vom Tod des Chriſten=
herzogs:

> Du Kröte ſprich und thu mir kund,
> Was lauerſt du an ſeinem Mund?
> „Am Mundeswinkel harr' ich ſtill,
> Am Weg der Seele, wo ſie fliehen will,
> Sie bleibt in mich gebannt endloſe Zeit,
> Bis daß ſie abgebüßt das ſchwere Leid.

Das irdiſche Leben iſt hier, wie bei den Indern als ein
Leidenszuſtand aufgefaßt. Die Seele als Jungfrau gedacht
macht die Wanderung durch die Thierlarven durch, bis ſie
endlich erlöſt iſt und ihren würdigen Bräutigam findet. Das Doppel=
leben wird paſſend durch die Amphibie ausgedrückt; aber auch die
Schlange, die ſich häutet, bildet ihr Symbol, und in ſchrecklicher Ge=
ſtalt zeigt ſie ſich dem Jüngling, der ſie durch ſeinen Kuß befreien
ſoll. Mißlingt die Befreiung, ſo bleibt der Hort unerhoben und deſſen
Hüterin muß abermals ſieben, wo nicht hundert Jahre warten, bis
der Baum aufwächſt, aus deſſen Holz die Wiege für den Ver=
heißenen gezimmert werden ſoll.

Schon in Sanskrit taucht das Märchen auf: Bheki der Frosch, sei ein schönes Mädchen gewesen, das ein Königsohn zur Frau begehrte. Sie willigte unter der Bedingung ein, daß er ihr nie einen Wassertropfen zeige. Als der König sich vergaß und ihr beim Durste Wasser brachte, verschwand sie. Der Frosch sitzt bildlich auf der Lotosblume, welche auf dem Wasser schwimmt, und bewacht so das figürliche Geburtsorgan. Dem entspricht, daß noch in Votivbildern die Gebärmutter als Kröte vorgestellt wird. Im mongolischen Sagenkreis entpuppt sich der Goldfrosch als Tochter des Drachenfürsten. (Jülg XXIII.) Der Toltekenkönig Mitl baute dem als Kröte geformten, vom Himmel gefallenen Stein einen Tempel.[1] Die babylonische Istar hat den Frosch zum Symbol, ebenso kömmt er auf Bildwerken der Isis vor.

Nichts ist gewisser, als daß die ältesten Deutschen mit den Orientalen den Glauben an die Seelenwanderung durch Taube, Hirschkuh, Schwein, Rabe u. s. w. gemein hatten. Im Itiner. Cambria des Giraldus Cambrensis erscheinen die Seelen in Krötengestalt auf ganz alten Gräbern an der Stelle des Herzens. Das zeitliche Dasein ist eine Pein, der Körper das Gefängniß, und der Mensch mag leicht nochmal verthieren. Der heidnische Zauberer bei Milkwiz, welcher gegen Christus flucht, wird zur Strafe in einen Frosch verwandelt. (Lauf. Mag. XL, 176.) So gehen in Johannes Offenbarung XVI, 13 von dem Munde des falschen Propheten, wie des Drachen und unreinen Thieres Frösche aus. Latona ist die Nachtgöttin und Seelenmutter, die Larenfrau, die auch die phrygischen Landleute zur Strafe in Frösche verwandelt, weßhalb diese schon im Alterthum für unantastbar galten. Die Abderiten hatten als eifrige Diener der Diana ihre ganze Stadt mit Kanälen durchzogen, um nach Möglichkeit viele Frösche ihr zu Ehren zu unterhalten, bis sie zuletzt, da sie keines dieser Thiere tödten durften, die Stadt selber zu räumen genöthigt gewesen.

Schon Zeus Casios gebietet den Fröschen Schweigen. Sueton meldet von Augustus 92—97, daß der künftige Kaiser, als er eben zu sprechen anfing, auf einem Familiengut den quakenden Fröschen

[1] Bastian A. C. II, 485. Prichard 270. M. Müller Essays II, 221.

zu ſchweigen befahl, und ſie ſeitdem nicht mehr quakten.[1])   Der
Schloßweiher zu Pleiſtein enthält eine Menge Fröſche; doch quaken
ſie nicht, nachdem ſie wegen ihres Lärmens von einer Gräfin Leuchten=
berg während ihres Wochenbettes verflucht wurden.   Im Kloſterteich
von Sittichenbach verſtummen ſie auf Befehl des Abtes, der durch
ihr Gequak im Gebete geſtört war.

Wunderſchön iſt das Kindermärchen aus Smaland von der
Königstochter, die zur Kröte verwünſcht auf Erlöſung harrt.   Ein
Jüngling tritt in den Krötengarten und ſchneidet Tag für Tag auf
ihr Geheiß einen Zweig vom (Dorn) Strauch.   Im zweiten Jahre
ſoll er täglich einen Faden um je einen Zweig binden, im dritten
dieſelben zum Scheiterhaufen ſchichten und ſofort ihn auflodern laſſen:
da erhebt ſich aus der Aſche die wunderſchöne Jungfrau, die nun
ſeine Braut wird.   (Grimm Kl. Schr. 277.)   Welch' ein Glaube
an die Unſterblichkeit!

Merkwürdig hat ſich manches Edelgeſchlecht mit dieſer Hausſage
vertraut gemacht.   Chlodwigs Wappen beſtand in drei ſchwarzen
Kröten in weißem Felde, und war noch von Specklin auf der Franken=
burg bei Schlettſtadt im Glasgemälde geſehen.   (Stöber 135.)   Zu
La Sarraz in der Schweiz grub man eine Reiterſtatue, aus dem
XIV. Jahrhundert ſtammend, aus mit zwei Kröten auf den Wangen,
desgleichen am Rücken.   Das geſchah zur Strafe, daß der Herr des
Ortes Vater und Mutter verſtoßen, die ihm all' ihre Habe abgetreten
hatten, um ihn glücklich zu machen.   Nachdem er von den Todten Ver=
zeihung erfleht, krochen die Kröten von den Wangen auf den Rücken,
wo ſie noch 20 Jahre feſthielten.   (Kohlrauſch 377.)   Im heraldiſchen
A. B. C. Buch des Ritter von Mayerfels findet ſich Tab. VII, Nr. 5
ein Schild mit zwei Kröten im Felde.   Die Grafen Spaur halten eine
Krötenbratze im Wappen.   (Zingerle 419.)   Das märchenumſponnene
Thier hat auch den zauberkräftigen Krötenſtein, einen Karfunkel, im
Kopfe.   Der allbekannte toadstone und crapaudine iſt zauberkräftig
und ein Glücks= und Siegeſtein (bei Stricker), heilt Wunden
durch Beſtreichen und zeigt das Gift an.   Eine Fürſtin von Anhalt
empfing einen ſolchen von einer Unterirdiſchen zur glücklichen Ent=

1) Plin XI, 50. VIII, 58. 59. Gräße, Preuß. Sagenb. 97. Größler 44.

bindung. Die trächtige Erdkröte ist eine Zwergin. (Müllenh. 289.)
Die Flamänder nennen die drei Lilien im französischen Wappen
Franzkröten. An der Kirchthüre von Lachen im Kanton Schwyz ist
eine Kröte als Wappen ausgeschnitzt.

152. Arme Seelen als Kröten.

Eine Kröte darf man nicht erschlagen, in ihr steckt eine arme
Seele. Namentlich soll man am Armenseelentag ihnen nichts zu
leid thun; denn da kommen sie aus ihrem Versteck und hoffen das
Ende ihrer langen Büßung. Auch an Quatembertagen haben sie
Erlaubniß, auf die Erde zu wallfahrten. Ich erinnere mich aus der
Jugendzeit an die heilige Scheu, die wir vor so einer alten Gredel
hegten, und an das Mitleid, womit wir das arme Thier in die Isar
trugen, damit sie keiner unter die Füße brachte. Sie ist übrigens
kein Wasserthier, wie der Brotz, und kommt nach Gebetläuten in der
Dämmerung daher, setzt sich auf die Bank, die Antrittstufe oder den
Thürstock. Der Glaube an sie besteht hauptsächlich bei den Bajuvaren
oder Altbayern, wo der Seelendienst am entwickeltsten ist, anderwärts
werden sie gespießt und an der Sonne gebraten.[1] Die Krot sieht
man auf der Truhe sitzen und den Schatz hüten (Meier 86); daher
heißt ein Geldbrotz, wer auf seinen Geldsack sich steift. Wer da zu
einer Weibsperson sagt: du Krot oder einen Handwerksmann Brotz
schilt, zieht unwillkürlich den Vergleich eines zu Mühsal und Elend
verdammten Menschen (βρότος, brutum) mit einer leidenden armen
Seele. Die Kröte heißt in Tyrol Heppin, die Hüpfende, sonst
auch Mumel, und Metze im Amalungenliede II, 83.

Bis aus Oesterreich herauf wallfahrten arme Seelen als Kröten
nach Altötting; werden sie am Stromübergang in den Inn gestoßen, so ist ihre Erlösung vereitelt. (Zingerle 115.) Eine Bauersfrau aus Bayern verlobte sich nach Absam, kam aber im Leben nicht
dazu; nach dem Tod mußte sie die Wallfahrt als Kröte machen,
und alle erdenkliche Mißhandlung unterwegs erdulden. Aehnliche
Sagen gehen von Seefeld, in Schwaz, der Todtenkapelle zu Meran

1) Zingerle T. B. 114. 138. 848. 386. 829. Wolf Z. 7 f. II, 348.
865 386. Leopr. 81 f. Lessing glaubte an eine dreimalige Wiedergeburt
als Mensch. W. Friedrich: „Lessings Seelenwanderung."

u. a. Auf den Hohenpeißenberg kam eine arme Seele von der
Ammer hinauf als Brotz vor die Kirchthür. Der Meßner gewahrte
sie und warf sie zweimal den Berg hinab. Jedesmal brauchte sie
sieben Jahre, bis sie wieder auf die Höhe kam: da endlich entrann
sie in die Kirche hinein und faltete die Brätzel vor dem Mutter=
gottesaltar. Ein Räuber wallfahrtete nach dem Tod als Kröte auf
den hohen Salven; ebenso eine Frau als häßliche Hötsch nach
Weißenstein.   .

    Die Seelenmutter Bertha erscheint selber als Kröte; wir
möchten noch mehr an Hludana d. i. Latona oder Diana Onka
denken. Die Unkenkönigin legt ihre Krone auf ein rothes Tuch
und schnappt sogar nach der Hostie. (Wolf H. S. 127.) Im
schlesischen Märchen spielt dieselbe eine Rolle. Die verwünschte
Prinzessin kann durch einen Kuß erlöst werden, erschreckt aber den
Muthigsten, indem sie als Schlange oder Kröte sich zeigt. (Sommer 21.
Wolf Rodenstein 27.) Einmal verlockte das Göckelifräulein zwei
Bursche, ihr zu folgen: da wandelte sich die wunderschöne Jungfrau
in eine Kröte und Schlange, so daß sie nicht wagten, ihr durch einen
Kuß zur Erlösung zu verhelfen. Der Frosch= und Krötenaberglauben
in Ostpreußen scheint altdeutsch. Es sind verwunschene Prinzen
oder Königstöchter, man fürchtet, sie zu treten. (Kuhn N. S. 468.)
Die Prinzessin von Schiefelbein ist als Kröte verwünscht. (Jahn 23.)
Wenn der Baum im dortigen Kloster zur Wiege aufgezimmert ist,
kann das erste Kind, welches darin liegt, sie erlösen. Vom Schloßberg
beim Dorfe Nordholz unfern Roggenburg hält jährlich eine unzählige
Menge Kröten den Zug nach dem Schloßweiher: es sind verwunschene
Prinzen. In der Schlucht Isenbrechen bei Hindelang stecken unge=
rechte Landmänner mit glotzenden Augen in der Krötenlarve. (Panzer
104. 195.) Vorwiegend figurirt die Kröte im Märchen als Spin=
nerin und wird zuletzt als Braut entzaubert. (Krauß II, 384.)
Die Kröte entpuppt sich als Mädchen (Schmeller 82 f.), als hoffnungs=
volle Frau eines Bergmännleins (Baader 78. 128), oder als Wöch=
nerin (Alpbg. 87. 113. 159). Hansel entdeckt in diesem Zustande
seine Gredel. Im Altjungferteich bei Grimma, einem ziemlich kleinen
Tümpel, leben die Mädchen der Stadt, welche ledig gestorben sind,
als Unken fort. (Gräße 222.)

153. Unsterblichkeit der Kröten.

Das vorchriftliche Alterthum scheint den Glauben an das unab=
lässige Fortleben der Kröten geschöpft, und sie als Sinnbild der
unsterblichen Seele betrachtet zu haben, um so mehr als das wunder=
schöne Auge so seelenvoll uns anspricht und gleichsam um Mitleid
und Erbarmen fleht. Man muß wissen, daß sich lebende Kröten in
Wurzelstöcken uralter Stämme, ja in Felsgesteine eingeschlossen finden.
Thorwaldsen gerieth bei Bearbeitung von Carrara=Marmor mit
dem Meißel in eine Oeffnung, worin eine Kröte hockte, die dann
noch lange im Atelier zu Rom herumkroch. Unlängst veröffentlichte
ein Hr. Patterson in der Londoner Times den Fund einer halb=
erstarrten und blinden Kröte, deren Glieder, allseitig beweglich, kein
Knöchlein ausgebildet zu haben schienen. Sie kam beim Durchbruch
einer Lehmschichte in Vorschein, deren Niederschlag man von 20 bis
30 tausend Jahre ansetzte, sagen wir gleich aus dem Bodensatze des
Urmeeres.

Der seinem Namen und der Familientradition nach glaubhaft
von einem der zahlreichen Söhne des Klaus von der Flüe abstammende
Joh. Löwenbruck, sechzehn Jahre Pfarrer in Rothendorf bei Stadt
Busendorf in Lothringen, erzählt mir: Peter Altmayer, Bürgermeister
und Steinhauer daselbst, arbeitete 1873 im Muschelkalkbruche,
als inmitte des gesprengten Felsens eine lebende Kröte herging. Der
Pfarrer kam dazu, sah die Oeffnung, worin sie ohne Licht, Luft und
Nahrung vegetirte, seitdem das Gestein aus dem anfänglich weichen,
breiartigen Zustand verhärtet war, wer sagt, seit wie viel Myriaden
von Jahren. Die Kröte blickte ihm ganz seelenvoll in die Augen
und wie erstaunt in die Welt hinaus. Sie krabbelte umher, bis
böse Buben sie todtsteinigten. Was will eine tausendjährige Volks=
schätzung des Lebens einer Kröte, wo Millionen Jahre in Frage
kommen! Denn das Gestein war noch weich und nicht zu Marmor
oder Muschelkalk erhärtet, die Gebirge noch nicht durch Erkalten und
Zusammenschrumpfen der Erde aufgethürmt, als die Kröte schon lebte,
deren unzählige noch im Schooße des Continents oder unter dem
Meeresgrunde eingeschlossen vegetiren mögen. Ich selber war noch
als Student Zeuge, wie eine Kröte in einem gewiß tausendjährigen

Eichstock aus dem Algäu bei Tegernsee ihre Behausung hatte und beim Aufarbeiten zu Färberscheiten lebend hervorkam.

Wie verfiel man doch auf die Benennung der Geburtshelfer=kröte (bufo obstetrix), welche sich an den Hauptleonhards=Wall=fahrten zu Aigen, Ganacker und Grongörgen als Votivbild so häufig findet! Die Bärmutter heißt selber Kröte, und unter den wächsernen oder eisernen Votivbildern bezeichnet eine krötenähnliche Figur die Heilung des Mutterkrampfes oder Grimmens, das man im Volke häufig dem Verschlucken einer Kröte beimißt. (Quitzmann R. 92.) Eiserne Kröten an einer Eisenstange trifft man in der Rochus=kapelle zu Riedhausen in Mutterkrankheiten geopfert. (Birl. A. Sch. 286.) St. Beit ist Nothelfer wider die Tanzwuth, und fallende Sucht, zu seiner Höhlenkapelle oder Zabern opfern die Pilger eiserne Kröten. In der Sammlung von Engel=Dollfus zu Mühlhausen findet sich auch ein Glaskasten mit der eisernen Kröte. Eine Kröte von Eisen wurde 1883 beim Abtragen des Mirabell Walles in Salz=burg ausgegraben.

Kröten auf Frauendreißigst an die Stallthüre genagelt oder an einem Brette aufgehangen schützen wider die Viehseuche und gegen löße Leute. Der Nachbar Färber hatte lange eine solche an seinen Kuhstall genagelt, denn sie zieht alles Gift heraus. Sie schützt also das Bieh vor allem Uebel, und wir möchten fast mit Apostelgesch. XIX ausrufen: „Groß ist die Diana der Epheser!" als Paulus einen Haufen derlei Zeuges verbrannte. Die Tyrolersage weiß (Rochh. A. S. 341) von einer siebenjährigen Wallfahrt der Kröte.

Handelmann erörtert[1]) den „Krötenaberglauben und die Krötenfibeln" durch Abbildungen, daß dieselben den Urtypus der skandinavischen Agraphen bildeten, ja schon eine römische Bügelhafte aus den Ruinen von Noviodunum (bei Gurkfeld) zeigt diese Thier=form. Plinius kennt ihren Gebrauch in der Volksmedizin und wider Wetter und Wurmfraß. (XVIII, 17. 29. XXXII.) Man fand solche Broncefiguren auf Bornholm, wie im russischen Gouvernement Perm, also schon vor der Eisenzeit, als Ornamente oder Philakterien.

_____

1) Birchow, Berh. d. Anthropol. Ges. f. Ethnol. u. Urgesch. Berl. 1882 S. 22 f. Friedel, Symbolische Kröten 1883 S. 145 f.

In Benediktbeuern hüpfte einmal eine Grebel zur Kirch=
thür hinein, und legte wie zur Andacht die Brätzel zusammen; der
Meßner wollte sie vertreiben, aber der Pfarrer that Fürsprache, und so
rückte sie bis zum Altare vor. Damit wurde die arme Seele erlöst
und flog zuletzt als Taube davon. Am Staffelsee hält man die
Brotzen für etwas Dämonisches. Als auf dem Wörth 1853 im
Buschwerk hinter dem Christophhügel unter Gebetläuten ein Götzen=
männlein von Erz aufgefunden wurde, welches ich selber besitze, saß
die abscheuliche Gestalt darauf. Bedeutsam heißt die Kröte nach dem
Namen der Seelenmutter die Grebel; wie sonst als Maus und
Schlange schlüpft die Seele als Kröte dem Schlafenden aus dem
Munde, so hört man um Miesbach, Dachau und Hohenkammer. In
Norddeutschland verpuppen sich die Unterirdischen als Poggen
oder Padden d. h. Kröten und Frösche. (Bartsch Nr. 98. 99.) Der
Niederrhein kennt sie als Pate, Krotpate von krotan = schreien,
quacken, zum Unterschiede von der Schildpate oder Schildkröte, die
mit einem Schilde geschützt ist. (Vgl. βάτ-ραχος, Str. racna-rana.)

In Kärnthen heißt es, einer Kröte auf dem Freithof darf man
nichts zu leid thun, man versündigt sich sonst an einer armen Seele.
Die leidenden Seelen sitzen als Kröten im Wagengeleise, man hebt
sie aber aus dem Wege, damit sie nicht überfahren werden. (Schön=
werth, I, 286.)

Selbst in München kann man von dieser Seelenpuppe erfahren,
natürlich nur beim unteren Volke. Hier so gut wie im Unterlande
weiß mancher von der Wanderung dieser Amphibien mit fünf Zehen
zu gewissen Wallfahrtsorten, wo sie sich erleichtert fühlen. Man
verübelt es, wenn Jemand eine Kröte auf der Straße verletzt, weil
man dadurch der armen Seele was zu Leid thut, und in der Gegend
von Freising gibt man sogar die Zeit an, wie lange eine solche
Wanderin, auf allen Wegen hin= und hergestoßen, brauchte, bis sie
endlich den Gnadenort Altötting erreichte. So hat eine kranke Frau
sich dahin verlobt, und müßte sie als Brotz hinkriechen. Das that
sie denn wirklich nach ihrem Tode, und setzte sich wiederholt auf die
Kirchthürschwelle, bis sie vom Geistlichen besprochen ihre Geschichte
erzählte und erlöst war. (Panzer II, 479.)

154. Todtansagen im Geisterreiche.

Die Spiritisten machen uns glauben, daß die Geister der vor=
angegangenen Geschlechter noch unter und neben uns hausen, daß
die guten uns Anleitung und unverkennbare Vorzeichen geben, die
bösen als Kobolde schalten und namentlich in alten Burgen allerlei
Unruhe und Umsturz verursachen. „Der Mensch versuche die Götter
nicht, und begehre nie und nimmer zu schauen, was sie selber ver=
hüllt mit Nacht und Grauen." Doch der Vorwitz lockt zum Verkehr
mit der Welt der Abgeschiedenen, die uns Sterblichen Dienste er=
weisen und Gegendienste reichlich belohnen, unsagbar aber von der
Sehnsucht wiederaufzuleben beseelt sind. Räthselhaft ist Plutarchs
Beurkundung vom Tode des großen Pan unter der Herrschaft des
Kaisers Tiberius, so daß Schelling den Geisterruf geradezu auf den
Tod Christi bezog.

Mancherlei aus dem gewöhnlichen Leben bietet unser Sagen=
schatz § 163, wozu in aller Welt sich weitere Beispiele ergeben. Der
Knecht des Ackerbürgers von Plau in Mecklenburg fährt zu Acker,
da hört er den Ruf: „wenn du nach Hause kommst, so melde:
„Prilling und Pralling ist todt." Der wiederholt daheim kaum
die Worte, als aus dem Keller ein Stöhnen und Wimmern ertönt.
In Körchow hielten die Pferde des Boten von Wittenburg im Ge=
hölze plötzlich still und waren nicht von der Stelle zu bringen; da
hörte er zweimal den Ruf: „Riber, sage Hahl, Pingel ist todt."
Im Hochzeithause angekommen erzählte er den Vorgang, da entstand
unter den Gästen ein Gewinsel nach der Thüre zu, es waren Zwerge,
die unsichtbar theilgenommen. An der Landstraße von Güstrow nach
Schwerin, wo die Witziner und Mustiner Feldmark sich berühren,
kam ein Mühlknecht aus Roten an der hohen Nonne vorbei, da
bat ihn ein Unterirdischer, doch daheim in der Mühle anzusagen:
Prigelken, Pragelken sei todt. Das thut der Knecht, da hört
man die ganze Nacht in der Mühle winseln und klagen. Ein
Petersberger aus dem Dorfe bei Schwerin ging an einem Berg=
männlein vorüber, da rief dieses ihm zu: „wenn du nach Pinnow
kömmst, so sage Hanna, „Sanna ist gestorben," sie solle heim=
kehren." Der Mann richtete seinen Auftrag aus, da wurde ein

Saufen und Braufen, Jammern und Klagen vernommen und es
erfolgte ein Fortzug.¹)

Im Burgerwald ob Muschels haußten Bergmännlein neben der
Hütte des alten Hans Aby und seines Weibes Appolonia. An einem
Winterabend erscholl der Ruf: „Hans Aby, sag dem Appele, d'
Appela sei todt." Dazu kam ein Geräusch, Weinen und Schluchzen,
als ob Jemand durch die Stube schwebe. Mitternachts wiederholte
sich der Ruf, und draußen folgten die Zwerge mit Fackeln, ihre
Weiblein in schwarzer Tracht mühsam einem Sarge. Andern Morgens
kam Botschaft, die Mutter der Frau sei am Schlage gestorben.
(Herzog I, 82.)

Bei einem Bauer in Bildenau nächst Braunau traten ein paar
Bergmännlein in Dienst und Glück kam mit in's Haus. Da rief
einst das Weiblein: „Jakob komm geschwind, wir müssen nach dem
Untersberg, Kaiser Karl ist gestorben," und beide verschwanden.
(Freisauff S. 13.) Ein Bauer fährt am Kukuksberg bei Wester=
haußen (nächst Magdeburg) vorbei, da rief eine Stimme: Laß Wagen
und Pferd stehen und lauf geschwind heim; sag dem Kilian, er soll
herkommen, sein Kind ist todt. Wie er zu Hause die Botschaft aus=
richtet, wirft es mit einmal den Brodteig aus der Luft herab und
er hört: sie sollen künftig, wenn der Teig über Nacht stehen bleibt,
drei Kreuze darauf machen, dann können die Zwerge ihm nicht an.
(Laistner, Sphinx II, 196.)

Im Franziskanerkloster zu Schwerin haußt der Pink. So heißt
der Familiengeist des Mecklenburgischen Fürstenhaußes. Koboldische
Kundgebungen machen uns mit noch mehreren bekannt, z. B. Hurla=
huschi: Stutzemutze soll heimkommen, der Saara ihr Männchen ist
gestorben. — Sage Columban, Annahans ist todt! Marinkele ist ge=
storben! Der selige Schönwerth glaubte fest, daß die Geister nicht
bloß eigene Namen, sondern eine besondere Sprache hätten.

---

1) Bartsch, Meckl. S. Nr. 61. 71. 73. 84—88.

155. Der Geisterbank für die Leibesbestattung.

So wenig waren die alten Deutschen religionslos oder gar gottvergessen, daß sie vielmehr Cultus mit all' den Mythen und Sagen verbanden, deren Tieffinn wir heute bewundern. Zum Theile kannten sie längst, was später ihnen als Gottes Offenbarung mitgetheilt werden wollte. Die Juden schöpften erst in der Gefangenschaft am Euphrat und Tigris aus derselben Quelle den Sittenroman von Tobias, den wir sogar in die Bibel aufgenommen sehen, während die Gomeriden aus der afiatischen Urheimath die fromme Ueberlieferung mitbrachten. Haneberg (Gesch. d. Offenb. 447) zählt ihn zu den babylonischen Geistesprodukten, nur hat der Hebräer die Seele des vom Vater Begrabenen in den Schutzengel Raphael als Reisegefährten des Sohnes umgewandelt. Noch gilt das Büchlein als Brautspiegel, aber auch am Grabe wird das Libera ab angelo percutiente gebetet, was der Zendlehre und dem Koran von den Strafengeln im Grabe entspricht. Statt des Fegefeuers erfährt der Verstorbene Peinigung im Grabe; haben aber die beiden Todesengel ihr Amt verrichtet, so mag der so Geläuterte selber als guter Engel auf die Erde zurückkehren. Auch die ganz abgesonderten Dagh Tschufug oder Bergjuden im Kaukasus glauben: ein Engel mit feuriger Peitsche steigt zum Leichnam in's Grab und frägt den Todten um seinen Namen. Dieser entsinnt sich nicht, da schlägt ihn der Engel dreimal, daß der Leib berstet, reißt die Eingeweide heraus und schlägt sie dem Todten in's Gesicht mit dem höhnischen Rufe: Um dieser willen haft du gelebt? (München Allg. Z. 1889 Beil. 1. Okt.) Der todte Häuptling auf Neuseeland wird mit Flachs geschlagen, um das über ihm schwebende Uebel abzuwehren, bis der Geist in höhere Regionen eingegangen. Der Wilde tödtet und begräbt Menschen, um einem hohen Verstorbenen Geleitseelen in's Jenseits mitzugeben. Diese bilden sogar Schutzgeister; der Lebende aber erlangt solche, wenn er Todte bestattet.

Wir begegnen dieser Weltsage außer den vielen (Sagenschatz § 182. 183) angezogenen Beispielen noch in den Harzmärchen (von Ey S. 64) unter dem Titel: „Die verwünschte Prinzessin." Peter, ein gutmüthiger Bursche, gibt sein Erbtheil von 20 Thalern hin und läßt einen armen Todten begraben, der sonst liegen geblieben wäre. Kaum hat er das Dorf verlassen, so kömmt ein Mann hinter ihm drein und bietet sich als Gesellschafter an. Sie gelangen vor ein Schloß mit schwarzen Fahnen, darin, wie es hieß, eine vom Berggeist ver= zauberte Prinzessin übel hause; schon viele Prinzen hätten sie zu er= lösen gesucht, wären aber durch sie Kinder des Todes geworden. Der Begleiter gibt sich als den Geist des Verstorbenen zu erkennen und verspricht alle Hilfe. Peter meldet beim Könige sich an, die Tochter zu erlösen. Nachts entfliegt sie nach einem großen Saale im Harz, worin der greise fürchterliche Berggeist wohnte; Peter folgt mit an= gesetzten Flügeln ihr nach. Der Berggeist gibt für den Fremdling niederen Standes ihr ein Räthsel auf und sie fliegt zurück: dieser, der alles gehört, ihr nach in seine Herberge. Andern Morgens wird er in ihre Kammer geführt, wo sie schon neun Mannsleute umgebracht hat; da gibt sie ihm das Räthsel auf: woran denke ich jetzt? Er versetzt: „An's weiße Roß deines Vaters." Abends erfolgt die zweite Ausfahrt nach dem erleuchteten Saale, Peter fährt wieder mit. Der hohe Geist auf dem Throne staunt über die Lösung, lehrt sie an des Vaters Schlachtschwert zu denken; dasselbe liegt bereits daheim am Tische, denn der Fremde soll davon sterben. Peter erräth aber auch dieses Räthsel. Zum dritten Ausflug erhält Peter ein zweischneidiges Schwert, damit dem Berggeiste den Kopf abzuhauen und ihn mit= zunehmen. „Denk an mein Haupt", spricht dießmal der Dämon, Peter schlägt ihm sofort den Kopf ab. Beim dritten Besuche bringt er denselben im Tuche und stellt ihn auf den Tisch. Da stürzt ihm die Prinzessin mit dem Rufe: „Mein Erlöser!" an den Hals. Peter erhält sie vom Vater zur Frau, sie macht im Wasser noch die Wand= lung in Rabe und Taube durch, worauf er König wird. Der Be= gleiter nimmt Abschied.

Noch verwilderter ist der geistliche Roman (Ey S. 116) in der Form vom Schneidergesellen und dem Geiste, wobei jener auf der Wanderschaft seine letzten und einzigen 38 Thaler für die Bestattung des Todten hingibt, welchen seine Gläubiger noch im Sarge mißhandeln. Vor dem Thore gesellt sich ein Reisekamerad zu ihm und verspricht, zeitlebens bei ihm zu bleiben. Sie kommen zu einem Könige, in dessen Garten die Gebeine aller der Prinzen hängen, welche sich schon um seine Tochter beworben. Sie will keinen Mann, und fordert jeden zum Wettlauf heraus, wird aber nun überholt.

156. Der Grabengel und die Todtenpein.

Nec permittas angelum percutientem ei nocere! lautet noch heute das Grabgebet. Natürlich hat der Priester keine Ahnung, daß diese Worte zu Gott auf der uralt heidnischen Anschauung beruhen, als ob das sündhafte Fleisch durch den Todesengel drei Tage im Grabe zerschlagen werde. Darin bestand nach dem Talmud[1]) die Pein des Fegefeuers, II Petr. II, 9 deutet darauf hin: „Der Herr weiß die Frommen aus der Versuchung zu erlösen, die Gottlosen bewahrt er zur Strafe auf den Tag des Gerichtes." Die blutigen Striemen, welche der verwesende Leib zeigt, mochten auf diese Vorstellung führen. Ausdrücklich spricht das Buch der Weisheit III, 5 die Seelen der Gerechten sind in Gottes Hand und die Qual des Todes wird sie nicht erreichen, nur werden sie nach dem Tode ein wenig gestäupt." So lehrt der Zendavesta (Vendidad. Fargard VII): „Der Gerechte wird weder Stöße noch Wunden im Grabe erfahren, und der vierte Tag nach seinem Tode ihm zur Erquickung sein." Ebenso spricht der Bundehesch p. 31 von der blutigen Zerfleischung im Grabe. Von den Parsipriestern lernten die Juden in der Gefangenschaft, was der Talmud das „Gericht des Schlagens im Grabe" nennt. Der Todesengel hält in der Hand eine glühende Kette, womit Schlag auf Schlag alle Glieder zersetzt und die Gebeine zerstreut werden, deßhalb lautet ein Gebet: „Herr erlöse mich von den Schlägen im Grabe!" Der Koran nennt die schwarzen Grabengel, welche Macht über das sündige Fleisch haben, Munkar und Nekir. Es ist wohl glaublich, daß man den Körper vor der Beerdigung des „Madensackes" entkleiden wollte, um die Grabespein zu ersparen, wie durch die freiwillige Uebernahme der Taufe dem Weltgericht einer neuen Sündfluth zuvorgekommen werden sollte. Sokrates im Gorgias erklärt, daß die des Körpers ledigen Seelen von den bösen Handlungen im Leben gleichsam Striemen, Schwielen und Narben

---

1) Vgl. Sepp, Revision des Bibelkanons 2. Aufl. 33 f. Sagensch. 680.

an sich trügen (cf. Tacit. Ann. VI, 6). So spricht auch der Inder
Jarchas in Apollonius Leben (Phil. III, 42) von Flecken der
Seele und Sündennarben. Die Metāwile geben den Todten
Salz und zwei Brode, wovon eines altbacken, das andere frisch ist,
mit in's Grab, um damit die beiden Engel zu beköstigen, die das
Grabexamen halten.[1] Der Islam hat den unvordenklichen, aber
nachweisbar 4000 jährigen Todtendienst im Nillande nicht beseitigt,
und noch spricht der Imam, ähnlich dem römischen Geistlichen, das
Leichengebet über den Moslem: „O Gott, erspare in deiner Barm=
herzigkeit ihm die Prüfung des Grabes."

Ist es nicht auffallend, wie der Jude, selber ideenlos, hier und
in andern Religionsanschauungen völlig von den Heiden abhängt,
wie er deren geistige und leibliche Güter sich aneignet! Sie eigneten
sich auch die persische Lehre vom Feuerfluß Dinur an, welcher die
letzte Makel vom Erdenleben wegfegt, und soll Kaiser Hadrian darüber
mit R. Josua ein Gespräch geführt haben. (Eisenmenger II, 346. 372.)
Fegefeuer und Hölle finden so ihren Ausdruck, indeß der Grieche
die mildere Form des Hades bietet. Der alte Charon, welcher die
Abgeschiedenen zu Schiff in's Reich des Pluto einführt, lebt bei den
Neugriechen als Charos fort, nur hat er die Rolle des Seelen=
führers Hermes übernommen, um als unerbittlicher Tod beide Ge=
schlechter, Jung und Alt, durch den Weltraum zu entführen. Der
Deutsche läßt auf diesem Wege die Strafe des jüngsten Gerichtes
sich vollziehen. In der wilden Jagd brausen die Seelen der Ver=
dammten durch die Lüfte, die grausamen Burgherrn und Bauern=
schinder, Todtschläger und Selbstmörder finden keine Ruhe. Das ist
ihre Hölle.

157. Seelenvögel.

Das Alterthum trug sich mit der Sage von den Memnons=
vögeln, welche jährlich aus Aethiopien zur Trauer an das Grabmal
des Gottgeliebten geflogen kamen: es waren die verwandelten Seelen
seiner Gefährten. In den Hieroglyphen erscheint der Vogel mit

[1] Abela, Zeitschr. d. d. Pal. Ver. VII, 114. Sepp, Jerus. II, 653.
2. Aufl. 752. Ich hatte bei der Ausgrabung der vorkonstantinischen Kathe=
drale in Tyrus zu Dutzenden Metāwile im Dienste.

Menschenkopf als Bild der Seele, er ging auch in die romanische Architektur über. Im ägyptischen Paradies steht der Lebensbaum, von welchem es im Rigveda heißt, daß darauf die Soma essenden Vögel sitzen. Merkwürdig ist die Darstellung des aus dem Christus= grabe wachsenden Lebensbaumes, worauf Vögel die Lebensfrucht picken.[1]) Der Koran XVII, 14 bewegt sich in demselben religiösen Ideenkreise. Die Araber vor Muhammed ließen aus dem Gehirn des Verstorbenen den Vogel Hama oder Sada entstehen, der das Grab des Verstorbenen alle hundert Jahre einmal besucht. Die Seelen= vögel trinken auch aus den Quellen des Paradieses. Nach pytha= goräischer wie druidischer Lehre werden die Seelen der Tugend= haften als Vögel gedacht. Die Azteken lassen die Seelen als Kolibris die Blüthen umschwirren. Auch die Deutschen stellen sich die Seelen als Vögel vor.

In Oesterreich=Schlesien hält man die Vögel, welche auf Allerseelen um die Kreuze der Kirchhöfe fliegen, für abgelebte Seelen. Irrlichter hält der Dalmatier für die Geister ungetaufter Kinder. Diese kommen in Norddeutschland in Nobiskrug oder die Vorhölle (Nobiskraten in Toggenburg). Bei Sterbenden öffnet man die Fenster, um der Seele den Ausgang zu erleichtern.

Erinnert nicht auch die Stiftung Walthers von der Vogel= weide halbwegs an Seelendienst, wonach auf seinem Grabsteine in Würzburg aus vier Grübchen die Vögel gefüttert werden sollten, was bis in's XV. Jahrhundert geschah. Nicht umsonst singen die Kinder um Fürstenfeldbruck, indem sie zu Frühlingsanfang den Sängern der Lüfte Brodkrummen streuen:

> Pick, pick auf!
> Ich opfer's den armen Seelen auf.

Die Landleute bekränzen die Gräber auch mit Vogelbeeren, welche dem Thor heilig waren. Am kattischen Hünenhügel „Lüppertsgrab" (von Liutperaht) pflegte das Volk bis in unser Jahrhundert im Frühling einen grünen Zweig zu stecken — als Symbol des Wiederauflebens. In den Nordendorfer Gräbern fand sich auf einer Spange die In= schrift: „Thor weihe diese Runen!" — wie auf dänischen Runensteinen.

---

1) Ausführlich in meinem Palästinawerk I, 858. 2. Aufl. 495.

Die Walkyren, welche Helden am Schlachtfeld erkiesen, sind Verstorbene (Atlamál 26), wie die weiße Frau, welche die Todten abholt. Die Nornen erscheinen gerne als Tauben, die Seelen Verstorbener nicht selten als S ch w ä n e. (Lippert 137. 183.) Die armen Seelen leben als kleine schwarze Fische in dunklen Gewässern und können, wenn sie beim Mondlicht an die Oberfläche kommen, nicht gefangen werden. (Schönwerth.) Die Römer hießen Lares permarini die Seelen der Ertrunkenen.

158. Schuld, Strafe und Erlösung der armen Seelen.

Nachdem sich in unseren Tagen in den wiederaufgedeckten assyrischen Kaiserpalästen noch in Keilschrift auf Thoncylindern die Bibliothek des Reiches vorgefunden, welche den Grundtext der Genesis, den Sündenfall und die Sündfluth u. a. enthält, also alt= hebräische Urkunden erst in zweite Linie sich stellen, darf es nicht Wunder nehmen, Apokryphen, wie die von Tobias, durch die heidnische Sage überholt zu finden.

Die Bibellegende kehrt in Irland vom jungen Hans wieder, welcher einen Todten begräbt, dem die Riesen keine Ruhe gönnten, bis Hans deren Guthaben zahlte. Andern Morgens theilt er sein Brod mit einem Bettler, der als Bruder des Begrabenen ihm als Knecht folgt. Sie gelangen an den Königshof, wo die Prinzessin jeden Freier abwies, ihre Köpfe stecken an eisernen Thürstangen; es fehlt nur der zwölfte. Doch er muß drei Proben bestehen: er siegt mit Hilfe der Siebenmeilenstiefel, des unsichtbarmachenden Mantels und seines Riesenschwertes, und erobert die Braut. (Knortz 75.) Im gälischen Märchen (bei Campbell XXII) von Iain ist die Königs= tochter aus Spanien, im spanisch=französischen Roman von Jean de Calais aus Portugal, ja Johann von Calais gehört in Portugal zu den ludi natales.

Die Moral aus der frommen Geschichte ist, daß nach unvor= denklichem Glauben die abgeschiedenen Seelen ohne die Bestattung des Leibes keine Ruhe finden. Nun erlaubten die grausamen Gesetze des Alterthums, daß der Gläubiger selbst an den Leichnam des Schuldners sich halten, somit die Zahlung von den Erben erzwingen konnte. Wir leiten das noch heute bei katholischen Begräbnissen gesprochene Libera

auf die babylonische, wo nicht ägyptische Gefangenschaft zurück. Wie
nämlich der Leib des Schuldners auf Erden, so dachte man sich auch
die sündbeladene Seele im Grabe heimgesucht. Das Zwölftafelgesetz
gab einen solchen in die Knechtschaft des Gläubigers, ja erlaubte, den
Schuldner lebendig zu zerschneiden, wie bei Livius VIII, 28 ein Beispiel
vorkömmt. Bei Stickel (das Etruskische eine semitische Sprache) findet
sich sogar die Abbildung vom Denkstein eines so nach dem Beispiele
des Marsyas (und nachahmungsweise Bartolomäus) bei Leben ge=
schundenen Peligners. Die chinesischen Gesetze kennen noch diese Todes=
strafe, und suchen das Verbrechen des Vaters an unmündigen Kindern
und Kindeskindern heim, sei es durch Entmannung oder Verkauf
in die Sklaverei. In Ceylon wird noch heute ein unvermögender
Schuldner mit seiner ganzen Familie Eigenthum des Gläubigers.
In Cambodscha bestand bis 1884 die Sklaverei für die Nach=
kommen deren, welche wegen Schulden leibeigen geworden. Auf
Sumatra und Borneo müssen Schuldner auf Schiffen ihre Schuld
wie Sklaven abarbeiten. Auf Madagaskar theilt ein solcher das
Loos der Kriegsgefangenen. Auch die russische Geschichte kennt die
Grabverweigerung, und im Mittelalter war der leibeigene Landsiedel
auch bei uns für die Schuld seines Herrn haftbar. Noch bei den
Normannen herrschte das Gesetz, daß der Gläubiger die Bestattung
des Schuldners verhindern konnte bis Zahlung geleistet war. Selbst
Wilhelm der Eroberer erfuhr dieß nach seinem Tode. Wie im Buch
Tobias tödtet der Dämon Rakschasa im Somadeva Bhatta II, 24
alle Verlobten der Tochter des Königs Devasena in der Brautnacht,
bis er durch Viduschaka überwunden wird. Im Beowulf steigt ein
Ungethüm, Grendel, aus dem Sumpf, bricht in die Halle ein und
tödtet die Männer, um deren Blut zu trinken, bis Beowulf ihm
den Arm ausreißt. Die christliche Anschauung macht den Sünder
oder Schuldner zum Gefangenen im Purgatorium, bis die Lebenden
der armen Seele zu Hilfe kommen, oder durch Gebet und Opfer sie
loskaufen.

159. Das segellose Todtenschiff.

In Oberndorf bei Kaufbeuern und weiter herum werden noch
der Leiche die Nägel geschnitten, damit die Welt nicht so bald unter=
geht. (Birlinger Al. II, 407 f.) Hier dämmert noch der deutsche
Glaube nach, daß aus den Nägeln Verstorbener das Todtenschiff
Naglfari gebaut werde; um das Ende der Dinge aber weiter hin=
auszuschieben, kürzte man die Nägel. Ihr kräftiges Wachsen deutet
auf ein hohes Alter, und im Grabe wachsen sie ja noch fort. Hagen,
der Tod, fährt Charons Schiff in's Heunenland, Volker der Fiedler
spielt den Todtenreigen auf, wie Spielmann Egdie zur Verwüstung
harpft.

Die Asen bringen Baldr's Leichnam, nachdem Thor mit dem
Hammer sie eingesegnet, in die Barke, ebenso die geliebte Nanna. Es
ist ein Schiff ohne Segel, welches ebendarum auch stromauf=
wärts fährt. Als Paltar dem Scheiterhaufen übergeben wird,
führt man seinen Hengst Grani herbei und verbrennt ihn mit seinem
Herrn. Wohlan Feuerzeit! auch Sigfrieds und Brunhildens
Leichen wurden im Fahrzeug im Nordmeer dem Spiele der Wellen
anvertraut, und gelangen nach dem Leichenbrand auf die Insel der
Seligen. Auch Tristrams oder Tristan's Schiff ohne Steuer und
Segel gelangt an Irlands Küste. Dort nimmt Isolde, die blonde
Königin, den leidenden Helden auf und führt ihn in die Gefilde des
Friedens und der Seligkeit ihrer Verklärung entgegen. Ebenso wird
der Held Skild im Boote begraben. In der Nialasaga c. 160
legt der lebensmüde Flosi sich ebenso in ein Schiff und treibt dahin.
Nach Prokopius 6. 9. 420 war das fränkische Geisterreich Brittia:
dahin schifften die Seelen. (Grimm M. 791 f.) Claudian (in
Rufinum I, 123—133) wußte noch im V. Jahrhundert ihren Sammel=
platz an der gallischen Küste. Absegeln brauchen wir sogar bis
heute für sterben. Nach Ibn Foslan haben die Ruthenen noch im
X. Jahrhundert ihre Todten auf Booten in Flüssen verbrannt.

Die Sage von der Ueberfahrt der Seelen nach der Insel Brittia
nach uraltkeltischem Glauben beruht auf geschichtlichen Vorgängen.
Auch die Legende gibt davon Zeugniß. Lazarus, Martha und
Magdalena, (welche fälschlich für Marie von Bethanien gilt!) werden

im Schiff ohne Segel nach der Westwelt entführt, und landen an
den hyèrischen Inseln.   Der Erzbischof von Arles brachte zum vati=
kanischen Concil sogar ein kleines metallenes Abbild des ächten Fahr=
zeuges, und Pius IX. nahm hochentzückt dieß für Wahrheit.   Der
Kahn mit den Gebeinen des hl. Jakobus gelangt in sechs Tagen,
nach andern in einer halben Stunde von Joppe nach Tria Compo=
stella 41 n. Ch.   Ebenso landete auf steuerloser Arche Joseph von
Arimathia nach gallischer Sage in Massilien, nach provençalischer
in Aquä Sextiä, nach englischer in Glasgow mit dem hl. Graal.
Wie Osiris im Tode nach Byblos, so schwimmt das hl. Blut im
Feigenstamm von Sidon nach Frankreich, und schlägt im Thale von
Fecamp zu einem Baume aus.

Also wurden im Alterthum auch im Mittelmeer die Todten in
Schiffen begraben und dem Spiele der Wellen überlassen.   Später
fand die Heidensitte als Strafe auf Selbstmörder Anwendung, die
man in Bayern noch bis in die letzten Jahrhunderte in Tonnen
zum Flusse brachte und „rinnen ließ." [1]

160. Das Todtenheer oder Wodans wilde Jagd.

Der Todtenführer Charon, dessen Barke, weil überladen, sich
im Styx vertieft, lebt als Charos noch bei den Neugriechen fort,
übernimmt aber das Amt des Sensenmanns, welcher Greise und
Kinder, klagende Jünglinge und Jungfrauen in langen Reihen mit
sich durch die Lüfte entführt.   Prof. Thiersch hat die Szene in einer
meisterhaften Zeichnung dargestellt.   Diese Rolle des Seelenführers,
wenn auch nicht im Bilde des Knochenhauers, übernimmt außerdem
Hermes; er möchte zu Hirmon, dem wilden Jäger stimmen.
Welcker glaubte, den Namen mit ὁρμάω, stürmen, verbinden zu
dürfen.   Hutta Bello heißt „der ewige Jäger" in Lothringen
nach seinen beiden Hunden.   Wie viele haben ihn schon im Laufe
gesehen und seinen Hunden unter Händeklatschen rufen gehört!
Richtig übersetzt sich Wodan mit vatan, wuot = vadere.   Er ist
der Führer des Todtenheeres und stürmt mit den Todten des ver=
gangenen Jahres am Ende dieses Zeitlaufes dahin.   Das Nacht=

[1] Vgl Sepp, Denkwürdigkeiten aus dem Isarwinkel.

gejaid nimmt jeden bis über's Jahr mit, welcher außer dem Zauber=
kreise befindlich ihm in den Weg kömmt; Mägde dienen als Pferde
und werden vom Schmiede beschlagen.

Am Jahresende geht der Schimmelreiter um. Er läßt sich
an bestimmten heiligen Zeiten sehen, so zu Fastnacht, Bartlmä und
in den Weihnächten. Alsdann durchreitet er die ganze Holedau, und
alte Leute wollen darauf schwören, ihn erblickt zu haben. Im Steudiger=
wald zu Baden bei Berghausen reitet ein Mann ohne Kopf auf dem
Schimmel herum, und tränkt ihn im Dorfbrunnen zu Wöschbach.
Die übergroße Zahl von Stephanskirchen, besonders in Bayern, zeigt
vom einstigen Dienste des Roßgottes, der am Jahresende sein Ge=
spann wechselt; zugleich trinken im Unterlande Bursche und Mädel
zum Abschied oder glücklichen Neujahrsanfang den Steffelmeth.
Das alte Jahr dankt ab, und büßt mit der Herrschaft bildlich den
Kopf ein. Kaiser Karl reitet in der Schlacht am Walserfeld auf
einem dreifüßigen Schimmel. (Freisauff 160.) Er vertritt dann
den Balder, gewissermaßen als Todtengott. Die Perser lassen das
Roß des Gustasp, je näher dem Weltende, einen Fuß um den
andern einbüßen.

Zu Hohenbachern bei Freising ist die Pferdesegnung auf Syl=
vester. Der dabei vertheilte alte Holzschnitt wird an den Stallthüren
befestigt. Den Riedschimmel sieht man am Lechfeld von Ottmars=
hausen gen Schwabmünchen laufen. Ein dreibeiniger Schimmel mit
dem Reiter ohne Kopf zeigt sich im Wällbusch bei Schloß Wittenburg.
(Bartsch Mecklenb. 327.) Die Hel reitet auf dreibeinigem Pferde!
Der Nachtjäger von Spremberg und Friesack bei Brandenburg schleppt
ebenso sein Opfer mit. In Dormitz bei Erlangen schreckt man die
Kinder mit dem Reiter ohne Kopf, der bei Sonnenuntergang um=
geht; dieß gilt erst recht von der Jahresnacht. Daß Kinder, wie
Erwachsene durch Geister fortgeführt werden, ist besonders Glaube
in Schweden, wo der Bauer den wilden Jäger mit Roß und Wagen
zu vernehmen glaubt. (Liebrecht Gervas 137.) Auch Russen und
Serben halten diesen Glauben fest.

Die Erdmännlein in Schwaben ziehen mit Getrappel und
wundervoller Musik — im Sturme dahin. Der Schneider Nepomuk
von Contay wird von einem ziegenfüßigen Zwerg fortgetragen. Den

Zwergen schrieb man das Echo zu, und die Diala's im Engadin
haben Ziegenfüße. (Henne 139. 438.) Auch als Kühe schnauben sie
durch die Luft, und ziehen ausgemolken zurück. (Mannh. G. M. 717.)
Die indischen Maruts (deutsch Marten oder Maren) reiten auf Rehen
und Hirschen.   Bleibt doch von einem Ende der Welt bis zum
andern der Naturglaube sich gleich.

In Altbayern und Schwaben gibt es nicht leicht einen sagen-
hafteren Winkel, als im Grenzgebiete um den Peißenberg. Das Nacht-
geleit fährt mit unheimlicher Musik durch den Schlittgraben zwischen
Wessobrunn und Forst zwischen ein paar Teufelskücheln durch:[1]
man hört dabei singen, geigen, pfeifen und dudeln, auch mit Beinen
klappern; wer klug ist, wirft sich schnell zu Boden, Arme und Füße
kreuzend, ein Windsauser bildet den Schluß. Zumal geht es in
Sprengelsberg zwischen Bobingen und Schöffau beim Bramberge
toll zu, wie mir alle Leute bezeugten.

Gervasius II, 26 läßt Arturs wilde Jagd vom Aetna ausgehen.   Der Rodensteiner meldet sich laut Protokoll 1758 vor einem
Hause in Grumbach, wo einstmals ein Schmied gewohnt, und läßt
die Pferde beschlagen.   Der Auszug des Rodensteiners im November
1820 Nachts zwischen 9 und 11 Uhr ist, wie so viele frühere, durch
Zeugen beurkundet.[2]   Emich von Leiningen rast 1123 an der
Spitze eines Zuges von Bewaffneten durch die Luft. In Willisau
stieß 1576 Hans Sager auf das Nachtvolk, das ihn einlud, Milch
mitzuessen. Im Sonderbundskriege 1847 wurden 5000 müde Unions-
helden durch den Rothenburger mit seinem Geschütz zweimal in
der Nacht alarmirt: beide Theile glaubten überfallen zu werden,
man trommelte im Lager, läutete Sturm und zündete Bergfeuer an.
(Rochholz N. VIII, 67.) Es war ein Elementarereigniß, das bekannte Rothenburger-Schießen.

Im Hörselberge, dessen Höllenpforte mit einem glühenden
Deckel bedeckt ist, verschwindet die wilde Jagd. Aus Würzburg ergeht die Meldung (Augsb. Postz. 1. Febr. 1859), man habe Nachts

---

1) In einer Teufelsküchel jagte auch Kobell. Wildanger 169. Vgl.
Sepp, Sagenschatz 604 f.
2) Wolf H. S. 187. B. 131. II, 110. 160. Vgl. das Geisterheer bei
Stöber 122.

das wilde Heer gehört. „Dasselbe kam aus dem Guttenberger=
wald dahergebraust, setzte bei Heidingsfeld über den Main, und zog
über Randersacker und Eibelstadt dem Ochsenfurter Gau zu." Wie
der Osberg bei Murnau ist der Wald Osing bei Rüdesbronn in
Mittelfranken und der Berg Osing in Mittelfranken (Panzer II,
71. 147), der mythische Osning (Grimm M. 106. 1204), all diese
Götterberge und Asenburgen Ausgangspunkte des wüthenden Heeres.
Bei Ritonic in Böhmen braust der Sturm der wilden Jagd mit
zwölf gerüsteten Reitern heran. (Grohmann 78. 95.) Förster
Grünwald feuert sein Gewehr dagegen ab, da fällt eine Eule aus
der Luft zu seinen Füßen.

So dauert der altdeutsche Religionsglaube, soweit er das Natur=
leben personificirt, bis heute fort, und die einstigen Götter, mit deren
Verehrung die Sittlichkeit und Tapferkeit der Nation zusammenhing,
erfahren noch ihren kalendarischen Dienst. Die Seelen der Todten
sind die göttlichen Geister nach amerikanischer Vorstellung, desgleichen
nach deutscher. Der Nobiskrug zwischen Emerke und Elze in Hildes=
heim, wo man den Abgeschiedenen den letzten Labetrunk kredenzte,
trägt die Inschrift: Si deus pro nobis, quis contra nos?

161. Quellerweckungen das Lieblingswunder aller Zeiten.

Ramses II Sesostris, der nichts von Joseph wußte, spendete
nach einer nubischen Inschrift wunderbar Brunnenwasser mitten in
der Wüste, und wird darum mit Lobpreis angeredet: „Wenn Ihr
sagt zu dem Wasser: komm aus dem Fels, so kommt das himm=
lische Wasser in Vorschein nach Euren Worten." (Rud. Seydel,
Buddhasagen 250. 253.) Die zu Kuban am Nil gefundene Stelle
schreibt also dem gleichzeitigen Pharao das Moseswunder zu: „Du
gebietest dem Wasser, fließe über den Felsen; es kommt heraus ein
Ozean in Folge deines Befehls." (Ebers, Durch Gosen zum Sinai
159.) Laut der Inschrift von Resedieh legte der Pharao auf den
Goldbergen eine Cisterne an, in welche das Wasser in einer Fülle
einströmte, wie der Nil bei der Doppelkatarrakte von Elephantine.
Wunder=Nacherzählungen sind allzeit in jeder Religion wohlfeil ge=
wesen. So soll Muhammed eine Art ägyptische Finsterniß bewirkt
und Wasser in der Wüste erweckt haben. Moses selbst tritt nur in

die Fußstapfen Dhulkarnains oder arabischen Dionysos Orotal, der in der griechischen Mythe mit seinem Stabe am Wege von Pylos nach Kyparissia gleichfalls eine Quelle hervorlockt. Von Durst gequält fleht Herakles zum Vater Zeus, da erweckt dieser mit einem Blitz= schlag den Fluß Skamander.

Auch Abraham ist schon dem Moses mit der Quellenerweckung zuvorgekommen! Der arabische Reisende Jakut (Geogr. Wörterb. II, 607. IV, 351, 16. 375, 22) schreibt vom Westjordanlande: „Zu al Lagun ist mitten im Orte ein runder Fels und darüber eine Kuppel, wie man glaubt, ein Gebetplatz Abrahams. Unter dem Felsen ist eine Quelle, mit reichlichem Wasser, und es heißt, als Abraham auf der Reise nach Aegypten durchkam, baten ihn darum die Ein= wohner, weil sie Mangel litten. Da schlug er mit seinem Stabe auf diesen Fels, und es strömte in Ueberfluß hervor." Nach mus= limischer Legende hat Allah aus Erbarmen um Hagar und ihren Sohn Ismael den Sonnenbrunnen Sem=Sem hervorgerufen, dessen unleibliches Wasser alle Mekkapilger kosten müssen. Christliche Maler lassen durch einen Engel die Quelle ermitteln. Auf Simsons Gebet läßt Elohim zu Ramoth Lechi vom Backenzahn eines Esels Wasser ausgehen. Der Brunnen heißt von Rechtswegen Onugnathos. An der Tränkstätte Lina zu Nedschd in Arabien läßt Suleiman die Dämonen mit Stricken zu Boden schlagen, worauf Wasser aussprudelt. Uebrigens ist unter diesem Salomon der orientalische Geisterkönig gemeint, wie bei Ras el Ain, dem „Gartenbrunnen" des Hohen= liedes IV, 15 zu Thrus, den sog. fonti di Salomone, wo der Judenkönig nichts damit zu schaffen hat.

Der Mensch möchte gerne über die Schranken der Zeitwelt er= hoben sein und selber den Herrgott spielen. Die Götter vermenschlichten sich, und nun thun es die Sterblichen ihnen nach. Wie der Esel Silen's mit dem Hufschlag eine Quelle hervorlockt, so hat ein Maulroß den Maulbronn erweckt, daher die Stadt es im Wappen führt. Das Musenpferd, Pegasus, hat von der Quelle sogar den Namen, und mit dem Fuß die Hippokrene aus dem Boden geschlagen. Dasselbe vermag Sleipnir, das achtfüßige Roß Odins, und der Huf von Balder's Reitthier hat mehrmals einen Baldersbrunn verur= sacht. (Grimm M. 207.) Am Gudensberg sah Karl der Große seine Krieger vor Durst verschmachten; da spornte er seinen Schimmel und dieser schlug mit dem Huf einen Stein vom Fels, der noch die Spur zeigt; aber aus der Oeffnung sprudelte eine Quelle, die das ganze Heer tränkte. Der eiskalte Glisborn an der Morgenseite des Odenberges nahm so seinen Ursprung. Der Stein mit dem Fußtritt ist in der Gudensberger Kirchhofmauer eingesetzt.

Bei den Heiligen bedeutet dieses Wunder die Eröffnung der Quellen des Heiles. So soll schon Petrus im Mamertinischen Kerker zu Rom einen Quellbrunn erweckt haben. Des hl. Paulus Kopf macht bei der Enthauptung drei Sprünge, und es entstehen drei Quellen. Der erste Deutsche, welchen Rom heilig gesprochen, Sankt Ulrich, erweckt eine Menge Quellen; aber schon vor ihm hat Corbinian am Weihenstephansberge zu Freising dieß Wunder gewirkt. Raderus liefert im Heiligen Bayerland I, 209 einen Kupferstich Sadelers, wie der Schotte Alto, Gründer von Altomünster, mit dem Stabe Wasser aus dem Gestein schlägt. In der Michaelskirche zu Bamberg sieht man auf einer Tafel abgebildet, wie Bischof Otto in Pommern dasselbe geleistet. Von Brunnen des hl. Gangolf (der auch in Bamberg eine Kirche hat), St. Wolfgang, Willibald und Erhard weiß das Volk dasselbe; wir würden nicht fertig, all die Gottesmänner, oder Quellwunder von Jungfrauen, wie die heilige Odilia, aufzuzählen.

Der wandelnde Fels in der Wüste, welcher die Israeliten mit Wasser versorgte (I. Korinth. X, 4), und nach der weitergesponnenen Rabbinensage sich zu Chamath bei Tiberias in den Brunnen Mirjam auflöste — hat sein Gegenbild in den mehrfachen Quellbrunnen Gangolfs, des umgekehrten Wolfgang. Dieser soll von seiner Wallfahrt nach Jerusalem einen in Joppe von seinem Wirthe erkauften Brunnenkranz am Pilgerstabe heimgebracht, und unter andern zu Mendt in Nassau einen kristallhellen Born hervorgelockt haben, indem er einfach den Stab in die Erde stieß.[1]) Auf Pfingsten bekränzen die Kinder ihn mit Blumen und tanzen herum. Dasselbe Wunder wirkte der Heilige in einem Dorfe bei Straubing, wo man noch

---

[1] Heßler, Sagenkranz aus Nassau 277. Sepp, Sagensch. 540. Jerusalem und das hl. Land II, 151. 2. Aufl. 207 f.

die Steineinfassung um den nach ihm benannten Born zeigt. Wieder soll er in der Champagne einen Brunnen gekauft und im Garten zu Varennes haben springen lassen. Nach der Rhönsage erwarb er in Fulda den Brunnkasten, welchen er nach der Milsen= oder Melusinenburg versetzte. Auch heißt es: da die Christen diese Festung unter Gangolfs Anführung belagerten und der Tag heiß war, habe er einen Helm voll Wasser erkauft und getrunken, den Rest aber (wie David von den Philistern zu Bethlehem belagert I Chron. XII, 17 f.) auf die Erde gegossen. Alsbald entsprang daselbst ein fröhlicher Quell, der noch heute fließt. An die Thüre der alten Gangolfs= kapelle zu Neidenau in Baden nagelt man Hufeisen kranker Pferde, die, wie der Heilige oder sein Roß, aus der Quelle daneben gesund geworden.

Das Morgenland erwählt für die Brunnen mit Vorliebe Hiob, Moses, Mirjam seine Schwester, und Elias zu Patronen. Die Wohl= that einer Quelle empfinden namentlich die heißen Länder; aber auch unsre Voreltern sagten der gütigen Gottheit Dank, und verbanden gerne damit den Glauben an Krankenheilung. Zu St. Quirin bei Tegernsee, wo der Leib des Martyrs gerastet, soll über Nacht die Quelle entsprungen sein, die nun in eine Kapelle eingeschlossen ist.

St. Oswald erweckt den Jungbrunnen am Ifinger bei Meran, wohin der alte Wodan mit dem Beinamen Oswald in die Waldkapelle sich zurückgezogen hat. Odilienborne sind Nornenbrunnen. Bei der Quelle des hl. Oswald zwischen Alson und Newson in England wirft man das Hemd des Kranken in's Gewässer; schwimmt es oben, so folgt Genesung. Hier sehen wir mithin Ordalien oder Gottesurtheile genommen. Im Grunde enthalten diese Legenden die Aufforderung, Brunnen zu graben und mit den in der Tiefe ver= borgenen Quellen dürren und durstenden Landschaften den Segen des Wassers zuzuleiten, wie mittels artesischer Brunnen gegenwärtig be= sonders in Algerien geschieht.

Die Mythe bewegt sich in Parallelen, und wie in einen Zauber= kreis gebannt beginnt das Volk immer auf's neue für seine Helden die alten Coulissen zu stellen. Die Legende bleibt, nur die Träger wechseln ab, und oft übernimmt eine historisch wenig bedeutende Person die einstige Götterrolle, wie Schweppermann statt Wodan zum Vorzeichen eines Krieges von seiner Burg auszieht, oder Eppo von Gailingen mit dem Hufschlag seines geflügelten Rosses einen Brunnen hervorruft. Die Mirjam oder Marienbrunnen sind, wie wir sehen, uralt, und, dürfen wir Augen und Ohren trauen, so hat auch der Brunnen zu Lourdes, welcher nach dem Beispiele in den vatikanischen Gärten allenthalben nachgebildet wird, von einem Wunder seinen Ursprung. Wir drücken hiezu die Augen zu, denn nach der Erfahrung macht das Volk die Religion sich selber. Wir trüben den Frommgläubigen das Wässerlein nicht, und nehmen Niemand die Krücke, der sich nicht frei bewegen kann; höchstens wehren wir uns gegen die französische Madonna, wenn sie nach den Gesichten derselben Visionärrinen mit dem Säbel in der Faust die Deutschen aus Elsaß-Lothringen hinaustreiben möchte. Es scheint, daß Frankreich auf diesem Gebiete an uns Germanen Revanche nimmt.

So lange die Welt steht, hat noch nie ein Mensch eine Quelle erweckt; die Wirkung des Zauberstabes müßte meilentief gehen und darnach jedesmal die Erdschichten sich umgestalten. Wohl aber ist die Phantasie der Quelle lebendigen Wassers, welches bei allen Völkern jederzeit neu auffprudelt und man möchte fast von angebornen Ideen reden, wie auch nach Tertullians Wort die menschliche Seele von Natur aus christlich ist. Hier gilt wahrlich das Wort Joh. VII, 38: „Wer glaubt, aus dessen Leib werden Ströme lebendigen Wassers fließen." Die menschliche Einbildung ist unerschöpflich und aus Natur und Geschichte erwachsen der Vorstellung wirkliche Vorgänge. Wir begehen das Sonnenleben im ganzen Jahreslaufe, und der Grundzug der Mythe, wie wir sie hier verfolgten, ist wesentlich verklärter Naturdienst und vergeistigte Sonnenreligion. Wir erkennen, daß alle Religionen mit denselben Wundern sich tragen, daß alle Nationen annähernd die gleichen Jahresfeste begehen und charakteristischen Volksbräuchen huldigen, und ziehen den Satz, daß die Menschheit Eines Stammes ist, und einst im engeren Kreise die Ordnung für die Zukunft getroffen, als vernünftigen Schluß.

www.ingramcontent.com/pod-product-compliance
Lightning Source LLC
LaVergne TN
LVHW012207040326
832903LV00003B/164